KB126718

근대전환기 동·서양의 상호인식과 지성의 교류

이 책은 동아시아역사연구소 총서 9권입니다.

근대전환기 동·서양의 상호인식과 지성의 교류

초판 1쇄 발행 2013년 6월 30일
초판 2쇄 발행 2014년 7월 10일

저 자 ㅣ 구태훈 외
펴낸이 ㅣ 윤관백
펴낸곳 ㅣ

등록 ㅣ 제5-77호(1998.11.4)
주소 ㅣ 서울시 마포구 마포동 324-1 곳마루빌딩 1층
전화 ㅣ 02)718-6252 / 6257
팩스 ㅣ 02)718-6253
E-mail ㅣ sunin72@chol.com
Homepage ㅣ www.suninbook.com

정가 39,000원
ISBN   978-89-5933-632-6   93900

· 저자와 협의에 의해 인지 생략.
· 잘못된 책은 바꿔 드립니다.

* 이 책은 2010년도 정부재원(교육과학기술부 인문사회연구역량강화사업비)으로 한국
  연구재단의 지원을 받아 연구되었음(NRF-2010-413-A00003).

근대전환기 동·서양의 상호인식과 지성의 교류

구태훈 외 지음

선인

서문

『근대전환기 동·서양의 상호인식과 지성의 교류』는 '동아시아 지성의 계보와 역사인식'이라는 중점연구소 과제로 진행된 총서의 두번째 결과물이다. 이 책은 성균관대학교 동아시아역사연구소가 2010년도 정부재원(교육과학기술부 인문사회연구역량강화사업비)으로 한국연구재단의 지원을 받아 연구되어 출판하였다(NRF-2010-413-A00003). 이 책은 근대 전환기에 동서양이 상대방을 어떻게 바라 보았고 근대 학문이 동아시아에서 어떻게 교류되고 있었는가에 관심을 가지고 검토하였다.

이 책은 네 부분으로 구성되어 있다. 서양의 동양인식과 일본의 조선인식에서는 서양의 지리학과 동양학의 동아시아 인식 등을 검토한 세편의 글이 게재되어 있다. 「서양지리학과 동양인식 : 동아시아를 지리적으로 위치 짓기」(이진일)에서는 19세기 후반 이후 독일 지리학이 식민정책의 동아시아로의 확대와 함께 지역(region) 또는 지역화(regionalization) 연구와 관련하여 어떻게 발전하였으며, 특히 1차 세계대전을 기점으로 변화되는 지리학 내의 논의들에 따라 동아시아를 구획하는 내용에는 어떤 변화가 일어났는지, 그 변화 과정을 추적하였다.

「서구 동양학의 계보와 동양인식 ─ 제국주의시대 동아시아학과 그

학자들을 중심으로—」(정현백)는 독일에서 진행된 동아시아연구의 제
도적인 정착과정을 살펴보고, 여기에서 배출된 동아시아학 학자들의
동아시아관을 분석하였다. 이를 통하여 동양학자들과 제국주의 정책결
정자 사이에서 중국을 바라보는 관점에서 차이가 있었고, 대중국관의
차이 때문에 하부단위에서 갈등이 있었다고 할지라도, 동아시아학 학자
들과 독일 제국주의 정책 사이에 '간접적 식민주의(indirect colonialism)'
라고 볼 수 있는 협업관계가 형성되었다는 점을 지적하였다.

「일본의 '동양학'과 '조선학'의 계보—근대 일본의 식민정책학에 나타
난 조선인식」(이규수)은 일본의 초기 식민정책학이 국민국가 일본의
국민통합정책과 연동되어 정주 식민지로의 이주대책을 위주로 구축되
었음을 밝혀냈다. 또한 삿포로농학교 출신자가 조선에 진출하여 '만한'
을 중심으로한 해외농업식민을 적극적으로 추진해야 한다는 '해외식민
론'을 구체화시켰다는 점에서 삿포로농학교를 일본 식민정책학의 기원
으로 파악하였다.

근대 동아시아의 자의식과 타자인식에서는 근대 전환기 한국과 중
국, 일본의 지식인들이 어떤 자의식과 대외인식을 가지고 있었는가를
검토한 네 편의 글이 게재되었다. 「일본적 유학의 성립과 그 의미」(구
태훈)에서는 일본이 주자학을 도입하였지만 야마가 소코 등은 주자학
을 비판하면서 중국이나 조선과 다른 '일본적인 것'을 발견하려고 하였
다고 한다. 이 글은 근세 일본의 지식인이 주자학과 양명학의 수양법
등을 비판하면서 무국(武國) 일본의 사회질서를 주체적으로 이해하려
하였고 일상생활에 학문의 기반을 둔 성학(聖學)을 주장하였다는 점을
강조하였다.

「위정척사사상가들의 사유구조와 서양인식—화서학파의 경우를 중
심으로—」(오영섭)는 조선 말기 화서학파는 기독교와 서양문화 그리고

일본제국주의의 침입을 막기 위해 활동한 사회세력으로 전통적 유교
사회와 유교문화를 외부세력의 침투와 침략으로부터 보호하려는 주리
론적·중국중심적·유교문화중심적 시각에 입각하여 상소운동과 의병
운동, 교육 등 위정척사운동을 벌였지만 서양의 근대적 과학기술과 경
제가 근대사회를 좌우하는 문화적 패턴과 사회구조가 상호의존적이라
는 점을 이해하지 못하여 사라졌다고 평가하였다.

「청일 전쟁기 지식인의 국제정세 인식과 세계관」(최규진)은 청일전
쟁 뒤에 '문명화의 덫'에 걸린 지식인들은 제국주의의 침략의 논리를
제대로 인식하지 못했는데 여기에는 정보 수용 능력이 부족한 탓도 컸
다고 지적하였다.『독립신문』은 영국과 일본에 치우친 정보망에 갇혀
서 선교사들이 제공하는 세계정세에 대한 정보를 그대로 따랐으며, 사
회진화론에 뿌리 두고 있었다고 평가하였다.

「근대 중국 민족주의 사조와 아시아 구상」(펑춘링)은 근대 중국의
민족주의 사조가 초기부터 동아시아 각국 간의 관계에 대하여 관심을
가지고 있었고, 민족 사이의 문화적 차이를 존중할 것을 강조하였으며,
각국의 억압받은 민중들이 단결하여 제국주의의 강권에 저항하고, 동
아시아 인민들이 공동생활의 관계를 건립하려는 이상을 가지고 있었
다는 점을 강조하였다.

동아시아의 문명론과 도덕담론에서는 문명개화론과 동도서기론, 사
회진화론, 일본제국주의의 도덕담론 등에 관한 네 편의 글이 게재되어
있다. 「문명개화론의 계보와 분화」(김윤희)는『독립신문』과『황성신
문』의 문명기획이 국가 간 경쟁질서에서 국가의 독립과 발전을 지향점
으로 상정하면서 정부와 인민의 관계를 구상했다고 한다. 이 관계가
서로 비판과 견제의 관계 속에 놓여야 한다고 보았던『독립신문』은 '문
명개화' 개념을 통해 인민을 정치적으로 동원하려 했다면, 정부와 인민

의 화합을 강조했던 『황성신문』은 수신과 자강을 위해 '문명'의 좋은 것을 받아들여야 한다고 하면서 인민이 권력정치에 다가서는 것을 차단하려고 하였다고 한다.

「동도서기론의 구조와 전개양상」(배항섭)에서는 동도서기론이 서양 문명이 동양문명을 압도해오는 위기 상황에서 나타난 사유였지만, 서구중심주의에 대한 비판과 근대에 대한 상대화가 모색되는 현재에도 의미를 가지고 있었다고 한다. 특히 최한기의 동도서기론은 서양 문물을 적극적으로 수용하는 입장을 취해 동서의 학문적 회통(會通)을 시도하였고, 『황성신문』의 문명론도 동양문명과 서양문명을 상대화하는 시각에까지 도달하고 있었다고 평가하였다.

「초기 일본제국주의와 도덕 담론-국가적 도덕과 세계적 도덕-」(권석영)은 19세기 말 20세기 초 일본 제국주의의 발흥기에 전개된 '도덕의 진보'를 둘러싼 논쟁에서 제국주의론이 천부인권론의 폐기를 주장하면서도 제국주의가 군사적이기보다 '국민의 경제적 요구'에 부응한 것이기 때문에 '세계 인류의 복지를 증진'시키게 된다는 윤리적 요소를 강조했다는 점을 지적하였다.

「우승열패의 역사인식과 '문명화'의 길」(최규진)에서는 유럽의 문명관을 바탕으로 한 사회진화론이 19세기 조선 지식인 사이에 널리 퍼졌고, 서양이 만든 동양 이미지를 그대로 내면화한 식민의식을 키웠다고 한다. 당시 사회진화론에 뿌리를 둔 경쟁의 논리와 '힘에 대한 숭배'와 국가주의에 사로잡힌 지식인들은 제국주의를 인식하는데 한계가 있었고, 인종론의 함정에 빠져 제국주의가 약소국을 지배하는 것을 정당화하는 논리가 되어 지금까지 그 잔재가 남아있다고 비판하였다.

동아시아 지성의 교류와 응용에서는 중국에서 프랑스 선교사의 지도제작, 조선의 신사유람단과 영선사 파견, 조선학의 형성에 노력한 일

본 학자들의 교류, 조소앙의 글을 언어정치학을 통해 분석한 글이 게재
되어 있다.

「레지스(Régis)와 강희『황여전람도』의 제작」(탄슈린)은 청나라 강희
연간 중국 최초의 실측지도인『황여전람도』를 제작하는 과정에서 청나
라에 와 있던 프랑스 예수회의 선교사 레지스가 했던 역할에 주목하였
다. 레지스는『황여전람도』를 제작하기 위하여 중국의 광범위한 지역
을 직접 다니면서 측량을 주도하였고, 지도 제작 과정을 상세하기 기술
한 보고서를 만들었다는 점을 강조하였다.

「'신사유람단'과 '영선사'를 통해 본 동아시아의 근대화」(왕신레이)는
19세기 말 조선의 '신사유람단'과 '영선사'의 파견 등의 근대화를 위한
노력이 중국과 일본의 근대화와 상호 비교할 수 있는 시각을 제공해준
다고 하였다. 특히 종전의 동아시아 3국의 국가별 역사 전개를 기준으
로 한 서술에서 동아시아 지역의 전체 구조를 포함하는 동아시아라는
시야에서 접근하는 것이 근대 동아시아 국가의 문제들을 이해하는데
더 유효하다고 지적하였다.

「마에마 교사쿠(前間恭作)와 아유카이 후사노신(鮎貝房之進)의 교
류」(시라이준)에서는 마에마 교사쿠가 조선을 연구하면서 모은 자이잔
로(在山樓)문고 자료에 남아있는 편지 등을 통해서 마에마 교사쿠와
아유카이 후사노신의 교류를 밝히고 있는데, 메이지 연간 일본의 조선
학이 어떻게 발전해갔는지를 보여주고 있다.

「정체(政體)와 문체(文體), 대한민국임시정부의 언어정치학과 조소
앙(趙素昂)」(황호덕)은 임시정부의 대표적 인물이었던 조소앙의 선언
과 성명 등의 문체와 논리의 변화를 통해서 언어정치학적 의미를 파악
하려 하였다. 조소앙의 정치적 독립과 그 전망으로서의 민주주의에 대
한 정치적 맹세가, 그 맹세를 지키려는 이들에게는 '사실적 가능성' 혹

은 '역동적 잠재력'으로 발동되고 있다고 하면서 정치와 말의 상호관계
를 파악하고 있다.

　이 책이 나오기까지 많은 분들의 노력이 필요하였다. 중점연구소 연
구과제에 참여하여 함께 연구를 수행한 전임연구인력과 공동연구원
여러분의 노고에 감사드린다. 특히 이 연구에 관심을 가지고 학술회의
에서 옥고를 발표해 주시고 총서에 게재를 허락해 주신 국내외 연구자
선생님들께도 감사드린다. 까다로운 글을 번역해 주신 한혜인, 이평수
선생님과 정재균, 김진, 이강, 박재은 연구원, 그리고 원고를 교정하는
데 노력한 대학원의 김헌기, 조덕환 연구원의 노력이 없었다면 이 책이
나오기 어려웠을 것이다. 시간이 촉박한 가운데 책을 출판해 주신 도
서출판 선인 관계자분들에게도 감사드린다.

2013년 6월

동아시아역사연구소

차례

서문 | 005

Ⅰ. 서양의 동양인식과 일본의 조선인식

이 진 일 | 서양 지리학과 동양인식 ·················· 017
　　　　－동아시아를 지리적으로 위치 짓기
1. 문제의 제기 · 17 / 2. 제국주의 정책과 식민지 지리지식의 제도화 · 21 / 3. 19세기 독
일 지리학 연구에 따른 동아시아 분류 · 25 / 4. 헤트너와 독일 지역지리학의 발전 · 35
/ 5. 맺음말 · 44

정 현 백 | 서구 동양학의 계보와 동양인식 ·················· 049
　　　　－제국주의 시대 동아시아학과 그 학자들을 중심으로
1. 머리말 · 49 / 2. 독일 제국주의와 동아시아 · 53 / 3. 동아시아학의 태동과 제도적 발
전 · 64 / 4. 동아시아학자들의 관점과 역할 · 71 / 5. 맺음말 · 81

이 규 수 | 일본의 '동양학'과 '조선학'의 계보 ·················· 085
　　　　－근대 일본의 식민정책학에 나타난 조선인식
1. 머리말 · 85 / 2. '내국식민론'과 '해외식민론' · 90 / 3. '동화주의 식민정책'과 '자주주의
식민정책' · 95 / 4. 일본과 식민지와의 '결합' · 102 / 5. 맺음말 · 108

Ⅱ. 근대 동아시아의 자의식과 타자인식

구 태 훈 ㅣ 일본적 유학의 성립과 그 의미 ················· 113
  1. 머리말 · 113 / 2.주자학의 수용과 변용 · 118 / 3. 고학의 성립 · 126 / 4. 야마가 소코
  의 사상─인간과 사회 · 135 / 5. 맺음말 · 144

오 영 섭 ㅣ 위정척사사상가들의 사유구조와 서양인식 ·············· 147
          ─화서학파의 경우를 중심으로
  1. 머리말 · 147 / 2. 화서학파의 사유구조 · 150 / 3. 화서학파 대서양인식의 기본구
  조 · 163 / 4. 맺음말 · 182

최 규 진 ㅣ 청일전쟁기 지식인의 국제정세 인식과 세계관 ·········· 185
  1. 머리말 · 185 / 2. '속국체제'와 청국관 · 188 / 3. 문명 인식과 일본관 · 200 / 4. 미국과
  러시아, 호감과 공포 사이 · 205 / 5. 맺음말 · 215

펑 춘 링 ㅣ 근대 중국의 민족주의 사조와 아시아 구상의 관계 ······ 219

Ⅲ. 동아시아의 문명론과 도덕담론

김 윤 희 ㅣ 문명개화론의 계보와 분화 ···················· 241
  1. 머리말 · 241 / 2. 개화개념의 기원 · 243 / 3.개화개념의 대립과 재규정 · 247 / 4.개화 이
  후의 개화 · 258 / 5. 맺음말 · 271

배 항 섭 ㅣ 동도서기론의 구조와 전개양상 ·················· 275
  1. 머리말 · 275 / 2. 초기의 동도서기론 · 278 / 3. 동도서기론의 변화 · 287 / 4. 신학구학논
  쟁과 동도서기론의 소멸 · 295 / 5. 맺음말 · 309

권 석 영 ┃ 일본의 초기 제국주의론과 도덕 담론 ⋯⋯⋯⋯⋯⋯⋯⋯ 313
　　　　　　 ─국가적 도덕과 세계적 도덕, 또는 국민적 입장과 인류적 입장
　1. 머리말 · 313 / 2. 인간의 권리와 본성에 대한 인식 · 316 / 3. 공리주의와 '사회'의 범
위 · 320 / 4. 세계적 도덕과 국가적 도덕 사이 · 326 / 5. 제국주의와 '자략적 이타심'의
계보─이시바시 단잔(石橋湛山) · 331 / 6. 제국주의적 주장의 세계적 도덕으로의 접
근 · 335 / 7. 맺음말 · 340

최 규 진 ┃ 우승열패의 역사인식과 '문명화'의 길 ⋯⋯⋯⋯⋯⋯⋯⋯ 343
　1. 머리말 · 343 / 2. 문명과 야만의 역사들 · 346 / 3. 문명으로 가는 지름길 · 358 / 4. 근
대의 기획, '문명인' 만들기 · 367 / 5. 맺음말 · 379

Ⅳ. 동아시아 지성의 교류와 응용

탄 슈 린 ┃ 레지스(Régis)와 강희『황여전람도』의 제작 ⋯⋯⋯⋯⋯ 385
　1. 레지스가 중국에 오다 · 386 / 2.『황여전람도』의 제작 동기와 그 과정 · 394 / 3.『황여
전람도』의 영향과 레지스의 역할 · 404

왕신레이 ┃ '신사유람단'과 '영선사'를 통해 본 동아시아의 근대화 ⋯⋯ 413
　　　　　　 ─동아시아사 연구에서 한국의 지위(地位) 문제를 겸론하여
　1. 머리말 · 413 / 2. '신사유람단'과 '영선사'에 대한 개설 · 417 / 3. 조선 관찰자의 눈에 비
친 중 · 일 근대화의 광경 · 425 / 4. 맺음말 · 441

시라이준 ┃ 마에마 교사쿠(前間恭作)와
　　　　　　 아유카이 후사노신(鮎貝房之進)의 교류 ⋯⋯⋯⋯⋯⋯ 445
　　　　　　 ─자이잔로(在山樓)문고 자료를 중심으로
　1. 머리말 · 445 / 2. 1890년대의 두 사람 · 448 / 3. 그 후의 두 사람 · 457 / 4. 결론을 대신
하여 · 473 / 부록자료 · 476

황 호 덕 ｜ 정체(政體)와 문체(文體), 대한민국임시정부의
언어정치학과 조소앙(趙素昻) ·································· 501
－한문자(漢文字)의 맹서(盟誓), 조소앙의 선언·성명·강령 집
필과 『한국문원(韓國文苑)』을 중심으로

1. 정체(政體)의 문체(文體), 임정(臨政)의 에크리튀르－망명문체(亡命文體)와 망명정
체(亡命政體)·502 / 2. 한문맥(漢文脈)과 국맥(國脈), 임정문서(臨政文書)의 전고주의
(典故主義)－조소앙(趙素昻)의 인고설(引古說)과 고유주권론(固有主權論)·507 /
3. 교전(交戰)의 번역(飜譯), 임정(臨政)의 영문(英文)－조소앙(趙素昻)의 외교공한
(外交公翰)과 임시정부(臨時政府) 교전단체론(交戰團體論)·516 / 4. 국망이문역망
(國亡而文亦亡)에서 문망연후국내진망(文亡然後國乃眞亡)까지－『한국문원(韓國文苑)』
의 통발(筌)과 고기(魚)·526 / 5. 문학(文學), 표상(表象) 혹은 맹서(盟誓)－문언일치
(言文一致)와 언행일치(言行一致) 사이·533

찾아보기 ｜ 544

I

서양의 동양인식과

일본의 조선인식

서양 지리학과 동양인식*

동아시아를 지리적으로 위치 짓기

이진일

1. 문제의 제기

  세상을 아시아와 유럽, 리비아(아프리카)로 삼분하는 세계관이 헤로도토스 이전부터 존재해 왔음은 이미 알려진 바대로다. 하지만 헤로도토스 스스로도 어디서 이 세 개념이 생겨났는지에 대해서는 확신을 갖지 못하였던 듯하다. 그는 『역사』에서 "그런데 나는 왜 하나의 땅이 세 개의 이름을, 세 개 모두 여성의 이름을 가졌는지 알아내지 못했다. … 그리고 나는 세상을 이렇게 나눈 사람이 누구인지도, 그들이 어디에서 이런 호칭을 가져왔는지도 알지 못한다"[1]고 적고 있다. 실재로 최초의 유럽인들은 아시아와 유럽이 서로 분리된 대륙이라고 믿었었지만, 많은 지리적 지식이 쌓인 후, 더 이상 유럽과 아시아가 분리된 대륙이 아님이 분명해 졌을 때에도 유럽인들은 유럽에서 비유럽적인 부분들을 떼어 아시아로 분리해 내었고, 지리적 개념을 문화적, 정치적 개념으로

---

[1] 장 바티스타 뒤로젤, 『유럽의 탄생』 (지식의 풍경, 2003), 27-28쪽.

변화시켜 지속적으로 사용하였다. 즉 그것은 "친숙한 '자신들의' 공간
과 그 공간 건너편에 있는 생경한 '그들의' 공간을 마음속에서 이름 붙
여 구별" 짓는 일종의 '상상의 지리(imaginative geography)'였다.[2]

이처럼 지리적 범주조차도 아시아는 스스로 만들어 내지 못하였고,
그래서 아시아가 자신만의 정체성을 만들어 낼 때에도 분명하게 다른
지역과 차별을 보이는 독자적 공동성을 끌어낼 지역적 범주의 문제에
서 여전히 다양한 논란들이 오고간다. (하지만 잘 알려져 있다시피 정
체성이란 끊임없이 새롭게 만들어지는 것이 아니던가. 1945년 이전까
지 '동남아시아'라는 지리적 명칭을 자신의 정체성으로 삼는 집단이나
사람은 전혀 없었음을 기억해 볼 수 있다).

굳이 사이드의 지적이 아니더라도, 이런 유럽인들의 자세에 대한 동
아시아 지식인의 시각은 비판적이다. 사카이 나오키는 "즉 아시아라는
이름은 아시아의 외부에서 생겨난 것이며 그 이타적인 기원은 아시아
라는 개념 속에 분명히 아로새겨져 있다는 것이다. … 아프리카가 유
럽을 남쪽의 타자로부터 구별했듯이, 유럽인이 유럽을 동쪽의 타자로
부터 구별하여 지리적인 통일체로 구성하는 과정에서 아시아라는 이
름이 만들어졌다는 것은 잘 알려져 있다. 아시아는 유럽이 자기를 표
상하고 유럽을 다른 지역과 구별하기 위한 용어였다. 아시아란 무엇보
다도 유럽이 자기를 규정하는데 필요했던 것"[3]임을 환기시킨다. 중국
의 지식인 왕후이도 이런 입장의 연장에서 후쿠자와 유키치의 '탈아론'
을 분석하면서, "다케우치 요시미가 말한 '동양은 유럽의 맥락을 가져
옴으로써 동양이 된다'라는 논리에 따르면 후쿠자와는 '탈아'라는 명제
를 통해 아시아의 본질이 사실은 유럽의 맥락에 내재해 있음을 표현한

---

2) 에드워드 사이드, 『오리엔탈리즘』(교보문고, 2003), 107쪽.
3) 사카이 나오키, 「염치없는 국민주의」, 『일본연구』, 2006.6, 31쪽.

것이다. '동양이 유럽의 유럽식 요소에 존재함을 실현하도록' 한다면 '동양'의 탄생은 필연적으로 동양의 자기부정을 낳는다. 이런 의미에서 후쿠자와 유키치의 '탈아'명제와 다케우치 요시미의 명제는 사실상 모두 19세기 유럽의 '세계 역사관'에서 파생된 것이다"라고 서술하고 있다.[4] 왕후이는 자신의 글에서 지구사의 한 지역으로서의 '아시아적 자주성'과 동아시아의 지역적 통일성을 새롭게 정의내릴 수 있는지 여부를 검토하고 있다. 그는 아시아를 "유럽과 상대되는 문명 개념이면서 지역 정치의 관계 속에서 형성된 지리적인 범주"로 본다.

그렇다면 유럽인들은 아시아를 어떻게 경계 짓고 구획했는가? 동아시아 역사에 대한 지식이 유럽사회에 전해지고 동아시아에 관한 보다 구체적인 의식들이 생겨나기 시작한 것은 무엇보다 16, 17세기 기독교 선교사들에 의해서였다. 1558년 스페인의 선교사 곤잘레스 드 멘도자(Gonzales de Mendoza)가 중국을 소개한 역사서를 처음 간행한 후 이 책은 16세기 말까지 30판이 넘게 다양한 유럽어로 소개된다.[5]

동아시아 지식에 대한 확산에도 불구하고 아시아와 유럽의 경계, 나아가 동아시아를 오리엔트와 구분하는 작업에 대하여 누구도 명확히 설명할 수 없었는데, 19세기까지도 이들 간의 지리적 경계는 역사적으로 전해 내려오던 관용적 규정들에서 더 벗어나지 못하고 있었다.[6]

본 글에서는 19세기 후반 이후 독일 지리학이 식민정책의 동아시아로의 확대와 함께 지역(region) 혹은 지역화(regionalization) 연구와 관

---

4) 왕후이, 『아시아는 세계다』(글항아리, 2012), 36쪽.

5) J. R. Boxer, "Einige Aspekte der westlichen Geschichtsschreibung über den Fernen Osten", *Saeculum8*, 1957, p.287.

6) Carl Ritter가 중국에 관하여 글을 쓸 때 사용하던 지도는 1735년 만들어진 지도를 사용하였다. Ferdinand Richthofen, *China: Ergebnisse eigener Reisen und darauf gegründete Studien* (Leipzig, 1877), p.729.

련하여 어떻게 발전하였으며, 특히 1차 세계대전을 기점으로 변화되는 지리학 내의 논의들에 따라 동아시아를 구획하는 내용에는 어떤 변화가 일어나는지, 그 변화의 과정을 추적해 보고자 한다. 이러한 전개는 세계의 대륙과 해양을 지역으로 분류하고, 그 가운데 각 지역의 자연환경과 인간사회현상을 유기적으로 연결시키면서 이 둘을 동시에 포착하고자 했던 근대 지리학의 창시자인 훔볼트(Alexander Humboldt)나 리터(Carl Ritter)에서 시작된 근대 지리학이 독립 학문으로 정착되는 과정이며,[7] 이후 독일 지리학이 랏첼(Friedrich Ratzel), 리히트호펜(Ferdinand Freiherr von Richthofen), 헤트너(Alfred Hettner) 등으로 이어지면서 경관학(Landschaftskunde)과 지역지리학(Regionalgeographie) 등의 분과학문으로 세분화되는 과정이기도 하다.

본 글을 통하여 필자는 독일 지리학자들이 분석하고 분류했던 동아시아의 범위를 확인하고, 이들의 범위와 내용이 무엇으로 채워지는지를 추적하고자 한다. 그 과정에서 비록 아시아라는 개념이, 타자를 매개로한 유럽인들의 자기정체성 구축의 과정에서 처음 만들어진 것이기는 하였지만, 이 한 가지 담론만으로 아시아라는 구성이 지탱될 수는 없었다. 즉 '상상의 지리'로서의 아시아를 유지하기 위해서는 특히 19세기 이후 지속적으로 사회다원주의나 환경결정론, 인종론과 같은 '과학적' 담론을 연구범위 속에 끌어들여야 했고, 지리학의 서술영역 내에 인류학, 민속학, 역사학 등 주변 분과학문을 포함시키면서 연구의 학문적 경계를 확장시켜 나갔음을 드러내고자 한다.

---

[7] Hans-Dietrich Schultz, *Die deutschsprachige Geographie von 1800 bis 1970* (Berlin, 1980), p.41.

2. 제국주의 정책과 식민지 지리지식의 제도화

18세기까지 유럽인들은 유럽 바깥 지역의 지리와 그들의 삶에 대하여 사실상 제대로 파악하지 못하고 있었다. 18세기 중반 이후 비로소 지표면과 겉으로 드러나는 현상적 요소들에 대한 과학적 연구가 시작되었고, 정치행정구역 대신 자연적 경계를 기준으로 지역을 구분하고자 하는 시도들이 등장한다. 18세기 후반, 지리학자 가터러(Johann Christoph Gatterrer, 1729-1799)는 아시아를 자연적 경계에 따라 북/중/남 아시아로 나누었으나, 구체적인 구분기준을 갖고 분류했던 것은 아니었다. 이후 헤르더(Johann Gottfried Herder, 1744-1830)도『인류 역사의 철학 사상(Ideen zur Philosophie der Geschichte der Menschheit)』에서 기본적으로 가터러의 견해를 받아들이면서 동아시아를 Cochin-China, 통킹, 라오스, 한국, 중국, 일본 등을 포괄하는 지역으로 분류하였다.[8]

지리학이 자신의 학문적 활동을 바탕으로 식민지 공간에 대한 탐사와 개척에 앞장섰음은 이미 알려진 바대로다. 알렉산더 훔볼트 등 여러 탐험가들이나, 선교사, 학자들이 시민계급을 대상으로 진행하는 유럽 바깥 세상에 대한 강연이나 미지의 땅과 그곳에 거주하는 사람들에 대한 여행담, 모험담은 사람들을 끌어 모았으며, 지리나 탐험 관련 대중 잡지와 신문기사들도 인기를 끌었다. 물론 사람들은 이러한 해외 탐사와 각종 교역활동이 자신들의 부족한 토지문제를 극복할 수 있도록 해외 식민지 확장으로 이어지길 바랐고, 이러한 강연과 기사들이 일

---

8) Emil Wisotzki, *Zeitströmungen in der Geographie* (Leipzig, 1897), p.445. 동양학자인 노이만(Karl Friedrich Neumann)은 동아시아에 샴, Cochin-China, 중국, 일본, 만주, 동아시아 군도(群島) 등을 포함시켰다. Karl Friedrich Neumann, Ostasiatische Geschichte (Leipzig, 1861), 서문. Cochin-China는 남베트남과 동캄보디아 지역을 일컫는 옛 명칭으로 1863-1954년 사이 프랑스에 의해 식민화되었던 지역이다.

반 시민들에게 그러한 환상을 불러 일으켜 주었음은 물론이다. 또 이를 통해 사람들은 지리적 지식이 대단히 실용적 학문임을 느끼게 되며, 애향심, 조국애 등등을 각성시키는 계기로 작용하게 된다. 이러한 현상은 물론 독일에서만 진행되었던 것은 아니다. 1821년 파리에서 프랑스 지리협회가, 1830년 런던에서 왕립 지리학회가 결성되었고, 대학에는 국가학에서 분리된 지리학 전문 강좌가 개설되는 등, 지리 정보의 수집과 체계화가 매우 활발하게 진행되던 시기였다.[9]

19세기 중반 이후부터 유럽에서는 인도학, 중국학, 일본학 등을 연구하는 학자들이 식민지학의 1세대를 구성하면서 유럽의 중요 대학에 자리를 잡기 시작한다.[10]

물론 이들 식민지에 대한 연구가 항상 식민지에 대한 정치적, 군사적 지배만을 염두에 두고 진행된 것은 아니었다. 이 시기 서구 지리학은 제도적으로 독립 분과학문으로 정착되게 되는데, 특히 1871년 빌헬름 제국의 성립 직후 독일 지리학은 폭발적 성장을 경험하게 된다. 1871년 오직 괴팅엔 대학 하나뿐이던 지리학과 대학 정교수 자리는 1885년 12자리, 1910년 23자리로 늘어난다. 그것은 무엇보다 국가 정책적 필요에 따른 위로부터의 급격한 확장의 결과였다. 통일된 독일의 제국 정부는 모든 대학에 지리학과 개설을 유도하였다. 이러한 지리학의 독립학문으로의 체계구성은 증가하는 식민지에 대한 관심과 밀접한 관계가 있었다. 지리학이 제도화되면서 대학 학문으로서의 인정과 정당성을 찾기 위한 시도는 점차 식민주의에 대한 지리학의 효용성과 실질

---

9) 권용우, 안영진, 『지리학사』 (한울, 2001), 94-96쪽.

10) Reinhard Zöllner, "Die Konstruktion "Ostasiens". Die deutsche und japanische Rolle bei der Entdeckung eines imaginierten Raumes", Sebastian Lentz, Ferjan Ormeling (ed.), *Die Verräumlichung des Welt-Bildes* (Stuttgart, 2008), p.223.

적 가치를 증명하기 위한 작업에 집중하게 된다.[11] 지리학은 국가학, 역사학 등 다른 학문의 그늘로부터 벗어나, 독일의 제국주의 확산과 자국민 보호구역으로 선포한 지역에 대한 착취에 기꺼이 헌신할 준비가 되어있었다. 보호구역에 대한 측량, 교통, 원자재, 광물분포 등에 관한 지도제작, 식민지 공무원들에 대한 교육 등 지역과 지역민에 대한 정보와 식민지 경영을 위한 실재적 지식을 제공하는 일에 참여함으로써 지리학은 실용적 응용학문으로서의 효용성과 정당성을 증명하였다. '보호구역'은 언제나 연구 대상이었으며, 동시에 착취와 '발전'의 새롭고 합리적이며 학문적인 방법을 위한 실습장소이기도 하였다.[12]

물론 전적으로 지리학만으로 식민지학이 구성됐던 것은 아니다. 사실상 유럽의 팽창과정에서 모든 학문분야가 식민주의와 연결성을 갖고 있었다. 별도의 식민지학이 아니더라도 의학이건 경제학이건 공학이건, 잠재적으로 모든 학문분야는 식민지 지배를 위한 식민지 의학, 식민지 경제학, 식민지 공학으로 사용될 수 있었다. 그럼에도 지리학은 정치지리학의 이름으로 이 모든 학문분야를 자신의 영역 안으로 취합할 수 있었으며, 이를 지배에 용이하게끔 응용시켜 적용하는 실용적 역할을 하였다. 우리는 프리츠 얘거(Frtiz Jäger) 교수의 베를린 대학 지리학과 교수임용 기념강연을 통해 식민지 지리학의 본질과 과제를 확인할 수 있다.

지리학, 그중에서도 특히 식민지 지리학은 실용적 효용의 측면에서 대단

---

11) Hans-Dietrich Schulz, *Die deutschsprachige Geographie von 1800 bis 1970*, Berlin, 1980. Franz-Josef Schulte-Althoff, *Studien zur politischen Wissenschaftsgeschichte der deutschen Geographien im Zeitalter des Imperialismus* (Paderborn, 1971), p.120.

12) Jürgen Zimmerer, *Im Dienste des Imperialismus, Jahrbuch für Universitätsgeschichte*, Bd. 7, 2004, p.3.

히 직접적이라 할 수 있다. … 지역의 전체상을 바르게 기술하는 것이 지리
학의 임무이다. 지역의 자연과 주민을 바르게 판단하는 일은 바른 판단을
위한 꼭 필요한 기반이다. 모국에 유리하도록 경제적 가치와 효용을 높이
는 일은 식민지의 목적이기도 하다. 만일 그 어떤 경제적 이익도 나오지 못
한다면 식민지의 국민경제적 가치는 더 이상 정당화하기 어려워진다. 그래
서 식민지 지리는 합리적 식민지경제를 위한 중요한 기반을 구성한다.[13]

유럽인들의 아시아에 대한 관심의 중심에는 중국이 있었다. 중국은
아시아 국가의 공통적 특징인 '전제주의'의 본산이었으며, 동시에 유럽
의 상인, 사업가, 언론인, 작가들이 만들어 낸 낭만적 환상이 작용한 시
장이었다. 이들의 판단에 따르면, 다양한 형태로 드러나는 전제주의가
아시아 문명의 정신적 마비의 주된 원인이었으며, 유럽인들은 필요하면
무력을 동원해서라도 이 필연적인 몰락에 처한 아시아를 도와야 했다.[14]
뒤늦게 열강들과의 식민지 경쟁에 뛰어든 독일은 처음에는 경제적
이슈, 즉 원자재와 시장에의 접근을 목표로 하였으나, 1884년 토고와
카메룬 등 아프리카 지역을, 1899년에는 스페인 소유였던 남아시아의
캐롤라인 제도, 마리아나 제도, 팔라우에 보호령을 넘겨받음으로써 적
극적 제국주의 국가로의 길을 걷게 된다. 이들 식민주의자들에게 지식
은 권력으로 받아들여졌으며, 나아가 '지리적 지식은 세계권력'으로 받
아들여졌다.[15] 1898년 독일은 황해 연안의 산동성 교주만을 접수하였

---

13) Frtiz Jäger, "Wesen und Aufgaben der kolonialen Geographie", *Zeitschrift der Gesellschaft für Erdkunde zu Berlin 1911*, pp.400-405.

14) Karl August Wittfogel, 『동양적 전제주의』(법문사, 1991). Otto Franke, *Geschichte des chinesischen Reiches*, Bd.1, (Berlin, 1930), Vorwort.

15) "Wissen ist Macht, geographisches Wissen ist Weltmacht", *Geographische Anzeiger* 14, 1913, Beilage, p.1, Henning Heske, "Der Traum von Afrika. Zur politischen Wissenschaftsgeschichte der Kolonialgeographie", *Oekozid (Jahrbuch) 3*, 1987, p.219 인용.

고, 1899년 교주만 조차 조약을 체결하여 1914년까지 17년 동안 지배한
다. 식민지의 확대는 독일 지리학이 체계화되고 지역지리학을 구체화
시키면서, 환경결정론적 이론을 검증할 수 있는 기회를 열어주었다. 해
외탐사의 전통과 지리학자의 현지답사를 통한 세밀한 기록과 학술보
고는 보편적 지역과학을 수립할 수 있을 것이라는 학문적 이상과 결합
하였으며, 동시에 애국적 프로젝트들을 통하여 지리학의 실질적 효용
성을 과시할 수 있었다.

3. 19세기 독일 지리학 연구에 따른 동아시아 분류

지리학을 지표의 과학이라고 규정한 사람은 칼 리터(1779-1859)였다.
그는 지리학이 이론적 원리로부터 연역되는 것이 아니라 관찰로부터
출발하는 경험과학이어야 한다고 주장함으로써 그의 이전, 즉 헤르더
나 칸트로부터 물려받은 목적론적 우주관과는 선을 그었다.[16] 그는 다
양한 지표현상을 인과관계를 토대로 한 총체적 상호연결성으로 파악
하면서, 그러한 다양성이 한 지역의 고유한 특성으로 형성되는 과정을
설명하고자 하였다.

지리학은 무엇보다 먼저 지표상의 공간을 대상으로 한다. 그리고 그것
은 이들 공간이 … 지리적으로 충전되어 있는 범위 내에서이다. 그러므로
지리학은 지점들의 병치를 기술하고, 그 관계를 … 포착하는 것을 지향하
고 있다. 이 점에서 지리학은 역사학과 구별된다. 역사학의 목표는 사건의
변천과 사물의 계기의 전개를 … 해명하고 기술하는 것이기 때문이다.[17]

16) 리처드 하트손, 『지리학의 본질 I』(민음사, 1998), 96쪽 이후.
17) 칼 리터, 「지리학에서의 역사적 요소」, 테즈카 아키라 엮음, 『근대 지리학의 개척

그 자신은 결코 어느 대륙도 여행하지 않았던 리터는 1817년부터
40년에 걸쳐, 17,000쪽, 21권으로 구성되는『자연과 인간사의 관련 속에
서의 지지학 혹은 일반 비교지리학』을 서술한다.[18] 이는 지난 수세기
동안 유럽사회가 아시아에 대해 축적해온 모든 자료와 정보, 지식의 총
합이었다. 비록 리터의 연구가 다른 사람이 관찰한 사실에 기초하여
작성된 것이기는 하지만, 그는 고도의 정확성을 달성하기 위하여 "문제
가 되고 있는 각각의 관점에 대해서 모든 시대, 모든 사람들로부터 가
능한 한 여러 가지 신뢰성 있는 증거를 하나가 되도록 모으고, 그것들
의 일치를 확인하기도 하고, 또한 상호 비교하기도 하고, 그것들을 나
열하여 볼 수 있도록" 만들었다.[19] 그중 2-7권은 동아시아, 8-19권은 서
아시아에 대한 서술이다. 그는 아시아 전체를 자연형태에 따라 24개 지
역으로 분류하였으며, 그중 동아시아는 고지아시아, 인도, 고지아시아
북과 남, 북동아시아, 남동아시아 등으로 나누었다.[20]

리터 이후 독일의 대학 지리학자들은 리터가 갖고 있던 인문학적 관심
으로부터 멀어져 엄격히 자연과학적 연구에 몰두하거나 혹은 당대의 현

자들』(한울, 1991), 153쪽.

[18] Carl Ritter, *Die Erdkunde im Verhältnis zur Natur und zur Geschichte des Menschen
oder allgemeine vergleichende Geographie*, Band I. Asien, Berlin 1817-59. 훔볼트는
그의 지구학을 가리켜 과거에 출간된 책들 가운데 가장 창조적이고 충만한 정신
의 책 중 하나라고 인정했으며, 리히트호펜은 자기가 가보니까 리터가 책상에서
쓴 것들이 너무나 정확하여 감탄했다고 전해진다. Jürgen Osterhammel, "Geschichte,
Geographie, Geohistorie", Wolfgang Küttler (ed.), *Geschichtsdiskurs*, Bd. 3, Ff/M.
1997, p.269; 권정화,『지리사상사 강의 노트』(한울, 2005), 55쪽.

[19] 리처드 하트손,『지리학의 본질 I』, 97쪽.

[20] Emil Wisotzki, *Zeitströmungen in der Geographie* (Leipzig, 1897), p.454. 리터의 한
국에 관한 정보는 리터의 *Die Erdkunde im Verhältnis zur Natur und zur Geschichte
des Menschen oder allgemeine vergleichende Geographie* Band 3, 1834, 고지아시아
의 남동아시아편 pp.573-647에 약 70쪽에 걸쳐 서술되고 있다.

안이 되고 있는 식민지 연구의 일환으로서의 지리 혹은 정치지리로 기울
어진다. 후자의 대표적인 학자가 동물학과 지질학을 전공하고 1876년부
터 뮌헨에서 교수생활을 시작한 프리드리히 랏첼(1844-1904)이었다. 그는
헤르더와 리터의 전통을 이어받아 『인류지리학(Anthropogeographie)』,
『민속학(Völkerkunde)』, 『정치 지리학(Politische Geographie)』, 『지구와
삶(Die Erde und das Leben)』 등의 책을 펴냈는데, 동물학, 지질학에서
시작하였지만 그의 연구에서 주된 대상은 인문지리학이었다. 그는 자
연과학과 인문과학 사이의 결합을 제공하고자 하였고, 그의 목적은 과
학적 기초 위에서 인문지리학을 확립하는 것이었다.[21] 자연과 인간을
조화로운 상호관계로 보던 리터의 시각과는 달리, 랏첼에 따르면 인간
은 그를 둘러싼 자연의 힘에 의해 주조된 환경의 산물이며, 인간사회의
존속과 발전은 이 자연의 요구에 얼마나 적응할 수 있는가에 달려있었
다. 그는 '인류지리학'에서 먼저 자연적 환경이 인간에 미친 영향에 대
하여 설명하였다. 인간의 지속되는 이주의 역사 속에 드러나는 환경적
조건들, 즉 인간이 선택하는 자연환경과 그 지표면에 관해 기술하면서,
인간의 토지에의 의존성과 이주과정, 그리고 자연환경이 인간사회에
주는 영향 등을 연구하는 것이 인류지리학이라고 설명한다.[22] 자신의
이러한 개념을 한 걸음 더 확장시켜 그는 『정치 지리학』에서는 하나의
국가 또한 살아있는 유기체와 같아, 자연조건에 적응하고 자연 조건에
의해 결정되는 것이라는 환경결정론적 견해를 피력하였다. 그는 지역
의 지리 지식들의 집성을 통해 공간상의 통일성을 발견할 수 있으리라

---

21) 리처드 하트손, 『지리학의 본질 I』, 151쪽; Jürgen Osterhammel, Geschichtswissenschaft
jenseits des Nationalstaats (Göttingen, 2001), pp 156-169.

22) Friedrich Ratzel, *Anthropogeographie. Grundzüge der Anwendung der Erdkunde auf
die Geschichte* (Stuttgart, 1882).

믿었으며, 이를 학문적으로 체계화 시킬 수 있다고 믿었다.

그는 자신의 『민속학』에서 인류를 문명에 따라 아프리카 문명, 아시아 문명, 서아시아와 유럽 문명 등으로 구분한다. 아시아 문명권은 다시금 몽골과 투르크, 티벳을 한 묶음으로, 그리고 인도, 이란, 남동아시아산악민, 동아시아를 각기 한 묶음으로 구분하며, 동아시아에는 중국, 일본, 한국, 만주, 아이누 등을 포함시킨다.[23]

이미 19세기 말부터 많은 지리학자들이 관심을 두고 연구해 온 것은 인간과 환경 사이의 관계였으며, 지표면상의 인간의 거주 패턴, 도시의 분포나 취락의 입지 등의 현상들을 기후나 지형 조건에 의거해 설명하고자 시도하였다. 지역화의 개념을 통해 지리학적 설명을 체계화하고, 이론적 틀을 모색하는 근대 지리학이 서서히 형성되고 있었다.[24] 랏첼은 인간사회의 발전을 자연조건의 견지에서만 설명할 수 없으며, 국지적 인구나 이주집단의 역사적 발달과 문화적 배경 또한 중요함을 주장한다. 즉 자연환경이 인간에게 주는 영향에 따라 문화조건도 결정된다는 것이었다. 이러한 논리의 연장에서, 식민지역의 문화적 후진성을 인종적 특성에 기대어 설명하는 지리학적 저작들의 배경에는 20세기 초 유럽 사회의 지배적 담론인 사회다윈주의와 환경결정론적 이론이 바탕하고 있었다. 이 시기 대학에 있던 다른 그의 동료들과 마찬가지로 그는 독일이 함대를 더 강화시켜야 한다고 생각했으며, 늦었지만 독일을 '젊게 만드는 식민지(Verjüngungskolonien)'를 개척해야 한다고 보았다. 독일인에게는 두 가지 과제가 남았는데, 하나는 국경이 침해된 것을 다시 회복해야 하며, 나아가 유럽에서의 독일의 지리적 위치, 즉 영국과 러시아 사이에 낀 중부유럽에서의 권력 강화에 힘을 집중해야 한

---

23) Friedrich Ratzel, *Völkerkunde. Bd. 2* (Leipzig, 1895).
24) 권용우, 안영진, 『지리학사』, 57쪽.

다는 것이었다.[25] 특히 20세기로 들어오면서 재편되는 지구상의 새로
운 질서는 맥킨더(Halford J. Mackinder), 랏첼, 첼렌(Rudolf Kijellen) 등
다양한 유럽 지리학자들이 만들어내는 지정학(Geopolitics)을 중심으로
구성되게 되는데, 이는 자연적으로 주어진 환경과 인간의 욕구, 이들의
정치적 조직 등을 한데 일치시키고자 하는 시도였다.[26]

랏첼의 이러한 인간사회와 자연환경 사이의 관계를 연결 짓고자 하
는 학문적 입장은 이후 리히트호펜(1833-1905)으로 이어진다. 본과 라
이프치히 대학을 거쳐 1885년부터 베를린 대학 지리학과 정교수로 부
임한 리히트호펜은 사실상 독일 식민지 지리학의 상징과 같은 인물이
었다. 그는 독일-아프리카 협회(Deutsche Afrika-Gesellschaft)의 부회장
이었으며, 같은 지리학자였던 랏첼, 키르히호프(Kirchhoff) 등과 함께
독일 식민협회(Deutscher Kolonialverein, 1873년 설립) 회원으로서 적극
적 활동을 하였다. 이 시대 지리학자들 중 진보적 정당의 당원이었거
나, 자유주의적 반식민주의 견해를 내놓은 학자는 전혀 없었다.[27] 나아

---

[25] Friedrich Ratzel, *Erdenmacht und Völkerschicksal. Eine Auswahl aus seinen Werken*
(Stuttgart, 1940), pp.211-213. 이 책은 랏첼의 논문 모음집으로서, 그가 살아있을
때 쓴 여러 글들 중에서 특히 정치적 주제가 담긴 글들을 Karl Hauhshofer가 모아
서문과 함께 1940년 간행한 책이다.

[26] Dirk van Laak, "Raum-Revolutionen. Geopolitisches Denken in Deutschland um 1930
und nach 1945", Alexander Gallus (Hg.), *Rückblickend in die Zukunft politische Ö
ffentlichkeit und intellektuelle Positionen in Deutschland um 1950 und um 1930.*

[27] 지리학자들의 이러한 성향은 바이마르 공화국과 히틀러의 집권까지 이어지는데,
히틀러의 집권 후 정치적 이유로 대학을 그만둬야 하거나 해외로 망명한 지리학
자는 없었다. 랏첼의 정치 지리학도 민족주의적 성격과 결정주의적 시각이 강했
지만, 그의 시각은 독창적이었다는 면에서 예외적이었고, 대부분의 지리학자들
은 단지 그 시대 정치적 논의들에 함께 동조하는 식으로 대응했다. 유명한 중앙
아시아 지역 탐험가인 스벤 헤딘은 적극적 나치였다. 이러한 지리학자들의 태도
에 대한 비판적 시각으로서 Michael Fahlbusch u.a. "Conservatism, ideology and
geography in Germany 1920-1950", *Political Geography Quarterly*, 8, 1989, Oct.
pp.353-367. 그 밖의 Hans-Dietrich Schulz의 다양한 지리학 관련 논문 참조.

가 1911년 베를린 대학에서는 독일에서 처음으로 "식민 지리학"을 위한
전공 교수를 채용함으로써 지리학과 식민정책간의 직접적 결합을 공
개적으로 드러내었다.[28]

　리히트호펜에 따르면 지리학은 지표의 상이한 부분들에 인과적으로
연결되어 있는 현상의 상이성을 연구한다. 계통지리학의 실제 목적은
지역에 존재하는 현상의 인과적 관계를 이해하도록 유도하는 것이며,
계통지리학의 결과를 가지고 개별지역의 해석에 적용시키고자 하였다.
그런 의미에서 계통지리학과 지역지리학은 그에게 단지 연구방법상의
차이에 불과했다.[29] 하지만 누구보다도 아시아에 관한한 가장 많은 지
식을 갖고 있던 리히트호펜도 자신의 아시아에 대한 분류작업에 확신
을 갖지 못하였던 듯 보인다. "아시아의 산악형성을 만족할 만큼 다루
기에는 여전히 아직 때가 되지 않았다. 또한 만일 지금 이미 그런 때가
되었다 하더라도, 동시에 대륙을 다른 원칙에 따라 분류하고 제공할 수
있는 다양한 방향에서의 조망 또한 가능할 것이다."[30]

　리히트호펜은 이미 1860년 프로이센 동아시아 탐험대의 일원으로 동
아시아의 자연과 자원을 조사한 경험이 있었으며, 1862-72년에는 중국
동부해안, 중국령 내륙아시아 변경지역, 광둥, 구이저우, 쓰촨, 만주 등
을 답사하였다. 아직 누구도 중국의 내부까지 접근하지 못했을 때, 그
는 중국 내부로 들어가 상세한 중국 보고서를 작성함으로써 유럽의 아
시아 연구의 중요한 원전을 남긴 것이다.

---

28) Jürgen Zimmerer, *Im Dienste des Imperialismus*, p.16.
29) 리처드 하트손, 『지리학의 본질 I』, 154-155·166쪽. 흥미로운 것은 하트손에 따르면 독일 이외에 국가들의 지리학자들은 지리학분야의 방법론 연구에 거의 흥미를 가지고 있지 않았으며, 이론적 연구보다는 실제 연구를 통해 통일성을 보여주었다.
30) Emil Wisotzki, *Zeitströmungen in der Geographie* (Leipzig, 1897), p.460.

그는 1877-1912년 사이 『China: 개인 여행과 이에 기반한 연구결과』
라는 5권의 책을 기술하였다. 이 책의 1권은 중앙아시아의 산맥구조와
산지지형이 민족분포와 이동에 미치는 영향에 대해, 2권과 3권은 각각
중국 북부지방과 남부지방의 지질과 지형, 민족 경제 활동에 대해 서술
하였고, 그의 사후 출간된 4권과 5권에서는 중국의 각지에 흩어져 있는
식물과 광물, 그리고 해양 등을 상세히 언급하고 있다.[31] 하지만 그는
이 책을 통하여 아시아나 동아시아를 더 작은 지역으로 구분하지는 않
았다.

리히트호펜은 무엇보다 지표면(Erdoberfläche), 즉 지형, 수권, 대기
권, 생물권 등이 서로 접촉하는 부분에 대한 연구를 지리학의 주요과제
로 보았으며, 이를 통해 그는 지리학의 목표를 인간과 자연환경의 관계
를 탐구하는 것으로 규정하였다. 베를린대학 총장을 지내며 그는 대학
체제 속에서 지리학이 그 학술적, 실용적 효용성을 증명하는데 큰 기여
를 하였다. 당시 그가 지리학 방법론으로 제창한 분포학(chorology)은
기존의 지역지리학과 계통지리학을 넘어서는 새로운 방법으로서, 특정

---

[31] Ferdinand Richthofen, *China: Ergebnisse eigener Reisen und darauf gegründete
Studien* (Leipzig, 1877). 리히트호펜은 이미 1870년대 그의 중국 답사를 통하여 산
동반도와 교주만의 전략적 효용성을 탐지하고 비스마르크에게 직법 편지를 보
내 이 지역의 접수를 권고한다. 25년 이후 그의 권고는 실현되었고 그는 이를
기념하여 교주만과 산동에 대한 두 권의 책을 출간한다. Ferdinand Richthofen,
Kiautschou, seine Weltstellung und voraussichtliche Bedeutung (Berlin, 1897).
Ferdinand Richthofen, *Schantung und seine Eingangspforte Kiautschou*, Berlin, 1898.
그는 『산동과 그 현관문으로서의 교주』 서문을 통해 다음과 같이 자신의 책의
출간 의미를 설명한다. "교주만을 통하여 독일의 동아시아에서의 이해관계상 중
요한 근거지를 획득하였음은 확실하다. 이 지역과 그 배후지, 특히 무엇보다 산
동지역 자체는 기업의 경제행위를 위한 유익한 활동무대를 제공할 될 것이다.
우리는 지식을 통하여 갑자기 낯선 지역이 우리에게 친근하게 다가옴을 느끼게
되지만, 중국의 어떤 해안 지역도 산동지역만큼 그 문헌들이 알려지지 않은 곳
은 없다."

지역의 모든 지표요소의 현상기술/지역지리학을 넘어서고, 또한 지표
요소들 사이의 인관관계와 무관하게 진행된 계통적 기술/계통지리학
을 넘어서 특정지역의 개성을 드러내는 핵심적 지표요소들을 선정하
고 그것들 사이의 상호관계와 인과관계를 설명하는 것이었다. 그는 이
러한 방법을 통해 전통적 지지학에서 나타나는 나열적 서술을 탈피하
고자 했다.[32]

　20세기로 전환되면서 이제 지구상의 거의 모든 부분들이 발견되었
고, 연구되었으며, 세계의 미개척지들에 대한 지리적 지식들이 축적된
다. 각국 지리학자들의 답사보고는 그 나라 소유권의 확인으로 간주하
는 경향이 있었다. 개인적으로 탁월했던 몇몇 지리학자들의 작업이 지
리학의 학문적 기준으로서 인정받고 일반화되는 것도 이 시기 이후였
다.[33] 서구 열강들에 의해 수많은 지역이 분배되었으며, 새로운 땅덩어
리를 얻을 수 있는 기회는 더 이상 많지 않았다. 동시에 지구에 대한
학문적 연구는 수많은 새로운 자료들을 모을 수 있었고, 그것을 통해
지구상의 유사한 많은 자연 지역을 비교할 수 있었다. 즉 그것은 전 지
구를 잘 조화된 서술의 틀에 맞추는 동시에 개별 지역공간에 대한 특
성을 강조함으로써 지구상의 유사한 자연지역을 한데 묶어 유형학적
모델이 만들어 질 수 있을 것 같은 가능성이었다.[34] 지리학의 두 주요
흐름, 즉 계통지리학과 지역지리학이 이론으로 체계화되는 것도 이즈

---

32) 이강원, 「근현대 지리학의 아시아 연구 경향과 새로운 의제들」, 『아시아리뷰』 1,
　　2011.1, p.119; 이희연, 『지리학사』 (법문사, 1991), 185-189쪽.

33) Jürgen Osterhammel, *Die Verwandlung der Welt. Eine Geschichte des 19.
　　Jahrhunderts* (München, 2009), p.132.

34) Ute Wardenga, "Die Erde im Buch: Geographische Länderkunde um 1900", Iris
　　Schröder, Sabine Höhleer (ed.), *Welt-Räume. Geschichte, Geographie und
　　Globalisierung seit 1900* (Franfurt/M., 2005), pp.120-122.

음이었다. '계통지리학(systematic geography) = 일반지리학(allgemeine Erdkunde/general geography)'이 지형, 기후, 식생, 인구 등 지표에서 일어나는 특정 종류의 현상들을 광범위한 차원에서 연구하는 분과라면, '지역지리학(regional geography/Länderkunde)'은 특정 지역에서 발견되는 각종 지리적 현상에 대한 체계적 서술을 의미하였다. 특히 독일에서는 지역지리학의 개념 내에서 '경관학(Landschaftkunde)'이라는 독일만의 독특한 발전을 이루게 된다.[35] 이 경관(란트샤프트) 개념은 지역이 여러 가지 요소(무기물, 식물, 동물, 인간)로 이루어지는 통합체임을 강조한다. 즉 경관이란 경치가 아니라 지역의 의미를 지니며, 같은 특징을 갖는 지표의 일부분이면서 통일적 모양을 한 공간적 범위를 의미하는 것이다. 경관학의 주된 관심사의 하나는 문명의 비교였음에 반하여 지역개념은 일체성을 지닌 지표의 범위를 강조하였다.[36]

그밖에도 빌헬름 지버스(Wilhelm Sievers)는 1904년, 지구의 전 대륙을 지역지리 두 권에 나누어 서술하였는데, 1권에서는 북미대륙, 아프리카, 유럽, 중남미 대륙을, 2권에서는 아시아를 상세히 다루고 있다. 그는 2권에서 아시아를 근동, 서아시아, 북아시아, 동아시아, 중앙아시아, 남아시아 등 모두 여섯 구역으로 나누는데, 이러한 동서남북의 네 방향으로의 구분이 임의적인 것이 아니라 기후, 식생, 주민, 생산품과 문화 등에서 완벽할 정도로 동서남북 지역으로 분류될 수 있음을 강조

---

[35] Michael Fahlbusch 등의 필자들은 대부분의 지리학자들이 Landschaftkunde와 Länderkunde가 지역(area)에 대한 지리적 묘사나 서술을 나타내는 방법론으로서 동의어로 쓰고 있음으로 양 개념을 구분할 필요가 없다고 설명하고 있다. Michael Fahlbusch, Mechtild Rössler, Dominik Siegrist, "Conservatism, ideology and geography in Germany 1920-1950", p.353.

[36] 나카무라 카즈오 외, 『지역과 경관』 (선학사, 2001), 24-25쪽. 특히 경관학에 대해서는 테즈카 아키라 엮음, 『근대 지리학의 개척자들』, 213쪽 이후 참조.

한다. 다만 북아시아의 서아시아, 동아시아와 경계는 불분명할 수 있는
데, 그중 동아시아는 1) 만주, 아무르지역, 한국 2) 중국, 3) 동아시아
제도 등으로 구분하였다.[37]

에발트 반제(Ewald Banse)의『삽화가 곁들인 지역지리지』는 일반 대
중서로 쓰였는데, 이 책에서 아시아는 오리엔트, 대 시베리아, 몽골, 동
아시아, 인도 등으로 구분되어 있으며, 그 중 동아시아에는 만주, 일본,
한국, 중국 등이 분류되어 간략하게 서술되었다.[38] 반제가 서술한 지역
지리지 서술은 단순히 지리요소들에 따라 분류시킨 포괄적 조망으로
그쳤다.

리처드 하트손은『지리학의 본질』에서 다음과 같이 19세기 지리학의
성격을 종합한다.

> 19세기 후반에는 전문화된 자연과학의 발달이라는 영향 아래서, 지리학
> 은 한동안 훔볼트와 리터가 물려받고 발전시켰던 성질과는 전혀 다른 학
> 문으로 변화해 가는 것으로 생각되었다. 계통적 연구에 대한 강조는 지리
> 학을 자연과학과 사회과학으로 이분하여, 당시 인식되고 있던 의미에서의
> 과학으로는 도저히 볼 수 없던 지역연구에서만이 양자는 총합되었다. 그
> 러나 이 시기의 말엽에는 반대의 움직임이 시작되어, 지리학은 본질적으로
> 다시 전과 같은 방향으로 전개되었다. … 지리학은, 그 역사의 대부분을
> 통해 인과적으로 관련된 차이에 의해 지구상의 제 지역을 연구하는 것—
> 지표의 지역적 차이를 연구하는 과학—이었다.[39]

---

37) Wilhelm Sievers, *Süd-und Mittelamerika*, Bd. 1 (Leipzig, 1903); Wilhelm Sievers,
Asien Bd. 2 (Leipzig, 1904) (경인문화사 영인본).

38) Ewald Banse (ed.), *Illustrierte Länderkunde*, (Braunschweig, 1914).

39) 리처드 하트손,『지리학의 본질 I』, 163쪽.

4. 헤트너와 독일 지역지리학의 발전

독일이 식민지를 상실한 것은 제1차 세계대전의 발발과 거의 동시의 일이었다. 하지만 이러한 독일의 식민지와 보호지역의 상실이 곧 식민지에 대한 관심의 중단이나 식민정책의 포기를 의미하는 것은 아니었다. 오히려 그보다는 바이마르 시기 학문의 전반적 보수화 경향과 궤를 같이 하면서 새로운 담론들을 발전시키는데, 즉 베르사유 조약에 의해 굳어진 전후 체제의 수정을 넘어, 식민지 문제와 관련된 논의들을 '대 독일'이라는 담론 체계 속에 포함시켜 포괄적 전쟁 목표로 제시하게 된다.[40]

지리학 연구에서도 변화는 감지된다. 1차 대전 직전까지 최고조에 달했던 식민지답사와 연구가 그 기세가 꺾이면서 오히려 유럽 바깥 세계에 대한 지식은 1920년대 들어 더욱 정교해지고 체계화되는 변화가 온다.[41] 그런 가운데 지리학의 새로운 방향을 제시한 가장 대표적 지리학자는 알프레드 헤트너(1859-1941)였다. 헤트너의 지리학 이념은 근대 지리학의 전통을 계승한 채, 독일을 넘어 이후 지리학 사조의 주류로 자리하게 된다.[42] 헤트너에 의하면 지리학의 목표는 지표가 다른 곳에서의, 자연과 문화의 다른 모습에 관하여 분포학(Chorologie)적 관점에서 고찰하는 것이다. 지리학은 대륙이나 국가, 지방 촌락 등 크고 작은 여러 스케일의 공간을 그 자체로서 고찰해야 하는 것이었다. 개

---

[40] 이진일, 「패전과 바이마르 공화국에서의 인구 정책적 구상」, 『서양사연구』 43, 2010.11.

[41] Tilemann Grimm, "Unsere Erfassung des ostasiatischen Geschichtsprozesses", *Saeculum*, 30, 1979.

[42] 헤트너의 지리학을 널리 전파시켜 지리학의 주류로 자리 잡게 한 계기는 미국의 지리학자 리처드 하트숀의 『지리학의 본질 I/II』(1939) 발간이었다.

개의 현상, 예를 들면 특정 농작물이나 시설의 분포를 연구하는 것은 그것만으로는 지리학의 목표가 될 수 없었다. 왜냐하면 이 경우에 관심은 지역 그 자체가 아니라 해당 대상물에 있기 때문이다. 그것들이 지역의 특성으로서 포착될 때 비로소 그 연구는 지리학적인 것이 된다고 헤트너는 주장하였다.[43]

그는 지구 전체를 포괄하면서 서로 다른 척도를 갖는 땅덩어리를 가능한 한 표준화된 형식을 갖고 하나의 통째의 공간으로 서술하는 것을 지리학의 목표로 삼아야 한다고 생각했다. 물론 이러한 목표가 바로 현실에서 연구로 이어진 것은 아니었지만, 이러한 방식이 일종의 20세기 초반 진행된 전지구화 과정에 대한 대응형태였던 것이다. 그의 '일반 지역지리학(allgemeine Regionalgeographie)'이라는 표현에는 이러한 두 목표가 숨어 있었다. 즉 헤트너는 이런 방식에 입각하여 지리학의 대상을 지구 전체로 삼았다. 그의 시도로 지역지리학과 일반 지리를 일반 지역학으로 한데 묶는 시도가 진행되었고, 이의 연장선에서 지구 표면을 여러 조각화된 지역으로 분리하여 서술할 수 있으며, 이를 통하여 상상화된 전체를 이어붙일 수 있다고 생각한 것이었다. 문제는 어떻게 이처럼 전체화되고 한데 이어지는 지구공간을 지역화시킬 수 있을 것이며, 그렇게 해서 독자들에게 지구의 전 공간뿐 아니라, 지구의 하부 구조들을 거대공간－국가－경관－지역이라는 하나의 시스템 속에 생생하게 펼쳐 보일 수 있을 것인가라는 문제였다.[44] 이를 위하여

---

43) 테즈카 아키라 엮음, 『근대 지리학의 개척자들』, 135-136쪽.

44) Alfred Hettner, "Geographische Forschung und Bildung", *Geographische Zeitschrift*, 1, 1895, pp.1-19; "Grundbegriffe und Grundsätze der physischen Geographie", *Geographische Zeitschrift*, 9, 1903, pp.13-25, 86-95, 134-143; "Das Wesen und die Methoden der Geographie", *Geographische Zeitschrift*, 11, 1905, pp.545-564 · 615-629 · 671-686.

헤트너는 일반지리학 이론과 연결시켜 3단계로 정리하는데, 우선 첫 단계에서는 지구 전체에 대한 조망을 갖아야만 하며, 그 구체적인 서술 방식으로는, 다양한 지리요소(Geofaktor)들을 각각 개별적으로 분류해서 다뤄야 한다. 지표공간을 만드는 이 지리요소는 육지와 해양의 분포, 대륙에서의 동굴과 지표면의 형태, 대륙으로부터 흘러나오는 수로, 풍토, 식생, 사람들의 입식과 입주, 인구, 교통, 경제, 인종, 민족, 언어, 종교, 문화, 국가 등으로 구성된다.

두 번째로 이들 전 지구에 걸쳐 드러나는 개별 현상들이 각각 특별한 원인들에 기반하고 있으며, 확산과 분포, 반복과 확장의 특징적인 예들을 드러내고 있다는 점으로부터 발전시켜, 이러한 일차적 조망 후에는 지구를 어떻게 하면 서로 다른 척도들, 즉 대륙, 육지, 경관, 부분적 경관 등으로 가장 잘 분류할 수 있을까에 대하여 고민하였다.

이러한 지역화를 바탕으로 이제 세 번째 단계로 나가게 되는데, 여기에서 일련의 대공간지리(Grossraumgeographien)가 만들어진다. 이는 다시 개별 국가에 대한 지리학과 개별 경관학 혹은 부분적 경관에 대한 지리학으로 나뉘는데, 헤트너의 생각에 따르면, 지역지리학의 가장 중요한 공헌은 그들이 어떤 척도로 분석하든 간에, 두 가지 서술상의 특징을 갖아야 한다. 무엇보다 서술할 지표면을 과학법칙적(nomothetisch) 측면에서 지구 전체와의 연관성을 분명하게 드러내도록 서술해야 한다는 것인데, 즉 그 드러난 단면(Ausschnitt)은 지구 전체에 해당될 법칙이 적용되어야 한다. 다른 한편으로는 그 지역만이 갖는 고유한 공간적 특징들을 추출해 내야 한다는 것이다.[45]

---

45) Ute Wardenga, "Die Erde im Buch: Geographische Länderkunde um 1900", Iris Schröder, Sabine Höhler (ed.), *Welt-Räume. Geschichte, Geographie und Globalisierung seit 1900* (Franfurt/M., 2005), p.131.

세계를 지역으로 구분해 내고 각각의 공간에 그것만의 고유한 특성을 드러내기 위해 그는 모든 지역 지리에 해당될 동일한 분류형식(Gliederungsschema)을 제안한다. 우선 전 공간을 지리요소들로 나누어 기본과정을 서술한 후, 다음 단계로 특별한 특징들로 구성된 부분들에 대한 서술이 이어지는 것이다. 예를 들어 대공간을 서술한다면, 전체 공간을 개별적 지리요소들, 즉 대륙의 동굴, 지표, 대륙의 수로, 대양, 풍토, 동식물 같은 자연물들과 인간과 인간이 만들어 낸 것들, 즉 입식과 인구, 경제와 교통, 문화 생활양식 등이 그것이다. 이러한 방식으로 하나의 공간이 포함하고 있는 전체적 조망과 고유의 특성들을 총체적으로 드러낼 수 있다는 것이다. 즉 각각의 국가들도 다음 단계에서는 다양한 지리요소들을 통하여 더 작은 단위체인 지역들로 구성되며, 그 다음 단계에서는 지역화된 속에서의 구체적인 경관들로 이어지게 된다. 즉 순서는 전 지역(Gesamtland) – 경관(Landschaft) – 부분경관(Landschaftteil) 등으로 배치된다.[46]

이러한 방식으로 헤트너는 궁극적으로 전 지구를 먼저 총체적으로, 그리고 이어서 표준화된 모델(Muster)에 따라 서술하고자 했다. 하지만 이 야심찬 방법론적 구상은 실제 1920년경에도 또 그 이후에도 거의 실현되지는 못했다.[47] 그는 단지 두 권으로 이루어진『지역지리학의 기초』를 통해 최소한의 범위에서 자신의 생각을 구체화 시킬 수 있었을 뿐이다.[48] 실패의 이유는 무엇보다 지리적 요소들을 분류, 선택하고, 이를 조화시키고자 했던 그의 특별한 방식이 너무도 큰 스케일로 이루

---

[46] Ute Wardenga, "Die Erde im Buch: Geographische Länderkunde um 1900", p.132.

[47] 헤트너의 이러한 프로젝트는 당대에는 이루어지지 못하였으나, 이후 1930-40년대 그보다 어린 동료였던 Fritz Klute에 의해 3권으로 이루어진 *Handbuch der geographischen Wissenschaft* (1933-35) 편집을 통해 부분적으로 실현된다.

[48] Alfred Hettner, *Grundzüge der Länderkunde* (Leipzig, 1924).

어져야 하는 것으로서, 지구를 채우는 요소들을 엄격한 잣대로 분류하고 체계를 세우기에는 지구는 너무도 다양한 것들로 채워져 있어 이런 식으로 해결할 수 없었던 것에 있었다.[49]

헤트너는 자신의 책『지역지리학의 기초』제2권 '비유럽 지역' 편에서, 세계를 아시아와 아프리카, 오스트레일리아와 그 군도, 북아메리카, 남아메리카, 남극지역으로 나눈다. 아시아는 북아시아, 근동아시아, 중앙아시아, 동아시아, 남아시아, 전방인도, 후방인도, 동인도 군도 등으로 분류하였으며, 동아시아에는 아무르 지역과 만주, 한국, 일본, 중국 등을 포함시킨다.[50] 특히 그는 아시아를 구분하면서 그가 제시했던 다양한 지리적 요소들, 즉 토지, 수로, 기후, 식물, 동물, 인종, 문화, 국가, 인구, 교통, 경제, 문화 등으로 나누어 분석함으로써 자신의 생각을 어느 정도 구체화시키고자 시도하지만, 이러한 그의 시도는 다른 대륙으로까지 확대되지는 못하였다.

헤르만 라우텐자흐(Hermann Lautensach, 1886-1971)는 인문지리학과 자연지리학을 모두 연구한 학자로서, 지역지리학을 지리학의 본 장으로 생각하고 집중했던 학자이다. 1933년 3월-11월, 제주도에서 백두산까지 한국 전역을 총 4회에 걸쳐 답사하여『한국: 답사와 문헌에 기초한 지역지리(Korea. Eine Landeskunde auf grund eigener Reise und der Literatur)』를 출간하며, 이후 자신이 수행했던 포르투갈과 이베리아 반도에 관한 지역지리 연구를 기반으로 유라시아 대륙 동쪽의 끝인 한국과의 비교연구를 시도하였다. 즉 그의 기본적인 입장은 포르투갈과 한국이 비슷한 북반구의 위도상에 있으면서 동일 대륙의 양 쪽 변경에 위치함으로써, 유사한 환경의 영향력에 노출되어 있다고 보았고, 이를

---

[49] Ute Wardenga, "Die Erde im Buch: Geographische Länderkunde um 1900".

[50] Alfred Hettner, *Grundzüge der Länderkunde*.

근거로 전체 역사를 지리적 특성이라는 시각에서 서술할 수 있다는 것이었다. 지리적 공간을 넘어 서로 다른 문화를 상호 비교하는 작업은 환경결정론에서 가장 흔히 활용하던 방법 가운데 하나였다. 즉 두 사회의 문화형태 및 역사 전개를 비교하여 서로가 달라질 수밖에 없었던 적절한 근거로서 인간의 심리, 자질, 종교 등을 기후나 지형 등의 자연적 요소와 연결시켜 일반화 시키는 전략이었다. 그의 연구는 지형, 기후 중심의 서술이었고, 현지답사와 광범위한 문헌을 바탕으로 한 서술이 특징이었다.

라우텐자흐는 자신의 『지역지리학』을 아시아와 유럽이라는 이름의 어원적 해명에서 시작하고 있다. 아시리아에 뿌리를 둔 acu, 즉 일출이라는 의미의 단어와 irib 혹은 ereb이라는 어둠을 의미하는 단어가 페니키아 인들에 의해 그리스로 전해지면서, 지중해를 중심으로 서로 마주보고 있는 소아시아와 그리스를 가리키는 명칭이 각각 Asia 와 Europe라는 이름으로 정착되었다는 것이다.[51] 이어서 그는 그리스인들이 지구를 아시아, 유럽, 아프리카의 셋으로 나눈 기본적 사고가 오늘날까지 유지됨을 설명하면서 유럽과 아시아를 구분 짓는 '자연적' 경계를 유라시아 대륙에서 긋기의 어려움에 대하여 설명한다. 흑해에서 백해까지 약 2,000km에 달하는 선을 통해 양분하는 작업에 대한 의문이 이미 헤로도투스 시대부터 있어왔지만, 지형학적으로 유라시아를 나누는 일은 수많은 이론이 생겨날 수밖에 없는 애초부터 어려운 작업이었다. 전통적으로 18세기까지 돈강을 유럽의 동쪽 한계로 보아왔다면, 스웨덴의 지도학자 슈트랄렌베르크는 아조프해와 카스피해를 거쳐 우랄산맥과 카자흐스탄의 서쪽을 통과하는 700여 km의 엠바강을 통과해 우랄산맥

---

[51] Hermann Lautensach, Länderkunde. *Ein Handbuch zum Stieler* (Gotha, 1926), p.3.

을 그 경계로 제안했고 라우텐자흐도 대체로 그의 안을 받아들인다.[52]

　그는 지역지리학을 크게 두 부분, 즉 유럽과 비유럽지역으로 나눈다. 유럽지역에는 독일이 속한 중부유럽을 필두로 남유럽, 서유럽, 북유럽 동유럽을, 비유럽지역에는 아시아, 오스트레일리아, 아프리카, 북아메리카, 남아메리카, 극지역, 해양 등을 분배하여 서술하고 있다. 아시아의 가장 중요한 경관적 특성으로서 그는 지구상의 가장 큰 대륙괘(Landverbundenheit)라는 점을 지적한다. 이에 따라 그는 아시아를 그 땅덩어리의 자연적 특성에 따라, 근동아시아, 남아시아, 동아시아 중앙아시아, 북서 아시아, 오스트랄아시아 내해 등 여섯 지역으로 구분한다. 아시아에는 열대, 온대 , 냉대의 세 기후지역이 모두 들어있고, 지구상의 가장 높은 산맥지역(8882m)과 가장 낮은 사해(-392m)를 함께 포함하고 있으며, 동쪽으로는 태평양을, 서쪽으로는 중단 없이 이어지는 땅덩어리를 갖고 있어 동서가 지리적으로 각기 다른 특성들을 갖고 있다고 설명한다.

　동아시아로 구분되는 국가들에 라우텐자흐는 중국, 만주, 한국, 아무르(흑룡강 지역), 일본열도, 오스트레일리아 내해와 열도들(필리핀, 보르네오, 수마트라, 자바 등)을 포함시키면서, 동아시아 특유의 풍토와 동아시아의 닫혀진 공간에서의 지표면의 운동(Tektonik)을 통해 동아시아적 통일성이 강화되었음을 설명한다.

　특히 동아시아는 지형적으로 외부지역과의 단절이 그 특징으로 꼽힌다. 동쪽으로는 세계에서 가장 큰 바다로 막혀있고, 남서쪽은 산맥이 가로막고 있으며, 북서쪽은 사막대를 형성하고 있어 고립되어있는 상태이다. 그래서 19세기 중반까지 동아시아는 인도의 종교철학적 사상

---

52) Ibid., p.5.

과 농경문화의 기반을 제외한다면, 자신들의 문화적 싹을 완전히 독자적으로 전개시켜왔다. 그때까지 이들을 이끌던 정신적 세력은 중국이라는 경제, 문화공동체였고, 중국으로부터 유교 윤리와 조상 숭배사상 등을 발전시켰으며, 독특한 자연관, 예술관, 중국 문자만의 미학 등을 동아시아 공동의 자산으로 갖고 있음을 지적한다.[53] 그는 지역 현상을 인간과 그를 둘러싼 문화적 차원이 아닌 자연환경의 관점에서 접근하며, 인간의 기질과 문화, 종교, 경제적 관행, 사회생활 모두 자연환경을 통해 영향을 받는다고 해석한다. 이에 따라 그가 지역의 구성요소로서 제시한 지형, 수문, 기후, 식생, 동물, 인간 등은 이들 간의 인과관계를 통해 분석되어야 했다. 즉 그는 자연과 인간의 결합을 통한 장소적 종합에 그 목표를 두었으며, 장소적 종합이야말로 지역이 가지는 본질을 보여주는 것이라고 판단한 것이다. 궁극적으로 자연환경에서 출발하여 인간으로 끝맺는 이러한 도식은 환경결정론적 사고를 내포하고 있다. 즉 그의 서술방식의 특징은 "(한국의) 역사가 지리적인 현재를 이해하는데 어떻게 기여하는가, 즉 (한국의) 역사가 현재의 경관 상에서도 가시화될 수 있는 결과들을 어떻게 초래하였는가"에 닿아있다. 그리고 이러한 서술방식은 필연적으로 인접 학문분과로 지리학의 영역을 확산시키게 된다. 이는 20세기 지역지리학의 발전에 따른 지리학 서술 상의 공통된 현상이다. 그는 『코리아』에서 한국의 문화와 역사를 축약해 기술하면서 지리적 조건이 한국에 정치적으로 미친 영향에 대하여

---

53) Ibid., p.523. 1933년 라우텐자흐는 한국에서 도보, 말, 자동차 등을 동원하여 9개월 동안 15,000km를 여행한다. 그는 *Korea. Eine Landeskunde auf grund eigener Reise und der Literatur*, Leipzig, 1945 [헤르만 라우텐자흐, 『코리아 1, 2』(민음사, 1998)]와 *Korea, Land-Volk-Schicksal* (Stuttgart, 1950)를 출간하여 한국지리를 학문적으로 체계화시키는데 큰 영향을 미쳤으며, 그 외에도 한국의 지리와 관련 여러 편의 논문을 남겼다. 김종규, 「라우텐자흐의 지지 및 형태변이론」, 한국지리연구회 편, 『현대지리학의 이론가들』(민음사, 1993), 33쪽 이후.

다음과 같이 표현한다.

　　한국은 소국으로서 수천 년을 통해 문화적으로나 군사적으로 크게 압도
하는 대륙세력 중국과 현저하게 크지는 않지만, 도서환경으로 인하여 보호
되고 인구가 많은 해양세력인 일본 사이에 놓여 있다. 이 두 개의 양극 사
이에서 한국은 이리저리 유린당해 왔다. 비록 북중국, 한국, 일본이 동서
방향으로 나란히 놓여 있지만, 그래도 역사적인 움직임은 한반도를 통한
남북 방향에서 이루어졌다. 그 이유는 한국이 남북으로 뻗어 있는 육교를
이루고 있기 때문이다. 북쪽으로부터는 퉁구스-만주와 중국의 영향이, 남
쪽으로부터는 일본의 영향이 침투했다. … 중국의 영향이 전국에 걸쳐 문
화적 태도를 크게 형성한 반면, 일본의 영향이 1876년 이래 과거 2세대에
걸쳐 해가 갈수록 더욱 강하게 한국의 지리적 특징을 크게 결정하였다.[54]

〈표〉 지리학자들이 분류한 동아시아 지역

지리학자 (분류 시기)	동아시아로 분류된 지역
Johann G. Herder (1784-91)	Cochin-China, 통킹, 라오스, 한국, 중국, 일본
Carl Ritter (1817-59)	고지아시아, 인도, 고지아시아 북과 남, 북동아시아, 남동아시아
Karl F. Neumann (1861)	샴, Cochin-China, 중국, 일본, 만주, 동아시아 군도(群島)
Friedrich Ratzel (1895)	중국, 일본, 한국, 만주, 아이누
Wilhelm Sievers (1904)	1) 만주, 아무르지역, 한국 2) 중국, 3) 동아시아 군도
Ewald Banse (1914)	만주, 일본, 한국, 중국
Alfred Hettner (1924)	아무르지역, 만주, 한국, 일본, 중국
Hermann Lautensach (1926)	중국, 만주, 한국, 아무르지역, 일본열도, 오스트레일리아 내해와 군도들(필리핀, 수마트라, 보르네오, 자바 등)

---

[54] 헤르만 라우텐자흐, 『코리아』, 62-63쪽.

5. 맺음말

20세기 냉전의 종료 이후 역사학과 지리학은 그 어느 때보다도 공간
에 대한 서로의 관심을 좁혀가고 있다.[55] 리히트호펜이나 헤트너, 랏첼
등의 경우에서 보듯 유럽에서 19세기 중반 이후 구성되는 지리학의 학
술적 체계화의 구체적 실천은 상당 부분 아시아를 그 대상으로 하고
있었고, 그 이면에는 식민지적 팽창과 관련을 맺고 있었다. 이들의 이
름 붙이기 작업과 지리적 분류에는 언제나 제국주의적 고려가 동반되
었다.

또 한 가지 기억할 수 있는 사실은 아시아라는 대상이 타자로서 지
속되기 위해서는 환경결정론적 지리이론이 필요했다는 점이다. 즉, 지
리학자, 인류학자들은 기후특성과 문명간의 상관관계를 밝힘으로서 유
럽 바깥 문명이 갖는 후진성의 기원을 설명하고자 하였다. 그 과정에
서 서양 지리학은 점점 더 자신들이 취급해야 할 지리적 탐구의 범위
를 넓혀갔으며, 지리학의 전통적 범위를 넘어, 경제, 문화, 인류학, 정
치, 언어, 역사 등 인접 분과학문뿐 아니라 인문과학과 자연과학을 함
께 아우르는 거대한 영역으로 발전시켰다.[56]

동아시아의 경계는 시대에 따라 움직여 왔으며, 권력의 지형이 변화
될 때마다 함께 변화했다. 물론 경계란 자연지리적 경계에 머물지 않
고 역사사회적인 그리고 문화적인 가치판단의 경계를 의미한다. 추후

---

[55] 공간에 대한 관심을 드러내는 대표적인 역사학의 연구 성과로는 Karl Schlögel,
Im Raume lesen wir die Zeit. Über Zivilisationsgeschichte und Geopolitik (Wien,
2003). 지리학계의 역사에 대한 관심의 성과를 모아놓은 *Geschichte und Gesellschaft*,
28, 2002, H. 3, Mental Maps 특집 등 참조.

[56] 오늘날 지리학이 다루는 범위는 인문지리학의 범위 안에서만도 정치지리학, 경
제지리학, 문화지리학, 사회지리학, 심상지리학, 역사지리학 등 사회의 거의 모
든 분야를 총괄하고 있다.

로도 아시아는 유럽, 곧 유럽으로 대표되는 서구와의 관련성 속에서 그
정의가 변화되어 갈 수밖에 없을 것이다. 그렇지만 우리가 동아시아를
단지 지리적 지역개념이 아니라, 특별한 문화와 경제, 정치적 내부구조
를 갖는 지역으로 이해할 수 있는데, 이를 구성하고 있는 내부구조는
이미 유럽인들이 이 지역에 대한 관심을 보이기 훨씬 전부터 있어온
것들이다. 머리글에서 인용했던 왕후이도 아시아적 전통이 갖고 있는
각종 교류와 공존의 경험이 민족-국가 체제가 가져온 내외적 곤경을
뛰어넘을 가능성을 제공할 수 있을 것인가 라는 문제에서 다음 두 가
지를 해법을 제시하고 있다.

> 첫째, 아시아 내부의 문화적 공존의 제도적 경험을 섭취하여 민족-국
> 가 범위 안과 아시아 지역 내부에서 각기 다른 문화, 종교, 민족이 평등하
> 게 함께 지낼 수 있도록 하는 새로운 모델을 발전시킨다. 둘째, 지역적 연
> 관을 매개로 다차원적이고 개방적인 사회조직과 네트워크를 형성하여 경
> 제 발전에 협력하고 이익 충돌을 해소하며 민족-국가 체제의 위험성을
> 약화시킨다.[57]

오늘날 지역(region)을 생각한다는 것은 문화적 지역의 경계를 훨씬
넘어서는 것이다. 한국과 일본, 중국의 인문학자, 사회과학자들이 동아
시아를 경제적, 정치적으로 상호작용이 활발히 이루어진 지역으로 정
의내리면서, 포괄적 세계화 구조의 하위체제로 재정의하는 작업을 진
행시키고 있다. 그리고 그러한 과정은 지난 세기 유럽의 역사가들, 인
문학자들에 의해 유럽통합의 역사적 과정이 지속적으로 서술되는 것
이나, 혹은 유럽 통합 이후 꾸준히 유럽 공통의 문화적, 역사적 유산들
을 만들어내고 재발견하는 작업과 유사한 길을 밟고 있는 듯 보인다.

---

57) 왕후이, 『아시아는 세계다』, 104쪽.

하지만 오늘날 우리는 과거와는 달리, 전 지구화의 동력이 오로지 자본과 합목적성, 경제적 성공만을 그 성패의 잣대로 만들고 있음을 본다. 그리고 이러한 과정은 지금까지 유럽의 통일과 정체성을 유럽이 만들어 온 문화적 유산을 통해 근거 짓고자 했던 수많은 시도들을 턱없는 시대착오적 시도로 생각되게 만들며,[58] 나아가 유럽의 미래에 대한 전망 자체를 어둡게 만들고 있다. 그런 한에서 역사적 경험 속에 정의되는 유럽은 동아시아를 위한 선도적 길을 제시할 수 없음은 자명하다.

동아시아를 구성하는 것은 다시금 무엇인가? 자연, 지리적으로건, 정치, 문화적으로건, 동아시아를 경계 지으려는 노력의 결론은 아마도 내려지지 않을 것이다. 오늘날 중국, 한국, 일본, 몽골, 베트남 등을 한데 묶어 유교 혹은 한자문화권으로 구성해 보고자 하는 시도는 이미 그 시효성을 잃은 듯하다. 굳이 지나가 버린, 더 이상 미래 지향적이지 못한 문화적 가치를 공통성으로 삼아 권역을 만드는 일 자체가 인위적일 뿐 아니라, 이미 글로벌화의 동력은 중국을 동아시아로 묶어 두기에 적절하지 않을 만큼 급격한 변화의 시대를 맞고 있다.

과연 미래에 동아시아는 동아시아인들에 의해 자신들만의 정체성을 획득할 것인가, 아니면 또 다른 개념에 (이를테면 '환태평양권' 혹은 'ASEAN +3' 같은, 혹은 새롭게 만들어 질 미래의 다른 어떤 권역표기들) 포획될 것인가? 분명한 것은 동아시아가 고정된 지리적 지역을 의미하는 것이 아니라는 것이며, 그런 면에서 지금까지 진행되어 온 동아시아를 중심으로 진행된 지역화 논의는 아시아적 정체성에 기반하고 있기보다는 지역 내 다양한 세력들의 역학관계의 반영이었을 뿐이라는 것

---

58) Reinhard Zöllner, "Alternative Regionalkonzepte in Ostasien", Jürgen Elvert (ed.), *Leitbild Europa? Europabilder und ihre Wirkungen in der Neuzeit* (Stuttgart, 2009), p.296.

이다. 그렇다면 연구의 초점을 그때그때 유동하고 변화되는 개념에 맞출 것은 아니다. 그보다는 국민국가를 더 이상 자연스럽고 당연한 분석의 기초단위로 취급하지 말고, 그 대신 지역을 구성하는 사람들과 그들이 만들어가는 네트워크에 집중해야 하지 않겠는가.

서구 동양학의 계보와 동양인식
제국주의 시대 독일의 동아시아학과 그 학자들을 중심으로

정현백

1. 머리말

학문과 권력의 밀착은 미셸 푸코의 작업 이래로 인문학의 기본적인
전제가 되었다. 이는 지역연구에도 해당된다. 비유럽지역에 대한 지식
만들기는 식민주의의 하나의 핵심적 전제였다.[1] 지식과 학문은 중립
적, 객관적 서술의 도구가 아니었다. 오히려 그것은 권력의 위계나 헤
게모니 메커니즘으로부터 분리될 수 없었다. 그래서 학문이 유럽의 세
계 제패에 적지 않게 기여한 점은 공공연히 알려진 사실이다. 공학, 측

---

[1] 이 글에서는 제국주의와 식민주의를 혼용하여 사용하였다. 그러나 오스트함멜
의 개념규정을 따르자면, 식민주의는 문화적으로도 전혀 다르고 전혀 식민지 현
실에 적응할 의사가 없는 소수의 식민지 지배자들이, 문명화의 과업이라는 사명
감으로 스스로를 합리화하면서, 피지배자들의 생활세계를 근원적으로 결정하거
나 규제하고, 그 과정에서 그들의 이해관계를 관철해가는 것이다. 이에 비해 제
국주의는 식민주의를 넘어 보다 광범하게 확산된 개념으로서, 다양한 활동과 세
력관계를 총괄하는 개념이다. 이는 식민주의를 넘어, 미국의 예에서 드러나듯이,
제국(Imperien)의 형성에 기여하기도 하고, 또한 식민지적 지배나 통제 없이도
그 실현이 가능한 것이다. Susanne M. Zantop, *Kolonienphantasien im vorkolonialen
Deutschland (1770-1870)* (Berlin: Erich Schmidt Verlag, 1999), p.19.

량학, 무기제조 기술, 법학, 민족지학, 언어학에서 동양학에 이르는 여
러 학문분과들이 지구상의 영토 팽창과정에서 도구화되었다.

독일제국의 팽창은 학술적인 탐사나 지리상의 발견과 밀접한 관련
이 있었다. 창설 초기의 지리학회가 제국주의적 정치에서 가장 활발한
선전가의 역할을 한 것은 이미 잘 알려 진 사실이다. 1860년대 이래
아직 알려지지 않은 아프리카 내륙으로의 학술여행은 식민지 확장에
결정적인 역할을 하였다. 독일제국의 정치적, 경제적 팽창에 대한 고
려는 주요한 지역이나 가능한 원료 및 상품시장에 대한 지리학적 지
식을 전제로 하였기 때문이다. 마찬가지로 리히트호펜(Ferdinand von
Richthofen)은 1868-1872년 사이에 중국내지를 가장 깊숙이 여행한, 그
래서 '독일의 마르코 폴로'로 지칭될 만한 인물인데, 그는 정기적으로
비스마르크에게 서신을 보내, 중국에서의 식민지 획득 가능성과 기회
에 대한 정보를 제공하였음에 틀림이 없다. 그는 동아시아에서의 독일
의 팽창을 위한 가장 영향력 있는 선동가였고, 교주만(膠州灣)의 점령
에서 '독일령 인도' 개발의 가능한 출발점을 읽고 있었다. 그러나 지리
학만이 식민지 프로젝트에 깊게 연루된 유일한 학문분야가 아니다. 동
양학 역시도 식민지 프로젝트와 깊은 관련성을 지니고 있었다. 보다
더 비인간적인 사례로 우리는 의학을 들 수 있는데, 아프리카 남서부에
서 진행된 헤레로(Herero) 전쟁에서 포로들이 의학적 실험의 대상이 된
사건이 그것이다. 박테리아 연구로 명성이 높은 로버트 코흐(Robert
Koch)는 1906년 1년 반 동안 서아프리카에 체류하였다. 식민지적 상황
은 독일에서 불가능한 실험을 할 수 있게 하였고, 이는 의학적인 통계
의 기초 마련에 기여하였을 것이다.[2]

---

[2] Sebastian Conrad, *Deutsche Kolonialgeschichte* (München: C. H. Beck, 2008), pp.80-82. 독일이 남서부아프리카 헤레로에서 자행한 식민지전쟁과 원주민에 대

그러나 지식과 권력의 관계는 식민지 지배자들의 의도와 목표를 벗어나기도 하였다. 즉 근대지식은 수단이자 무기일 뿐 아니라, 그 자체가 식민지적 질서에 의해 각인된 맥락(Kontext)의 산물이기도 하였다. 그런 점에서 지식과 권력의 연관성을 강조하는 것이 필연적으로 지식을 억압과 동일시하는 것은 아니다. 현장의 행위자들, 즉 유럽인이나 아프리카인은 식민지적 권력관계가 창안한 지식에 단순히 대면하거나 적응하는 것이 아니다. 그들은 헤게모니 담론에 의해 영향을 받았으나, 때로는 식민주의적 지식이 아프리카인들에 의해 다시 성찰되기도 하였다. 유사한 맥락에서 지식과 권력의 결합이 자동적으로 지식과 국가권력의 결합을 드러내지는 않는다. 학자들의 의도에 따라 이는 다양하게 나타났다. 프로베니우스(Leo Frobernius) 같은 학자에 의해 수집되고 연구된 아프리카 기록들은 인간이 잃어버린 과거의 덕목을 재발견하게 하였고, 이는 유럽중심주의를 비판하는 강력한 논거로 작용하기도 하였다. 혹은 포스트식민주의 계열 지식인이자 세네갈의 대통령이었던 셍고르(Leopold Senghor)가 내세운 네그리뛰드(黑, négritude) 개념은 아프리카인에게 식민지적 지식의 재생산이기보다는 오히려 스스로의 존엄성과 정체성을 확인시켜주는 것이었다.[3] 이런 점을 고려할 때, 제국주의 시대의 학문과 지식인의 역할을 좀 더 복합적으로 들여다볼 필요가 있다.

이 글의 관심은 제국주의 시대 독일에서 동아시아학(Ostasienwissenschaft)이 수행한 역할에 질문을 던지는 것이다. 이를 위하여 독일에서 동아

한 잔혹행위에 대해서는 이를 1870년 이래 지속된 독일 군사주의 문화의 연속성 속에서 만들어진 '완벽한 승리'에 대한 집착에 기인한 것으로 해석되고 있다. Isabel V. Hull, *Absolute Destruction. Military Culture and The Practices of War in Imperial Germany* (Ithaca & London: Cornell university Press, 2005), pp.5-90 참조.

[3] Sebastian Conrad, *Deutsche Kolonialgeschichte*, p.80 · 82-84.

시아학이 성장하여 제도적으로 정착하는 과정을 살펴보고, 나아가 그
학자들이 동아시아를 바라보는 시각을 분석하는 것이다. 독일적인 맥
락에서 동아시아학이 식민지 권력과 결탁하였는지 그리고 동아시아에
대한 지식이 서구중심주의의 재생산으로 귀결되었는지 여부가 이 글
의 핵심적인 질문이 될 것이다.

　일반적으로 19, 20세기 독일어권에서 오리엔트는 이슬람문화권을 나
타내는 개념이었다.[4] 그래서 이 글에서는 동양학(Orientalistik)과 동아
시아학(Ostasienwissenschaft)을 구분하여 다루고자 한다. 제국주의 시대
독일의 동아시아 연구자들을 분석할 경우, 그간의 연구는 주로 중국학
연구자들에 집중하였다. 제국주의 시대 독일에서는 아직 조선은 미지
의 나라였던 만큼, 이에 대한 독일에서의 학술적 연구는 거의 없었다.[5]
일본에 대한 연구도, 중국연구에 비하자면 소략하기에, 동아시아학에
대한 분석은 주로 중국연구에 집중할 수밖에 없음을 밝힌다.[6] 이런 점
에서 본문에서 동아시아학과 중국학이 때로 혼용되어 쓰이는데 대해
양해를 구한다.

---

[4] 박용희, 「이슬람 문화의 역사적 이해−독일 이슬람 학자들의 오리엔트 연구에서
　　나타난 '이슬람 문화' 인식 1880-1930」, 『독일연구』 1집, 2001.6, 1쪽.

[5] 물론 한국에서 묄렌도르프나 세창양행을 중심으로 활동한 독일인들의 한국관에
　　대한 연구를 진행할 수도 있다. 그러나 이 논문에서는 독일의 동아시아학에 대
　　한 학술기구 설치와 동아시아관에 중점을 두었기에, 한국에서 활동한 독일인을
　　포괄하기 어려워서 생략하였다. 뿐만 아니라 이들은 독일의 동아시아학계의 논
　　의에서는 그 족적을 발견하기가 어려웠다. 이를 위하여 이화학술원 동아시아연
　　구센터／독일대사관, 『묄렌도르프, 한국 그리고 독일, 한독수교 125주년 기념 국
　　제학술회의 자료집』, 2008.11.19 참조.

[6] 19세기 말, 20세기 초 일본학 연구자로 밸츠(Erwin Baelz)를 들 수 있다. 의사 출
　　신이었던 그는 일본문화의 찬미자였고, 의사라는 직업과 그의 일본관 때문에 그
　　는 독일의 동아시아학계에서는 제대로 인정을 받지 못하였다. 이를 위하여 Suzanne
　　L. Marchand, *German Orientalism in The Age of Empire. Religion, Race, and
　　Scholarship* (Cambridge: Cambridge University Press, 2009), pp.383-386과 주 (61) 참조.

2. 독일 제국주의와 동아시아

1) 독일 제국주의의 성격

근대독일은 19세기 후반 서구에서 진행된 제국주의적 각축전의 낙오자라 할 수 있다. 독일에서 자본주의로의 이행은 영국, 프랑스, 미국, 벨기에, 네덜란드 등에 비해 늦게 시작되었고, 근대 국민국가 건설도 1871년 비스마르크에 의해 뒤늦게 이루어졌기 때문이다. 따라서 독일은 뒤늦은 해외진출을 통해서 독일령 서남아프리카, 독일령 동아프리카, 아프리카 서해안의 카메룬과 토고에 식민지를 건설하였다. 그러나 이탈리아와 마찬가지로 독일의 식민지는 그야말로 제국주의적 경쟁구조 속에서 독일의 국력을 과시하기 위한 상징적인 의미를 지녔을 뿐, 이를 통한 경제적 효과는 기대하기 어려웠다.[7] 그뿐만 아니라 제1차 세계대전에서 독일이 패전하고 독일제국이 붕괴한 이후에는 독일의 식민제국도 공식적으로 사라지게 되었다. 그래서 제국주의에 대한 연구에서 독일 사례에 대한 학계의 관심은 상대적으로 미약한 편이다.

그래서인지 에드워드 사이드는 영국과 프랑스의 문화와 사회의 토대 위에서 형성된 오리엔탈리즘에 대한 비판에서 독일의 오리엔탈리즘을 명백하게 제외하였다. 19세기 전반기 독일과 오리엔트의 관계는

---

[7] R. R. 파머/ J. 콜튼, 이주영 외 공역,『서양근대사』3 (삼지사, 1985), 25쪽; 정상수는 독일 제국주의는 대단히 복합적인 성격을 지닌 것으로 파악한다. 그는 독일 제국주의는 국가와 황제가 추동하는 관제제국주의, 자본주의적 이해관계를 최대화하려는 간접적 경제제국주의, 그리고 전독일연맹이나 함대연맹과 같은 보수적 시민층에 의해 촉진되는 급진적 민족주의적 제국주의로 구성되었다고 주장한다. 이들 3지는 복잡한 상호관계 속에 있었고, 그래서 경제적 이해관계보나는 정치적 팽창정책을 추구하는 경우가 적지 않았다는 것이다. 정상수,「독일의 제국주의 1897-1906」,『독일연구』3집, 2002.6, 55-61쪽.

'학술적인 연구와 식민지적 지배가 직접 연루되고, 그것이 공동의 담론으로 수렴되는 지식/권력 복합체의 일부'가 아니었다는 것이다. 이는 당시 독일이 국민국가를 구성하지도 못하였고, 그 결과 국가적인 차원에서의 식민화 프로젝트도 제공하지 못한데서 기인한다는 것이다. 사이드는 인도연구를 예로 들어 동양학이 거대한 식민국가 영국이나 프랑스에서 그 장식품이 되어버린 것처럼 그렇게 독일 동양학이 식민지 권력 행사의 직접적 영향력하에 놓이지는 않았다는 것이다.[8]

또 달리는 독일에서의 오리엔트는 거의 학술적인 것에 집중하거나, 아니면 고전적인 오리엔트(Klassische Orient)를 다루는 것이었다는 평가도 있다. 그러나 이는 정확치 않은 지적이라는 반론도 있다. 독일 동양학에도 점령과 영토정복의 판타지가 들어 있다는 것이다. 이런 의미에서 폴록(Sheldon Pollock)은 독일의 경우 일찍이 발전하였던 인도학 연구에서 오리엔탈리즘적인 시각은 인도를 향한 것이 아니라 오히려 그 내부의 집단을 향한 것이라고 주장한다. 무엇보다도 인도게르만족과 셈족 사이의 대립명제가 오리엔탈리즘에 의해 추동되고, 인종주의적 혹은 언어적 유사관계에 기초한 문화적 정체성이 작동하는 방식이 나중에 나치의 인종이데올로기와 대량학살을 합리화하는 기제로 발전해갔다는 것이다. 그런 의미에서 독일의 경우 인도를 향한 오리엔탈리즘의 시각과 내부에서 작동하는 배제메커니즘이 복합적인 방식으로 상호작용하였다는 것이다.[9]

최근 제국주의에 대한 연구는 제국주의 열강에 못지않게 현지 행위자(lokale Akteure)의 대응능력을 강조하는 경향이 있다. 그러나 대부분의 학자들은 식민권력과 피지배민족 사이의 대면은 일방통행로이었

8) Sebastian Conrad, *Deutsche Kolonialgeschichte*, p.21.
9) Ibid., p.22.

던 것으로 파악한다. 즉 식민지 지배권력의 팽창과 지배욕이 핵심적
인 요인이라는 것이다. 이런 맥락에서 독일 제국주의에 대한 설명방
식으로 한스 울리히 벨러(Hans Ulrich Wehler)의 '사회제국주의(Social
Imperialism)' 이론을 들 수 있다. 이에 따르면 독일제국은 제국주의정
책을 통해 자본주의 발전에 필요한 원료를 확보하는 것 외에도, 해외
팽창이라는 공동의 목표를 매개로 노동계급을 민족적인 목표로 끌어
들일 뿐 아니라, 화급한 사회적 갈등으로부터 노동자들의 관심을 돌리
고자 하였다는 것이다. 이런 방식으로 내부 문제를 외부에 대한 관심
으로 몰아가고, 제국의 영광을 상징하는 '반(反) 유토피아(Gegenutopie)'
를 통해서 국민의 정치적 통합뿐 아니라 하층의 사회적 훈육을 달성하
고자 하였다는 것이다. 이런 점에서 벨러에게 독일 식민주의 정책의
초점은 토고나 카메룬에 있는 것이 아니라, 독일 제국의 구조적인 문제
에 있었다.[10]

　마찬가지로 독일 식민주의의 허약성에도 불구하고, 이 역시 19세기
말, 고도로 발전한 제국주의의 통합적인 한 부분이라는 지적도 있다.
즉 세계경제의 극심한 경쟁구조와 신생 산업을 위한 원료와 상품시장
의 개척, 유럽열강들 사이의 세계정책을 둘러싼 갈등, 그리고 점증하는
인종주의적 차별화와 더불어 나타난 진화론 및 사회적 다윈주의가 제
국주의가 연관되어 있다는 것이다. 그런 점에서 식민지적 팽창에 대한
설명은 독일 내부의 전사(前史)보다는 식민지팽창이라는 보다 글로벌
한 역사적 관점에서 접근해야 한다는 것이다.[11]

10) Sebastian Conrad, p.10; 볼프강 몸젠, 백영미 옮김, 『제국주의의 이론』 (돌베개,
　　1983), 110-116쪽. 그러나 정상수는 벨러의 사회제국주의론에 대해 비판적이다.
　　"400년 이상 유효한 이론으로 간주되어져 온 '세력균형'에 입각한 외교정책의 독
　　자적인 역할을 사회제국주의 이론이 대체할 수 없다"고 보았다. 정상수, 「독일의
　　제국주의 1897-1906」, 54쪽.

1880년대 이래 세계팽창을 지향하는 독일적인 전통이 식민주의 만들기에 기여하였다는 주장도 제기되고 있다. 이런 식민주의의 경향은 사상사적인 연속성으로 혹은 사회적 담지자집단(soziale Trägerschichten)의 차원에서 분석할 수 있는 것이다. 18세기와 19세기 전반기 남미 관련 독일 서적에 대한 수잔네 잔톱(Susanne Zantop)의 최근 연구는 제국주의적 팽창이 시작되기 전에 '무의식 속에서 표현되는 식민지 판타지'가 강렬하게 나타났고, 이는 1880년대 이후에 등장한 팽창주의적 욕망들의 연원이 될 수 있었다고 주장한다. 이러한 '환상식민주의(Der Phantasie-Kolonialismus)'는 본래의 제국주의에 선행하는 것으로, 환상을 현실로 바꾸어가는 데에 기여한다는 것이다. 잔톱은 식민주의 열강의 주변부인 독일에서 민족국가의 비전이 등장하고, 여기에 문명화사명, 인종주의적 스테레오타입, 섹슈얼리티, 성별 역할 등이 특이한 방식으로 통합되었다는 것이다.12) 잔톱은 간접적으로 표명된 욕구, 무의식적으로 표현되는 환상에서 한 민족의 정치적 무의식과 희망 어린 꿈을 읽어내었는데, 이 환상식민주의가 민족의 정체성에 연속적으로 영향력을 행사한다는 것이다. 이런 의미에서, 사이드와는 달리, 잔톱은 이런 식민지담론은 공백 속에서 출현할 수 있고, 그래서 식민지 없이도 존재할 수 있다는 것이다.13)

---

11) Sebastian Conrad, *Deutsche Kolonialgeschichte*, p.18.

12) Ibid., p.17·19.

13) Susanne M. Zantop, *Kolonienphantasien im vorkolonialen Deutschland (1770-1870)*, pp.10·12·17. 또한 잔톱은 그간 독일인들 속에 내재한 식민지적 상상력이나 환상식민주의가 역사가들의 주목을 받지 못한 이유는 그들이 그간 문학 연구자들이 그다지 의미를 부여하지 않았던 저속한 서적이나 잡지 등을 도외시한 데에서 기인한다는 것이다. 이런 텍스트들의 높은 인기나 피상성에도 불구하고, 그것은 대중에게 깊은 영향력을 행사했다는 것이다. 하인리히 하이네(Heinrich Heine)나 고트프리드 켈러(Gottfried Keller)와 같은 당대의 저명한 문학가들이 이런 식민지

2) 독일제국의 동아시아 정책과 담론

유럽의 일반 여론은 '극동(Fernost)'지역으로 불리는 동아시아의 문제에 지속적으로 관심을 가지지 않았다. 이는 우선 절대적인 정보부족의 결과였다. 중국과 일본의 개항이후 영어권, 뒤이어 불어권과 독일어권 신문이 발행되었지만, 동아시아의 소식이 유럽에 전달되기는 쉽지 않았다. 기껏해야 선교사, 외교관, 군인장교, 개인 여행자들이 유일한 서방측의 증언자였다. 오히려 신문보다는 서적들이 중요한 정보전달 수단이었다. 크림전쟁(crimean war, 1853-1855)이 국제적으로 군사적 갈등의 계기가 되면서, 전투소식을 전하기 위해 통신원들이 파견되었고, 전장의 소식이 유럽에 전해지기 시작하였다.[14] 나아가 1871년 로이터통신사의 상해지국 개설이 정보유통을 더욱 촉진시키는 데 기여하였다.

그러나 보다 강력하게 미디어의 관심을 끈 것은 청일전쟁(1894-1895)이었다. 중국의 패배는 열강 사이에 시장, 투자기회, 영토를 둘러싼 보다 격렬한 경쟁을 낳았고, 모든 열강이 그간의 정치적 – 영토적 현상유지에 의구심을 갖게 되었다. 이제 고도 발전의 단계로 진입한 제국주의(Hochimperialismus)가 동아시아를 삼키게 되었다. 더불어서 동아시아는 이 몇 년 동안 세계정치의 경쟁관계, 경제적 야심 그리고 새로운 위협에 대한 불안을 반영하는 공간이 되었다. 1897년 독일의 교주만 점

판타지에 비판적인 목소리를 내었음에도 불구하고, 이것이 대중적인 서적들의 흐름을 막아내지는 못하였다는 것이다. Ibid., pp.11 · 230-237. 또한 마찬드 역시 이런 연장선상에서 빌헬름제국기의 독일에는 제국주의 이미지와 열망이 충만하였다고 지적하고 있다. Suzanne L. Marchand, p.336.

14) Jürgen Osthammel und Niels P. Petersson, "Ostasiens Jahrhundertwende. Unterwerfung und Erneurung in west-östlichen Sichtweisen", Ute Frevert, eds., *Das Neue Jahrhundert. Europäische Zeitdiagnosen und Zukunftsentwürfe um 1900* (Göttingen: Vandenhoeck & Ruprecht, 2000), p.280.

령과 1905년의 러일전쟁은 유럽 미디어의 관심을 끌었지만, 1905년 이후부터 중국혁명의 발발까지 중국은 유럽의 미디어에서 주목의 대상이 되지 않았다.15)

일본의 근대화의 성공과 동시에 보다 명백히 드러난 중국의 허약성이 20세기로의 전환기에 동아시아의 현재와 미래에 대한 유럽인의 표상을 규정하였다. 그럼에도 불구하고 유럽인들의 관심의 중심에는 중국이 있었는데, 이는 상품시장으로서 중국에 대한 환상을 유럽의 기업가, 상인, 언론인이 공유하였기 때문이었다. 이 시기 동아시아는 몰락한 중국제국의 폐허 위에서 진행되는 열강의 각축전의 장이었다.16)

흥미 있는 사실은 1897년 교주만에서 벌어진 선교사 살해사건이 계기가 되어,17) 유럽의 독자들 사이에 '황색 위험(Gelbe Gefahr, Yellow Peril)'이라는 상투어가 회자되기 시작하였고, 이는 의화단사건과 러일전쟁에 이르면서 더욱 폭넓게 확산되었던 점이다.18) 이는 제국주의 시대에 형성된 상호관계의 특정한 관점을 반영하는 것인데, 그 기저를 이룬 것은 사회와 역사에 대한 결정론적이고, 생물학적인 개념이었다. 중국인과 일본인의 정치적, 사회적 생활은 그들의 역사적 구성이나 생물학적인 기질로 인해 소위 유럽인종에게 통용되는 것과는 다른 법칙성

---

15) Ibid., p.281.
16) 단지 경제적 이해관계의 관점에서 중국을 바라보았기에, 중국에 대한 그들의 평가는 참담한 정도였다. 영국 공사이었던 맥도날드경(Sir Claude Mac Donald)은 '중국을 문명국으로 간주하는 것은 큰 실책'이라 말하였고, 그의 독일 동료 폰 하이킹(Baron Edmund von Heyking) 역시 '중국은 희망이 없는 나라'라고 단언하였다. Ibid., pp.287-288.
17) 정상수, 「독일 제국주의와 교주만 점령 1897/98년」, 『역사학보』 194집, 2007, pp.327-361. 그 외에도 정상수, 「빌헬름시대 독일의 세계정책(Weltpolitik), 1895/97-1901/07」, 『서양사론』 51호, 1996.12, 69-102쪽과 정상수, 「독일의 제국주의 1897-1906」, 51-73쪽 참조.
18) http://de.wikipedia.org/wiki/Gelbe_Gefahr 참조.

을 보여준다는 것이다. 즉 황색인종의 경우, 그 정교한 손놀림이나 근
면성이 높은 생산력을 동반하지만, 그들의 생래적인 무욕구성(無欲求
性)으로 인해 상응하는 높은 소비욕구가 나타나지 않을 것이다. 거기
에다가 강력한 가족 및 인종적 결속은 황인종과 백인종 사이에 정상적
인 이윤을 창출하는 교환관계를 불가능하게 한다는 것이다. 이런 이유
로 유럽인과 아시아인 사이에 유일하게 가능한 관계인 적자생존의 투
쟁에서 후자는 국가와 가족에 대한 복종심과 더불어 서로 분열되어 있
는 유럽인에 저항하는 공동의 투쟁을 가동시킬 것이다. 그 결과 동아
시아 시장 그리고 이후 세계시장은, 유럽상품에 대한 상응하는 수요가
없는 채로, 저렴한 동아시아 상품으로 넘칠 것이다. 이 황색군중은 유
럽인에 저항하면서 개인적인, 혹은 민족국가적인 이해관계를 지키려는
개미떼와 같다는 것이다.[19]

　그렇다면 허약해질 대로 허약해진 중국과 이제 막 산업화를 시작한
일본을 상대로 '황색 위험'이 강조되는 동기는 무엇인가? 우선 황색위
험 담론이 동아시아에서 서구 열강들의 팽창정책의 필요성을 설명하
는 근거가 될 수 있기 때문일 것이다. 유럽인이 생각하기에, 기독교적
인 가치 그리고 유럽적인 문화를 통해서 동아시아인들은 보다 책임성
을 가지고 유럽 물질문명의 성과를 수용할 수 있어야 했다. 이제 황색
위험은 다양한 목적과 함께 외교적 필요에서 활용되면서, '동아시아담
론'으로 자리를 굳히게 되었다. 독일 외교관 브란트(Max von Brandt)는
불공정한 수단을 통해 활동하는 일본이라는 경쟁자로부터 중국시장을

---

19) Jürgen Osthammel und Niels P. Petersson, pp.284-285; Jürgen Osthammel,
"Forschungsreise und Kolonialprogramm. Ferdinand von Richthofen und die
Erschliessung Chinas im 19. Jahrhundert", *Archiv für Kulturgeschichte*, Nr. 69, 1987,
p.192. 그 외에도 Suzanne L. Marchand, pp.374-375.

지키거나 혹은 일본의 주도아래 중국의 산업화가 진행되는 것을 방해하기 위해 황색위험을 이용할 것을 주장하였다. 특히 러일전쟁은 황색위험 담론에 새로운 자양분을 공급했는데, 러시아와 동맹관계인 프랑스와 그 이해집단도 세계정책에 대한 우려와 더불어, 황색 위험을 선전의 주요 수단으로 활용하였다.[20]

1900-1905년 기간의 상황전개는 아시아정책의 분위기에 근본적인 변화를 가져다주었다. 의화단봉기는 유럽인들에게 중국의 분할과 식민지 지배는 측량할 수 없을 정도의 부담과 모험을 수반할 것이라는 인식을 가져다주었다. 또한 중국 내부에서는 청일전쟁이후 민족주의, 입헌주의, 그리고 산업발전을 고려하는 다양한 개혁움직임이 나타나기 시작하였다. 영국이나 독일이 앞장 선 중국정책의 '새로운 출발'은 중국이 스스로의 보호 아래 자원을 개발하려는 노력을 환영하고 격려하면서, 중국의 주권과 독립성을 손상하지 않은 채, 외국자본과 근대화의 경험을 전수하는 것이었다. 이러한 '자유 제국주의(liberal imperialism)'는 중국의 현실에 대한 분석이나 보다 구체적인 근대화프로그램과 밀접히 결합하고 있었다. 단기간에, 유럽자본과 기술, 인력지원으로 진행된 철도건설은 중국에게 정치적 안정, 경제성장, 독립성 그리고 세계경제에의 연계를 보장하고, 유럽과 중국 그리고 유럽 국가들 간의 협력관계를 강화할 것이었다. 이제 새로운 중국정책의 중심에 시장경제적인 이해관계가 놓이게 되었다.[21]

---

[20] 여기에서 우리는 중국이나 일본을 황색위험으로 비하하면서, 동시에 교역상대로 환영하는 독일 제국주의 정책의 이중 잣대를 읽을 수 있다. Jürgen Osthammel und Niels P. Petersson, "Ostasiens Jahrhundertwende. Unterwerfung und Erneurung in west-östlichen Sichtweisen", p.266·284-285. 황색 위험의 강조에는 러시아의 관심을 중/동부유럽으로부터 돌리려는 독일황제의 외교 전략도 숨겨져 있었다. Suzanne L. Marchand, p.375.

　중국의 경제와 행정의 개혁을 주장하였던 유럽인들은 그러나 정치
구조의 개혁은 너무 모험적인 것으로 간주하였다. "개혁은 필요하지만,
그러나 이 개혁들은 위로부터 와야 한다." 또한 중국인이 서구로부터
배운 저항형식이나 정치적 선전이 서구적인 경제나 행정의 실행보다
더 신속하게 뿌리내리고 있다는 비판이 유럽인들에 의해 자주 제기되
었다. 즉 유럽인들은 중국의 애국주의와 사회적 조직화를 중국의 보다
진전된 근대화의 전제조건으로 환영하였지만, 동시에 이 새로운 정치
세력의 미성숙성과 부적합성(Unangemessenheit)도 강조하였다. 즉 민
주적 제도의 도입은 동양적인 생활과 사고에는 아직 이르다는 입장이
었다. 이런 점에서 본다면 중국의 미래비전에 대한 유럽인의 사고는
권위주의적－식민지적 성격을 띠고 있었다. 이미 신속한 근대화와 정
치적 안정화를 양립시킨 일본의 모델을 확인하면서도, 유럽인들은 스
스로의 기획으로 일본이 이루어낸 변혁을 쉽게 무시하려 하였다.[22]

　이미 언급한 대로 서구 열강들이 중국의 시장개방에 더 역점을 둔
정책으로 방향전환을 하였음에도 불구하고, 일본은 여전히 영토 확장
에 관심을 가지고 있었다. 이를 서구 열강들은 염려하였지만, 개입을
자제하고 일본과는 협상을 통해 문제를 해결하려 하였다. 그러나 보다
신속하게, 보다 확실하게 세계열강에 진입하고자 하였던 독일은 정치
적 영향력 확대를 고려하였다.[23] 1859-1862년에 프로이센은 동아시아
지역으로의 원정을 감행하였고, 1861년에는 독일관세동맹을 위하여 중

---

[21] Jürgen Osthammel und Niels P. Petersson, "Ostasiens Jahrhundertwende. Unterwerfung und Erneurung in west-östlichen Sichtweisen", pp. 289-290.

[22] Ibid., pp. 291-293.

[23] 정상수, 「독일의 제국주의 1897-1906」, 70쪽; 정상수, 「독일 제국주의와 교주만 점령 1897/98년」, 358쪽; 정상수, 「빌헬름시대 독일의 세계정책(Weltpolitik), 1895/97-1901/07」, 90-92쪽.

국과 통상조약을 체결하는 것을 통해서 원정의 성과를 챙겼다.[24] 독일
내부에서 군부의 영향력이 비스마르크 실각이후, 그리고 1차 세계대전
이후 증가하면서, 그간 국제정치에서 균형을 통한 문제해결 대신에 "모
두 다, 아니면 아무 것도 아닌(All or nothing)" 군사주의 정책을 추구하
고자 하였다. 이런 군부의 영향력은 교주만의 함락과 의화단사건과 관
련된 독일군대의 파견으로 더욱 강화되었고 1차 세계대전 후에도 독일
군부의 이러한 시도는 계속되었다. 중국의 군국주의와 군벌의 영향력
이 강화되는 과정에서, 독일 군부는 군 현대화에 관심을 가진 중국에
대해 영향력을 행사하려 하였다. 이런 관심의 연속선에서, 1930년대 초
독일 군부와 나치에게 중국은 전쟁을 위해 필요한 거대한 원료공급지
로서 부상하기도 하였다.[25]

그러나 전체적으로 보자면, 동아시아에 대한 독일의 관심은 제한적
이었다. 이미 앞에서 언급한 대로 독일은 남서아프리카와 동아프리카,
태평양 지역에 상징적인 식민지를 가졌을 뿐이다. 빌헬름 2세의 등장
이후 아직 다른 열강들이 진출하지 못한 중동지역에 대한 관심이 높아
졌고, 독일 동양학 연구의 중점이 이슬람연구인 것도 이런 현실과 무관
하지 않다. 1898년 빌헬름 2세의 오리엔트 여행은 230개의 텐트, 60명

[24] Otto Franke, Otto Franke, *Geschichte des chinesischen Reiches*, Bd.1, p.360. 프로이센의 탐험단의 행보는 북경, 천진, 홍콩, 시암, 싱가포르로 이어졌다. 이 탐험단은 힘든 여행을 통해 많은 희생자를 내었으나, 프로이센은 이 탐험의 성과에 대해 크게 고무되었다. 이 여행을 통해서, 프로이센은 동아시아에 입성한 다섯 번째 열강으로 인정받게 되었다. 또한 지리학과 식물학에 대한 연구도 그 성과를 거두었다. 또한 이 여행에 참여하였던 인사들은 후에 프로이센의 정계에서 굵직굵직한 자리를 차지하였다. Frank Suffa-Friedel, "Die Preussische Expedition nach Ostasien. Verhandlungen, Verzögerungen und Vertragsabschluss", Kuo Heng-Yu, *Berlin und China* (Berlin, 1987), pp.57-70.

[25] Udo Ratenhof, *Die Chinapolitik des Deutschen Reiches 1871 bis 1945. Wirtschaft-Rüstung-Militär* (Boppard am Rhein: Harald Boldt Verlag, 1987), pp.538-545.

의 시종 그리고 1400마리의 말을 거느린 장대한 행렬 그리고 오스만제
국의 특별한 환대는 중동지역에 대한 독일 제국주의의 관심과 야망을
입증한다. 이때 황제는 중동지역에의 개입을 식민지 지배보다는 경제
문제로 이해하였고, 그 일환으로 민간 기업가들을 대동하면서 철도공
사 계약을 체결하기도 하였다. 동시에 황제는 철도건설의 시대를 자신
의 고고학적 발굴에 대한 열정과 결합하고자 하였다. 그러나 오리엔트
방문에서 드러난 황제의 태도는 그 자체로 모순적이었는데, 한편으로
그는 3억 이슬람교도의 수호자임을 자처하면서, 오스만터키제국에 대
한 자신의 신실한 우정을 표시하고자 하였다. 그러나 다른 자리에서는
회교도 지역에서 박해 받는 개신교신자를 보호해야 할 독일의 특별한
역할을 강조하는 모순된 태도를 보여주었다. 혼돈스럽고 예측 불가능
한 독일의 대외정책은 동아시아에서도 그대로 드러났다. 빌헬름 2세는
'황색위험'을 적극적으로 선전하면서도 다른 한편으로 하인리히왕자를
보내 중국황비를 알현하도록 하였다. 이런 대외정책의 혼선은 독일에
서 동양학자의 양성을 어렵게 만드는 요인으로도 작용하였다.[26]

황제의 오리엔트 여행에서 우리는 또 다른 흥미 있는 지점을 발견하
는데, 이는 그간의 고대에 대한 관심이 그 근원을, 구약성서와 마찬가
지로, 그리스나 로마의 문헌에서 찾았던 것을 넘어서, 오리엔트로부터
의 문화전파에서 새로운 고고학의 영양소를 찾아야 한다는 주장을 드
러내는 것이다. 이는 기존의 지중해 중심의 고전고대문명, 즉 그리스인
을 독일인의 정신적 조상으로 간주하는 전통을 상대화할 것을 주장하
는 것이다.[27] 여기에서 우리는 제국주의 시대에 독일제국에 의해 강조

---

26) Ibid., pp.160-163; Suzanne L. Marchand, *German Orientalism in The Age of Empire, Religion, Race, and Scholarship*, pp.341-342; 정상수, 2002, p.67 · 72.

27) Alexander Honold, "Nach Bagdad und Jelusalem. Die Wege des Wilhelminischen

되는, 서구정신과 부르주아지에 반대하는 반계몽주의 사조인 옥시덴탈
리즘(Occidentalism)의 한 측면을 엿볼 수 있다.[28] 어쨌든 이러한 독일
의 식민주의 전통은 1차대전기를 전후하여 유럽 중앙의 베를린, 발칸
반도 끝의 비잔티움, 중동의 바그다드라는 3대 도시를 잇는 3B정책으
로 이어지는 데에 자양분 역할을 한 것 같다.

3. 동아시아학의 태동과 제도적 발전

독일에서 동양학(Orientalistik)으로 불린 오리엔트에 대한 연구는 신
학의 하부분야로 존립하여 왔다. 신학으로부터 동양학의 분리는 계몽
주의 시대로부터 시작되었다. 18세기에 들어와 미지의 세계나 인종에
대한 지식을 필요로 하면서, 동양문제를 다루는 학문은 서양 고대연구
와 동일한 대우를 받기 시작하고, 보편사 내에서 그 의미를 인정받기에
이르렀다. 19세기 후반기에 들어와 자연과학 방법론에 자극을 받으면
서, 학문 분야 내에서 분화가 이루어지기 시작하였다. 이 시기에 역사
학이 역사주의의 영향 속에서 유럽사에 치중하기 시작하였다면, 동양
학 분야에서는 언어학에 방점을 둔 오리엔트 연구가 시작되었다.[29]
언어학으로의 집중은 셈족이나 인도게르만족의 언어적 기원에 대한

Orientalismus", Alexander Honold & Oliver Simons, eds., *Kolonialismus als Kultur.
Literatur, Medien, Wissenschaft in der deutschen Gründerzeit des Fremden*
(Tübingen&Basel: A. Francke Verlag, 2002), pp.144-145 · 148 · 150-155.

[28] 이언 바루마 & 아비샤이 마갤릿, 송충기 옮김,『옥시덴탈리즘. 반서양주의의 기
원을 찾아서』(민음사, 2004), 18쪽.

[29] Landmila Hanisch, "Gesellschaftsverständnis, Wissenschaftliche Rationalität und
Politische 'Emotionen'", *Die Welt des Islams* 32, 1992, p.109; Alexander Honold,
p.144.

연구로 이어졌고, 이런 언어학 중심 연구는 독일제국이 본격적인 제국
주의 정책을 추진하는 단계에도 크게 바뀌지 않았다. 그렇더라도 언어
학을 넘어서는 연구로의 발전은 그간 동양학이 식민권력이 필요로 하
는 보다 폭 넓은 지식을 제공하지 못한다는 비난에서 자극받은 결과였
다. 그러나 이후로도 동양학은 언어연구를 주축으로 한 실용적인 학문
과 아카데미즘 사이에서 방황을 계속하였다.[30]

　근대 초까지도 동아시아의 문화권은 서구인에게는 중동보다도 더
낯설고, 기이하고, 이해할 수 없는 것이었다. 이에 대한 이유로 독일 중
국학 연구의 대부라 할 수 있는 프랑케(Otto Franke)는 동아시아가 너무
멀리 떨어진 데에서 오는 거리감, 언어의 난해함, 그 정신세계의 폐쇄
성을 지적하였다. 이런 조건들 때문에 독일에서 중국학에 대한 연구
는 16-17세기에 가톨릭, 특히 예수회 선교사에 의해 먼저 시작되었고,
19세기 초반까지 중국학 연구는 거의 가톨릭 선교사의 손 안에 있었
다. 19세기 후반이래로는 개신교 선교사들도 중국학연구에 동참하였
다.[31] 그러나 이때의 중국학은 아직 아마추어리즘을 탈피하지 못하고
있었다.[32]

---

30) 실용적인 동양학(angewandte Orientalistik)에 대한 비판가들은 그 학자들이 연구
　　의 책임윤리를 상실하거나 쉽게 정치에 연루되는 현실을 날카롭게 지적하였다.
　　그러나 오리엔트 연구가들이 언어학으로 도피한 또 다른 이유는 이슬람교에 대
　　한 솔직한 분석을 제시할 수 없는 당대 사회의 종교적 편견 때문이기도 하였다.
　　Landmila Hanisch, "Gesellschaftsverständnis, Wissenschaftliche Rationalität und
　　Politische 'Emotionen'", p.108 · 110. 크게 보아 경향성이나 패러다임의 측면에서
　　동양학, 즉 이슬람학의 발전도 뒤에서 언급할 중국학과 경로와 크게 다르지 않
　　았다. 이를 위하여 박용희, 「이슬람 문화의 역사적 이해─독일 이슬람 학자들의
　　오리엔트 연구에서 나타난 '이슬람 문화' 인식 1880-1930」, pp.5-26 참조.

31) Otto Franke, "Die sinologischen Studien in Deutschland", *Beiträge zur Verständnis
　　der politischen und kulturellen Entwicklungs-Vorgänge im Fernen Osten* (Hamburg,
　　1911), p.357.

32) Ibid., p.358.

이미 1861년에 칼 프리드리히 노이만(Karl Friederich Neumann)이 『동아시아사』를, 1877년에는 페르디난드 폰 리히트호펜이 『중국』을 출간하였다. 또한 1894년 이래 동아시아의 정치적인 변화에 대한 관심이 높아졌고 특히 중국에서의 급격한 변화가 여론의 관심을 끌었음에도 불구하고, 독일의 학계나 대학의 행정가들은 세계사의 이 새로운 장을 대학 내에서 소화하기를 거부하고 있었다.[33] 이는 독일 상아탑학문의 특성과 연관된다. 프랑케는 먼저 인도학이 그간 언어학의 계보에 초점을 두어 연구를 진행하다 보니, 인도게르만어의 기원과 발전의 연장선상에서만 연구대상을 고찰한 관행에서 이러한 맹점을 발견한다. 그 결과 인도의 고유한 정신세계에 대한 고찰이 도외시되었던 것과 동일한 운명에 중국학이 처한 것이다. 다시 말해서 한 학문분야가 언어학으로만 접근될 경우, 이는 보조학문으로만 비추어질 뿐이다. 둘째로, 철학이 중심을 이루는 상아탑학문에서는 중세 스콜라철학의 전통을 계승하여 그리스와 로마를 문화의 근원지로 상정하였고, 동양학은 그리스 역사 및 문화와 관련성이 적은 만큼, 연구대상으로 인정받기 어려웠다. 근대 이후 새로이 접촉한 거대한 아시아의 학문영역은 독일 학자들에게 여전히 낯설었다. 마지막으로 프랑케는 중국학이 이미 완결된, 그래서 발굴되어야할 문화였다면, 연구대상으로 선택되기가 용이하였을 것이라 예측한다. 다시 말해서 독일의 아카데미즘에서 현실정치나 당면한 경제문제의 테크닉 등을 다루는 실용학문을 위한 공간은 닫혀 있었고, 중국학의 수용이 지연된 것도 이런 상황과 무관하지 않다는 것이다.[34]

이렇게 대학이 빗장을 걸어 잠그고 있는 동안에 다른 교육영역, 즉 무역이나 산업 혹은 정부의 일부 제한된 영역에서 학문적 성격을 지니

---

33) Ibid., p.361.
34) Ibid., pp.362-363.

지 않은 어학훈련이나 지역학 교육의 기회가 주어졌다. 더불어 중국학
은 독일의 정신문화의 양 극단, 정통학문과 실용학문 사이에 놓이게 되
고, 이 둘은 서로 부딪히고 상처를 입혔다. 한편으로 정통학문은 중국
학을 현실과의 관련성 때문에 거부하였고, 다른 한편으로 실용적인 연
구경향은 고대사와의 연계를 거부하고, 그 뿌리를 잘라내고자 하였다.
결국 양자 모두에서 드러나는 것은 중국학의 본질과 과제에 대한 몰이
해였다. 그 결과는 동아시아학의 다른 분야에 비해서는 많은 연구가
이루어졌지만, 부족한 연구수단, 즉 교육훈련 · 어학능력 · 현실적 관
점 · 문헌자료의 결핍으로 중국학 연구는 아마추어리즘을 탈피하지 못
하였다는 것이다. 그러나 이런 현상은 장구한 역사적 축적 속에서 이
루어진 중국의 학문영역의 방대함과 그로 인한 불가해성에서 기인하
는 것이기도 해서, 어느 정도 변명의 소지는 있었다. 다시 말해 방대한
중국의 문헌 때문에, 중국학 분야에서 발표된 연구 성과를 학자들은 서
로 쉽게 신뢰하지 않았다는 것이다.[35]

위에서 언급한 중국학 연구의 부진 속에서 1870년대에 플라트(Plath)
가 뮌헨의 학술원 회원으로, 쇼트(Wilhelm Schott)가 베를린에서 그리고
가벨렌츠(Georg von der Gabelentz)가 라이프치히에서 동아시아어 분야
의 객원교수(ausserordentlicher Professor)로 활동하였다. 이들의 사망 이
후에는 콘라디(A. Conrady), 그루베(Wilhelm Grube), 히르트(Friedrich
Hirth) 등이 그 자리를 이어갔다. 그러나 특기할만한 사실은 1887년
10월 베를린대학에 동양어학과(Seminar für Orientalische Sprachen, 이후
SOS로 약칭함)가 창설된 점이다. SOS의 창립 동기는 아프리카와 아시
아에서 독일제국의 식민활동과 관련하여 높아지는 경제적, 정치적 이

---

35) Ibid., pp.363-364; Jürgen Osthammel und Niels P. Petersson, p.302.

해관계에 따라, 식민지관료들에게 필요한 어학훈련 제공이었다. 여기
에서 더 나아가 SOS는 자라나는 젊은이들에게 미지의 식민지에서의 공
관 활동을 위해서 어학과 지역학에 대한 지식을 전달하는 역할도 해야
하였다. 그래서 SOS의 최초의 학부장 샤우(Eduard Schau)는 이 기구가
"독일 남성이 낯 설은 사람들과 조직 속에서 생존을 위한 투쟁을 할 수
있는 준비과정"에 해당한다는 점을 강조하였다.[36]

처음부터 중국의 '현실'과 '중국어'가 분명하게 강의계획으로 잡혀 있
었다. 외무성 차관 역시 그의 개회사에서 "SOS에서는 어학교육과 학문
성(Wissenschaftlichkeit)이 실무에 대한 요구와 통합되어야 한다"는 점을
특별히 언급하였다. 이에 반해 이후 수십 년 동안 SOS의 교수들은 학술
기관으로 인정받기 위한 투쟁을 벌여나갔다. 학과운영에서 고전해독
에 치중할지 아니면 현대 중국문제에 집중할지 여부에 대한 판단은 개
별 중국학자들에 따라 서로 달랐다. 1945년까지 중국학과에서 현대중
국과 중국고전 취급은 서로 제도적으로 분리되어 있었으나, 학생이나
교수들에 의해서 이는 무시되었다. 학생들은 SOS에서 디플롬 학위를
받고[37], 철학과에서 중국학 분야로 전공을 수료할 수 있었다. 또한 포
르케(Alfred Forke) 교수는 SOS소장의 격렬한 반대에도 불구하고, 고대
중국의 문화와 철학에 대한 강의를 시도하였다.[38]

1914년까지 SOS는 식민지 행정을 위한 지식의 전달과 더불어 정치

---

36) Ibid., p.368; Mechthild Leutner, "Sinologie in Berlin. Die Durchsetzung einer
wissenschaftlichen Disziplin zur Erschliessung und zum Verständnis Chinas", Kuo
Heng-Yu, eds., *Berlin und China. Dreihundert Jahre wechselvolle Beziehungen*
(Berlin: Colloquium Verlag, 1987), p.38; Otto Franke, "Die sinologischen Studien in
Deutschland", p.368.

37) 일반적으로 독일에서 석사과정으로 Magister과 Diplom 과정이 있다. 디플롬 학위
는 주로 실용적인 학문에서 많이 주어지고 있다.

38) Mechthild Leutner, 1987, p.38.

조직, 무역가능성 그리고 교통체계 등과 관련된 양질의 지역학 정보를 제공하였다. 또한 1912년까지 48명의 졸업생이 외무성에 진입하였고, 그들 중 많은 수는 훈련된 법률가였다. 또한 1900년에는 특별강좌를 통해서 중국에서 복무할 49명의 장교를 훈련하였다. 혹은 중국에 체류하는 우체관리, 은행원, 상인, 독일학교를 위한 교사를 교육하였다. 이들은 1945년 후에 서독과 미국의 중국학 발전에도 중요한 역할을 하였다. 또한 1898년부터 정기간행물인『동양어학부소식(Mitteilungen des Seminars für Orientalische Sprachen)』을 발간하였다.[39]

SOS의 제도적, 조직적 정착은 몇 번의 고비를 넘겨야 하였다. 이 기구를 대학에서 분리하여 독립적인 무역아카데미를 만들거나 혹은 외국학 연구를 총괄하는 독자적인 전문대학을 설립하여 여기로 통합하자는 방안 등이 그것이다. 그러나 이런 제안을 당시 학과장이었던 오토 프랑케는 반대하였는데, 이는 '대학은 학술적인 그리고 현실적인 과제를 동시에 수행해야 한다'는 소신으로부터 나온 것이었다. 또한 모든 동양학 전공을 종합하는 통합적인 동양학부의 설립에 오토 프랑케는 적극적이었다.[40]

프로이센에서는 베를린대학 동양학부 내에 중국학과와 일본학과를 하나 설치한 것으로 중국학 연구에 대한 지원은 거의 바닥이 났다. 그러나 함부르크에서 정부, 관료 그리고 시민의 지원하에 중국학 학술기관이 탄생하였다. 1909년 정교수직(Ordentliche Staatliche Professeur für Sinologie)을 갖춘 중국학부가 출범하였는데, 이는 어학을 포함한 실용적인 교육 외에도 보다 수준 높은 학문연구를 병행할 것을 천명하였다.

---

[39] Ibid., p.39.

[40] Ibid., p.40. 프랑케는 시종일관 중국학과가 단순한 어학훈련기관으로 전락할 것을 염려하였다. Otto Franke, "Die sinologischen Studien in Deutschland", p.369.

함부르크에서는 고대(Altertum)와 현대가 결합된 중국학이야말로 가장 학문적인 힘을 갖는다는 점에 구성원들이 공감하였다. "보다 수준 높은 교육기관에서는 학문적인 그리고 실용적인 강의 사이에 어떤 실질적인 대립관계가 있을 수 없다. 진정한 실용성은 항상 완벽한 학문적 천착의 토대 위에 서 있기 때문이다"라는 구절은 이런 상징성을 잘 드러내는 것이다.[41] 그러나 함부르크의 중국학부 설립은 함부르크 식민지 연구소(Hamburgisches Kolonialinstitut) 창립의 연장선에서 가능하였다. 이 기관은 지속적으로 베를린과 경쟁관계에 있으면서, 막상 지원해야 할 상공업자들의 관심부족으로 여러 곤란을 겪었다. 뿐만 아니라 애초부터 설립목적이 식민지 행정의 필요성 뿐 아니라 대학건립의 전초작업에 있었던 만큼, 후기로 갈수록 중국학부는 지속적인 지원을 얻기가 어려웠다.[42]

오토 프랑케에 따르면, 독일제국에서 중국학의 제도적 정착은 초라한 편이다. 당시 독일에는 21개 대학이 있었지만, 중국학 연구에 정교수직이 부여된 곳은 단지 베를린과 함부르크대학 뿐이었다.[43] 이에 비해 중국학 연구가 가장 앞선 곳은 프랑스였다. 프랑스는 정교수직이 배정된 중국학과를 네 곳 이상 설립하였고, 사이공이나 하노이에도 동아시아학 연구를 제도적으로 정착시켰다. 그뿐만 아니라 파리도서관에 소장된 중국 관련 서적은 그 어느 나라와도 비교될 수 없는 규모이

---

[41] Ibid., pp.369-370; Jens Ruppenthal, Kolonialismus als *"Wissenschaft und Technik". Das Hamburgische Kolonialinstitut 1908 bis 1919*, (Stuttgart: Franz Steiner Verlag, 2007), pp.255-258.

[42] Ibid., pp.256-257.

[43] 프랑케는 노이만(K. F. Neumann)이 1830년 이래 수집하여 기증한 10,000권 이상의 중국서적이 아직 목록도 정리되지 않은 채 방치되고 있다고 개탄하면서, 국가의 지원 부족을 지적하고 있다. Ibid., p.374.

었다. 프랑스에 이어 영국도 엄청난 문헌자료를 소장한 것 외에도, 런던, 캠브리지, 옥스퍼드, 맨체스터 그리고 리버플 대학에 중국학 정교수직을 설치하였다. 또한 대영박물관도 중국학 연구의 센터 역할을 하고 있었다.[44]

전체적으로 정리하자면, 비스마르크 이후 독일은 식민지 경쟁전에 한 발을 들이밀었으나, 앞에서 언급한 식민지를 향한 환상에도 불구하고, 문화계에서도 식민지정책에 대한 대응은 천천히 시작되었다. 또한 국가의 식민지학에 대한 지원도 1890년대에 들어와 증가하였으나, 이는 광범하지도 않았을 뿐 아니라 선별적이었다.[45] 제국정부나 문화계는 동아시아에 대한 관심이 거의 없었는데, 이는 독일의 21개 대학에서 인도학에 18명의 정교수와 8명의 객원교수, 셈족 언어에 17명의 정교수와 12명의 객원교수, 이집트학에 5명의 정교수와 2명의 객원교수, 아시리아학에 2명의 정교수와 1명의 객원교수를 배치한데에서도 잘 드러난다.[46]

4. 동아시아학자들의 관점과 역할

독일의 동양학은 실용성에 그다지 관심을 두지 않는 개인들에 의해 유지되었다. 이미 앞에서 언급한 독일 학문의 전통 속에서 그들은 '교

44) 그러나 흥미 있는 점은 영국에서 실용중국학, 즉 언어와 지역학에 대한 실용적인 강의는 거의 이루어지지 않았고, 이 분야에 대한 별도의 기구도 가지고 있지 않았다. Ibid., pp.370-371.

45) Suzanne L. Marchand, *German Orientalism in The Age of Empire. Religion, Race, and Scholarship*, p.337.

46) Otto Franke, "Die sinologischen Studien in Deutschland", p.375.

양이나 '학문' 그 자체로 동양학을 바라보았다. 초기의 동양학이 선교사, 외교관, 여행가들이 실용적인 동양학의 담지자가 되어, 자료수집이나 번역에 치중하였고, 이것이 때로는 학문적 성취에 기여하기도 하였다. 그러나 18-20세기에 이르면 학자들 사이에서 선교사들의 활동이 현지의 문화나 역사를 충분히 인정하거나 배려하지 않은 채, 수용 할 준비가 되지 않은 현지인에게 기독교 교리를 들어 씌우는 현실에 대해 비판적인 담론들이 존재하였다.

앞에서 언급한 동양학자들의 순수학문을 지향하는 태도가 독일제국이 1880년대 이후 본격적으로 식민지 열강으로 참여한 이후 얼마나 변화를 겪었는지는 분명치 않다. 적어도 어느 정도의 변화는 있었을 것이라 추정할 수 있다. 비교적 단기간 내에 수많은 공리주의적이고, 친식민지적인 조직이나 기구가 설립되었고, 이 와중에 동양학자들은, 학계 안에 혹은 바깥에 있건 간에, 중요한 행위자가 될 수밖에 없었다.[47] 젊은 학자들은 문화유물의 수집을 강조하고, 근대 오리엔트의 사람, 언어, 경제 그리고 사회적 관행에 관심을 기울이기 시작하였다. 그들에게 식민지 확장의 가장 큰 성과는 치열한 국가 간 경쟁 속에서 새로운 자료와 유물을 수집하는 것이었다. 이런 현실적 흐름이 가져 온 새로운 부산물은 이슬람, 그보다는 적은 규모로 중국과 인도의 문명에 대해 포괄적인 문화사를 재구성하려는 노력이었다. 또한 제국주의적 경험은 그들 스스로가 오래된 기독교적 인문주의나 서구의 언어학-역사학적 전통의 헤게모니를 새로운 눈으로 바라보는 것을 도왔다. 그 결과 빌

---

[47] 이런 친식민주의적 우익 집단의 활동은 사회적, 정치적으로 상당한 압력으로 작용하였다. 이를 위하여 Jürgen Kloosterhuis, *"Freidliche Imperialisten"*. *Deutsche Auslandsvereine und auswärtige Kulturpolitik, 1906-1918* Teil 1. (Frankfurt/M: Peter Lang, 1994) 참조.

헬름 제국의 독일에서는 중동정책과 관련하여 각기 다른 지식인들의 목소리가 나왔다. 이런 불협화음은 1904-1905년 남서아프리카와 동아프리카 전쟁에서 식민지군대가 저지른 잔혹 행위에 대한 비판적 여론 속에서, 식민지화에 대한 보다 인간적이고, 과학적인 접근을 주장하는 목소리로도 나타났다. 분명한 사실은 1880-1914년 사이에 정복, 개종 그리고 착취의 실제적인 과정에 직접 참여하기를 원하였던 동양학 전문가는 소수에 불과하였다는 점이다.[48]

1911년 이후 독일의 식민화가 속력을 내기 시작하고, 독일제국은 오스만제국에서 그 문화적, 정치적, 경제적 존재의미를 키워갔다. 빌헬름 2세의 강렬한 열망을 바탕으로 아프리카와 오리엔트의 문화유물이 선적되어 베를린 제국박물관으로 운송되었다. 이 거대유물은 오늘날에도 여전히 베를린박물관의 대표적 전시물로서 그 위용을 자랑하고 있다. 그러나 이와 같은 침탈은 독일의 문화 사업가들의 도움 없이 황제의 결정에 의해 진행되었다. 여기에서도 드러나듯이 독일제국의 외교정책이 자의적이면서 일관성을 잃고 있는 한에 있어 동양학자의 양성은 쉽지 않았기에, 우리는 소수 전문 학자들을 중심으로 그들의 동아시아관을 분석할 수 있을 뿐이다.[49] 소수이지만, 이들의 다양한 목소리들에서 드러나는 경향성을 찾아보고자 한다.

이미 1870년대 이래 대표적인 중국 전문가이자 지리학자인 리히트호펜은 물질적, 지적 그리고 산업적인 측면에서 중국의 부상은 유럽의 이해관계와 충돌할 것이라는 입장을 가졌다. 그는 이런 발전과정에서 중국의 근대화와 연루된 유럽의 기업은 장기적으로는 이윤창출의 기회

---

48) Suzanne L. Marchand, *German Orientalism in The Age of Empire Religion, Race, and Scholarship*, pp.334-335.

49) Ibid., pp.338-339, 342.

를 잃어갈 것으로 보았다. 그러나 중국은 아직은 자력으로 근대화를
수행할 처지에 있지 못하니, 유럽은 중국을 조종할 수 있는 연결고리를
놓지 않아야 한다는 생각으로 그는 안심하지만 말이다. 1900년의 의화
단사건이 중국인이 애국주의적 희생정신과 함께 단결하여 서구에 저
항할 수 있다는 것을 보여주자, 리히트호펜은 '이제 적극적으로 황색
위험에 대처할 시점이 왔음'을 강변하였다. 장차 베를린대학의 총장이
될 이 영향력 있는 학자는 프로이센 문화성에 '가능하면 자신의 대학에
중국인의 입학허가를 제한할 것'을 요청하였다.50) 또한 1902년에는 외
무성에 서신을 보내어 중국이 서구의 기술을 이용하여 유럽의 세계 헤
게모니를 위협할 것이므로, 중국인의 손에 현대 기술을 넘겨주는 것은
"자살행위"가 될 것이라고 경고하였다.51)

그러나 중국에 대해 우호적인 입장과 함께 서구사회에 팽배한 중국
에 대한 왜곡된 상을 교정하려는 노력을 한 많은 중국학자들이 있었다.
베를린대학에서 최초로 중국학 강의를 하였던 빌헬름 쇼트의 경우에
그는 프로이센적인 민족주의 조류에 영향을 받아 중국과 중국인이라
는 대상에 대해 일종의 우월의식을 드러내었지 만, 당시 사회를 지배하
던 중국에 대한 왜곡된 이미지를 깨려는 계몽주의적 태도를 보였다.
그러나 그는 예수교단이 확산시킨 중국 이미지를 어느 정도 수용하였

---

50) Jürgen Osthammel und Niels P. Petersson, "Ostasiens Jahrhundertwende. Unterwerfung und Erneurung in west-östlichen Sichtweisen", p.282.

51) Suzanne L. Marchand, *German Orientalism in The Age of Empire. Religion, Race, and Scholarship*, p.376. 그러나 전체적으로 그의 중국관을 평가하자면, 그는 제국주의는 중심부국가에 좋은 일이지만, 중국의 이해관계라는 측면에서도 필연적인 치유책이 될 것이라 주장한 점에서 식민지적 근대화론의 입장을 견지함을 알 수 있다. 그래서 오토 프랑케는 이러한 리히트호펜의 입장이 독일 중국학의 발전에 해를 끼쳤다고 주장한다. Jürgen Osthammel, pp.183-184; Otto Franke, "Die sinologischen Studien in Deutschland", pp.364-365.

다. 중국인은 오래된 위대한 문화, 높은 유교적인 윤리, 근면함과 좋은
민족적 특성을 지녔지만, 백성 사이에 불교의 퇴폐성과 미신 그리고 속
임수가 만연해 있다고 보았다. 그래서 중국인이 새로운 생활과 도덕적
인 개선을 위해서는 밖으로부터, 즉 유럽인의 강력한 영향을 받아야할
것으로 생각하였다.[52]

중국학을 언어학 중심에서 철학적 – 역사학적 연구로 승화하고자 하
였던 빌헬름 그루베는 중국의 오랜 문화, 특히 공자에 대해서 높이 평
가하였다. 그러나 그는 중국의 미신과 학문적 미몽을 이유로, 유럽 선
교사들의 문명화 사명을 합리화하는 발언을 하였다. 그러나 그는 독일
에 의한 문명화의 과업은 평화적인 방법으로 이루어져야함을 강조하
였다. 이러한 류의 주장들은 이후 여러 중국학자들의 언설에서 발견되
는데, 여기에서 동아시아학자들이 그간 중국인에 대해 가졌던 우월감
을 수정하려는 노력을 발견할 수 있지만, 여전히 서구중심주의적 시각
에 갇혀있다는 점도 간과될 수 없다.[53]

칼 아렌트, 알프레드 포르케, 빌헬름 쉴러에 이르면, 이들의 생각은
한 단계 더 진전되어, 중국에 대해 독일이 반드시 문화적 사명을 수행
할 필요가 없고, 꼭 필요하다면 제한된 형태로 감당해야 한다고 주장하
기에 이른다. 베를린대학의 SOS에서 교수나 강사로 일했던 이들은 중
국에 대한 편견을 상당 부분 탈피하고, 중국에 대한 이해심을 보여주었
다. 또한 쉴러는 여기에서 더 나아가 중국의 고도로 발전된 문화의 기

---

[52] 쇼트의 자리를 이어받은 가벨렌쯔도 "외국어를 습득하는 것은 동시에 많은 편견
으로부터의 해방의 행위"라고 주장하면서, 중국인을 오랜 문화를 지닌 민족으로
파악하고, 긍정적으로 이해하고자 노력하였다. Mechthild Leutner, 1987, pp.33-34.

[53] Ibid., pp.35-37; Mechthild Leutner, "Weltanschaung-Wissenschaft-Gesellschaft.
Überlegungen zur einer kritischen Sinologie", Berliner China-Hefte. Beiträge zur
Gesellschaft und Geschichte Chinas, Nr. 14, 1998, pp.7-8.

초를 무너뜨릴 것이 아니라, "중국의 오래된 도덕적 사회적 힘과 서구
정신의 순수하고 심오한 저력이 결합"하는 것을 통해서, 중국이 부흥해
야 한다는 주장을 내세웠다. 그러나 포르케는 독일에 의한 교주만의
무력 점령에 대해서는 거리를 두려 하였다.[54]

   최초로 베를린대학의 정교수 자리를 취득한 오토 프랑케는 독일의
중국학계를 대표하는 인물로, 동아시아 연구에 가장 큰 영향력을 행사
하였다. 그는 중국의 근대화정책에 반대하였던 리히트호펜과는 달리
독일이 중국과 우의를 돈독히 할 것을 주장하였다. 1차 세계대전 전에
그는 동아시아의 문화정책에 대단한 영향력을 행사한 인물이었다.[55]
그가 베를린대학에 재직하는 동안, 베를린에서 중국 관련된 학문연구
는 최고의 정점을 맞이하고 있었다. 프랑케는 중국학을 아마추어리즘
을 넘어선, 사회적으로나 학문적으로 인정받는 분과로 끌어올리고자
하였다. 그를 위해서 먼저 고전적인 중국학과 현대 중국학의 결합을
시도하였다. 그 다음으로 프랑케는 학문분과의 다양화를 시도하였다.
그간의 언어학-역사학 위주의 연구를 넘어서서, 중국에 관한 지식을
다양한 학문분과, 의학, 건축, 종교학, 지리학 등으로 확산하려는 시도
를 하였다. 동시에 그는 중국학 분과가 지니는 보편성의 이상과 학문
발전의 필연적인 과정이라 할 수 있는 세분화(Spezialisierung)를 서로
결합하고자 하였다. 또한 그는 1900년 이후 많이 퍼진 중국서적에 대한
우스꽝스런 오해나 끔찍한 억측을 애국주의의 상습적인 자기만족감에

---

54) Ibid., pp.41-44.

55) 유년시절부터 동양학 공부를 열망하였던 그는 괴팅겐대학을 거쳐 베를린의 SOS
에서 중국학을 공부하였다. 그는 중국에서 외교관으로 근무하였고, 함부르크 대
학교수를 거쳐, 베를린대학 중국학부에 최초로 정교수자격을 얻게 되었다. Otto
Franke, Erinnerungen aus Zwei Welten, Randglossen zur Eigenen Lebensgeschichte
(Berlin: Walter De Gruyter & Co., 1954), pp.7-39 · 129-180.

서 나온 것이라 비판하였고, 역사적인 무지와 문화적인 편협성 그리고 일그러진 인종주의적 과장에서 나온 이런 편견들을 격렬하게 비판하였다.[56]

또한 프랑케는 영국과 미국에 맞서, 의도적인 문화정치를 통해 독일의 정치적, 경제적 영향력을 행사해야 한다는 취지에서 1908년 창립된 청도의 중국-독일대학 건립에 관여하였다. 이를 위해 중국에 도착하자 그는 곧 자국 사람들과 싸워야 하는 상황에 당면하였다. 이 대학은 독일 해군과 중국정부가 공동으로 건립하였고, 그래서 양자의 설립목적에 봉사해야 하였다. 중국 학생들은 관료로 진출할 수 있도록 농업이나 법학 등의 실용적인 학문을 배울 수 있었다. 독일 측은 중국인들에게 독일의 경제적, 정치적 개입이 중국의 전통적인 가치와 문화를 희생시키는 대가를 수반하지 않을 것이라는 점을 확신시키고 선전하는 유용한 수단이 될 수 있도록 교육내용을 기획하였다. 창립행사에서 프랑케는 학생들에게 중국어, 유교서적 그리고 중국사를 부지런히 배울 것을 언급하였다. 개인적으로 그는 유교를 싫어하고, 중국학문을 시간 낭비로 생각하였지만, 문화적 우의관계를 위해 그런 양보는 필요하다고 생각하였다. 이런 프랑케의 계획은 번번이 군인 총독과 충돌하였고, 이런 갈등은 결국 학생들이 군사행진을 위한 훈련을 받는 양보를 하는 것으로 일단락되었다. 이를 통해서 중국학자인 프랑케는 관료들보다는 중국문화에 대한 보다 깊은 이해심을 가졌음을 알 수 있다.[57]

프랑케의 중국학에서 드러나는 또 다른 흥미 있는 점은 그의 중국사 해석이다. 그는 1920년대에 『중국제국사』 5권을 집필하였고, 이는 그의

---

56) Ibid., pp.44-45.

57) Ibid., p.45; Suzanne L. Marchand, *German Orientalism in The Age of Empire. Religion, Race, and Scholarship*, pp.379-380.

사후인 1952년에 출간되었다. 이 방대한 저술을 통해서 그는 중국사에
대한 종합적인 서술을 시도하였다. 프랑케는 우선 헤겔의 '중국의 무
(無)역사성' 테제를 명확히 반박하고, 랑케가 세계사에 중국을 포함하
지 않았던 것을 비판하였다. 그는 또한 중국사의 발전에 대한 단선적
해석에도 반박하면서, 중국민족의 다면성을 내세웠다. 동시에 그는 모
든 민족은 공통의 역사발전 단계를 거친다고 파악하면서, 중국도 세계
사의 일부임을 강조하였다. 그는 또한 랑케의 영향을 받아 국가를 주
관적 의지의 총합으로 파악하고, 국가를 역사인식의 중심에 놓았다. 그
런데 프랑케에서 특이한 점은 중국과 서구의 대립을 국민국가와 보편
국가 사상의 대립으로 본 것이다. 이러한 보편주의는 개인주의의 반대
되는 극인데, 그는 전자를 추동하는 것은 유교주의라고 보았다. 헤겔의
영향을 받은 프랑케에게 보편주의와 보편국가는 역사를 움직이는 원
동력인데, 그는 중국의 보편주의에서 긍정적인 측면과 부정적인 면모
를 모두 보았다. 긍정적인 면은 이런 보편주의가 중국으로 하여금 주
변의 야만집단이나 유목민족에 맞서 스스로의 문화 권력을 유지할 수
있게 해주었다는 점이다. 그러나 이런 보편국가 사상은 국가의 경직성
을 불러오고, 국민국가 형성을 방해한다는 점에서, 유교에 대해 그는
부정적이었다.[58]

프랑케의 중국사에 대한 해석은 대단히 흥미롭다. 우선 그의 주장은
이론적 일관성이 있다. 또한 유럽의 발전과정을 설명하는 것과 유사한

---

[58] Otto Franke, *Geschichte Des Chinesischen Reiches. Eine Darstellung Seiner Entstehung,
Seines Wesens Und Seiner Entwicklung Bis Zur Neuesten Zeit*, Bd. I, pp. VII-XI
(Berlin: Walter De Gruyter & Co., 1930); Suzanne L. Marchand, p., 381; Mechthild
Leutner, "Otto Frankes Konzeptionen zur chinesischen Geschichte", Kuo Heng Yu,
eds., *Deutsch-chinesische Beziehungen vom 19. Jahrhundert bis zur Gegenwart.
Beiträge des internationalen Symposiums in Berlin*, 1991, pp. 185-189 · 191-192.

방식으로 중국의 역사화를 시도하는 것을 통해서, 그의 역사해석은 유럽민족이나 인종의 일방적 우월성의 관점을 넘어설 뿐 아니라 서구와 동서양의 비역사적인 대립각을 극복하려는 시도를 보여주었다. 또한 유럽 바깥 세계의 문화를 설명하려 하였을 뿐 아니라, 유럽사와 유럽 바깥의 역사가 지닌 유사성도 드러내고자 하였다. 그러나 크게 보아 그의 이론을 서구 역사주의의 이론을 그대로 중국사의 해석에 도입한다든가, 유럽사의 역사발전단계를 그대로 중국에 대입하려 하였다는 비판을 받기도 하였다.[59]

프랑케는 중국학이 그의 동료들에 의해서 '당대 정치의 일부'로 인식되는 것에 대해 개탄하였다. "당대의 경제문제를 해결하는 수단으로서 그것은(필자: 중국학) 실용적인 목적에 봉사할 수 있다. 그러나 순수학문의 도시에서 그것을 위한 공간이 없다"는 것이다. 그러나 동아시아학 학자들이 직접 식민정책에 참여하지는 않았지만, 학문적 순수성의 주장 자체가 결과적으로는 제국주의 정책을 수용하고, 그 조력자의 역할을 한 것이 아니겠는가?[60]

로이트너는 드 그루트(J. J. M. de Groot), 그루베, 포르케 그리고 오토 프랑케까지, 이전 세대보다는 중국에 대한 보다 깊은 이해력을 보여주었을지라도, 크게 보아 이들은 중국학에 '문명화(Zivilisierung)' 패러다임으로 접근하였다고 지적하고 있다. 다시 말해 미개발된 중국에 우월한 서구 문명을 전달해야 한다는 지배적인 사고에 동조한 지식인들이라는 것이다. 그런 점에서 동아시아 학자들 대다수는 유럽중심주의의 한계 안에서 맴돌고 있었다.[61]

---

59) Ibid., pp.193 · 204-205.

60) Suzanne L. Marchand, *German Orientalism in The Age of Empire. Religion, Race, and Scholarship*, p.346.

그러나 중국학자 내에서 라이프찌히 대학에 재직 중이었던 콘라디(August Conrady)나 그 제자인 엘케스(Eduard Erkes)는 이런 한계를 넘어서 서구의 우월성과 문명화의 사명 전체에 의문을 던진 예외적인 인물이었다. 이 두 학자는 당대 중국학의 일반적 흐름에 저항하면서, 오히려 중국을 고도의 주체적인 문명국가로 파악하였고, 특히 유교를 통해 '합리적인 사고방식'을 발전시켰고, 그래서 중국은 2500년 동안 지적이면서도 이성적인 종교(Intellektualistische Vernunftreligion)를 발전시킬 수 있었다는 것이다. 사회민주주의자였던 엘케스는 중국에는 전통적으로 집산적인 사회질서(Kollektivistische Gesellschaftsordnung)가 있었고, 그래서 이러한 공동체적 사회성격은 서구의 사회적, 정신적 발전에도 자극제가 될 수 있다고 보았다. 그에게 있어서 세계사의 목표는 하나의 문화적 통합체를 이루는 것이며, 문화적 영향력 행사는 상호적이지 일방통행의 경로가 아니라는 것이었다. 그러나 콘라디와 엘케스와 같은 인물은 독일의 동아시아학에서 예외적인 소수자였다.[62]

---

[61] Mechthild Leutner, "Otto Frankes Konzeptionen zur chinesischen Geschichte", pp.4-5.

[62] Ibid., pp.8-10. 마찬가지로 서구인의 동아시아관에 비판적이었던 사람은 의사 출신이면서, 동경대학에 재직하였던 일본학 연구자 벨츠(Erwin Baelz)였다. 그는 동아시아의 문화를 개혁하고자 하는 서구인의 역할에 대해 대단히 회의적이었다. 그는 독일인들이 정신적인 만리장성에 갇혀 있다고 비판하고, 성장하는 일본의 동력을 인정하고, 또한 일본의 전통을 옹호하였다. 벨츠가 독일로 귀환하였을 때 그는 동양학계에서 받아들여지지 않았다. Suzanne L. Marchand, *German Orientalism in The Age of Empire. Religion, Race, and Scholarship*, pp.383-386.

5. 맺음말

이 글은 제국주의 시대의 식민지 쟁탈전에 지각한 독일제국에서 동아시아학이 제도적으로 정착하고 그 학자들이 어떻게 동아시아관을 만들어갔는지를 분석하였다. 무엇보다도 국가의 위신과 명예를 위해 식민지를 갈구하였던 독일에서는 식민지 확장의 전제가 되어야 할 국민국가 건설 이전부터 식민지 환상이 사회적으로 팽배해 있었다. 여기에 독일 제국주의의 특수성이 있다. 그러나 식민지가 상징적인 의미를 넘어서지 못하는 한에 있어서, 지속적이고 일관성 있는 제국주의 정책이 나오기 어려웠다. 이렇게 제대로 기획된 제국주의 정책이 집행되지 못하는 조건하에서는 동양학이 제대로 뿌리 내리기 쉽지 않았다. 거기에다가 동양학 내에서, 이슬람학이나 인도학에 비해, 동아시아학에 대한 관심은 상대적으로 적었다. 이런 현실 속에서 동아시아학은 명맥을 유지하여야 했고, 특히 초기에는 그 연구가 전문 학자가 아닌 외교관, 선교사, 여행가에 의존하였다. 이런 현실 속에서 '아마추어 연구'라는 비하를 감수하면서, 동아시아학은 실용학문과 순수학문 사이에서 방황하였다.

에드워드 사이드의 『오리엔탈리즘』이 제기한 대로, 제국주의 시대 유럽인은 동양의 문명을 평가절하하고, 수동적인 인식대상으로 격하하고, 그리고 동양을 역동적인 서구와 대조를 이루는 타자로 만들었다. 그러나 오리엔탈리즘에 대한 지금 우리의 연구와 인식이 이분법의 도그마에 빠진다면, 이 역시 성찰적이지 않다.[63] 바로 이런 함정에 유의하면서 사이드의 문제의식을 토대로 동아시아학를 담당한 독일 지식

---

63) Jürgen Osthammel und Niels P. Petersson, "Ostasiens Jahrhundertwende. Unterwerfung und Erneurung in west-östlichen Sichtweisen", p.302.

인들의 관점이나 담론을 살펴보았다. 지금까지 동아시아학에 관련된 지식인들의 언술을 분석해볼 때, 그들은 제국주의적 정책에 참여하거 나 직접적으로 동조하지는 않았다. 또한 그들 중 상당수가 중국이나 일본에 대한 왜곡과 폄하에 맞서서, 동아시아에 대한 올바른 이해를 사 회적으로 확산하기 위해 부단히 노력하였다. 동아시아학자들의 동아 시아에 대한 해석과 입장은 다양다기하면서도, 그들 중에는 서구중심 주의를 탈피하려는 노력을 보인 사람도 있었다.

그러나 학자들은 독일제국의 식민화정책에 저항하지는 않았다. 더 불어 스스로의 활동을 순수학문의 범주로 제한하는 한에 있어서, 그들 은 직접적으로 행동하지 않고도 제국주의적 프로젝트에 기여할 수 있 는 오리엔탈리즘의 범주에 해당한다고 평가할 수 있을 것이다.[64] 또한 그들의 동아시아에 대한 우호적인 해석은 너무 추상적이어서, 관료나 군부 혹은 일반 대중에게는 잘 전달되지 않았다. 특히 저급한 서적이 나 잡지를 통하여 전달되는 식민지 환상에 대중이 매료되었던 당시 독 일 사회의 분위기 속에서는 더욱 더 그러하였다. 이런 점에서 마르찬 드는 이들 동아시아학자들이 다른 종류의 식민주의, 즉 "간접적 식민주 의(indirect colonialism)"유지에 기여했다고 주장한다.[65] 동양학자들과 제국주의 정책결정자 사이에서 중국을 바라보는 관점에서 차이가 있 었고, 그래서 하부단위에서 어떤 갈등이 있었을지라도, 동아시아학 학 자들과 독일 제국주의 정책 사이에 실질적으로 협업관계를 형성하였 다고 우리는 결론을 내릴 수 있다. 외교관이나 통역관과 같은 실무자

---

[64] 하니쉬는 이런 맥락에서 "'순수학문'은 (…) 현존 질서의 긍정에 다름 아니다"라고 결론을 내렸다. Landmila Hanisch, "Gesellschaftsverständnis, Wissenschaftliche Rationalität und Politische 'Emotionen'", p.123.

[65] Suzanne L. Marchand, *German Orientalism in The Age of Empire. Religion, Race, and Scholarship*, pp.346-347.

들과는 달리, 학자들에게는 사회의 내적 컨텍스트나 정치적 구속력에
도 불구하고, 스스로 정보의 선택·평가·체계화·구조화를 통해 독
자적으로 영향력을 행사할 수 있는 행동공간을 창안할 수 있었는데도
말이다.[66]

---

[66] Mechthild Leutner, "Otto Frankes Konzeptionen zur chinesischen Geschichte", pp.3-4
참조.

일본의 '동양학'과 '조선학'의 계보

근대 일본의 식민정책학에 나타난 조선인식

이규수

1. 머리말

식민정책학(colonial studies)은 식민지를 효과적으로 통치하기 위한 제반 정책을 연구하는 학문으로, 1945년 이전 구미와 일본에서 정책과학 혹은 사회과학의 한 분야로 형성되었다. 식민정책학은 법학이나 정치학적인 통치형식의 비교검토를 비롯해 이민·식민·개발에 따른 사회·자연현상 등 광범한 영역을 연구대상으로 삼았다.

일본의 식민정책학은 메이지유신 이후 홋카이도(北海道) '개척' 과정에서 형성되어, 청일전쟁에서 승리한 뒤 해외식민지로 처음 획득한 타이완에 대한 연구에서 본격적으로 이루어졌다. 러일전쟁 전후에는 제국대학과 사립고등교육기관에서도 식민정책학 관련 강좌를 개설함으로써 학문적 체계가 정비되었다. 유럽의 식민정책연구를 모델로 삼은 일본의 식민정책학 육성의 필요성이 국가적으로 요청되었기 때문이다. 1945년 패전 이후 GHQ의 지령에 따라 각 대학의 식민정책학 강좌는 폐지되었다. 식민정책학은 제국 일본의 운명과 같은 길을 걸었다.

초기의 식민정책학은 정책과학이라기보다 농학적인 '척식학'의 성격
이 강했다. 일본의 대외침략과 더불어 식민정책학의 관심영역 역시 확
대되어 나갔다. 조선과 만주를 비롯한 식민지 권역에 대한 연구는 물
론, 제국주의에 대한 이론적 연구와 식민지 본국과 식민지와의 관계를
둘러싼 연구도 진행되었다. 영국형 '자치주의', 프랑스형 '동화주의' 같
은 구미제국의 통치형식에 대한 비교·검토를 비롯하여, 사회현상으로
서의 '식민'을 분석하기에 이르렀다. 1910년에 발족된 '식민학회(殖民學
會)'와 1942년의 '대일본척식학회(大日本拓殖學會)'는 각종 강연회를 개
최하고 식민지 실지조사를 위해 식민지에 회원을 파견하는 등 식민정
책 입안의 브레인으로서 시정에도 적극 참여했다.[1]

최근 일본학계의 식민지연구는 제국과 식민지를 개별적 관계로 파
악하던 종래의 연구방법에서 벗어나 '제국일본'이라는 범주 위에서 식
민본국과 식민지 사이의 상호작용에 주목하면서, 일본제국주의 그 자
체에 포괄적으로 접근해야 한다는 점을 강조한다.[2] 이러한 문제의식
은 '국내'=제국일본과 '국외'=식민지라는 고전적 이분법을 상대화하는
중층적 관계로서의 제국의 구성을 밝히는데 유용하다고 판단된다. 근

---

1) 일본 식민정책학의 특징에 대해서는 다음 연구들이 참조된다. 淺田喬二, 「日本
植民史研究の現狀と問題點」, 『歷史評論』 300, 1975; 金子文夫, 「日本における植
民地研究の成立事情」 小島麗逸編, 『日本帝國主義と東アジア』, アジア (經濟研
究所, 1979); 原覺天, 『現代アジア研究成立史論−滿鐵調査部·東亞研究所·IPR
の研究』 (勁草書房, 1984); 淺田喬二, 『日本知識人の植民地認識』 (校倉書房,
1985); 金子文夫, 「日本の植民政策學; の成立と展開」, 『季刊三千里』 41, 1985; 山
本有造, 『日本植民地經濟史研究』 (名古屋大學出版會, 1992); 임성모·박상현·
조규헌·유병관, 「제국일본의 문화권력과 학지−연구사적 고찰」, 『한림일본학』
18, 2011.

2) 예를 들면 駒込武, 『植民地帝國日本の文化統合』 (岩波書店, 1996); 酒井哲哉 外
編, 『岩波講座「帝國」日本の學知 1-8』 (岩波書店, 2006).

대 일본의 국민국가 건설과정은 홋카이도 '개척'에서 드러나듯이 '내국' 식민부터 시작되어 '제국화'와 더불어 외연부로 확장되었다. 따라서 식민정책학은 본국으로부터 식민지로의 일방적인 권력의 확대과정에만 초점을 두지 않고, 양자의 상호규정적인 관계성을 파악하는 것 역시 중요한 연구영역으로 삼는다.

그런데 식민정책학의 계보를 무엇으로 볼 것인가를 두고 연구자들마다 논란의 여지가 있다. 그 이유 가운데 하나는, 기존 연구가 1913년 동경제국대학 경제학부에 개설된 '식민정책' 강좌와 이를 담당한 니토베 이나조(新渡戶稻造)와 야나이하라 다다오(矢內原忠雄)를 식민정책학의 출발점으로 바라보았기 때문이다.[3] 또 다른 한편의 연구자들은, 교육기관에서 보자면, 1891년 삿포로농학교(札幌農學校)를 거점으로 한 '홋카이도 대학파'가 일본 최초의 '식민학' 관련 강좌를 개설했다는 사실을 강조한다. 물론 니토베가 일본 식민정책학을 하나의 분과학문으로 정착시키는데 지대한 영향을 미친 것은 사실이지만, 이를 계승한 야나이하라가 보다 엄밀한 의미에서 식민정책학을 체계화한 인물이라는 것이다. 이런 면에서 식민정책학의 계보 관련 연구를 재검토할 필요성이 대두된다.[4]

연구범주를 둘러싼 논의도 식민정책학의 계보 획정에 영향을 미쳤다. 예를 들면, 아사다 교지(淺田喬二)는 연구대상의 기준으로 식민정책학이라는 이론적·방법적 시각의 명확한 제시, 제국 일본의 식민지

---

[3] 大內兵衛, 「日本植民學の系譜」, 南原繁他編, 『矢內原忠雄—信仰·学問·生涯』 (岩波書店, 1968).

[4] 식민정책학의 계보와 더불어 삿포로농학교의 인적 계보를 둘러싼 논의도 필요하다는 지적도 있다. 이에 대해서는 竹野學, 「植民地開拓と『北海道の經驗』—植民學における『北大學派』」, 『北大百二十五年史 論文·資料編』 (北海道大學出版會, 2003) 참조.

인 타이완·조선·'만주'에 대한 언급, 그리고 일본제국주의와 식민지 지배에 대한 비판적 입장을 분석대상으로 삼았다.[5] 따라서 식민정책학에 대한 체계적인 저작을 남기지 않았거나, 조선과 타이완에 대한 '비판적 입장'의 언급이 알려지지 않았던 '홋카이도 대학파'는 연구대상에서 주목받지 못했다.

그러나 이러한 연구경향에 대해, 식민정책학의 계보를 삿포로농학교로 거슬러 올라가야 한다는 주장이 여전히 맞서고 있다. 삿포로농학교의 후신인 홋카이도대학의 '100년사 편찬사업'의 일환으로 이루어진 일련의 연구가 그것이다.[6] 이들 연구는 일본의 식민정책학의 계보는 메이지유신 이후 새롭게 영유한 홋카이도의 개척과정에서 그 기원을 찾을 수 있고, 중심적인 역할을 담당한 것은 1876년 홋카이도의 통치기구인 '개척사(開拓使)'가 설립한 삿포로농학교라는 점을 강조하고 있다.

---

[5] 아사다가 분석한 학자들은 니토베 이나조, 이즈미 아키라(泉哲), 야나이하라 다다오, 호소카와 가로쿠(細川嘉六) 등 국가주의 내지는 자유주의적 식민정책학자와 더불어 오자키 호쓰미(尾崎秀實), 나카니시 쓰토무(中西功), 오가미 스에히로(大上末廣) 등 마르크스주의자들을 포함하고 있다. 그는 관련 학자들의 저술을 식민개념규정과 식민지 통치정책 중심으로 개관하면서 그것이 조선, 타이완, '만주'에 어떻게 적용되었는지를 언급하고 있다. 이에 대해서는 淺田喬二, 『日本知識人の植民地認識』(校倉書房, 1985); 淺田喬二, 『日本植民地研究史論』(未來社, 1990).

[6] 田中愼一, 「植民學の成立」, 北海道大學編, 『北大百年史 通說』(北海道大學出版會, 1982); 井上勝生, 「佐藤昌介『植民論』講義ノート-植民學と札幌農學校」, 『北海道大學文學研究科紀要』46-3, 1998; 井上勝生, 「札幌農學校と植民學」, 北海道大學編, 『北大百二十五年史 論文·資料編』(北海道大學出版會, 2003); 竹野學, 「植民地開拓と『北海道の經驗』-植民學における『北大學派』」, 『北大百二十五年史 論文·資料編』(北海道大學出版會, 2003); 井上勝生, 「佐藤昌介『植民論』初期講義ノート(上-下の2) 札幌農學校と植民學(2-5)」, 『北海道大學文學研究科紀要』115-123, 2005-07; 竹野學, 『樺太農業と植民學-近年の研究動向から』(札幌大學經濟學部附屬地域經濟研究所, 2005); 井上勝生, 「札幌農學校と植民學の誕生-佐藤昌介を中心に」, 酒井哲哉編, 『「帝國」日本の學知 1-「帝國」編成の系譜』(岩波書店, 2006).

요컨대 이들의 주장에 따르면, 일본의 식민정책학은 계보학적으로 '내국' 식민화를 위한 연구와 인재양성을 목적으로 설립한 삿포로농학교가 1891년부터 일본 최초로 식민정책학 강좌를 개설함으로써 관학 아카데미즘으로 정착되기 시작했다는 것이다.

삿포로농학교의 식민정책학 연구자는 동문인 사토 쇼스케(佐藤昌介)와 니토베 이나조(新渡戶稻造), 그리고 다카오카 구마오(高岡熊雄) 등이었다. 미국과 독일 유학파 출신인 이들은 이른바 '홋카이도 대학파'를 형성하고 식민정책학의 선구적 역할을 수행했다.[7] 특히 니토베 이나조는 삿포로농학교를 떠나 교토와 동경제국대학에서 식민정책학 강의를 담당함으로써 식민정책학의 토대를 구축했고, 이후 식민정책학은 그의 제자인 야나이하라 다다오에 의해 학문적으로 정립되었다. 따라서 '홋카이도 대학파'의 식민정책학은 니토베 이나조와 야나이하라 다다오에 앞선 식민정책학의 디딤돌에 해당한다고 말할 수 있다. 일본 식민정책학의 계보를 파악하기 위해 '홋카이도 대학파'에 주목해야 하는 이유도 바로 여기에 있다.[8]

---

[7] 삿포로농학교는 1876년 홋카이도 개척을 위한 인재육성을 목적으로 설치되었다. 그 전신은 1872년 개설된 개척사가학교(開拓使假學校)였다. 삿포로농학교는 이후 도호쿠제국대학 농과대학과 홋카이도제국대학으로 확대되었는데, 1907년 6월의 칙령 제240호 '도호쿠제국대학 농과대학 강좌의 종류와 그 수(東北帝國大學農科大學講座ノ種類及其ノ數)'에 의거하여 '농정학 식민학 강좌'가 개설되었다. 이는 일본 최초의 식민정책학 강좌로 동경제국대학의 식민정책강좌보다 2년 먼저 개설되었다. 동경제국대학 경제학부에 설치된 '식민정책' 강좌는 니토베 이나조가 초대 주임교수(1909-1920년)로 부임했고, 이어서 그의 제자였던 야나이하라 다다오(1923-1937년)가 이를 담당했다. 이에 대해서는 田中愼一, 「植民學の成立」.

[8] 삿포로농학교의 '식민책'·'식민사'·'식민론'과 같은 식민정책학 관련 강의는 사토 쇼스케가 1890년도와 1893년도 그리고 1896년도부터 1904년도까지, 니토베 이나조가 1894년도와 1895년도, 다카오카 구마오가 1905년도와 1906년도에 각각 식민정책학 강의를 담당했다. 사토 쇼스케가 식민정책학 강의의 대부분을 담당했음을 알 수 있다. 이에 대해서는 田中愼一, 「植民學の成立」, 1982.

이하에서는 '홋카이도 대학파'를 형성한 사토 쇼스케와 야나이하라 다다오의 식민정책론이 성립된 배경과 구체적인 논리의 전개 그리고 식민지와의 연관성 등을 살펴봄으로써 근대 일본의 조선인식의 특징과 식민정책론의 상호관계를 고찰하고자 한다. 이런 논의는 식민정책학이라는 학문의 계보를 검토하는 작업일 뿐만 아니라, 근대 일본과 식민지와의 관계, 특히 일본의 통치구조와 이를 밑받침한 사상과 이데올로기를 총체적으로 바라보는데 필요불가결한 작업이 될 것이다.

2. '내국식민론'과 '해외식민론'

삿포로농학교의 식민정책학은 홋카이도를 기점으로 식민지 권역으로 확대한 근대 일본의 대외팽창의 구도와 함께 형성되었다. 그 첫걸음을 내디딘 인물은 삿포로농학교 제1기인 사토 쇼스케(1856-1939)였다. 그는 일본정부의 초청을 받아 동교에 부임한 윌리엄 스미스 클라크(William Smith Clark)의 제자였다. 졸업 후, 쇼스케는 1882년 미국에 건너가 존스홉킨스대학에서 약 2년간 경제학자인 리처드 엘리(Richard T. Ely)로부터 경제학을 배웠다. 엘리는 독일역사학파의 영향을 받은 보호무역론자로 알려져 있는데, 그의 영향을 받은 사토는 삿포로농학교에 독일적인 농학과 경제학을 도입했다.

사토는 귀국 이후 1886년 삿포로농학교 교수로 부임했고, 1899년 한 해 후배인 니토베 이나조와 함께 일본에서 처음으로 농학박사 학위를 받았다. 1907년 도호쿠제국대학 농과대학 학장에 취임했고, 1918년 홋카이도제국대학으로 확대, 개편되면서 총장에 취임했다. 사토는 약 40여 년에 걸쳐 삿포로농학교와 인연을 맺으면서 삿포로농학교를 제국대학

으로 승격시키기 위해 노력한 인물로 '홋카이도대학 육성의 아버지'로
불렸다.[9]

사토는 자신의 식민정책론을 출판된 형태가 아니라 두 개의 강의노
트 형태로 남겼다. 하나는 1891년 「식민사 강의(植民史講義)」라는 표제
로 작성된 뒤, 1896년 사토 본인의 증보를 거친 「식민론 강의원고(植民
論講義原稿)」이고, 다른 하나는 1900년 삿포로농학교 졸업생 한자와
준(半澤洵)이 사토의 강의를 필기한 것이다.[10]

사토 쇼스케는 귀국 직후부터 농업잡지와 식민잡지, 농회보, 신문 등
에 식민에 관한 논설을 발표했는데, 그의 식민론의 특징은 '인구문제
해결을 위한 식민론'을 내세웠다는 점이다. 그의 첫 논문인 「대농론(大
農論)」[11]에서는 일본의 좁은 국토와 농가인구의 과잉문제로 인한 고액
소작료 문제를 지적하면서, 일본농민의 궁핍과 농촌문제를 해결할 수
있는 방안으로 홋카이도 이민론, 즉 '내국 식민'을 주장했다. 농촌의
궁핍문제 해결이 그의 농정학의 출발점이었다. 이와 관련하여 사토는
다음과 같이 주장했다.

> 나는 이미 홋카이도가 장래 농업의 낙토라는 것을 알고 있다. 그러나 부
> 현(府縣) 농민의 대다수는 홋카이도에서 농업을 경영할 자재(資財)가 궁핍
> 하여 낙토(樂土)로 들어갈 수 없다. …… 즉 홋카이도의 식민은 본방 과소
> 농(過小農)의 폐해를 바로잡음으로써 본방 농업의 개량을 도모함에 있어

---

9) 藤井茂, 『北の大地に魅せられた男－北大の父 佐藤昌介』(岩手日日新聞社, 2006);
   佐藤昌彦, 『佐藤昌介とその時代(增補·復刻)』(北海道大學出版會, 2011).

10) 이들 자료는 이노우에 가츠오(井上勝生)에 의해 활자화되었다. 井上勝生, 「佐藤
    昌介『植民論』講義ノート－植民學と札幌農學校」, 『北海道大學文學研究科紀要』
    46-3, 1998; 井上勝生, 「佐藤昌介『植民論』初期講義ノート(上-下の2) 札幌農學校
    と植民學(2-5)」, 『北海道大學文學研究科紀要』115-123, 2005.7.

11) 佐藤昌介, 「大農論」 『農學會會報』 3, 1888년 11월. 사토의 '대농론'에 대해서는
    矢島武, 「佐藤昌介の『大震論』とその背景」 『經濟論集』 21-4, 1974 참조.

실로 밀접한 관계를 갖고 있다. …… 농업을 개량하는 길은 외국식민에 있
지 않고 내국식민 즉 홋카이도 식민에 있다.[12]

사토는 여기서 일본농업의 폐해는 '과소농(過小農)'에서 파생하는 문
제라고 진단하면서, 홋카이도 식민을 통한 '독립적인 자작농'의 형성을
주장했다. 농촌문제의 구체적인 해결방안으로 '낙토'인 홋카이도 이민
정책을 구상했고, 홋카이도야말로 그가 주창한 '대농론'을 실현할 수 있
는 대상이었다. 이것은 그가 유학시절에 본 미국 대농장의 실상으로부
터 영향을 받은 것으로 판단된다. 사토의 '대농론'은 독립자영과 자작
농의 대농업경영의 창설을 추구한 것이었다.

그러나 사토의 식민정책론은 1900년 무렵을 경계로 변화했다. 이노
우에 가츠오(井上勝生)의 일련의 연구에 따르면[13], 사토는 귀국 직후
2년간 내국식민을 주장하면서 해외식민을 비판했지만, 이후 해외식민
을 부정하지 않고 특히 '만한'을 중심으로 한 해외농업식민을 적극적으
로 추진해야 한다는 논의를 전개했다. 즉 '내국식민론'에서 '해외식민
론'으로 전환된 셈이다. 사토는 러일전쟁 중에 해외이주를 주장하면서
다음과 같이 말했다.

  식민을 번성시켜 과잉인구를 해외로 이주시켜야 한다. 식민사업은 국가
  의 정치권력과 언제나 관련된 것은 아니다. 또 식민할 곳의 문명의 우열정
  도를 고려할 필요도 없다. 만한지방이 우리 식민사업의 세력범위라는 것
  은 말할 필요도 없다. 나아가 호주, 남북 미국, 아프리카에 우리나라 사람

---

12) 佐藤昌介, 「日本農業の改良と北海道殖民との關係」, 『殖民雜誌』 2, 1889.8, 4-5쪽.
13) 井上勝生, 「佐藤昌介『植民論』講義ノート－植民學と札幌農學校」, 『北海道大學
   文學研究科紀要』 46-3, 1998; 井上勝生, 「札幌農學校と植民學の誕生－佐藤昌介
   を中心に」, 酒井哲哉編, 『「帝國」日本の學知 1－「帝國」編成の系譜』(岩波書店,
   2006).

을 많이 식민시켜 농목(農牧) 사업을 일으키고 상공업을 경영하여 그 지방
에 우리 국민의 세력을 확립시켜야 한다. 식민 두수(頭數)를 늘려 다수로
하여금 그 지방 사람들을 이겨야 한다. 나는 일정기간 다른 곳에 가서 돈
벌이하는 이주만을 장려하지 않는다. 때로는 국적을 바꾸지 않으면 사정
이 좋지 않을 수도 있다. 그런 경우에는 오히려 그 지방에 귀화하여 그 지
방의 실익과 일치시킬 필요가 있다. 이러한 수단은 임기응변의 조치에 맡
기면 된다. 아무튼 둥근 지구 곳곳에 우리 야마토민족의 식민지를 개척하
는 일은 우리의 국권확장의 근저를 만드는 것임은 말할 필요도 없다. 실로
우리나라의 부력을 증진시킴에 있어 막대한 효과가 있다. …… 이에 성공
하지 못하는 나라는 국부를 증진시킬 수 없고, 세계의 열패자가 된다. 우리
나라가 만약 국력을 충실히 하여 세계열강의 반열에 들어가고자 한다면, 우
리 국민의 전후 경제정책으로서 진정으로 열심히 식민정책에 힘을 쏟아야
한다.[14]

사토가 러일전쟁의 와중에 '만한지방이 우리 식민사업의 세력범위라
는 것은 말할 필요도 없다'고 주장한 것은 주목할 필요가 있다. 그리고
사토는 이어서 식민사업이 '국가의 정치권력'의 확장과 직접 관련된 것
은 아니라고 변명했다. 요컨대 내국식민에서 출발하여 이를 전제로 해
외식민으로 전환한 식민론이었다. 사토는 '대농론'에 의거하여 인구과
잉과 토지의 협소로 인한 식민의 필연을 주장한 것으로 받아들여진다.
그러나 또 한편으로 사토는 정치적 식민의 논의를 회피하면서도
"둥근 지구 곳곳에 우리 야마토민족의 식민지를 개척하는 일은 우리
의 국권확장의 근저를 만드는 것임은 말할 필요도 없다. 실로 우리나
라의 부력을 증진시킴에 있어 막대한 효과가 있다"고 말하면서, '세계
열강의 반열'에 들어가겠다는 국권확장의 논의로 이어지는 식민의 주
장이 세계적 규모의 문제라고 제기했다. 사토의 식민정책론의 기저에
는 농업식민의 전개→경제적 부국의 확립→국권 확장이라는 회로가

---

14) 佐藤昌介, 「戰後の經濟政策」, 『北海タイムス』, 1905년 1월 1일.

작동한 것이다.

사토의 인식전환의 배경의 하나로 지적할 수 있는 것은 그의 해외시찰과 왜곡된 대외인식의 결과이다. 사토는 러일전쟁 전후로 조선과 만주를 두 번에 걸쳐 방문했다. 첫 번째는 1903년 50여일에 걸친 시베리아, 만주, 중국, 조선 시찰이었다. 조선에서는 인천, 서울, 목포, 부산 등지를 횡단했다. 두 번째는 한국강점 이후 1913년 농업경제학과 식민정책학 전문가로서의 조선 시찰이었다. 사토는 두 번째 시찰 이후 다음과 같은 담화를 발표했다.

> 나는 이번 조선여행을 계기로 만주지방도 시찰했다. 이번이 두 번째로 1903년에 한 번 같은 지방을 여행한 적이 있다. 먼저 안봉선(安奉線)을 거쳐 펑톈(奉天)에 도착하여 북상한 다음, 다시 남하하여 만철 연선을 자세히 시찰했다. 조선은 누구라도 그 땅에 한걸음 내디뎌보면 곧바로 똑같은 감상을 받을 것이다. 눈에 보이는 것은 모두 황량하고 풍물은 처참하다. 이는 오랜 기간 산야와 자연의 은덕을 학대하고 방임한 결과이다. 산은 높고 뼈를 드러내고 있으며 논밭은 하염없이 거칠다. 제방은 붕괴되었고 도로가 없어 눈에 보이는 것은 그저 바람 부는 소리와 우거진 들판 광경뿐이다. 또 인민은 수세기에 걸친 극심한 악정과 압박으로 인해 생활은 최악이다. 실로 그 모습은 참담하다. 다행히도 우리나라와 병합 이후 선정이 착착 시행되어 인민의 행복이 넘쳐나고 있다.[15]

사토에게 조선의 실상은 '눈에 보이는 것은 모두 황량하고 풍물은 처참하다'는 문장에 집약되어 있었다. '황량함과 처참함'의 근본 요인은 일본의 한국강점에 있지 않았다. 조선의 피폐는 '수세기에 걸친 극심한 악정과 압박' 때문이었다. 사토는 오히려 한국강점 이후 '선정이 착착 시행되어 인민의 행복이 넘쳐나고 있다'고 바라보았다. 사토는 조선을

---

15) 佐藤昌介, 「鮮滿旅行土産(上)」, 『北海タイムス』, 1913년 9월 13일.

'미개의 땅'으로 간주하여 해외식민을 정당화하기에 이르렀다.

사토의 해외식민 주장은 그의 식민학 강의를 수강한 제자들을 통해 현실화되었다. 사토는 농상무성의 식민지관료와 인맥이 깊었던 니토베와 협력하여 졸업생을 한국통감부에 파견했다. 예를 들면, 1906년 통감부 권업모범장 기사로 조선에 건너갔다가 식민지 지주로 변신한 사토 마사지로(佐藤政次郎)는 쇼스케와의 긴밀한 연락을 통해 조선에서의 향후 진로를 선택했다.16) 사토의 해외식민론은 삿포로농학교 졸업생의 식민지관료로서의 조선진출과 소작제 농장경영을 통해 구체화되었다.

3. '동화주의 식민정책'과 '자주주의 식민정책'

다음으로 '홋카이도 대학파'를 형성한 사토 쇼스케의 뒤를 이어, 일본 식민정책학의 또 다른 한 축을 수립한 야나이하라 다다오의 식민정책론을 살펴보자.17) 1910년 동경의 제일고등학교에 진학한 야나이하라

---

16) 井上勝生,「札幌農學校と植民學の誕生─佐藤昌介を中心に」, 酒井哲哉編,『「帝國」日本の學知 1─「帝國」編成の系譜』(岩波書店, 2006). 한편 사토 마사지로는 조선 진출 이후 진도지역의 동학농민군 지도자의 유골을 일본으로 반출한 인물로 알려져 있는데, 여기에는 사토와 니토베가 깊이 관여했다. 이에 대해서는 北海道大學文學部古河講堂,「舊標本庫」, 人骨問題調査委員會,『古河講堂「舊標本庫」人骨問題報告書』1997; 井上勝生,「北大で發見された東學農民軍指導者遺骨の調査と返還について」,『歷史地理教育』57-7, 1998; 박맹수,「동학군 유골과 식민지적 실험─일본 홋카이도대학의 동학군 유골 방치 사건」,『歷史地理教育』23, 2004.

17) 야나이하라 다다오의 식민정책론과 관련된 인용문 일부는 이규수,「야나이하라 다다오(矢內原忠雄)의 식민정책론과 조선인식」,『대동문화연구』46, 2004를 인용했음을 밝혀둔다.

는 당시에는 고등학교 교장이었다가 이후 동경제국대학 교수로 부임한 니토베를 만난다. 니토베의 식민정책론 강좌는 야나이하라의 학문적 관심에 지대한 영향을 주었다.[18] 특히 대만총독부 민정장관의 최고브레인으로 활약하던 그의 경험은 식민정책론에 관한 많은 시사점을 주었을 것이다. 야나이하라는 그와의 만남을 '운명적'이라 회고하면서, 니토베를 통해 자유정신과 인격의 존엄함을 배웠으며, 식민지에 관심을 가지게 되었다고 한다. 그는 "인격 존중의 관념과 이에 바탕을 둔 식민정책론은 나를 가장 감명시킨 선생의 가르침이었다"[19]는 감사의 글과 함께 저서『식민과 식민정책』을 스승 니토베에게 바쳤을 정도였다.

야나이하라는 식민정책의 이상을 자주주의에 두고 식민지의회 설치를 구체적인 목표로 설정했다. 이러한 사고는 그의 연구영역이 조선에 한정되지 않고 대만, 사할린, 남양군도로 확대됨에 따라 더욱 확고해졌다. 야나이하라의 식민정책론의 특징은 민족자치주의의 입장에서 일본제국주의의 식민지 지배정책인 '동화주의'를 비판했다는 점이다. 야나이하라는 일본의 식민통치정책의 일반적 특징을 '관치적 내지연장주의', '동화주의'로 규정했다.[20] 그는 '동화주의'의 구체적 내용을 다음과 같이 설명했다.

동화정책은 원주자(原住者) 사회의 법제, 언어, 관습, 종교 등에 대한 파괴적 간섭을 의미한다. 따라서 원주자의 반란을 도발하여 진압을 위한 무력이 필요한 경우가 적지 않다.……그래서 군사적 지배와 동화주의는 서

---

18) 야나이하라와 니토베와의 관계에 대해서는 飯沼二郎,「新渡戶稻造と矢內原忠雄」, 慶應義塾經濟學會,『三田學會雜誌』75, 1982.

19)『植民及植民政策』(1926),『全集』1, 5쪽.

20) 야나이하라는 '관치적 내지연장주의'에 대해 "관치적은 부권적 보호주의를 의미하고, 내지연장주의는 동화주의이다"고 말했다(『全集』4, 307쪽).

로 동반되며, 군사적 통치시기에 동화주의는 가장 사려 없이 수행되었
다.……양자에 공통된 기초는 본국 중심의 절대적 지배주의이다. 동화정
책은 그 문화적 표현이고, 군사적 정책은 그 무력적 표현이다.[21]

즉 야나이하라는 식민통치정책을 '동화주의 식민정책'에 의거한 군
사적 탄압정책으로 파악했다. 야나이하라는 이러한 '동화주의 식민정
책'에 대해 조선을 사례로 들어 설명한다. 조선은 일본과는 다른 '역사
적 사회'이고, 조선을 통치정책에 의해 동화시키는 것은 불가능하기 때
문에 동화정책은 오류라고 비판했다.[22] 그리고 일본의 식민지에 대한
동화정책은 만주침략 이후 급격히 강화되었으며, 구체적으로는 신사참
배의 강요, 창씨개명, 조선어 사용금지, 지원병 모집 등이 경찰관에 의
해 이루어졌다는 사실을 비판했다.[23]

야나이하라는 '동화주의 식민정책'의 대안으로 '자주주의 식민정책'
을 제창하고, 그 구체적 방안으로 식민지의회의 개설을 강조했다. 식민
지의회를 통해 식민지 주민에게도 지배정책에 대한 의사표시 기회를
부여해야 한다는 주장이었다. 식민지의회는 식민지 주민이 장래에 희
망을 지닐 수 있는 방안이자 공고한 식민통치의 기반을 확보할 수 있
는 방안이라며, 야나이하라는 다음과 같이 말했다.

> 야만 미개한 종족이 아닌 한, 주민의 참정권을 인정하는 것은 식민지 통
> 치를 건전하고 공고하게 만드는 한 요건이다. 대만과 조선처럼 인구도 많
> 고 역사도 오래된 사회에 주민의 참정권을 인정하는 것은 정의가 요구하
> 는 바임과 동시에 제국적 결합을 공고히 만드는 데 필요하다. 다만 그 참
> 정권 승인의 형태는 제국의회 대표의 형식에 의할 것인지 아니면 식민지

---

21) 「軍事的と同和的・日佛植民政策比較の一論」(1937), 『全集』 4, 290쪽.

22) 『植民及植民政策』(1926), 『全集』 1, 741쪽.

23) 『嘉信』 3-3, 1940년 3월 (『全集』 25, 642쪽).

의회 개설 형식에 의할 것인지의 문제가 남을 뿐이다.……조선인의 조선
통치에 대한 참여는 조선의회 방식에 의할 수밖에 없다. 이를 통해 비로소
민의를 창달하고 조선인의 전도에 자신과 희망을 획득할 수 있다. 일본은
조선인을 '제물'로 삼는다는 의혹으로부터 벗어날 수 있다. 조선인의 불안
과 의혹이 없어질 때, 적어도 이를 줄일 수 있는 희망이 들었을 때, 비로소
조선 통치는 공고한 기초를 얻을 수 있다.[24]

이와 같이 야나이하라는 식민지 사회의 특수성을 인정하여 식민지
의 자주 발전을 원조하는 정책을 확립할 것을 주장했다. 식민지 주민
을 식민통치정책에 참가시키기 위해서는 식민지의회 개설이 필요하며,
이것은 정의의 요구라고 강조했다. 야나이하라가 '자주주의 식민정책'
과 그 실행방안으로 제시한 식민지의회 개설은 일본제국주의와 식민
지 대만과 조선과의 강고한 결합을 원했기 때문이었다. 일본의 식민지
배를 전제로 삼은 '자주주의 식민정책'의 제창자인 야나이하라의 입장
에서는 아주 당연한 주장이었다.[25]

그런데 야나이하라는 왜 식민지의 평화적 분리와 독립을 승인하기
에 이르렀을까. 그것은 야나이하라가 제국주의에 의한 식민지배는 필
연적으로 자기를 적대하는 세력을 만들고 그들에게 스스로를 해방하
기 위한 수단과 방법을 제공함으로써 제국주의에 의한 식민지배의 영

---

24) 『植民及植民政策』(1926), 『全集』 1, 284, 742쪽.
25) 우부가타 나오키치(幼方直吉)는 야나이하라의 식민정책론의 방법적 특징에 대해
"그리스도교적 형태의 반(反)파시즘적 입장을 취하고 있지만 기본적으로는 근대
합리주의였다. 야나이하라의 조선에 관한 식민지정책론은 한마디로 말한다면
'세계 으뜸의 총독부 전정(專政) 제도'를 근대합리주의 입장에서 통렬히 비판하
고, 그 해결책으로 민족자치로서의 조선의회 설치를 주장한 점에 있다.……비판
의 방법은 제국주의자의 반성을 촉구하는 점에 역점이 놓여있다. 식민지 민중의
반제국주의적 사상을 긍정하는 것은 아니었다"고 지적했다(幼方直吉,「信仰の論
理と政治の論理－金教信と矢内原忠雄の場合」,『仁井田博士追悼論文集 日本法
とアジア』(勁草書房, 1970), 90-96쪽).

구화는 불가능하다고 생각했기 때문이다. 야나이하라는 항구적인 식민지배는 불가능하다며 다음과 같이 말했다.

> 식민국이 식민에 의한 경제적 이익을 얻기 위해서는 식민지의 생산력을 함양시켜야만 한다. 식민지의 생산력이 함양될 뿐만 아니라 원주자의 생산력도 발전됨으로써 결과적으로 경제적 지위는 식민국과 동등한 영역에 근접할 것이다. 식민국이 영구히 식민지를 착취하는 것은 한마디로 불가능하다.[26]

야나이하라가 나중까지도 일관되게 주장하고 있는 식민정책론은 '동화주의 식민정책'의 부당성을 강조하기 위해 '자주주의 식민정책'을 제기한 것이다. 그런데 여기서 주목할 것은 야나이하라가 제국주의에 의한 식민지배의 자기모순을 인식하고 식민지의 평화적인 분리와 독립을 인정했다고 하지만, 식민지 민중의 민족자결권을 긍정하고 승인한 것은 아니었다는 점이다.[27] 야나이하라는 어디까지나 제국주의의 '자주주의 식민정책'을 주장하기 위해 식민지의회를 개설하여 식민지 주민에게 최대한의 자치를 제공해야 한다고 주장했다. '자주주의 식민정책'은 "결코 식민지의 포기를 주장하거나 독립을 예상하는 것은 아니다. 오히려 식민지와의 협동을 통해 결합을 공고히 하는 것이다. 한편으로 집단적 인격의 존중, 또 한편으로는 일대 제국적 결합의 근세적 필요가 이 기대를 합리적으로 만들 것이다"[28]는 내용이 그 요체이다. 야나이하라는 결코 식민지독립론자가 아니었다. 또한 야나이하라가 주창한 식민지의 평화적 분리와 독립론은 제국주의의 정치적, 경제적

---

26) 『植民及植民政策』(1926), 『全集』 1, 191쪽.

27) 幼方直吉, 「矢內原忠雄と朝鮮」, 『思想』 495, 1965, 46쪽.

28) 『植民及植民政策』(1926), 『全集』 1, 735쪽.

본질을 정확히 파악한 견해라고 말하기 어렵다. 왜냐하면 제2차 세계
대전 이후 전개된 수많은 식민지국가의 독립이라는 사실이 그의 견해
의 잘못을 증명하기 때문이다.

야나이하라의 식민정책론이 지니는 또 하나의 중요한 문제는 제국
주의에 의한 식민지 지배문제를 민족문제로 파악하려는 관점이 희박
하다는 점이다. 즉 식민지 문제를 제국주의에 의한 식민지의 정치적
영유, 타민족 억압의 문제로 파악하려는 관점이 미흡하다. 이는 야나이
하라가 식민을 "사회군이 새로운 지역에 이주하여 사회적 경제적으로
활동하는 현상"29)이라고 바라보았기 때문이다. 그는 이러한 이주사회
군의 사회적 경제적 활동은 '실질적 이민'이고, 식민의 정치적 종속관
계, 식민지 지배와 영유관계의 성립은 '형식적 식민'으로 구분했다. 그
리고 "식민연구의 주요 대상은 언제나 그 지역에서의 실질적 이민의 사
회적 관계이다"30)고 강조했다.

즉 그의 식민정책론에서는 식민의 '사회적 경제적 활동'이 일방적으로
중시된 반면, 식민의 정치적 지배관계는 상대적으로 경시되었다. 따라서
야나이하라는 "식민이라는 사회현상 그 자체에 대한 사회적 실질적 의미
를 탐구하기 위해서는 지역의 정치적 귀속이 꼭 필요한 요소라고 볼 수
없다"31)고 주장했다. 이러한 식민정책론으로는 제국주의의 식민지배에
있어서 최대 문제인 민족문제가 경시되는 한계를 지닐 수밖에 없다.

또 그의 식민정책론은 식민정책의 이상을 식민본국과 식민지와의
자주적 결합 즉'자주주의 식민정책'에서 찾았기 때문에 제국주의의 식
민지 지배방식 자체에 대한 비판에 머무를 수밖에 없었다. 야나이하라

---

29) 위의 책, 14쪽.
30) 위의 책, 24쪽.
31) 위의 책, 18쪽.

는 '자주주의 식민정책'하에서의 식민에 대해 "식민에 관한 압력이나 강제도 없다. 각 사회군 생존의 필요는 완전히 조화를 이루어 식민지 영유관계는 성립되지 않는다. 더구나 실질적 식민이 완전히 실행될 수 있을 것이다"[32]고 전망했다.

이러한 견해는 조선만이 아니라 대만에 관한 태도에서도 나타난다. 야나이하라는 대만 식민정책연구에 대해서 "본도인(本島人)이 반항할 정당한 이유가 없는 식민정책을 연구하고 실행한다"[33]는 것을 강조했다. 이러한 인식은 그가 제국주의의 식민지배방식을 비판한 '시민적 식민정책학자'였기 때문에 도출되었을 것이다. 요컨대 야나이하라가 주장한 '자주주의 식민정책'은 어디까지나 당시 '동화주의 식민정책'으로 식민지 지배를 강행하던 일본에 대한 비판에 불과했다.

더욱이 야나이하라의 식민정책론은 제국주의가 식민지로부터의 수탈을 강화하기 위해 실시한 정치경제제도의 개선, 식민지 경제개발, 문화 · 교육 · 위생상태의 개량을 '원주자에 대한 식민의 이익'으로 바라보았다. 이는 야나이하라가 비판한 '동화주의 식민정책'에 의한 식민통치를 부분적으로 긍정하는 주장으로 받아들여질 수도 있다. 야나이하라는 1948년 10월 일본의 식민지 통치에 대해 다음과 같이 말했다.

> 나는 일본의 식민지 통치가 전적으로 유해한 것이었다고 생각하지는 않는다. 적어도 경제개발과 보통교육의 보급은 식민지 사회에 영속적 이익을 가져다주었다고 본다. 새로운 정세하에 놓인 일본의 구식민지는 일본 통치의 득과 실을 새롭게 검토하고 비판할 것이다. 다만 사상적 동화정책에 관해서만은 구식민지 민족 그 어느 누구라도 이에 호감을 지닐 사람은 없을 것이다.[34]

---

32) 위의 책, 470쪽.
33) 『帝國主義下の臺灣』(1929), 『全集』 2, 330쪽.

인용 부분을 보면 식민지의 경제개발과 보통교육의 보급이라는 점에서 '동화주의 식민정책'이 식민지 사회의 발전에 기여했다는 긍정적 평가를 내리고 있다. 조선인에 대한 동정의 자세를 그의 저작 곳곳에서 찾아볼 수 있지만, 그의 연구시각은 지배민족으로서의 책임이라는 관점에서 나약한 조선민중을 구원하기 위한 식민정책의 개선을 일본정부에 요구한 것이었다. 앞에서도 지적한 바와 같이 식민지 지배체제 자체를 정면에서 반대한 것은 결코 아니었다.

4. 일본과 식민지와의 '결합'

'동화주의 식민정책'을 반대하고 '자주주의 식민정책'을 제창한 야나이하라는 그 구체적인 실현 방안으로 식민지의회 설치를 주장했다. 여기서는 식민지의회를 둘러싼 그의 참정권 논의를 살펴보자. 야나이하라는 식민지 통치정책을 구체적으로 비교 검토하면서 먼저 식민지 본국과 식민지간의 정치적 연결을 두 가지 형태로 파악했다. 즉 '동화주의에 의한 식민지 본국과의 합체'와 '자주적 식민지와 식민지 본국과의 연결'이 그것이다. 전자의 대표적 사례는 프랑스와 알제리아와의 관계이다. 참정권의 참가 형식은 알제리아인이 직접 프랑스 의회에 참가하는 것이었다. 후자의 대표적 사례는 영국과 인도의 관계이다. 이 경우는 총독 밑에 식민지의회를 개설하고 이를 통해 식민지 민중의 참정권을 인정하는 형태이다.[35]

야나이하라가 식민지의회 개설을 주장한 이론적 근거는 그의 식민

---

34) 「管理下の日本」(1948), 『全集』 19, 407-408쪽.
35) 『植民及植民政策』(1926), 『全集』 1, 268-270쪽.

정책상의 방침인 종속주의, 동화주의, 자주주의에 대한 이해에 기반을
두었다. 식민정책상의 초기단계인 종속주의는 본국중심주의이고 식민
지의 희생위에서 식민지 본국의 이익을 추구하는 것이다. 동화주의는
식민지를 경제적, 사회적으로 동화시키면서도 정치적 권리를 인정하지
않는 것이다. 야나이하라는 종속주의나 동화주의에 의한 식민지 유지
정책을 비판하면서, 참정권의 가장 합리적인 형태로 후자 즉 식민지의
회 개설이라고 주장했다. 야나이하라는 영국이 캐나다에 대해 실시한
자주주의를 가장 선진적인 예로 들면서, 조선에서 식민지 의회의 실시
를 주장했다. 야나이하라는 일본의 식민지 조선과 대만과의 정치적 연
결은 앞의 '동화주의에 의한 식민지 본국과의 합체' 혹은 '자주적 식민
지와 식민지 본국과의 연결'에 의하지 않는 '식민지 총독 또는 장관의
독단전행'[36]이라 규정하며 다음과 같이 말한다.

> 현재 조선이 정치에 참여한 것은 1920년에 개설된 도부면협의회(道府面
> 協議會)이다. 이 협의회는 단순한 자문기관이기 때문에 정당한 의미의 참
> 정제도일 수 없다. 하지만 앞으로 조선인이 이 제도의 운용을 열망하여 지
> 방자치제도로 발전될 것으로 예상된다. 그런데 조선총독부에 대해 민의를
> 대표할 수 있는 중앙기관으로서는 의결권이 있는 입법의회는 물론 자문기
> 관조차도 설립되어 있지 않다. 또 장래에 대한 약속도 없다. 중추원과 같
> 은 것은 유명무실한 명예적인 관제에 불과하다. 이런 연유로 조선의 중앙
> 행정은 총독의 독단전제에 불과하다. 이러한 식민지 통치제도는 세계에서
> 도 유례를 찾아볼 수 없다. 더구나 면적, 인구, 역사에서 소규모가 아닌 식
> 민지를 본다면 아마 세계 유일한 전제적 통치제도이다.[37]

그리고 현실적인 일본의 식민지 문제와 본국과의 결합을 위해 식민

---

36) 위의 책, 266쪽.
37) 위의 책, 739쪽.

지의회 개설을 통한 해결방안을 다음과 같이 주장한다.

　　아일랜드가 웨스트민스터 의회로부터 탈퇴하여 어려움 끝에 도미니언
의 지위를 획득했지만 이에 전혀 만족하지 못하고 있다. 이처럼 이민족의
본국 의회 대표제는 성립되기 곤란하다. 소수의 식민지 의원을 본국 의회
에 보내더라도 식민지 통치상 주민이익보장의 실효는 거둘 수 없다. 또한
만약 상당히 많은 수의 의원을 선출했을 때는 그들의 투표에 의해 본국 정
치가 좌우될 경우도 발생한다. 이런 연유로 식민지의회개설을 통해 주민
참정을 가장 합리적으로 해결해야 한다.[38]

　야나이하라가 주장한 식민지의회의 개설은 일본의 식민지의 경우
대만에서는 1921년 2월 대만의회 설치운동으로 전개되었다. 하지만 대
만의회 청원운동은 야나이하라 스스로가 밝히고 있는 바와 같이 일본
으로부터의 분리를 목적으로 한 것이 아니었다. 심지어는 대만총독의
위임입법권 및 특별회계예산 범위 내에서의 참정을 요구하는 운동도
충분히 고려되지 못했고 때로는 범죄시되는 상황이었다.[39]
　한편 조선에서도 3·1운동 이후 문화정치 단계에 들어간다. 이 시기
민족개량주의자들 대부분 독립을 단념하고 총독부와 타협하여 산업개
발을 통한 생활의 향상을 추구하는 '자치운동'으로 운동내용을 전환시
켰다. 그 대표적인 사례는 민원식(閔元植)을 중심으로 한 국민협회의
참정권 요구운동이었다.[40] 그들이 참정권 요구의 모델로 자주 인용한
것이 아일랜드 문제였다. 즉 그들은 아일랜드가 경제적인 진보와 더불

---

38) 위의 책, 292쪽.

39) 위의 책, 282쪽; 『帝國主義下の臺灣』(1929), 『全集』 2, 379-380쪽.

40) 국민협회의 참정권운동에 대해서는 幼方直吉, 「朝鮮參政權問題の歷史的意義」,
東京大學東洋文化硏究所, 『東洋文化』 36, 1964; 김동명, 『지배와 저항 그리고 협
력』(경인문화사, 2006) 등을 참조.

어 식민지의회를 설치하고 결국 독립했다는 주장을 펼쳤다. 그러나 조선과 아일랜드는 사회구조만이 아니라 식민지 본국과의 정치관계도 전혀 다르다. 이는 앞의 인용문을 보더라도 분명하다. 그럼에도 불구하고 자치운동이 아일랜드를 목표로 삼는다면 정치적으로는 식민지의회의 개설에까지 나아가야할 논리상의 필연성이 존재한다. 그런데 참정권운동은 주지하는 바와 같이 정책적으로 전혀 받아들여지지 않았다.

이러한 시기에 총독부 통치방침에 대한 야나이하라의 비판이 나왔다. 그는 먼저 문화통치 즉 총독부의 전제정치를 다음과 같이 비판하면서 자신의 입장을 피력했다.

> 조선 및 대만에서 민의를 대표하는 참정기관은 존재하지 않는 것이나 마찬가지이다. 세계 어떤 식민지에서도 거의 유례를 찾아볼 수 없을 정도의 총독부 전제정치가 이루어지고 있다. 나는 결코 총독부의 악의를 추정하고자 함이 아니다. 하지만 이러한 제도는 부지불식간에 일본 혹은 일본자본가의 이익으로 귀결되는 정책을 실시하기 쉽다. 그래서 식민지사회는 소위 문화정치 밑에서 오히려 빈민화되는 현상이 생긴다. …… 적어도 보호무육(保護無育)의 표방을 통해 식민지 민심을 수습하여 일본과의 결합관계를 강고히 만들려면 식민지인의 참정권을 인정하는 것이 근본적으로 필요하다. 그리고 식민지도 본국의회에 대표를 보낼 것인지 아니면 식민지의회를 특설해야할 지의 문제에 관해 나는 결정적으로 후자를 주장한다. 이는 본국 의회에 대한 식민지 참가의 기초인 식민지 사회의 동화는 수백천년의 자연적 과정을 기다려야할 문제로 단기일에 이루어질 수 없기 때문이다.[41]

여기서 야나이하라는 식민정책이 일본과 식민지와의 결합관계를 확고히 만들기 위한 것이라는 인식을 분명히 밝히고 있다. 특히 참정권 문제에 대해서는 반복하여 조선의회설립 이외에는 어떠한 해결방안이

---

41) 「日本の植民政策」, 80-81쪽.

없다고 되풀이하여 강조한다. 야나이하라는 조선통치정책의 기초를
조선의회개설 내지는 적어도 개설의 방침에 두어야 한다고 다음과 같
이 역설했다.

> 문제는 조선의 대의사를 제국의회에 보낼 것인가 아니면 조선의회를 특
> 설할 것인가이다. 내 기억으로는 와카츠키(若槻) 수상이 이전 의회에서 식
> 민지의회의 특설과 같은 일은 있을 수 없다고 언명했다. 일본 정치가의 견
> 해는 대개 제국의회로의 합병설에 기우는 모양이다. 하지만 나는 이에 대
> 해 근본적으로 반대이다. 사할린처럼 주민의 대부분이 일본인이고 인구
> 총수도 적은 식민지에서는 일본에 포용하여 제국의회에 의원을 선출시키
> 는 것이 적당하다. 하지만 조선은 전혀 사정이 다르다. 조선은 일본과 동
> 일한 의회에 대표를 보낼 만할 사회적 기반을 지니지 못함을 알아야한다.
> 제국적 정치에 대한 조선의 참여는 이차적 문제이다. 먼저 조선 내정에 대
> 한 조선인의 참여문제를 해결해야 한다. 그리고 조선의 내정은 조선인을
> 주체로 한 의회에서 결정해야 한다. 일본의 내정은 일본인 의회에서 결정
> 하는 것처럼 말이다.[42]

이처럼 야나이하라는 '시민적 식민정책학자'의 입장에서 조선통치의
근본문제는 조선의회개설에 있다고 주장했다. 그는 또 인용문에 나온
것처럼 조심스럽게 "조선의 내정은 조선인을 주체로 한 의회에서 결정
해야 한다"는 견해를 피력하며 식민지의 자주성을 존중하는 입장에서
식민지의 평화적인 분리와 독립을 전망했다. 식민지 주민의 자치를 평
화적으로 추진함으로써 조선의 일본으로부터의 분리와 독립의 가능성
을 타진한 것이다. 물론 이것은 야나이하라가 자신의 견해를 바꾼 것
이 아니라, 식민지문제를 탐구하는 과정에서 조선의회 개설이 현실적
으로 독립과 결부될 수밖에 없다고 판단했기 때문일 것이다.

---

[42] 『植民及植民政策』, 740-741쪽.

　　가령 자주 조선이 완전히 일본으로부터 분리 독립하려 하는 것이 정말로 일본에게 슬픈 일인가. 영유관계가 평화적으로 종료될 경우에는 이후 우호적 관계의 유지를 기대할 수 있다. 가령 조선이 아국으로부터 분리된다 하더라도 아국의 적국이 아님은 당연하다.……아국의 통치하에서 활력을 얻고 독립국가로서 일어설 실력을 함양할 수 있다면 이는 식민정책의 성공이자 일본 국민의 명예가 아닌가. 조선통치의 책임을 완전히 이루어낸 것으로서 만족할만할 일이 아닌가.[43]

　　야나이하라의 조선의회개설 방침은 조선의 독립을 통해 비로소 조선과 일본과의 우호가 이루어질 수 있다는 내용까지 전망한 것으로 당시로서는 나름의 진보성을 지닌 사고였다고 말할 수 있다. 총독부의 문화통치에 대한 비판의 일환으로 조선의회개설을 주장했다는 면에서도 긍정적인 측면을 읽어낼 수 있다. 또 어떤 의미에서 야나이하라의 조선의회개설 주장은 부르주아민주주의에 바탕을 둔 것으로 평가할 수 있다. 그의 주장은 참정권의 범주에 머물지 않고 나아가서 독립사상과도 결부될 가능성도 없지 않았다. 따라서 총독부 당국은 야나이하라의 주장에 민감할 수밖에 없었다. 야나이하라가 1924년 처음으로 조선을 방문하고 식민정책에 대한 비판과 더불어 지배정책의 대안으로 조선의회개설을 주장한 이후 그의 두 번째 방문은 줄곧 실현되지 못했다. 그러다가 1940년 그것도 그가 대학에서 추방당한 이후에야 조선방문이 이루어진 것도 야나이하라의 주장에 대한 총독부의 견제와 무관하지 않을 것이다.

　　그러나 야나이하라는 조선민족 독립론자가 아니었으며, 다만 부르주아민주주의의 입장에서 궁극적인 자치의 형태로서 조선의회개설을 주장했을 뿐이다. 식민지문제에 대해 부르주아민주주의를 주장하는 것

---

43) 위의 책, 284·742-743쪽.

은 결국 자치보다는 자결 즉 독립으로 나아갈 수밖에 없다. 독립의 주체와 진행방식에 따라 그 형태가 다를 뿐이다. 조선민중은 어떠한 형태의 참정권도 거부당했으며, 정치적인 무권리 상태에 놓여있었다. 평화적 방법에 의한 참정권 획득의 길도 원천적으로 차단당했다. 조선민중은 참정권요구운동 대신 일본에 대항하여 직접적인 무장투쟁을 전개할 수밖에 없는 객관적 상황을 맞이하기에 이른다. 조선의회개설을 통한 조선인의 참정권 획득 주장은 독립사상이나 '해방'의 논리로까지 발전되지 못함으로써 조선인 대다수의 찬동을 얻지 못한 한낱 식민정책의 논의로 끝나고 만 것이었다.

5. 맺음말

식민정책학은 러일전쟁 이후 아카데미즘 속에 위치를 차지하여 1907년 도호쿠제국대학에 식민학 강좌가 개설되었다. 일본의 초기 식민정책학은 국민국가 일본의 국민통합정책과 연동되는 형태를 취하면서 정주 식민지로의 이주대책을 위주로 구축되었다. 초기 식민정책학은 홋카이도를 무대로 국민통합과 새로운 정주지 지배기구 수립이라는 측면에 주안점을 두었다. 그러다가 청일전쟁의 결과 국내식민지 홋카이도에 이어 해외식민지 타이완을 영유하게 되면서 식민정책론은 전환되기 시작했다. 이때 '홋카이도 대학파'의 초석을 마련한 사토 쇼스케는 종래의 '국내식민론'을 대신해 특히 '만한'을 중심으로 한 해외농업식민을 적극적으로 추진해야 한다는 '해외식민론'을 주창했다. 이렇듯 삿포로농학교 출신자가 조선에 진출하여 '해외식민론'을 구체화시켰다는 점에 주목할 필요가 있을 것이다.

국내식민지 홋카이도 '개척' 경험이 본격적인 식민지 영유의 전사였음을 고려할 때, 일본 식민정책학의 계보는 삿포로농학교에서 그 기원을 찾을 수 있다는 게 필자의 견해이다. 사토 쇼스케와 동세대였던 니토베 이나조는 일본의 식민정책학이 하나의 분과 학문으로 발전해 가는데 지대한 영향을 미쳤고, 이를 계승한 야나이하라 다다오는 보다 엄밀한 의미에서 식민정책학을 체계화시킨 것이다.

근대 일본의 식민정책학을 체계화한 연구자로 일컬어지는 야나이하라는 일본의 식민지배정책을 철저히 비판한 '시민적 식민정책학자'라는 긍정적인 평가를 받고 있다. 일본의 식민지배정책을 '동화주의 식민정책'으로 규정하고, 이는 필연적으로 군사적 힘에 의해 지배할 수밖에 없다는 점을 지적했기 때문이다. 또 야나이하라는 '동화주의 식민정책'의 대안으로 '자주주의 식민정책'을 제창하면서, 그 구체적 방안으로 식민지의회의 개설과 운영을 제안했다. 식민지의회를 통해 식민지 민중에게 식민지배정책에 대한 의사표시의 기회를 주어야 한다는 것이다. 당시 다른 일본지식인의 식민지 인식과 비교하면 선진적인 주장이었다. 식민지의회 개설 주장은 조선참정권운동의 이론적 근거로 자주 인용되었고, 그의 식민지의 자주성 존중론은 궁극적으로 일본으로부터의 평화적인 분리와 독립으로 이어질 것으로 받아들여졌다.

그러나 그의 '시민적 식민정책론'은 많은 문제점을 내포하고 있다. 일본의 식민지배방식에 대한 야나이하라의 비판은 부분적으로 수용할 수 있지만, 그것은 어디까지나 지배방식의 차이를 둘러싼 논의에 불과했다. 그의 사상에는 제국주의에 의한 식민지 지배 문제를 민족문제로 파악하려는 관점이 희박했다. 즉 식민지 문제를 제국주의에 의한 식민지의 정치적 영유, 타민족 억압의 문제로서 파악하지 못하는 한계를 지녔다. 또 그의 식민정책의 전개과정을 개별적으로 살펴볼 때, 정책 상호간의 내적 연관성이 불분명하다는 점도 지적되어야 한다. 요컨대 야나이하라에게도 조선의 독립은 선택지가 아니었다. 조선인의 '인격의 자주독립'을 존중하고 조선의 '자주적 지위'를 용인한 다음의 참정권 부여이고, 조선과 일본과의 '제국적 결합'을 '견고'하게 만들기 위한 식민지통치론이었다.

본문에서 살펴보았듯이, 식민지의 외연 확장은 홋카이도대학을 거점으로 형성되었던 식민정책학 성격에도 큰 변화를 가져왔다. 당연하게도 식민지 통치조직이 현지 이민족 사회를 대상으로 국제관계 속에서 어떻게 수립, 운용되어야 하는가 하는 측면에 식민정책학의 주안점이 놓이게 되기 때문이다. 따라서 식민정책학의 대상 역시 본국의 식민지 관리 기구뿐 아니라 제국의 법제적 구조, 다른 식민제국과의 이해관계 처리방식 등으로까지 확장되어야 했다.

이 글에서는 식민정책학의 몇몇 초기 연구자들에 대해서만 살펴보았지만, 앞으로 근대 일본의 식민정책학 연구자들의 저작물과 각종 연구기관의 활동을 바탕으로, 일본 식민정책학의 계보, 더 나아가 식민정책학의 식민지로의 외연 확대과정에 대해 더욱 포괄적인 연구가 이루어져야 할 것이다.

II

근대 동아시아의

자의식과 타자인식

일본적 유학의 성립과 그 의미

구태훈

1. 머리말

유학은 5세기경에 한자와 함께 일본에 전래되었으나 보급되지 못하고 귀족·호족·승려들에 의해 연구되었을 뿐이다. 한때는 귀족·관료의 교양으로 중시되기도 했으나 곧 쇠퇴해 특정 귀족이나 일부 선종사원의 승려들에 의해 겨우 학문의 명맥이 유지되었다. 특히 선종의 승려들은 중국의 승려들과 같은 수준의 문장을 작성하는 것을 목표로 했고, 또 유학 사상을 불교 사상과 비교하기 위해서 유학을 연구하고 있었다.

15세기 무로마치(室町) 시대에는 유력한 호족들이 유교적 교양을 몸에 익힌 지식인들을 초빙하는 풍조가 있었고, 그런 요청에 응했던 것은 선종의 승려들이었다. 하지만 유학은 여전히 일분 선종의 승려들이 연구하는 학문에 불과했다. 16세기에 들어서면서 사쓰마(薩摩), 도사(土佐), 교토(京都) 등의 지역에서 뿌리를 내리기 시작했으나 여전히 널리

보급되지 못했다. 유학은 고려나 조선에 비해 그 영향력이 매우 미약
했다고 할 수 있다.

유학이 체계적으로 수용된 것은 1603년 에도(江戸) 막부가 성립되면
서이다. 에도 막부(江戸幕府)의 창립자 도쿠가와 이에야스(德川家康)의
당면과제는 전국시대(戦國時代)를 거치면서 만연된 하극상 풍조를 종
식시키고 신분차별이 엄정한 봉건질서를 재편하는 것이었다. 이에야
스는 혼란한 사회질서를 바로잡는 과정에서 체제를 옹호하는 이데올
로기로서의 유학에 관심을 보이기 시작했다. 유학에는 불교에 없는 세
속의 윤리가 있었기 때문이다.

이에야스는 레이산(霊三), 에이테츠(永哲), 쇼타이(承兌) 등 5산(五
山)의 학승, 아시카가(足利) 학교의 산요(三要), 조정에서 학문을 관
장하는 귀족 기요하라 히데가타(清原秀賢), 교토 쇼코쿠지(相国寺)의
승려였으나 하산해 유학을 공부하고 있던 후지와라 세이카(藤原惺
窩, 1561-1619) 등을 초빙해 중국의 학문에 관한 이야기를 듣는 것을
좋아했다.

여러 학자 중에서 특히 이에야스와 친분이 두터웠던 인물은 후지와
라 세이카였다. 세이카는 귀족이나 승려들이 독점하던 유학 연구를 일
반인들에게 개방하려는 뜻을 품고 있던 주자학자였다. 그는 주자학을
사롱의 비전(秘傳)이 아니라 살아있는 도덕으로 현실에 적용하려고 했
다. 세이카의 학문에 커다란 영향을 미친 인물은 임진왜란 때 포로로
잡혀 일본으로 끌려간 강항(姜沆)이라는 조선의 주자학자였다.

주자학은 군신·부자의 분별을 분명히 하는 학문이었다. 특히 상하
의 질서와 명분을 중시하는 학문이었다. 주자학은 이에야스의 입장에
서 보았을 때 매우 바람직한 이론체계였던 것이다. 이에야스는 세이카
에게 막부에 출사할 것을 청했다. 그러나 세이카는 직접 출사하지 않

고 그의 제자 하야시 라잔(林羅山, 1583-1657)을 추천했다. 주자학이 에도 막부에 의해 공식적으로 수용되었던 것이다.

그런데 일본사회는 12세기 말 가마쿠라(鎌倉) 막부가 성립된 이래 무사들이 위정자가 되어 정치를 담당했던 것에서도 알 수 있듯이, 조선·중국과는 전혀 다른 정치체제를 유지하고 있었다. 무가정권은 군사집단인 무사단(武士團)을 기반으로 하고 있었다. 특히 무사단은 주종관계를 무엇보다도 강조하는 전투 집단이었다. 특히 주군은 절대적인 충성의 대상이었다. 즉 일본사회는 조선·중국과는 본질적으로 다른 사회였다.

주자학은 중국사회에서 숙성된 사유체제라고 할 수 있다. 중국과는 본질적으로 다른 일본사회에 수용되면서 저항과 갈등의 과정을 거쳤을 것이다. 비유하자면 주자학은 일본사회라는 프리즘에 의해 굴절되지 않을 수 없었을 것이다. 즉 주자학은 일본의 정치체제가 가지고 있는 특질에 의해 분해되어 가는 운명에 직면하지 않을 수 없었다. 그러한 과정은 일본 근세사에서 유학의 일본화 과정으로 설명되고 있다.[1]

1660년대부터 주자학을 비판하고 일본적인 유학을 제창하는 목소리가 높아졌다. 주자를 뛰어넘어 직접 공자·맹자에게 배워야 한다는 움직임이 일어났다. 이 시기에 커다란 세력을 형성한 것은 고학파(古学派)였다. 고학파는 공자와 맹자의 가르침으로 돌아가서 유학의 진리를 파악해야 한다고 주장했다. 당연히 주자학적 해석은 비판의 대상이 되었다. 대표적인 고학자로는 야마가 소코(山鹿素行, 1622-1685), 이토 진사이(伊藤仁斎, 1627-1705), 오규 소라이(荻生徂徠, 1666-1728) 등이었다.

이 논문의 목적은 17세기 일본사회를 대상으로, 일본의 주자학이 일

---

1) 田尻祐一郎,「儒 の日本化をめぐって」, 神道宗教學會,『神道宗教』第154號, 1994, 10쪽.

본에 어떻게 수용되고 발전됐는지, 특히 야마가 소코가 어떻게 일본 사회에 적합한 독자적인 사상을 형성했는지 살펴보는 것이다.

야마가 소코는 일본에서 본격적으로 주자학을 비판하면서 독자적인 사상을 형성한 인물이라고 할 수 있다.[2] 그는 일본의 풍토와 역사에 부합되는 유학의 필요성을 분명하게 인식하고 있었다. 소코와 주자학의 대립은 피할 수 없는 숙명이었다고 할 수 있을 것이다. 이런 인물의 사상을 조명하는 것은 유학의 일본화 과정을 탐구하는 유용한 방법 중의 하나일 것이다.

이희복은 유학이 근세 일본사회에 수용되고 발전되는 과정, 즉 일본적 유학의 성립 과정을 선행연구를 통해서 설명한 바 있다.[3] 그의 설명에 따르면, 마루야마 마사오(丸山眞男)는 유학이 수용되고 변용되는 과정을 조명했고, 비토 마사히데(尾藤正英)는 일본사회에서 주자학이 좌절되는 과정을 구체적으로 논증했고, 와타나베 히로시(渡辺浩)는 주자학이 일본사회에 수용되면서 어떠한 갈등 과정을 거쳤는지 탐구했다.[4] 다지리 유이치로(田尻祐一郎)도 주자학의 관점에서 유학의 일본화 과정을 추구했고, 이기동은 한중일 3국의 주자학을 비교했다.[5] 최

[2] 田原嗣郎, 「山鹿素行における思想の基本的構成」, 『山鹿素行』(日本思想大系, 32), 454쪽.

[3] 이희복, 「일본적 유학의 창출－근세 일본 사상사의 선행연구를 통해서－」, 『막번체제와 안사이학파』(보고사, 2005).

[4] 丸山眞男, 『日本政治思想史研究』(東京: 東京大學出版會, 1952). 이 책은 1995년에 한국어로 번역되었다.(김석근 역, 『일본정치사상사연구』, 통나무); 尾藤正英, 『日本封建思想史研究』(東京: 靑木書店, 1961); 渡辺 浩, 『近世日本社會と宋學』(東京: 東京大學出版會, 1985). 이 책은 2007년에 한국어로 번역되었다(박홍규 역, 『주자학과 근세 일본사회』, 예문서원).

[5] 田尻祐一郎, 「儒学の日本化－闇斎學派の論争から」, 『日本の近世』13(中央公論社, 1993); 田尻祐一郎, 「儒学の日本化をめぐって」, 神道宗教學會, 『神道宗敎』第154號, 1994; 李基東, 鄭容先 역, 『東洋三國의 朱子學』(成均館大學校出版部, 1995).

근에는 한국에서도 일본 유학에 관한 구체적인 연구가 발표되기 시작
했다. 이용수는 일본 근세 유학자들의 「大學」관을 17세기 초부터 18세
기 중기까지 스케일이 크게 조명했다.[6] 고학파 사상에 대해 구체적으
로 연구한 것은 다하라 시로(田原嗣郎)였다. 고학파 중에서 특히 야마
가 소코의 사상에 초점을 맞추어 연구를 진행한 것은 나카야마 히로시
(中山広司)와 다치바나 히토시(立花均)였다.[7] 최근에 한국에서 신현승
이 야마가 소코에 대한 연구를 했다.[8] 한국에서의 야마가 소코의 연구
는 시작 단계라고 할 수 있다.

필자는 주자학의 수용과 발전에 대한 선행 연구를 참조하면서, 먼저
주자학이 일본사회에 수용되면서 어떻게 변용되어 가는지 살펴보겠다.
그때 주로 하야시 라잔과 구마자와 반잔(熊沢蕃山, 1619-1691)의 관점
에 주목할 것이다. 그리고 야마가 소코에 대한 선행 연구를 비판적으
로 검토하면서, 소코가 독자적인 사상을 형성하는 과정을 살펴보겠다.
특히 3장에서는 야마가 소코의 사상을 인간과 사회라는 관점에서 조명
할 것이다.

6) 이용수, 「德川時代 前期 日本 儒學의 「大學」觀 研究－藤原惺窩·林羅山·山崎闇
齋·山鹿素行·伊藤仁齋·荻生徂徠를 중심으로－」, (연세대학교 박사학위논문,
2007).

7) 田原嗣郎, 『德川思想史研究』(東京: 未來社, 1967); 中山広司, 『山鹿素行の研究』
(東京: 神道史學會, 1988); 立花 均, 「山鹿素行に於ける日用の学問成立の契機」,
『季刊 日本思想史』15 (ぺりかん社, 1980); 立花 均, 「山鹿素行の用の思想と朱子
学批判」, 日本倫理学会, 『倫理学年報』第43輯, 1994.

8) 신현승, 「주자학의 안티테제로서 소코의 유교경세론－에도시대의 고학파 야마
가 소코의 경세론」, 『철학연구』제29집, 2011.

2. 주자학의 수용과 변용

하야시 라잔은 원래 선종 사원 겐닌지(建仁寺)의 승려였으나 불교에 흥미를 느끼지 못하고 주자학에 심취했다. 1603년에는 교토 시내에서 공개적으로 주자의 『논어집주(論語集注)』를 강의하기 시작했다. 그의 나이 21세 때의 일이었다. 그 무렵에 라잔은 후지와라 세이카를 스승으로 모시게 되었다. 1605년에는 도쿠가와 이에야스를 알현하고 막부에 출사했다.

라잔은 근세 주자학을 일본에 뿌리내리게 한 인물이다. 실제로 라잔은 주자학을 도(道)로 들어가는 문으로 보았고, 그 교재로 명(明) 영락(永樂) 연간에 간행된 『사서오경대전(四書五經大全)』과 『성리대전(性理大全)』을 손꼽았다. 그리고 주자학 이외의 학문을 이단으로 규정했다. 이런 점에서 라잔은 스승인 후지와라 세이카보다 주자학을 더욱 적극적으로 수용한 것처럼 보인다.

실제로 라산의 학문 목적은 성인이 되는 것이었고, 구체적으로는 성(誠)·경(敬)을 실천하는 것이었다. 성인이 되려면 성을 실천해야 한다고 했고, 성의 실천 방법으로 경을 들었다. 라잔은 수행의 실천방법은 조선의 퇴계학을 충실하게 수용했지만,[9] 주자학의 핵심 이론인 이기론(理氣論)은 무비판적으로 수용하지 않았다.

정명도(程明道), 주자(朱子), 정이천(程伊川) 등의 이기론이 각기 미묘하게 다른데 착안한 라잔은 기는 지각운동이기 때문에 사람과 사물이 같지만, 이(理)는 인의예지(仁義禮智)이기 때문에 사람과 사물이 일치하지 않는다고 하여 주자학에서 상식으로 되어 있는 이동기이설(理

---

9) 阿部吉雄, 『日本朱子學と朝鮮』(東京: 東京大學出版會, 1965), 162쪽 이하 참조.

同氣異說)에 이의를 제기했다. 또 주자학의 또 다른 중요 이론이기도 한 "성(性)은 이(理)인데, 성은 선한고로 이 역시 선하다."는 명제가 천하에 이 밖에 사물이 없다고 하는 관점에서 보면 선하지 않은 물(物)이 없고, 그렇다면 악은 어디에서 왔는가? 라고 의문을 제기하기도 했다.[10] 다시 말하면 라잔은 현실에 존재하는 악에 대한 인식을 전제로, 그것이 이(理)의 밖에 있는 것인지를 문제로 삼았던 것이다. 만약 악이 이 내부에 있다고 한다면 이는 선이라고 할 수 없고, 밖에 있다고 한다면 이는 현실의 세계를 설명하는 원리로서 많은 문제점을 갖고 있는 개념이라고 생각했던 것이다.[11] 이것은 라잔이 이기론의 인식론적 입장과 본체론적 입장의 차이를 이해하지 못했다는 것을 말하는 것이고, 그것은 결국 라잔이 이기론을 충실하게 수용하지 못했다는 것을 의미하는 것이다.

라잔의 주자학 수용의 한계성은 도덕론의 관점에서 보았을 때 더욱 분명하게 드러난다. 논어(論語)의 "안연문인(顏淵問仁), 자왈(子曰), 극기복례위인(克己復禮爲仁)"이라는 구절에 대한 논어집주(論語集註)의 주해에서, 주자가 "극기"의 "기"를 '개인의 사욕'으로 해석한 것은 주지의 사실이다. 그 뜻을 부연하면 다음과 같다. 사람은 사욕에 의해 그 마음이 가려져 있는데, 자신의 사욕을 극복하고 천리(天理)의 절문(節文)인 예로 돌아가는 것이 필요하고, 그것이 곧 인을 실현하는 길이다. 그런데 이 부분에 대한 라잔의 이해는 주자의 그것과 미묘한 차이가 있다. 라잔은 말했다. "인이라는 것은 예의와 사욕 이 둘을 내 마음속에서 싸우게 해 보고, 자신의 사욕을 물리치고, 싸워 이겨서 예의로 돌아

10) 李基東, 『東洋三國이 朱子學』, 301-302쪽.

11) 本鄕隆盛, 「日本的公私槪念の成立過程－朱子學的人間觀の解體－」, 『宮城教育大学紀要』 第25卷, 1990, 73쪽.

가는 것을 인이라고 한다. 자신의 욕심에서 벗어나지 못하면 인이라고 할 수 없다."12) 라잔은 인을 "예의"로 생각했을 뿐만 아니라, "사욕을 물리치고", "욕심에서 벗어나는 것"에 주안점을 두었던 것이다.

라산은 말했다. "인욕(人欲)의 사사로움이라는 것은 눈으로 색을 보고 욕심이 일어나고, 귀로 소리를 듣고 그것을 욕심내고, 코로 냄새를 맡고 욕심을 내고, 입으로 맛을 보고 마음이 끌리는 대로"13)하는 것이다. 그리고 "여러 가지 원하는 것이 인간의 마음이다. 이런 마음은 사(私)가 많고 공(公)이 적은 것으로 악하게 되기 쉬운 것"이다. 즉 라잔에 의하면 인간이 사물이나 일에 접하여 일어나는 욕심 그 자체가 악의 근원이었다. 다시 라잔은 말했다. "인자(仁者)는 사도 없고, 욕도 없기에 가난하고 천하여도 원망하지 않고, 부귀하게 되어도 도리에서 벗어나지 않고, 마음이 끌리는 대로 하지 않고, 교만하지 않고, 갖은 물건이 없어져도 근심하지 않는다."14) 라잔에 의하면 어진 사람은 이 세상에서 일어나는 일에 초월한 인간이었던 것이다. 이런 인간상을 단적으로 보여주는 것이 다음과 같은 구절이다.

> 인자(仁者)는 굳건하게 침착하여 발로 땅을 밟고, 경박하지 않다. 게다가 덕택이 사물에 미치는 것이 마치 산천초목이 생장하는 것과 같다. 또 "인자는 고요하다"라고 하는 것도, 인자는 무엇보다 바라는 것이 없어서 마음이 고요한 것이다. 불인자(不仁者)는 명리(名利)를 쫓을수록 마음이 번잡하다. 성(性)이 안정되어 소란하지 않을수록 조심할 필요가 없다.15)

---

12) 石田良一 외 編, 『藤原惺窩 林羅山』(日本思想大系 28) (東京: 岩波書店, 1975), 124쪽.

13) 위의 책, 150쪽.

14) 위의 책, 152쪽.

15) 위의 책, 125쪽.

　라잔은 어진 사람을 욕심이 없는 사람으로 이해하고 있다. 그런데 라잔이 제시하는 어진 인간상은 주자가 말하는 것과 전혀 다르다고 할 수 있다. 일반적으로 주자학에서는 '천리'와 '인욕'이 상대적인 개념이고, 동시에 그것은 '공'과 '사'에 비정되는 것이다. 주자학에서 "인은 천지와 만물을 낳는 마음"인데, "인"이라는 것은 추호도 사욕이 없는 상태이고, 조금이라도 사욕이 있다면 인이라고 말할 수 없는 것이다. 다시 말하자면 사심·사욕은 인·천리의 반대 개념이라고 할 수 있다. 그래서 『논어』에서도 "천리와 인욕의 사이는 항상 서로 배치될 뿐"이라고 말하고 있는 것이다. 그런데 "인욕의 사" "사욕" "사심" 등에서 말하는 "사"는 인간 개인을 의미하는 것이 아니라, 인간의 마음속에서 본래적인 도덕성의 발현을 가로막는 장애물을 말하는 것이다.

　주자학에 있어서 천리와 인욕, 즉 공과 사는 함께 개인의 내면에 있는 윤리적 개념이었으며, 개인의 마음속에서 일어나는 도덕적 긴장감을 의미하는 개념이었지만, 라잔은 인간 활동의 원동력이 되는 욕심 그 자체를 사로 이해했던 것이다.

　개인의 마음속에서 일어나는 욕망이라는 한정된 개념이 개인의 전체성을 나타내는 개념으로 확대되면, 개인은 천지의 생성, 사회질서를 방해하지 않아야 한다는 논리로 발전하게 된다. 그러한 논리는 현실 세계를 인간의 오감으로 파악하려는 경향성을 띠게 되고, 그 결과 도덕사상은 군주, 부모와 같은 존재에 대한 덕으로 구체화되어 진다. 실제로 라잔은 도란 멀리 있는 것이 아니라 군신·부자·남녀·장유·교우 사이에 있는 인륜일 따름이고, 그래서 부자유친·군신유의·부부유별·장유유서·붕우유신이야말로 고금에 바꿀 수 없는 도리라고 강조했다. 라잔에 있어서 형이상학적인 도는 이미 사회에서의 윤리·도덕으로 자리매김 되었던 것이다.

이러한 논리에는 이미 천리=공(公)을 군주나 부모와 일체화하는 방향으로 발전할 가능성이 내재되어 있다고 할 수 있다. 이와 같은 경향성은 양명학자 구마자와 반잔(熊沢蕃山 1619-91)의 사상에 그대로 드러난다.

> 사람들의 부모는 즉 지신지존(至神至尊)이다. 더없이 신통하고 더없이 존귀한 부모의 자손인바, 내 몸은 즉 신이 깃드는 장소이고, 내 정신은 즉 천신(天神)과 같다. 인의예지는 천신의 덕이다. 그것에 따르는 행동은 언제나 하늘을 섬겨 받드는 것이다. 예(禮)로써 받들면 복이 있고, 도(道)에 어긋나게 받들 때에는 화가 미치게 된다. 일본은 신국(神國)이다. 옛날 예의가 아직 갖춰지지 않았어도 신명(神明)의 위덕이 엄정했다. 신이 거기에 있는 듯이 경(敬)에 머물러 악을 행하지 않았다. 신에 참배할 때는 이욕(利欲)도 사라지고 사술(邪術)도 일어나지 않는다. 천도에 부합하고, 부모에도 효도하고, 군주에도 충성한다.[16)]

주지하는 바와 같이, 주자학에서는 인간을 천인여일(天人如一)로 파악하고 있다. 그런데 반잔은 "내 몸은 즉 신이 깃드는 장소이고, 내 정신은 즉 천신"이라고 말하고 있는 것에서 알 수 있듯이, 인간을 육체와 정신의 이원적 존재로 파악하고 있다. 특히 인간의 정신을 천신과 일치시키고 있다. 그런데 인의예지에 따라서 행동하는 것이 "하늘을 섬겨 받드는 것"이라면, 인간은 천인여일로 파악되는 존재가 아니라, 하늘과 분리된 존재로 파악될 수밖에 없다. 하늘은 인간이 예로써 받들면 복을 주고, 도에 어긋나게 받들면 화를 내리는 "위덕이 엄정한" 존재가 된다.

부모는 "지신지존", 즉 "더없이 신통하고, 더없이 존귀한 존재"로 묘사되고 있다. 물론 여기에서 반잔이 말하는 부모는 사욕과 정욕에 물

---

16) 『集義和書』 卷第二. 後藤陽一 외 編, 『熊沢蕃山』 (日本思想大系 30) (東京: 岩波書店, 1971), 42쪽.

든 부모가 아니라 천리와 덕성의 체현자로서의 부모를 말하는 것이다. 악독하기로 유명한 친부 고수(瞽瞍)를 지성으로 섬긴 것으로 유명한 순임금도 "원래 정욕의 부모를 섬기지 않고, 성명(性命)의 부모"[17]를 섬겼던 것이다. 반잔은 바로 "성명의 부모"를 신과 동일한 존재로 파악하고 있는 것이다.

부모가 신과 동일한 존재라면, 부모는 당연히 신과 같이 "섬겨 받드는" 존재이어야 한다. 그것도 "신이 거기에 있듯이" 두려운 마음으로, "이욕도 사라지고 사술도 일어나지 않을"만큼 오로지한 마음으로 받들어야 할 존재이어야 마땅하다.

효자라면 마땅히 부모를 하늘과 같이 받들어야 한다. 반잔은 "효자가 매일 좋아하는 도리"를 묻는 서한에 다음과 같이 답한다. "효자는 부모의 명령을 좋아하지 않는 일이 없다. 부모가 자기를 즐겁게 해달라고 할 때는 즐기고, 일을 해달라고 할 때는 일을 한다. 오늘의 시간은 천명이다. 천지는 대부모이다. 군자는 부모와 천지를 구별하지 않는다."[18] 효자에게 부모는 천지와 같은 존재이다. 천지자연이 시키는 대로 일할 때는 일하고 즐길 때는 즐겨야 하듯이, 부모가 시키는 대로 일할 때 일하고, 즐길 때 즐기면 되는 것이다. 천지의 명령을 거역할 수 없듯이 부모의 명령도 거역할 수 없는 것이기 때문이다.

인간이 하늘을 "예로써 받들면 복이 있고, 도에 어긋나게 받들 때에는 화가 미치게" 되듯이, 부모도 예로써 받드느냐 그렇지 않느냐에 따라 복을 주는 존재가 되기도 하고 화를 주는 존재가 되기도 한다. 반잔은 다음과 같은 일화를 소개하고 있다.

---

17) 위의 책, 63쪽.
18) 위의 책, 64쪽.

성인의 가르침은 그 부모를 신으로 모셔서 경(敬)의 근본을 세운다. 신으로 모셔진 부모는 즉 천신(天神)과 동일하다. 성명(性命)의 관점에서 보면 지극히 존귀한 성스러운 신이다. 달리 찾아야 하는 것이 아니다. (중략) 부모에게 효도해 신에게 복을 받고, 군주에게 은혜를 입은 자는 일본이나 중국에 많았다. 그런데 눈앞에 현존하는 집안의 복신(福神)에게 복을 빌지 않고, 현존하지도 않고 눈에도 보이지 않는 곳에는 빈다. 부모에게 효도해서 복을 얻지 못하더라도 해는 없다. 신이나 부처에게 빌면 복을 얻지 못할 뿐만 아니라 손해가 많다.[19]

반잔은 여기에서도 역시 부모는 천신과 동일하게, "지극히 존귀하고 성스러운" 존재로 설명하고 있다. 그리고 부모에게 효도하면 "신에게 복을 받고, 군주에게 은혜를 입는" 경우가 많았으니, 부모를 복신으로 알고 받들 일이지, 다른 신이나 부처에게 기도할 일이 아니라고 말했다. 반잔은 부모, 나아가 군주를 현실에서 하늘과 같이 받들어 모시는 대상으로 정해, 부모에 대한 효, 군주에 대한 충을 강조했던 것이다.

이기론에 따르면 이(理)는 모든 존재의 근원이다. 물론 인간은 물론 사물도 이를 존재의 근원으로 하기에 만물일체(萬物一體)라는 개념이 성립되는 것이다. 그럼에도 불구하고 구마자와 반잔은 인간존재의 근원으로 신체적 요소를 들고 있고, 그런 면에서 반잔은 인간을 개체적 존재로 파악했다.[20]

반잔은 평소에 "불교를 비방하는 것은 쓸 데 없는 일이다. 단지 자신의 명덕(明德)을 밝힐 일이다."라고 말했는데, 어떤 사람이 불교와 "다투지 않고 지낸다면 삼교일치(三敎一致)라고 말해도 허물이 되지 않느냐?"고 질문하자 다음과 같이 대답했다.

---

19) 위의 책, 43-44쪽.
20) 李基東, 『東洋三國의 朱子學』, 241-242쪽.

불자도 천지의 아들이고, 나도 천지의 아들이다. 모두 형제이지만 혹은 보는 바가 다르기 때문에, 또는 세상에 관계 하는 생업에 따라서 여러 가지로 분류된다. 유교라느니 불교라느니 하는 견해를 세우기 때문에 서로 옳고 그름이 있는 것이다. 어느 견해도 생각하지 말고 단지 형제로서의 친근함만으로 교류한다면 다퉈야할 일도 없는 것이다. (중략) 본래 형제의 친근함만 보면 직업이 서로 달라도 다툼이 있을 리 없다. 이것은 생업 때문이라고 말할 수 있지만, 음식에도 형제가 각기 좋고 싫음이 있으니 맛을 다툰다고 해도 각기 입이 당기는 바는 일치할 수 없다. 단지 그대로 두고, 나는 나, 다른 사람은 다른 사람으로 좋은 것이다.[21]

위에서 말한 "불자도 천지의 아들이고, 나도 천지의 아들이다."라는 대목을 보면, 반잔의 사상도 기본적으로 만물일체론에 입각하고 있다는 것을 알 수 있다. 또 그는 "천지만물이 모두 태허(太虛)의 일기(一氣)에서 생성"된 것이기 때문에 "풀 한포기, 나무 한그루도 그 때가 없고 그 이(理)가 없으면 존재하지 않는다."[22]라고 말하고 있다. 그렇다면 반잔은 만인일체(萬人一體)를 전제로 하여, "나는 나, 다른 사람은 다른 사람"이라고 말했다고 이해해야 할 것이다.

그런데, 여기에서 주의해야 할 것은 반잔의 만물일체론은 만물이 각각 본질에 있어서 일체가 된다는 의미가 아니라는 사실이다. 각각 다른 개체가 유기적으로 결합된 총체로 파악해야 마땅한 만물일체론인 것이다. 일찍이 이기동은 반잔의 이러한 사상을 신만물일체사상이라고 하면서 기존의 만물일체론과 어떻게 다른지 밝힌 바 있다.[23]

반잔이 개체의 총체를 하나의 유기체로 파악함으로써 주자학의 이기론과 다른 관점에서 공부하는 법을 제시하려고 했다. 반잔은 성현이

---

21) 『集義和書』 卷第一, 『熊沢蕃山』, 22-23쪽.

22) 위의 책, 13쪽.

23) 李基東, 『東洋三國의 朱子學』, 243-245쪽 참조.

남긴 경전을 읽고, 그들의 행적을 쫓는 것만으로는 "마음의 때가 벗겨지지 않는 것이 당연"하므로 성공할 수 없다고 했다. 공부란 결국 "천리를 보존하고 인욕을 버리는" 것인데, 그것은 "선을 행하는 것보다 큰 것이 없다."고 말했다. 그런데 그 공부는 특별한 것이 아니라 일상생활 속에서 인륜을 실천하는 것이라고 했다.[24]

반잔은 "태허(太虛)는 이기(理氣)일 뿐이다. 쉽게 말하면 일기(一氣)"라고 주장했다. 소위 반잔의 기우위설은 하야시 라잔의 이기일체설에서 한걸음 더 나아간 것이다. 하지만 반잔이 "이는 기의 덕" 또는 "기는 이의 형태"[25]라고 말하고 있는 것에서 알 수 있듯이 이의 형이상학적 요소는 여전히 남아 있었다. 다시 말하면 반잔은 주자학에서 멀어지기는 했으나 주자학과 결별하지 못하고 있었다. 그가 다음과 같이 말하고 있는 것에서도 알 수 있다. "나는 소생은 주자에도 경도하지 않고, 양명(陽明)에도 경도하지 않는다. 다만 옛 성인에게 배워 쓰는 것이다. 도통이 전하여 오는 것은 주자나 왕양명이 모두 같다."[26]

3. 고학[27]의 성립

구마자와 반잔이 방황하고 있을 때, 일본에서 처음으로 주자학을 비판한 학자가 등장했다. 바로 야마가 소코였다. 소코는 아이즈번(会津藩) 출신으로 유학·신도·병학(兵學)을 두루 섭렵한 인물이었다. 그러

---

24) 『集義和書』卷第一, 『熊沢蕃山』, 20쪽.

25) 『集義和書』卷第三, 『熊沢蕃山』, 47쪽.

26) 『集義和書』卷第八, 『熊沢蕃山』, 141쪽.

27) 고학이라는 명칭의 성립에 대해서는, 신현승, 「주자학의 안티테제로서 소코의 유교경세론 ─ 에도시대의 고학파 야마가 소코의 경세론」, 168-169쪽.

나 소코는 유학자로서 가장 많이 알려진 인물이었다. 소코의 자전적 저작 『배소잔필(配所殘筆)』에 따르면, 그는 9세 때 하야시 라잔에게 주자학을 배우기 시작했다. 1652년 그의 나이 31세 때 아코번(赤穗藩)에 출사했지만 1660년에 사직했다.[28]

소코는 1660년경부터 주자학에 의문을 품기 시작했다. 주자학의 가르침에 따라 마음을 다스리는 공부를 했으나 사회 현실과 학문이 접목되지 않는 것에 대한 불만을 해소할 수 없었다. 소코는 실제 정치와 생활에 도움이 되는 학문이 진정한 학문이라고 생각하고 있었기 때문이다.

1665년 소코는 『성교요록(聖敎要錄)』을 간행했다. 소코는 『성교요록』에서 성학(聖學)과 성교(聖敎)를 다음과 같이 정의했다. "성학이란 무엇인가? 사람다운 길을 배우는 것이다. 성교는 무엇인가? 사람다운 길을 가르치는 것이다."[29]

그렇다면 소코의 성학과 성교는 어디에서 유래하는 것인가? 소코는 『배소잔필』에서 다음과 같이 말하고 있다.

간분(寬文) 초(1662년경 – 인용자 주)에 내가 생각했다. 한(漢)·당(唐)·송(宋)·명(明) 학자의 책을 보기 때문에 납득이 되지 않는 것이 아닐까? 그리하여 곧 주공(周公)·공자의 책을 보고, 이것을 본보기로 삼아 학문의 계통을 바로 세워야 한다고 생각했다. 그때부터 후세의 서책은 보지 않고, 성인의 서책을 주야로 공부했다. 그러니 비로소 성학의 길을 분명히 알고, 성학의 본보기를 정했던 것이다.[30]

소코는 주공·공자와 같은 고대 성인의 학문이 바로 그것이라고 확

---

28) 『配所殘筆』. 田原嗣郎 외 編, 『山鹿素行』(日本思想大系 32) (東京: 岩波書店, 1970), 318쪽 이하 참조.
29) 『聖敎要錄』 上, 『山鹿素行』, 12쪽.
30) 『配所殘筆』, 『山鹿素行』, 335쪽.

신하고, 한·당 시대에 유행했던 훈고학(訓詁學), 또 불교의 영향을 받은 송의 주자학과 명의 양명학과 관련한 책을 보지 않고, 직접 "성인의 서책" 즉 공자가 지은 서책에서 배우려고 했다. 그리고 원시 유학이라고 할 수 있는 공자의 가르침을 '성학(聖學)'이라고 일컬었다. 소코에게 '성학'이야말로 정통 유학이었다.

소코는 다음과 같이 생각했던 것이다. "후세"의 인물인 주자(朱子, 1130-1200)나 왕양명(王陽明, 1472-1528)의 주석이나 해석을 통해서 공자의 사상에 접근하면, 그것은 주자와 왕양명의 사상에 의해 물들어진 공자의 사상을 배우는 것이다. 그것은 있는 그대로의 공자의 사상을 이해하는 데 오히려 걸림돌이 된다. 그래서 소코는 자신의 눈으로 직접 "성인의 서책"을 접했고, 그 결과 "학문의 계통"을 바로 세울 수 있었고, 유학의 정통이 "분명"해졌으며, 이윽고 성학의 성격을 올바르게 규정할 수 있게 되었던 것이다.

그렇다면 소코는 성학의 특성을 어떻게 규정했는가? "학문은 단지 옛날의 가르침을 배우고, 그 지혜를 궁구하여 나아가 일상에서 행하는 것이다."[31] "학문은 오로지 일상 속에 있다. 일상에서 사리를 궁구하면 이것이 앎에 이르는 것이다."[32] "천지의 도, 성인의 가르침은 많은 말이 필요 없다. 신기한 것도 아니며 꾸며낸 것도 아니다."[33] "학문은 일용(日用)의 사물인바 이것을 취하여 궁리하지 않으면 그 학문이 오히려 해로운 것이 된다."[34]

이상에서 살펴본 바와 같이, 소코가 말하는 성학은 "많은 말이 필요"

---

31) 『聖教要錄』上, 『山鹿素行』, 12쪽.

32) 『山鹿語類』卷34. 古川黃一 編, 『山鹿語類』第四 (東京: 國書刊行會, 1910), 57쪽.

33) 『聖教要錄』下, 『山鹿素行』, 28쪽.

34) 『山鹿語類』卷30. 古川黃一 編, 『山鹿語類』第三 (東京: 國書刊行會, 1910), 434쪽.

한 것도 아니고, "신기한 것도 아니며 꾸며낸 것"도 아니다. 일상 속에서 사물에 상응하는 학문이다. 평범한 것에서 벗어나서 구하는 것은 오히려 성학에서 멀어지는 것이다. 그러니 일상에서 사리를 궁구하는 학문이 아니면 오히려 해로운 것이다. 그래서 공부하는 자는 성인에게 배워서 일상에서 실천하는 것이다.

소코는 "일상 속"에 있는, "일상 속에서 사리를 궁구"하는, "일용"의 학문을 성학이라고 했는데, 그렇다면 "일용"의 학문이란 구체적으로 무엇인가?

> 어떤 사람이 물었다. "일용의 학문이란 무엇을 말하는 것인가?" 소코가 말했다. "일용이란 백성(百姓)의 일용을 말하는 것이다. 학문이란 본받고 노력해서 확실히 아는 것을 이르는 것이다. 일용의 학문이란 일용지간(日用之間)에 본받고 노력해서 확실히 알아 얻어지는 모든 것이다."[35]

소코의 설명에 따르면, 일용이란 사람이 일상 속에서 하는 모든 일, 접하는 모든 상황을 말하는 것이고, 학문이란 그런 일과 상황 속에서 성인의 가르침을 본받아 이치를 궁구하여 확실한 앎에 이르는 것이다. 그러니까 일용의 학문이란 일상 속에서 성인의 가르침에 따라 사리를 궁리하여 확실한 지식을 얻고 본질을 정확히 아는 모든 것이라고 할 수 있다.

소코가 말하는 일용의 학문은 곧 성인의 학문이다. 소코는 성인의 학문에 대해 다음과 같이 부연 설명하고 있다.

> 성인의 학문은 다시 별다른 방법으로 말해야 마땅한 것이 아니다. 다만 일용지간(日用之間)에 많이 듣고, 많이 보고, 자세히 묻고, 신중히 생각하고, 그

35) 『山鹿語類』 卷34, 『山鹿語類』 第四, 49쪽.

앎에 이르러서는 완전히 배우고 익히는 것이다.[36]

소코가 말하는 학문이란 구체적으로 "많이 듣고, 많이 보고, 자세히 묻고, 신중히 생각하고" "완전히 배우고 익히는 것" 과정을 말하는 것이다.

그런데 위 사료는 일부 연구자들에 의해 '인간 외부의 일용사물에 밝게 통하는 것만이 성학의 핵심이며, 또 소코는 주자학의 중요 개념인 경(敬)의 내재적 함양 공부도 필요하지 않다'고 주장하는 근거가 되고 있다. 그러나 위 글에 바로 이어지는 다음 구절을 읽어보면, 소코는 결코 '인간 외부의 일용사물에 밝게 통하는 것'이 공부의 목적이라고 하지 않았다는 것을 알 수 있다. 소코는 이어서 다음과 같이 말하고 있다.

> (그러면) 마침내 예(禮)에 따라 몸가짐을 바로 하고, 근신하는 데 이르며, 이치를 밝힘에 더욱 확실히 하고, 사물을 대하고 접함에 통하지 않는 바가 없게 된다. 그러면 힘쓰지 않아도 합당하게 되고, 생각하지 않아도 이루어지게 된다.

소코의 설명에 따르면, 단지 배우고 익혀서 확실히 아는 것에 그쳐서는 진정한 성인의 학문이라고 할 수 없다. 성인이 가르침에 따라 몸가짐을 바르게 하고, 마음을 겸허하게 가져야 한다. 나아가 이치를 더욱 궁구하여 완전한 앎에 이르면 만사형통하게 되는 경지에 이르게 되는 것이다. 성학의 목표는 '인간 외부의 일용사물에 밝게 통하는 것'을 넘어선 곳에 있다는 것을 알 수 있다.

학문은 일상과 유리되어서는 안 되는 것이다. 오히려 일상 속에서 실천해야 마땅한 것이다. "성인의 학문은 또 일용사물 사이에서 벗어나지 않는"[37] 것이기 때문이다. 이런 관점에서 보았을 때, 심성 수양을

---

36) 위의 책, 47쪽.

강조하는 것처럼 비쳐지는 주자학이 비판의 대상이 될 수 있다.

　　대저 성인의 가르침은 곧바로 심성(心性)을 지적하여 말하지 않았다. 공자가 요(堯) 순(舜) 우(禹)를 칭할 때 아직 성심의 설에 이르지 않았고, 칠십 명의 제자도 오직 일용지간에 머물렀을 뿐이다. (공자의) 문인 증자(曾子), 자하(子夏), 자장(子張), 자공(子貢), 유자(有子) 등의 무리, 그 말이 논어에 보이는데 끝내 성심의 설은 없었다. 자사(子思), 맹자(孟子)에 이르러 오로지 성심에 대해 언급했다. 그런데 성심으로써 표적으로 한 것은 오히려 일용사물로써 강설(講說)했다.[38]

　위 사료는 일부 연구자들에 의해 소코가 심성 수양의 논리를 배척했다고 주장하는 근거로 제시되기도 한다. 성심의 공부는 주자학에서만 부각되고 있을 뿐이며, 바로 이 점이 형이상학적인 성심의 공부를 주장하는 주자학을 이단이라고 질타한 소코의 학문적 특질이라는 것이다. 그러나 위 사료를 잘 읽어보면 소코는 결코 성심의 공부를 부정하지 않았다.

　위 사료에는 심성과 성심이 혼재되어 사용되고 있지만, 위 글에서 "곧바로"에 주목해 보자. 성인이 "곧바로 심성만을 지적하여 말하지 않았다"는 말을 성인이 심성을 말하지 않았다는 말로 이해해서는 안 될 것이다. 위 문장의 초점은 "성심으로써 표적으로 한 것은 오히려 일용사물로써 강설했다."라는 부분에 맞춰져 있다고 해야 하지 않을까? 소코는 심성 수양만을 지나치게 강조한 주자학을 완곡하게 비판하면서 일상 속에서 공부해야 한다는 것을 강조했다고 이해해야 할 것이다.

　학문의 근본은 수신(修身)에 있다는 것을 부정하는 사람은 없을

37) 『山鹿語類』 卷34, 『山鹿語類』 第四, 49쪽.
38) 위의 책, 55-56쪽.

것이다. 소코도 수신에 대해 다음과 같이 말하고 있다.

> 성인의 가르침은 수신으로 근본을 삼는다. 수신의 요체는 마음과 뜻이
> 바르고 정성스러운 데 있다. 대학에서 말하는 정심(正心)과 성의(誠意)는
> 중용에서 말하는 솔성(率性)이다. 맹자가 방심(放心)에서 찾은 것이 바로
> 이것이다. 그렇다면 성인은 공부에 성심 위에 더하는 일이 없다.[39]

수신이란 마음과 뜻이 바르고, 다가오는 일에 온갖 성의를 다하고,
참되고 거짓이 없이 처신하는 인품을 갖추어 나가는 공부이다. 그러한
공부를 대학에서는 "정심과 성의"라고 했는데, 그것은 중용에서 말하는
솔성, 즉 천성을 좇아서 사는 것이라고 했다. 그것은 잠시도 방심하지
않는 상태를 말하는 것이기도 하다. 성인의 공부는 바로 성심을 지키
는 일이라는 것을 알 수 있다. 소코는 "성인은 공부에 성심 위에 더하는
일이 없다."고 말했다. 소코는 결코 성심 공부를 부정하지 않았다. 다만
성심 공부를 "주정정좌(主靜靜坐)" 즉, 조용히 앉아서 참선하는 것이 전
부인 것처럼 알고 있는 사람들에게 일상 속에서 몸과 마음을 닦는 공
부를 게을리 하면 안 된다는 점을 강조했다고 할 수 있다.

일상 속에서 공부를 게을리 하지 않는 태도는 "한·당·송·명" 시대
유학자의 가르침을 뛰어 넘어 직접 공자에게 배워서 정립한 기준이었
다. 학문의 "계통"이 확립되고, 기준이 섰다면 "한·당·송·명" 시대 유
학자의 사상, 특히 주자학을 일용지학의 관점에서 비판하지 않을 수 없
는 일이다.

소코는 『산록어류(山鹿語類)』 「성학」편에서 송대(宋代)의 역대 유학
자들을 거론하면서 다음과 같이 말하고 있다.

---

39) 『山鹿語類』 卷34, 『山鹿語類』 第四, 48쪽.

송대에 이학(理學)·심학(心學)의 설이 극성하였는데, 그 근원은 주자(周子)·정자(程子)에서 나와서 주자(朱子)에 이르러 완성된다. 가만히 생각해 보건대, 周子가 먼저 무극(無極)의 설을 제창하고, 정자·장자(張子)가 호응하여 허정(虛靜)을 말했다. 정자 문하의 학자 대부분이 미발(未發)에 머무는 것을 맛보고 정좌(靜坐)를 즐겼다. (중략) 그 언설을 세워 행위하는 것은 도교나 불교와 다르지 않다.[40]

소코는 특히 송대에 이르러 유학이 일상의 사물에서 벗어나 급격하게 직접 인간의 본성을 밝히려고 하는 주관적 경향으로 치우치게 되었다는 것을 지적하면서, 그러한 탐구 방법은 불교가 지향하는 방법이라는 점을 지적했다.

성학의 전래는 송대에 이르러 매사 고상하고 넘치는 폐해가 있었다. 그래서 배우는 자는 가까운 데 있는 것을 버리고, 먼 데 있는 것을 구했다. 밑에 있으면서 고상한 것을 엿보게 되면서, 마음은 공허하고 묘한 세계로 치닫게 되었다.[41]

소코는 송대의 유학자들이 심취한 "미발에 머물고" "정좌를 즐기는" 수행방법이 현실에서 유리된 공허한 것이라고 비판했다. 소코의 관점에서 보면, "먼 데 있는 것", "고상한 것"을 좇는 행위는 공부에 아무런 도움이 되지 않고 오히려 해가 될 뿐이었다.

소코는『배소잔필』에서 "정주(程朱)의 학문을 받들면 지경정좌(持敬靜坐)의 공부에 빠져서 사람의 성품이 침묵에 빠지는 것으로 안다."[42]고 주자학의 "지경"에 대해 비판하고 있다. 왜냐하면, 소코는 "단지 일

40)『山鹿語類』卷35,『山鹿語類』第四, 109쪽.
41) 위의 책, 108쪽.
42)『配所殘筆』,『山鹿素行』, 334쪽.

관되게 경에 머무르면 마음이 얽매이고" "경에 머물러 마음이 얽매이면 심령(心靈)의 오묘함을 잃어버리고 지식에서 멀어져 하나의 죽은 물건"[43]이 될 뿐이라고 생각했기 때문이다.

소코가 경에 대해 "경이라고 하는 것은 입을 다물고 말하지 않고, 몸을 움츠리고 움직이지 않는 것을 이르는 것이 아니다. 일에 닥쳐서 소홀히 하지 않고, 가볍게 하지 않는"[44] 것이라고 말하고 있듯이, 소코에 있어서 경이란 이(理)에 다다르기 위한 수단이 아니라 격물치지의 보조적인 수단에 지나지 않는 것이었다. 그렇다면 단지 경에 머무르는 공부보다 일상 속에서 마음을 통제하는 것이 효과적이라고 판단했던 것이다. 소코는 주자학의 "지경" 방식에 대해서 비판했다고 할 수 있다.

소코는 "격물궁리"의 방법에 대해서도 주자와 입장을 달리했다. 주자는 어떤 사물을 대상으로 하는 경우에도 항상 우주의 본체로서의 이(理)를 추구하려고 했는데, 소코는 인간의 마음으로 이(理)를 추구하는 것은 사실상 불가능하다고 보았다. 왜냐하면 인간의 마음은 관습, 경험, 욕심 등에 의해 많이 오염되어 있다고 보았기 때문이다. 소코는 다음과 같이 말했다. "이런 마음으로 이(理)를 궁구한다면 즉 모두 사의(私意)에 떨어지고 말 것이다. 어찌 이것을 궁리(窮理)라고 말할 수 있겠는가? 어찌 이것을 지선(至善)이라고 말할 수 있겠는가? 크게 잘못되었다."[45]

소코의 학문과 주자학의 본질적인 차이는 이(理)=성(性)을 둘러싼 논의에 있다고 할 수 있다. 소코는 '격물궁리'하면 인간 누구나가 본래 갖추고 있는 성(性)이 드러난다고 하는 주자의 설을 비판했다.

---

[43] 『山鹿素行集』 第十卷 (東京: 国民精神文化研究所, 1940), 297쪽.

[44] 『山鹿素行集』 第九卷 (東京: 国民精神文化研究所, 1940), 526쪽.

[45] 위의 책, 407-408쪽.

천하만물이 이(理)를 갖추고 있다고 하는 설인데, 이것은 주자(周子) 이래 정자·장자·소자(邵子) 등이 모두 무리지어 이학의 내용에 멀어지지 않았기 때문이다. 성심(性心)은 형기(形氣)에 의해 갖추어지는 것인바, 천지에는 천지의 성심이 있고, 사물에는 사물의 성심이 있고, 사람은 사람의 성심이 있다. 천지·인물 각기 성심을 구비하고 있다고 할 것이다. 천지·인물의 성이 같다고 할 수 없는 것이다. 사람의 성심은 단지 성심일 뿐 따로 이름을 붙일 곳이 없다.[46]

주지하는 바와 같이, 주자학에서는 "성심"을 보편적으로 파악하고 있다. 하지만 소코는 그것을 개별적인 것으로 파악하고 있다. "사물에는 사물의 성심이 있고, 사람은 사람의 성심"이 있으니, 결국 "천지만물과 인간은 성심을 각기 구비하고 있다고 보았다. 그것은 결국 소코가 주자의 이기론을 제대로 이해하지 못했던 것에서 기인했다고 할 수 있지만,[47] 소코는 그 나름대로 주자학의 핵심 이론을 비판하며 자신의 학문을 형성했던 것이다.

4. 야마가 소코의 사상 – 인간과 사회

주자학은 '사욕'을 부정하는 것을 수행의 출발점으로 삼고 있다. 에도 막부에 출사한 주자학자 하야시 라잔도 '사욕'을 부정하는 것이 '인(仁)의 도(道)'라는 입장을 분명히 했다. 하지만 주자학에 비판적인 야마가 소코와 같은 고학자들은 인간의 욕(欲)과 정(情)을 어쩔 수 없는 것으로 인정했다.

소코는 주자학에서 말하는 이원적인 성론(性論)을 일원적으로 해석

---

46) 『謫居童問』四, 『山鹿素行集』第十二卷 (東京: 国民精神文化研究所, 1940), 250쪽.
47) 田原嗣郎, 『徳川思想史研究』, 206쪽.

했다. 즉 기질의 성과 본연의 성을 천명(天命)의 성으로 통일하고, 그 천명의 성은 즉 기질의 성이라고 보았다. 그러면 소코는 천명의 성, 즉 기질의 성을 어떻게 이해하고 있었을까?

소코는 인간은 태어나면서 운동 능력과 지각·감각 능력을 지니고 태어나는데, 그와 함께 "넘쳐서 만족할 줄 모르는" 정욕을 갖고 태어난다고 보았다. 성인도 예외는 아니었다. "혈기가 있는 존재는 모두 정욕이 있다. 성인도 역시 인간이므로 당연히 인정의 욕(欲)이 있다."[48] 하지만 인간의 기질은 후박청탁(厚薄淸濁)이 있다.[49] 대현(大賢) 청기(淸氣)가 많으나 그렇지 않은 사람들은 탁기(濁氣)가 많다.[50] 탁기가 많은 보통 사람들은 악이 많이 발하는 것은 당연한 이치일 것이다. 그렇다면 인간은 자연스럽게 정욕에 이끌려 사악한 방향으로 나아가기 쉬운 존재이다.

소코는 기질의 성을 구성하고 있는 것은 인간의 정욕이라고 이해했다.

> 사람이 기품과 형체가 있으면 즉 정욕이 있다. 사지의 운동과 이목의 시청을 통해 희노애락으로 감지한다. 음식과 남녀 이외에 구하는 것은 모두 정욕으로 인한 것이다. 사람은 모두 그러하다. (중략) 사람의 정욕은 스스로 억제할 수 없는 것이다. 기품과 형질이 없을 때에는 정욕 역시 일어나지 않는다. 선유(先儒)들은 무욕으로써 이것을 논한다. 그것은 잘못도 이만저만한 일이 아니다.[51]

소코는 정욕이 인간이 공유하고 있는 것이며, 일상생활의 원동력이 되는 것이라고 보았다. 인간의 행동의 원리를 마음속에 내재한 정욕이

---

48) 『山鹿語類』卷33, 『山鹿素行』, 226쪽.
49) 『山鹿語類』卷41, 『山鹿素行』, 285쪽.
50) 위의 책, 279쪽.
51) 『山鹿語類』卷33, 『山鹿素行』, 215-216쪽.

라고 생각했다. 그런데 정욕은 억제할 수 있는 것이 아니라고 보았다. 그런 관점에서 "선유"들이 말한 "무욕"의 경지를 비판했다.

소코의 정욕론의 또 다른 특질은 사람은 본래 자신을 이롭게 하는 것을 좋아하는 존재이며, 결코 '욕'에서 벗어날 수 없는 존재라고 파악했다는 것이다. 주자는 인간에게서 사욕을 제거하기만 하면 누구나 마음속에 내재되어 있는 '본연의 성'이 드러난다고 했다. 하지만 소코는 천명의 성이 곧 기질의 성이라고 하여 '본연의 성' 즉 절대선의 존재를 부정했다. 소코에게는 회복해야 할 '성'은 처음부터 존재하지 않았다.

소코의 정욕론은 개인의 도덕 차원에 머물지 않고 사회적 차원에서도 다루고 있다.

> 사람의 정욕은 넘쳐도 만족할 줄 모른다. 성인은 어쩔 수 없이 교(敎)를 세워서 그것을 통제할 수밖에 없다. 사람의 정욕은 스스로 천자공후(天子公侯)의 부귀에 이르지 않으면 그칠 줄 모른다. 사람들이 모두 천자공후가 된다면 인민도 없고, 복종(僕從)도 없고, 오곡을 거둘 수도 없고, 상인도 없을 것이다. 천하는 천하가 기르고, 재보는 재보가 생산할 수 없는 일이다. 그래서 하늘은 위에 있고 땅은 밑에 있고, 군주는 존귀하고 신민은 비천해 건곤이 정해졌다. 그리고 힘으로 다투어서 나라를 이롭게 하고, 집안을 이롭게 하고, 자신을 이롭게 하려고 욕심을 부린다면, 즉 상하가 번갈아 이로써 다투어 군주를 죽이고, 아비를 몰아내고, 빼앗기를 그치지 않는다면, 그 정세는 이적(夷狄)과 같고, 그 끝은 금수가 서로 잡아먹는 것과 같다. 이것이 성인이 가르침을 통해 그 정욕을 억제하고, 사람으로 하여금 사람다운 길을 알게 한 이유인 것이다."[52]

소코는 정욕이 넘쳐서 만족할 줄 모르는 인간을 그대로 방치한다면, 인간은 그 욕망을 실현하기 위해 서로 다투는 난세가 출현할 것이라고

---

52) 위의 책, 217-218쪽.

경고했다. 그 결과는 "금수가 서로 잡아먹는" 것과 같은 무법천지가 될 뿐만 아니라, 인륜을 어지럽히고, 신분제 사회가 무너지면서 상하의 질서를 문란하게 하는 사회가 도래할 것이다. 무엇보다도 사회질서가 붕괴될 것이다. 그래서 성인이 출현해서 본래 반도덕적이고 반사회적인 인간을 가르치고 통제할 수밖에 없었다는 것이다. 성인의 도덕적 가르침은 동시에 사회질서를 유지하기 위한 정치적 가르침이기도 했다.

소코는 인간의 정욕을 통제하기 위한 방법으로 의(義)를 제시했다. 의는 인간이 서로 지켜야 할 마땅한 도리이다. 그런데 의는 결국 이(利)와 다르지 않은 것이었다. 사람들은 당연히 좋은 것을 좋아하는데, 소코는 "의는 좋은 것이고, 이 또한 좋은 것"이라고 말하고 있다. 소코는 의와 이를 분리할 수 없는 표리 관계로 이해하고 있었던 것이다.

> 의리(義利)는 서로 분리되지 않는다. (중략) 군자(君子)가 행하는 곳은 단지 의로써 처한다. 의가 있는 곳에 즉 이가 따른다. 소인(小人)이 행하는 곳은 단지 이로써 처한다. 이가 있는 곳을 이로써 하고 의로써 하지 않는다. 이것은 의리가 표리를 이루고 있는 것을 모르는 것이다.[53]

소인은 이끗을 쫓는다. 하지만 군자는 다만 의를 행할 뿐이다. 왜냐하면 군자는 의를 행하면 이는 저절로 따라오기 마련이라는 이치를 알기 때문이다. "의가 있는 곳에 이가 따라간다." 의와 이는 불가분의 관계인 것이다. 그렇다면 의와 이는 본질적으로 같은 것이다. 소코의 이러한 관점은 의를 도의로, 이를 이익으로 명확히 구별하는 맹자, 순자(荀子) 등 중국 유학자들의 관점과 본질적으로 다른 것이었다.

소코는 의와 이(利)가 표리 관계이고 본질적으로 '옳은 것'이지만, 의와

---

53) 위의 책, 222쪽.

이(利)는 미치는 범위와 대소에 차이가 있다고 보았다.

> 군자의 이는 격치(格致)해서 미치지 않는 곳이 없다. 그래서 그 이는 멀고 크다. 소인의 이는 격치하지 않고 미치는 곳이 없다. 그래서 그 이는 가깝고 작다. 크고 넓은 것은 의이다. 가깝고 작은 것은 이이다. 의는 능히 사람을 이롭게 하고 사물을 이롭게 한다. 이는 단지 자기 한 몸을 의지한다. 혼자만의 이롭다.[54]

의는 인간을 이롭게 하고, 사물을 이롭게 하지만, 이(利)는 단지 스스로를 이롭게 하는 것이었다. 다시 말하면 이익이 자신에게만 그치면 그것을 이(利)라고 말할 수 있으나 의라고 말할 수는 없다는 것이다. 이익의 범위가 타인과 사물에까지 미칠 때 비로소 의라고 할 수 있는 것이다. 소코에 있어서 의는 보편적이고 초월적인 도덕률을 의미하는 도의관념이 아니었다. 어떤 행동이 초래하는 이익이 미치는 범위가 자기 자신에게만 미치는가, 아니면 타인이나 사물에게까지 미치는가에 달려있는 개념이었다.

이러한 관점에서 본다면 일반적인 도의관념도 동기의 순수성이나 행위의 도덕적 타당성을 의미하지 않았다. 항상 타자와의 관계 속에서 비교되고 측량되는 것이었다. "군주, 부친, 사부, 형 등의 존재는 자신보다 무겁고, 신하, 자제, 제매(弟妹) 등은 자신보다 가볍고, 천하국가는 자신보다 무거운" 것이었다.[55]

도덕이 항상 타자와의 관계 속에서 측량되는 것이라면, 각자 정해진 신분과 직분에 따른 행동 준칙을 지켜야 하고, 아울러 인간이 태어나면서부터 지니고 있는 정욕을 억제해서 타자와 공동체의 이익을 위해 행

---

54) 위의 책, 224쪽.
55) 『山鹿語類』 卷21, 『山鹿素行』, 42쪽.

동할 필요가 있다. 그런 행동이 바로 의로운 것이며, 도덕적인 행위였다. 도덕적 기준이 타자와의 관계 속에 있다고 한다면 자기 자신의 가치판단을 억제하고, 객관적인 사회규범을 행동의 기준으로 삼아야 하는 것이다.

주자학과 양명학은 인간에 본래적으로 내재되어 있는 선한 본성을 어떻게 구현하는가를 수양의 과제로 삼고 있었다. 즉 주자학과 양명학은 인간의 주체적 수행을 포함한 사상이라고 할 수 있다. 소코를 비롯한 고학파(古學派)가 주자학·양명학을 불교나 노장(老莊)과 동일하다고 비판했는데, 비판의 초점은 주자학·양명학이 공유하고 있는 주체적 수행, 즉 수신(修身)에 맞춰져 있다.

소코도 수신의 중요성을 인정했다. 그래서 "수신은 성학의 시작이다. 천하를 다스리는 것은 성학의 마지막이다. 이것은 천자로부터 서민에 이르기까지 수신을 근본으로 한다. 중용의 구경(九經)도 수신으로 시작된다."[56]고 말했던 것이다. 하지만 소코는 수신을 하면 마치 천하가 즉시 태평해지는 것처럼 말하는 "송명의 여러 유학자들"의 견해에 동조하지 않았다.

주자의 『대학장구(大學章句)』의 설에 의하면 백성이 모두 본성을 회복하고 그 본심을 밝힌 후 명덕(明德)을 천하에 펴는 것이다. 백성을 그와 같이 만드는 것은 요순(堯舜)도 끝내 할 수 없었을 것이다. 요순이 끝내 할 수 없었다면 그런 견해는 이단에 치우친 논으로 바른 것이 아니다.[57]

성인의 가르침은 수신에서 시작된다. 그것은 너무도 분명하고 옳은

56) 『謫居童問』五, 『山鹿素行集』第十二巻, 298쪽.
57) 『四書句讀大全大學』, 『山鹿素行集』第十一巻 (東京: 国民精神文化研究所, 1940), 80쪽.

것이다. 하지만 수신하여 "본성을 회복하고 그 본심을 밝힌 후 명덕을
천하에 펴는 것"이라는 주장, 다시 말하면 수신제가(修身齊家)라고 하
는 주체적 수행 영역과 치국평천하(治國平天下)라고 하는 정치·사회
적 영역을 연속적으로 거론하는 것이 과연 타당할까?

앞에서도 살펴보았듯이, 인간은 누구라도 정욕에서 자유로울 수 없
는 존재이다. 특히 소인은 정욕에 끌려 자신을 통제할 수 없는 존재이
다. 물론 군자에게도 정욕은 있다. 그러나 "군자는 지식관광(知識寬廣)"
하여 정욕을 다스릴 수 있다. 하지만 소인은 "지식천박(知識淺薄)"하여
정욕을 다스릴 수 없다.58) 정욕을 다스릴 수 있는 군자는 의를 행하는
삶을 살고, 정욕을 다스릴 수 없는 소인은 이끗을 쫓는 삶을 산다.

물론 군자와 소인을 가리지 않고 사람의 기질은 원래 모두 동일하
다. 그 배움의 결과 군자가 되고 소인이 되기에 이르는 것이다. 하지만
군자로 나아가는 자는 선(善)을 배우고, 소인으로 나아가는 자는 악(惡)
을 배운다.

인간이 사는 세상, 즉 천지(天地)는 처음부터 같은 것이 모여서 형성
된 것이 아니고, 다른 것, 대립되는 것이 모여서 형성된 것이다. 음이
있으면 양이 있고, 군자가 있으면 소인이 있다. 그런데 군자는 아주 적
고 소인은 아주 많다. 성인들이 잇달아 출현해 천하를 다스린다고 해
도 소인(小人)이 없어질 수 없다. 그것이 인간 세상의 실상이다.

사농공상(士農工商)의 관점에서 보았을 때, 군자는 '사'에 해당하고,
소인은 '농공상'에 해당한다고 할 수 있다. '사'는 위정자, 즉 정치를 담
당하며, '농공상'은 생업에 종사한다. 그러니까 정치의 대상이 되는 것
은 "욕정을 다스릴 수 없는 소인"으로 생업에 종사하는 '농공상'이다. 군

---

58) 『山鹿語類』 卷33, 『山鹿素行』, 216쪽.

자인 '사'는 군주를 보좌해 '농공상'을 위에서 다스리는 위정자라고 할 수 있다.

　가장 이상적인 것은 성인이 군자를 거느리고 정치를 담당하는 것이다. 역사상 가장 위대한 정치인이라고 할 수 있는 주공(周公)은 공자가 칭송할 정도의 성인이었다. 주공은 사(私)를 버리고 공(公)을 앞세우는 정치를 했다. 그런데 실제로 정치를 담당하는 '오늘날'의 군주는 어떠한가? 군주를 성인이라고 할 수는 없는 존재인 것이다. 그런데도 군주에게 성인이 담당해야 마땅한 정치라는 직무가 부여되었다. 군주를 보좌하는 '사' 또한 모두 인격적으로 수양이 된 자들이라고 할 수 없다는 것이 문제이다.

　성인이 아닌 군주는 어떻게 정치를 해야 할까? 결국 가장 객관적이고 공정한 제도를 세우는 것이 가장 바람직할 것이다. 그런데 문제는 성인이 아닌 군주가 세운 제도로 백성을 효과적으로 다스릴 수 있다고 장담할 수는 없다. 그렇다면 성인들이 세운 바람직한 질서인 "구래(舊來)의 제도"에 따르는 것이 좋다고 소코는 제안한다.

　정치는 곧 교화라고 할 수 있다. 그것에 의해서만 사람들을 올바른 길로 안내한다. 그래서 예부터 "풍속을 교화"하기 위한 수단으로 예(禮)가 강조되었다. "성인의 가르침은 단지 예악(禮樂)에 있었을 뿐이다."[59] 예는 질서를 유지하기 위해서도 반드시 필요한 것이었다. "자신·가정·국가·천하 모두 예로써 제도품절(制度品節)을 정했을 때 찬탈쟁론(簒奪爭論)이 스스로 그치고, 화해우환(禍害憂患)이 스스로 막아진다." 그래서 성인이 "예로써 제도를 정해 몸을 단속하고, 일을 유지하고, 천만세 후에도 난신적자(亂臣賊子)가 악을 드러내지 못하도록 했

---

59) 『聖敎要錄』中, 『山鹿素行』, 19쪽.

다."[60] 요컨대 예는 성인이 정치를 위해 제시한 질서라고 할 수 있다.

하지만 예의 질서만 제시한다고 저절로 정치가 시행되는 것은 아니다. 군주 개인의 수신과 천하를 다스리는 것은 전혀 별개의 문제이다. 수신은 군주를 위해 반드시 필요하지만, 그렇다고 군주가 수신이 되면 국가가 저절로 다스려지고, 나아가 천하가 편안해지는 것이 아니다. 그래서 소코는 실제 정치에서 군주는 관료들을 거느리고, 업무를 분장해 다스릴 수밖에 없다고 주장했다.

> 천하는 서로 다른 것을 모아 하나로 통합한 것이다. 비슷한 것이 없음을 알아야 할 것이다. 설령 군주의 법이라고 해도 마음만 수행해서 천하가 태평하게 된다고 하는 것은 있을 수 없는 일이다. 그래서 요순(堯舜)도 16명의 재상을 두고 사안들을 사람들에게 명해 각기 맡은 바 일을 바르게 하고, 각자의 길을 분명히 했기 때문에 천하가 태평했다고 할 수 있다.[61]

천하의 실상은 본래 이질적인 것을 정치적으로 통합한 것이다. 정치는 서로 생각이 다른 인간을 사회적으로 편성해 평안하게 살게 하는 것이다. 즉 개인의 도덕적 수양과 정치와는 전혀 다른 차원의 문제인 것이다. 그렇다면 개인의 도덕적 수양을 정치의 전제로 삼고 있는 주자학·양명학은 오류를 범하고 있는 것이다. 공자가 이상으로 삼은 요순도 여러 명의 재상을 두고 각 사안별로 일을 처결하는 정치를 시행해 천하를 태평하게 하지 않았는가? 소코는 이렇게 반문했던 것이다.

---

60) 『山鹿語類』 卷34, 『山鹿素行集』 第九卷, 204쪽.
61) 『謫居童問』 四, 『山鹿素行集』 第十二卷, 276쪽.

5. 맺음말

17세기 중기에 일본적 사회가 확립되었다. 일본은 무사들이 위정자인 무가사회(武家社會)였고, 막번체제라는 독특한 정치체제를 유지하고 있었다. 17세기에 들어서면서 현세주의가 대두되었고, 17세기 중기에는 인간의 욕망을 있는 그대로 긍정하는 분위기가 형성되었다. 상인이 경제적 실력을 장악하면서 배금주의가 만연했다. 특히 일본 우월주의가 뿌리를 내리기 시작했다.

주자학은 17세기 일본사회라는 프리즘을 통과하면서 굴절되었고, 저항과 갈등의 과정을 거쳤다. 근세 일본 주자학을 확립시킨 인물로 일컬어지는 하야시 라잔조차도 주자학의 형이상학적인 이론을 구체적이고 감각적인 형이하학적인 관점에서 파악하려는 경향성이 있었다. 이러한 경향성은 다른 주자학자는 물론, 구마자와 반잔과 같은 양명학자의 학문적 태도에도 나타나는 점에 주목할 필요가 있다.

17세기 전기는 주자학을 학습하고 이해하는 단계였고, 17세기 중기는 여러 학자들이 주자학적 사유방식에 대해 의문을 표명하고 비판하는 단계였다고 할 수 있다. 결국 주자학은 일본적인 사회에 걸맞은 사상체계로 발전하지 못하고 분해되는 운명을 맞이할 수밖에 없었다. 주자학이 분해되는 과정은 일본사에서 유학의 일본화 과정으로 설명되고 있다.

일본에서 처음으로 주자학을 비판한 인물은 야마가 소코였다. 소코는 다른 유학자들과 다른 학문적 배경을 갖고 있는 학자였다. 일본의 전통적인 가치라고 할 수 있는 무사도를 거론했고, 또 일본의 무사가 조선·중국의 위정자와 본질적으로 다르다는 점을 강조하는 과정에서 '일본적인 것'을 발견하려고 했다. 소코는 무국(武國) 일본의 사회질서를 주체적으로 이해하면서 일본인과 일본사회에 적합한 학문과 논리를 제시하려고 했다. 그 과정에서 소코는 외래 학문인 주자학 비판했던 것이다. 소코 스스로 자신의 학문을 성학(聖學)이라고 일컬었다.

주자는 어떤 사물을 대상으로 하는 경우에도 항상 우주의 본체로서의 이(理)를 추구하려고 했다. 하지만 소코는 격물(格物)이란 일정의 규범, 즉 성인이 제시한 길이라는 것을 전제로, 사물에 각기 내재하는 이를 밝혀야 한다는 입장이었다. 즉 소코에게 세간과 학문은 일치해야 마땅한 것이었다. 물론 소코는 주자에 대항할 정도로 고전학에 정통하지 못했지만, 주자의 학문적 방법에 대한 비판은 소코가 자신의 사상을 자각적으로 형성하려는 자세를 분명히 보여준 것이라고 할 수 있다.

소코의 사상에 영향을 미친 사상가는 순자(荀子)라고 할 수 있다. 순자는 예의법도가 성인의 작위에서 비롯된 것이고 인간의 성에서 생성되는 것이 아니라고 보았다. 인간의 성이 악하기 때문에 선천적 성정에 따르기 보다는 오히려 성인이 제시한 예의법도에 따라서 선을 행할 필요가 있다고 했다. 인간이 성인이 제시한 예의법도에 따라 노력하면 도덕적 주체성을 확립할 수 있고, 또 스스로 성인이 될 수 있다고 했다.

소코는 인간은 원래 통제하기 어려운 정욕의 소유자라고 보았다. 해석하기에 따라서 정욕은 모든 악이 발현할 수 있는 근원이 될 수 있었다. 그런 의미에서 소코는 순자와 같이 성악설의 입장에 섰던 것이다. 하지만 소코는 순자와 달리 인간의 자주성을 인정하지 않았다. 인간은 스스로 도덕적 주체성을 확립하고 성인이 될 수 있는 존재라고 생각하지 않았다.

소코에게 인간은 성인이 제시한 예의법도라고 하는 외재적 규범에 의해 통제되어야 하는 대상에 불과했다. 소코에게는 절대적인 도덕적 기준이 없었다고 할 수 있다. 그래서 주어진 신분질서에 순종하면서 신분에 걸맞은 직분을 수행하는 것이 바람직한 도덕이라고 주장했다. 소코의 사상은 신분 이동이 사실상 불가능한 근세 일본사회를 배경으로 하고 있었던 것이다.

소코는 성인인 공자의 설에서 벗어난 논의를 배척했다. 한·당·송·명의 유학자들의 가르침을 뛰어넘어 직접 공자·맹자의 가르침에 따르고자 했다. 소코는 주자학과 양명학의 수양법, 불교의 수행법 등을 현실의 생활에 직접적인 도움이 되지 않는 것이라고 비판했다. 소코의 학문은 일상의 세계에서 벗어난 관념의 세계로 비약하지 않고, 추상적인 형이상학적인 논의에 깊이 들어가지 않았다. 소코의 관심은 구체적인 '일용비근'한 차원에 입각하고 있었다. 소코는 일상생활에 바람직한 규범을 제시하지 않고 정신 수양만 강조하는 주자학을 비판하면서 중국 고대의 공자의 정신으로 돌아가자고 제안했던 것이다.

일상생활에 학문의 기반을 둔 소코의 성학은 실학이라고도 일컬어졌다. 또 옛 성인의 가르침을 후대의 유학자들의 해석을 참고하지 않고 성인에게 직접 배우려고 했던 소코의 학문을 고학이라고도 하는데, 그러한 학문 자세는 이토 진사이·오규 소라이 등에 의해 계승되었다.

위정척사사상가들의
사유구조와 서양인식
화서학파의 경우를 중심으로

오영섭

1. 머리말

19세기 전반기에 서양의 이양선이 조선 해안에 출몰하여 연해를 조사하거나 통상을 요구함에 따라 조선 지배층은 자기보위를 위한 대응책 마련에 나섰다. 먼저 노론계 집권층과 실학자들은 조선을 부강국으로 만들기 위해서는 청을 통해 서양문물을 도입해야 한다고 보았다. 그들은 서양의 종교와 과학기술을 구분하여 종교는 배척하되, 과학기술은 도입하자는 동도서기적 서양문물 도입론을 제기했다. 이에 반해 일부 남인계 실학자와 재야유림들은 주자학을 통해 이완된 사회체제를 정비하는 것이 급선무라고 주장하였다. 그들은 주자학적 사회질서를 유지·강화하기 위해서는 서양의 사상과 문물 일체를 배척해야 한다며 강력한 반서양 자세를 취했다. 19세기 중반에 들어 전자 가운데 일부가 서양과의 수호통상을 주장하며 개화사상을 정립해 갔던 반면, 후자는 서양과의 강화를 극력 반대하며 위정척사론을 창도해 나갔다.

위정척사론자들은 동양 고대의 음양론에 기원을 둔 정사(正邪)·선악 이분법적인 사유구조에 입각하여 세계를 파악했다. 그들은 상보적인 대등한 관계를 지닌 성리학의 이기론(理氣論)을 재해석하여 형이상의 理는 동양적인 것이므로 보존해야 하고, 형이하의 氣는 서양적인 것이므로 배척해야 한다고 하는 독특한 형태의 주리론(主理論, 혹은 唯理論)을 정립했다. 이런 철학적 기반 위에서 그들은 동양과 서양을 정(正)과 사(邪), 동양인과 서양인을 인류와 금수, 동·서양의 학문을 정학(正學)과 사학(邪學)으로 구분하여 파악했다. 나아가 서양종교를 사교(邪敎)·양교(洋敎), 서양문물을 양물(洋物)·기기음교(奇技淫巧)라고 불렀으며, 동양문명은 정신에 바탕을 두고 있는 반면 서양문명은 물질에 바탕을 두고 있다고 단정했다. 이처럼 위정척사사상가들이 유교문화를 중시하고 서양문명을 배척했던 것은 서양의 사상과 문물이 조선의 유교적 문화체계를 교란하게 되면 결국에 가서 조선이 멸망당하는 참화가 일어날 것임을 우려하였기 때문이었다.[1]

19세기 중반부터 20세기 초반까지 조선사회에 영향을 미친 강력한 반서양·반근대화 논리이자 전통적인 주자학적 민족주의 논리[2]인 위정척사론을 대표하는 집단은 화서학파이다. 경기도 양근 출신의 뛰어난 주자학자인 이항로가 개창한 화서학파는 당시 조선의 주자학파 가운데 결속력과 현실참여의식이 가장 강했던 재야의 대표적인 사회세력이었다. 그들은 서양 금수와 일본 오랑캐를 물리치고 중화를 높여야 한다는 존양론(尊攘論), 성리학적 가치관념과 문화체계를 현실의 왕조

---

[1] 정재식, 「유교문화전통의 보수이론」, 『종교와 사회변동』(연세대 출판부, 1982), 174-184쪽.

[2] '주자학적 민족주의'에 대해서는 김영국, 「한말 민족운동의 계보적 연구」, 『한국정치학회보』 3, 1969 참조.

나 국가보다 우선시하는 위도론(衛道論), 드러난 결과보다는 애초의 순수한 동기를 중시하는 동기론, 정의에 입각하여 이적과 난적들의 불의를 징치해야 한다는 의리론 등에 입각하여 성패와 명리와 생사를 돌아보지 않고 위정척사운동을 펼쳤다.

화서학파는 개항 전부터 대한제국 멸망 이후까지 학파의 명운을 걸고 반세도 · 반개화 및 반일운동을 벌였다. 그들은 세도정권기에 풍양조씨 세도정권에 기대어 안동김씨 세도정권에 대항했으며, 대원군 집정기에 인민의 생존을 위협하는 과도한 토목공사를 반대하고 만동묘와 서원의 복설을 주장했고, 1873년에 흥선대원군을 탄핵하는 상소를 올려 그를 하야시켰다. 그리고 1876년에 정부의 문호개방정책을 반대하는 집단 상소운동을 일으켰으며, 1881년 이른바 신사척사운동 때에 집단상소를 올려 고종과 민씨척족에 정면으로 대항했다. 이어 명성황후 시해사건 후부터 대한제국 멸망 직후까지 약 20년간 국내의 각지와 국외의 중국 동북 지역 및 러시아 연해주 등지에서 항일의병운동을 전개했다. 이러한 다채로운 활동은 일제침략기의 항일운동을 대표할 뿐 아니라 일제강점기의 국내외 독립운동에 큰 영향을 미쳤다는 점에서 한국 민족운동 사상 큰 의의를 지니고 있다.[3]

여기서는 주자와 송시열의 학설을 정통으로 계승했다고 자부한 화서학파의 주자학적 사유구조의 특성은 무엇인가 하는 문제와 그들이 이질적인 서양의 사상과 학술과 문물을 어떻게 인식하고 비판했는가 하는 문제를 아울러 살펴보려 한다. 화서학파의 척사활동과 의병운동에 대해서는 많은 연구가 이뤄져 있기 때문에[4] 여기서는 그들의 특유

---

3) 오영섭, 『화서학파의 사상과 민족운동』(국학자료원, 1999), 10-15쪽.

4) 화서학파의 척사운동과 의병운동에 대해서는 구완회, 『한말의 제천의병』, 집문당, 1997; 오영섭, 『화서학파의 사상과 민족운동』; 권오영, 『조선후기 유림의 사

한 반서양논리의 구조적 측면만을 중점적으로 논하려 한다. 이를 위해 먼저 화서학파의 사유구조의 특징적 면모 중에 주리론적 형이상학, 화이론적 세계관, 유교문화 중시론 등을 살펴보고, 이어 유교적 가치관념과 사회질서를 동요시킨 서양의 과학기술과 기독교와 근대사상에 대한 비판의 근저에 깔린 사상적 특질을 살펴보려 한다.[5] 여기서는 그들의 대서양인식의 핵심사항이 집약되어 있는 상소문과 잡저를 주로 활용했다.

2. 화서학파의 사유구조

1) 주리론

19세기 전반기는 대내적으로 척족정권의 폐해가 극심하여 인민은 도탄에 빠져있고, 대외적으로 서구열강의 동양침투가 가속화되어 조야에 위기의식이 점차 높아가던 때였다. 체제유지에 경고음이 들려오던 시기에 화서학파의 개창자 이항로는 동양의 유교문화를 보위하기 위해 서양의 문물과 사상 일체를 배격하자는 강력한 반서양사상인 위정척사사상을 정립했다. 이러한 전통문화 보존논리는 그의 제자들에게 그 사상 논리의 별다른 가감 없이 그대로 전승되었을 뿐 아니라 이항로 사후 화서학파 유생들의 위정척사 상소운동과 반개화·항일운동의

상과 활동』(돌베개, 2003) 참조.

[5] 화서학파의 대서양인식을 다룬 논고로는, 오영섭, 「의암 유인석의 대서양인식」, 『이기백선생고희기념한국사학논총』하 (일조각, 1994); 오영섭, 「화서학파의 대서양인식 ─ 이항로·김평묵·유인석의 경우를 중심으로 ─」, 『태동고전연구』 14, 1997; 오영섭, 「의암 유인석의 동양문화 보존책」, 『강원문화사연구』 9, 2004 참조.

정신적 원동력이 되었다.

화서학파 유생들의 사유구조의 근저에는 주자학의 이기론이 자라잡고 있었다. 주자학은 자연과 사회의 존재와 운동을 이(理)와 기(氣)의 개념으로 설명하는데, 이때 이는 천지만물을 탄생시키는 근본요소인 동시에 만물에 각각 동일한 본성을 부여하는 형이상의 도, 즉 원리이며, 기는 형이하의 차원에서 만물을 형성시키는 기구이자 이들에게 각각 다른 형체와 모양을 주는 원인이 된다. 또 이와 기는 서로 독립되어 있으면서 서로 떨어질 수 없고(不相離) 서로 뒤섞일 수 없는(不相雜) 상보 관계를 맺고 있었다. 이러한 이기론은 조선사상계에서 널리 퍼져 수백 년간 양반 지식인의 사유를 지배했다.[6]

19세기 전반기에 대내외 상황이 급변하자 이항로는 주자학의 이기론을 새롭게 해석하여 주리론(유리론)을 정립했다. 당시 기독교의 빠른 전파와 서양 과학의 도전은 조선사회 전반의 사상과 문화 방면의 방향 설정에 심각한 위협이 되었다. 게다가 농민들의 빈곤과 잦은 봉기, 관료체제 내부의 자기통제 기능 상실, 서양세력의 동양진출의 상징물인 이양선의 잦은 연근해 출몰,『정감록』과 같은 체제 전복적인 신앙서의 전파 등으로 인해 조선은 공격받기 쉬운 취약한 상태가 되었다. 이런 상황에서 이항로와 같은 재야 지배층은 자신들의 권위와 기존의 사회질서를 지키기 위해, 그리고 무엇보다 유교문화의 전통을 지키기 위해 가치론적 차원에서 기에 대한 이의 우월성과 절대성을 강조하는 주리 철학에 호소하게 되었다.[7]

이항로의 위정척사사상의 철학적 기반은 이의 지고한 우위성을 선험적 차원에서 인정하는 독특한 주리론에 기초해 있었다. 이항로는 "이

---

6) 배종호,『한국유학사』(연세대 출판부, 1974), 204-240쪽.

7) 정재식,『한국유교와 서구문명의 충돌』(연세대 출판부, 2005), 175-176쪽.

와 기가 서로 떨어질 수 없고 서로 뒤섞일 수도 없는 것"이라는 주자의 입장을 따르고 있었다.[8] 그러나 동시에 그는 이와 기는 명백히 분리된 뒤섞일 수 없는 두 존재라고 주장하며, 이가 기보다 가치론적으로 더 우월하다는 차등적 입장으로 전향하고 있었다.[9] 이것은 이와 기가 서로 떨어질 수 없다는 이율곡의 입장에서 벗어나 이의 독자성과 우월성을 선험적 차원에서 인정한 것이었다.

이항로는 이기(理氣)의 위계관계도 주자와 같이 상보관계로 인식한 것이 아니라 주종관계로 파악했다. 그는 형이상의 것은 도(道)이고, 형이하의 것은 기(器)인데, 옛날과 지금의 이와 기의 구별을 말한 것으로는 이것이 가장 완벽한 말이다. 분명히 理는 주체가 되어 기(氣)를 통솔하며(理主氣役), 위에 있는 형이상의 이=도(理=道)가 아래 있는 형이하의 氣=器를 지도하고 명령한다. 만약 위와 아래의 경계가 흐려지면 군주와 신하 사이의 불가분의 관계가 혼란에 빠질 것이다"고 주장했다.[10] 이는 이(理)의 주재적 역할을 더욱 강조한 것으로서 이로 인해 이항로는 제자들로부터 "이를 살려낸 뛰어난 어른"이라는 평을 들었다.

이항로는 기에 대한 이의 주재적 역할을 강조하던 이 우위의 우주론을 사회관계로 전환시켜 선험적 차원에서 동양문화로 이로 비정하고 서양문화로 기로 단정하기에 이르렀다. 그는 조선 주자학의 형이상학적 상징들과 기호학적 체계들이 서양세력이 가져온 이질적인 요소들과 문화 충돌을 일으키자 이와 기의 오랜 이원적인 평등체계를 선과 악 사이의 경계선을 이루는 기호로 대치하여 인식했던 것이다. 다시

---

8) 『화서집』 권16, 잡저, 「溪上隨錄」, 3, 5b; 권19, 잡저, 「明德理氣人物性同異辨」 12b.

9) 『화서집』 권25, 잡저, 「朱子理氣決是二物說」, 41a; 『화서아언』 권1, 「形而」 1b, 3a-b, 4b.

10) 『華西雅言』 권1, 「形而」, 1a-b, 3a-b, 11a-12a, 14a-b.

말해 그는 이의 가치개념을 태극(太極)·양(陽)·도(道)·상제(上帝)와 유교 윤리 및 정신과 교환 가능한 개념으로 파악한 반면, 서양을 표상하기 위해 채용한 기호학적 상징물인 기(氣)를 음(陰)·기(器)·서학(西學)·천주(天主)와 물질형태 및 물질문명과 교환 가능한 것으로 파악하였다. 이를테면 이항로는 유교의 윤리적 도를 의미하는 理와 서양의 가치들과 기독교를 의미하는 기의 구분이 분명히 재확인되어야 하며, 이때 기가 우월한 힘을 가지고 이를 압도하게 된다면 본말이 전도된 상황을 타개하기 위해 이의 내면적인 힘을 강화해야 한다고 주장한 셈이다.[11]

주리론을 신봉하는 이항로에게 서양은 기(氣)와 연합한 세력들, 즉 이단적 가르침을 지닌 이익 지향의 생활방식과 제국주의와 근대성이 의미한 모든 것을 대표하는 그릇된 사(邪)였다. 반면 조선은 이에 근거한 의로움, 즉 정(正)을 대표하며, 인륜과 도리를 존중하는 유교문화적 전통의 마지막 보루로서의 상징이었다.[12] 이는 주(主)가 되어 앞서고 기는 이를 섬기며 뒤따르는 방식으로 이와 기가 불가분하게 상호 연결되어 있어야만 한다는 것이었다. 이러한 이주기종(理主氣從)의 질서가 침해당하면 만사가 문란해지고 천하가 혼란에 빠질 것이라는 것이 이항로의 주장이었다.[13]

이항로가 전통주자학을 재해석하여 정립한 주리론은 인간의 도덕적 주체성과 책임을 강조하는 방향으로 나아갔다. 이 경우 이와 기는 자연계의 운영원리로 작용하는 데서 그치지 않고 인간계의 가치관념 형

---

11) 『華西雅言』 권10, 「尊中華」, 16b-18b.

12) 『화서집』 권17, 잡저, 「鳳岡疾書」, 25b-27b; 권25, 잡저, 「西洋事天與吾儒事天相反辨」, 12a-13a.

13) 『화서집』 권25, 잡저, 「理氣問答」, 8a-b.

성에도 직접적 영향을 미쳤다. 기본적으로 주자학은 조화와 모순, 타협과 갈등의 상반된 요소들이 상보적 관계를 이루고 있는 사상체계인데, 이때 인간계의 가치관념 내지 운영원리를 설명하기 위해 구사된 화(華)와 이(夷), 본과 말, 내와 외, 정과 사, 인심과 도심, 천리와 인욕, 군자와 소인, 정학과 이단, 정도와 패도, 인류와 금수 등과 같은 상반된 개념들은 모두 이기론에서 파생되어 나온 것이다. 이항로가 정립한 주리론은 이러한 상호 대립적인 개념을 비경험적인 차원에서 우월한 것과 저열한 것으로 더욱 명확히 구분함과 동시에, 전자에 의한 후자의 배타적인 극복을 당연시하고 있었다. 이처럼 이기론에 토대를 두고 주리론을 통해 더욱 강화된 형태로 발전해 나간 정사(正邪) 이분법적 사상논리는 화서학파 유림들의 세계를 인식하는 기본적인 사유구조가 되었다.

2) 화이관

화서학파가 사회와 세계를 바라보는 기본 시각은 중국중심적 세계관인 화이관이다. 주지하듯이 화이관은 중국이 세계의 중심이며 중국 주변의 모든 이민족이 중국에 신복(臣服)해야 한다고 하는 동양 중세의 지배적 사상체계이다.[14] 이러한 화이관은 중국과 주변국 간의 정치·외교·사상·문화의 상호 인식과 교류에 지대한 영향을 끼쳤다. 위정(衛正, 주자학에 기초한 동양의 사회질서와 문화전통을 보위함)과 척사(斥邪, 천주교와 서양의 학문과 근대문물을 물리침)로 구분되는 화서학파의 위정척사사상도 동양문화와 서양문화를 화이관에 입각하여 정(正)과 사(邪)로 구분하는 정사(正邪) 이분법적 사유구조에 입각해 있었다.

---

14) 박지훈, 「송대 화이론 연구」, 이화여대 사학과 박사학위논문, 1990 참조.

화이관이 조선 지성계에 큰 영향력을 행사한 시기는 17세기였다. 당시 송시열·유계 등 척화파들은 기존의 문화적 성격의 화이관을 국가관계를 규율하는 보편적 세계관으로 받아들였다. 이로 말미암아 조선건국 이래 정치적·군사적 차원의 독자적 대중국 관계는 민족적 독자성을 상실하고 사대지향적인 관계로 전환되었다.15) 그러다가 서양의 새로운 지리관의 영향으로 이에 대한 반성이 일어나 박지원·홍대용·박제가 등 북학계 실학자들이 차등적인 지리적 화이관을 점차 탈피하여 '화이일야(華夷一也)'의 평등적 세계관을 제기하기에 이르렀다. 이러한 북학사상의 흐름을 계승하여 1870년대 중반 개화파가 형성되면서 문호개방과 대외통상을 위한 사상적 분위기가 조성되었다.

조선후기에 유행한 화이관에 의하면, 화(華)는 명나라 멸망 후 중국의 유교문화 전통을 유일하게 계승하고 있다고 자부하는 조선을 가리키며, 이(夷)는 중원의 패자로 부상한 북방 여진족이 세운 청을 가리키는 말이었다. 당시 대표적 화이론자인 송시열은 대명의리론에 바탕한 존명배청론(尊明排淸論)을 내세웠는데, 이때의 화이관은 중화와 이적을 구분하는 정도에 머문 것이었다. 그러다가 19세기 전반 서세동점의 현실화된 시점에서 화이관의 정사 이분법적인 사상구조는 그 기본논리는 그대로 유지한 채 외연만을 확장시키는 부분적인 사상변개를 일으켰다.16)

19세기 전반 경기도 양근지역에서 강학활동을 벌이고 있던 이항로는 새롭게 등장한 서양을 배척하기 위해 명=중화, 청=이적으로 구분하던 전통적 화이관의 논리틀을 조선=인류(正), 서양=금수(邪)로 변개하였다. 다시 말해 송시열 등 척화파에게 夷는 오랑캐 만주족과 청의 문

---

15) 박충석, 『한국정치사상사』 (삼영사, 1982), 60-64쪽.
16) 오영섭, 「위정척사파의 역사서술」, 『한국학보』 60, 1990년 가을, 제3장 참조.

화를 의미했던 반면, 이항로 등 화서학파 유림들에게 邪는 서양인과 서양문화를 의미했다. 이 점에서 이항로의 화이관과 척화파의 화이관은 논리틀은 같았지만, 그 내용은 약간 다른 양상을 보였다. 이처럼 변화된 화이관은 19세기 전반 서양세력의 침략위협을 강하게 느끼고 있던 조선의 역사적 상황의 산물이었던 셈이다.[17]

개항 이전에 화서학파는 "중화를 높이고 이적을 물리치는 것은 하늘과 땅의 가장 근본 법칙을 연구하는 것이다"며 화이관을 실천하는 것은 천지자연의 이치를 연구하는 것과 같다고 하였다.[18] 심지어 그들은 모든 제자들에게 세미나를 마칠 때마다 "북방 오랑캐는 의관을 훼손시켰으며, 서양 귀신은 사람의 마음을 어지럽혔다. 마땅히 몸을 곧게 하고 다리를 세우고 마음을 밝게 하고 눈을 크게 떠서 성현의 가르침과 조상의 업적이 땅에 떨어지지 않게 해야 한다. 이것은 유학자가 철저히 지켜야 하는 법문이다"는 내용의 화이관에 입각한 행동수칙을 암송하도록 하였다.[19]

개항 후에 주권국가 간의 평등외교체제를 당연시한 개화파와 달리 화서학파는 화이관을 고수하며 국가간의 차등적 위계질서를 선험적으로 받아들였다. 그들은 1880-1890년대 고종정부가 만국공법의 균세론에 입각하여 구상·추진한 주권국가 간의 평등외교론을 화이관의 차등적 세계관으로 받아들여 화이관적 세계관을 확대하고 강화하는 하나의 수단으로 원용하였을 뿐이다. 개항 후 국제정세의 변화와 서양세계에 대한 지견의 축적에도 불구하고 화서학파는 화이관을 자신들의 사유양식과 행동방식을 규제하는 핵심적 사상논리로서 계속 간직하고

---

17) 오영섭, 『화서학파의 사상과 민족운동』, 153-154쪽.
18) 「尊中華」, 『華西雅言』 권10, 16b. 尊中華攘夷狄 窮天地之大經.
19) 『화서집』, 부록, 권9, 「연보」, 庚戌年條.

있었던 것이다.

화서학파의 만국공법에 대한 이해도 화이관적 세계관과 연동되어 있었다. 화서학파가 제기한 갑신정변과 갑오경장 직후 일본에 도주 망명한 개화파 인사를 소환 징치하라는 요구,[20] 갑오경장기 및 을사늑약 체결 전후기에 조약과 공법을 들먹이며 일본이 신의와 도의를 저버린 것을 규탄한 사실 등은 모두 국제공법의 근본이념인 국가 간의 평등외교론을 유교의 평화주의적 관점에서 해석한 가운데 나온 것들이었다.[21] 이때 화서학파는『만국공법』·『공법회통』등 국제법 서적에 수록된 많은 구절 중에 자신들의 필요에 맞는 범인인도·칭제·사신파견·중립·조약 체결 등에 관련된 조항들만을 부조적으로 떼어내어 화이관에 입각하여 받아들이고 있었다.

화서학파는 1882년 8월 고종이 반포한 척화비 제거 겸 동도서기론 공인교서 반포와 1894년-1895년 청일전쟁에서의 청국의 패배 이후에 화이관적 사유구조에 일정 부분 변개를 가하였다. 특히 거의 모든 조선인들처럼 청일전쟁의 승자가 청국일 것이라고 굳게 믿고 있던 믿음이 깨지자 화서학파는 자신들의 중국중심적 세계관에 변개를 가해야만 했던 것이다. 그리하여 청일전쟁 이후에 화서학파의 화이관은 조선후기에 크게 유행한 동양식 세계지도인 천하도에 나타난 3단계의 화이관을 2단계로 축소·재편한 변화된 형태로 나타났다.

화서학파의 새로운 국제질서관은 중국(인류)—이적(청·일)—금수(서양)로 파악하던 기왕의 3단계 화이관을 동양—서양, 중국—각국 간의 2단계 화이관으로 변개한 것이다. 이것은 서양의 국가와 인민을 막

---

20) 오영섭, 「갑오개혁 및 개혁주체 세력에 대한 보수파 인사들의 비판적 반응」, 『국사관논총』 36, 1992 참조.

21) 오영섭, 「개항 후 만국공법 인식의 추이」, 『동방학지』 124, 2004, 485-491쪽.

연하게 서양·해랑적(海浪賊)·서귀(西鬼)·양적(洋賊)·양이(洋夷)·금
수 등으로 부르며 서양 세계의 독자성을 인정하기 않고 서양의 사상과
문물을 배척하던 이전 주장을 수정한 것이었다. 이러한 사상변화는 개
항 전후 서양 각국과 세계 각국의 인문지리에 대한 지견이 점점 축적
되었을 뿐만 아니라 국왕 고종의 주도하에 서양과 직접 외교 통상을
펼치면서 서양의 존재를 인정할 수밖에 없었던 변화된 시대상황을 받
아들인 불가피한 결과였다.[22] 그러나 화서학파의 사상변화가 여전히
화이관의 정사 이분법적 논리구조의 범위 내에서 이뤄지고 있었다는
점에서 자신들의 사상논리에 근본적인 변혁을 가한 것은 아니라는 한
계를 지니고 있었다.

이항로 ─ 김평묵 ─ 유중교로 이어지는 화서학파의 화이관을 정통으
로 계승한 유인석은 1910년대 중반기에 당시대의 당면과제로서 중화와
이적, 정학과 이단, 왕도와 패도를 국가관계와 인간관계에서 엄격히 구
분하는 것이라고 하였다. 그는 화이의 구분이 분명치 못하면 정학과
이단, 왕도와 패도 등의 구분이 이루어지지 못한다고 단정한 다음, 근
래 문란해진 화이관을 재정비하여 천하의 시비를 엄히 분별해야 한다
고 역설했다.[23] 이처럼 화이관은 1910년대까지도 화서학파 인사들이
모든 자연현상과 사회현상을 설명할 때에 인식틀로 작용하고 있었다.

1910년대 화이관에 기반한 유인석의 국제질서재편론은 대체로 두 가
지로 구분된다. 작게는 중국을 중심으로 동양 삼국에 국한된 전통적
화이론과 크게는 중국을 중심으로 서양 및 세계 제국까지 포괄하여 이
해하는 확장된 화이론이 그것이다. 다시 말해 그의 화이론은 중국이
동양에서 맹주의 자리를 지키고 한국과 일본이 주변에서 중국을 받들

---

22) 오영섭, 「의암 유인석의 대서양인식」, 1736-1744쪽.
23) 『의암집』 권28, 잡저, 12a.

어야 한다고 하는 중국중심의 동양평화론과 중국이 세계의 중심이 되고 세계 각국이 중국에 조공을 바치고 신복해야 한다고 하는 중국중심의 국제질서재편론이었다.[24]

3) 위도론(衛道論)

화서학파는 "어느 시대인들 망하지 않는 국가나 왕조는 없지만 유교적 대도(大道)를 없이 해서는 안된다"는 유교문화 중시론을 철칙으로 삼고 있었다. 이러한 사상논리는 모화사상적 성격과 민족자존적 성격이 착종되어 있는 독특한 문화자존논리인 소중화의식에 연원을 두고 있었다. 조선전기의 소중화의식은 조선이 대명(大明)의 문화를 받아들여 중화의 문화수준에 도달했으므로 중화문화권 내에서 조선이 문화적으로 가장 우수하다는 자부심으로 나타났다.[25] 임진·병자 양난 후 대명의리론과 숭명반청론이 사상계를 지배하는 가운데 송시열을 비롯한 척화파 인사들은 명이 망하고 청이 중원의 지배자로 부상한 후 중화문화의 전통과 공자·맹자의 가르침이 오직 조선에만 존재하게 되었다고 하는 독특한 양태의 소중화의식을 정립하였다.

19세기 중엽에 화서학파는 척화파 인사들의 유교문화 중시론을 더욱 발전시켰다. 화서학파는 청국의 중원지배가 계속되는 상황에서 중화의 유교적 문화체계를 보존하고 유교의 예의와 예제를 준수하는 조선만이 중화문화의 유일한 정통적 계승자이며 천하에 유일한 문명국이라고 한껏 자부했다. 이를테면 그들은 현재와 같이 천지가 어두운 때에도 한 가닥 양기(陽氣)가 우리 동방에 남아있다거나(一脈陽氣), 마

---

24) 오영섭, 「의암 유인석의 동양문화 보존책」, 『강원문화사연구』 9, 2004, 98-99쪽.
25) 박충석·유근호, 『조선조의 정치사상』 (평화출판사, 1980), 126-141쪽.

지막 남은 큰 과일 하나가 먹히지 않고 남아있다(碩果不食)고 하며 조
선의 문화적 우수성에 대한 강한 자부심을 나타냈던 것이다.[26]

소중화론에 기반한 화서학파의 유교문화 중시론은 현실의 국가나
왕조가 위기에 처했을 때에 국가나 왕조의 보존보다도 유교이념 내지
유교의례의 보존을 더 중시하는 종교적 근본주의 내지 원리주의와 동
일한 사상논리를 내포하고 있었다. 일찍이 이항로는 국가 멸망의 위기
로 인식되었던 병인양요 때에 유교적 문화체계 내지 가치체계를 보존
하는 나라만이 천하의 문명국이라는 강한 자부심에서 현실의 국가 내
지 왕조보다는 유교문화의 가치체계를 더 우선시하는 상소운동을 전
개했다.

> 서양이 도(道, 유교문화의 가치규범–필자)를 어지럽히는 것은 가장 우
> 려할 일이다. 천지 사이에 한 가닥의 양기(陽氣)가 우리 동방에 있다. 이것
> 까지도 무너뜨리려는 따위의 일을 천지가 어찌 차마 하려 하겠는가. 우리들
> 은 천지를 위하여 마음을 새우고 이 도(道)를 밝히기를 불을 끄는 것처럼
> 서둘러 해야 한다. 나라가 망하느냐 보존되느냐 하는 것은 오히려 부차적
> 인 문제이다.[27]

위의 인용문에서 이항로는 왕조나 국가와 같은 개별 정치체의 존망
문제보다 중세의 성리학적 보편주의의 가치나 원리를 보호하고 유지
하는 것이 더 중요한 문제라고 역설했다. 이러한 이항로의 유교문화
중시론은 그의 제자들에게 그대로 이어졌다. 그리하여 화서학파의 유
림들은 한결같이 왕조나 국가의 존망보다는 유교적 대도(大道)의 보존
을 우선시하였다. 이를테면 이항로의 수제자 김평묵은 1881년 신사척

---

[26] 오영섭, 『화서학파의 사상과 민족운동』, 187-188쪽.
[27] 『화서집』, 부록, 권5, 「柳重教錄」, 19a.

사운동 때에 정부의 개화정책을 반대하면서 "하물며 공자의 도가 다 사라지고 우리가 금수로 변하는데 있어서랴. 또 국가가 망하느냐 보존되느냐 하는 데서 그치는 것이 아닌데 있어서랴"고 주장했는데,[28] 이는 화서학파의 반개화 상소운동의 궁극적 목표가 유교적 문화체계를 조선에 보존하려는 것임을 잘 보여주고 있다.

화서학파의 의병운동을 선도한 유인석의 언설에도 반침략적 동기보다 반개화적 동기가 보다 강하게 작용하고 있었다. 그는 갑오경장 당시 넓은 소매와 상투를 금지하는 복제개혁과 단발령을 반포하여 조선의 문화 풍속과 중국 성현의 유교의례를 심하게 훼손한 친일적 개화정책을 무력을 앞세운 일제의 경복궁 점령이나 을미사변보다 훨씬 강도 높게 규탄했다.[29] 을미사변 이후에 그는 "국모 시해는 조정에 있는 신하들의 일이지 재야에 있는 인민들의 일은 아니다"고 말한 적이 있었다. 이 때문에 그는 당대인들로부터 "국모가 참화를 당한 것"을 계기로 창의하지 않고 단발령을 기다려 거의 했다는 비판을 받기도 하였다.[30] 영월에서 창의의 깃발을 세운 유인석의 호좌의병은 복수(復讐, 명성황후 시해 복수)와 보형(保形, 활수 상투 보존)을 대의명분으로 내세웠는데, 이때 양자의 명분 가운데 후자의 측면을 보다 우선시했다.

화서학파가 학파의 전력을 기울여 진개한 항일의병운동의 최종목표도 현재 실재하는 왕조나 국가의 존망보다는 비실재적인 숭모의 대상인 유교적 대도를 보존하는 것이었다. 단발령 직후에 창의를 모색할 때 화서학파의 행동방안으로 널리 알려진 처변삼사(處變三事, 거지수구(去之守舊)·거의소청(擧義掃淸)·차명자정(致命自靖)],[31] 을미의병운

28) 「代京畿江原兩道儒生論倭洋情迹仍請絕和疏」, 『중암집』 권5 (이하 「絕和疏」).

29) 유연익·유종상 편, 『昭義新編』 권2 (중앙출판문화사, 1981), 75-76쪽.

30) 『의암집』 권8, 「答柳恒窩」 (1895. 陰10), 7a-b.

동 때에 유인석에게 의병장에 오를 것을 적극 권유한 이춘영·안승우 등의 발언,[32] 군대 해산 직후 자결하려는 유인석에게 "지금 선생은 대도의 책임을 맡았으니 나라와 운명을 같이 해야 하는 사람들과는 경우가 다르다"는 제자 이정규의 진언[33] 등의 근본취지는 왕조나 국가의 보존보다도 유교적 대도의 보존을 중시한 것이었다.

화서학파의 유교문화 중시론은 1910년 경술국치 직후에 유인석이 새롭게 제기한 처변삼사(處義三事)라는 행동방안에도 그대로 반영되었다. 이때에도 유인석은 나라에서 중화를 보존하는 것을 자기 일신에서 중화를 수호하기 위한 일종의 전제조건으로 간주하고 있었다.[34] 신해혁명으로 중국에서 공화제가 실시되자 이를 저지하기 위해 저술한 『우주문답』에서 유인석은 "유교의 대도는 고금을 통해 성훼가 있을 수 없으나 세상은 끊임없이 존망을 거듭한다"고 하였다.[35] 이를 보면 유인석이 크게 기대했던 청국의 유력 정치인 원세개, 유교의 대도를 담지한 현실정치체인 대한제국, 대한제국의 정치체제로서 현상 복구를 갈구했던 전제군주제등 인물·국가·제도는 유교적 문화체계와 가치규범의 보위 임무를 담당할 일종의 매개체 내지 수단의 의미를 지니고 있었던 것이다.

1910년대에 유인석은 시대의 조류인 국권회복과 민권확립의 문제보다는 유교문화체계의 보존을 보다 중시하였다. 『우주문답』에서 유인석

---

31) 이정규, 「종의록」, 『독립운동사자료집』 1 (독립운동사편찬위원회, 1971), 17쪽.

32) 이정규, 「종의록」, 22쪽.

33) 위의 자료, 71쪽.

34) 「處義三事」, 『의암집』 권24, (1910. 陰8). 이때 유인석은 "나라를 되찾은 다음에야 중화를 보존할 수 있다. 그러나 나라를 되찾더라도 중화를 보존하지 못하는 경우가 있으니, 오직 중화를 수호하고 중화에 몸을 바칠 따름이다"고 하였다.

35) 서준섭 등 공역, 『의암 유인석의 사상: 우주문답』 (종로서적, 1984), 111쪽.

은 조선을 멸망시킨 주범들을 강하게 비판하는 가운데 '개화자 중 망극한 자들'을 일본보다 더 문제시했다. 이는 개화인들이 제왕대통(帝王大統)·성현종교·윤상(倫常)제도·의발중제 등으로 표현되는 동양의 유교문화 전통을 파괴하고 급기야 조선 인민의 마음을 서양화로 치닫게 만든 장본인들이라고 생각했기 때문이다.[36] 또한 1909-1910년간 유인석은 종친 이재윤을 초빙하여 의군도총재로 삼아 대사를 주관케 하려고 했는데, 그 근본 이유도 평소 이재윤이 "나라가 망하는 것은 오히려 부차적인문제이다. 도가 없다면 어떻게 나라가 되겠는가"라는 강한 위도론을 나타냈기 때문이었다.[37]

요컨대 화서학파가 전개한 병인양요 당시의 상소운동, 대원군 하야와 만동묘 복설운동, 개항 및 개화 반대 집단 상소운동, 전국 각지에서의 강학활동, 국내외에서의 항일의병운동, 경술국치 전후 국권회복운동 등은 동양문화의 보위를 위한 주자학적 민족주의운동의 성격을 띠고 있었다.

3. 화서학파 대서양인식의 기본구조

1) 화이(華夷) 양분적 서양지리 인식

개항 전에 노론집권층과 북학계 실학자들은 조선사회에 만연한 전통적인 중국중심적 지리관을 타파하고 지리상 발견 이후 새롭게 터득한 근대적 지리관을 전파하려 하였다. 최한기가 휴대하기에 간편한 지

---

36) 위의 책, 95-96쪽.
37) 『의암집』 권32, 「散言」, 20a.

구전후도(地球前後圖, 1834)를 판각하여 보급하고, 또『지구전요(地毬典要)』(1857)의 삽도로 지구전도와 지구후도를 넣고 서양천문학을 약술한 것이나,[38] 연행사행들이 서양지리학이 담긴『해국도지(海國圖志)』・『영환지략(瀛環志略)』・『지구설략(地球說略)』등의 서책을 중국에서 구입해 들여온 것은 모두 서양지리학을 확산・부식시키기 위한 대국민 계몽활동의 일환이었다.

개항 후에 개화파는 인민들로 하여금 근대적 지리관에 조응한 만국평등적 국제관을 수용토록 함으로써 조선의 대외통상정책과 개화자강정책을 무난히 달성해 나가기 위해 서양지리학 확산운동을 지속적으로 펼쳤다. 즉, 박영교가『지구도경(地球圖經)』(1881)을 저술하여 근대식 지구론을 보급한 것이나, 개화파가『한성순보』(1883) 창간호에 지구전도를 싣고「지구론」등 서양지리학을 전파하고 이런 노력을『한성주보』가 폐간될 때까지 계속한 것이나, 유길준이『세계대세론』(1883)에서 기초적 지구과학 지식과 오대양 육대주의 면적・인종・정체 등을 약술한 것이나, 온건개화파들이 영국의 국제연감을 대본으로『만국정표(萬國政表)』(1886)를 편찬하여 세계 각국의 영역・정체・경제・교육・인구수 등을 홍보한 것이나, 오횡묵이『여재촬요(輿載撮要)』(1887)를 편찬하여 세계 지리를 설명한 것들은 모두 이러한 노력에서 나온 것이었다. 개화파의 노력은 주효하여 조선지식인들은 점차 서양근대 지리학과 천문학을 수용하게 되었다.[39]

그러나 화서학파 유생들은 시대변화와 무관하게 중국이 지구의 중

---

38) 노정식,「金正浩 板刻의 地球前後圖에 관한 연구」, 인문사회과학편,『대구교대논문집』8, 1973 참조.
39) 강재언 저, 정창렬 역,『한국의 개화사상』(비봉출판사, 1981); 유영익,「개화기의 대미인식」,『한국인의 대미인식』(민음사, 1994) 참조.

심에 있고 서양이 지구의 변두리에 있다고 하는 화이관적 세계지리관
을 신봉하고 있었다. 화서학파는 17세기 초에 중국에 들어온 예수회선
교사들이 중국인들의 자국중심적 지리관을 타파하고, 예수회가 원하는
중국 포교의 목적을 달성하기 위해 제기한 이른바 계자론(鷄子論, 달걀
론)을 강하게 비판했다. 당시 서양선교사들은 둥근 달과 같은 모양으
로 하늘 가운데에 걸려있는 지구에서 중국이 그 중심에 있고 서양이
그 주변에 있다고 하는 중국중심적인 지리인식은 자연이 베푼 예정 조
화가 아니라 관념상의 가치판단이 개입된 허구적인 주장일 뿐이라고
설파했다. 이에 대해 개항 전의 이항로와 그의 수제자 유중교, 1910년
대의 유인석은 서양선교사들의 주장은 둥근 달걀 속에 이미 머리 · 염
통 · 날개 · 배 · 발 등의 위치가 정해져 있고 모양이 갖춰져 있는 것을
모르는 것이며, 따라서 중국이 천지간의 중심이 되는 것은 의심할 바
없는 확고부동한 사실이라고 주장했다.[40]

그런데 화서학파의 중국중심적 서양지리인식에는 서양의 사회와 문
화의 특성에 대한 선험적인 자체 판단이 포함되어 있었다. 화서학파의
창시자 이항로는 중국과 서양의 지리적 차이를 천 · 지 · 인, 삼재(三才)
를 예로 들어가며 다음과 같이 말했다. 즉, 그는 천도(天道)로 말하면,
중국이 위치해 있는 곳은 북극의 출지(出地)요 남극의 입지(入地)이니
사시(四時) · 한서(寒暑)의 절기와 주야 · 장단의 차이가 가장 적중을 얻
었다. 그러나 외국은 혹 양(陽)이 너무 과하거나 음(陰)이 너무 과하여
음양에 차이가 없다. 지도(地道)로 말하면, 중국의 산수는 모두 우선(右
旋)하여 좌선(左旋)하는 천상(天相)과 상응하고 있다. 그러나 외국은
모두 배천(背天)하여 편기(偏氣)를 얻었다. 인도(人道)로 말하면, 중국

---

40) 『화서집』, 부록, 권9, 「연보」, 乙丑年條; 『성재집』 권38, 「燕居謾錄」, 3a-b; 『의암
집』 권53, 「道冒編」 中, 34a.

의 인물은 상덕(上德)·집중하고 인극(人極)을 건립하여 교화·생육의
직분을 다하고 있다. 그러나 외국은 지혜를 숭상하고 힘을 숭상하여
능한 것만을 치우치게 하고 견해를 편벽되게 하였다"고 주장했다.[41]

이항로의 화이(華夷) 양분적 서양지리인식은 동양과 서양의 우주관
이나 세계관을 가장 극명하게 반영한 세계지도를 인식하는 데에서도
그대로 반영되었다. 이항로는 유중교가 서울에서 구입해 온 신식 지도,
즉 접어서 도포의 소매 속에 넣을 수 있는 양면의 지구도(地球圖)를 보
고 나서 이것은 서양인들이 직접 답사하여 눈으로 확인하고 그린 것이
아니라 거주지에 앉아서 추측하고 손으로 지형을 본떠 그린 것이라고
하며 지구도의 과학성을 인정하지 않았다. 이어 그는 "양계(陽界, 동양)
와 음계(陰界, 서양)는 대분(大分)이 이미 정해져 있고 풍기(風氣)가 분
명하니 양계(陽界)의 인물이 어찌 음계(陰界)를 왕래하여 그 산천과 물
산을 이처럼 상세하게 목도할 수 있겠는가? 현재 백성들이 현혹을 당
하여 이 지도를 금석처럼 믿고 있으니 민망스러운 일이다"고 하였다.[42]
개항 전후 전통유림들은 조선 중기부터 후기에 걸쳐 민간에 크게 유행
한 추연식(鄒衍式) 천하도에 나타난 천원지방적 세계관에 입각한 화이
관적 세계지리인식을 고수하고 있었는데,[43] 재야의 화서학파도 이러한
시대풍조를 충실히 따르고 있었기 때문에 근대식 세계지도를 인정하
지 않았던 것이다.

이항로의 중국중심적 서양지리인식은 그의 제자들에게 그대로 이어
졌다. 유중교는 서양 오랑캐의 여러 나라들이 세상의 서쪽 끝에 위치
해 있는데 중국과 9만 리나 떨어져 있으며, 천지의 '지극히 치우친 기

---

41) 『화서집』, 부록, 권9, 「연보」, 乙丑年條.
42) 『화서집』 권25, 잡저, 「地球圖辨」, 42a-b.
43) 이찬, 「한국의 고세계지도」, 『한국학보』 2, 1976년 봄호, 48-58쪽.

운'에 영향 받아 그들의 '작은 슬기'와 '사익을 추구하는 지혜'가 여러 오
랑캐와 큰 차이가 나며, 그 때문에 그들이 행하는 바가 오륜을 거스르
고 정도에 벗어난 점이 훨씬 더하다고 주장했다.[44] 또 김평묵은 서양
지구도(地球圖)[45]의 정신골자는 '화이(貨利)'에 있고 동양 선천도(先天
圖)와 태극도(太極圖)[46]의 정신골자는 오륜에 있기 때문에 서양의 귀
착점은 사람이 금수와 같아지는 것이지만 동양이 중시하는 바는 사람
이 금수와 다른 점을 강조하여 인간다운 인간이 되는 것이라고 하였
다.[47] 이는 서양과 동양의 지도가 지향하는 바가 서양지도는 물질, 동
양지도는 정신에 있다는 점을 강조한 것이다.

화서학파의 서양지리인식은 갑오경장 이후에 기본틀을 그대로 유지
한 상태에서 약간의 변개가 이뤄졌다. 개항 전후에 화서학파의 이항로
와 김평묵은 서양의 실체를 직접 경험하지 못하고 양헌수 · 이정관 · 서
정순 · 신응조 등 노론계 재조관료 및 재야학자들로부터 얻은 전문을
통해서, 혹은 안정복의 「천학문답(天學問答)」과 「천학고(天學考)」, 이
익의 『성호새설(星湖塞說)』, 이정관의 「벽사변증(辟邪辨證)」, 남숙관
의 「원서애유약만물진원변략(遠西艾儒略萬物眞原辨略)」, 김치진의
『척사론』, 『지구도』 등의 책자를 통해 서양을 간접적으로 확인함으
로써 서양인식의 수준이 관념적인 상태에 머물고 있었다.[48]

---

44) 「除司憲府持平後陳情疏」(1882.9), 『성재집』 권2, 2a-b.

45) 지구도는 마테오 리치 이후 서양선교사들이 중국이 가져온 지원설에 기초한 여
러 폭으로 이루어진 세계지도를 휴대와 이용에 편하게 하기 위해 지구전도와 지
구후도의 두 면으로 쉽게 접을 수 있도록 만든 책자식 세계지도를 말한다.

46) 先天圖와 太極圖는 천원지방설에 기초한 성리학적 우주관과 윤리관을 나타내는
지도이다.

47) 「大谷問答」, 『중암집』 권36, 8a-b.

48) 오영섭, 『화서학파의 사상과 민족운동』, 126-127쪽; 권오영, 『조선후기 유림의 사
상과 활동』, 179-182쪽.

　　그러나 갑오경장 이후에 화서학파는 고종정부의 문호개방정책과 서양종교 인정, 서양 선교사와 공사들의 서울 체류, 의병운동 당시 서양화한 일본세력과 대결한 경험, 망명지 블라디보스토크에서 개화인 및 서양인과 접촉한 경험 등을 통해 서양문명의 실체를 직접 확인하고 경험적 차원에서 서양을 이해하게 되었다. 그리하여 서양의 지위를 금수에서 이적 혹은 외국으로 격상시켜 서양과의 통교를 인정하고 서양문물의 소폭 도입을 찬동함으로써 서양을 화이관의 대상으로 새롭게 편입시켰다. 이때 화서학파 인사들 가운데 중앙정계에서 활약한 경험이 있는 최익현은 이미 갑오경장기에 서양을 금수가 아니라 외국이라고 부르며 소폭의 사상 변화를 보여주었다.[49]

　　1900년대 이후에 화서학파의 유인석은 중국이 세계의 중심이고 서양이 세계의 주변이라는 생각을 지니고 있었다. 동시에 그는 중국(大中華)과 조선(소중화)이 세계의 중심에 위치한 인류(중화)이고, 일본·여진·안남·버마 등은 세계의 주변 이민족이며, 그 너머 바다 가운데 살고 있는 '수국인갑지동류(水國鱗甲之同流)'인 서양은 금수에 불과하다고 하는 이전의 인류－이적－금수식의 3단계의 차등적 서양지리인식에 약간의 변화를 주었다. 그는 동양과 서양을 여전히 중심과 주변으로 구분하여 이해하되, 이전의 인류－이적－금수의 3단계 인식론을 중화－이적의 2단계 인식론으로 변개했는데, 이는 서양에도 국가나 인지의 개발이 존재한다고 본 것이다.

　　　땅은 하나이다. 땅의 위치와 운세의 처함에는 가운데와 변두리가 있고
　　　멀고 가까운 것이 존재한다. 땅의 중심에 처하여 하늘의 정도(正道)를 만
　　　나면 이뤄짐이 이르고 앞서며, 땅의 변방에 처하여 하늘의 치우침을 만나

---

49) 『면암집』 권4, 「請討逆復衣制疏」 (1895. 陽8.16).

면 이뤄짐이 늦고 뒤진다.…대지에 중국이 있으니 중국은 땅의 한가운데 있기 때문에 풍기(風氣, 인문)가 일찍 열리고 사람과 나라가 오랫동안 존재하였다. 외국(서양)은 땅의 변두리에 있기 때문에 풍기(風紀)가 늦게 열렸다. 그래서 나라가 뒤에 이뤄졌으며 오래지 않아 차질이 생긴다.[50]

1910년대 화서학파의 서양지리인식은 중국을 중심으로 서양 및 세계 제국까지 포괄하여 이해하는 확장된 것이었다. 화서학파는 서양의 국가와 국민을 서양·서귀(西鬼)·양적(洋狄)·양이(洋夷)·금수 등으로 폄하하고 서양 세계의 독자성을 인정하지 않았다. 그러다가 문호개방 이후 서양 각국에 대한 지리지식이 축적되고 또 고종정부가 서양과 직접 외교·통상을 벌이게 되면서 기존의 화이양분적 세계지리인식의 구도를 양적으로 확대 재편하였다. 그러나 이렇게 확대 재편된 화서학파의 서양지리인식은 지리상 발견 이후 등장한 신대륙과 국가들을 지역적 범위만이 확대된 화이 양분적 서양지리인식의 기본구도에 다시 포함시킨 것이었다. 이처럼 양적 변개만이 가해지고 질적 변혁이 수반되지 않은 화서학파의 서양지리인식은 전통적인 중국중심적 서양지리인식에 머물러 있었다.

2) 서양의 학문과 종교 비판

화서학파는 서양인들이 기능과 역할이 순수하게 선한 이(理)와 반드시 선한 것은 아닌 기(氣)를 올바르게 분별하지 못하여 도심과 인심, 형이상과 형이하, 본연지성(本然之性)과 기질지성(氣質之性), 공의와 사리를 혼동하고 있다고 보았다. 그들은 서양의 학술과 과학기술과 천

50) 『의암 유인석의 사상: 우주문답』, 3-4 · 25-26쪽.

주교를 총칭하는 서학(西學)이 바로 이런 여건에서 배태되어 나왔기 때문에 역사상에 존재했던 이단 중에서 가장 사악한 것이며, 따라서 서학을 수용하는 경우 종국에 가서는 동양의 심성과 문화를 상실하고 동양 인류가 멸망당하는 참극을 당할 것이라고 우려하였다.

화서학파는 동양문화의 보존을 위해 서학을 강하게 부정했다. 즉, 그들은 "서양의 학문은 사람을 속이지 않고 즐겁게 죽게 하는 것으로써 그 학문의 궁극적인 요체를 삼고 있으며, 경제적인 물자의 교역과 자유로운 남녀교제를 당연한 일로 여기고 있다. 그것은 바로 오랑캐들도 달가워하지 않는 것이며, 역시 오랑캐들도 용납지 않는 것이다"고 하였다.[51] 또한 "서학의 잘못된 점은…간략한 것을 즐기고 이익을 좋아하는 마음을 가지고, 인간의 윤리를 끊어버리고 예절을 흔들어 폐기한 것이다"고 하였다.[52] 그들은 남녀평등을 고취하는 천주교와 근대적 물질문명을 태동시킨 서양 학문의 근본적인 문제점이 간편함을 추구하며 이익 추구에 매달리고, 제사를 철폐하여 조상을 모시지 않고, 남녀 간에 반드시 지켜야 할 예절을 경시한 점에 있다고 비판한 셈이다. 이러한 반서학관은 화서학파 유생들이라면 누구나 공유하는 기본적인 서학관이 되었다.

화서학파는 서양이 도덕적인 면에서 짐승과 다를 바가 없다고 하면서도 기술적인 면에서 동양을 앞섰다는 사실을 인정했다. 예컨대 이항로는 "저들의 도구와 기술은 우리가 따라갈 수 없을 만큼 뛰어난 바가 있다. 저들은 이 때문에 단단히 자신을 가지고 드디어 천하를 집어삼키려 한다"고 설파했다.[53] 이처럼 그는 과학과 기술 분야에서 서양이

---

51) 「洋禍」, 『華西雅言』 권12, 7a. 西洋之學, 以不欺樂死爲渠學之極致 而以通貨通色 爲當然 乃夷狄之所不屑爲 而亦夷狄之所不容有者也.
52) 위의 책, 12a.

동양보다 앞선 점을 인정했다. 그러나 이것은 어디까지나 윤리적 차원에서 서양의 사상과 문화를 짐승과 다름없는 것으로 치부하는 과정에서 나온 주장이라는 점에서 제한적 의미를 지니고 있다.

그런데 이항로의 주장 중에서 눈여겨 볼만한 대목은 서양이 동양보다 과학과 기술면에서 진보해 있기 때문에 드디어 자기들의 기계를 사용하여 천하를 석권하려는 생각을 품게 되었다는 것이다. 이러한 서양의 침략적 의도를 그는 다음과 같이 간파했다. 즉, 이항로는 서양은 이단 중에서도 가장 커다란 참화를 미치는 사악한 것이기 때문에 그것을 받아들일 경우 인류가 멸망당할 것이라고 우려하였다.

> 옛날부터 이단이 사람의 마음을 미혹시킨 일이 무척 많았지만 양교(洋敎)보다 심한 경우는 없었으며 옛날부터 오랑캐가 국가에 화를 입힌 일이 참으로 많았지만 역시 양적(洋賊)보다 더 심한 경우는 없었다. 양이(洋夷)가 우리나라에 몰래 들어와서 사학(邪學)을 널리 전파시킨 것은 어찌 다른 목적이 있어서 이겠는가? 자기 도당을 우리나라에 심어놓고 안팎으로 서로 호응하여 우리의 허실을 탐지하고 군대를 이끌고 들어와서 우리의 문화를 더럽히고 우리의 재물과 여색을 약탈하여 그들의 한없는 욕심을 채우려고 하기 때문이다.[54]

이항로의 제자 김평묵은 병자수호조약 체결 당시에 지은 상소문에서 조선이 서양오랑캐의 앞잡이인 왜적을 맞아들이게 되면 유교사회의 가치체계가 철저히 붕괴되는 참화를 당할 것이라고 우려했다.[55] 나아가 그는 왜가 전일의 왜가 아니라 서양오랑캐의 앞잡이로서 서양 도적이나 다름없다고 하는 근거를 다음과 같이 제시했다. 첫째는 왜가

---

53) 「用夏變夷說」, 『화서집』 권25, 잡저, 18b.
54) 「辭同義禁疏」, 『화서집』 권3, 23a.
55) 「絕和疏」, 『중암집』 권5, 1a-2a.

청국을 침략할 때 프랑스·미국과 행동을 같이했고, 둘째, 왜인이 서양과 기물을 통용하여 서양 대포를 갖춘 서양 선박을 타고 왔으며, 셋째, 왜인이 4천의 군사를 이끌고 온 것으로 보아 조약 체결이 아니라 침공을 위해 온 것이며, 넷째, 강화도를 침범했던 서양도적이 누차 조선을 핍박한 왜인들과 기맥을 통했으니 서양도적이 형체를 바꾸어 조선에 들어온 것이 분명하다.[56] 아울러 그는 일본과 동일한 서양오랑캐를 다음과 같이 묘사했는데, 이는 이항로의 서학관과 동일한 것이었다.

> 하물며 오늘날 양적(洋賊)은 이적(夷狄) 가운데서 가장 추악하고 증오할 만한 자들입니다. 그들의 모습과 실정을 살펴보면 사람의 형체를 갖추었으나 사실은 금수일 뿐입니다. 또 그들의 기이한 기술과 교묘한 물건, 그리고 요사스러운 술법이나 사악한 가르침(邪敎)은 사람을 빠르게 현혹시키고 깊은 수렁에 빠트립니다.[57]

1900년 이후 화서학파는 서양의 학문과 기술을 상징하는 서법(西法)의 피해를 가장 많이 입은 나라가 조선이라며 서법망국론(西法亡國論)을 제기했다. 유인석은 "조선에서는 서법을 외국사정에 능통한 이들이 도입하고, 개화인들이 창도하고, 이어 개화파 중 매국노들이 악용하면서 급기야 국권을 상실하게 되었다. 그런데 서법의 도입과 확산운동은 사실 일본의 계략에 의한 것이다. 당시 일본의 사주를 받은 개화파들은 겉으로는 서법으로 국가를 부강하게 한다고 가장하고, 속으로는 개인의 사리사욕을 위한 욕심을 부렸다"고 보았다. 따라서 그는 서법으로 병든 조선을 서법으로 치료하는 것이 옳다고 서법의 수용을 찬동하면서도, 동시에 서양 풍토에서 나온 서법을 전적으로 조선에 이식하면 결

---

56) 위의 책, 2b-3a.
57) 위의 책, 3a-b.

국은 도의를 중시하는 미풍을 흐리고 공리에 급급한 서양풍속이 유행
하는 폐단이 발생할 것이라며 서법의 전면적 수용에는 반대의사를 나
타냈다.[58]

　개항 전후에 화서학파는 천주교를 사학(邪學)·사교(邪敎)·무부무
군지도(無父無君之道)라고 부르며 천주교의 교리나 의식 중에 유교의
윤리규범과 다른 점들을 집중적으로 비판했다. 그들의 천주교 비판론
은 철저히 주리론과 화이론의 입장에 기초해 있었다. 이때 그들은 천
주교 교리서를 직접 읽고 천주교를 이해한 것이 아니라 동시대 척사론
자들이나 남인계 실학자의 천주교 비판논문을 읽고 천주교를 간접적
으로 이해해 들어갔다. 이 점에서 그들의 천주교 이해수준은 실학자들
이나 동시대 천주교 비판론자들의 그것에 비해 상대적으로 낮은 편이
었다.

　유교와 천주교의 특성을 가장 선명히 대비시킨 사람은 이항로이다.
그에 의하면, 첫째, 유교의 상제(上帝)와 천주교의 천주(天主)는 완전히
다른 존재인데, 유교의 성인은 천명(天命)을 받은 상제의 대행자인 반
면 서양에는 천명의 대행자가 없다.[59] 둘째, 천주교는 기(氣)에 치중한
종교이며 유교는 도(道)에 기초한 도리이기 때문에 동양의 정신적 도
리가 서양의 물질적 형기보다 훨씬 더 우수하다. 셋째, 유학과 달리 천
주교의 사천(事天)의 대상은 오로지 물질적 형기와 육체적 욕망을 가
리키는 것이다.[60] 넷째, 천주교의 천당지옥설은 혹세무민(惑世誣民)을
위한 요설에 불과하다. 다섯째, 유학의 살신성인은 인의를 이루기 위한
의로운 행동인 반면, 서양인의 낙사순욕(樂死殉欲)은 천당지옥설에 빠

---

58) 『의암 유인석의 사상: 우주문답』, 91-92·96-97쪽.
59) 「上帝與天主相反說」, 『화서집』 권25, 잡저, 10a.
60) 「西洋事天與吾儒事天相反辨」, 『화서집』 권25, 잡저, 10a-b.

져 형기의 사사로움을 채우려는 만용에 불과하다는 것이었다.[61]

이항로의 유교와 천주교 비교는 두 가지로 정리된다. 하나는 유교는 윤리 차원에서 실천을 중시함으로써 학문적으로 구명되는 이치인 반면, 천주교는 무조건 맹목적 신봉을 요구함으로써 합리적인 설명이 불가능한 종교이다. 다른 하나는 유교는 의리를 강조하여 인간의 본성을 순화시키는 반면, 천주교는 유학과는 반대로 인간의 욕구에 호소하여 인간의 물욕을 조장한다. 결국 이항로는 유교는 인간으로 하여금 타고난 본성에 스스로 충실하도록 함으로써 공공 윤리를 실현토록 하는 반면, 천주교는 인간의 개인적인 이익과 욕구를 추구하기 위해 초월적 타자인 신의 힘에 의지하는 종교라고 보았던 것이다.

이항로의 제자 김평묵은 병인양요가 일어나 조야에 위기감이 점고하자 「어양론(禦洋論)」을 지어 서양 배척의 당위성을 주창했다. 여기서 그는 "하루아침에 환란을 만나 왕위를 받들어 서양세력에 굴복하여 그들에게 鬼堂을 창건케 하고 그들의 귀교(鬼敎)를 전파케 한다면 나중에 국사를 쓰는 사람들이 우리를 무엇이라 하겠는가"라고 하였다.[62] 이는 조선이 서양의 압력에 밀려 그들에게 포교를 허락하여 천주당이 세워지고 천주교가 전파되면 조선의 유교문화가 멸절을 당하는 참극이 벌어질 것이라는 우려에서 나온 것이었다. 또한 그는 병자수호조약 때에 지은 「척양대의(斥洋大義)」에서 금수인 서양과 어울려 살면 우리도 역시 금수로 변화하여 인도가 타락할 것이라고 전제하고, "서양인은 개나 돼지보다 더 쓸모없는 존재이므로 이들과 화친하는 것은 참으로 두려운 일이다"고 하였다.[63]

---

61) 「吾儒殺身成仁與西洋樂死殉欲相反說」, 『화서집』 권25, 잡저, 14a-b.
62) 「禦洋論」, 『중암집』 권38, 잡저, 3a.
63) 「斥洋大義」, 『중암집』 권38, 잡저, 6a-b.

　화서학파는 대략 1900년 이후부터 천주교 대신에 야소교(개신교)로 비판의 표적으로 삼았다. 당시 개신교는 1884년 미국 선교사 알렌의 포교와 1886년 교회설립 공인과정을 거쳐 1887년 이후 평안도와 황해도에서 교세를 급속히 확대하고 있었다. 1900년 이후 몇 년간 평안도에 머물며 향약 보급과 후진 양성에 종사하던 유인석은 평안도 인민들이 유교를 버리고 개신교로 옮겨가는 현상을 우려하며 개신교를 강하게 비판하게 되었던 것이다.

　유인석은 철저히 유교적 입장에서 동양의 유교와 서양의 야소교의 차이를 다루었다. 중국종교는 성인을 위주로 하고 서양종교는 신을 위주로 하기 때문에 분명한 차이가 있다는 혹자의 질문에 대해, 유인석은 "서양인이 중시하는 것은 천신(天神)이고 동양 성인이 중시하는 것은 천리(天理)이다. 무릇 하늘에는 신(神)이 있고 이(理)가 있다. 그런데 신(神)은 신묘하기는 하지만 형이하(形以下)에 불과하고 이(理)는 지극히 진실하여 형이상(形以上)에 속한다"고 하였다.[64] 이는 서양종교를 형이하의 공리적 종교로 동양종교를 형이상의 정신적 종교로 간주한 것이다. 이어 유인석은 오륜을 지키고 천리를 보존하는 것이 바른 도임에도 불구하고 서양인은 천당·지옥과 멸죄·기복만을 말하고 있다며 기독교의 천당지옥설·원죄설·사후영생설 등을 싸잡아 비판했다.[65]

　유인석은 자기 스승들처럼 중국과 조선이 야소교를 신봉하는 것은 영토와 심성을 빼앗기는 참혹한 재앙의 단서를 여는 것이라고 단언했다. 그는 동양인이 서양을 사모하여 야소교를 배우는 것은 동양인의 성정을 잃고 서양인이 되는 것이나 마찬가지라고 보았다. 따라서 그는

---

64) 『의암 유인석의 사상: 우주문답』, 104-106쪽.
65) 위의 책, 107-109쪽.

야소교를 믿는 것은 아편을 흡입하는 것과 같기 때문에 서양에서도 중
등인 이상은 공허하고 무용한 야소교를 믿지 않는다고 하였다.[66] 또한
현재 야소교를 믿는 부류는 공리와 시세를 따르는 교활한 무리들과 지
극히 무지몽매하여 야소교의 정체를 모르는 자들뿐이라고 하였다. 따
라서 그는 인민을 현혹시키는 야소교를 없애려면 중국에서 성웅이 나
와 덕과 위엄을 세워 공자교(孔子敎)를 부활시켜야 한다고 하였다. 그
런데 이는 1913-1914년경 중국에서 황제체제 연장을 위해 공교(孔敎)부
활운동을 적극 지원하고 있던 위안스카이를 의식한 발언이었다.

서양종교를 수용하면 결국에 가서 국가와 인류가 멸망을 당할 것이
라는 유인석의 주장은 개신교가 서양제국주의의 동양침략의 도구로
기능하고 있음을 간파한 것이다. 그렇기 때문에 그는 유교의 윤리·도
덕에 입각하여 기독교의 허구성을 강하게 질타하기에 이르렀다. 그러
나 동시에 그의 개신교 비판은 만민평등사상을 내세우는 기독교가 인
민의식의 향상에 기여한 점과 한말 민족지사들이 개신교를 통하여 구
국계몽운동을 벌이고자 개신교단에 자진해서 귀의한 점을 간과한 측
면이 있었다.

3) 동·서양 문명 비교

화서학파는 서양의 사상과 문화가 조선에 침투하여 악영향을 미치
는 것을 도망(道亡), 즉 주자학의 기반 위에 걸립된 유교사회와 유교문
화의 멸망 위기로 인식했다. 따라서 그들은 도망의 원천 제공자라고
판단한 서양의 사상과 문물 일체를 배격해야 한다고 주장했다. 이때

---

66) 위의 책, 104쪽.

그들은 주리론과 화이관의 정사 이분법적 문명관에 따라 동양문명을 도덕에 기초한 우월한 정신문명으로, 서양문명을 이익에 기초한 저열한 물질문명으로 간주하고 있었다.

화서학파는 서양문명의 특성과 성격이 지리적 특성과 불가분의 관계가 있다고 보았다. 그들은 중국과 9만 리나 떨어져 있다고 하는 서양세력(海浪賊·海浪小寇)이 배로 바다를 건너 중국과 조선에 이르러 통상을 강요하거나 연근해를 횡행하며 약탈을 자행하는 것을 비판하며 반서양인식을 정립했다.[67] 주자학에서 우주원리를 설명하는 태극과 이기론, 인간의 윤리문제를 논급하는 심성론 등이 상호 불가분의 관계를 맺고 있다고 본 것처럼, 화서학파도 자연현상과 인간현상이 상호 긴밀히 연관되어 있다고 하는 천인(天人)상관적인 입장에 따라 서양문명을 인식하고 비판했던 것이다.

화서학파가 정립한 동양의 도덕 내지 윤리, 서양의 이익 내지 물질식의 동·서양 문명 비교론은 이항로에게서 비롯되었다. 주리론을 창안한 이항로는 이(理)를 중화(中華)·양(陽)·상(上)·존(尊)·고(高)·정(正) 등의 속성을 지닌 요소로, 氣를 이적(금수)·음(陰)·하(下)·비(卑)·저(底)·사(邪)의 속성을 지닌 요소로 간주하는 정사 이분법적 문명관에 따라 서양문명을 인식했다. 그는 "천지의 대세로 예를 들어 말한다면, 서양은 서극(西極)의 춥고 살벌한 편기(偏氣)를 받아서 수국(水國)의 인갑(鱗甲)과 동류이다. 이 때문에 그들의 성품은 삶을 경시하고 죽음을 좋아하며, 그들의 마음은 이익을 좋아하고 의리를 모른다"고 하였다.[68] 또 그는 "중화가 위치한 동북의 기(氣)는 양(陽)과 의(義)를 위주로 하고, 서양이 위치한 서남의 기(氣)는 음(陰)과 이(利)를 주

---

67) 「洋禍」, 『華西雅言』, 권12, 16b-17a.

68) 위의 책, 18b.

로 추구한다"고 하였다.[69] 이는 지리상으로 동북에 처한 동양문명은
양과 올바름을 위주로 하는 정신적인 문명이요 서남에 처한 서양문명
은 음과 이익을 위주로 하는 물질문명으로 간주한 것이다.

　이항로의 서양문명관에서 특이한 점은 음양오행설을 동원해 해석한
동·서양 간의 지리적인 차이를 인간의 기질상·문화상의 차이와 동일
시한 것이다.

> 　천지에는 사방이 있다. 우리나라는 동해의 끝에 있고 서양국은 서해의
> 끝에 있다. 조선은 해가 뜨는 데에 있고, 서양은 해가 지는 데에 있으니,
> 빛과 그림자처럼 아주 다르다. 봄(동쪽=조선)이 만물을 살리고 가을(서쪽=
> 서양)이 만물을 죽이는 것과 같으니 기상이 서로 반대된다. 조선은 삶을
> 좋아하고 서양은 죽음을 좋아하고, 조선은 의로움을 좋아하고 서양은 이익
> 을 좋아한다. 서로 좋아하고 싫어함이 분명히 다르며 풍속과 숭상함이 현
> 격히 다르다. 멀고 가까움을 논한다면, … 서양은 또 히말라야산맥(蔥嶺)
> 의 서쪽에 있어 거리상으로 조선과 몇 만 리나 떨어져 있는지 모른다. 그
> 성품과 기호를 따져보면, 조선인은 성품이 본래 어질고 선하며 풍속이 예
> 의를 중시하고 집에서 편안히 살기를 좋아한다. 그러나 서양인은 성품이
> 교묘하고 각박함이 많으며 풍속이 윤리와 기강을 멸시하고 배를 이용해
> 살고 있다. 그 기교와 언어가 서로 전혀 통하지 않는다.[70]

　서양인과 서양문명에 대한 이항로의 정사 이분법적 문명인식은 개
항을 전후하여 그의 제자들에게 그대로 이어졌다. 김평묵은 서양을 금
수로 규정함에 있어 음양오행설을 원용하여 서양문명에 사람의 도리
가 없다는 점을 입증하려 하였다. 그는 서양의 가르침을 금수의 도리
라고 전제한 다음, 서양은 세계의 주변에 위치하여 오행의 편기(偏氣)
만을 받았기 때문에 그들의 눈과 귀와 마음과 뜻의 기능이 금수의 그

---

69) 위의 책, 19b.
70) 「東西南北說」, 『화서집』, 권24, 잡저, 5a-b.

것에 불과하다고 폄하했다.[71] 또한 그는 지리적으로 보아 조선은 변방의 오랑캐로서 오행의 편기(偏氣)밖에 얻을 수 없었지만, 양방(陽方)인 동북방에 위치해 있기 때문에 의리를 받들어 문명의 기운을 얻었던 반면, 서양은 음방(陰方)인 서북방에 위치해 있기 때문에 이익만을 주로 추구하여 이목이 통달한 바가 금수의 기능에 불과하다고 하였다.[72] 서양문명의 이익추구 속성을 입증하기 위한 김평묵의 비판논리는 이항로의 음양오행설에 입각한 화이적 문명관과 지리관을 세련화시킨 것이었다.

1900년대 이후 이항로의 제자 유인석은 스승처럼 동양은 정신을 추구하고 서양은 물질을 궁구한다는 정사 이분법적 문명관을 드러냈다. 그는 중국은 세계의 정중(正中)의 자리에 나라를 세웠기 때문에 힘쓰는 것이 상달(上達)이며 외국은 세계의 변두리에 나라를 세웠기 때문에 힘쓰는 것이 하달(下達)이다. 여기서 상달이란 정신적인 도리에 통달하는 것이요, 하달이란 물질적인 형기를 중시하는 것이다 라고 하였다. 이어 그는 상달도리(上達道理)는 중국의 장기이고 하달형기(下達形氣)는 외국의 장기인데, 이처럼 중국과 서양의 장기가 다른 이유는 양자의 문명이 자연환경과 인간품성이 서로 다른 기반에서 나왔기 때문이라고 하였다.[73]

유인석은 상달도리에 치중하는 동양문명과 하달형기에 치중하는 서양문명의 구체적인 차이를 다음과 같이 분석했다. 우선 그는 상달에 대해 중국은 천지에 처음 열릴 때부터 문명을 이룩했다. 복희·신농·황제·요·순·우·탕·문·무 등의 임금이 등극하여 상달의 극치를

---

71) 「禦洋論」, 『중암집』, 권38, 잡저, 1b.

72) 위의 책, 1b-2a.

73) 『의암 유인석의 사상: 우주문답』, 4쪽.

이룩했고, 한·당·송·명이 그 법을 계승했으며 계(契)·익(益)·이윤·주공·공자·증자·자사·맹자 등의 신하가 출현하여 선비로서 상달의 교화를 펴고 상달의 학문을 밝혔으니, 앞의 성인과 뒤의 철인이 그 상달의 도리를 따라 윤리·예악·제도·문물·경술·도덕이 크게 성하여 빛났다. 이것이 상달하여 중국이 되는 까닭이다. 이처럼 중국의 상달 도리는 오륜(五倫, 부자유친·군신유의·부부유별·붕우유신·장유유서)·오상(五常, 인·의·예·지·신) 등 유교의 도덕과 윤리에 기반을 둔 윤리적·도덕적 측면, 즉 정신적 측면을 강조한 것이었다.

하달형기에 치중하는 외국의 세부장기에 대해 유인석은 다음과 같이 평했다. 외국은 황벽한 층이 열려 국가를 이루었기 때문에 점점 도리에 어둡고 윤상(倫常, 삼강오상(三綱五常))을 저버리게 되었다. 그럼에도 그들은 오직 형기의 진보만을 추구하고 있다. 그들은 좋은 음식, 사치한 옷, 웅장한 집, 예리한 무기, 기이한 재주와 기술로 서로 간에 우위를 경쟁할 뿐이다. 이것이 하달하여 외국이 되는 까닭이다.[74] 따라서 유인석은 서양문명의 물질에 대한 욕심, 좋은 병기를 앞세운 침략 행위, 신기술에 기초한 이익추구 현상을 비판했다.[75]

갑오경장 이전에 생존했던 그의 스승들이 역법, 산법, 의학의 외과 분야 등 서양기술 우수성을 소폭 인정하면서도 이의 수용을 극력 배척했던 반면,[76] 유인석은 물질적 측면에서 서양이 동양보다 우월하다는 것을 인정하고 서양문명의 부분적 수용설을 받아들이게 되었다. 음양 오행설에서 춘하추동을 나타내는 원(元)·형(亨)·이(利)·정(貞) 중 서양이 이방(利方, 서쪽)에 속해 있기 때문에 물질에 저처럼 뛰어난 것이

---

74) 위의 책, 5-6쪽.
75) 『의암 유인석의 사상: 우주문답』, 7-8쪽.
76) 『화서집』 권25, 「用夏變夷說」.

아닌가 하는 혹자의 음양오행적 서양문명관에 대해, 유인석은 서양이 이방(利方)에 속해 있는 것은 사실이지만 물질이라는 것은 10-20년 사이에 20-30명의 손을 거쳐 쉽게 이룩될 수 있는 것이 아니라 수천 년 동안 수천 명이 오직 물질에 전념하고 궁구해야만 도달할 수 있다고 하여 서양 물질문명도 나름대로 의미가 있는 것으로 보았다.[77] 이는 그가 서양식 무기로 무장한 관군 및 일본군과의 전투경험을 통해 서양 무기의 우수성을 체험한 때문이며, 또 러시아 블라디보스톡으로 망명하여 활동할 때 서양근대문물을 직접 접했기 때문이었을 것이다.

그러나 유인석은 중국은 형이하에 속하는 서양식의 기이한 기술은 힘쓰지 않고 원래 형이상에 속하는 원대한 도리를 추구해 왔기 때문에 현재와 같은 물질적 차이가 나게 되었으며, 이때 형이상의 도리는 형이하의 물질보다 인간사회에서 훨씬 중요한 요소라고 주장했다.[78] 그렇기 때문에 그는 만국공법에 입각한 국제질서를 인정하고 나아가 부국강병에 필요한 인재 영성을 위해 학도를 외국에 파견하거나 혹은 특수한 신학교를 조선에 설치하여 신학문 교육을 전담케 하고 어양(禦洋)에 유익한 무기와 기계류 등을 도입하자고 주장하는 등 서양문물의 부분적 도입론을 피력했지만, 이러한 변화는 어디까지나 만국공법체제를 화이관적 범위에 국한시켜 이해한 것이었다.[79] 그리고 그의 서양사상과 문물의 수용론도 국권회복에 필요한 무기 및 기계류 제작술과 신학교 설치 및 외교전문가의 양성 등 단편적 측면에 불과하였다.

77) 『의암 유인석의 사상: 우주문답』, 30-31쪽.
78) 위의 책, 73-74쪽.
79) 위의 책, 14-15 · 33 · 38-39 · 76 · 97쪽.

4. 맺음말

19세기 중후반 동아시아는 무력을 앞세운 서양의 압력에 굴복하여 문호를 개방하고 서구세계가 주도하는 새로운 국제체제에 편입되었다. 당시 동경만 앞바다에 나타난 미국함대의 포함외교에 밀려 미국과 화친조약을 체결한 일본은 자신들의 쓰라린 경험을 조선에 그대로 재현하였다. 이로써 강화도에서 일본과 조일수호조규를 체결한 조선은 개국 이래의 폐관자수정책을 포기하고 문호를 개방하게 되었다. 이로써 조용한 아침의 나라 조선은 근대화와 자주화를 동시에 달성해야만 하는 과제를 안게 되었으며, 또 동서 문명의 만남 과정에서 부딪친 여러 난제들을 해결해야만 했다. 특히 후자의 문제와 관련하여 조선은 외국의 사상과 문물을 배척하고 전통을 지키거나, 전통을 지키기 위해 개화를 통해 근대를 선택적으로 채용·절충하거나, 전통을 버리고 전적으로 근대를 수용하거나, 전통과 근대를 독창적으로 통합하거나 하는 선택의 기로에 서게 되었다.

동서 문명의 선택적인 전환기를 맞고 있던 조선 말기의 역사적 상황에서 화서학파는 기독교와 서양문화 그리고 일본제국주의의 침입을 막기 위해 재야에서 치열하게 활동한 강력한 사회세력이었다. 그들은 지지자들과 인민들을 단합하여 근대 세계와 일본침략자들과의 만남에서 야기된 다양한 긴장과 갈등과 탄압에 주체적으로 대처하려 하였다. 아울러 그들은 전통문화에 내재된 유교적 요소들을 조선의 고유한 상징으로서 영속시키기 위한 의식적이고 조직적인 노력들을 펼쳤다. 이때 그들의 행동양식을 집약해 나타내는 반서양·반근대·반일의 최우선적인 목표는 전통적 유교사회와 유교문화를 외부세력의 침투와 침략으로부터 보존하는 것이었다. 이 점에서 화서학파의 위정척사사상은 전통문화 보존논리의 성격을 강하게 지니고 있다고 말할 수 있다.

화서학파는 기독교와 서양의 근대적 가치들이 주자학적 형이상학과 유교사회의 가치들을 위협하자 전통 주자학의 이기론을 새롭게 해석하여 주리론을 창안했다. 그들은 이기(理氣)의 관계를 이전의 주자학자들과 달리 상보적인 것이 아니라 주종의 관계로 파악하고, 오직 이만이 세상만사의 근저에 있는 유일한 이치로서 그 어떤 것도 이를 대신할 수 없으며, 기가 이의 지배적 위치를 위협하는 것은 자연의 항구적인 질서를 거스르는 것이라고 하였다. 이때 화서학파에게 서양의 모든 것은 기가 현상적으로 드러난 것인 반면, 유교적 도덕과 사회는 기보다 우월한 지고의 가치를 지닌 이의 구현이었다.

화서학파는 국제관계와 인간사회의 역학관계를 설명할 때에 주리론에 기초한 정사 이분법적인 개념들을 동원했다. 이와 기의 우열관계를 불변의 법칙으로 간주한 화서학파는 중화와 이적, 인류와 금수, 양(陽)과 음(陰), 본과 말, 정(正)과 사(邪), 체(體)와 용(用), 인심과 도심, 천리와 인욕, 왕도와 패도, 군자와 소인 등의 개념들을 이와 기로 대치가 가능한 것으로 인식했다. 나아가 그들은 동양과 서양의 지리·인성·문화·학술·종교 및 국제관계를 비교하거나 비판할 때에도 이러한 인식틀을 사용했다. 그리하여 그들은 철저히 주리론적·중국중심적·유교문화중심적 시각에 입각하여 중화문화의 전통가치와 사회구조를 파괴하는 서양적인 모든 수단들을 배척하기 위해 상소운동과 의병운동과 교육활동과 같은 다채로운 방식으로 위정척사운동을 벌였다.

화서학파의 위정척사사상은 조선의 재야엘리트들이 자신들의 이익과 특권을 보존하고 자신들의 유교적 문화체계를 외세의 침략으로부터 수호하기 위해 정립한 전통문화 보존논리였다. 외래적인 것을 혐오한 화서학파의 위정척사사상은 국가 위난기에 구국운동을 전개해 나간 민족주의자들의 마음속에 문화적인 유산으로 살아남았다. 그리고 그 민족주의자들은 20세기 초부터 서양의 자본주의와 제국주의에 저항하여 치열하게 싸웠다. 이런 점에서 화서학파의 위정척사사상은 유의미한 역할을 수행했다고 판단된다.

그러나 화서학파의 위정척사사상은 서양의 근대적 과학과 기술과 경제가 근대사회를 좌우하는 문화적 패턴과 사회구조와 상호의존적이라는 사실을 간과한 것이었다. 새로운 사회를 건설하기 위해서는 주어진 현실을 부정하고 현실에서 떠난 유토피아적인 초월적 가치가 필요한 법이다. 그런데 화서학파의 위정척사사상은 이러한 초월적 가치를 무시하거나 용납하지 않는 전통 주자학에 연원을 둔 경직된 사상체계였다. 이런 이유 때문에 500년 조선 주자학의 최후의 불꽃인 화서학파의 위정척사사상은 서양에서 들어온 신사상과 접맥하지 못한 채 역사의 무대에서 사라져야만 했다.

청일전쟁기 지식인의
국제정세 인식과 세계관

최규진

1. 머리말

1894년에는 한국 근대사에서 하나의 획을 그을 만한 큰 사건들이 잇달아 일어났다. 갑오농민전쟁, 청일전쟁, 갑오개혁이 그것이다. 나라 안팎의 정세는 어지러웠고 갑오정국은 요동쳤다. 갑오농민전쟁은 조선 후기부터 쌓여 온 사회 모순이 폭발하여 일어난 대규모 농민항쟁이었으며 반봉건 투쟁의 성격을 지닌 일종의 내전이었다. 갑오농민전쟁은 반봉건·반침략 투쟁 가운데 으뜸으로서 갑오개혁과 의병운동의 단초를 열었다. 청일전쟁은 동아시아에서 제국주의 대립을 격화시켜 조선과 중국을 제국주의의 분할 대상으로 만든 계기가 되었다. 이 전쟁으로 조선·중국·일본은 식민지·반식민지·제국주의 등으로 서로 다른 길을 걷기 시작했다. 갑오개혁은 개혁을 뒷받침할 민중의 역량이나 일본의 침략의도를 올바르게 파악하지 못했다. 그럼에도 불완전하게나마 근대 개혁을 했다는 점에서 커다란 의미가 있었다. 일본의 침략이 본격화한 시기에 일어난 이 세 가지 사건은 원인·결과·배경이 서로 맞물리며 잇달아 터졌다.

동아시아 지식인은 전통적으로 중국 중심의 세계관을 가지고 있었다. 그러나 19세기 중반부터 시작된 '서구와의 만남'으로 그들은 새로운 세계관을 갖기 시작했다. 특히 청일전쟁은 지식인의 대외인식에 큰 충격을 주었다. 격변하는 갑오정국에서 조선 지식인은 국제정세를 어떻게 읽고 있었을까. 그들의 국제정세 인식을 살펴보면서 세계관과 이념 그리고 주체의 성격을 비교 검토하는 것이 이 글의 목적이다.

갑오정국을 앞뒤로 한때에 개화사상·척사위정사상·동학이라는 세 가지 사상이 있었고 그 내용도 널리 알려졌다. 그러나 개화파·척사파·동학운동가 사이에 국제정세를 둘러싼 인식 차이를 비교하여 공통점과 차이점을 해명하는 일은 여전히 중요한 과제로 남아있다. 서로 다른 사상을 가진 사람이라도 공통의 대외인식의 틀을 가지고 있기도 하다. 보기를 들자. 중화질서에 따른 도덕적 문명국가를 유지하려 했던 척사위정사상은 서구 근대 문명의 야만성을 성리학적 사유로 논증하려고 했다.[1] 만국공법의 세계를 발견한 개화파는 서구 근대 문명을 전범으로 인정하고 그것을 받아들였다. 이처럼 타자에 대응하는 모습은 척사와 개화로 서로 달랐지만, 주체와 타자의 경계를 구분하는 기준은 똑같이 '문명'과 '야만'이었다.[2]

이 글은 '갑오정국'을 앞뒤로 한 때의 지식인들이 국제정세를 어떻게 보고 있었으며 대외인식이 어떠했는지를 정리하고 그 의미를 추출할

---

[1] 장현근, 「중화질서 재국축과 문명국가 건설: 최익현·유인석의 위정척사사상」, 한국정치사상학회, 『한국정치사상연구』 제9집, 2003, 37쪽.

[2] 박정심, 「개화파의 문명의식과 타자인식의 상관성에 관한 연구」, 한국유교학회, 『유교사상연구』 제41집, 2010, 62쪽.

것이다. 다루어야 할 인물과 대상 국가가 많다. 복잡하게 얽혀 있는 사상 지형을 드러내려면 기존의 연구 성과를 다시 배치하고 일정한 문제틀에 따라 그 내용을 재구성하는 비교방법론이 유용하다. 그러나 주의할 점이 있다. 첫째, 대외인식과 대내정책은 깊은 관계가 있음을 염두에 두어야 한다. 정치세력의 정치 기반이나 처지, 그리고 정세에 따라 대외인식은 달라지기 마련이다. 대외인식은 역사 상황과 조건에 따라 동태적으로 파악해야 한다. 둘째, 비교 방법론을 유용한 것으로 만들려면, 비교의 초점과 관점을 명확하게 해야 한다. 이 글은 개화, 문명, 문명개화 등의 용어가 청일전쟁과 갑오개혁 뒤에 더욱 성행했다는 사실에 주목할 것이다.[3] 지식인들은 "문명이라는 개념을 통해 어떤 의미를 전달하려 했으며,"[4] 그것이 대외인식에 어떻게 반영되었는지를 살피려는 것이다.[5] 19세기 후반은 세계관의 충돌 또는 문명의 충돌이 있었던 때이자 문명 '개념'의 충돌이 있었던 때이기도 했다

이 글은 기존의 성과를 바탕으로 청일전쟁에 초점을 맞추어 척사위정파 · 개화파 · 동학사상의 국제 정세인식과 세계관에 대한 '횡단연구'를 시도한다. 이 세 진영의 대외인식을 중국과 일본뿐만 아니라, 미국

---

3) 김도형, 「대한제국 초기 문명개화론의 발전」, 한국사연구회, 『한국사연구』 제121호, 2003, 175쪽.

4) 개념사 연구의 문제제기 방법에 대해서는 나인호, 「'문명'과 '문화' 개념으로 본 유럽인의 자기의식(1750-1918/9)」, 역사문제연구소, 『역사문제연구』 제10호, 2003, 14쪽.

5) 문명개화론은 이미 1880년대 초반에 근대화 개혁을 추구했던 갑신정변 세력들이 제기했다. 문명개화론은 청일전쟁에서 일본이 승리하고 '미국의 부국강병'을 새롭게 인식하는 것을 배경으로 더욱 확산되었다(김도형, 「대한제국 초기 문명개화론의 발전」, 한국사연구회, 『한국사연구』 제121호, 2003. 199쪽). 척사위정 계열조차 1890년 후반부터 "華夏가 진정한 문명이므로 서양의 기술을 개화나 문명라고 부를 수 없다"고 하여, 동 · 서양을 '문명'이라는 용어로 평가했다(이경구, 「화이관과 문명 · 야만관의 사유 접점과 비판적 성찰」, 한국유교학회, 『유교사상연구』 제35집, 2009, 127쪽).

과 러시아에 대한 인식까지 함께 살핀다. 얼핏 보면 무리한 시도처럼
보이지만, 거칠게나마 꼭 해야 할 작업이다. 왜냐하면 이 나라들에 대
한 인식이 서로 연관되어 있고 지식인 내부에도 여러 시각이 겹쳐있기
때문이다. 특정한 나라에만 한정하거나 어느 한 사상 진영의 대외인식
만을 점검한다면, 깊이 있는 분석을 할 수 있는 장점이 있다. 그러나
'갑오정국' 때 대외인식의 총체상을 아는 데는 한계가 있다.

2. '속국체제'와 청국관

1) '속국체제'

개항 뒤 조선과 청은 예전의 조공관계에서 근대 국제법의 관계로 바
뀌는 단계로 들어섰다. 조선은 청과 만국공법의 평등 관계를 맺고 싶
어 했다. 그러나 청은 예전의 조공관계를 빌미로 '속국체제'로 만들려
했다.[6] '속국체제'는 조선을 식민지로 만들려는 과도기적 정책이었다.
일본이나 러시아의 침략으로부터 중국의 안전을 꾀하려는 방어전략이
기도 했다.[7] 1882년 임오군란을 진압하려고 출병했던 청국은 그 기회
를 틈타 조선을 '근대적 속국'으로 만들려는 '속국화 정책'을 폈다. 그
첫 번째 조치로 조청상민수륙무역장정을 체결했다. 이것은 조선이 청
의 속국이라는 사실을 근대적인 조약 형식으로 다시 확인한 것이었다.
청은 새로 체결한 무역장정에 따라 많은 특권을 가지게 되었다. 청의

---

6) 구선희, 『한국근대 대청정책사 연구』(혜안, 1999), 83쪽.

7) 김정기, 「청의 대한정책(1876-1894)」, 한국역사연구회, 『1894년 농민전쟁연구』 3
   (역사비평사, 1993), 67쪽.

입김이 드세어지자 조선에 있는 청의 군인과 상인, 어민, 무뢰배 등이
활개를 쳤다.

임오군란 뒤에 청이 더욱 내정을 간섭하고, 청상이 상권을 침탈하자
그들을 곱지 않은 눈으로 바라보는 조선 사람이 늘었다. 서울과 지방
을 가릴 것 없이 조선 사람들이 청상 점포에 불을 지르거나 청상을 공
격하는 일이 자주 일어났다.[8] 특히 청국의 대원군 납치는 개화파든 유생
이든 일반 민인이든 반청의식을 불러올 만했다. 또한 병자호란(1636년)
뒤에 조선 사람들이 청국인을 멸시하며 불렀던 이른바 '되놈'이라는 말
에 잘 반영되어있는 되놈의식은 일반 민인들의 뇌리에서 떠나지 않고
그들의 의식에 또렷하게 자리 잡고 있었다.[9]

임오군란 뒤에 조선 정부나 왕실에서도 반청의식이 높아졌다. 두 차
례에 걸쳐 러시아에 접근하려는 이른바 '조로밀약사건' 등이 있었다. 김
옥균과 박영효 등의 급진 개화파가 대청 '독립'을 꾀했던 갑신정변이 일
어나기도 했다. 김윤식·김홍집·어윤중 등의 온건 개화파는 '만국공법'
체제를 인정하면서도 동도서기론의 입장에서 청과 조공관계를 유지하는
것이 조선 독립의 필수조건이라고 생각했다. 급진 개화파도 갑신정변 뒤
인 1885년에 여러 열강이 조선에서 세력 균형을 유지하는 상태가 되자
청에 협조하는 것을 중심축으로 하는 중립화 구상을 다듬게 된다.[10]

갑오농민전쟁을 빌미로 일어난 청일전쟁은 청과 일본이 조선을 자
신의 속국 또는 보호국으로 편입시키려고 일으킨 전쟁이었다. 청은 전
근대 동아시아 사회에서 조선이 자기 나라 속국이었다는 것을 이용해

---

8) 전우용, 「한국 근대의 화교문제」, 고려사학회, 『한국사학보』 제15호, 2003, 397쪽.
9) 김태웅, 「1920·30년대 한국인 대중의 화교 인식과 국내 민족주의 계열 지식인의
   내면세계」, 역사교육연구회, 『역사교육』 제112집, 2009, 96쪽.
10) 조경달 지음, 박맹수 역, 『이단의 민중반란』(역사비평사, 2008), 267쪽.

서 근대 국제법 체제에서도 속국으로 만들려 했다. 청은 조선이 청병
의 파견을 요청했을 때 "상국(上國)의 체면상 속방의 어려움을 보고 있
을 수 없다"고 하면서 응했다. 이에 견주어 일본은 이 기회에 청 세력을
조선에서 몰아내고 조선을 지배하려는 목적으로 조선 속국 문제를 이
용하면서 조선에 침입했다.[11]

2) 청일전쟁 이전 중국관

청일전쟁 이전에는 '중국 중심주의'와 화이관(華夷觀)이 큰 힘을 떨
치고 있었다. 화이관에 뿌리를 두고 있는 척사위정사상은 중국적 세계
질서와 중화를 중심으로 한 동심원의 구조에 포섭되어 있었다. 척사위
정사상가들은 중화질서에 따른 '문명적' 도덕국가를 유지하고 싶어 했
다. 그들은 중국과 조선이 공동운명체라고 생각했다. 또 조선은 중국
의 번국(藩國)으로서 청을 섬겨야 한다는 의식을 드러내기도 했다.[12]
갑오농민전쟁 때 청군에 파병을 요청한 세력의 청국관도 마찬가지다.
민영준처럼 청병 차병에 찬성한 세력의 대청 인식에는 청이 강요한 '속
방' 체제에 순응하는 인식이 그대로 나타나 있다.[13] 그들에게는 중화주
의가 깊게 자리 잡고 있었다. 중화주의는 동사이아세서 최초의 문맹발
생국이었던 '중국'의 한민족(漢民族)이 자국과 자민족의 문화를 최고의
지위와 절대적 기준에 올려놓는 문명국이자 스스로를 주변 국가들과
구분하는 세계관이며 국제질서관이다. 또한 중화주의는 중국 중앙의

11) 정용화,『문명의 정치사상: 유길준과 근대 한국』(문학과지성사, 2004). 226쪽; 구
선희,『한국근대 대청정책사 연구』(혜안, 1999), 219-229쪽.
12) 배항섭,「개항기의 대청의식과 그 변화－민중계의 동향을 중심으로－」, 한국사
상사학회,『한국사상사학』16, 2001, 223쪽.
13) 구선희,『한국근대 대청정책사 연구』(혜안, 1999), 227쪽.

문명을 보편 문명으로 인식하는 세계관이다. 한족 중심의 문화를 문명, 즉 화(華)로 인식하고 주변의 비한족 문화를 야만(夷)으로 인식하는 것이 화이사상이었다.

척사위정파의 중화주의와 화이관은 잘 알려져 있다. 문제는 개화파들의 청국관이다. 개화파는 '문명의 시선'으로 중국을 새롭게 바라보기 시작했다. 그들에게 이제 중국은 천하의 중심이 아니라 하나의 개별 국가에 지나지 않았다. 지리적 요소뿐만 아니라 문화적 요소를 포함하고 있는 것이 중화 곧 중국 문명이었지만, 개화파들에게 중화주의는 이미 의미를 잃어버렸다.

청일전쟁이 일어나기 10년 전에 김옥균을 비롯한 개화파가 일본의 힘을 빌려 '부르주아 개혁'을 이룩하려 했던 갑신정변이 일어났다. 박영효는 갑신정변의 목적을 "정부를 개혁하고 청을 배제하여 독립하려는 것"이라고 했다.[14] 갑신정변 주도세력은 청을 뒤쳐진 나라로 경멸했을 뿐만 아니라, 조선의 주권을 침해하는 가장 나쁜 나라로 여겼다. 1880년대 개화파들의 청국에 대한 인식과 평가는 김옥균과 함께 활약한 윤치호 일기에 잘 드러난다. 윤치호 일기에는 한국의 내정과 외교에 부당하게 간섭하는 청에게 분노하거나 청을 돼지 또는 돼지 꼬리로 멸시하는 내용이 자주 나온다.[15] 윤치호 일기 가운데 대외인식을 엿볼 수 있는 다음 내용도 그 가운데 하나다.

북쪽의 독수리(러시아를 가리킴)가 힘을 길러 곧 기회를 기다려 날개를 떨치려 하고, 서쪽의 사자(영국을 가리킴)가 탐욕을 내어 이미 문으로 들어와 방을 엿보고 있다. 사린(四隣)에게 잠식될 염려가 눈앞에 나타나 있

14) 靑木功一, 「초기 개화파의 정치사상」, 양상현 편, 『한국근대정치사연구』 (사계절, 1985), 211쪽.
15) 박정신 역, 『국역 윤치호 일기2』 (연세대학교 출판부, 2003), 261쪽.

어 팔성(八城, 8도 조선)이 계란을 쌓아 놓은 듯한 위태로움을 말로 다 할
수가 없다. 더욱 돈미(豚尾, 돼지 꼬리, 청국)의 수모를 받음이 날마다 심해
지고 있다. 진실로 사람의 마음을 가진 인사라면 걱정하고 한탄하지 않을
수 없을 것이다.16)

이 일기는 1885년 영국의 거문도 점령사건 뒤의 조선 상황을 설명한
것이다. 윤치호는 청국이 조선을 압박하는 것에 큰 분노를 보이고 있
다. 게다가 윤치호는 청국을 악취가 풍기는 불결한 나라, 뒤떨어진 무
력한 나라, 완고하고 교만한 나라로 여기고 있었다.17) 청에 대한 그의
분노는 조선이 야만의 오랑캐 중국보다는 차라리 다른 '문명'한 나라의
속국이 되는 것이 낫다는 생각으로까지 나아간다.

　이 같은 나라의 정세라면 한 나라의 생존권을 천하에 둘도 없는 만이(蠻
夷)의 손(支那, 청국)에 맡기느니 차라리 모든 국토를 다른 문명한 나라에
맡기어 과중한 세금과 악한 정치하에 있는 백성들을 구하는 것이 더 낫지
않겠는가. 한심스럽고 한심스럽다.18)

윤치호는 '문명'의 잣대를 대어. 중국이 중화가 아닌 '야만의 청국'이
라고 했다. 윤치호는 유학적 교화를 문명으로 설정하고 그를 기준으로
화(華)와 이(夷)를 구분하던 전통적인 문명관이 1880년대에 들어와 완
전히 거꾸로 뒤집히고 있음을 보여주었다.19)
　국내에 문명 개념을 처음 소개했던 유길준은 청국을 어떤 눈으로 바

---

16) 송병기 역,『국역 윤치호 일기1』, 1885년 6월 26일 (연세대학교 출판부, 2001), 264쪽.
17) 유영렬,「윤치호의 문명개화의식과 반청자주의식」, 독립기념관 한국독립운동사
　　연구소,『한국독립운동사연구』제23집, 2004, 44-45쪽.
18) 송병기 역,『국역 윤치호일기1』, 1886년 9월 9일, 373쪽.
19) 1880년대 문명관에 대해서는 노대환,「1880년대 문명 개념의 수용과 문명론의 전
　　개」, 서울대 규장각 한국학연구원,『한국문화』, 제49집, 2010 참고.

라보았는가. 유길준은 이미 1883년에 「세계대세론」에서 중국을 '지나 (支那)'라고 부르기 시작했다.[20] china에서 음역된 '지나'는 처음부터 일본에서 삼인칭 대명사처럼 쓰면서 중국을 폄하하는 뜻을 담고 있었 다.[21] 중국을 지나라고 불렀던 유길준에게 중국은 이미 천하의 중심 이 아니라 그저 하나의 지역일 따름이었다. 그럼에도 유길준은 중국이 4천년 동안 관계를 맺어왔고, 몇 백 년 동안 조공해온 사이라고 여겼 다. 그리고 그는 그때까지 한국이 러시아의 침략을 모면하는 등 주권 을 유지할 수 있었던 것은 바로 중국의 보호 때문이라고 생각했다. 그 만큼 그는 전통적인 한·중 관계를 긍정적으로 인식했다.[22]

김윤식은 "조선은 중국이 없으면 존재할 수 없다"고 여긴 인물이었 다. 김윤식에게 청은 영국, 프랑스, 독일, 러시아 등 여러 구미 강대국 과 부딪치면서도 명맥을 유지하는 동양의 힘의 실체이었다. 적어도 청 국이 청일전쟁에서 패배하고 무술정변을 거치면서 빠르게 반식민지의 길로 들어서기까지는 청의 국력을 무시하는 것은 상상하기 어려웠을 것이다.[23] 따라서 김윤식은 중국과 속방 관계를 청산할 것이 아니라, 오히려 동맹에 견줄 수 있는 특수 관계를 맺어 안보를 확보해야 한다 고 생각했다.[24] 김윤식은 청국을 섬기는 것이 속박이나 통제를 받는

---

20) 정용화, 「근대한국의 동아시아 지역 인식과 지역질서 구상」, 한국국제정치학회, 『국제정치학논총』 46호, 2006, 62쪽.

21) 황동란, 「중국에는 역사가 없는가?─지나사, 동양사에서 중국사에 이르기까지─」, 한림과학원, 『개념과 소통』, 2011, 130쪽.

22) 현광호, 『한국 근대사상가의 동아시아 인식』 (선인, 2009), 106쪽.

23) 김성배, 『유교적 사유와 근대 국제정치의 상상력』 (창비, 2009), 200-201쪽.

24) 김성배, 『유교적 사유와 근대 국제정치의 상상력』 (창비, 2009), 201쪽. 세상에서 김윤식을 '청당'이라고 불렀던 것도 무리는 아니었다. 김윤식은 조선이 청국 우 산 밑에 있으면서 서구 국가와 평등한 관계를 유지해야 한다고 생각했다. 이러 한 생각은 청국에 지나치게 의존한다는 비판을 받을 수 있었다(김석근, 「운양 김 윤식과 유교적 근대화 그리고 역사적 상상력」, 예문동양사상연구회, 『오늘의 동

것이 아니라[25) '형의 나라'인 청이 정치적 야심 없이 조선을 돕는 것이라고 여겼다. 이처럼 윤치호·유길준·김윤식 사이에 중국관에 차이가 생긴 까닭이 무엇일까. 그것은 예전의 '동양적 질서'에서 '세계적 질서' 속으로 편입되어가는 전환기에 중국의 능력과 지도력을 서로 다르게 평가했기 때문이다.[26)

'문명'이라는 용어가 들어오는 것에 때를 맞추어 '중화'라는 말도 뜻이 바뀌기 시작했다. 『한성순보』에서 중화보다는 '중화 사람', '중화 군산', '중화 전선' 등 단순히 중국을 가리키는 용법이 많아졌다.[27)

3) 청일전쟁과 청국 멸시관

청일전쟁 때 조선 민중 사이에 청군이 인기가 없었다는 것은 격렬한 반일사상가인 황현조차 인정했다.[28) 군령이 엄정했던 일본군에 견주어 청군은 '음략(淫掠)'과 '주구(誅求)'를 마음대로 했기 때문에 "공사(公私) 모두 어려움을 겪어 그들을 보기를 원수처럼 했다"고 말할 정도였다.[29) 또 황현은 "평양이 포위되었을 때 문을 열고 왜를 안내한 사람도

양사상』 제21호, 2010, 278쪽).
25) 이상일, 「운양 김윤식(1835-1922)의 정치활동」, 역사실학회, 『역사와 실학』 제17, 18집, 2000, 617-618쪽.
26) 이완재, 『초기 개화사상연구』 (민족문화사, 1989), 167쪽.
27) 이경구, 「화이관과 문명·야만관의 사유 접점과 비판적 성찰」, 한국유교학회, 『유교사상연구』 제35집, 2009, 128쪽.
28) 박맹수, 「매천 황현의 동학농민군과 일본군에 대한 인식」, 한국근현대사학회, 『한국근현대사연구』 제55집, 2010); 한철호, 「『매천야록』에 나타난 황현의 역사인식」, 한국근현대사학회, 『한국근현대사연구』 제55집, 2010.
29) 조경달 지음, 박맹수 옮김, 『이단의 민중반란』, 343쪽. 청일전쟁 때 민중의 고통과 피해는 징발 특히 역부(役夫), 물가폭등과 기근, 방화·약탈·강간·학살, 시체처리와 전염병·성병 등이었다. 자세한 내용은 차경애, 「청일전쟁 당시의 전

있고, 청군이 패하여 도망하여 숨자 성안 사람들이 그들이 숨은 곳을
알려주어 포위망을 벗어날 수 없었다"고 적었다.[30] 이인직이 쓴 「혈의
루」에는 다음과 같은 이야기가 적혀있다.

> 본래 평양성중 사는 사람들이 청인의 작폐에 견디지 못하여 산골로 피
> 난 간 사람이 많더니, 산중에서는 청인 군사를 만나면 호랑이 본 것 같고
> 원수 만난 것 같다. 어찌하여 그렇게 감정이 사나우냐 할 지경이면, 청인의
> 군사가 산에 가서 젊은 부녀를 보면 겁탈하고, 돈이 있으면 뺏어 가고, 제
> 게 쓸데없는 물건이라도 놀부의 심사같이 작란하니, 산에 피란 간 사람은
> 난리를 한층 더 겪는다. 그러므로 산에 피란 갔던 사람이 평양성으로 도로
> 피란 온 사람도 많이 있었더라.[31]

말할 것도 없이 여기에는 이인직의 청국관이 배어 있었다. 박은식은
평양 전투 목격담을 다음과 같이 적었다.

> 청일 양국이 서로 퇴각하지 않아서 위험한데도 청병은 오만하기 짝이
> 없으니 반드시 패배할 것이다. 왜냐하면 처음에 청병이 강을 건너자 우리
> 민이 밥과 된장을 다투어 가지고 와서 먹였으나 곧 도적질과 약탈을 자행
> 하여 민망(民望)을 크게 잃었다.[32]

청일전쟁에서 청군이 패배하자 척사위정파의 화이관도 일부 바뀌었

쟁견문록을 통해서 본 전쟁지역 민중의 삶」, 중국근현대사학회, 『중국근현대사
연구』 제40집, 2008 참고.
[30] 황현, 『매천야록』(국사편찬위원회, 1955), 161쪽; 박걸순, 「매천 황현의 당대사 인
식을 둘러싼 논의」, 한국근현대사학회, 『한국근현대사연구』 제55집, 2010, 78쪽.
[31] 권영민 책임편집, 『이인직 소설선 혈의 루』(문학과지성사, 2007), 13-14쪽.
[32] 박은식, 『한국통사』 1915 가운데 '中日之平壤大戰'(김태웅, 「1920·30년대 한국인
대중의 화교 인식과 국내 민족주의 계열 지식인의 내면세계」, 역사교육연구회,
『역사교육』 제112집, 2009, 97쪽).

다. 최익현의 경우, 예전의 '인수지별'(人獸之別)에서 한걸음 물러나 서양과 일본을 '이적'(夷狄)이라고 썼다. 유인석도 '중변지분(中邊之分)'에 따라 세계를 중국과 외국으로 구분했다. 이들은 서양의 기술문명 가운데 필요한 것은 받아들여야 한다는 생각도 했다.33) 그러나 그들이 화이관의 근본을 바꾼 것은 아니었다.

　'문명의 시선'을 받아들인 개화파에게 청은 문명개화의 걸림돌이며 경멸의 대상이었다. 1896년에 창간한 『독립신문』이 이것을 가장 잘 보여준다. 『독립신문』에 따르면, 청국은 세계에서 가장 천한 나라였고34), 그들의 학문은 "조선인민에게도 유익한 것이 없을 뿐만 아니라 청국 인민에게도 해가되는 것"이었다.35) 『독립신문』은 청일전쟁이 일어난 원인을 "하나님이 조선을 불쌍히 여기시셔 일본과 중국이 싸우게 된 것"으로 해석하고 그 덕에 조선이 청국에서 독립할 수 있다고 보았다.36) 나아가 1894년 청일전쟁과 1895년 시모노세키조약으로 "못된 일을 하던" 청국이 조선에서 물러난 국제 상황에 대해 "조선에 천만번 다행한 일이다"는 논조를 폈다.37)

---

33) 김도형, 「개항 이후 세계관의 변화와 민족문제」, 독립기념관 한국독립운동사연구소, 『한국독립운동사연구』 제15집, 2000, 17-18쪽.

34) 『독립신문』 1896년 9월 12일. 『독립신문』은 청국이 세계에서 가장 천한 나라라는 기사를 자주 썼다. 다음 기사도 그 가운데 하나다. "청국 사람들은 세계의 웃음거리요 아무 나라에 가도 청인이라면 천대가 무수하니 조선 사람이 이 본보기를 곁에다 놓고 보면서도 꿈을 아니 깨고 세계에서 제일 천대받고 세계에서 제일 약한 청국을 본받으려 하니 이런 조선 사람들은 관민 간에 다 원수요 나라를 망하게 하려는 사람들이라.. 이런 사람을 화륜선에 모두 실어 청국에다 갖다 버릴 것 같으면 친구들을 많이 만날 터이고 조선에는 큰 경사라"(『독립신문』 1896년 8월 4일).

35) 『독립신문』 1896년 4월 25일.

36) 『독립신문』 1896년 6월 20일.

37) 『독립신문』 1987년 3월 9일 (김보경, 「청일전쟁전후 국제질서 인식의 변화」, 숙명여대 박사학위논문, 2004, 143쪽).

청국 멸시관은 그저 '문명론'으로만 형성된 것은 아니었다. 청국 멸시관은 '화교'의 경제 침투와 연계되어 있었다.[38] 『독립신문』은 청국인의 경제활동을 비판했다. "돈을 모아서 그 돈 한 푼을 조선 사람에게 쓰지 않고 자신의 나라로 돌아가는 거머리 같은 존재"라고 했다.[39] 또 "조선 사람이 할 일과 장사를 빼앗으며 가뜩이나 더러운 길을 더 더럽게 하며 아편연을 조선 사람들 보는데서 먹는" 청국인을 비판했다.[40]

『독립신문』 이전에 발간했던 『한성순보』·『한성주보』에 실린 기사들은 부강한 나라가 바로 문명의 나라이며 그들의 문명을 배워야 한다는 태도를 보였다.[41] 그러나 서양을 문명으로 보고 동양을 야만 또는 미개화로 보는 문명의 위계화 논리가 아직은 없었다. 다만 서양을 타자로 설정하면서 동양을 재인식하는 '동양론' 또는 '아시아주의'와 같은 시각은 보였지만, 이것으로 서양과 동양을 문명국과 야만국으로 가르는 의식은 없다. 이들에게 아직까지 동양은 문명국이며 동시에 서양도 과학기술이 발달하고 부강한 나라라는 점에서 문명국이다.[42] 그러나 『독립신문』에서는 "청국을 쳐 요동과 만주를 차지해보자"고 주장할 만큼 청국을 야만이자 '식민'의 대상으로 삼는 문명담론이 팽배해졌다.[43] 『독립신문』에서 청나라는 서양이 갖추고 있는 문명의 모습이 없었다. 다만 어리석고 천하고 더러우며 나라 위할 마음이 없으며, 천

38) 백영서, 「대한제국기 한국언론의 중국 인식」, 『역사학보』 153, 1997, 115쪽; 김태웅, 「1920·30년대 한국인 대중의 화교 인식과 국내 민족주의 계열 지식인의 내면세계」, 역사교육연구회, 『역사교육』 제112집, 2009, 97-98쪽.
39) 『독립신문』 1986년 5월 21일.
40) 백영서, 「대한제국기 한국언론의 중국 인식」, 『역사학보』 153, 1997, 115쪽.
41) 길진숙, 「『독립신문』·『매일신문』에 수용된 '문명/야만' 담론의 층위」, 국어국문학회, 『국어국문학』 제136권, 2004, 325쪽.
42) 위의 논문, 326쪽.
43) 『독립신문』 1897년 12월 21일.

대받으면서도 천대 받는지도 모르는 나라였다.[44]

갑오개혁 뒤에『독립신문』과『매일신문』을 중심으로 활발하게 문명론이 일어나면서 문명은 하나의 유행어가 되었다. 문명을 어떻게 이해하는가는 사람에 따라 차이가 있었지만, 대체로 그것은 서양 문물을 받아들이는 것을 뜻했다. 서양문물을 받아들여 부강해 지는 것이 문명이라고 이해하기도 했다. 부강의 효과를 문명으로 설명하기도 했다.[45] 그런 문명론 속에서 청일전쟁에서 패배한 청은 분명히 '야만'의 나라였다. 이러한 인식은 일반인에게도 큰 영향을 미쳤다.

4) 미완의 인식과 이중의 심성

1880년 후반에 이르러 청상 배격 운동이 몇 차례 일어났다. 청 군대가 조선에 출병하자 대청 혐오감으로 발전했다. 청나라 군사 부하들이 말먹이를 많이 거두었기 때문에 노략질하는 것이 습관이 되어, 그들이 성환에서 괴산·충주로 옮겨 들어오면서 지나는 곳마다, 닭이나 개가 남는 것이 없고 심지어 부인들의 찢어진 바지까지 훔쳐갔다가 이내 내버리고 가는 수도 있었다. 청군 가운데 위여귀가 통솔하는 군대의 군기가 가장 떨어져 강간과 약탈 등 온갖 나쁜 짓을 일삼아 악명이 높았다.[46] 청일전쟁 무렵 민중 사이에는 '반일·반청·반서양 의식의 병존구조'가 있었으며, 조선 관민은 청국을 일본과 마찬가지로 침략자·약탈자로 보았다는 지적이 있다.[47] 그러나 갑오농민전쟁 과정에서 민중

---

[44] 『독립신문』 1896년 4월 25일.

[45] 노대환, 「1905-1910년 문명론의 전개와 새로운 문명관 모색」, 한국유교학회,『유교사상연구』제39집, 2010, 349쪽.

[46] 김보경, 「청일전쟁전후 국제질서 인식의 변화」, 숙명여대 박사학위논문, 2004, 123쪽.

이 '척왜'는 외쳤어도 '척화'는 제기하지 않았다는 것에 주목하여 갑오
농민군의 대청관에 문제를 제기하는 연구도 있다. 일본과 청이 현실에
서 똑같이 조선을 괴롭히는 국가였다 하더라도 조선 민중의 처지에서
두 나라가 갖는 의미가 아주 달랐다는 것이다.[48] 이 문제 제기에 따르
면, 전통적인 화이관에 얽매어 있던 민중은 소국인 일본이 대국인 청에
게 이길 수 없을 것이라고 생각했고, 농민군은 일본을 적으로 생각했지
만 인식 수준은 낮았다고 평가한다. 그리하여 또 하나의 '근대'를 지향
했던 갑오농민군은 "자율적인 존재이기는 했지만 스스로 정치주체로
인식할 수 없었고, 여전히 화이사상에 구속되어 국가의식을 강하게 갖
지 못했다고 본다.

농민군의 최고 지도자인 전봉준은 어떠했던가. 전봉준이 전통적인
화이관을 극복했다는 증거를 제시하기 쉽지 않지만, 친청파는 아니었
다는 평가가 있다.[49] 전봉준은 비록 조공체계를 인정하기는 했지만, 강
국에 예속되지 않는 독립국가 건설을 목표로 했다는 주장도 있다.[50]
그러나 전봉준이 청의 침략성을 전혀 의심하지 않고, 연합세력으로만
이해했다는 평가도 있다. "일본의 침략행위에 대한 반발과 반일의식이
커져감에 따라 생긴 반사효과가 크게 작용했지만, 청나라는 대국이라
는 의식에서 비롯된 두려움, 예부터 조선이 조공을 바쳐온 나라라는 친
청사대적 의식도 밑바탕에 깔려있었다"는 주장이다.[51]

---

47) 糟谷憲一, 「日淸戰爭と朝鮮民衆」, 「歷史評論」 532, 1994, 32쪽.
48) 조경달 지음, 박맹수 옮김, 『이단의 민중반란』, 345쪽; 배항섭, 「개항기의 대청의
    식과 그 변화—민중계의 동향을 중심으로」, 248쪽.
49) 이호재, 『한국인의 국제정치관』 (법문사, 1994), 55쪽.
50) 조경달 지음, 박맹수 옮김, 『이단의 민중반란』, 359쪽.
51) 배항섭, 「개항기의 대청의식과 그 변화—민중계의 동향을 중심으로」, 248쪽.

3. 문명 인식과 일본관

1) 반일 정서와 일제의 경제침탈

조선에서 일본에 대한 인식은 오랫동안 곱지 않았다. 주자학의 척이
론(斥異論)과 화이론(華夷論)에 근거를 두고 있던 척사위정론자들도
그러했다. 척사위정의 밑바탕에는 중화(中華)중심의 벽이론(闢夷論)이
자리 잡고 있었다. 일본과 구체적인 접촉을 하지 않았을 때조차 일본
을 멸시하는 '반왜(反倭)'의 정서가 깊었다. 동학 창시자인 최제우는
『용담유사』 가운데 「안심가」에서 '개 같은 왜적놈'이라는 표현을 써서
일본에 대한 적대감을 그대로 드러내었다. 여기에는 임진왜란을 비롯
해서 일본은 늘 조선에게 침략자였다는 사실, 그리고 일본은 조선보다
문화가 뒤떨어졌다는 잠재적 관념이 작용하고 있었다.[52] 최제우의 대
외인식과 일본관은 동학교도에게 큰 영향을 미쳤다. 시간이 지남에 따
라 일본과 직접 마주치는 일이 늘어나면서 일본관은 좀 더 현실적이고
구체적인 모습을 띠게 된다. 1867년에는 "양·미·왜 삼국이 합세하여
우리나라로 쳐들어온다"는 소문이 시골까지 나돌았다. 또 1869년 진주
에서 난을 일으킨 이필제도 양이(洋夷)의 침입뿐 아니라 '왜구' 침략에
대한 경계심을 강조했다.[53]

일본의 경제침탈은 반일 정서에 불을 붙였다. 조선에서 활동하는 일
본 상인은 일확천금을 꿈꾸고 온 사람들이어서 속임수를 많이 써서 신
의를 잃고 있었다. 고리대금업도 하고 있었던 일본 상인들은 빌려준

---

52) 최효식, 「수운 최제우의 득도 과정과 일본인식」, 한국동학학회, 『동학연구』 제17집,
2004, 17쪽.

53) 하우봉, 「동학교조 최제우의 대외인식과 일본관」, 서현호 외 지음, 『한국 근대
지식인의 민족적 자아형성』 (소화, 2004), 185쪽.

돈을 갚지 못하면 친족에게 족징까지 하는 등 조선 사람을 침탈하는 일이 잦았다.[54] 미곡 무역상은 투기적이고 모험적 입도선매와 매점매석 따위로 곡가를 상승시켜 무산층의 반발을 사고 있었다. 일본인들은 사기나 마찬가지의 방법으로 조선인의 명의를 빌려 민중의 토지를 빼앗기도 했다.[55]

경제 침탈만이 문제가 된 것은 아니었다. 일본인에 대한 문화적 거부감과 혐오감도 널리 퍼졌다. 1889년에는 동래에서 일본상인이 '훈도시'만 입고 거리를 다니기 일쑤여서 주민들의 분노를 사기도 했다. 그 밖에도 조선에 온 일본인들은 "오백 년 예의지국에서 처음 보는 해괴한 일"을 하는 등 조선의 유교 규범에 어긋나는 행동을 했다.[56]

유교 사회질서를 지키되 서양기술문명은 받아들여야 한다고 생각했던 민영환은 청일전쟁이 일어나기 직전에 『천일책(天一策)』(1894)을 썼다.[57] 『천일책(千一策)』에서는 일본의 경제 침탈을 다음과 같이 적었다.

조그만 장사나 작은 기술로 여기에 와서 노는 자는 모두 그들의 편리한 것을 타고 우리 틈을 엿보았으니 그 속셈이 있는 바를 대개 알 수 있다. 지금 나라의 정강(政綱)을 보면 어지러워서 백성들의 소동이 사방에서 일어나고 동학은 날로 모여드는데 그들은 이런 상황을 알고 남모르게 뛰고 춤추면서 스스로 그 바라는 바를 얻은 듯이 여기지만 감히 갑자기 침략하지

---

54) 한우근, 『한국개항기의 상업연구』(일조각, 1970), 78-79쪽; 배항섭, 「개항기 (1876-1894) 민중들의 일본에 대한 인식과 대응」, 『역사비평』 29호 (역사비평사, 1994), 227쪽.

55) 조경달 지음, 박맹수 옮김, 『이단의 민중반란』, 341쪽.

56) 배항섭, 「개항기(1876-1894) 민중들의 일본에 대한 인식과 대응」, 227-228쪽.

57) 민영환이 『천일책』을 쓴 시기에 대해서는 1894년 청일전쟁 직전 설, 1896-1897년 설 등이 있다. 자세한 내용은 김도형, 「민영환의 정치 활동과 개혁론」, 외솔회, 『나라사랑』 제102집, 2001, 59-60쪽과 최덕수, 『대한제국과 국제환경』(선인, 2005), 112쪽 참고.

못하는 것은 중국이 돌보고 보호하기 때문이다.[58]

다 알다시피 갑오농민군은 일본을 적으로 여겼다. 1893년 보은집회에서 '척왜양창의'가 구호로 등장했다. 1894년 농민봉기에서도 '척왜양'의 반침략사상은 '보국안민'의 전제이기거나 핵심 요소가 되었다. 일본이 침략자라는 인식이 더욱 깊어져 '축멸왜이(逐滅倭夷)'가 나타나기도 했다.

갑오정국에서 작지만 눈여겨 보아야할 사건이 있다. 갑오의병이다. 갑오의병은 반개화·반침략 의병이었다. 서상철이 일으킨 안동의병(1894. 7-9)은 '갑오변란'에 저항하는 것이 직접적인 '기의'(起義) 원인이다. 이들은 존화양이론을 바탕으로 하고 있다. 이들에게 "대청국은 백년 동안 중화를 지배한 종주국"이었다. 청을 배반하는 것은 의리에 밝지 못한 행위였다.[59] 김원교가 일으킨 상원의병(1895. 7-8)도 이와 비슷했다. 이들도 갑오개혁 반발했으며 봉건관리집단과 일본군을 요적(妖敵)으로 표현했다.[60] 이들은 청국에 호소하여 청국 군사를 끌어들여서라도 나라의 명맥을 유지하려는 유생들의 대청의식을 보여준다.[61]

2) 문명의 후원자, 일본

갑신정변 이전 개화파의 대외인식은 1876년 개항을 앞뒤로 한 때와 1880년 김홍집이 수신사로 일본을 다녀와 조선정부가 적극적인 개화정책을 추진하는 때를 기점으로 변화했다. 1882년 임오군란이 일어나자

---

58) 이민수 역, 민홍기 편, 『민충정공 유고』 (일조각, 2000), 71쪽; 최덕수, 『대한제국과 국제환경』 (선인, 2005), 114쪽.

59) 김상기, 『한말의병연구』 (일조각, 1997), 112쪽.

60) 위의 책, 125쪽.

61) 위의 책, 126쪽.

개화파 내부에 분화가 생겼다. 온건 개화파와 급진 개화파가 그것이다. 급진 개화파는 일본의 문명화를 선망의 눈초리로 바라보았으며, 일본이 조선 문명의 후원자로 나서 줄 것을 믿었다.

이러한 인식을 보여주는 사람 가운데 윤치호를 빠뜨릴 수 없다. 윤치호는 자신의 일기에서 '전반적인 혁명'만이 조선을 치유할 수 있다고 적었다.

> 강력하고 전반적인 혁명이 나라 전체에 큰 도움이 될 것이다. 그러나 외세의 간섭이 이러한 혁명을 방해하거나 이러한 혁명을 조선 반도의 폴란드화 하는 적당한 기회로 삼을 것이다.
>
> 그러나 모든 것을 고려할 때 이러한 폴란드화가 나을 지도 모르고, 또는 나라 전체가 처해있는, 아니 차라리 잠들어 있는 지독한 침체보다 나쁘지 않을지도 모른다. 이런 말을 하는 나는 얼마나 자포자기적인가![62]

조선에서 전반적인 혁명이 일어날 수 없다면 어찌해야 할 것인가. 윤치호는 "나에게 선택권이 있다면 동양의 낙원인 일본에서 살고 싶다"고 할 만큼 '백인 우월주의 미국'보다 '동문동종'의 일본을 더 좋아했다. 그런 윤치호로서는 어차피 외세 간섭으로 '문명화'를 해야 한다면, 일본을 선택했을 것이다.[63]

그러나 김윤식은 윤치호와 생각이 달랐다. 김윤식의 초기 일본관은 상당히 부정적이었고 경계심도 컸다. 그는 일본인을 "부녀와 같아서 멀리하기도 가까이 하기도 어렵다"고 깎아내리면서 믿을 수 없는 대상으로 인식하고 있었다. 특히 김윤식은 메이지 유신을 비판적으로 인식하고 있었다. 김윤식의 기본 논리는 척사위정론과 크게 다르지 않았다.

---

62) 박정신 역, 『국역 윤치호 일기2』, 1889년 12월 9일, 9쪽.
63) 박노자, 『우승열패의 신화』(한겨레출판, 2005), 249-250쪽.

메이지 유신이 중국의 양무운동과 같이 서양의 좋은 것만을 취한 것이
아니라 모든 것을 서양화했기 때문에 그릇되었다고 보았다.

청일전쟁에서 일본이 승리하여 친일 갑오내각이 들어선 것은 윤치
호가 바라는 것이었다. 윤치호는 조선에서 청일전쟁이 일어나리라는
소식을 듣고 "혁신적인 서양문명과 퇴화하는 동양 야만 사이의 충돌 이
상의 전쟁"이라고 규정했다.

> 현재의 전쟁은 갱생하는 서구 문명과 동양의 퇴락하는 야만 사이의 갈등
> 이상의 것이다. 일본의 성공은 한국의 구원과 중국의 개혁을 의미할 것이다.
> 그 반대는 반도의 왕국을 중국의 타락이라는 끝없는 나락으로 빠뜨리게 될
> 것이며, 중국의 천자는 제국이 아무런 개혁을 필요로 하지 않는다는 믿음을
> 확신하게 될 것이다. 모든 동양의 선을 위하여 일본이 승리하기를![64]

일본의 승리는 조선의 구제와 청국의 개혁을 초래할 것이므로 모든
동양의 이익을 위해 일본이 승리해야 한다고 생각할 만큼 윤치호는 열
렬히 '문명화'를 동경했다.[65]

유길준은 어떠한가. 청일전쟁은 조선의 안팎에서 일어나는 변란에
스스로 대처할 능력이 모자라 일본이 조선을 대신해 일으킨 전쟁이었다
고 평가했다.[66] 이런 개화파에게 갑오농민군은 '문명'의 적이었다. 그들
은 동학농민군의 척왜(斥倭)에 대해서 "이제는 일본과 함께 동양의 판국
을 안전하게 하여 나라를 일으켜 세울 기회인데 어찌하여 거짓말을 퍼
뜨려 심지어 의거라는 핑계 아래 감히 난리를 일으키는가"라고 했다.[67]

---

[64] 국사편찬위원회, 『윤치호 일기(3)』(1894년 9월 27일), 1974, 374쪽(김경일, 「문명
론과 인종주의, 아시아 연대론－유길준과 윤치호의 비교를 중심으로－」, 한국사
회학회, 『사회와 역사』 제78집, 2008, 147쪽에서 재인용).

[65] 유영렬, 『개화기의 윤치호 연구』(한길사, 1995), 91쪽.

[66] 이기용, 『한일 근대사상사연구』(국학자료원, 2007), 152쪽.

청국을 야만의 나라로 몰아붙였던『독립신문』은 일본을 좋은 나라로 보았다. 그들에게 일본이란 서구 문물을 받아들여 근대화를 이룬 바람직한 모델이었다.『독립신문』이 일본을 '개화'의 모범국가로 소개하고 있는 기사를 이곳저곳에서 쉽게 찾을 수 있다. '문명론자'들의 눈에는 아직 청일전쟁의 국제적 성격이나 그 전쟁이 조선에 미칠 파장이 들어오지 않았다. 비록『독립신문』에 일본을 경계하는 글이 있었지만 그것은 어디까지나 문명론의 그늘에 가려져 있었다. '문명' 속에 제국주의적 침략의 논리가 숨어있다는 것을 알려면 더 시간이 흘러야했다.

4. 미국과 러시아, 호감과 공포 사이

1) 양이(洋夷)와 '연미(聯美)'

대원군집권기(1864-1873)에는 '양요'를 겪으면서 척사위정론이 크게 힘을 얻었다. 그들은 화이론에 따라 미국을 보았다. 척사위정론자들은 미국은 건국의 역사가 짧고 문화는 미개하며 예의를 모르는 견양(犬羊), 금수(禽獸)이기 때문에 미국과 교류하면 사학(邪學)이 널리 퍼져 국가와 국민은 멸망하고 말 것이라고 주장했다. 이러한 인식은 집권세력이나 민중에게 널리 퍼져 있었다. 그러나 아주 드문 일이지만 미국을 좋은 눈으로 바라본 일도 있었다. 중국에서 들여온 『해국도지』(1844년 초간)와 『영환지략』(1850년 초간)에서 영향을 받은 것이다. 박규수는 미국을 "지구 여러 나라 가운데 가장 공평하여 분쟁을 잘 조정할 뿐만

---

67)『高宗實錄』고종 31년 11월 4일 (홍동현, 「1894년 동학농민전쟁에 대한 문명론적 인식의 형성과 성격」, 역사문제연구소, 『역사문제연구』제26호, 2011, 155쪽).

아니라 부가 6대주에서 으뜸이어서 영토 확장의 욕심이 없는 나라"로 여겼다.[68] 그러나 이러한 미국에 대한 호감은 화이론에 묻혀 공론화하기 힘들었다.

고종 친정체제 초기의 대미인식에 영향을 미친 책은 『조선책략』이었다. 1880년 제2차 수신사 김홍집은 주일청국공사관 참찬관(參贊官) 황준헌에게서 『조선책략』을 받아왔다. 『조선책략』은 조선정부가 대미수교와 개화정책에 적극 나서는 계기를 만들었다.[69] 『조선책략』의 첫머리는 "지구에서 더할 나위 없이 큰 나라가 있으니, 이르기를 아라사(俄羅斯)라 한다"는 말로 시작했다. 이어서 영토에 야심이 많은 러시아가 동방에 눈길을 돌려 아시아의 요충인 조선을 침략할 것이라고 적었다. 조선이 러시아를 막아내려면 '친(親)중국, 결(結)일본 연(聯)미국'해야 한다는 것이 『조선책략』이 내린 결론이었다.

왜 연(聯)미국 해야 하는가. 『조선책략』에 따르면, 영국의 학정에 맞서 국가를 건설한 미국은 늘 아시아를 친근하게 대하고 유럽을 멀리하는 나라였다.[70] 미국은 약소국을 돕는 공평한 나라며 동양 평화를 바라기 때문에 조선이 미국을 우방으로 삼으면 도움을 받을 수 있다는 것이 『조선책략』이 내린 결론이었다.

척사위정론자들은 『조선책략』의 논리에 격렬하게 반대했다. 척사상소가 잇달았다. 이른바 '신사척사운동(辛巳斥邪運動)'이다. 1881년 2월

[68] 송병기, 「쇄국기의 대미인식」, 『한국인의 대미인식』 (민음사, 1994), 37쪽.

[69] 『조선책략』은 청국이 1870년대 중반부터 여러 경로를 통해 조선에 전했던 정보를 좀 더 구체화하고 체계화한데 지나지 않았다. "『조선책략』이 조선정부의 대외인식의 틀을 근본적으로 바꾸어 놓았던 것이 아니라, 고종을 중심으로 한 개화세력이 대미수교와 개화정책을 추진을 정당화하는 명분으로 『조선책략』을 이용했다"는 평가가 있다(이헌주, 「제2차 수신사의 활동과 『조선책략』의 도입」, 고려사학회, 『한국사학보』 25, 2006, 309쪽).

[70] 위의 논문, 209쪽.

이만손이 유생들의 서명을 받아 조정에 제출했던 '영남만인소'가 첫 시
작을 알렸다. 그들은 "미국이 우리의 허점을 엿보고, 우리의 빈약함을
업신여겨서, 들어주기 어려운 청을 강요할 것"이라는 논리를 폈다. 그
들은 '서양 오랑캐의 기독교 사교'는 예의와 염치는 말할 것도 없고 윤
리와 도리마저 모두 쓸어 없애버리는 가르침이라고 보았다. 따라서 그
것을 받아들인 서양인이나 일본인들은 "하나의 짐승일 뿐이고 개나 양
일 뿐"이라고 주장했다.[71]

그러나 '연미론(聯美論)'을 주장하는 사람도 생겨났다. 김홍집을 따라
2차수신사에 합류했던 강위가 그러했다. 강위는 다음과 같이 주장했다.

> 제가 지금 또한 연미를 먼저 하자(聯美爲先)고 하는 것은 왜일까요. 미국
> 은 만국 가운데 가장 화평한 마음을 품고 있어서 다른 사람의 토지와 인민
> 을 탐하지 않고 오직 공의(公議)를 펴기 때문에 여러 나라들이 믿고 따르는
> 바입니다. 만약 미국의 도움을 얻는다면 만국이 좇아서 화합할 것이고, 아
> 라사는 반드시 능히 그 바라는 바를 마음대로 할 수 없을 것입니다.[72]

마침내 1882년 조선 정부는 미국과 수호통상조약을 맺었다. 고종과
김홍집 · 어윤중 · 김윤식 등 이른바 온건 개화파 인사들이 앞장섰다.
미국 세력을 끌어들여 러 · 일을 견제하고 조선에 대한 종주권을 강화
하려는 중국의 조선정책이 작용하기도 했지만, 미국에 대한 호의적인
인식이 중요한 발판이 되었다.[73]

미국에 호감을 갖는 사람들이 늘어났다. 김윤식 말에 따르면, 1883년

---

71) 류대영,『개화기 조선과 미국 선교사』(한국 기독교역사연구소, 2004), 151쪽.

72) 이헌주,「1980년대 초반 강위의 연미자강론」, 한국근현대사학회,『한국근현대사
연구』제39집, 2006, 20쪽.

73) 장규식,「개항후 미국 使行과 서구 수용의 추이」,『중앙사론』제24집, 2006, 64쪽.

조선보빙사로 미국을 갔던 홍영식은 "서양의 제도를 흠모하고 청을 오
랑캐 보듯이 하며, 공자와 맹자의 도를 배척하고 물리침에 거리낌이 없
어서 '이류(異類)'가 되었다."[74]

『한성순보』(1883-1884)는『조선책략』의 취지와 일맥상통하는 미국관
계 기사를 많이 실었다. 『한성순보』는 미국을 '인의의 나라', '부유한 나
라', '잠재적인 군사 대국', '신의의 나라', '형제의 나라'라는 이미지를 전
파했다.[75]

보빙사에 이어 1887년 박정양이 초대 주미전권공사로 파견되었다.
그는 1888년에 집필한『미속습유(美俗拾遺)』에서 미국이 영토가 드넓
어 다른 나라를 땅을 획득하는 데는 관심이 없다고 설명했다. 그는 미
국이 조선을 둘러싼 외세를 견제하고 조선의 자강과 자주를 지지해 줄
수 있는 나라로 생각했다.[76]

박정양의 호의적이고 긍정적인 미국관은 고종을 비롯한 조선 위정
자들이 대미인식에 큰 영향을 주었다. 박정양 등 친미 개화관료들은
이러한 미국관을 염두에 두고 갑오경장·아관파천·독립협회운동 동
안에 개혁을 추진했다.

그러나 맨 처음 미국에 유학했던 유길준은『조선책략』이 제시했던
미국관과 생각을 달리했다. 서구 제국을 문명의 나라로 본 유길준이었
지만, 「중립론」[77]에서 미국을 다음과 같이 적었다.[78]

---

74) 『續陰晴史(下)』, 附錄 『追補陰晴史』, 565쪽.

75) 류영익, 「개화기의 대미인식」, 류영익 외, 『한국인의 대미인식』(민음사, 1994),
66-69쪽.

76) 한철호, 『친미개화파연구』(국학자료원, 1998), 265쪽.

77) 유길준의 중립론은 첫째, 스위스와 같은 통상적인 모형의 중립안이 아닌 친(親)
중국의 중립론이었다. 둘째, 조선 중립화의 주목적이 조선의 중립 그 자체보다
는 러시아의 침략을 저지하는데 있었다. 셋째, 조선을 중립국으로 만들면 중국
이 조선을 보존하는 데 드는 병력과 비용을 줄일 수 있고 러시아와 일본의 망동

혹 말하기를 미국은 우리나라와 우의가 두터워서 원조를 기대할 만하다 하지만 그렇지 않다. 미국은 대양을 사이에 두고 멀리 있어서 우리나라와 별로 깊은 관계에 있지 않으며, 더구나 먼로주의 이후에는 유럽이나 아시아의 일에 간섭할 수 없게 되어 혹 우리나라가 위급해지더라도 그들이 말로는 도움을 줄 수 있을지언정 병력을 써서 구원해 줄 수는 없다. 천마디 말이 탄환 하나와 같지 못하며, 그러므로 미국은 통상(通商)의 상대로 친할 수 있을 뿐 군사적인 우방으로 기대할 바가 못 된다.

척사위정파에서도 유길준과 같은 생각을 했다. 허원식은 다음과 같은 상소를 올렸다.

먼 나라가 위급하다고 해도 향촌에서 문을 닫고 있어, 반드시 5 · 6만 리 밖에 군사를 일으켜 망령되이 나아가지 않을 것이다. 또 하물며 구하고자 해도 통보 왕래 때 비용이 많이 들고, 날과 달이 지나 승패가 이미 결정되어 어찌 파병 효과가 있겠는가.[79]

『독립신문』이 미국을 아주 좋은 나라로 묘사했다는 것은 잘 알려진 사실이다.[80] 『독립신문』은 미국이 땅이 넓고 기후가 좋아 농사가 잘되고 다른 나라와 장사해서 세계에서 가장 부자 나라며,[81] 의리 있는 나라이고,[82] 전쟁을 일으키지 않는 나라라고 소개했다.[83] 이전의 대미인식

에 대비할 수 있다는 것이다. 여기에는 중국 당국자를 설득하기 위한 고도의 전략이 담겨있었다는 평가가 있다(정용화, 『문명의 정치사상: 유길준과 근대 한국』, 182-183쪽).

78) 강만길, 「유길준의 중립론」, 『창작과비평』 30호 (창비, 1973), 134쪽.

79) 『일성록』, 고종 17년 12월 17일조(이수룡, 「갑오개혁 이전 개화론자의 대외인식」, 역사학연구소, 『역사연구』 제12호, 2003, 165쪽).

80) 자세한 내용은 류영익, 「개화기의 대미인식」 참조.

81) 『독립신문』 1897년 6월 1일.

82) 『독립신문』 1897년 10월 16일.

83) 『독립신문』 1899년 2월 27일.

과 크게 다르지 않았다. 또 『독립신문』은 미국이 풍요로운 나라이고 독립정신이 뛰어난 나라라고 설명했다. 그 결과 박기림이 지은 애국가에 "아메리카 후한 풍속"을 본받자는 내용의 가사가 들어가기도 했다.[84]

그러나 1890년대 유교와 동학계의 인사들은 미국계 개신교와 선교사들의 활동을 부정적으로 바라보고 있었다.[85] 그들은 기독교가 '무군(無君)·무부(無父)'의 패륜적 윤리를 전파할 뿐만 아니라, 언행이 일치하지 않는 불성실한 인간들의 종교이며, 성도덕이 문란한 종교라고 여기고 있었다. 또한 그들은 선교사와 그 추종자들이 '거지'같이 가난한 무리로서 물욕이 강한 탐욕적 인간이라고 인식하고 있었다.[86]

2) 위험한 나라, 러시아

1860년 중국이 연해주를 러시아에게 넘겼다. 조선은 러시아와 국경을 마주하게 되었다. 그 뒤 두 나라 사이에 비공식 관계를 맺어오다가 1884년에 러시아와 조선이 수호통상조약을 맺었다. 조선에서는 러시아를 어떻게 인식했을까. 1860년 이전에는 화이관에 따라 '몽고의 별종'이거나 '흉악하고 사나운 나라', '비록 크게 힘이 세더라도 짐승과 다름없는 나라'로 여기고 있었다.[87] 이러한 러시아 '이적관(夷狄觀)'은 러시아와 접촉하는 일이 많아지면서 차츰 나아졌다. 그럼에도 천주교도들의

---

84) 한철호, 『친미개화파연구』(국학자료원, 1998), 205쪽.

85) 기독교 전파와 미국 선교사 진출에 대해서는 류대영, 『개화기 조선과 미국 선교사』(한국 기독교역사연구소, 2004), 158-198쪽 참고.

86) 류대영, 『개화기 조선과 미국 선교사』(한국 기독교역사연구소, 2004), 122쪽.

87) 허동현, 「1880년대 한국인들의 러시아 인식 양태-공로증(Russophobia) 감염에서 引俄策의 수립까지-」, 국학자료원, 『한국민족운동사연구』 32, 2002, 28-29쪽; 배항섭, 「한로 수교(1884) 전후 조선인의 러시아관」, 역사학회, 『역사학보』 194집, 2007, 131쪽.

러시아 경계론과 『조선책략』에 나타난 러시아 인식은 조선인의 '공로 (恐露)의식' 형성에 적지 않은 영향을 미쳤다. 『조선책략』은 러시아 땅이 척박하여 침략적 속성을 가질 수 밖에 없다는 환경결정론적 대외인식을 가지고 있었다.[88] 영남 유생 이만손 같은 척사위정파들은 러시아가 비록 오랑캐이기는 하지만 조선을 침략할 뜻이 없다고 보기도 했지만,[89] 『한성순보』나 『한성주보』는 '공로증'을 널리 퍼뜨렸다.[90] 그러나 갑신정변 뒤에 청국의 간섭정책이 심해지자 고종과 그 주변세력은 청국을 견제하려고 러시아를 이용하려 했다.

개화파들의 러시아 인식은 어떠했던가. 윤치호는 "조선이 앞으로 중국에 속박될 가능성이 높다"고 보면서 이것이 가장 최악이고 그 다음이 러시아의 지배를 받는 것이었다.[91] 유길준은 1883년에 쓴 「언사소(言辭疏)」에서 "러시아는 사납기가 호랑이나 이리와 같아서 호시탐탐 기회를 엿보고 있지만," 구실을 찾지 못하고 공법을 두려워해서 침략하지 않는 것이라고 적었다.[92]

> 러시아는 거칠고 추운 땅에 위치하고 있으면서 백만 명의 병사로 영토를 확장하기에 여념이 없다. 중동아시아 지역의 작은 나라들을 꾀어서 혹은 보호국으로 만들기도 하고 혹은 그 독립권을 인정하기도 했지만, 그 조약문이 마르기도 전에 그 땅을 병합하려 하고, 큰 나라가 작은 나라를 삼키

---

88) 정낙근, 「개화지식인의 대외관의 이론적 기초」, 한국정치학회, 『한국정치학회보』 제27집 1호, 1993, 360쪽.

89) 『(국역) 고종실록』 1881년 2월 26일.

90) 허동현, 「1880년대 한국인들의 러시아 인식 양태-공로증(Russophobia) 감염에서 引俄策의 수립까지-」 『한국민족운동사연구』 32, 국학자료원, 2002, 38-40쪽; 배항섭, 「한로 수교(1884) 전후 조선인의 러시아관」, 145-146쪽.

91) 박정신 역, 『윤치호일기2』, 1890년 5월 18일, 34-35쪽.

92) 정용화, 『문명의 정치사상: 유길준과 근대 한국』, 179-180쪽.

려고 안달하는 세상인데 러시아는 특히나 무도(無道)한 나라이기 때문에 천하가 탐욕스럽고 포악한 나라로 지목하고 있다.[93]

유길준이 러시아의 침략으로부터 한국의 주권을 지키려고 제시한 방안은 한국을 영세중립국으로 만드는 것이었다. 유길준은 자신이 유학했던 일본과 미국의 러시아관에서 영향을 받은 것이었으며, 아시아 여러 나라가 세력균형을 이루어 조선의 안전을 이루려는 뜻이 담겨 있었다.[94] 그러나 '러시아 위협론'은 한국 왕실의 '러시아 제휴론'과는 어긋나는 것이었다.[95]

김윤식은 러시아에 대한 경계심을 한 번도 늦추지 않았다. 그의 러시아 인식의 밑바탕에는 『조선책략』이 있었다. 그에게 러시아는 조선과 영토를 마주하고 있어서 언제라도 실력을 행사할 수 있기 때문에 위협적인 존재였다.[96]

민영환도 러시아가 조선의 독립과 안전을 위협하는 가장 위험한 나라라고 여겼다. 첫째, 러시아는 지구에서 가장 강한 육상병력을 가지고 있고, 둘째, 예부터 침략성이 강해서 오늘날의 진(秦)나라이고, 셋째, 동방진출을 위해 요충지대인 한반도에 비수를 겨누고 있기 때문이라는 것이다. 민영환이 청일전쟁 직전에 품었던 러시아 경계론은 그가 1896년 특명전권공사로 러시아 황제 대관식에 참석 한 뒤 쓴 『해천추범(海千秋帆)』에 더 구체적으로 나타나있다. 그는 미국인은 하지 않는

---

93) 「중립론」, 『유길준전서 Ⅳ-정치경제편』, 321쪽; 강만길, 「유길준의 중립론」, 『창작과비평』 30호 (창비, 1973), 133쪽.

94) 강만길, 「유길준의 중립론」, 133쪽.

95) 현광호, 『한국근대사상가의 동아시아인식』 (선인, 2009), 111쪽.

96) 김성배, 『유교적 사유와 근대 국제정치의 상상력-구한말 김윤식의 유교적 근대수용-』 (창비, 2009), 212쪽.

말이 없고 영국인은 먹지 않는 음식이 없고 이탈리아 사람은 부르지 않는 노래가 없고 러시아인은 탐하지 않는 것이 없다는 말이 사실이라고 적었다.[97]

『한성주보』는 "오늘날의 걱정은 프랑스나 일본에 있는 것이 아니라 러시아에 있다. …… 가장 급선무로 대비해야 하고 가장 지체할 수 없는 것은 오늘날의 러시아다"라고 하면서 러시아에 대한 경계심을 한껏 높였다. 이들에게 러시아는 가상적국이었다.[98]

청일전쟁이 일어날 무렵의 조선 지식인의 러시아 인식은 어떠했는가.[99] 먼저 민영환이 쓴 『천일책』(1894)을 주목해야 한다. 『천일책』은 조선의 정세를 위협하는 세력으로 러시아와 일본을 꼽았다. 『천일책』은 러시아를 다음과 같이 설명했다.

　　그 나라의 풍속은 독수리처럼 치는 것을 숭상하여 독수리를 그린 것을 깃발로 삼았다. 바야흐로 지금 함대를 해삼위(海蔘威)에 주둔 시키고 철도를 흑룡강까지 준공한 것은 왼쪽 날개가 이미 완성된 것이요, 만약 시베리아 철도까지 겸하여 완성한다면 그 오른쪽 날개도 동시에 이루게 되는 것이다. 그렇게 되면 동아시아 각국의 요충지를 모두 압박하게 될 것이니, 동아시아의 여러 나라는 그들의 입부리 밑에 있는 것이 아니겠는가?[100]

집권 세력 일부가 자신의 권력을 유지하려고 세력 균형 차원에서 러시아에 접근했다. 그러나 전반적으로 보면 러시아에 대한 지식인의 인

---

97) 이호재, 『한국인의 국제정치관』(법문사, 1994), 22-23쪽.

98) 이수룡, 「갑오개혁 이전 개화론자의 대외인식」, 157쪽.

99) 청일전쟁기 조선 정부의 러시아 인식과 러시아 태도에 대해서는 배항섭, 「한로수교(1884) 전후 조선인의 러시아관」, 150-153쪽 참고.

100) 이민수 역, 민홍기 편, 『민충정공 유고』(일조각, 2000), 70쪽; 최덕수, 『대한제국과 국제환경』(선인, 2005), 112쪽.

식은 아주 부정적이었고, 객관적이지 못했다.

청일전쟁과 삼국간섭 그리고 을미사변과 아관파천으로 이어지는 일련의 사건들은 러시아 인식에 중요한 영향을 미쳤다. 특히 삼국간섭과 1896년 2월 아관파천 뒤에 국왕을 비롯한 개화파 인사들 사이에 러시아에 대한 호감이 생겼고, 러시아를 통해 조선을 근대화할 수 있다는 생각도 생기기 시작했다. 이전의 공로의식에 견주면 큰 차이였다.[101] 그러나 『독립신문』의 경우, 러시아에 우호적인 시기(1896년 2월-1897년 4월)는 곧 막을 내렸다.[102] 그 뒤 러시아에 대한 맹렬한 반대운동이 일어났다. 다음 글은 보기 가운데 하나이다.

> 지금 영국이나 일본은 우리를 사랑하여 보호하려는 인정은 없으나 토지와 인민을 욕심내어 삼키려 하지는 않거니와 아라사는 시비를 불계하고 저의 위력만 믿어 우리를 압제하고 인정 없이 마구 뺏으려 하니 세계 인종 중에 비유하면 곧 시랑(豺狼)이라 우리나라에서 시랑을 청하여다가 두고 군사자루와 재물 권리를 주었으니 어찌 겁내고 싫은 마음이 없으리오. 아라사 사람의 심법을 대강 말씀하리니 자세히들 들이시오. 아라사 나라가 본래 지구 북방을 차지하여 기후가 심히 차고 토지가 또한 척박한 중에 풍속이 완악하고 인심이 패려하기로 백년 이전까지도 만이(蠻夷)를 면치 못하고 몽고에 부속 되어 서러움을 받더니 …… 구라파 각국의 부강한 법을 본 받아 …… 수군과 육군을 가르쳐 각국 토지를 뺏어 폭원을 넓히게 하라 하였더니 …… 지금 또 동양을 삼키고자 하여 해삼위에 포대를 두고 시베리아 철도를 놓아 오는 후년이면 필역이 될지라.[103]

---

101) 배항섭, 「아관파천 시기(1896-1898) 조선인의 러시아 인식」, 339쪽.
102) 주진오, 「독립협회의 대외인식의 구조와 전개」, 『학림』 8호, 1986, 90-92쪽.
103) 『독립신문』 1988년 3월 31일.

5. 맺음말

이 글은 갑오정국을 앞뒤로 한 때 척사위정파 · 개화파 · 동학농민군의 대외인식을 견주어 보면서 지성계의 지형과 사상의 맥락을 짚어보려 했다. 문명관을 일정하게 공유하고 있던 개화파 안에서 조차 대외인식에 미묘한 차이가 드러났다. 특히 중국관이 그러하다. 동양적 질서에서 세계 질서 속으로 편입되어가는 전환기에 중국의 능력과 지도력에 대한 평가의 차이에서 비롯되었다.[104] 그러나 서로 다른 사상을 가졌다 하더라도 특정한 나라에 대한 인식에는 공통점이 있기도 했다. "미국이 실제로 우리를 도와줄 수 없다"는 측면에서는 개화파의 윤치호와 척사위정사상가가 뜻을 같이하기도 했다. 심지어 김윤식과 위정척사파가 일본을 보는 관점에서 비슷한 점도 있었다.

갑오정국에서 지식인은 격변하는 국제정세에 따라 사상의 혼동을 겪었지만, 다원적 세계관을 형성하는 계기를 마련했다. 특히 청일전쟁 뒤에 러시아를 눈여겨보는 사람이 늘어났다. 그러나 갑오정국을 앞뒤로 한 때에 문명관의 대립이 더욱 날카로워졌다. 척사위정의 문명관과 개화파 문명관 대립이 그것이다. 척사위정파에게는 서구와 일본이 야만이고 개화파는 그 반대였다. 갑오농민군운동은 척사위정파와 개화파 모두에게 '반문명'이었다. '아래로부터의 길'과 '위로부터의 길'이 합류하지 못하고 서로 어긋났다.

청일전쟁은 조선의 사상계에 큰 영향을 끼쳤다. 청일전쟁에서 승리한 일본을 문명의 모델로 여기는 추세가 더욱 드세어졌다. 1894년 청일전쟁에서 중국이 패배하면서 우등한 백인과 열등한 흑인의 비유는 동아시아 내부에 투영되어 우등한 일본과 열등한 청국이라는 구분을 만

---

104) 이완재, 『초기 개화사상연구』(민족문화사, 1989), 167쪽.

들었다. 나아가 러일전쟁을 겪으며 인종주의가 확산된다. 청일전쟁은 문명 대 야만의 전쟁이며, 러일전쟁은 황인종과 백인종의 인종전쟁이라는 생각이 널리 펴졌다.[105] 일본이 한반도와 만주를 둘러싸고 러시아와 본격적으로 대립하면서 발견해낸 이데올로기가 바로 인종주의다. 동아시아에서 근대국제질서를 주도한 일본은 인종주의를 이용하여 청일전쟁 뒤에 발생한 동아시아 내부의 균열과 상처를 봉합하려고 했다.[106] 그러나 청일전쟁 뒤에 '문명화의 덫'[107]에 걸린 지식인들은 제국주의 침략의 논리를 제대로 인식하지 못했다.

갑오정국 때 지식인들은 청일전쟁의 성격에 대한 구체적인 분석을 하지 못했다. 청일전쟁의 의미도 제대로 파악하지 못했다. 그들의 국제정세 인식은 관성에 따라 기존의 인식 틀을 그대로 지키는 일이 많았다. 그만큼 지식인들은 변동하는 국제 질서를 탄력적이고 주체적으로 분석할 능력이 없었다. 여기에는 정보 수용 능력이 부족한 탓도 컸다. 정보원이 일본과 중국에 치우쳤다. 서양신문에서 정보원을 찾더라도 그것은 어디까지나 간접인용이었다.[108] 1876년 무렵부터 일본과 청

---

[105] 러일전쟁을 인종전쟁이라고 보는 것에 반대하는 흐름도 무시할 수 없다. 『대한매일신보』는 러시아와 일본이 한국과 만주를 놓고 싸운다고 보았다. 중국에서도 러일전쟁이란 러시아와 일본이 자기 나라의 이익을 실현하려고 싸우는 것이라고 본 지식인들이 있었다. 일본의 고토쿠 슈스이(幸德秋水)나 레닌 등은 "러일전쟁이란 자본가들이 자신의 이익을 지키려고 싸우는 것"이라고 보았다. 자세한 내용은 최규진, 「러일전쟁 전후 한국인의 러시아 이미지 형성 경로와 러시아 인식」, 경상대학교 사회과학연구원, 『마르크스주의연구』 19호, 한울, 232-233쪽 참고.

[106] 정용화, 「근대한국의 동아시아 지역 인식과 지역질서 구상」, 61쪽.

[107] 정용화, 『문명의 정치사상: 유길준과 근대 한국』, 395쪽.

[108] 정진석, 「한성순보·주보에 관한 연구」, 『신문연구』 통권 36호, 109쪽; 이수룡, 「갑오개혁 이전 개화론자의 대외인식」, 역사학연구소, 『역사연구』 제12호, 2003, 157쪽.

으로부터 러시아 위협론이 전달되었다.[109] 언론은 적어도 가까운 중국
에 대해서는 꽤 정확한 보도를 할 수 있었다. 그러나 러시아 정보는 아
무래도 중국이나 일본을 통해서 한번 걸러낸 내용을 전할 수밖에 없었
다.『독립신문』은 영국과 일본이 치우친 정보망에 갇혀있었다. 영국과
일본은 그동안 잠복해있던 공러의식에 불을 붙였다.[110] 뉴스원의 한계
를『대한매일신보』는 다음과 같이 말한다.

> 극동에서 각 신문지를 보면 많이 러시아를 비방하고 있다. 그 까닭은 일
> 본정부에서 러시아를 반대하는 전보를 많이 받아서 각 신문에 내기 때문
> 이다. 러시아는 그렇게 하고 있지 않다. 그렇게 하는 것이 긴요치 아니하
> 고 점잖지 못한 것으로 생각하고 있다. 그러므로 무슨 사건이 일어나면 늘
> 우리는 일본 편으로만 소문을 듣는다.[111]

이 논문에서는 척사위정파와 개화파의 세계관의 공통점인 '중심주
의', 다시 말하면 중화주의와 서구중심주의 문제를 다루지 못했다. 또
갑오농민군의 세계관을 근본적으로 추적하지도 못했다. 갑오농민군의
세계관은 화이론을 벗어난 것일까. 아직 숙제로 남아있다.[112] 이 숙제

---

109) 배항섭,「한로 수교(1884) 전후 조선인의 러시아관」, 역사학회,『역사학보』194집,
   2007, 139쪽.
110) 배항섭,「아관파천 시기(1896-1898) 조선인의 러시아 인식」, 366쪽. 그 밖에도
   『독립신문』의 대외인식은 첫째, 선교사들이 제공하는 세계정세에 대한 정보를
   그대로 따랐으며, 둘째, 사회진화론에 뿌리 두었고, 셋째 위로부터의 변혁을 지
   향하는 데 따른 한계가 있었다(주진오,「독립협회의 대외인식의 구조와 전개」,
   88-89쪽).
111)『대한매일신보』1905년 1월 21일. 아관파천 시기에는 일본과 영국으로부터 과장
   된 정보가 흘러들어왔으며『독립신문』에서는 이러한 정보들을 그대로 실어 러
   시아에 대한 반감을 드러내었다. 그렇지만 일본의 침략 가능성에 대해서는 전
   혀 다루지 않았다. 영국은 조선독립을 지켜주는 나라로 설명했다(배항섭,「아관
   파천 시기(1896-1898) 조선인의 러시아 인식」, 고려사학회,『한국사학보』제33호,
   2008, 366쪽).

는 "갑오농민군이 실현하려 했던 새 세상과 '근대'는 어떤 관계가 있을까" 하는 질문과 맞닿아 있다.

---

112) 동학의 반외세의식은 화이적 세계관의 울타리를 벗어나지 못했고 동학은 화이적 세계관의 테두리에서 초보적이거나 환상적인 반봉건 반외세 수준을 보여주는데 그쳤다는 주장도 있다(우윤, 「동학사상의 정치·사회적 성격」, 한국역사연구회 편, 『1894년 농민전쟁연구 3』(역사비평사, 1993), 288쪽].

근대 중국의 민족주의 사조와 아시아 구상의 관계

펑춘링

　자재적(自在的) 민족 실체로서의 중화민족이 수천 년의 역사과정 속에서 형성되었다고 한다면, 자각적(自覺的) 민족 실체로서의 그것은 약 170여 년 전 이래로 중국과 이를 침략한 열강의 대항 속에서 출현하였다. 근대 '중화민족'의 관념과 의식의 형성, 그리고 그것이 강화된 과정 속에서, 민족주의 관념의 소유자들이나 주도자들은 중국과 아시아, 특히 중국과 동아시아 제국(諸國)과의 관계를 어떻게 설정할 것인가에 대해서도 깊은 고민을 해야만 했다.

　본고는 중국 근대의 가장 중요한 민족주의 사상가인 장빙린(章炳麟, 호는 太炎, 1869-1936)과 그가 주편(主編)한 잡지인 『민보(民報)』에 보이는 여론, 나아가 중국공산당의 주요 창시자인 리다자오(李大釗, 1889-1927) 등을 중심으로 중국과 아시아의 관계에 대하여 간략히 검토해 보고자 한다. 그 주요 내용은 근대 중국의 민족주의 사조가 잉태되는 과정에서 나타나는 동아시아의 문제와 대외관계에 대한 기본적인 논리를 관념적으로 명확히 밝히는데 있다. 여기에서 근원을 밝힌다는 측면에서 본다면, 백여 년 전 '중국의 꿈(中國夢)'[1]은 아시아, 특히 동아 시아 이웃 국가와의 관계를 구축하려는 이념을 보여 주고 있다. 또한 역사를 거울로 삼는다는 측면에서 본다면, 당시 추진된 '중국의 꿈'은 역사적 교훈과 계시를 제공해 준다.

19세기 중엽 서방 세력이 동아시아를 침략하자 일본과 중국에서는 아시아주의 사상이 일어났다. 일본의 초기 아시아주의는 동아시아의 한자권 국가는 동일한 문화와 동일한 종족혈통의 운명공동체이기 때 문에 마땅히 평등한 합작의 기초 아래서 단결하여 외부로부터 침입한 서방 세력에 대항해야 한다고 강조하였다.[2] 예를 들어 일본의 계몽사 상가 나카무라 마사나오(中村正直, 1832-1891)는 메이지(明治) 9년 『잔 운협우일(棧雲峽雨日)』의 「후서(後序)」에서, 중국과 일본은 문화와 종 족혈통이 서로 동일하고, 서로의 관계가 매우 밀접한 국가이니, 만약에 양국이 서로 협력하지 않아서 "일단 일이 발생하여 권력이 백인종의 수 중으로 넘어가게 된다면, 우리 종족이 위험해 질 것이다"라고 지적하였 다. 또한 동방 아시아 제국은 "크고 작은 문제들을 마땅히 서로 잊고, 강함과 약함을 경쟁해서는 안 되며, 성심성의로 교제하기를 형제와 같 이 하고, 서로 간에 가까이 하여 신임하며, 중상모략을 해서는 안 되고, 과실이 있으면 서로 너그러이 용서해 주며, 예(禮)가 아니면 서로 질책

---

[1] 2012년 말에서 2013년 초까지 중국은 당의 구성원과 국가 지도자를 교체하였다. 새롭게 당선된 국가 지도자 시진핑(習近平)은 세계에 '중국의 꿈'(中國夢)을 여러 차례 선언하였는데, 그는 중화민족의 위대한 부흥, 즉 근대 이래로 중화민족의 가장 위대한 꿈을 실현해야 한다고 말하였다. 여기에서 중국의 꿈이란 국가의 부강·민족의 진흥·인민의 행복을 실현하는 것을 의미한다. '중국의 꿈'은 미래 중국의 내정과 외교를 이해하는 중요한 창구가 된다.

[2] 일본의 근대 아시아주의 관념에 대한 연구는 王屛, 『近代日本的亞細亞主義』(北 京: 商務印書館, 2004); 盛邦和, 「19世紀與20世紀之交的日本亞洲主義」, 『歷史硏 究』 第3期 2000; 戚其章, 「日本大亞細亞主義探析－兼與盛邦和先生商榷」, 『歷史 硏究』 第3期, 2004를 참조.

하지 않고,……한 마음으로 협력하고 독립을 보호하여 아시아의 권리
를 보존해야 한다"고 하였다.[3]

　1890년대 중국 지식인은 대체로 나카무라 마사나오와 같은 관점을
가지고 있었다. 중일 갑오전쟁 이후에 비록 중국이 굴욕적으로 대만을
일본에게 넘겨주었지만, 장빙린(章炳麟)은 1897년 「논아주의자위순치
(論亞洲宜自爲脣齒)」라는 글에서 여전히 "중국 가까이에 있는 국가들
은 서로 의지해야 하며, 모든 아시아는 일본을 지지해야 한다"고 주장
하였다. 그는 매우 곤란한 시기에 처해 있을 때에는 큰일을 위해서 치
욕을 참아야 한다고 하면서 이는 마치 삼국시기 촉나라의 승상이 백제
성(白帝城)의 슬픔을 억누른 채 오나라와 동맹을 맺어 위나라에 공동
으로 대항한 것과 같은 이치라고 동포들에게 호소하였다. 중국은 일본
과 매우 밀접한 관계를 맺고 있으니, 마땅히 북방의 강적인 러시아에
공동 대항해야 한다.[4] 그의 이론적 근거 역시 중일은 '동일한 종족혈통'
이고, 아시아와 유럽은 황인과 백인으로 구분된다. 중일의 '동일한 문
화'는 모두 유교의 훈도를 받아서, "아시아에 있는 종족은 예의관대(禮
義冠帶)의 종족인데, 그 서쪽을 진단(震旦)이라 하고, 동쪽을 일본이라
불렀다."[5]

　중국 지식인의 동아시아 관계에 대한 사고에 변화를 일으킨 주요 원
인은 일본의 아시아관에 대한 변질에서 비롯되었다. 중일 갑오전쟁과
러일전쟁 이후 일본에서 국가주의 사상이 팽창하기 시작한 결과 '일본
맹주론'이 중일 평등·제휴의 아시아관을 대체하였다. 일본제국의 대

---

3) 中村正直, 「『棧雲峽雨日記』後序」(1876), 竹添進一郎, 『棧雲峽雨日記』 卷下 「棧雲
　峽雨日記幷詩草」 第二册, 明治 12年, 跋文 5-6쪽.

4) 章太炎, 「論亞洲宜自爲脣齒」(1897), 『章太炎政論選集』 (北京: 中華書局, 1997),
　5-6쪽.

5) 章太炎, 「原人」, 『訄書』 初刻本, 『章太炎全集』 3(上海: 上海人民出版社 1984), 21쪽.

외적 확장과 팽창의 추세는 장빙린으로 하여금 일본과의 연합을 다시금 생각하게 하는 계기가 되었다. 1907년 '아시아 화친회'가 성립하고, 그 성원으로 중국·일본·인도·베트남·필리핀 등의 사회 활동가와 혁명가가 포함되었다. 장빙린은 「아주화친회약장(亞洲和親會約章)」을 초안하였다. 이 약장에서 아시아 화친회는 중국·인도를 핵심으로 하고 베트남·미얀마·필리핀 등 약소국가와 연합하여 "제국주의를 반대하고 이웃국가를 보호한다"고 성명하였다.[6] 탕정비(湯增璧, 1881-1948)는 『민보』 제23호에 「아주화친회약장」을 발표하여 일본을 아시아의 여러 우방국에서 완전히 배제하였다. 그는 "아시아가 바야흐로 일군의 악인들에 의해서 점령을 당하고 있을 때"에 일본은 "교만하고 방자하게도 스스로 우쭐대며 스스로를 서방에 비견하면서 중국을 구제할 수 없다고 보았으니, 하나를 보면 열을 알 수 있듯이 저들 일본은 일찍이 이러한 상황을 예의주시하고 있었던 것이다"라고 지적하면서, "이러한 일본과 어찌 화합할 수 있겠는가?"라고 강조하였다.[7] 이른바 동아시아의 '동일한 문화와 동일한 종족혈통'이라는 명목 아래 덮어 숨겨져 있던 것이 바로 중국을 침략하여 노예화시키려는 일본의 야심이었던 것이다.

중국 근대의 민족 혁명가는 동맹의 대상을 동아시아의 일본에서 남아시아와 동남아시아의 억압받는 민족 국가로 바꾸었다. 이것은 이들이 혈통론(血統論)과 문화론(文化論), 즉 선천적으로 타고난 혈연상의 '동일한 종족혈통'과 같은 유교권(儒敎圈)의 '동일한 문화' 표준을 초월하여, 목전의 운명이 유사한지 또 민족해방의 요구가 있는지의 여부를 가지고 '신아시아' 구상의 근거로 삼았음을 보여주고 있다. 이러한 전환은 장빙린 등 민족 혁명가들의 20세기 제국주의·식민주의 논리에

---

6) 章太炎, 「亞洲和親會約章」(1907), 『陶成章集』 (北京: 中華書局, 1986), 456쪽.

7) 湯增璧(署'揆鄭'), 「亞洲和親之希望」, 『民報』 第23號, 1908年 8月 10日, 57쪽.

대한 비판 및 민족국가 등 근대적 관념에 대한 심도 있는 재검토에 밑바탕을 두고 있었다. 신아시아의 구상을 수립하는 과정에서 이들은 아시아 지역의 민족 혁명운동의 기초가 각국 민중이 연합한 자각운동(自覺運動)이었음을 보여주고 있다.

장빙린은 20세기 초 제국주의가 세계의 패권을 쟁탈하는 구조 속에서 "문명(文明)을 말하는 자들은 도의(道義)를 기준으로 삼는 것이 아니라 허영(虛榮)을 기준으로 삼는다"고 비판하였다.[8] 세계의 많은 야심가들은 "동서양을 막론하고", 기독교를 앞세운 서양의 제국주의 국가이든 충효 등 유교이론으로 충만한 동양의 일본 제국주의든 간에, 문명과 야만의 대립을 마음속에 두지 않은 국가는 하나도 없었다. "의도적으로 약소국가를 병탄하고자 할 때에는 토지와 생산물을 강탈하는 것은 말하지 않으며, 원래부터 이들은 야만인이기 때문에 우리가 이들 국가를 멸망시키는 것은 바로 이들 인민들이 문명과 행복을 누리게 하고자 함이다."[9] 장빙린이 보기에 '문명'이 '야만'을 정복한다는 구실을 내세워 다른 나라를 침략하는 것은 20세기 제국주의의 중요한 특징이었던 것이다.

중국 근대는 제국주의의 침략에 깊은 상처를 받았다. 중국의 민족주의 사조는 그것의 출발부터 저항성과 자기 보존의 특징을 가지고 있었으며, 나아가 특히 약소의 민족과 국가에 대한 동정과 공감을 갖고 있었다. 그리고 서로 다른 국가와 문명의 차이성을 존중하였고, 차별·포용·차이를 존중하는 기초 위에서 각국 인민들과 평등외교와 상호합작을 진행하였다. 이는 근대 중국의 민족주의 사조가 대외관계를

---

8) 太炎, 「定復仇之是非」, 『民報』 第16號, 1907年 9月 25日, 29쪽.
9) 章太炎, 「論佛法與宗教·哲學以及現實之關係」(1911), 『中國哲學』 第6輯 (北京: 三聯書店, 1981), 309쪽.

처리하는 기본 원칙이었다.

그런데 20세기의 제국주의는 '문명'이 '야만'을 정복하는 것을 다른 국가를 침략하는 구실로 삼았다. 이는 헤겔(Hegel, 1770-1831)주의와 사회진화관념이라는 두 종류의 서구 근대사상의 맥락을 잘 보여주고 있다. 장빙린은 제국주의의 침략에 저항했던 자신의 경험을 총괄하면서, 중화민족의 철학 관념과 역사 전통으로부터 교훈을 얻어 '문명'과 '야만'이라는 관념의 대립을 제거하였고, 사회진화론의 합리성을 분석하였으며, 반제국주의와 반식민주의를 위해서 각 약소민족국가들의 생존 권익을 보장하는 등의 이론적 기초를 세웠다.

『맹자(孟子)』의 「등문공상(滕文公上)」에서는 "물건의 똑같지 않음이 물건의 실정(實情)이다"라고 하였고,[10] 『장자(莊子)』의 「제물론(齊物論)」에서도 "만물은 모두 달라서 그 스스로의 것이 있으며", "사물은 모두 각각 본연의 것이 있고, 사물은 또 모두 각각의 거처하는 바가 있다"고 하였다.[11] 유가와 도가는 중화문명의 토대이다. 그들은 세상 만물의 품질과 특성이 원래부터 균일하지 않고 사람의 마음 또한 결코 같을 수 없으니, 사물의 차이성을 존중해야만 비로소 진정한 평등관계를 건립할 수 있다는 이치에 모두 동의하였다. 이러한 유가와 도가의 평등론과는 확연히 대조적으로 헤겔주의에서는 "사물을 모두 합리적이고 선미적(善美的)"인 것으로 규정하고, 최종 목적의 가치 목표를 미리 설정하여 사물은 모두 이 목표를 향하여 발전한다고 주장한다. 헤겔주의는 "력(力)이 신(神)을 대신하고", "이론이 실재를 대신하는데", 만약 극단으로 치닫게 된다면, "반드시 강권(強權)을 존숭하고 장려하게 되니, 명목적으로는 사람들을 자유롭게 만든다고는 하지만 사실은 모든 것이

---

10) 朱熹, 『四書章句集注』 (北京: 中華書局, 1983), 261쪽.

11) 郭慶藩, 『莊子集釋』, 王孝魚 點校(北京: 中華書局, 1961), 50·69쪽.

자유롭지 못하게 되는 것이다."[12]

서양과 동양 각 제국의 대외적인 침략에 대하여, 장빙린은 "뜻이 겸
병에 있는 자들은 명백히 남의 것을 잠식하는 명목이 있지만, 그 말을
숭고한 정의감에 기탁해 버리니, 만약에 저 미개한 사람들에게 문화를
습득시키게 한다면, 이는 문명과 야만이 균등하지 못하게 되고, 흉악하
고 잔악한 사람의 효시가 된다는 것이다"라고 지적하였다.[13] 일본 제
국주의는 때마침 문명론의 기치를 들고 나와서 '문명'의 '야만' 정복을
표방하였고, 급기야 대만을 식민지하고 한국을 병탄하였다. 장빙린은
「제물론석(齊物論釋)」에서 문명의 '공리(公理)'를 최종 목적으로 삼는
관념을 배척하였다. 여기에서 그는 "제물(齊物)이라는 것은 정처(正
處)·정미(正味)·정색(正色)의 규정된 법칙이 있는 것이 아니라 만물
이 각자 자연스럽게 좋게 되는 것"이라고 하였다.[14] 또한 그는 "세상의
법칙에는 차이가 있고, 속세에는 도(都)와 야(野)가 있는데, 야라는 것
은 그 비루함에 스스로 안주하는 것이고, 도라는 것은 그 한가로움을
만족하는 것이니, 이 두 가지가 서로 해치거나 방해하지 않아야 비로소
평등하게 되는 것이다"라고 주장하였다.[15] "부제(不齊)하면서도 제(齊)
한다"는 평등관은 이론적인 측면에서 헤겔주의의 역사 실천에서의 폐
단과 위험을 제거할 것을 모색한 것이었다.

헤겔은 세상의 발전이 이성의 발전이라고 주장하였는데, 비록 그는
진화에 대하여 명확히 언급하지 않았지만, 사실상 진화론 사상이 그 안
에 이미 내제되어 있었다. 다윈(Darwin, 1809-1882)의 생물진화론에서

---

12) 太炎, 「四惑論」, 『民報』 第22號, 1908年 7月 10日, 4·9쪽.

13) 章太炎, 「齊物論釋」, 『章太炎全集』 6, 39쪽.

14) 太炎, 「四惑論」, 『民報』 第22號, 1908年 7月 10日, 9쪽.

15) 章太炎, 「齊物論釋」, 『章太炎全集』 6, 6쪽.

스펜서(Spencer, 1820-1903)의 사회진화론에 이르기까지, 진화학설은 인류 현대화과정의 정신적·사상적 지주였으며, 동시에 제국주의가 '문명'의 '야만' 정복이라는 기치를 내세우고 다른 국가를 겸병하는데 역사적 근거를 제공해 주었다. 예컨대 스펜서에 의하면, 인류 역사는 필연적으로 야만에서 문명으로 진보해 나가는데, "그 시작은 모두 하나에서 비롯되었지만, 그 후에는 더욱 나아가서 무한에 이르게 되며", "하나가 진화되어 일만에 이르며, 이처럼 진화가 많아질수록 더욱 새롭게 되는 것이다"라고 하였다.[16]

스펜서의 사회진화론의 "최종 목적은 반드시 진선완미(眞善完美)한 경지에 이르러야만 한다." 장빙린은 우선 인성의 본질과 사회심리상태의 측면에서 이러한 판단을 의심하였다.[17] 그는 「구분진화론(俱分進化論)」에서 "진화라는 것은 한쪽으로만 직진하는 것이 아니라 반드시 쌍방향으로 함께 전진하는 것"이니, 도덕의 선악과 생활의 고락(苦樂)도 이와 같다고 지적하였다. 만약 '선'이 진화하고 확장 중에 있다고 말한다면, '악'도 같이 진화하고 만연되는 셈이다. 현대화의 진행과정은 인류의 복지를 증진시켰지만, 대규모 전쟁과 같은 방식은 더 많은 죄악을 만들어 내었다. 인류는 진선완미한 미래를 실현시킬 수 없다. 이러한 논박은 분명히 순자의 '성악설' 등 전통철학에 기초하고 있고, 선악의 영원한 대립과 보편적 존재를 강조하고 있으며, 나아가 불교와 쇼펜하우어(Schopenhauer, 1788-1860)의 의지철학에서 계발을 받았다.

이와 동시에 스펜서의 사회진화학설에서는 인류문명이 앞으로 직선형적으로 발전한다는 주장을 하지만, 장빙린은 동아시아 각 민족의 역

---

16) 曾廣銓采 譯, 章炳麟 筆述, 『斯賓塞爾文集』(1898), 『昌言報』第一·三冊, '近代史料叢刊' 三編 329(臺北: 文海出版社, 1987), 2·139쪽.
17) 太炎, 「俱分進化論」, 『民報』第7號, 1906年 9月 5日, 1·2쪽.

사발전의 실정(實情)으로부터 출발하면서 이처럼 단일한 경관 속에 이론적 맹점이 있음을 지적하였다. 장빙린은 중국 전통의 경전인『주역』이 인류의 사회발전사를 치밀하게 개괄하였다고 생각하였다. 비록『주역』이 인류문명의 조박(粗薄)함에서 정치(精緻)함에 이르기까지 '진화'의 보편적인 규칙을 구현하고 있지만, 서로 다른 지역에서 동일한 시기에 존재했던 문명과 야만이 착종된 공생의 다양한 사회형태가 모두 합리성을 갖추고 있었음을 인정하였다. 예컨대 혼인제도의 측면을 보자. 중국은 일찍이 주공단(周公旦)의 시기부터 근친상간의 현상이 종결되어 "백세(百世)를 불통하게 하였다."[18] 그런데 중화문명은 '인도(人道)의 변화', 즉 인류 기타 지역의 풍속을 포용하였다. 예컨대「태(泰)」육오(六五)의 효사(爻辭)에서 "제을(帝乙)이 누이를 시집보냄이니, 복이 있으며 크게 착하고 길할 것이다"라고 하였다. 이는 "귀족의 씨는 밖으로 전파될 수가 없었기 때문에 왕희(王姬)는 동성과 결혼하였다"고 하는 일본 등의 국가에서 왕실 내부가 통혼하는 습관을 가리키고 있다. 「귀매(歸妹)」육오의 효사에서는 "제을이 누이동생을 시집보냄에, 그 소군(小君)의 소매가 그 첩의 소매의 좋은 것만 같지 못하다"고 하였는데, 이는 만주족의 경우 "훈신외척(勳臣外戚)의 자식들이 자매를 첩으로 들일 경우 각각의 침대를 마련해 놓고 번갈아가며 잠자리를 준비하였다"고 하는 습속을 가리키고 있다. 「구(遘, 姤)」괘사(卦辭)에서는 "여자가 장(壯)하니 여자를 취하지 말지니라"라 하였으니, 이는 토번(吐藩)의 일처다부(一妻多夫)의 풍속을 지적한 것이다.[19] 인류 사회사로 확충해 보면, 비록 대체로 진화 발전의 법칙을 따른 것이지만, 사실상 다양한 변화도 존재하고 있었던 것이다.

---

18) 章太炎, 「獨聖」 下, 『訄書』 初刻本, 『章太炎全集』 3, 103쪽.
19) 章太炎, 「易論」, 「檢論」, 『章太炎全集』 3, 382・383쪽.

인류의 각종 제도는 시간적으로 선후로 진화 발전이 있지만, 공간적으로 동시에 병존하였다. 서로 다른 지역의 각종 문명의 상태를 인정하고 표현한 것에는 좌구명(左丘明)으로 대표되는 중국 사학의 우수한 전통이 자리 잡고 있었다. 예컨대「세본(世本)·작편(作編)」에서는 고대 기물(器物)의 연혁을 기술하면서 "옛날의 기물은 순박하고, 후대에 만든 것은 아름답고 우아하다"는 '개량(改良)'과 "옛 물건이 없어지면, 그것을 회복시킨다"는 '부흥(復興)', 그리고 무릇 "이곳에서는 이미 예의 관대(禮義冠帶)의 종족이지만, 저곳에서는 여전히 미개화한 원시적인 생활방식에 있으니……은거하여 다른 문명과 거의 접촉하지 않았다"고 하는 다양한 형태를 포함하고 있다.[20]

근대 중국의 민족주의자는 헤겔주의와 사회진화학설의 반성을 통해서 이론과 역사라는 두 가지 차원으로부터 20세기 제국주의가 '문명'이 '야만'을 정복하는 사상적 기초를 해체시켰다. 이에 따르면, 그들은 한편으로 자유와 평등의 표준을 확립하였고 아울러 민족주의 사학의 철학적 표현을 완성하였으며, 다른 한편으로 일본의 대아시아주의의 논리에서 탈피하여 차이를 존중하는 진정한 평등관계를 토대로 신아시아의 건립을 호소하였던 것이다.

근대 중국의 민족주의자가 신아시아를 구상하는 과정에서 각국의 민중들은 시종 민족혁명운동의 주체였다. 아시아의 화친, 그것의 실질은 각국에서 억압받는 민중들이 동정과 공감에 기초한 자발적인 연합이었다. 탕증벽은「아주화친지희망(亞洲和親之希望)」을 서술하는 과정에서 아시아의 억압받는 각 민족과 민중들의 관계를 묘사할 때에 "나와 너는 죄수들이다. 죄수들은 서로 대면하면 눈물을 흘리며 감옥의

---

20) 章太炎,「尊史」,『訄書』重訂本,『章太炎全集』3, 319쪽.

괴로움을 호소한다. 이들은 피차 매우 괴로울 텐데, 서로 보조하고 돕지 않으면, 어찌 내면의 말을 표현할 수 있겠는가?"라고 하였다.[21] 우리들은 모두 감옥 안의 죄인으로 마주보며 눈물을 흘리고 있으니, 우리들이 상호부조를 해야만 상대방에게 감금된 감옥 안에서의 고통을 털어 놓을 수 있다는 말이다.

장빙린은 민족혁명에서 혁명가의 도덕 문제에 특별한 관심을 가졌는데, 혁명의 가장 중요한 임무는 "종교를 이용하여 신심(信心)을 일으켜 국민의 도덕을 증진시켜야 한다"고 생각하였다.[22] 그는 불교를 제창하였는데, "용맹과 무외(無畏)로써 나약하고 비겁한 마음을 다스려야 하고, 고행승의 정숙한 도행(道行)으로써 부화(浮華)한 마음을 다스려야 하며, 유아독존(唯我獨尊)으로써 음탕하고 야비한 마음을 다스려야 하고, 더러운 언어를 힘써 경계함으로써 거짓된 마음을 다스려야 한다"고 주장하였다. 또한 불교적 몸가짐의 발양을 통해서 "불교를 선호하는 사람으로 하여금 쉽게 나아가고 물러나게 하고, 삶과 죽음에서 초월시켜야 한다"[23]고 강조하였다. 혁명가는 이처럼 숭고한 도덕의 지도 아래서 삶과 죽음의 이해관계를 따지지 않고 항쟁해야 하는 것이었다.

민족 혁명가는 "도덕적 타락이 혁명을 성공시키지 못하는 주범"이라고 생각하였으니, 도덕적 타락은 혁명을 성공시킬 수 없는 근본적인 원인이라고 보았다. 장빙린은 사회 각 계층의 분석에 대하여, "지식이 더욱 진전되면 권위는 더욱 신장되지만, 도덕으로부터는 더욱 더 멀어지게 된다", "예사(藝士)·통인(通人)과 거주하는 하는 것은 반드시 학구(學究)와 거주하는 것의 즐거움만 못하고, 학구와 거주하는 것은 반드

21) 湯增璧(署'揆鄭'),「亞洲和親之希望」,『民報』第23號, 1908年 8月 10日, 56쪽.
22) 太炎,「演說錄」,『民報』第6號, 1906年 7月 25日, 4쪽.
23) 太炎,「答夢庵」,『民報』第21號, 1908年 6月 10日, 127·128쪽.

시 농공(農工)·비판(裨販)·좌고(坐賈)와 거주하는 것의 즐거움만 못하며, 직업이 있는 정장(丁壯)과 거주하는 것은 무직의 아동(兒童)과 거주하는 것의 즐거움만 못하다"[24]고 지적하였다. 지식의 다과(多寡), 권위의 대소(大小), 도덕의 고저(高低)는 서로 반비례한다. 이러한 도덕관은 명확히 포퓰리즘(populism)의 색채를 띠고 있지만, 당시 역사적 분위기로 되돌아가보면 민족혁명의 정곡을 찌르고 있었던 것이다.

혁명이란 당연히 하층계급에 희망을 두기 마련이다. 왜냐하면 식민지나 반식민지의 사회에서 상층계급은 통치계급이면서 대개 제국주의의 대변인이 되기 때문이다. 중국의 경우 행오(行伍)·서도(胥徒)·막객(幕客)·직상(職商)·경조관(京朝官)·방면관(方面官)·군관(軍官)·차제관(差除官) 등의 계층은 "조정 관원의 등급이 매우 엄격하기 때문에 부귀영화에 눈이 멀어 쉽게 매수되거나 이용당한다." 혁명가가 만약 이러한 계층에서 "권력을 빌려오길" 희망한다면, "권력을 빌려올 수 없을 뿐더러" "오히려 다른 사람에게 권력을 빌려주는 꼴이 된다."[25] "권력을 빌리는 것"의 결과는 오히려 스스로 의존해야 하는 세력의 도덕적 영향을 받게 되어 결국에는 도덕이 타락하여 혁명이 성공할 수 없게 된다. 한편 인도와 베트남 등의 국가에서는 국내의 권력계층이 제국주의의 대변인 노릇을 하기 때문에 이들에게 민족혁명을 기대할 수 없었다. 『민보』에 게재된 「인도국민토영길리로포(印度國民討英吉利露布)」에 의하면, 인도 국민은 일찍이 "'바버스'(Babus) 지주들을 우러러 보면서 이들이 영국 식민주의자들에 반항하기를 기대하였다." 그러나 "저들 지주들이 어찌 몽둥이와 채찍을 들고서 지원해줄 수 있겠는가? 영국인들이 인도를 이미 멸망시키고서 저잣거리에 경찰들을 두루 배치해 놓

---

24) 太炎, 「革命之道德」, 『民報』 第8號, 1906年 10月 8日, 24-25·26쪽.
25) 太炎, 「革命之道德」, 『民報』 第8號, 1906年 10月 8日, 20·25·26쪽.

았지만, 옛 지주들은 오히려 저 영국인들을 돕는 것을 당연하다고 여긴
다. 우리 농사짓는 농부들이 만약 지주들을 떠받들어 주인으로 삼고서
이들의 원조를 희망한다 하더라도 그것은 반드시 효력은 없을 것이다."
이 때문에 인도의 민족 혁명가들은 "다른 사람에게 의지하는 것은 스스
로 구제하는 것만 못하니, 이 또한 자연스런 상황이었다"고 이해하였
다.26) 장빙린은 「월남설법창의원(越南設法倀議員)」이라는 글에서 프
랑스가 베트남에 의원(議員)을 설치하여 민간의 항세(抗稅) 투쟁을 좌
절시키고 베트남인으로써 베트남인을 통제하는 방식을 비판하였다.27)

다시 말하면, 아시아의 민족혁명의 주체는 반드시 진정하게 독립을
절박하게 기구하는 각국의 민중이어야만 하고, 이들이 자주적이고 자
각적으로 투쟁을 진행해야만 한다는 것이다. 「아주화친회약장(亞洲和
親會約章)」에서 "모든 아시아의 민족 중에서 독립주의를 품고 있는 자
들은 기꺼이 원한다면 모두 맹세하여 단결하는 것"을 환영한다고 하였
다.28) 『민보』에서는 인도·조선·베트남의 민족독립운동을 지지하는
글을 빈번히 게재하였는데, 특히 도덕이 고상하고 생사를 가벼이 여기
며 약속 지키는 것을 중히 여기는 혁명지사들을 표창한 반면에, 각국에
서 침략자들과 합작하여 이들의 대변인 노릇을 하는 권력계층을 규탄
하였다. 조선 민족독립운동에 대한 지지의 예를 보자. 1908년 6월 『민
보』 제21호에서는 한국의 의병장 이인영(李麟榮, 1867-1909)이 쓴 「고한
교격문(告韓僑檄文)」과 「격고재외국동포문(檄告在外國同胞文)」을 게재
하였다. 「고한교격문」에서는 일본이 한국을 병탄한 음모를 규탄하며
지적하기를, "일본 놈들이 매일같이 동양을 보호한다고 말하지만, 사

---

26) 次獎譯, 「印度國民討英吉利露布」, 『民報』 第21號, 1908年 6月 10日, 105-106쪽.

27) 太炎, 「越南設法倀議員」, 『民報』 第22號, 1908年 7月 10日, 39쪽.

28) 章太炎, 「亞洲和親會約章」(1907), 『陶成章集』, 456쪽.

실은 동양을 독재하려는 것이다. 또한 한국의 독립을 보전한다고 말하지만, 사실은 한국을 병탄하려는 계획이다. 청국과 대만의 사변에서도 이러한 음모가 명확하게 드러나 있다"고 하였다.[29] 이러한 언급은 일본 제국주의로부터 상처받은 중국 지식인 내면의 목소리이기도 하였으니, 『민보』에 실린 이 두 편의 격문은 조선 민족독립운동을 지지하는 표현이었다.[30] 장빙린의 경우는 애증이 분명하였다. 특히 그는 일본과

---

[29] 「告韓僑檄文」, 『民報』 第21號, 1908年 6月 10日, 109쪽.

[30] 『民報』가 일본 제국의 대본영인 동경에서 설립되었고, 또 일본 우익인 黑龍會의 지지를 받았기 때문에 한국에 대한 지지가 비교적 완곡하였다. 이 두 편 격문의 앞면에 편집자의 부연설명이 부기되어 있는데, 일본인의 입장에 대하여 다음과 같이 언급하였다. "미국에 기거하고 있는 일본인 佐藤興一郎이 편지를 보내어 말하기를, 좀 전에 한국인이 미국에서 간행되는 『共立新報』에 李麟榮의 격문 두 편이 게재된 것을 보았는데, 마치 미친개가 제멋대로 짖어대는 것 같다. 원래 우리나라가 한국을 보호한 까닭은 한국이 다른 나라들로부터의 침략을 받지 않게 하기 위함이었고, 한국 인민을 위해서 행복을 증진시키고자 했을 뿐이다. 한국인이 유치하고 무지한 언론으로 이해관계를 잘 모르고 망령되이 이러한 격문을 게재하였으니, 비웃음을 살만하구나. 동아시아 삼국은 상호 의존적으로 매우 밀접한 관계에 있다. 지금 이 격문을 귀하께 보내오니, 이에 대한 시비를 평론해 주시길 바란다." 한편 이 두 편 격문의 뒷면에는 기자의 부연설명이 중국 혁명가의 입장에서 부기되어 있는데, 다음과 같다. "李氏의 두 편의 격문은 한국 근황의 고통스러움이 이와 같다고 자술하였지만, 佐藤氏는 한국인을 보호하는 것이 이처럼 仁愛하였고 말하였다. 우리들과 일본·한국은 동아시아에 함께 있으면서 恩怨이 없는데, 이번 사건은 아직 확실한 조사가 이루어지지 않았기 때문에 아직 평론할 수가 없다. 사실에 근거하여 있는 그대로 직서해야 한다. 그것의 옳고 그름은 한국인과 일본인의 판단을 기다려야 하지만, 그렇지 않을 경우에 같은 아시아에 있는 인도인에게 자문을 구하면 될 것이다"(『民報』 第21號, 1908年 6月 10日, 108·109쪽). 기자는 표면적으로 중립적 위치에서 발언하였지만, 사실상 "사실에 근거하여 있는 그대로 직서해야 한다"와 "같은 아시아에 있는 인도인에게 자문을 구하면 될 것이다"라는 점은 통해서 한국인의 저항운동을 지지하는 입장을 표명하였다고 볼 수 있다. 『民報』가 增刊하여 게재한 「印度人之觀日本」에서는 인도인의 입을 빌려서 일본 제국주의의 팽창을 "일본 문화는 무엇을 받아 들였는가? 儒書와 文藝는 중국에서 받아들였고, 불교는 인도로부터 들어왔다. 중국과 인도가 없었다면, 일본은 시종일관 미개한 水族이었을 뿐이다. 조선의 문화는 인도와 중국의 것과 다르다. 일본이 문자를 습득한 것도 王仁이 다른 나라에서 『논어』와 『천자문』을 전해준 것에 의존하고 있다. 지금 보건대, 인도는

한국의 합병을 추진한 송병준(宋秉畯, 1858-1925)에 대하여 큰 반감을 가지고 있었고, 그를 아첨을 잘 떤다는 의미로 "여우의 눈썹을 가진 일본인"이라고 조롱하였다.[31] 또한 그는 일본의 전 수상이자 한국 통감부 통감 이토 히로부미(伊藤博文, 1840-1910)를 저격한 안중근(安重根)을 열렬히 칭송하고 그가 보여 준 조선 불굴의 민족정신을 찬미하면서, "좋은 화살을 골라서 천랑(天狼)을 쏘았구나, 의로운 소리가 크게 울려 퍼지니 사방이 진동하였구나, 국가는 멸망했어도 인민은 멸망하지 않았구나"라고 하였다.[32] 1910년 일본이 강제적으로 '합방'의 명목으로 한국을 병탄한 이후에 장빙린은 「애한부(哀韓賦)」를 지었는데, 여기에서 "어찌 한 국가의 비통함에만 그치겠는가? 나는 울며 탄식하며 전 천하를 애통해하고 있다"라고 하였다.[33] 한국이 병탄된 이후에 장빙린은 한국뿐만 아니라 온 천하에 대하여 비탄했던 것이다.

특히 지적할 만한 것으로, 근대 중국의 민족주의 사조는 사실상 그것이 막 싹이 틀 무렵에 '민족주의'와 근대 '국가' 관념에 대하여 냉정한 자성과 비판 정신을 표현하였고, 나아가 '민족주의'와 '애국'의 가치, 그리고 변경의 위험성에 대해서도 명확하게 제창하였다는 점이다.

이른바 '민족'은 "역사 민족을 경계로 삼는 것이지, 자연 민족을 경계로 삼는 것이 아니다."[34] '민족'은 시종일관 역사적 개념이며, 피부색과

이미 멸망하였고, 중국은 이미 패전하였으며, 조선은 전쟁도 해보지 못하고 속국의 대열로 편입되었다. 일본은 교만하기 짝이 없는데, 처음에는 自矜自大하였고, 나중에는 득의양양하게 거마에서 춤을 추고 있구나"라고 비판하였다(『民報』第20號, 1908年 4月 25日, 33쪽).

[31] 太炎, 「答夢庵」, 『民報』第21號, 1908年 6月 10日, 130쪽.

[32] 章太炎, 「安君頌」, 『章太炎全集』4, 235쪽.

[33] 章太炎, 「哀韓賦」, 『章太炎全集』4, 236쪽.

[34] 章太炎, 「駁康有爲論革命書」(1903), 『章太炎政論選集』, 195쪽.

종족혈통·성씨로 구분하는 것이 아니다. "오늘날 민족이 같더라도 옛
날에는 다를 수도 있으며, 또 오늘날 민족이 다르더라도 옛날에는 같을
수도 있다. 역사적으로 범위를 규정하여 판단하는 것을 가리켜서 역사
민족이라고 부르는 것이며, 원래부터 그러했던 것은 아니다." '역사 민
족'이라는 형체의 표지는 언어문자와 정교풍속의 동일함일 텐데, "문자
와 정교가 이미 같다면, 그 시작은 민족이 달랐지만, 최후에는 결국 융
화되어 하나의 민족으로 되는 것이다."35) 장빙린은 『『사회통전(社會通
詮)』상태(商兌)」에서 "민족주의는 우리 인종의 지혜에서 원래부터 보
유하고 있었던 것이고, 외력(外力)에 의존한 것은 아니었지만, 특히 일
을 만나면 이것이 분명하게 드러날 뿐이다"라고 지적하였다. 민족주의
는 고유한 특성이지, 결코 외래의 관념을 받은 산물이 아니다. 그러나
민족주의는 오히려 외래와의 교섭 과정을 통해서 드러나는 특징을 가
지고 있다. 중국 근대의 민족주의는 그 주요 목표가 "중국 민족의 국가
와 주권을 회복하는 것"이었는데, 대내적으로는 한족에 대한 억압에 만
주족의 대항하는 것이었고, 대외적으로는 제국주의의 침략에 저항하는
것이었다. 이러한 명목은 정치와 관련해서 생겨난 것이지, 결코 이로부
터 일탈된 별도의 민족주의가 있었던 것은 아니었다.36) 중국의 경우
민족주의를 제창한 것은 결코 개인의 생활영역과 관념의 입장에서 견
지되어 온 것이 아니라 민족이 서로 교류하는 과정에서 설치된 장애물
이 공교롭게도 원래 종법사회의 사당족장제도(祠堂族長制度)의 편협
함을 파괴시키는데 도움을 주었던 것이다. "안으로는 같은 국가로 서로
연결되고, 밖으로는 같은 외환이라는 것으로 서로 구제하는" 과정에서
4억의 중국인은 매 사람마다 성씨와 종족혈통의 구별에 상관없이 "사

---

35) 章太炎, 「序種姓」 上, 『訄書』 重訂本, 『章太炎全集』 3, 170·172쪽.
36) 太炎, 『『社會通詮』商兌」, 『民報』 第12號, 1907年 3月 6日, 14·16쪽.

람들마다 스스로 앞 다투어 모두 전력을 다하였으니", 결국에는 중화민족으로 합쳐져 하나의 국민국가를 형성한 것이었다.[37]

　　장빙린은 「오무론(五無論)」에서 우주세계의 시각에서 본다면 민족주의와 국가주의는 모두 '편협한 소견'이라고 생각하였다.[38] 그는 「국가론(國家論)」에서 "국가의 자성(自性)은 허구적인 것이지, 실제로 있는 것이 아니다. 국가의 기능은 정세가 어쩔 수 없어서 작동하는 것이지, 그 이치가 마땅해서 작동하는 것이 아니다. 국가의 사업은 가장 비천한 것이지, 가장 신성한 것은 아니다"라고 명확하게 지적하였다. 비단 '국가' 뿐만이 아니다. 보편적으로 말해도, "개체는 진(眞)이고, 단체는 환(幻)이니, 모두가 그러한 것"이다. '국가'가 허구의 관념이니, '애국'도 일종의 '미망(迷妄)'인 것이다. 그렇다면 어찌해서 '건국'·'구국'·'애국'을 제창해야만 했던가? 장빙린은 다음과 같이 설명한다. 인심과 인정의 측면에서 말하자면 인심이 사랑하는 것은 대부분 "허공과 무의 경지"이다. 당시 세계의 정세로 말하자면 중국의 '건국'은 "당시 정세로 인해서 어쩔 수 없이 그것을 실천해야만 했던" "생존의 기술"이었으니, "다른 국가가 해산하지 않으면, 우리 국가는 어쩔 수 없이 영도자를 거느리고 자존해야만 했던 것"이다. '구국'은 '자위'의 방도이다. 중국·인도·베트남·조선 등이 유린되었고, 이들 멸망되어 가는 국가에서는 '애국'을 말하였는데, 실제로 이러한 강자에 대한 약자의 저항은 "일찍이 다른 사람에게 해를 가한 적이 없었고", 도의적으로도 합리성을 가지고 있었다. 결국 애국이라는 생각에는 강국의 국민이 있어서는 안 되고, 약국의 국민이 없어서는 안 되는 것이다.[39]

37) 太炎, 「『社會通詮』商兌」, 『民報』 第12號, 1907年 3月 6日, 18·19쪽.
38) 太炎, 「五無論」, 『民報』 第16號, 1907年 9月 25日, 1쪽.
39) 太炎, 「國家論」, 『民報』 第17號, 1907年 10月 25日, 1·2·11·12·13쪽.

마찬가지로 중국이 실행하고자 하는 민족주의는 "한족(漢族)에게만 매몰되어 있는 것이 아니라, 기타 약소 민족이 다른 강한 민족에게 정복되어 이들의 정권이 빼앗기고 이들의 인민이 노예가 되었을 때 만약 여력이 있다면 반드시 단숨에 바로잡아 이들을 회복시켜주어야 한다"는 것이다. 나아가 "민족주의를 완벽하게 실현시키고자 한다면, 진심으로 동병상련의 마음으로 저들을 구제하여 완전한 독립을 실현시켜 주어야 한다."[40] 다시 말해서 제국주의로부터 고통스럽게 식민의 억압을 받은 인도·베트남·조선 등의 각 민족들이 모두 완전한 독립을 이루고자 하는 것은 근대 중국이 강권과 노역에 저항하고 자주독립적인 민족주의의 완성을 추구하며 최종적으로 스스로의 가치 필요성을 실현하는 것과 동일하다는 것이다. 근대 중국 민족주의 사조가 스스로 미리 설정해 놓은 것으로부터 바로 '아시아 화친'의 이념과 실천이 성장해 나갔던 것이다. 중국공산당의 주요 창시자인 리다자오가 일본의 대아시아주의를 비판하면서 신아시아주의를 건립하자고 주장한 것도 그 기본적인 사고가 장빙린과 같은 민족주의자와 완전히 일치하였다.

고데라 겐키치(小寺謙吉, 1877-1949)는 1916년 발표한 「대아세아주의론(大亞細亞主義論)」에서 "중국과 인도는 아시아 문명의 발원지이고, 일본은 이러한 아시아의 문명을 계승하였다"고 생각하면서도, "먼저 중일 양국이 결합하여 이를 중심세력으로 삼고, 황인종의 번영을 기구하기 위해서는 마땅히 구미 열강이라는 세계 제국주의에 맞서야 한다"고 주장하였는데,[41] 이는 일본 대아시아주의의 최종 목표를 말해주고 있다. 1919년 리다자오는 「대아세아주의여신아세아주의(大亞細亞主義與新亞細亞主義)」를 집필하면서, 일본의 대아시아주의는 표면적으로 동

---

[40] 太炎, 「五無論」, 『民報』第16號, 1907年 9月 25日, 2쪽.

[41] 小寺謙吉, 『大亞細亞主義論』(東京: 中國百城書舍, 1918), 138·180쪽.

일한 문화와 동일한 종족혈통이라는 매우 친밀한 용어를 사용하고 있지만, 이는 사실상 중국을 병탄한다는 은어(隱語)이며, 대일본주의를 바꾼 말에 불과하였던 것이라고 비판하였다.

리다자오는 신아시아주의의 건립을 주장하였다. 신아시아주의는 중일 연맹을 기초로 하는 것이 아니라 민족해방을 기초로 근본적인 개조를 진행한다는 것이다. "무릇 아시아의 민족 중에서 다른 민족에게 병탄된 민족들을 모두 해방시키고, 민족 자결주의를 실행하며, 그런 다음에 이들의 대연합을 결성하여 유럽・미국과 함께 공동으로 세계적 연방을 완성하여 인류의 행복을 증진시켜야 한다."[42] 리다자오는 기꺼이 일본 내부에서 주장하는 공리와 강권에 반대하는 목소리도 경청하고자 하였다. 그는 「축여명회(祝黎明會)」에서 "우리 중일 양국은 본래 가장 친밀한 관계를 맺고 있었다. 우리들이 세계 인류에게 조금이라도 공헌을 하고자 한다면, 무엇보다도 동양 민족들의 정신을 하나로 만들어야 한다. 인류의 공동생활에 참여하기에 앞서서 동양 민족은 공동생활의 관계가 있어야만 비로소 이러한 공동의 사명을 완성할 수 있다"고 표명하였다.

리다자오는 문장의 말미에서 지금에 이르러서도 변함없이 인심을 계발하는 역량이 있다고 하면서, 다음과 같이 언급하였다.

"소수 악마들의 선동으로 인하여 동아시아 민족들은 오히려 마음을 열고 진심으로 사람들을 대할 수가 없었으니, 이는 마치 컴컴한 곳에서 당신이 내가 무엇을 두려워하는지를 추측하는 것과 같은 것이었다. 이러한 낙담한 생활을 당신이 고려한다면, 우리들의 이러한 생활이 어찌 오래갈 수 있겠는가? 동아시아의 암흑과 광명을 아는 것은 우리 동아시아 사람들이

---

42) 李大釗, 「大亞細亞主義與新亞細亞主義」(1919), 『李大釗全集』 2(北京: 人民出版社, 2006), 270쪽.

공동으로 향수해야 하는 것이다. 만약 중국이 암흑이면, 일본 혼자서만 광명일 수는 없다. 일본에 광명이 있으면, 중국도 언제나 암흑일 수는 없는 것이다. 같은 천지에서, 또 같은 일월성진 아래서, 찬란한 빛만 있다면 우리들은 모두 공동생활의 길을 확실히 모색해 나갈 수 있는 것이다."[43]

근대 중국의 민족주의 사조는 사실상 그것이 막 싹이 틀 무렵에 아시아 각국, 특히 동아시아 각국 간의 관계에 대하여 관심을 가지고 있었고, 서로 다른 민족의 문화적 차이를 존중할 것을 강조하였으니, 각국의 억압받은 민중들이 단결하여 제국주의의 강권에 저항하고, 동아시아 인민들이 공동생활의 관계를 건립하여 광명 찬란한 미래를 함께 추구하였다. 이러한 '중국의 꿈'이라는 이상은 중국 민중의 심령 저 깊은 곳에 시종일관 존속하고 있었던 것이다. 그리고 근대 일본과 한국의 일부 유식자들도 공동의 정감(情感)과 생활을 기초로 하는 신아시아 건설을 주장하기도 하였다. 이러한 신념은 '중국의 꿈'과 함께 동아시아의 평화를 구축하는 토대가 될 것이다.

---

43) 李大釗, 「祝黎明會」(1919), 『李大釗全集』 2, 300-301쪽.

III

동아시아의

문명론과 도덕담론

문명개화론의 계보와 분화

개념의 의미화 과정을 중심으로

김윤희

1. 머리말

개화, 문명개화, 문명화는 19세기 말 20세기 초 정부와 지식인의 근대화 정책 또는 근대 개혁을 표상하는 용어로서, 조선왕조체제를 변화시키고자 했던 주체세력과 그들의 시도를 범주화하고 평가하는 데 사용되는 개념이었다. 근대화 추진세력을 통칭하는 용어로서의 '개화파' 그리고 내부의 분화를 범주화한 용어로 온건과 급진, 시무와 변법, 동도서기와 문명개화 등이 사용되면서 근대화 추진 세력 사이의 차이를 구별 짓고 그들의 정치운동에 대한 다양한 평가가 진행되면서 한국 근대 정치사를 풍부하게 구성했다.[1] 그러나 다른 한편 근대화 추진세력

---

1) 대표적인 연구 중 단행본으로 출간된 것을 소개하면 다음과 같다. 김영작,『韓末ナショナリズム研究』(東京大學出版會, 1975); 강재언,『한국근대사연구』(한울, 1982); 이광린,『개화파와 개화사상연구』,(일조각, 1989); 유영익,『갑오경장연구』(일조각, 1990); 한국근현대사회연구회 편,『한국 근대 개화사상과 개화운동』(신서원, 1998); 신용하,『초기 개화사상과 갑신정변연구』(지식산업사, 2000); 박은숙,『갑신정변연구』(역사비평사, 2005).

에 연구가 집중됨으로써 이들 용어가 특정 시대를 표상하는 기표로서 매체를 통해 확산되어 인민의 사회적 심성에 자리한 새로운 기대지평 이었다는 점은 거의 간과되고 있었다.

　1894년 이전 개화사상에 대한 기존 연구는 정치운동 주체세력 고유 의 사상에 대한 연구에 집중되어 사회적 기표로서의 개념의 형성에 관 심을 두지 않았다. 또한 1894년 이후 문명담론에 대한 연구는 매체를 주도했던 지식인의 사상에 집중하여 유교적 사유체계와 국가적 가치 의 관계를 비판적으로 고찰하였지만, 담론을 구성하는 개념의 의미 변 화에는 관심을 두지 않았다.[2]

　'개화기'로 표상되는 19세기말에서 20세기 초 사회상을 고찰하기 위 해서는 개화와 문명 개념이 매체의 의해 어떻게 의미화 되고 있었는지 를 고찰할 필요가 있다. 매체에 등장하는 개념의 의미는 매체를 주도 하는 정치세력과 매체에 의해 포섭된 인민 간의 의사소통 과정에서 형 성되고, 담론을 주도하는 정치세력과 독자인 인민의 에토스를 구성한 다. 또한 근대 지식인의 정치기획이 인민을 동원하여 국가단위의 의사 결정에 정당성을 확보하려는 것이라고 할 때 정치기획에 사용된 주요 개념은 인민의 사회적 심성과 상호관계하며 사회적 결정에 영향을 미 친다. 따라서 매체에 등장하는 개념을 분석하는 것은 지식인과 지식인 이 포착 가능한 인민 사이의 끊임없는 횡단 과정을 통해 인민을 동원 하는 정치기획의 성격을 밝히는데 매우 유효한 연구 대상이다. 따라서

---

　2) 길진숙, 「『독립신문』·『매일신문』에 수용된 '문명/야만'담론의 의미 층위」, 『국어 국문학』 제136권, 2004; 길진숙, 「문명의 재구성 그리고 동양 전통 담론의 재해석 —『황성신문』을 중심으로」, 『근대 계몽기 지식의 발견과 사유지평의 확대』 (소 명출판, 2006); 길진숙, 「1905-1910년, 국가적 대의와 문명화—『대한매일신보』의 문명 담론을 중심으로」, 『근대 계몽기 지식의 굴절과 현실적 심화』 (소명출판, 2007).

이글에서는 개화와 문명개념의 의미를 통시적 관점에서 고찰하여 이들 개념이 정치기획의 구상과 어떻게 접맥되어 있었는지를 고찰하고자 한다.

2. 개화개념의 기원

개화란 어휘는 일반적으로 일본에서 civilization의 번역어 등장했으며, 그것이 유길준을 통해 체계적으로 수용되었다고 보고 있다.[3] 에도 시대 '開ける(히라케루)'라는 일상어의 한자어화로 추측되는데, 에도 시대 변화해 가는 사회상을 지칭할 때 쓰던 동사이기 때문에 식자층보다는 일반인들이 쉽게 받아들일 수 있다는 점에서 '개화'란 단어가 계몽서적에 채택되었다고 보고 있다. 반면 후쿠자와 유키치(福澤諭吉)는 '문명개화'를 civilization의 번역어로 사용했지만, 문명, 개화, 문명개화 등의 용어를 섞어서 쓰고 있었다.[4]

조선에서 개화는 유학자들도 사용하는 용어였다. 『경세유표(經世遺表)』에 해세(海稅)의 설치를 주장하면서 신라와 고려 시대에는 "인문미개화(人文未開化)"[5] 라고 사용하고 있으며, 1881년 영남과 호남 도적떼의 출몰을 막아 달라던 송상순(宋祥淳)은 "활연개화 즉비유개화 칙비류가화위적자 치공장급어무궁(豁然開化 則匪類可化爲赤子 治功將及於無

---

3) 정용화, 「유길준의 정치사상 연구: 전통에서 근대로의 복합적 이행」, 서울대학교 외교학과 박사학위논문, 1998; 김현주, 「서유견문의 '(문명)개화'론과 번역의 정치학」, 『국제어문』 24, 2001, 229쪽.
4) 박양신, 「근대 초기 일본의 문명개념 수용과 그 세속화」, 『개념과 소통』 2, 2009, 39쪽.
5) 丁若鏞, 『經世遺表』, 제14권, 均役事目追議 海稅.

窮)"6)라고 하여 조속히 개화를 한다면 비류들이 적자가 될 것이라고 하면서 개화를 풍속의 교화란 의미로 사용했다. 개화는 빈번하게 사용하는 용어는 아니었지만, 새로운 지식과 풍속의 교화란 의미를 내포한 용어였다.

따라서 일본에서 사용되는 '개화(開化)'란 어휘가 유입되었을 때 조선의 지식인들은 그것을 '開ける'가 뜻하는 '열리다'라는 의미보다는 '개물성무 화민성속'이란 의미와 연관 지어 이해할 가능성이 높았다. 1896년 『독립신문』은 "개화란 말은 당초 청국에서 지어낸 말인데 개화란 말은 아무것도 모르는 소견이 열려 이치를 가지고 일을 생각하여 실상대로 만사를 행하는 것이란 뜻이라"라고 풀이 했고,7) 『황성신문』은 개화를 '개물성무 화민성속(開物成務 化民成俗)'으로 풀이했다.8)

유교 경전에서 '사물의 이치를 깨달아 힘써 백성을 교화시켜 바른 풍속을 이룬다.'는 의미의 '개물성무(開物成務)'와 '화민성속(化民成俗)'은 왕 또는 군자가 백성을 통치체제에 순응시키기 위한 정책이념으로 제시된 것이었다.9)

『조선왕조실록』에서 '개물성무'란 말은 총 12건 등장하며, 세종대에 3건, 정조대에 2건이 등장한다. 개물성무는 세종대왕의 한글 창제, 정

---

6) 『日省錄』, 高宗 18년(1881) 11월 6일(음력) 宋祥淳 疏略.

7) 『독립신문』 1896년 6월 30일 논설.

8) 『皇城新聞』 1898년 9월 23일 논설.

9) '開物成務'는 夫易 開物成務 冒天下之道 如斯而已者也 是故聖人以通天下之志 以定天下之業 以斷天下之疑(周易 繫辭上傳 제11장)이라 하여 사물을 열어 주고 일을 이루어 천하의 도를 포괄하는 것으로 성인이 이를 통해 천하의 뜻을 통하며, 천하의 업을 정하며, 천하의 의심을 결단한 것이라고 하여 성인이 갖추어야 할 덕목이었다. '化民成俗'은 君子如欲化民成俗, 其必由學乎 玉不琢, 不成器. 人不學, 不知道. 是故古之王者建國君民, 教學爲先(『禮記』「學記」제17)이라 하여 군자가 백성을 교화시키기 위해서는 배움이 먼저 이루어져야 한다는 뜻이었다.

조의 한강부교, 청의 수레, 벽돌, 당나귀와 양의 목축 등의 기술 등에 대한 찬사를 표할 때 쓰였는데 '개물성무'를 이상적인 군의 통치에 도움이 되는 새로운 지식을 의미하는 것으로 사용했다.[10]

'화민성속'은 『조선왕조실록』에 총 64건이 등장하며, 정조대에 10건으로 가장 많이 사용되었다. 정조대 '화민성속'의 내용은 『향례합편(鄕禮合編)』, 『소학(小學)』, 『대전통편(大典通編)』의 보급[11], 사학(천주교)을 믿는 백성에 대한 관대한 처분,[12] 삼강(三綱)과 구법(九法)의 기강을 세워 풍속을 바로잡고, 학교를 일으키고, 전정·군정·과거제를 개혁하는 일[13] 등 민정(民情)에 관계되는 거의 모든 것을 이상적인 유교 통치였던 안민(安民) 또는 편민(便民)의 목적에 부합하도록 고치고, 백성을 통치체제에 순응시키는 것이었다. 따라서 양반의 상소에서는 통치체제의 유지를 위한 다양한 방법이 개물성무와 화민성속을 이를 수 있는 방법으로 건의 되었다.[14]

변화하는 시대에 맞는 새로운 지식의 수용과 백성의 교화란 의미를 갖는 '개물성무 화민성속'은 civilization의 내포와 유사성을 갖는다. civilization은 궁정예절을 의미하던 civiliser의 명사형에서 유래했는데 civiliser는 civil의 동사형이며[15] civil은 정치공동체를 의미하는 civitas(로

---

10) 『實錄』, 正祖 7年(1783) 7月 18日 大司憲 洪良浩 上疏 '亦能通曉, 開物成務之功, 可謂發前聖之未發, 而參天地之造化矣.'; 『實錄』, 正祖 13年(1789) 10月 5日 副司直 李獻慶 撰進 '浮橋行 詩曰. '檀箕以來四千載, 開物成務聖神作.'; 『實錄』, 正祖 22年(1798) 11月 15日 柒原 縣監 朴命燮 應旨上疏日; 20年(1796) 4月 25日 華城 幼學 禹夏永 上疏陳時務十三條.

11) 『實錄』, 正祖 22年(1798) 11月 15日 柒原 縣監 朴命燮 應旨上疏日; 20年(1796) 4月 25日 華城 幼學 禹夏永 上疏陳時務十三條.

12) 『實錄』, 正祖 15年(1791) 11月 11日 刑曹啓言.

13) 『實錄』, 正祖 20年(1796) 3月 22日 童蒙敎官 崔崑 進所懷八條.

14) 『實錄』, 高宗 19年(1882) 8月 23日 幼學 沈錫永 疏略; 『實錄』 高宗 30年(1893) 2月 18日 幼學 李楗重 疏略; 『實錄』 高宗 33年(1896) 1月 7日 特進官 金炳始 疏略.

마의 시민권)에 어원을 둔 형용사로, civilization은 정치공동체 구성원간의 예절이란 의미를 내포한다.[16] 후쿠자와 유키치는 그 어원적 의미를 모두 담아서 civilization을 "인간교제가 점차 개량되어 좋은 방향으로 나아가는 양상을 형용한 말로, 야만 무법의 독립과 달리 일국의 체재(體裁)를 갖춘다는 뜻"이라고 설명했다.[17] 이것은 국가의 모양을 갖추기 위해 구성원의 품행을 바르게 한다는 의미에서 '개물성무 화민성속'과 유사한 내포를 갖는다. 번역어가 주체의 사유체계에 기초하여 만들어진다는 점을 고려할 때 근대국가체제의 재조직 과정에서 '개물성무 화민성속'의 의미가 '개화'란 어휘를 통해 다시 소환된 것은 매우 자연스러운 현상이라고 할 수 있다.

유럽에서 civilization은 18세기 프랑스의 근대 국가 형성과정에서 과학지식과 이성에 기초한 계몽(enlightenment)개념과 접맥되면서 인민 기본권의 제도화를 추동해냈다. 그리고 19세기에는 civilization이 유럽 근대 국가의 제국주의적 팽창 과정에서 국가의 정체성 구상과 연결되어 야만에 대해 우월하다는 의미가 새롭게 첨가되었다.[18] 역사적으로 형성된 civilization의 내포에는 시민, 국가, 계몽, 과학지식과 이성, 세련된 예절,

---

[15] 황수영, 「대립개념과 보완개념들을 통해 추적한 문명개념의 변천과정」, 『개념과 소통』 2, 2008, 8쪽.

[16] 박성섭, 『국가·주권』, (소화, 2008), 28-42쪽. 16세기 이전 유럽에서 civitas는 polis, res publica, regnum 등과 함께 국가를 지칭하는 용어였다.

[17] 福澤諭吉, 『文明論之槪略』(岩波書店, 1988), 51쪽.

[18] 기조는 『유럽문명의 일반사』(1828년), 『프랑스문명사』(1830년)에서 문명은 모든 특수한 역사적 사실들을 포함하는 일사의 일반적 사실이기 때문에 유럽의 역사를 포함한 모든 역사적 사건들은 문명의 관점에서 재해석되어야 한다고 주장했다. 그리고 아시아에 대해서는 소수의 인간에게만 자유가 이고, 다수의 인간들은 불평등과 억압에 시달리는 과거 유럽의 폭압적 사회들이라고 했고, 개인의 자유와 평등은 있으나 공공성의 관념이 없는 정체된 야만족의 사회로 묘사했다 (황수영, 「대립개념과 보완개념들을 통해 추적한 문명개념의 변천과정」, 23-25쪽).

인간 삶의 진보, 국가의 우월성이라는 다양한 함의를 갖고 있었다.

그러나 유교의 통치이념이었던 '개물성무 화민성속'은 변화하는 시대에 적합한 새로운 지식, 풍속을 바르게 하기 위한 교화, '안민' 또는 '편민', 통치체제의 유지 등 다양함 함의를 갖고 있었지만, 실행 주체가 통치자였다는 점에서 그리고 개인의 이성에 기초하여 인간의 삶이 진보한다는 확신이 내포되지 않았다는 점에서 유럽의 civilization과 다르다.

3. 개화개념의 대립과 재규정

1) 동도서기(東道西器)적 정책이념

개화개념이 정치기획에 모습을 드러낸 것은 『한성순보(漢城旬報)』의 발간이다. 이것은 임오군란 직후 수립되었던 고종의 무비자강정책에서 최우선 과제였던 '안민지(安民志)', 즉 반(反)서양 정서의 확산과 민의 동요를 안정화시키려는 정책의 산물이었다.[19] 『한성순보』는 발간 준비 과정에서 개화당의 정치적 실각으로 인해 정부 관료들에 의해 발간되었는데,[20] 1884년 12월 박문국 화재로 정간될 때까지 총 36호가 발간되었고, 주로 중국과 일본 등의 신문기사를 전재하는 형식을 취하였다.[21] 『한성순보』 기사는 기왕의 연구를 통해 알려진바 대로 서양의

---

19) 구선희, 「개화기 조선의 대청정책 연구」, 고려대학교 박사학위논문, 1996, 42-43쪽. 『조선책략』 전래 직후 고종은 청의 이홍장에게 보낸 '請示節略'과 임오군란 진압 직후 보낸 '善後事宜六條'을 통해 安民志, 用人材, 整軍制, 利財用, 變律例, 擴商務로 요약되는 무비자강정책을 수립했다.

20) 이광린, 「『한성순보』와 『한성주보』에 대한 일고찰」, 『역사학보』 38, 1968; 김복수, 「유길준의 개화운동과 근대 신문 창간에 미친 영향」, 『한국언론학보』 44-4, 2000.

기술문명을 중심적으로 소개하고, 기술 진보를 이룩한 근본으로서 학문과 제도를 소개했다. 이를 통해 서양 문명이 야만이 아니라 본받을 만한 문명으로서 그려졌고, 동시에 유교 문명에 대해서도 그 지위를 그대로 인정했다. 그리스 문명 등 고대의 선진적인 문명을 인정하는 등 문명 개념을 복수의 의미로 사용하고 있었다.[22] 이는 무비자강 또는 부국강병을 위해 복수의 다양한 문명이 가진 장점을 취사선택해야 한다는 입장으로 고종의 무비자강정책을 지지하는 것이기도 했다. 따라서『한성순보』는 개화란 용어보다는 부국, 국부, 부강이란 용어를 더 많이 사용하고 있었다.[23]

『한성순보』기사 중 개화란 용어를 사용한 기사는 11여 건에 지나지 않는다. 오히려 이와 비슷한 용어인 제세개물지업, 풍기대개, 풍기일개, 개진세도지의, 풍기변화(濟世開物之業, 風氣大開, 風氣日開, 開進世道之意, 風氣變化) 등을 사용했는데 대체적으로 인지를 발달시키는 진취적인 기상이 필요함을 주장할 때 사용된 용어로 새로운 지식의 습득과 도덕심의 함양을 지칭했다.

개화 용어는 앞서의 의미들과 비슷한 용어로 사용되고 있지만, 다른 몇 가지 내포를 더 포함하고 있었다.

서양의 과학지식과 기술, 경제제도는 '개화(開化)의 원유(源由)'로 표현되어 서양의 물질문명을 '개물성무'의 원천으로 바라보고 있고,[24] 개

---

21) 최준, 「『한성순보』의 뉴우스源에 대하여」, 『신문학보』 2, 1969, 17-18쪽. 기사에 전거가 밝혀진 외국신문은 총 84개로 중국 신문이 16개, 일본 신문이 10개 등으로 가장 많았고, 그중 224건의 기사가 『상해신보(上海申報)』에서 인용될 정도로 중국 신문 인용이 월등히 많았다.

22) 「各國近事 漢學西行」, 『漢城旬報』 1883년 10월 31일(『한성순보』 기사 게재일은 양력으로 표기했다); 「歐羅巴史記」, 『한성순보』 제10호, 1884년 1월 30일.

23) 1장의 1절과 2절은 김윤희의 연구(「갑신정변 전후 개화개념의 내포와 표상」, 『개념과 소통』 2, 2008, 80-104쪽)를 토대로 재구성된 것이다.

화는 독립주권의 소중함을 깨닫는 것이며, 주권자를 중심으로 국가적 통합을 이루는 것이란 의미로 사용되고 있다. "지금 인도의 문학·종교를 살펴보면, 이미 한 풍속을 탈피하여 개화지성(開化之成)하여 인도의 인민들이 모두 국가의 독립과 정치자유(政治自主)의 소중함을 알고 있는데도, 영국 정부에서는 허락하지 않고"25) "1775년 워싱턴이란 자가 영국 정부에 반기를 들고 일어나 독립한 이후부터 날로 부강해지고 달로 개화해서 그 나라의 융성함이 구주(歐洲) 5대국과 맞먹는다."26), "이 나라(이탈리아)에는 각종 인민들이 제각기 일당(一黨)을 수립하여 서로 단결되지 못했기 때문에 (중략) 그 뒤 이 나라 정부에서는 단합에 마음을 쏟고 거친 인민을 달래어 일왕지령(一王之令)에 순응케 하여 점차 개화로 나가게 하고, 각방으로 부강(富強)을 꾀하였더니 오늘날에는 드디어 모든 국가들과 어깨를 겨루며 같이 달리고 있다."27)라는 표현 등에서 알 수 있듯이 개화는 독립주권, 주권자를 중심으로 통합, 서양 국가와 대적할 만큼 발전하는 것 등을 의미했다. 즉 독립주권의 소중함과 인민을 통치 권력에 순응시킴으로써 개화가 실현될 수 있다고 보고 있다. 『한성순보』의 개화는 통치자를 실행주체로 하여 인민의 풍속을 진작시키고, 국가의 발전을 도모한다는 지향을 내포하는 용어였다.

반면, 이러한 용례와 매우 다른 함의를 갖는 개화개념이 사용된 1건의 기사가 있다. 1884년 러시아와 조선의 조약체결 문제를 거론한 내용

---

24) 서양 기술문명의 도입을 개화로 표현한 최초의 기록은 강화도조약 때 오경석(吳慶錫)이 미야모토 고이치(宮本小一), 모리야마 시게루(森山茂)와 나눈 필담에서 발견된다("開化ノ人ニ遇ヒ開化ノ談ヲ爲ス情意殊ニ舒プ,"『日本外交文書』 9권, 38쪽). 그러나 이것은 원문이 아니기 때문에 분명히 확정할 수 없다.

25) 「英人演說」,『漢城旬報』 제7호, 1883년 12월 29일.

26) 「亞米利加洲」,『漢城旬報』 제3호, 1883년 11월 20일.

27) 「伊國日盛」,『漢城旬報』 제16호, 1884년 3월 27일.

중 "수구(守舊)를 물리치고 개화(開化)를 받아들인다면 풍기(風氣)도 변화(變化)될 것이다. (중략)지금 조정(朝廷)에서 변혁(變革)에 뜻을 세웠으나 금령(禁令)을 고치지 않고 있으므로 (중략) 만약 민간(民間)의 협조 없이 국고(國庫)만 믿는다면 재정(財政)이 궁핍하여질 것이니 모든 일이 이루어지지 않는 것은 바로 이 때문이다"[28]라고 하여 고종의 무비자강정책의 실효성을 의심하면서 수구의 제거를 예고하는, 즉 권력구조의 변동을 통한 개혁과 '민간의 협조'를 위해 통치방식의 변화를 예고하는 표현으로서 개화 용어가 사용되었다. 이 때 개화개념은 갑신정변 세력의 개화개념과 매우 유사한 내포라고 할 수 있다.

2) 통치방식과 권력구조의 변화

개화 용어가 정치운동에 최초로 등장할 수 있었던 것은 '개화당'의 성립부터라고 할 수 있다. 김옥균 등의 정치운동 결사체는 1880년 이후 스스로를 개진당(開進黨), 독립당(獨立黨), 개론당(開論黨), 진보당(進步黨), 신논당(新論黨)이라고 하였으나, 보통은 개화당이라고 불렀다. 특히 이들의 동향을 주시하고 있던 일본은 '개화당'으로, 미국은 'The progressive Party'라고 불렀다.[29] 개화로 명명된 정치세력의 등장으로 개화 개념은 보다 선명하고 새로운 내포가 첨가되고, 다수의 사람들에게 그것에 대한 이미지를 형성시킨다.

갑신정변 이전 이들의 개화 개념을 볼 수 있는 기록은 많지 않다. 유길준이 1883년 작성한 것으로 추정되는 경쟁론에서는 개화 또는 문명이란 용어보다는 '문명불개(文明不開)', '미명불개(未明不開)' 등이란 용

---

28) 「申報俄高立約論」, 『漢城旬報』 제24호, 1884년 6월4일.

29) 이광린, 『개화당연구』 (일조각, 1997), 16쪽.

어를 사용하였는데 그 의미는 신체, 생명, 사유재산권의 보호와 서로의
경여(競勵)를 통해 사회가 진보하는 것이었다.[30] 인민 기본권의 보장
을 기초로 한 사회의 진보란 관념은 『한성순보』의 개화개념에서는 보
이지 않는 것이었다.

> 일재(어윤중)가 말하기를 "우리나라는 만이(蠻夷)를 면한 지가 오래되었
> 다"고 말했다. 내가 웃으면서 말하기를, "대저 만이(蠻夷)와 개화(開化)의
> 구별은 인의(仁義)와 잔혹의 차이가 있기 때문이다. 대저 만이(蠻夷)라는
> 것은 서로 죽이고 잡아먹는 등 잔혹하고 어질지 못하기 때문이다. 지금 우
> 리나라는 법을 만들어 백성을 얽어매어 살육하고 도해하고 있는데 살인하
> 는 데 있어 몽둥이로 하는 것과 칼로 하는 것에 차이가 있는지 모르겠다."
> 고 하였다.[31]

임오군란 이후 고종의 무비자강책(武備自强策)에 비판적 입장을 취
했던 윤치호는 개화를 대민통치에 있어서 인의(仁義)의 실현으로 보고
있었다.[32] 그리고 그것은 인민의 신체, 생명, 재산에 대한 법적 보호와
절차의 수립을 의미하는 것이었다.[33] 통치방식의 변화를 내포한 윤치

---

30) 유길준의 국권론과 경쟁론의 작성 시기에 대해 유영익(유영익, 『갑오경장연구』,
131쪽, 「부록 2」 갑오경장 이전 유길준의 주요 집필 문건 목록)은 내용과 서체로
미루어 유길준이 『한성순보』에 기고하기 위해 준비했다가 미처 발표하지 못한
글로 추정된다고 하였다. 그러나 月脚達彦(1991, 「開化思想の形成を展開－兪吉
濬の對外觀を中心に」, 『朝鮮史研究會論文集』, 28, 16쪽)과 구선희(「개화기 조선
의 대청정책 연구」, 125쪽)는 국권론의 작성 시기를 1887년에서 1889년 사이로
보았다.

31) 국사편찬위원회 편, 『尹致昊日記』 1권, 1973, 甲申 正月 2일, 42쪽.

32) 위의 책, 壬午 十二月 4일, 31-32쪽. "마땅히 德政을 베풀어 민심을 위로하고 힘써
병대를 훈련하여 (중략) 그런데 위로 왕, 왕후 정부는 이를 모도하지 않고 군신
은 잠시 쉬는 것으로 평안하려 하고 상하는 작은 편안함만을 즐겨하고 있다. 정
령을 6월(임오군란)전과 비교해 볼 때 오히려 더욱 나빠지고만 있다.(중략) 내정
이 이와 같이 한심스러우니 獨立하여 외인을 물리친다는 말은 막막하여 아무런
뜻도 없는 것이다"

호의 개화개념은 갑신정변 세력의 개혁론과 상통하는 것이었다.

갑신정변에 대한 연구를 통해 알려 진 바대로 개혁 내용은 봉건적 수탈의 제거, 신분제적으로 운영되던 관리등용, 교육, 과세, 군역 등의 폐지, 국가재정의 단일화를 통해 재정기반 확충, 자유상업과 자본주의 금융·유통 시스템의 도입 등이었다. 정치체제, 인민평등권 제정 등의 문제에서 이견이 갈리는 연구들이 존재하지만, 이러한 내용은 통치 방식에 대한 개혁이라고 할 수 있다.[34] 그러나 윤치호는 갑신정변에 대해 비판적 입장을 견지했고, 여전히 개혁의 실행 주체를 왕으로 생각했다. 윤치호의 인식 속에는 통치자의 의지와 정치적 변수에 의해 그 실행의 기회를 엿보아야 하는, 당시 조선의 권력구조의 틀에 갇힌 개화개념이 담겨 있었다.

반면 갑신정변 세력은 개화개념을 통치방식의 개혁이란 의미를 포함하면서 권력구조의 변동을 전제로 하는 의미로 사용했다. 개화의 대

---

33) 국사편찬위원회 편, 위의 책, 甲申 七月 10일, 11일, 91-92쪽. 윤치호는 이 일을 몹시 부끄럽게 여겼고, 이일을 자행한 형조판사 이인응의 행동을 '개 같은 행동'이라고 하면서 비난했다. "이번 일로 인하여 미국 공사는 조선 법관이 공사관 僕役을 審罪도 하기 전에 推刑한 것을 유감으로 생각하여 노하고 있다."라고 하여 조선의 통치방식을 비판적으로 보고 있다.

34) 정치체제와 권력 운영에서 국왕의 전제를 폐지라는 점에 주목하여 내각회의의 권한을 강조한 이광린의 연구(이광린,『개화당연구』)와 입헌군주제의 초기 형태로 보는 신용하의 연구(『초기 개화사상과 갑신정변연구』)가 있으며, 일본의 유사전제를 고려한 것으로 보는 槽谷憲一의 연구(「甲申政變·開化派研究의 課題」,『朝鮮史研究會論文集』22, 1985), 그리고 신권 중심의 정치운영으로 보는 주진오의 연구(「19세기 후반 개화개혁론의 구주와 전개」, 연세대학교 박사학위논문, 1995, 37쪽) 등이 있다. 인민평등권을 신분제 폐지와 관련하여 해석한 연구로는 이광린(『개화당연구』, 168-169쪽), 신용하(『초기 개화사상과 갑신정변연구』, 94-97쪽), 전봉덕[(『근대 개화사연구』(박영사, 1981), 79쪽)] 등의 연구가 있으며, 갑신정변 세력의 민권 인식의 제한성에 주목하여 신분제 폐지로 직결되는 것에 유보적인 입장을 취하는 연구로는 槽谷憲一(「閔氏正權上層部의 構成에 關하는 考察」,『朝鮮史研究會論文集』27, 1999, 45쪽), 박은숙(「문벌 폐지를 통한 인민평등권 제정과 인재등용」,『역사와 현실』30, 1998) 등의 연구가 있다.

립 개념으로 윤치호가 야만을 상정한 반면 갑신정변 세력은 '수구' 또
는 '완고'를 상정했다. 갑신정변에 참여했던 박제경(朴齊絅)이 1883년
1월경에 쓴『근세조선정감(近世朝鮮政鑑)』의 배삼(裵爽)의 평에서는[35]
"개화를 막고 완고를 보호하며", "완고를 변하여 개화로 나아가는 것을
바라기 어렵다"라는 언급은 개화의 대립 개념으로 완고가 자리하고 있
었음을 보여 준다.[36] 이것은 개화 개념이 정치세력의 갈등 과정에서
개혁과 진보를 표상하는 이미지로 등장했다는 것을 의미한다. 이는 앞
장에서 살펴본『한성순보』의 "수구(守舊)를 물리치고 개화(開化)를 받
아들인다면" "민간(民間)의 협조 없이" 등의 표현에서도 확인된다. 또한
갑신정변 주체세력이 "실 개화당은 몇 사람 없고 모두 완고당이니"라고
언급했다는 증언은[37] 서울 지식−관료 중심으로 퍼진 '개화'란 의미로
부터 자신들의 지향을 분명히 구별하고 있었다는 것을 보여준다.

갑신정변 이후 작성된『갑신일록』에는 개화용어 대신 '개혁' '변혁'
등의 용어가 등장하며, 실행을 위한 자기 결단의 의지가 표현되어 있
다. "(홍영식이 말하길) 우리들이 오늘날 절박한 사세를 위해 한 몸의
목숨을 버리고 한 번 개혁(改革)하려는 뜻을 품었더니"[38]라는 표현과

---

35) 배전에 대해서는 잘 알려진 것이 없다. 이광린[(『개화당연구』 (일조각, 1969),
253-255쪽)]의 연구에 따르면, 그는 경상도 김해의 아전 출신으로 서울에서 생활
하며 당대 시인으로 유명했다고 한다. 박은숙(『갑신정변연구』, 45쪽)의 연구에
따르면, 박제경이 자신의 글에 평을 부탁한 것으로 보아 박제경과 친밀한 관계
를 갖고 있었으며, 그는 1882년 9월 예조좌랑이었던 李斗榮의 이름으로 상소를
올렸다가 이후 이름을 도용한 혐의로 체포되어 귀양살이를 하기도 했다고 한다.
한편『근세조선정감』의 저자가 朴齊炯으로 되어 있는데, 이는 絅을 잘못 쓴 것
이다. 박제경은 정변모의에 참여하여 별궁 방화를 담당하였고, 갑신정변이 진압
되는 과정 중 수표교에서 분노한 한성부민에 의해 피살되었다.

36) 朴齊炯, 이익성 역,『近世朝鮮政鑑 上』 (탐구당, 1981), 151쪽.

37) 한국학문헌연구소 편,「大逆不道罪人喜貞等鞫案」,『推案及鞫案』 (아세아문화사,
1978), 585쪽. 김봉균의 진술.

"(김옥균이 홍영식에게 말하길) 오늘날 절박한 상황 아래서 누란(累卵)의 위기에 처해 있으므로 좌우를 돌보지 않고 한 번 변혁(變革)을 도모하고자 함은 사세를 따라 결정한 것이오."[39]라는 표현은 왕에게 개혁을 요청하는 차원이 아니라 그들 스스로가 개혁을 실행하는 주체라는 점을 보여 준다. 따라서 갑신정변 실패 후 진행된 정변참여자의 추국과정에서 개화개념은 "개화의 세상을 희망하였으니 너의 죽을죄가 아니겠느냐?",[40] "개화영리(開化榮利)의 말 또한 기쁘게 들었으니 앞뒤가 흉패한데도 어찌 감히 알지 못한다고 하느냐?"[41]라고 하여 '화심(禍心)' '사죄(死罪)' '흉패(凶悖)'로 규정되었고, 나라를 위한 것이 아닌 사욕의 발로이며 통치권에 대한 도전으로 표상되었다.

통치방식의 변화를 내포한 개화개념의 배후에는 임오군란으로 확인된 백성의 힘과 19세기 근대 국가단위의 경쟁체제에서 국가를 유지하기 위해서는 통치방식의 변화가 필요하다는 인식이 존재했다. 그리고 갑신정변 세력은 국가단위 의사결정의 헤게모니를 폭력적인 방법으로 장악하여 통치방식에 대한 개혁을 실행하려 했다. 통치권에 대한 도전으로 표상된 '개화'개념은 통치자가 개화의 실행주체라는 인식을 전복한 것이었지만, 동시에 개화개념에 대한 반감을 불러일으켰다.[42]

정변 세력이 일본인과 결탁하여 고종을 폐위시키고 나라를 팔아넘기려고 했다는 소문으로 인해 반일감정이 크게 고조되면서 한성부민

---

38) 한국학문헌연구소 편, 「甲申日錄」, 『金玉均全集』(아세아문화사, 1979), 35쪽.

39) 위의 글, 45-46쪽.

40) 한국학문헌연구소 편, 「謀反大逆不道罪人景純等鞫案」, 978, 734-736쪽. 신흥모를 심문.

41) 한국학문헌연구소 편, 위의 글, 736쪽. 이응호를 심문.

42) 초기 갑신정변을 지원했던 고종은 그렇게 생각하지 않았지만, 정변 처리 과정에서 이들은 역적이었다.

이 일본인과 일본공사관을 공격하고 정변 참여자를 살해하는 사건이
발생했다. 한성부민들은 개화당 세력을 침략자 일본인을 불러들인 공
적으로 타도할 대상으로 보았다.[43] 일본의 군사력에 의지한 김옥균 등
의 개혁이 개화개념으로 등치되는 순간 반일정서를 가진 민중들에게
있어서 개화는 친일 역적의 이미지로 표상되는 것이었다.[44]

3) 계몽의 내포

갑신정변 이후 개화개념을 정치기획에 동원하기 위해서는 의미의
재규정이 필요하게 되었다. 갑신정변 이후 발간된 『한성주보(漢城週
報)』에는 풍속의 진보를 뜻하는 용어로 개화를 거의 쓰지 않았다. 개화
용어는 2번 나오는데[45] 그 중 "지금 개화를 함부로 지껄이는 사람들은
헛되이 그 이름만 가졌을 뿐 실(實)에 대해서는 어두우며"[46]라고 하여
개화 개념을 재규정하려는 의도가 드러나고 있다.

유길준은 1889년 완성한 『서유견문』의 「개화의 등급」에서 개화개념
을 재규정했다. "개화라 함은 인간의 모든 일이 지극히 선하고 아름다
운 경지에 다다르는 것이니 개화하는 경지는 한정할 수 없다"라고 하여

---

43) 박은숙, 『갑신정변연구』, 491-497쪽.

44) 국사편찬위원회 편, 『尹致昊日記』 1권, 甲申 12月 30일, 136-137쪽. "개화에 관한
말을 땅에 발라 흔적도 없게 하리라는 것을 어찌 뜻하였는가. (중략) 전에는 개
화당을 꾸짖는 자도 많이 있었으나 오히려 개화가 이롭다는 것을 말하면 듣는
사람들도 감히 크게 꺾으려 들지는 않았다. 그런데 변을 겪은 뒤부터 朝野에서
모두 말하기를 '소위 개화당이라고 하는 것은 충의를 모르고 외인과 연결하여 賣
國背宗하였다'고 하고 있다."

45) 그중 하나는 기하학에 대한 설명으로 고대 이집트의 개화가 제일 빨랐다는 서술
에서 등장한다(「西學源流」, 『漢城週報』, 1887년 2월 28일).

46) 「論外交擇其任」, 1886년 10월 4일.

개화를 인간 삶의 끊임없는 진보라고 보았고, 개화를 인간과 국가의 발전 정도의 기준으로 삼았다. 그리고 그는 행실의 개화, 학술의 개화, 정치의 개화, 법률의 개화, 물품의 개화를 언급하고, 개화의 정도에 따라 개화, 반개화, 미개화로 등급을 나누어 설명하고 있다. 그리고 위 5종의 개화를 실행하는 주체가 국가구성원임을 상정하여 "국인이 마음을 합하여 각조의 개화에 함께 힘쓰는 것"이 곧 개화라고 했다.[47] '국인'이 주체가 되어 개화에 힘써야 한다는 인식은 스스로 갈고 닦는다는 유교의 '수신(修身)' 덕목을 '인민'에게 확장시킨 것이라고 할 수 있다. 이는 앞서 통치자를 행위주체로 상정했던『한성순보』에는 분명하게 드러나지 않았던 인식이다. 인민의 기본권(참정권 제외)을 수용했던 그의 개화 개념에는 인민을 근대 국가 발전의 주체로 기획하려는 계몽의 의미가 분명하게 자리하고 있다.

　유길준은 유교통치 이념에 의해 구상된 군민(君民)=부자(父子)관계를 주권자-정부-인민의 관계로 새롭게 구상하면서 정부의 행정 권력이 인민기본권을 보장하는 방향으로 작동해야 한다고 보았다. 따라서 정부는 인민의 신체, 생명, 재산, 언론의 자유를 보장하고 인민을 교육시켜 국가의 독립과 유지를 위해 노력하도록 해야 하고, 인민은 보장된 기본권에 기초하여 자유롭게 경쟁하며 개화에 힘써야 한다고 보았다. 그리고 통치자와 인민의 관계는 다시 군민=부자의 자연적 관계를 소환하여 통치권에서 인민의 이탈을 방지하고자 했는데, 이때 인민은 적자(赤子)가 아닌 신자(臣子)였다.[48]

　정부와 인민의 관계를 중심으로 구상된 그의 국가상은 기존 군주 중

---

47) 俞吉濬, 『西遊見聞』(경인문화사, 1969), 375-376쪽.

48) 김윤희, 「근대 국가구성원으로서의 인민 개념 형성(1876-1894) - 民=赤子와『西遊見聞』의 인민-」, 『역사문제연구』 21, 2009, 314-326쪽.

심의 권력관계를 유지하는 가운데 행정 권력의 작동을 근대 통치방식
으로 전환시키려는 것이었고, 이를 통해 임오군란·갑신정변과 같은
파괴력을 방지하려는 것이라고 할 수 있다.

임오군란은 민=적자라는 통치이념의 한계를 드러냄과 동시에 민이
왕의 통치권력 행사를 포기시킬 정도로 위협적인 존재임을 드러낸 상
징적 사건이었다. 독립주권을 위해 통치방식의 변화를 도모했던 갑신
정변은 이제까지 행사되었던 통치권의 내용이 독립주권의 지향과 일
치하지 않는다는 것을 드러낸 상징적 사건이었지만, 처참한 실패는 상
위의 의사결정구조에 참여하는 방식에 대한 반성을 제기했다.

따라서 유길준은 수구와 개화를 설명하면서 "개화하는 방법에 이르
러서는 지나친 것의 폐해가 미치지 못하는 것보다 심하다."라고[49] 하
여 개화를 갑신정변 세력의 권력 장악 시도와 거리를 두고 설명하는
한편 민중의 봉기를 차단하기 위해 인민의 기본권과 행실의 개화를 유
교의 윤리성으로 설명하고 있다.[50] 그의 개화개념은 인민을 주체로 하

---

49) 유길준, 『西遊見聞』, 382-383쪽.
50) 일반적으로 유길준의 국가상은 전통과 근대 사상의 복합적 구조에 서 있다고 보
    는 경향이 강했다. 그리고 이러한 복합성이 전통에 기초한 근대사상의 수용이라
    는 주체적 관점으로 평가되기도 한다. 그러나 '주체적'이라는 의미는 전통을 유
    지하는 것이 아니라 '자주적이고 자유로운 성질이나 특성을 갖는 것'을 의미하기
    때문에 전통에 대해 자주적이고 자유로운 태도 역시 주체적으로 평가될 수 있
    다. 따라서 복합성의 문제는 전통과 근대에 대한 태도를 평가하기 보다는 복합
    적 구조의 사회적 기능과 역할 속에서 평가되어야 한다고 본다. 이러한 관점에
    서 볼 경우 유길준의 국가상은 서양의 근대 국가의 통치시스템 도입을 통해 국
    가체제를 재구상한 것이라고 볼 수 있으며, 윤리적 태도를 유교로 구상한 것은
    주권자를 중심으로 국가체제를 안정화시키려는 것이라고 할 수 있다. 즉 정부와
    인민의 관계를 근대 국가의 행정 권력의 작동을 중심으로 전환시키고 왕과 인민
    의 관계는 전통적인 유교의 통치이념과 윤리관을 통해 인민을 통치권에 구속시
    키려는 것이다. 그렇다면 유길준의 국가상에 자리한 유교적 윤리성은 근대 통치
    시스템 구상의 토대위에 새롭게 소환된 것이라고 보아야 한다.

는 계몽의 의미가 내포되어 있으며, 주권자-정부-인민의 관계 속에서 정부-인민 관계를 주축으로 한 근대 통치체제 구상과 연결되어 있다. 즉 정부는 주권자의 권한으로 부터 상대적 독립성을 갖고 있으며, 이를 통해 군권과 민권의 균형을 유지하는 한편 인민을 국가발전에 복무할 수 있도록 계몽해야 하는 역할을 부여받았다. 그는 개화개념을 주권자의 권한을 침해할 수 있는 권력정치로부터 분리해 내고 정부에 의한 인민의 계몽을 추동하는데 사용하고 있다. 이는 갑오개혁 이후 『독립신문』과 『황성신문』의 정치기획에 사용되는 개화, 문명개화 등의 개념을 선취한 것으로 볼 수 있다.

4. 개화 이후의 개화

갑오개혁의 실시로 행정 권력의 작동이 인민 기본권의 보호라는 관점에서 작동될 수 있는 길이 열었다. 신체, 생명, 재산의 보호는 1897년까지 구체적인 법령의 제정 과정을 거쳐 제한적으로 법제화되었지만, 여전히 현실에 적용되고 정착되는 것이 쉽지 않았다. 그러나 신분제의 폐지와 자유로운 경제활동을 보장하는 법령 제정은 조선 통치방식의 변화를 상징적으로 보여주는 것이었다.

1894년 이후 진행된 제도개혁에 대해서는 일반적으로 '신식(新式)' 또는 '경장(更張)'이란 용어로 명명하는 경우가 많았다. 그러나 그 의미를 언급할 때는 개화라는 용어가 사용되었다. 일본 공사 오토리 게이스케(大鳥圭介)가 고종을 알현하면서 "이제부터 개화하면 두 나라의 교린(交隣) 관계가 전날에 비하여 더욱 돈독해지고 좋아질 것"이란[51] 표현이나, 1895년 고종의 칙유에서 "모두 다 새롭게 개화해나가는 것은

사실 백성들을 위한 데서 나온 것임을 알게 하라."는[52] 표현에서 개화
는 진보를 의미했다.

반면 제도개혁에 반대하는 상소에서 개화는 제도개혁의 문제점을
지적하는 기준으로 제시되고 있다. "개화라는 것은 공정한 도리를 넓히
고 사사로운 견해를 제거하기에 힘쓰며 (중략) 생활을 윤택하게 하는
근원을 열며 나라를 부유하게 하고 군사를 강하게 만드는 도리를 다하
는 것에 지나지 않습니다. 어찌 의관 제도를 허물어 버리고 오랑캐의
풍속을 따른 다음에야 개화가 되겠습니까?'라고[53] 하여 새로운 제도의
도입과 개혁이 개화를 이루는 것이 아니라고 비판했다. 이 때 개화는
유교의 '이국편민(利國便民)'의 이상적 가치를 지향하고 있으며, 여전
히 '개물성무 화민성속'의 의미였다.

그러나 일반인들 사이에서 개화는 갑오개혁을 지칭하는 의미로 더
많이 사용되었다. 분원 공인이었던 지규식(池圭植)은 자신의 일기에서
"개화의 일은 운현궁에서 주도하여 결단한 것", "개화의 일 중 21조가
새로 나왔다"[54]라고 하여 갑오개혁을 개화로 지칭했다. 『독립신문』과
『황성신문(皇城新聞)』에서도 '개화한 후'라는 표현이 관용어처럼 사용
되고 있었다는 점에서도 이를 확인할 수 있다. 따라서 갑오개혁 이후
지식인의 정치기획은 '개화 이후의 개화'를 의제로 상정해야 하는 상황
이었다.

갑오개혁 이후 '신식'의 도입으로 운영상 많은 혼란이 제기되고 있었

---

51) 『高宗實錄』, 1894년 6월 22일(음력) 御咸和堂, 接見日本公使大鳥圭介.

52) 『高宗實錄』, 1895년 윤5월 20일(음력) 詔曰.

53) 『高宗實錄』, 1894년 10월 3일(음력) 前承旨申箕善疏略.

54) 서울특별시사편찬위원회, 『國譯 荷齋日記(二)』, 2007, 505쪽, 1894년 9월 8일; 같
은 책, 513쪽, 11월 6일.

다. 제도의 폐지와 신설의 과정에서 파생된 고종과 개혁 관료사이의 정치적 갈등과 행정상의 혼란은 '개화' 이후의 개화를 둘러싼 갈등을 촉발시켰다. 조세, 치안, 재판 등 인민의 생활과 직접적으로 관련된 부분에서 구래의 운영방식이 여전히 계속되고 있었고, '신식'의 도입에 따른 운영상의 공백과 혼란이 발생했다. 또한 서울에서는 물가폭등, 도로 확장으로 인한 민가의 철거 등으로 민생고가 가중되면서 '개화'하면 좋아질 것이라는 기대가 점차 실망감으로 변화되고 있었다. 따라서 아관파천에서 대한국국제가 선포되기 전까지 『독립신문』과 『황성신문』의 정치기획은 개화에 대한 인민의 반감을 줄이는 한편, 인민의 능동성을 고양하여 정부의 개화를 이끌어 내야 하는 문제에 직면했다. 그리고 이러한 정치기획은 인민의 힘이 주권자의 권한을 침해하지 않아야 하는 분명한 선을 갖고 있었다. 이들의 정치활동 공간은 군권과 민권의 사이에 존재하며 그것의 균형자를 자처함으로서 정당성을 확보할 수 있었기 때문이었다.[55]

1) 독립신문의 문명개화

『독립신문』은 창간과 동시에 문명개화를 정치기획의 주요 개념으로 사용했다. 1896년 4월 7일 창간호를 발행한 『독립신문』은 14일 논설에

---

[55] 이러한 언론의 기능은 '주권재민'이란 관념이 제도화되었다 하더라도 변화하지 않는 기능이다. 선거에 의해 선출된 주권의 대리자는 통치권력 행사에서는 '임시 군주'와 크게 다르지 않기 때문이다. 따라서 언론의 정치기획은 통치 권력과 인민 사이에 존재하며 자신을 균형자로 위치 짓고 있다. 이시기 지식관료는 프랑스 혁명에 대해 매우 부정적인 인식을 갖고 '인민'의 정치적 힘을 경계하고 있었다. 또한 과거제와 신분제의 폐지 이후 지식─관료 지위도 매우 유동적이 되었다. 그러나 그 대신 군권과 민권 사이의 정치공간이 열리면서 이들이 그 사이에 존재하는 균형자로서 입지를 강화해 갈 수 있었다.

처음으로 "정치학이란 학문은 문명개화한 나라에서"라고 하여 문명개
화란 용어를 처음으로 사용했다. 이때 문명개화는 의미상으로 개화와
차이가 없다. 그러나 '개화한 후'란 표현이 이미 널리 퍼져 있었기 때문
에 『독립신문』은 창간 초기 "<u>소위 개화한다는 이후로</u> (중략) 대 군주
폐하께서 외국 공사관에 파천하여(중략) 정부도 차차 단단히 짜여 환
어도 곧 하실 것이오. <u>참개화도</u> 될 터이니,"56)라고 하여 '참개화'란 용어
를 사용하여 퇴색되어 가는 '개화'의 기표를 되살리려고 했다.

　"개화라고 하는 말이 근일에 매우 번성하여 사람마다 이 말을 옮기
는데 우리가 보기에는 개화란 뜻을 자세히 모르는 모양이기에 우리가
그 의미를 조금 기록하노라."라고 하여 개화의 의미를 재차 확인하고
있다.57) 이때 개화는 "실상을 가지고 일을 하면, 헛되고 실상 없는 외식
은 아니 행하고 참된 것만 가지고 공평하고 정직하게 생각하고 행동도
그렇게 하는 것이다."라고 하여 정부와 인민의 소통을 위해 정부는 투
명, 공평, 정직을 원칙으로 일을 행해야 한다고 하면서 "나랏일을 몰래
비밀스럽게 하는 것이 없어질수록 나라가 강해지고 백성이 원통한 일
이 없다."라고 하여 정부와 인민 관계를 서양의 근대 행정체계로 정립
할 것을 주장했다. 퇴색되는 '개화'의 기표를 되살릴 필요가 있었던『독
립신문』은 '개화'보다는 '문명화'란 의미가 분명하게 표현되는 '문명개
화'란 용어를 사용했다.

　『독립신문』의 대부분 기사는 개화, 문명개화, 문명의 형용사형, 문명
국 등의 용어를 혼용하고 있기 때문에 문맥상 개화와 문명의 의미가
분명히 구별되지 않는다.58) 그러나 1899년의 논설에서는 개화와 문명

---

56)『독립신문』1896년 4월 23일 논설.

57)『독립신문』1896년 6월 30일 논설.

58)『독립신문』의 용어 사용 경향을 보면 개화를 사용한 기사는 121건, 문명개화 또

이 분명하게 구분되어 있다. "현재 동서양 각국이 다 등수가 있는데 일등은 문명국이오, 다음에는 개화국이오, 그 다음에는 반개화국이오, 그 다음에는 개화 못한 야만국이라"라고 하면서 영국, 미국, 프랑스, 독일, 오스트리아 등은 문명국, 일본, 이탈리아, 러시아, 덴마크, 네덜란드 등은 개화국, 대한, 청, 태국, 페르시아, 미얀마, 터키 등은 반개화국, 그리고 야만국으로 구별하고 있다.[59] 문명국은 법률과 장정, 통치하는 일이 공평하고 무식한 백성이 없고, 인민의 자유권이 있어서 나라가 지화세계가 되어 요순과 다름이 없고, 개화국은 정치는 문명국과 같으나 앞에 조금 남은 길이 있어서 쫓아가기를 빨리하고 있으며, 반개화국은 정치과 풍속이 아름다운 것은 있으나 대개 50, 60%는 미개한 일이 많은 것이라고 했다. 이 논설에 다르면 문명개화는 반개화국인 대한이 쫓아가야 하는 두 그룹의 모델을 의미하며, 개화한 이후의 문명화를 상정한 것이다.

발전 정도가 다른 '문명'과 '개화'의 합성어인 문명개화 개념에는 또 다른 두 가지의 인식이 투영된 것이라고 할 수 있다. 하나는 갑오개혁의 제도개혁이 '개화'로 지칭되고 있었던 상황에서 '역적'으로 지시된 친일세력의 전유물이었던 '개화'보다는 '문명개화'란 용어를 사용함으로써 그들과 거리를 두려는 의도가 반영된 것이었다고 볼 수 있다.『독립신문』을 주도했던 서재필은 일본을 모델로 하는 친일정치세력에 반대했던 정동파와 긴밀한 관계하에 정치기획을 진행하고 있었다.

두 번째는 일본을 서양 문명국과 대응한 문명국으로 보는『황성신문』과는 다른 관점에 서 있는 것이다. 1898년 3월 창간된『황성신문』에서는 "일본이 (개화)를 논한 지 30년 이래 관민이 일심하고 문명지역(文明之域)에 도달했으니 정치, 군사는 구미열강과 더불어 나란히 달려 균형

는 문명과 개화를 동시에 사용한 기사는 116건, 문명을 사용한 기사는 192건이다.
[59]『독립신문』1899년 2월 23일 논설.

을 다투거늘"이라고 하여 일본을 서양국가와 나란히 경쟁하는 문명국
으로 지칭했다.[60] 반면『독립신문』은 일본이 청일전쟁 이후 제국주의
국가로 발전했지만 서양국가와 비견될 만한 발전을 이루지는 못했다
고 보았다. 따라서 일본은 청일전쟁 이후 발전하여 개화국이 되었지만,
아직 문명국은 아니라는 인식을 갖고 있었다.『독립신문』은 일본이 아
직 서양 문명국에 미치지 못했음을 주장하며 문명개화의 최상위 모델
이 서양 열강임을 다시 확인하고 있다. 이것은『황성신문』이 청일전쟁
이후 제국주의 국가로 등장한 일본이 유교의 윤리성을 공유하고 있는
'동양'의 국가이기에 일본을 통해 '동양'이 발전할 수 있다고 보았던 관
점과는 분명히 다른 것이다.

　『독립신문』은 기존의 연구를 통해 알려진 바대로 서양을 모델로 하
는 문명의 정치기획을 진행했다. 따라서 계몽의 내용은 서양의 종교,
서양의 학문과 기술, 생활풍습과 태도를 인민이 배워서 서양과 나란히
교제를 해야 한다는 것이었다. 유교의 윤리관이 인민을 수동적 존재로
만들었다고 생각했던 그들은 유교적 전통을 구습으로 낙인찍는 경향
이 강했다. 그들의 정치기획은 인민을 능동적인 존재로 계몽하여 정부
와 인민의 관계를 근대적인 것으로 바꾸려는 목적을 갖고 있었다. 즉
정부는 인민을 보호하고 교육시키며, 인민은 정부의 잘못을 비판할 수
있는 지식을 갖추고 능동적으로 활동할 수 있는 주체가 되어야 한다는
것이었다. 정부와 인민이 화합하는 것은 "정부가 백성의 사정을 살펴서

<hr>

[60]『皇城新聞』1899년 1월 20일. 황성신문과 독립신문은 1898년 러시아의 중국분할
　참가를 동양의 위기로 생각했는데『독립신문』은 정치적 군사적 연대의 차원에
　서 아시아연대론을 제기했다면,『황성신문』은 유교문명을 동양의 정체성으로
　구상하면서 동양의 문명국으로 일본을 상정했다. 여기에 대해서는 김윤희의 연
　구(「1909년 대한제국의 동양개념과 그 기원―신문매체의 의미화 과정을 중심으
　로」,『개념과 소통』4, 2009)를 참조.

먼저 민심에 맞도록 시행하는 것에 달렸으니 이 나라에서 근래 민심이 이전과 많이 달라져서 정부에서 하는 일을 시비하고 의론하니 이전 학문으로 보면 대단히 불가한 것이나 개화한 문전으로 보면 백성이 능히 정부를 시비하는 것이 그 직분이요 도리다",[61] "불평한 의론이 비등하여 정부로 하여금 잠시라도 방심하고 그른 일을 못하게 하니 개화한 나라일수록 시비하는 공론이 많고 시비가 많을수록 개화가 점점 잘되니 영국 학사가 말하길 영국이 부강한 것은 영국 사람이 항상 불평한 의론을 많이 하기 때문이라 하였으니 그 말이 매우 유익하다"[62]고 했다.

정부에 대한 인민의 비판이 정당한 것이라는 주장은 1898년 중추원 개편을 둘러싼 고종과 개혁관료 사이의 정치적 갈등이 제기되고 있었던 정치상황을 반영한다.[63] 의사결정 구조의 참여를 통해 정부를 견제하려고 했던 정치적 지향은 1896년 4월 14일 논설에서 지방 관찰사와 수령을 인민이 선거로 뽑는다면 그들이 인민을 위해 일할 것이며, 혹 그들이 잘못하더라도 원망이 임금에게 미치지 않으니 시행할 만한 제도라는 주장을 통해서도 알 수 있듯이 정부를 견제할 수 있는 방법의 제도화를 위해 인민을 동원하고 있었다.[64] 『독립신문』은 인민의 집단

---

61) 『독립신문』 1898년 8월 20일 논설.

62) 『독립신문』 1898년 11월 7일 논설.

63) 갑오개혁 시기 개혁관료는 삼권분립을 지향하면서 인민 참정권을 인정하지 않았기 때문에 내각을 입법적 기능의 중추원과 사법권을 통괄하는 형태로 제도화되었다(왕현종, 「갑오개혁연구-개혁관료의 근대국가론과 제도개혁을 중심으로-」, 연세대 박사학위논문, 1999, 182-198쪽). 갑오정권의 실각 이후 의정부의 복설과 중추원 개편 논의는 입법적 기능의 확대를 둘러싼 고종과 개혁관료의 정치적 갈등을 표면화시켰는데 『독립협회』 세력은 중추원을 통해 자신들이 의사결정에 참여할 수 있는 구조를 만들려고 했고 인민을 그들의 정치적 힘으로 동원하고 있었다.

64) 『독립신문』 1898년 12월 6일 논설. 이 논설은 의회제도의 설치가 곧 개화라고 주장했는데 이때 의회는 임금과 신하(개혁관료)의 약속에 의한 것을 의미했다.

적 힘의 실체를 인정했고, 그것을 계몽기획을 통해 자신의 정치기획의
방향으로 동원하려 했다.[65]

『독립신문』은 개화의 근본은 자연한 힘과 사회의 힘 두 가지에 있다
고 하면서 자연조건을 극복하려는 힘과 경쟁과 공공의 이익을 추구
하여 형성되는 사회의 힘에 의해 문명진보가 이루어진다고 보았다.[66]
『독립신문』의 문명개화 개념은 계몽이 내포된 유길준의 개화개념과 정
부와 인민 관계를 중심으로 하는 근대 국가상의 토대 뒤에 놓여 있었
지만, 유교에 대한 입장 차이로 유교의 윤리성을 소환하지는 않았다.
또한 유길준이 구상한 정부와 인민관계는 사회개념을 포섭하지 못하
고 있었던 반면『독립신문』은 인민의 집단적 힘을 인정했고, 사회의 힘
에 의한 문명의 진보를 구상했다.『독립신문』의 문명개화 개념은 그들
의 정치기획의 의도와 달리 인민이 국가주권에 한 발짝 다가설 수 있
는 길을 열어 놓은 것이다.

그러나『독립신문』의 정치기획은 균열과 대면하고 있었다. 독립협
회 해산과 중추원의 위상 격하로 국가적 의사결정 참여의 길이 봉쇄된
것, 서양의 종교와 윤리관에 대한 반감, 그리고 개화 이후의 개화에 대

---

65) 독립신문의 인민 동원과 관련하여 '동포'의 용어에 주목할 필요가 있다. '동포'는
신분제 폐지 이후 독립신문의 정치기획에 동의하는 인민 또는 동의하도록 설득
해야 하는 인민을 포함하는 의미였다. 권보드래의 연구(「'동포', 기독교 세계주의
와 민족주의-『독립신문』의 기사 분석을 중심으로-」,『종교문화비평』4, 2003)
를 통해 확인되는 '동포'는 정치적 공동체를 표상하는 기표라고 볼 수 있는데 권
보드래는 이것을 민족 개념으로 발전 가능한 것으로 보고 있다.
66)『독립신문』1899년 9월 5일 논설. 이 논설에서 사용된 '사회력'이란 용어를 보면
인민이 "문명 진보를 다투기 때문에 사회의 힘이 크게 발생하고, 정부는 정치와
법률을 고쳐 사회상에 평화할 방침을 시행 한다"라고 하여 경쟁을 '사회' 발전의
핵심으로 보고, 그 발전에 따라 정부의 정치와 법률도 바뀐다고 보았다. 또한
"사람마다 예비심과 신의가 있어서 신의를 주장하며 생업을 번창시키는 것이 사
회상에 긴요한 힘"이라고 하여 공공에 대한 신뢰와 이익의 확대를 언급했다.

한 실망감은 이들 정치기획의 공간을 협소하게 하는 것이었다. 또한 고종의 도시개조 사업을 적극적으로 지지했던 그들은 철거민의 생존권 요구를 외면했으며,[67] 물가 상승에 대해 물가가 오르면 급료도 오르니 인민들이 부지런히 일하면 오히려 개화에 도움이 된다고 하여[68] 대다수 인민의 민생고를 외면했다. 이러한 태도는 개화 이후 개화에 대한 실망감을 확산시키며 『독립신문』의 정치기획에 대한 반감을 불러일으킬 수 있는 것이었다.

2) 『황성신문』, 개화와 문명 내포의 분화

1898년 3월 8일 창간된 『황성신문』은 만민공동회 활동과 독립협회 세력의 중추원관제 개정에 대해 『독립신문』과 보조를 맞추는 논설을 게재했지만, 적극적으로 인민의 행동을 이끌어내는 것은 아니었다. 중추원 관제 개정이 확정되고 신문규칙 제정이 논의되었던 1899년 1월에서 2월 사이 『황성신문』은 『독립신문』과 거리를 두기 시작했다. 신문규칙의 제정에 대해 『독립신문』은 "쓸데없는 일에 아까운 돈도 많이 허비하는데 실상 인민에게 유익하고 도움이 되는 사업은 신문 하나뿐이다. (중략) 신문 규칙 초안을 대강 보니 압제를 넘어 심하다."고 강하게 반발했으며,[69] "국고에 예산이 없으면 중추원을 파하면 25,600원이 생기고 양지아문을 파하면 11,600원이 남을 것이고 호위대를 파하면 50,900원이 생기니, 이 돈으로 학교도 많이 세우고, 병원도 보조할 것이며, 치도도 하고 각국에 학도도 보낼 것이며, 목욕집도 몇을 설치할 수

---

67) 「이대신사업」, 『독립신문』 1899년 3월 29일 잡보 .
68) 『독립신문』 1898년 8월 20일 논설.
69) 『독립신문』 1899년 1월 17일 논설.

있으니 쓸데없이 허비하는 돈을 거두어서 쓸데 있는 일에 쓰기를 원한다.”고 하면서70) 고종 중심의 국정 운영에 대해 매우 신랄한 비판을 가했다.

반면『황성신문』은 “근일 각 신문의 논설을 보면 위태위태하고 근심이 넘쳐나는데 이것은 위험을 잊지 말자는 본의라고 생각되지만 (중략) 부디 격분하게 하지 말고 해괴하다 하지 말고 평정심으로 경계하고 깊게 반성하게 하여”라고 하여71)『독립신문』와 같이 격분한 논조에 대한 경계를 표현했다. 이러한 태도는 인민을 정치적 힘으로 동원하려는 정치기획과 입장을 달리하는 것이었다.

개신유학계열의 정치기획 공간이었던『황성신문』은 기존에 알려진 바, 유교적 사유체계를 토대로 하여 서양의 문명을 수용한다는 입장을 갖고 있었다. 그러나 그 방법은 1894년 이전 동도서기론적 입장과 달리 서학중원설(西學中原說)에 근거하여 동서양 문명을 구학(舊學)과 신학(新學)의 관계로 전환시켜 서양의 과학, 기술, 제도 등을 유교의 사유체계 속에서 설명할 수 있는 길을 열었다. 논설에 자주 등장하는 독립과 부국을 위해 필요한 ‘미법양규(美法良規)’는 동서고금의 텍스트를 대상으로 하지만 구체적인 내용은 동양의 고전 보다는 일본을 비롯한 서양의 모델들을 지시하는 경우가 많았다. 이는 유교적인 것의 상실과 서양적인 것의 도입이라는 시대 변화를 인정하고 있었기 때문이다. 그러나 서양문명에 비해 우월한 것이 유교의 윤리성이라고 확신했던 이들은 사회적 제도들은 ‘신학’에 근거하는 대신 사회적 윤리관은 ‘구학’에 근거하고 있었다. 따라서 개화 이후의 개화에 대해 반대하거나 실망한 사람들에 대해 제도개혁과 근대적 사업은 국가의 문명발달에 필요하다고 하면

---

70)『독립신문』1899년 2월 7일 논설.
71)『皇城新聞』1899년 2월 24일 논설.

서 동시에 유교적 윤리성을 소환하여 국가 내부의 통합과 국가 간 화해의 필요성을 주장했다.[72]

앞서 언급했듯이 『황성신문』는 개화를 개물성무 화민성속으로 풀했고, 구체적인 내용에는 『서유견문』 개화의 등급에서 유길준이 언급한 5종의 개화를 그대로 서술하고 있다. 그들의 정치기획은 유길준과 마찬가지로 인민을 계몽하여 국가발전의 주체로 만드는 한편 주권－정부－인민의 수직적 관계를 토대로 하여 인민을 주권자에 귀속시키는 것이었다. 『서유견문』의 유길준 구상이 그의 의도와 무관하게 『황성신문』을 통해 생명력을 부여 받았다고 할 수 있다. 『황성신문』은 정부 관료의 잘못된 태도를 비판하고 인민의 기본권 보호를 주장했지만, 『독립신문』과 달리 정부와 인민의 조화와 화합을 강조기 때문에 유교적 윤리성을 강하게 소환했다.[73]

반면 문명이란 용어는 문명국, 문명한, '문명정치(文明政治)', '문명지학(文明之學)', '문명세계(文明世界)'등의 형용사 형태의 사용과 함께 '부강문명(富強文明)', '문명충애(文明忠愛)', '문명운회(文明運會)', '문명경쟁(文明競爭)' 등 명사와 결합되어 사용되고 있다. 창간부터 1904년까지 개화를 사용한 기사는 총 109건, 문명개화는 5건, 문명과 개화를 동시에 사용한 기사는 18건, 문명을 사용한 기사는 총 888건으로 문명 용어의 사용이 압도적이다. 이때 문명은 중국 『역(易)』에 나오는 '천하문명(天下文明)'에서 의미화된 "문채(文采)가 있어 빛남", "덕이나 교양

---

72) 대표적인 논설은 1900년 9월 3일에서 7일까지 5차례에 걸쳐 연재한 논설 「怨開化說」을 꼽을 수 있다.

73) 황성신문은 정부의 무능과 부패의 심각성을 고발하는 논설을 자주 실었는데 그것은 유교적 통치이데올로기의 윤리성을 소환하는 차원에서 이루어졌다. 이러한 태도는 사림세력의 정치론이었던 공론정치와 유사성을 갖는다(백동현, 「대한제국기 민족의식과 국가사상」, 고려대 박사학위논문, 2004, 49쪽).

이 있어 훌륭함"이란 의미로 사용되었다. 따라서 국가를 단위로 한 문명화란 의미 보다는 정치, 종교, 사회, 학문, 경제 등 각 부분에서 훌륭한 것을 지칭하는 의미로 더 자주 쓰였다.

'문명'은 서양만이 아니라 동양의 옛적에 존재한 것이었다. "우리 대한(大韓)은 500년 문명고국(文明古國)",74) "(대한은) 제왕문명(帝王文明)의 교화를 입은 지 4천 년으로"75) "(중국이) 천고만국(千古萬國)의 일을 모두 깨달아 다스리니 이 때문에 문명국(文明國)이라 칭할 수 있었던 지라"76)라고 했다. 특히 한국에 대해서는 "미법양규(美法良規)가 옛날에는 있다가 지금은 없어졌으니 그 법규를 지켜왔으면, 지금도 옛날처럼 문명국이었을 텐데"77)라고 하고, 세계의 흩어져 있는 문명의 장점(美法良規)을 통해 '부강문명'을 이루어야 한다고 했다.

『독립신문』의 문명개화가 서양을 국가발전의 모델로 하는 '문명화'란 의미였던 반면 『황성신문』의 '문명'은 복수의 문명, 즉 동서고금을 통해 빛나고 훌륭한 문물이란 의미로 사용되었다. 이는 『독립신문』과 달리 서양 문명을 상대화하고 있었고, '문명'을 시간과 공간에 산포되어 있는 것으로 보았다. "신라와 고려의 좋지 않은 풍속을 개혁하여 문명지치(文明之治)를 이루었으니 이는 아국지개화(我國之開化)이다."78)라는 표현에서 드러나듯이 개화는 문명의 정치를 통한 풍속의 진작을 의미했다. 즉 개화는 궁극적인 지향으로 제시된 반면 '문명'은 발전을 위해 필요한 요소를 지시하는데 사용되는 경우가 많았다.

---

74) 『皇城新聞』 1898년 9월 16일 논설.
75) 「續出南阿風雨一曲」, 『皇城新聞』 1900년 8월 29일 논설.
76) 『皇城新聞』 1899년 5월 19일 논설.
77) 『皇城新聞』 1899년 6월 28일.
78) 「論說解開化怨前号續」, 『皇城新聞』 1900년 9월 7일 논설.

'문명'은 '부강' '자강'이란 용어와 함께 언급되는 경우가 많았다. 1904년 까지『황성신문』에는 부강(富强)을 사용한 기사는 197건, 자강(自强)을 사용한 기사는 76건, 부강과 자강이 함께 사용된 기사는 6건으로 개화보다 부강이 더 많이 사용되고 있었고, 이들 용어와 함께 '문명'이 사용되는 경우가 많았다. 문명과 부강이 함께 사용된 기사가 80건인데 비해 개화와 부강이 사용된 경우는 8건이다. 문명과 자강이 함께 사용된 기사가 7건인데 비해 개화와 자강이 사용된 기사는 2건이다.『황성신문』의 '문명'은 국가의 부강이란 목적에 더 많이 동원되는 용어였다.

『황성신문』에서 사용되는 개화와 문명은 여전히 그 의미를 분명히 구별하기 어려울 정도로 혼용되고 있었다. 그러나 개화와 문명의 내포가 달리 사용되는 경향이 분명하게 나타나고 있었고, 그 과정에서 개화는 유교적 관념이 투영된 풍속의 진보를 통한 국가 내부의 조화로운 상태란 의미를 보다 분명하게 드러내고 있었던 반면 문명은 국가의 부강에 도움이 되는 발전된 것 또는 발전된 상태란 의미로 사용되고 있었다.『황성신문』은 개화개념을 통해 유교적 윤리성을 소환하여 주권자를 중심으로 인민을 통합해 내고, 문명개념을 통해 인민을 스스로 근면하고 성실하게 교육받고 노동함으로서 국가발전에 기여할 수 있다는 존재로 기획하고 있었다.[79]

한편 이와 같이 개화와 문명 개념의 내포가 달라지는 현상은 러일전쟁 이후 동양의 정체성을 유교의 윤리성으로 구상하면서 서양문명을 물질문명으로 동양문명을 정신문명으로 구분하는 관념의 기원을 보여준다고 할 수 있다.『황성신문』은 동문동종(同文同種)의 동질성 구상에서 한걸음 더 나아가 유교를 동양문명으로 구상해 가고 있었고, 러일

---

[79] 이와 관련한『皇城新聞』의 대표적인 논설은 다음과 같다. 1900년 7월 7일; 1900년 8월 13일; 1901년 3월 4일; 1901년 9월 10일; 1903년 6월 5일자 별보 등.

전쟁을 계기로 서양문명과 동양문명을 대립적인 관계로 설정했다. 서양문명과 대립하는 동양문명이란 용어는 러일전쟁에서 일본의 승리가 확실시되는 시점부터 등장했다.[80] 이때 '문명'은 앞서의 내포와 크게 다르지 않다. 그러나 발전의 결과물을 수렴하는 최종 단위가 국가에서 동양으로 확장되는 순간 서양문명에 비해 우월하다고 생각되는 동양문명의 윤리성이 동양 내부의 관계를 규정하게 된다. 러일전쟁 이전 국가 내부의 갈등을 유교적 윤리성을 통해 통합시키고자 했던 인식은 러일전쟁 이후 동양 내부의 관계에도 그대로 적용되었다. 따라서 동양문명과 서양문명은 힘의 논리가 관철되는 관계이지만, 동양 내부는 윤리성이 관철되는 관계로 구상되었다.

5. 맺음말

이글에서는 개화와 문명 개념을 매체를 통해 진행되고 있었던 정치기획의 담론과 관련하여 고찰했다. 매체를 통해 의미화된 개념은 한 사회의 시대담론을 형성하며 사회적 결정 방향에 영향을 미친다. 19세기말 20세기 초 개화·문명 개념은 정치적 입장의 차이, 정치체제구상의 차이에 따라 대립개념과 보완개념을 달리하며 내포의 분화와 변화가 진행되었다.

1894년 이전 개화개념은 유교의 정책이념이었던 '개물성무 화민성속'

---

[80] 러일전쟁 이전 서양문명이란 용어는 단 2건 등장하는데, "서양문명제국(1899년 5월 22일)", "서양문명의 침입(1900년 5월 3일)", "서양문명을 말하면"(1904년 9월 10일)이라고 하여 동양문명과 구별되는 문명으로서 서양문명이란 용어를 사용하고 있다. 반면 동양문명이란 용어는 러일전쟁에서 일본의 승리가 확실시되는 시점부터 등장한다(1904년 11월 29일).

의 의미로 사용되면서 국가체제의 재조직을 위해 필요한 새로운 지식
과 정책의 시행을 추동해 내고 있었다. 그러나 '개물성무 화민성속'에
내포되어 있는 시행주체로서의 왕이란 관념은 갑신정변을 통해 전복
되었고, 개화는 권력정치에 대한 도전을 지시하는 의미로 등장했다. 이
에 유길준은 군주권에 도전하는 권력정치로 부터 '개화'개념을 분리하
여 인민을 국가발전에 복무하는 행위주체로서 재조직하기 위해 계몽
기획과 연결시켰다.

　19세기 국가 간 경쟁질서 속에서 독립국가의 발전을 구상한 유길준
은 임오군란과 갑신정변이란 권력정치에 대한 도전을 체제내로 포섭
하기 위해 행정 권력의 작동을 근대통치시스템으로 변화시키려고 했
다. 또한 인민이 군주권에서 이탈하는 것을 막기 위해 유교의 윤리성
을 소환했다. 따라서 그의 개화개념에는 유교의 '수신'이란 의미가 내
포되어 있었지만, 인민의 기본권에 기초하여 인민을 '수신'의 주체로 인
식한 점은 서구의 계몽의 의미와 같은 것이라고 할 수 있다.

　유길준의 개화 개념이 매체의 정치기획에 본격적으로 등장하기 시
작한 것은 1894년 이후였다. 갑오개혁을 통해 생명, 신체, 재산의 보호
가 법적으로 제도화되면서 정부와 인민의 관계성에 대한 사유가 전면
적으로 등장했다. 다른 한편 '신식'을 법제화했던 갑오개혁은 일반인들
사이에서 '개화'로 지칭되기 시작했지만, 매체를 주도했던 정치세력이
지향했던 '개화'는 매우 미흡했다. 『독립신문』과 『황성신문』에 '문명'이
란 어휘가 전면적으로 등장했던 것은 갑오개혁 이후, 즉 개화 이후의
개화가 여전히 필요하다는 현실인식이 반영된 것이었다.

　『독립신문』의 문명개화는 반일적 입장을 갖고 있었던 주도세력의
인식을 반영한 어휘였다. 청일전쟁 이후 제국으로 발돋움한 일본의 위
상으로 인해 이들은 제국주의 열강을 문명국과 개화국으로 구분하여

서양과 일본을 애써 구분하려고 했다. 이들의 문명개화는 여전히 서양을 최상의 모델로 상정하는 개념이었다. 따라서 정부와 인민 관계 역시 서양을 모델로 하고 있었다. 인민에 의한 정부의 견제와 비판을 통해 정부가 제자리를 찾을 수 있다는 생각은 개화를 위해 '사회적 힘'이 필요함을 강조했다. 정부를 비판하고 견제하는 힘으로 인민을 동원했던 정치기획은 그들의 의도와 달리 인민이 행정 권력을 견제할 수 있는 주권의 실체에 한발 더 다가설 수 있는 가능성을 갖고 있는 것이었다.

반면 『황성신문』은 제국으로 발돋움한 일본의 지위를 승인하면서 일본에 대해서도 '문명'이란 용어를 사용하는데 주저하지 않았다. 여기에는 서학중원설과 서양에 비해 우월한 윤리성으로서 유학에 대한 자부심이 존재했다. 서양문명의 기원이 중국이라고 생각했던 이들은 동서고금의 텍스트에서 '미법양규(美法良規)'를 받아들여야 한다고 보았다. 또한 일본을 동문동종(同文同種)의 동질성 속에서 바라보았기 때문에 문명국 일본은 동양의 발전을 추동하는 힘이 될 수 있다고 인식했다. 따라서 『황성신문』의 문명은 복수의 의미로서 최상의 모델을 지시하지 않았다. 화합과 정도(正道)의 유교적 이상을 체현한 근대 독립국가가 이들이 궁극적으로 지향하는 것이었다. 따라서 국가 내부의 갈등은 유교의 윤리성을 통해 통합해 내는 대신 인민은 국가 부강을 위해 근면하고 성실하게 교육받고 노동하는 존재로 기획되었다.

『독립신문』과 『황성신문』의 문명기획은 국가 간 경쟁질서에서 국가의 독립과 발전을 지향점으로 상정했고, 이를 위해 주권자에 대한 도전이 초래할 체제위기를 경계하면서 정부와 인민의 관계를 구상했다. 그러나 이 관계가 서로 비판과 견제의 관계 속에서 놓여 져야 한다고 보았던 『독립신문』은 '문명개화' 개념을 통해 인민을 정치적 힘으로 동원하려 했다. 반면 정부와 인민의 화합을 강조했던 『황성신문』은 유교적 윤리성을 소환하여 양자의 도덕적 태도를 규정하는 한편 각자의 수신과 자강을 위해 '문명'의 좋은 것을 받아들여야 한다고 하면서 인민이 권력정치에 다가서는 것을 차단하려고 했다.

1894년 이후『독립신문』과『황성신문』의 문명개념은 정부와 인민의 관계성에 대한 이들의 구상과 깊게 연결되어 있었다. 내부의 역학관계에 더 큰 관심을 가진『독립신문』과 외부의 경쟁질서의 규정성을 더 크게 인식하고 있었던『황성신문』의 차이는 근대 국가 간 경쟁질서 속에서 국가 내부의 문제를 바라보는 진보와 보수의 차이라고 볼 수 있다.

동도서기론의 구조와 전개양상

배항섭

1. 머리말

1876년의 개항 이후 약 30여 년에 걸친 시기는 조선내부와 조선을 둘러싼 동아시아의 질서가 붕괴되고, 조선이 세계자본주의체제 내지 근대국가간체제 속으로 편입되는 일대 격동기였다. 또한 서구문명이 유교를 바탕으로 한 "동양문명"을 압도하고 그것을 대체해나가는 문명적 대전환기이기도 했다. 그 과정에서 조선사회 내부에서는 서구문명에 대응하기 위한 주체적 방안이 다양한 세력에 의해 다양한 방식으로 모색되었다. 유교에 기초한 전통적 사유체계를 가지고 있던 지식인들이 서구문명에 대응하는 논리 가운데 하나가 동도서기론이었다.

그것은 동양의 정신 혹은 도덕을 기초에 두고 서양의 과학·기술을 받아들이자는, 곧 동도를 '본(本)'으로 한 서기수용론이었다. 동도서기론은 개항 직후부터 "서도서기"론으로 경도된 문명개화론자들이나 끈질기게 서구문명의 도입을 거부했던 척사론자들을 제외한 대부분의 지식인들이 서구문명에 대응한 방안이었다. 그것은 한편으로는 개항 이후 조선 왕조정부가 개화정책을 추진해 나가는 데 논리적 근거가 된 정책론으로서의 의미를 지녔으며, 다른 한편 서구문명에 대해서 만이 아니라, 지금까지 '보편'으로서의 특권적 지위를 가지고 있던 동양문명에 대한 인식 내지 태도를 내포하고 있었고, 양자의 관계를 어떻게 받아들이고 조정해 나갈 것인가에 대한 고뇌의 표현이기도 했다.

그러나 1894년에 시작된 갑오개혁과 청일전쟁을 계기로 개화정책론 내지 동도를 본으로 한 서기수용론으로서의 동도서기론은 현실적 의미를 잃게 된다. 갑오개혁은 이미 동도를 '본'으로 한 서기수용의 범주를 넘어섰으며, 청일전쟁에서 일찍부터 서구문명을 적극적으로 수용한 일본이 승리하였다는 현실은 서도의 일부 혹은 전부까지 수용하자는 문명개화론에 힘을 실어주었기 때문이다. 그러나 동양문명과 서구문명에 대한 인식, 그리고 양자 간의 관계 설정에 대한 인식이라는 면에서 동도서기론적 사유구조는 신학구학논쟁에서 보이듯이 그 이후에도 변용을 거치면서 지속되었다.[1] 이런 점을 고려할 때 동도서기론의 발생으로부터 그것이 '서구중심적' 문명개화론에 의해 전복될 때까지 동도서기론의 서기수용론과 거기에 내포된 동양문명과 서구문명, 그리고 양자 간의 관계에 대한 인식이 변화해 나가는 과정을 추적하는 일은

---

[1] 김문용은 20세기에 들어서도 동양과 서양을 道(도덕/정신)와 器(과학·기술)로 구분하여 이해하려는 사고는 완전히 소멸되지 않았고, 근래의 아시아적 가치론이란 것도 동양의 정신문화에 대한 긍정적인 관점을 핵심으로 한다는 점에서 기본적으로 동도서기론의 범위를 많이 벗어나지 않는다고 하였다. 이런 점에서 동도서기론은 좁게는 19세기 마지막 4반세기를 지배한 "개화"의 한 방법론이자 전략이지만, 넓게는 서양 문명 대두 이후 길게는 오늘날에 이르기까지 우리 사회 일각에 존재하는 문명 독법의 하나라고 할 수 있다고 하였다[김문용, 「동도서기론은 얼마나 유효한가?」, 김교빈·김시천 편, 『가치청바지-동서양의 가치는 화해할 수 있을까?』 (웅진, 2007) 참조].

"서구중심주의"의 극복이라는 지난한 과제와도 닿아 있는 것이라 생각한다.

동도서기론에 관해서는 적지 않은 연구가 축적되어 왔다.[2] 그 가운데는 동도서기론의 구조와 논리가 변화해 나가는 양상을 검토한 글도 적지 않다. 그러나 대부분의 연구가 이른바 "급진개화파"의 서구수용 방식을 준거로 하여 동도서기론이 가진 한계를 지적하는 방향에서 이루어졌다. 특히 동도와 서구문명 간의 관계 설정이 어떠한 인식 속에서 이루어졌고, 변화되었는지에 대한 관심은 미흡했다. 물론 동도서기론이 체계화되는 1880년 초반부터 광무연간(1897-1907)까지 조선사회의 개혁운동이나 구상을 동도서기론의 관점 파악하거나,[3] 18세기 후반 북학론자들의 서학수용으로부터 동도서기론이 구체적으로 모습을 드러내는 1880년대까지를 살핀 글도 있다.[4] 그러나 전자의 연구는 동도서기론의 정치개혁론을 집중적으로 다루고 있으며, 후자는 동도서기론이 체계화되기 이전 시기를 대상으로, 또 동·서의 관계보다는 서학 내

<hr>

[2] 동도서기론에 대한 최근의 주요 연구들은 다음과 같다. 강만길, 「동도서기론이란 무엇인가?」『마당』 9, 1982; 權五榮, 「申箕善의 東道西器論研究」, 『淸溪史學』 1, 1984; 백승종, 「『宜田記述』을 통해서 본 陸用鼎의 개화사상」, 『동아연구』 18, 1989; 권오영, 「東道西器論의 構造와 그 展開」, 『한국사시민강좌』 7 (일조각, 1990); 김문용, 「동도서기론의 논리와 전개」, 한국근현대사연구회, 『한국근대 개화사상과 개화운동』 (신서원, 1998); 민회수, 「1880년대 육용정(1843-1917)의 현실인식과 동도서기론」, 『한국사론』 48 (서울대, 2002); 김문용, 「1880년대 후반기 동도서기적 개화론의 一端에 대한 검토─陸用鼎의『宜田記述』을 중심으로─」, 단국대학교 동양학연구소, 『개화기 한국과 세계의 상호교류』 (국학자료원, 2004); 노대환, 『동도서기론 형성 과정 연구』 (일지사, 2005); 장영숙, 「동도서기론의 정치적 역할과 변화」, 『역사와 현실』 60, 2006; 박정심, 「申箕善의『儒學經緯』를 통해 본 東道西器論의 思想的 特徵 I」, 『역사와 현실』 60, 2006; 박은숙, 「동도서기론자의 '民富國强'론과 민중 인식─『한성주보』를 중심으로」, 『한국근현대사연구』 47, 2008; 양상현, 「동도서기론과 광무개혁의 성격」, 『동양학』 28, 1998.
[3] 강만길, 「동도서기론이란 무엇인가?」; 장영숙, 「동도서기론의 정치적 역할과 변화」.
[4] 노대환, 『동도서기론 형성 과정 연구』.

지 서기의 수용논리를 중점적으로 다루고 있다.

이 글에서는 지금까지의 연구성과를 바탕으로 먼저 동도서기론이 본격적으로 형성되는 1880년대 단계의 동도를 '본'으로 한 서기수용론 내지 개화정책론을 살펴보고자 한다. 이어 개화정책이 추진되면서 서양문물의 수용이 확대되어 가는 현실 속에서 그것이 변화해 나가는 모습을 검토해보려 한다. 이어 1894년 이후 전개된 신학구학(新學舊學) 논쟁을 통해 동도서기론이 현실적 의미를 사실상 상실하게 되고 서구문명과 동양문명의 지위가 완전히 전복되는 과정에 대해 접근해 보고자 한다. 또한 이글에서는 동도서기론자들에게서 보이는 변화상과 그것이 가진 의미를 동양문명과 서구문명 간의 관계에 대한 인식이라는 측면을 중점적으로 다루고자 한다. 따라서 동도서기가 얼마나 근대적이었는가라는 점보다는 서양문명이 압도해 오는 현실 속에서 그에 맞서기 위해 어떤 고민을 하였고, 그 속에서 동양문명과 서양문명을 넘어설 수 있는 어떤 가능성이 있었는지의 여부, 가능성이 있었다면 그 도달점은 어디쯤이었는지 등에 유의하고자 한다. 그를 통해 동도서기론을 새롭게 이해할 수 있는 가능성을 단서를 열어보고자 하는 것이다.

2. 초기의 동도서기론

동양=도(道, 도덕/정신), 서구=기(器, 과학/기술)로 구분하고 서기(西器)를 수용한다는 동도서기론의 단초는 이미 18세기 후반부터 나타나고 있었다. 그러나 그것이 19세기 후반의 개항과 개화정책을 뒷받침하는 논리로 확립되는 단서는 초기 개화사상가 박규수로부터 시작되었다.[5] 박규수 등 일부의 지식인들은 서세동점의 위기에 직면하자 개국의 대세를 인정하고 서양의 총포나 화륜선의 도입을 통해 어양강병(禦洋强兵)할 것을 주장하였다. 유교에 입각한 전통적 도덕이나 체제의 개혁을 주장한 것은 아니었지만, 척사위정론자를 포함한 대부분의 유교지식인들과는 분명히 구별되었다. 말하자면 동도서기론은 "서(西)"의 위세가 "동(東)"을 사실상 압도하게 되었을 때 그에 대응하는 과정에서 형성된 것이다. 거기에는 세계로부터 자국의 위상을 조망하는 시각이 있었으며, 그것은 타자인식에서 주관의 발출이 억제되고 자신에 대한 객관화가 진행되었음을 의미한다.[6]

동도서기론은 개항 이후, 특히 1882년 임오군란을 수습하는 과정에서 개화를 천명하는 국왕의 윤음이 발표되면서 확산되어갔다. 동도서기론의 핵심은 유교적 윤리질서인 '동도'와 전통적인 정치사회인 '동법(東法)'은 고수하고 서양문화 중 정치·윤리사상을 배제하고 군사기술·과학기술로 대표되는 '서기'를 수용하여 부강한 나라를 건설한다는 것이었다.[7] 처음부터 동도서기라는 용어가 채택되어 사용된 것은 아니었으며,[8] 그 사상적 내용이 정리된 것도 아니었다. 동도서기론은

5) 박규수의 사상에 대한 최근의 연구로는 손형부, 『박규수의 개화사상연구』(일조각, 1997); 김명호, 『환재 박규수연구』(창비, 2008) 참조.

6) 장인성, 『장소 국제정치사상—동아시아 질서변동기 요코이 쇼난과 김윤식』(서울대학교출판부, 2002), 348-349쪽.

7) 정창렬, 「한말 변혁운동의 정치·경제적 성격」, 『한국민족주의론』(창작과비평사, 1982), 18쪽.

8) 중국에서도 중체서용의 기본 논리는 양무운동시기에 널리 쓰였음에도 불구하고, 청일전쟁(1894년) 이후와 달리 "중학을 본체로, 서학을 용도로" 삼는다는 분명한 용어의 형식을 갖춘 것은 아니었다. 이 용어는 1898년 張之洞의 『勸學篇』 발간 무렵부터(조병한, 19세기 중국 개혁운동에서의 '중체서용', 『동아시아역사연구』 2, 1997, 145-146쪽), 혹은 "중학위체 서학위용"이란 용어가 처음 사용된 것은 1895년 4월 『萬國公報』의 編者이자 上海中西書院의 總敎習이었던 沈壽康이 "중서학문은 본래 서로 각기 득실이 있으나 華人을 위해서 도모한다면 마땅히 중학을 체로 삼고 서학을 용으로 삼아야 한다"고 제시한 사례가 처음이었다(김형종, 「근대

1881년 신기선(申箕善)이 서양 농법을 소개하는 안종수(安宗洙)의 책
『농정신편(農政新編)』의 서문에서 전통적인 도기(道器) 개념을 활용하
여 체계화함으로써 용어와 구체적인 내용을 가지게 되었다.

어떤 사람은 이렇게 말한다. "이 법은 서양인들의 법(西人之法)에서 많
이 나왔고, 서양인들의 법은 예수교이다. 이 법을 본받으면 그 교(教)를 본
받는 것이다. 차라리 수양산의 고사리를 먹고 살지언정 어찌 배부르고 따
듯한 데 뜻을 두어 이 법을 모방하겠는가? 시경에 이르기를 '어그러짐도 없
이 잊음도 없이, 모두 옛 법도를 따른다'고 했으니, 선왕의 제도 없이도 이
룰 수 있는 것은 아직 들어보지 못했다."
아! 이는 도와 기가 분별됨(道器之分)을 모르는 것이다. 이는 도와 기의
구분을 알지 못하는 것이다. 고금을 통하여 바뀔 수 없는 것은 도이고, 수
시로 변화하므로 고정적일 수 없는 것은 기이다. 무엇을 도라 하는가? 삼
강(三綱)·오상(五常)과 효제충신(孝弟忠信)이 이것이다. 요·순·주공의
도는 해와 별처럼 빛나서, 비록 오랑캐 땅에 가더라도 버릴 수 없는 것이
다. 무엇을 기라고 하는가? 예악(禮樂)·형정(刑政)·복식(服食)·기용(器
用)이 이것이니. 당우(唐虞)와 삼대(三代)에도 오히려 덜하고 더함이 있었
거늘 하물며 그 수천 년 후에 있어서랴! 진실로 사대에 합당하고 백성에
이로운 것이라면, 비록 오랑캐의 법(夷狄之法)일지라도 시행할 수 있는 것
이다.[9]

신기선은 주자(朱子)의 "도기상분(道器相分)"과 "도기상수(道器相須)",
그리고 "도체기용(道體器用)"이라는 논리를 활용하여 동도서기론을 구
축하고 있다. 우선 "도기지분(道器之分)"이라는 논리를 활용하여 도와
기를 각기 '바뀔 수 없는 것(不可易者)', 곧 삼강(三綱)·오상(五常) 및
효제충신(孝弟忠信)과 '고정될 수 없는 것(不可常者)', 곧 예악(禮樂)·

중국에서의 전통과 근대」, 『인문논총』 50 (서울대 인문학연구원, 2003), 11쪽)].
[9] 申箕善, 「農政新編 序」, 安宗洙, 농촌진흥청 역, 『農政新編』 2002, 25쪽. 번역은
농촌진흥청의 것을 따르되 어색한 부분은 필자가 수정하였다.

형정(刑政) · 복식(服食) · 기용(器用)으로 나누고 있다. 이에 따라 동도
는 도덕을 바르게 하는 데 사용하고 서기는 이용후생(利用厚生)하는
데 사용하는 것이므로, 이 두 가지는 병행하더라도 결코 서로 모순하지
않는다는 것이다. 또한 "도와 기는 서로 맞대어 떨어지지 않는다(道與
器之相須而不離)"라는 "도기상수(道器相須)"론과 "도체기용(道體器用)"
론에 입각하여 동도와 서기를 결합시키되, 양자가 대등한 관계에 있는
것이 아니라 동도가 우선적이고 중심적이며 서기가 부차적인 지위에
있음을 밝히고 있다.[10] 동도서기론의 이러한 구조는 도기론에 대한 이
해 등에서 조금씩 차이가 있지만, 대부분의 동도서기론자들에게 공통
적이었다. 동양운명과 서구문명의 상호관계를 동양의 도 서양의 기로
한정하고 또 그것을 각기 체와 용이라는 불균등성을 전제로 한 것이지
만, 서로 결합하여 이해하려는 것은 당시 상황이 이미 서의 수용이 불
가피할 정도로 서가 현실적인 힘으로 동을 압박하고 있었기 때문이다.

  그러나 동도서기론자들이 수용하고자 하는 것은 사회체제와 무관하
다고 여겨지는 제도 일부와 과학기술이고, 보존하고자 하는 것은 전통
적인 도덕과 그 연장으로서의 정치체제, 사회체제였다. 이 점은 중국의
도기론자(道器論者)들이 중국은 고유의 도인 유교적 명교(名敎)윤리와
그것에 기초한 정치체제를 유지하고 이를 위한 보완적 도구로 서구의
기(器), 즉 과학기술을 수용하고자 하였다는 사실과 마찬가지이다.[11]

  신기선이 동도서기론을 체계화한 1881년 무렵부터 조선 정부의 개화
정책은 본격적으로 추진되었다. 1881년에 일어난 유생들의 척사운동과
1882년 개화정책에 반발한 구식 군병들에 의한 임오군란이 있었지만,

---

10) 신기선의 도기론에 대해서는 권오영, 「申箕善의 東道西器論硏究」, 1984; 김문용,
   「동도서기론의 논리와 전개」를 참조하여 정리하였다.
11) 조병한, 「중국근대의 형성과 문화」, 『동양사학연구』 115, 2011, 123쪽.

개화는 거스를 수 없는 대세로 되어갔다. 임오군란 직후에는 개화정책에 대한 반발을 제압하고 민심을 수습하는 방책이 김윤식(金允植)이 대찬(代纂)한 국왕의 개화윤음을 통해 제시되었다.

> 그 교(敎)는 사악하므로 당연히 음성미색(淫聲美色)과 마찬가지로 멀리해야겠지만, 그 기(器)는 이로워서 진실로 이용후생(利用厚生)할 수 있는 것이니, 농상·의약·갑병·주거의 제도(農桑醫藥甲兵住居之制)를 어찌 꺼려해서 행하지 않을 수 있겠는가? 그 교를 내치는 것과 그 기를 본받는 것은 실로 서로 해치지 않을 수 있는 것이다. 대저 강약의 형세가 이미 현격한데 진실로 저들의 기를 본받지 않는다면 어떻게 저들로부터 모욕을 막고 저들이 넘겨다보는 것을 방지하겠는가?[12]

이 글 역시 서교를 배척하고 서기만 수용한다는 점과, 도와 기가 서로 해치지 않는다고 하는 등 동도서기론적 논리에 서 있음을 알 수 있다. 이 개화윤음에 이어 이른바 개화 상소가 봇물 터지듯 올라왔다. 그 내용은 공의당(公議堂)이나 상회소와 국립은행을 세우자는 등 일부 "변법적"인 주장도 제기되었으나,[13] 정돈된 군용(軍容)이 이나 예리한 병기, 공교한 공예(工藝), 상판(商辦)의 이익, 의약술(醫藥術)의 정교함[14], "기용(器用)의 이로움이나 의학, 농학의 오묘한 이치 등 인도(人道)에 해롭지 않고 백성들의 생업에 보탬이 있는 것들"이었다.[15] 당시 개화 상소를 올린 윤선학이 강조하였듯이 수용하고자 하는 것은 어디까지나 "기(器)이지 도(道)가 아니"었다.[16] 이러한 모습은 당시 대부분

---

12) 『고종실록』, 고종 19년 8월 5일; 金允植, 「曉諭國內大小民人(1882년)」, 『金允植全集』 2.

13) 『승정원일기』, 고종 19년 9월 22일.

14) 『승정원일기』, 고종 19년 9월 20일.

15) 『승정원일기』, 고종 19년 10월 7일.

의 동도서기론자들이 동(東)=도(道)와 서(西)=기(器)의 관계를 본말론적(本末論的) 논리에서 받아들이고 있었음을 보여준다.

대표적인 동도서기론자 가운데 하나인 김윤식의 경우도 본말론적 입장에서 동도서기론을 주장하였다. 김윤식은 개화에 대해 "미개한 족속들이 구주(歐洲)의 풍속을 본받아 점차 그들의 풍속을 고쳐나가는 것을 개화라고 하는바, 조선(東土)은 문명화된 곳이므로 다시 어떻게 '개화'를 한다는 말인가"라고 하여 서구문명의 수용을 개화라고 표현하는 데 대해 반감을 드러내었다.[17] 이어 김윤식은 역시 동도서기론자 가운데 하나였던 육용정(陸用鼎)의 「의전기술(宜田記述)」(1888)을 평한 글에서도 "갑신정변의 역적들은 서양을 칭찬하여 높이고 요순을 업신여기며 공맹을 폄하하고, 이륜지도(彝倫之道)를 야만이라 하며 그 도를 바꾸려 하면서 다투어 개화라 칭했으니, 이는 천리(天理)를 멸절시키고 갓과 신발을 바꾸는 것과 같다"고 하여 사실상 서도까지 포함하는 서구문명의 전면적 수용을 주장한 개화파들을 혹평하였다.[18]

신기선 역시 갑신정변에 연루되었다는 죄목으로 유배된 전라도 여도(呂島)에서 쓴 『유학경위(儒學經緯)』(1890)에서 유교적 "근본주의"에 집착하며 개화나 개혁에 소극적인 태도를 내보이고 있었다. 이것은 신

---

16) 『승정원일기』, 고종 19년 9월 22일.

17) 金允植, 「宜田記述評語三十四則」, 『續陰晴史』上, 1891년 28년 2월 17일, 156쪽.

18) 金允植, 『續陰晴史』上, 1891년 2월 17일조, 156쪽. 이는 당시 전통 유생들의 斥邪 上疏와도 매우 흡사하다. 예컨대 송병직은 1898년에 올린 상소에서 "개화론을 주장하는 사람들은 으레 모두 성현을 얕잡아 보고 仁義를 하찮게 여겨서, 요 임금과 순 임금은 본받을 만하지 못하다는 둥, 경전은 배울 만하지 못하다는 둥, 역적이 나라를 사랑한다는 둥, 사설이 도리를 갖추고 있다는 둥 말을 하며, 중화와 이적으로 나누어 말하는 것을 금하고 사람과 짐승으로 구분하는 것을 싫어하면서 부모를 버리고 임금을 뒷전으로 하며 三年喪을 경시하여 기필코 강상을 무너뜨리고 예법을 폐지하고야 말 것입니다"고 하였다(『승정원일기』, 고종 35년 11월 20일).

기선의 동도서기론이 처음부터 전통적·유교적 사고로부터 이탈되어 있지 않았음을 의미한다.[19] 신기선은 앞서 언급한 안종수의『농정신편』서문에서 "비록 오랑캐의 법(夷狄之法)일지라도 시행할 수 있는 것이다"고 했지만, 그에게는 이적의 법까지 수용할 준비가 되어 있지 않았던 것이다.

한편 김문용은 김윤식과 신기선이 보여주는 "근본주의"적 입장에 대해 현실적인 개화의 추세가 동도서기론자들을 서기수용보다는 동도보전의 논리로 후퇴시킨 퇴영적인 면모인 것으로 받아들였다.[20] 말하자면 조선사회의 개화 정도가 자신들이 수용할 수 있는 용량 이상으로 서기를 수용하게 된 현실에 대한 반발이라는 점을 강조한 것이다. 이에 비해 장성인은 개국론으로의 전환이나 근대로의 이행은 이적관이나 중화관념을 극복하고 내외차별의 논리를 포기함으로써 가능하지만, 이러한 사실이 자기우월의 심리나 자기중심의식까지 폐기하는 것은 아님을 지적했다.[21] 장성인에 따르면 김윤식이 개국 공간에서 신의(信義) 윤리와 근수(謹守)의 심리, 그리고 자강의 부국강병책을 갖고 방어적 대응을 모색했지만, 그의 국제정치관이 '소국(小國)'의 방어적 자세가 전부였던 것은 아니었고,[22] 한편으로는 성인의 도에 대한 신념에 기

19) 김문용, 「동도서기론의 논리와 전개」, 234-235쪽.
20) 위의 글 235쪽.
21) 장인성,『장소 국제정치사상-동아시아 질서변동기 요코이 쇼난과 김윤식』, 10쪽.
22) 장인성은 김윤식이 갑신정변을 일으킨 개화파가 覇者의 논리인 대국주의의 입장을 취했던 것과 달리 왕도적 소국주의를 취함으로써 제국주의 비판의 계기를 내장하고 있었다는 조경달의 주장(조경달, 「朝鮮における大國主義と小國主義の相克」,『朝鮮史研究會論文集』22, 1985 참조)에 대해 다음과 같이 비판하고 있다. "그러나 운양은 만국공법을 왕도론적 발상에서 생각하지도 않았고, 신의 관념을 권력정치적 현실에 대한 비판논리로서, 또는 '세계에 묻고자 하는' 기백을 갖고 내세우지도 않았다", "만국공업을 '근수'하고 대국에 '信'을 잃어서는 안 된다는 생각은 이중적 국제체제의 틈새에서 대국의 '패도'(군사행동)적 행위, 즉 '외환'의

초한 문화(문명)적 대국의식이 그의 문명관과 서양관을 지탱하고 있었다는 것이다.[23] 김윤식이나 신기선의 변화가 서기수용보다 동도보전으로 후퇴한 것이라기보다 애초에 그들에게는 문명론적 우월의식이 전제되어 있었을 강조한 것이다. 문명적 자기우월 의식을 대국주의로 표현하는 것이 타당한지는 다시 생각해봐야 할 것이지만, 이들의 동도서기론이 철저히 본말론에 기초해 있었음은 분명해 보인다.

이와 같이 동도와 서기로 차별하는 본말론적 사고는 서구문명에 대한 동양문명의 우월의식을 바탕으로 한 것이었다. 그것은 서구문명에 대한 자신감으로 표출되었다. 그러한 자신감은 우선 초기 동도서기론자라 할 수 있는 박규수에게서 발견할 수 있다. 김윤식은 자신의 스승이기도 했던 박규수가 "사람들이 말하기를 서법(西法)이 동으로 오면 오랑캐와 금수가 됨을 면하지 못하게 될 것이라고 하지만, 내 생각하기에는 동교(東敎)가 서양에 미칠 조짐이 있어 장차 오랑캐와 금수가 교화되어 모두 사람이 될 것"[24]이라고 말했다고 회고하였다. 박규수는 서법보다는 동교가 우월하다는 자신감을 가지고 있었던 것이다. 앞서 김윤식이 "조선(東土)는 문명화된 곳이므로 다시 어떻게 '개화'를 한다는 말인가"라고 하여 서구문명의 수용을 "개화"로 받아들이는 데 대해 반감을 표현한 사실도 서양문명에 대한 동도의 우월의식을 드러낸 것으로 해석할 수 있을 것이다.

발생을 막으려는 避戰의식과 소국 조선의 고립무원화를 우려하는 대외심리의 소산인 것이다. '信은 세계에 대항하는 도덕적 의지의 소산이 아니라 패도적 국제사회의 현실을 직시하고 강약과 대소를 헤아리는 신중함에 기반하는 약소국 외교정책의 원칙으로 제시된 것이다"(장인성,『장소 국제정치사상－동아시아 질서변동기 요코이 쇼난과 김윤식』, 351-2쪽).
23) 위의 책, 409쪽.
24) 金允植,「宜田記述評語三十四則」,『續陰晴史』上, 1891년 2월 17일조, 157쪽.

또한 김윤식은 개화란 곧 시무(時務)를 이른다고 하면서[25] 나라마다 특정한 시무가 있다고 하였다. 때문에 그는 저 마다 나라의 형편(國勢)을 고려하여 추진해야 그 효과를 볼 수 있으며 그렇지 않을 경우 오히려 나쁜 결과를 초래한다는 점을 지적하였다. 그에 따라 김윤식은 갑신정변의 주체들이 서양의 정치제도를 모방하려 한 것은 단지 다른 사람이 옳다는 것을 따른 것으로 자신의 기품(氣稟)과 병증(病症)을 헤아리지 않고 다른 사람이 써본(經驗) 약을 먹고 같은 효과를 기대하는 것과 같다는 것이라고 비판하였다.[26] 이 역시 서양문명에 대한 우월감은 아니더라도 문명개화론자들과 달리 서양문명을 상대적인 시각에서 바라보고 있었음은 분명하다.

서양문명에 대한 우월감은 신기선에게서도 보인다. 앞서 인용한『농정신편』의 서문에는 다음과 같이 서술되어 있다.

오늘날 이용후생(利用厚生)하려는 사람은 서양인들처럼 하늘의 기운을 이용하고 땅의 본성을 다하며 사람의 지력(智力)력을 다하지 않는다면 안 된다. 어찌 한갓 농상(農桑)만 그러하겠는가? 민생 일용이 모두 이와 같다. 대개 동양인들(中土之人)은 형이상(形而上)의 것에 밝기 때문에 그 도(道)가 천하에 독존하고, 서양인들은 형이하(形而下)의 것에 밝기 때문에 그 기(器)가 천하에 무적이다. 동양의 도로써 서양의 기를 행한다면 환구오주(環球五洲)를 평정하는 일도 대단한 것이 못 된다. 그런데 동양인들이 서양의 기를 행하지 못할 뿐만이 아니라, 동양의 도(中土之道) 역시 유명무실할 뿐이어서 쇠약해져 장차 망하게 생겼으니, 이것이 매일 서양인의 모욕을 당하고도 막지 못하는 까닭이다.[27]

---

25) 金允植,『續陰晴史』上, 1891년 2월 17일조, 156쪽.

26) 金允植, 時務說送陸生鐘倫遊天津,『金允植全集』下, 19쪽.

27) 申箕善,「農政新編 序」, 安宗洙, 농촌진흥청 역,『農政新編』, 2002, 26쪽.

"동양의 도로써 서양의 기를 행한다면 환구오주를 평정하는 일도 대단한 것이 못 된다."는 표현은 동양의 쇠망이나, 서양인으로부터의 모욕 등의 표현과 함께 생각해 볼 때 동도서기를 바탕으로 서세동점의 질서를 재편해보겠다는 자못 호기로운 기개 같은 것이 엿보인다.[28] 물론 이 글은 "기기음교(奇技淫巧)" 등을 내세우면서 "양물금단론(洋物禁斷論)"을 주장하는 척사론이 완강하던 사회 현실 속에서 그들을 설득하기 위한 수사일 수도 있다는 점에서 말 그대로 받아들이기는 곤란할 것이다. 그러나 김윤식이나 신기선 등 본말론에 입각한 동도서기론자들은 확실히 서양문명에 대한 우월감과 자신감을 가지고 있었거나, 역사적 경험과 사회적 환경에 맞는 서양문명의 수용을 주장하는 등 갑신정변을 주도한 문명개화론자들이 서양문명의 전면적 수용을 주장하던 것과 달리 서양문명을 상대적인 시각에서 바라보고 있었음을 알 수 있다. 서기조차 배척하던 척사론자들과 달랐음은 물론이다.

3. 동도서기론의 변화

청일전쟁의 결과가 가져온 충격은 서구문명의 힘을 실감케 하였고, 청일전쟁과 같은 시기에 추진된 갑오개혁을 통해 서기 뿐만 아니라 서양의 제도와 법까지도 수용되면서 동도서기론에도 변화가 나타났다. 1894년 8월 중순 일본은 청일전쟁의 중요한 분기점이 된 평양전투에서 대승을 거두었다. 처음에는 대다수의 사람들이 그 사실을 믿지 않았지

---

[28] "그렇게 되면 모든 정사가 維新되고 德化가 흡족하게 되는 것을 오래지 않아서 보게 될 것입니다. 그러면 어찌 서구의 七雄들과 더불어 다툴 뿐이겠습니까"라는 고영문의 상소문도 마찬가지 맥락에서 해석할 수 있을 것이다(『승정원일기』, 고종 19년 9월 22일).

만,29) 예상치 못했던 '대국' 청의 패배는 문명개화론에 힘을 실어주는 동시에 조선사회에 커다란 충격을 주었다. 또한 동도서기론자들에게도 동도가 가지는 현실적 의미를 다시 묻게 만들었고, 동도와 서양문명 간의 관계에 대해 새로운 접근을 요구하였다.

문명개화론을 표방한 『독립신문』에서는 일본이 승리한 이유를 서양 각국과 마찬가지로 무엇보다 학교를 널리 세워 백성들을 교육함으로써 문명개화한 한 데서 찾았다.30) 이에 비해 동도서기론자들은 청일전쟁의 충격과 갑오개혁에 대응 과정에서 '보수'와 '진보' 두 가지 방향으로 변화해 나갔다.

보수적인 변화를 보인 인물은 신기선이었다. 신기선은 1894년 청일전쟁 이후 갑오개혁 추진과정에서 일본의 간섭을 체감한 이후부터 "자주적 개화관"을 제기하기 시작하였다.31) 그는 갑오개혁이 진행 중이던 1894년 10월 국왕에게 올린 글에서 일본군이 대궐에 침범하고 요충지를 점거하여 조선의 생사존망이 그들의 손아귀에 쥐어 있는데도 한갓 개국(開國) 연호나 내세우면서 세상에서 제가 잘났다고 한들 자주를 이룰 수 있겠는가라고 질타하면서 다음과 같이 주장하였다.

　　이른바 개화라는 것은 공정한 도리를 넓히고 사사로운 견해를 제거하기

---

29) 평양전투 전까지만 하여도 조선 관리들은 최후의 승자는 반드시 청국이 될 것이라고 확신하고 있었다(杉村濬, 「在韓苦心錄」, 한상일 역, 『서울대 남겨둔 꿈』(건국대출판부, 1993), 102쪽]. 대원군은 일본이 "도저히 大國의 상대가 안될" 것으로 판단하고 있었으며(한상일 역, 『서울대 남겨둔 꿈』, 322쪽), 외국인들도 청나라 군대가 패할 줄은 꿈에도 생각하지 못하고 있었다(『大韓季年史』, 甲午 高宗 31年 8月 24日). 대국인 청나라 군대에 대한 뿌리 깊은, 그러나 관념적인 신뢰의 표현이었다. 청일전쟁과 동학농민전쟁 시기 조선인들의 중국인식에 대해서는 배항섭, 「개항기의 대청의식과 그 변화」, 『한국사상사학』 16, 2001 참조.

30) 「논설」, 『독립신문』, 1896년 4월 25일.

31) 권오영, 「申箕善의 東道西器論研究」, 1984, 128-129쪽.

에 힘쓰며, 관리들은 자리나 지키지 않게 하고 백성들은 놀고먹지 않게 하며, 사용하는 기구를 편리하게 하고 의식을 풍부하게 하여 생활을 윤택하게 하는 근원을 열며 나라를 부유하게 하고 군사를 강하게 만드는 도리를 다하는 것에 지나지 않습니다. 어찌 의관 제도를 허물어 버리고 오랑캐의 풍속을 따른 다음에야 개화가 되겠습니까? 요컨대 천지개벽 이후로 외국의 통제를 받으면서 나라 구실을 제대로 한 적은 없으며 또 인심을 거스르고 여론을 어기며 근본도 없고 시초도 없이 새로운 법을 제대로 시행한 적은 없었습니다. 저들이 과연 호의에서 출발하였다면 응당 대궐을 지키는 군사를 철수하고 약탈한 물건을 계산하여 돌려주어야 할 것이며, 우리에게 시행하기 어려운 일을 강요하지 말고 우리의 내정(內政)을 간섭하지 않음으로써 우리의 임금과 신하들이 정신을 모아 근본을 배양하여 안으로 잘 다스리고 밖으로 안정시켜 민심을 따르고 시국 형편을 참작하여 점차 자주할 형세를 튼튼히 하고 천천히 개화를 실속 있게 하도록 해야 할 것입니다. 그리하여 나그네로 하여금 주인의 권리를 빼앗지 않게 한 뒤에야 우리에게는 개혁의 실효가 있을 것이고 저들에게는 진심으로 우리를 위해 도모하는 명분이 있을 것입니다. 만일 그렇게 하지 않는다면 이것은 저들이 악의에서 출발한 것이니, 그 교활한 생각과 음흉한 계책은 말하지 않아도 알 수 있는 것으로써 바로 이른바 빨리 뉘우치면 화(禍)가 적고 늦게 뉘우치면 화가 크다는 것입니다. 어찌 일찌감치 스스로 주장을 세우고 城에 의지하여 한 번 싸우는 것만 하겠습니까.[32]

일본의 통제 속에서 인심을 거스르며 근본도 없는 새로운 법을 시행하기보다는 시국 형편을 참작하여 먼저 자주할 수 있는 형세를 튼튼히 한 후 개화는 천천히, 그리고 실속 있게 추진할 것을 주장하고 있다. 일본의 침략행위를 목도하면서 국가의 자주독립 위에서만 개화의 추진이 가능하다는 생각을 가지게 된 것이다. 나아가 그는 서구의 학문도 동양에 존재하지 않았던 것이 아니라, 다만 그 원리를 밝히지 못하였기 때문에 일본을 비롯한 서구 제국주의 열강의 침략을 받았다고 주

---

32) 『고종실록』, 고종 31년 10월 3일.

장하였다. 줄곧 동도를 잃지 않는 범위 내에서만 서구의 과학기술적 측면과 학문을 받아들이려 한 것이다. 그의 자주개화관은 문구(文具)만 일삼는 수구를 비판하고, 외식(外飾)만 본뜨는 개화에 대한 반성에서 일어났던 것에 의의를 부여할 수 있을 것이다.[33] 그러나 동도의 우월성을 고집함으로써 서도의 인정, 곧 도의 편재성을 인정해야만 도달할 수 있는 동양문명과 서양문명에 대한 객관적 인식으로 나아갈 수는 없었다.

김윤식은 신기선과 다른 변화를 보였다. 김윤식은 국제관계 속에서 "오로지 청국에 대해서는 속방(屬邦), 다른 각국에 대해서는 자주"라는 조선의 이중적 위상을 "사리양편(事理兩便)"으로 보면서[34] 청에 의지하는 속에서 부국강병을 모색하던 인물이었다. 따라서 그에게 청의 패배와 과분(瓜分) 상태로의 전락은 커다란 충격이었을 뿐만 아니라, 이제 청이라는 보호막이 없는 국제관계를 고민할 수밖에 없었기 때문에 동－서 관계에 대해서도 새로운 모색이 불가피하였을 것으로 보인다. 김윤식의 변화는 우선 사상 내적으로 도기론이 가지고 있는 모순을 해결하려는 노력 속에서 이루어졌다. 신기선은 도기 관계를 "도여기지상수이불리(道與器之相須而不離)"라는 전제 속에 동도와 서기를 결합시켰다. 그러나 이 논리로는 서도(西道)의 문제를 처리하기가 곤란하다. '도기상수'의 논리라면 서기 역시 서도와 결합되어 있는 그 무엇이 되어야 한다. 그렇다고 서도를 인정하면 동도서기론의 근거 자체가 사라지게 된다. 이러한 모순은 중국의 중체서용론 마찬가지였으며, 엄복(嚴復)은 "중체서용론을 '우체마용(牛體馬用)'이라 비유하여 그 논리적 모순을 비판한 바 있다.[35]

---

33) 권오영, 「申箕善의 東道西器論研究」, 1984, 133쪽.
34) 『음청사』, 52-53쪽.

김윤식은 기(器)와 이(理), 곧 도(道)의 관계에 대해 신기선이나 일반
적인 유학자와는 다른 입장을 취하고 있었다. 신기선이 주자의 도 우
위론을 수용한 데 반해, 김윤식은 기를 도, 곧 이보다 오히려 우위에
두고 있었다. 그는 「신학육예(新學六藝說)」에서 "도덕인의(道德仁義)
는 이이고, 육예(六藝)는 기이다. 도덕인의가 모두 육예로부터 나오기
때문에 '하학이상달(下學而上達)'이라고 하는 것이다. 만약 기를 버리
고 이를 말하다면 이가 장차 어디에 붙을 것인가?"라고 하여[36] 이보다
는 오히려 기를 중심에 둔 상보론적 입장을 취하였다. 이는 그가 여전
히 동도서기론의 범주 안에 머물러 있기는 하지만, 그의 인식지평을 점
차 동양문명과 서양문명의 관계를 사실상 대등하게 바라볼 수 있도록
열어간 중요한 사유근거였다.

또한 그는 아무리 사소한 것일지라도 지극한 이치를 담고 있게 마련
인 바, 선인들이 사람을 교육하는 데 사용한 육예(六藝, 禮樂射御書數)
는 말할 나위도 없다고 하였다. 이는 그가 도에 못지않게 기를 중시하
고, 도덕교육 일변도보다는 각종의 기예교육을 포괄하는 육예교육을
중시하는 입장을 취하였음을 의미한다.[37] 그러나 김윤식의 도기론 역
시 신기선과 마찬가지의 문제를 내포하고 있었다. 서리(西理), 곧 서
도(西道)는 결국 서기(西器)에 붙어 있어야 되는 것이기 때문에 이용
후생에 유용한 서기를 받아들이면서 서도=서교를 배척한다는 논리는
정합적이지 않기 때문이다.

김윤식도 이에 대해 고심했던 것으로 보인다. 그러나 그가 바로 서

35) 김형종, 「근대중국에서의 전통과 근대」, 『인문논총』 50 (서울대 인문학연구원,
   2003), 15쪽.
36) 金允植, 「新學六藝說」, 『대동학회월보』 제6호, 1908년 7월, 36쪽.
37) 김문용, 「동도서기론의 논리와 전개」, 1998.

도의 존재를 인정한 것은 아니다. 연암 박지원과 '육예론(六藝論)'이라
는 우회로를 통해 사실상 서법과 서도의 존재를 인정하는 방법을 택했
다. 그는 1902년에 쓴 바,『연암집(燕巖集)』을 설명하는 글에서『연암집
』에는 이미 오늘날의 평등겸애설·철학·농학·공학·상학·자연과학
등이 들어 있었다고 하였다. 또한 연암의 말이 서양의 학리(學理)·정
술(政術)과 일치하는 까닭은 서법과 연암의 사상이 모두 동양의 육경
(六經)에서 나왔기 때문이라고 설명하였다. 이러한 논리 끝에 그는 서
양의 선법(善法)과 동양의 육경이 그윽이 합치한다(暗合)는 결론을 이
끌어 내었다.[38] 그 기조에는 "서학중국원류설"이 깔려 있었으며,[39] 이
러한 논리를 통해 김윤식은 서법까지도 받아들일 수 있는 사상적 단서
를 열어가고 있었다. 육예론에 근거하여 그는 서기를 육예의 연장선상
에서 파악하였다. 서구의 신학(新學)이 바로 육예에 해당하며 신학의
정치·법률·공법·경제 등과 외국의 의절(儀節), 서양의 음악, 총포,
기차와 화선, 각국의 언어, 현대의 수학까지 모두 육예에 포함된다는
것이다. 서양의 신학(新學)이 수용 대상이 되었음은 물론이다. 또한 그
는 갑신정변 주체들이 서양의 정치제도를 모방하려했다고 하여 비난
하였던 것 달리 서양정치를 "민본적"인 것으로 받아들여 그렇지 못한

---

[38] 金允植, 燕巖集序(1902년),『金允植全集』下. 166-170쪽. 이러한 "암합"이라는 논
리를 통한 서법 수용론은 중국의 변법파에서도 보인다. 청일전쟁 후 강유위의
변법에서는 유교의 국교화를 추구하면서도 유교의 신분제적 名敎윤리를 비판함
으로써 그 윤리에 기초한 정치체제 변혁의 대상이 되지 않을 수 없었다. 중국
이 수용해야 할 西學은 원래의 서학인 西藝, 즉 과학기술에서 확대되어 기독교
같은 서양 종교, 즉 西敎, 특히 정치·법률·경제 등 사회과학, 즉 西政을 포괄하
게 되었다. 이때 강유위는 성인의 도가 반영된 政體차원에서 서구 제도의 수용
을 위한 명분으로 서구제도에는 "성인의 뜻과 은밀히 합치함(暗合)이 있다"는 논
리를 제시하였다(조병한, 「중국근대의 형성과 문화」, 2011, 123-124쪽).

[39] 노대환, 「조선후기 '서학중국원류설'의 전개와 그 성격」,『역사학보』178, 2003,
135쪽.

조선의 현실과 대비시키고 있다. 그는 「십육사의」에서 "서양의 법은 단지 민이 잘 살지 못할까 두려워할 따름이다. 우리나라의 습속은 오직 민이 행여 잘 살게 될까 두려워할 따름이다."라고 하였다.[40] 서양의 법까지 받아들인 것이다.

물론 그는 신구학논쟁이 한창 전개되던 1908년에도 여전히 동양의 '인의도덕(仁義道德)'을 '체(體)'로, 서양의 '이용후생(利用厚生)'을 '용(用)'으로 파악하는 한편, 신기선과 마찬가지로 '인의도덕'은 오주만국(五洲萬國)이 모두 종앙(宗仰)하는 것으로 인식하였다. 그러나 신기선처럼 체용의 관계를 본말관계로 파악하지는 않는다. 오히려 '체용지학(體用之學)' 혹은 "작고통금(酌古通今)하여 명체이적용(明體而適用)"이라는 표현에서 시사하듯이 양자를 병렬하는 입장을 취하며 동과 서를 막론하고 "좋은 것은 권하고 나쁜 것은 징계하자"고 하였다. 이는 "이용후생도 우리의 선성(先聖)들이 이미 밝히고 시행한 것이지만, 후인들이 연구하지 않았기 때문에 마음을 다해 그것을 더욱 정밀하게 구하여 '개물성무(開物成務)'의 공을 이룰 수 있었던 것은 서양의 신학문이었다"는 그의 이해와 상통하는 것이다.[41] 이와 같이 그가 구학과 신학에 대해 체용론을 적용하면서도 본말론으로 흐르지 않은 것은 앞서 살펴본 바와 같이 기와 이의 관계에 대해 신기선이나 일반적인 유학자와는 다른 입장을 취하고 있었기 때문이다.

이런 논리에 입각하여 그는 당시 지식인들이 모두 성현의 문도임을 자처하면서 육예를 공부하고 있지만, 그 내용을 보면 육예와는 매우 거리가 멀다고 하였다. 이것은 비단 신학문이 무엇인지를 모르는 것일 뿐만 아니라, 성현들이 가르치고자 하는 것이 무엇인지도 모르는 일이

---

40) 『김윤식전집』 상, 496쪽.
41) 金允植, 「序一」, 『대동학회월보』 1, 1908, 1쪽.

라면서 개탄하였다. 나아가 신학의 정치, 법률, 경제 등의 여러 학문은
모두 예(禮) 가운데 좋은 것들일 뿐만 아니라, 오륜(五倫)과 오례(五禮)
의 의절(儀節)은 동서양 간에 익히는 습속이 다르기 때문에 같지는 않
지만, 외국의 것이 질직(質直)하고 간이(簡易)하여 오히려 동양에 비해
뛰어난 바가 있다고 하였다.[42]

이와 같이 김윤식은 '서학중국원류설'을 바탕에 깐 '육예론'에 의해
신학의 정치·법률·공법·경제 등과 외국의 의절(儀節), 서양의 음악,
총포, 기차와 화선, 각국의 언어, 현대의 수학까지 모두 육예에 포함된
다는 논리를 펴며 동도서기론을 한층 '진보적'으로 변용시켜나가고 있
었다. 여기에는 "신학(新學)이야말로 금일의 급선무"라는[43] 절박한 현
실인식이 인식이 뒷받침되고 있었다. 특히 그가 서양 의절이 질직간이
할 뿐만 아니라 오히려 동양에 비해 뛰어난 바가 있다고 한 점은 도
(理)의 편재성을 받아들임으로써 동양문명과 서양문명을 대등하게 바
라볼 수 있는 쪽으로 그의 인식지평이 열려가고 있었음을 시사한다.
이는 서구문명과 동양문명을 객관적으로 바라볼 수 있는 전제라는 점
에서 중요한 의미를 가지는 변화라고 생각된다.

동서 대등론에 입각한 동도서기론의 등장은 서양문명의 현실적 힘
이 본말론에 입각한 동도서기적 사고가 더 이상 지탱될 수 없을 정도
로 압도하게 되었음을 의미한다. 그것은 다른 한편 초기 동도서기론자
들이 우월성을 의심하지 않았던 동도의 지위가 점차 동요되기 시작하
였음을 말하는 것이다. 서구문명에 대한 우월감이나 자신감은 더 이상
보이지 않는다. 보수화해간 신기선의 동도서기론도 우월감이나 자심
감에 근거한 것이 아니었다. 외세의 침략에 따라 동양문명에 대한 위

---

[42] 金允植, 「新學六藝說」, 『대동학회월보』 제6호, 1908년 7월, 36-37쪽.
[43] 金允植, 「新學六藝說」, 『대동학회월보』 제6호, 1908년 7월, 36쪽.

기감이 고조된 데서 비롯된 것으로 서구문명에 대한 태도도 김윤식에
비해 오히려 더 수세적인 성격을 띠고 있었다.

4. 신학구학논쟁과 동도서기론의 소멸

유교에 대한 비판은 갑신정변 이전부터 개화파들에 의해 제기된 바
있지만, 정변 실패 후 한 동안 소강상태가 지속되었다. 동도서기론이
주류적인 사유로 자리 잡으면서 유교는 여전히 지켜야할 동도의 핵심
요소로 인정되는 것이 대체적인 분위기였다. 그러다가 청일전쟁의 결
과가 예상과 달리 일본의 승리로 끝나고, 갑신정변 실패 후 미국으로
망명하였던 서재필이 귀국하여 『독립신문』을 창간하면서 문명개화론
에 입각한 유교=구학에 대한 비판이 다시 시작되었다. 광무연간에 들
어오면서 신학구학 논쟁이 본격화하면서 구학=유교에 대한 비판도 더
욱 강화되었다.[44]

청일전쟁에서 일본이 승리한 원인을 서구의 교육과 학문을 수용하
여 문명개화를 해나간 데서 찾은 『독립신문』은 청국의 낙후성을 신학
문을 가르치는 서구와 달리 사서삼경만 공부하기 때문이라고 하였
다.[45] 이러한 논리의 연장선에서 한문으로 된 학문과 중국의 책자들은
조선 인민에게만 도움이 되지 않을 뿐만 아니라 중국 인민에게도 해가

---

[44] 이광린, 「구한말 신학과 구학과의 논쟁」, 『동방학지』 23·24, 1980; 김도형, 『대한
    제국기의 정치사상연구』(지식산업사, 1994); 김도형, 「한말 근대화 과정에서의
    구학 신학 논쟁」, 『역사비평』 36호, 1996; 백동현, 「대한제국기 신구학 논쟁의 전
    개와 그 의의」 『한국사상사학』 제19집, 2002; 박정심, 「自强期新舊學論의 '舊學
    (儒學)' 인식에 관한 연구」, 『동양철학연구』 66, 2011 참조.
[45] 「논설」, 『독립신문』, 1896년 4월 25일.

된다고 하여 구학문을 공격하였다.46) 또한 '조선병'의 원인을 외국과
같은 학문과 교육이 없는 데서 찾고, '조선병'을 고치기 위해서는 "외국
사람 모양으로 학문을 배우고, 외국사람 모양으로 생각을 하며 외국 모
양으로 행실을 하여 조선 사람들이 외국 사람들과 같게" 되어야 하며,
옛 풍속을 버리고 문명 진보에 힘을 써야 한다고 하였다.47) 전면적 서
구화론에 다름 아니었다. 이에 비해 개신유학자들이 중심이 되어 발간
한『황성신문』은 구학에 대한 청산적 태도를 보이거나 서양문명을 일
방적으로 추종하지는 않았다.48) 그러나 역시 일본이 신학을 수용함으
로써 한국이나 청국과 마찬가지이던 정치의 문란과 인민의 괴리(壞離)
를 극복하고 서구열강과 어깨를 나란히 하는 동양의 일등국이 되었음
을 강조하면서, 조선도 "국가(國家)를 위(爲)ᄒ야 사구종신(捨舊從新)ᄒ
는 계책(計策)"을 깊이 도모해야 한다고 주장하였다.49)

　이러한 분위기 속에서 시작된 신학구학논쟁에서 구학은 동아성리적
(東亞性理的)인 것, 신학은 서양물질적(西洋物質的)인 것,50) 동아(東亞)
의 구학은 "도덕을 함양하여 기질을 변화하는 것", 태서(泰西)의 신학은
"기예를 막힘없이 깨달아 부강(富強)으로 진취하는 것"51) 등으로 규정
되었다. 논쟁은 신학이 우위를 점하는 형태로 진행되었다. "구학은 본
이오 신학은 말이니 말고가거(末固可擧)어니와 본당우선(本當尤先)이

---

46)「논설」,『독립신문』, 1896년 4월 25일.
47)「논설」,『독립신문』, 1897년 2월 13일.
48) 황성신문의 서양문명인식에 대해서는 길진숙,「문명의 재구성 그리고 동양전통
　　담론의 재해석」, 이화여대 한국문화연구원,『근대계몽기 지식의 발견과 사유지
　　평의 확대』(소명, 2006) 참조.
49)「논설」,『황성신문』1899년 6월 28일.
50) 呂炳鉉,「格致學의 功用(續)」,『대한협회회보』7, 1908, 13쪽.
51) 成樂賢 欲學新學先學舊學,『대동학회월보』20, 1909, 19쪽.

니 필회선학구학(必湏先學舊學)"이라고 하여 여전히 본말론적인 주장
이 제기되기도 했고, 효제충신은 시공을 초월한 보편이념이므로 "구학
의 도덕이 없으면 효제충신의 의리가 싹 쓸 듯이 없어져 곧 금수와 같
아진다."라는[52) 화이론적 논급도 있었다. 또한 "이아유학(以我留學) 제
군(諸君)으로 논(論)ᄒ면 하인물구(何人勿拘)ᄒ고 이역(異域)에 구갈
(裘葛)만 누경(屢更)ᄒ고 실지(實地)의 사상(思想)은 호무(豪無)에 지
(至)ᄒ여스니"라고 하여 유학생들을 비판하며 차라리 구학이 더 났다
는 주장도 있었다.[53) 그러나 구학을 강조하는 논객들이 내세우는 대체
적인 주장은 신구학이 보세치민(普世治民)이란 동일한 목표를 가졌기
때문에 구별할 필요가 없다거나,[54) 체용상회(體用相湏)의 논리를 내세
우며 신구학을 겸비하자는 것이었다. 그러나 그러한 논자들도 이미 서
학은 "실학"인 반면, 구학은 아무짝에도 쓸모없는 "췌언(贅言)"이기 때
문에 동서 간의 강약의 차이가 생겼다 하여[55) 사실상 신학 편에서 구
학을 비판하는 경우가 많았다.

서세동점의 위기에 대응하는 한편, 서기의 수용을 위해 반대파를 설

---

52) 成樂賢 欲學新學先學舊學, 『대동학회월보』 20, 1909, 18-19쪽.

53) "守舊는 舊來의 傳習만 墨守ᄒ야 日就月將에 進步됨은 無ᄒ나 外國人의 紹介가
되여 自國에 被害케 홈은 決코 不行ᄒ니 死后라도 三千里疆土에 有義鬼는 될지
오. 且 所謂 就新者는 出身於海外ᄒ야 如干ᄒ 學問과 大槪ᄒ 言語 等 工夫에나
涉獵이 되면 文明의 智識이 發ᄒ 듯시 愛國의 思想이 有ᄒ 듯시 或 參於社會ᄒ
며 或 登于演壇ᄒ야 三寸舌에 高辯雄談으로 米國 獨立史上 事實과 印度 亡國史
上 狀態를 歷歷可觀ᄒ 듯시 次第로 說明홀 時에 其 言만 聽ᄒ면 無非濟世의 雄
이오 保國의 士라. 其 人의 其 心을 忖度흔즉 但 形式的으로만 新思想이 有ᄒ
듯ᄒ고 實地上으로는 秋毫의 可觀홀 思想이 無ᄒ니 此等 皮殻에 엇지 獨立의
期望이 有ᄒ리오. 可惜哉 可惜哉"(楊致中, 「守舊가 反愈於就新」, 『太極學報』 22,
1908, 12-14쪽).

54) 李棕夏, 「新舊學問이 同乎아 異乎아」, 『대동학회월보』 2, 1909.

55) 金思說, 「學問體用」, 『대동학회월보』 1, 1908, 38-41쪽.

득하기 위해 형성된 동도서기론은 도입된 서기의 외연이 확장될 때 새로운 논리의 구성이나 동도와 서기에 대한 재규정을 요청받을 수밖에 없다. 그러나 광무연간의 신구학논쟁은 동도서기론자들이 논리의 재구성이나 개념의 재규정을 고민할 겨를이 없을 정도로 폭주하다시피 하였다. 무엇보다 동도를 구성하는 핵심 요소인 구학=유교에 대한 발본적 비판이 제기되었다.

이에 따라 서구문명을 수용한 일본은 "조찰시기(早察時機)에 인문 (人文)이 숙개(夙開)하니 가위동양(可謂東洋)의 선각(先覺)이요 삼국 (三國)의 전도자(前導者)"로 재규정되었다.[56] 반면 한국은 동아시아의 한 귀퉁이에 자리 잡아 다른 나라들과 동반하여 진보하지 못하고 수백 년간 정치가 문란하고 교육과 산업이 쇠퇴하여 자립할 수 있는 힘을 잃어버리고 다른 나라의 도움을 받지 않을 수 없는 나라로[57], 조선인은 선진문명국의 지도를 받아 문명화해 나가야 하는[58] 미개지민(未開之民)" 으로[59] 재인식되었다. 이런 인식들이 만연한 상황에서 동도=유교는 "슬프다, 저주받을 유교는 오족(吾族)으로 하여금 빈궁의 지옥에 입(入)하게 하였다"는 이광수의 말처럼[60] 저주받을 대상에 지나지 않았다.

구학 비판은 무엇보다 사회진화론에 입각한 것이었다. 경쟁심(競爭

---

56) 李奎濚,「東洋協和도 亦 智識平等에 在홈」,『서우』15, 1908, 36쪽.

57)「大韓協會趣旨書」,『대한협회회보』1, 1908년 4월, 1쪽. "嗚呼라 我國은 亞細亞大陸東隅에 僻在하야 世界文明에 進步가 失時함으로 今에난 先進文明國의 指導에 依하야 國事를 整理하고 人文을 獎勵하야 自今 以後로 國民이 協同一致하야 文明을 吸收ᄒ고 施政을 改善하야 能히 國富國强을 增進하며 列國에 並肩함을 期日可待할새"(尹孝定,「演說 第一回 總會時: 大韓協會의 本領」,『대한협회회보』1, 1908, 47쪽)

58) 尹孝定, 위의 글, 47쪽.

59) 金成喜,「政黨의 事業은 國民의 責任」,『대한협회회보』1, 1908, 27쪽.

60) 이광수,「신생활론」,『이광수전집』17 (삼중당, 1963), 524쪽.

心)의 유무(有無)"가 "인류(人類)의 성쇠원인(盛衰原因)과 존멸기관(存
滅機關)"이라는 주장이 압도하였다.[61] 박은식만하여도 "현금(現今)은
세계인류(世界人類)가 지력경쟁(智力競爭)으로 우승열패(優勝劣敗)ᄒ
고 약육강식(弱肉强食)ᄒᄂ 시대(時代)",[62] "현근(現今) 시대(時代)ᄂ
열등인종(劣等人種)이 우등인종(優等人種)의게 피축(被逐)홈은 상고시
대(上古時代)에 금수(禽獸)가 인류(人類)의게 피축(被逐)홈과 여(如)ᄒ
니 고(故)로 왈(曰) 생존경쟁(生存競爭)은 천연(天演)이오 우승열패(優
勝劣敗)ᄂ 공례(公例)라 홈이라.",[63] "지식(知識)과 세력(勢力)이 열약
(劣弱)혼 자(者)는 멸망(滅亡)을 불면(不免)홈은 고연(固然)혼 세(勢)
라"[64]고 하여 사회진화론을 천연이나 공례로 받아들이고 있었다. 이는
당시 그가 문명사관에 흠뻑 빠져 있었음을 보여준다.[65] 물론 그는 "현
금열국(現今列國)의 음양호약자(鷹揚虎躍者)ᄂ 기(其) 구기(口氣)ᄂ 보
살(菩薩)이오. 기(其) 행동(行動)은 야차(夜叉)라 수(誰)를 가언(可言)이
며 수(誰)를 가의(可依)리오",[66] "강대국은 '강권(强權)의 도상(盜狀)'이
며 도적떼들로 그들의 힘이 곧 정의이고 말이 곧 법이 된다"며 제국주
의에 대한 비판의식을 드러내기도 했다. 또 "강권의 세력이 있으면 성
현, 군자, 영웅이 되고, 강권의 세력이 없으면 노비, 천부(賤夫), 우마
(牛馬), 구돈(狗豚)의 신세를 면치 못한다고 하면서 이 강권의 세상에
서는 인의 · 도덕이란 찾아볼 수 없다"며 한편으로는 우승열패가 지배
하는 국제질서에 대한 비판의식을 보이기도 했다. 그러나 사회진화론

---

61) 謙谷, 「人의 事業은 競爭으로 由ᄒ야 發達」, 『서우』 16, 1908, 1쪽.

62) 朴殷植, 「賀吾同門諸友」, 『서북학회월보』 1, 1908, 1-3쪽.

63) 會員 朴殷植, 「敎育이 不興이면 生存을 不得」, 『서우』 1, 1906, 8쪽.

64) 謙谷生, 「本校의 測量科」, 『서우』 17, 1907, 3쪽.

65) 이에 대해서는 이만열, 「박은식의 사학사상」, 『숙대 사론』 9, 1976 참조.

66) 謙谷 朴殷植, 「自强能否의 問答」, 『대한자강회월보』 4, 1906, 1쪽.

을 수용한 이상 "인의(仁義)로 강권을 대적하고자 하는 자는 범의 입에 들어서 불경을 외우는 자니라", "서국사람이 항상 말하되, 같은 종족과 같은 국민이 서로 만나면 도덕만 있고 권력은 없이 하며, 다른 종족 다른 국민이 서로 만나면 권력만 쓰고 도덕은 없게 한다 하니 이 말이 또 강권한 생각하는 자의 배울만한 말이니라"고 하여[67] '서국사람'들이 만들어 놓은 생존경쟁·우승열패의 논리와 현실을 시인하지 않을 수 없었다. 동도=본 혹은 체로서의 동도와 말 혹은 용으로서의 서기로 대변되던 동양문명과 서구문명이 인의와 강권으로 대비되면서 본말이 완전히 역전된 모습을 보여준다.

이에 따라 서기 수용을 위한 논리였던 동도서기론은 20세기에 들어서면서 국망(國亡)의 현실 앞에서, 또 쇄도해 오는 서구문명과 그를 합리화하는 사회진화론이 폭넓게 받아들여지면서 결국 현실에 대응할 수 있는 능력을 상실해 갔다. 그것은 다른 한편으로는 유교적 보편성이 서구적 보편성에 압도당하고 투항해 가는 과정에 다름 아니었다. 19세기 최후반부터 시작된 신학구학 논쟁의 끝자락 무렵인 1908년 박은식은 『대한매일신보』에 다음과 같이 썼다.

근일에 혹 어떤 고을에는 선비들이 협의하고 학교를 설립하는 자도 있고 혹 어떤 학자의 제자로서 책을 지고 멀리 와서 신학문을 배우는 자도 있으니 이로 좇아 온 세상 사람이 완고하고 오활함으로 배척하던 유림이 깨달을 기회가 왔도다. 오호라 이는 유림의 새복음이며 유림에게만 새복음이 될뿐 아니라 대한전국에 새복음이오 지금 전국에만 새복음이 될 뿐 아니라 또한 장래 전국에 새복음이 되리로다.[68]

67) 「세계에는 강권이 첫째」, 『대한매일신보』, 1909년 7월 21일.
68) 『대한매일신보』, 1908년 9월 25일.

박은식은 구래의 선비들이 신학문을 배우게 된 사실에 "완고하고 오활함으로 배척"받던 유림이 "깨달을 기회"를 잡은 것이며, 이것은 "유림의 새복음", "대한전국의 새복음"이며, 나아가 "장래 전국의 새복음"이 될 것이라며 반겼다. 이것은 그 동안 유교가 누려왔던 "보편"으로서의 특권적 지위가 "새복음"인 서구문명에게 넘어가는 모습을 상징적으로 보여준다. 박은식의 말처럼 그것이 "복음"인지의 여부를 떠나 "신학문"과 그것이 전파한 "서구중심주의"는 오늘날까지도 여전히 특권적 지위를 유지한 채 "대한전국"에 압도적인 영향을 행사하고 있다.

신학구학논쟁의 결과 1910년 한일병합 전후시기에 이르러 신학은 완전히 학계를 장악하게 되었다.[69] 논자 가운데는 "경향인사(京鄕人士)"들 가운데 툭하면 국권회복과 자주독립을 말하지만, 그들이 하는 회복국권(回復國權)이나 자주독립(自主獨立)은 불가능하다고 단언하기도 했다.[70] 서구문명에 압도되어 동도서기론 내지 구학이 더 이상 이념적 효과나 현실적 의미를 가지지 못하는 시대로 진입하였음을 의미한다.

앞서 언급하였듯이 신학구학논쟁에서 구학은 동아성리적인 것, 신학은 이용후생을 위한 것, 서양물질적인 것, 동아의 구학은 "도덕을 함양하여 기질을 변화하는 것", 태서(泰西)의 신학은 "기예(技藝)를 막힘없이 깨달아 부강으로 진취하는 것" 등으로 규정되었다. 이는 곧 신학과 구학은 동도와 서기의 연장선에서 그것이 변용된 형태로 나온 것임을 알 수 있다. 그러나 동과 서라는 장소의 차이가 각기 동양과 서구라는 의미를 내포한 신과 구라는 시간적 차이로 치환된 것은 중요한 변화이다. 이것은 곧 유학을 모태로 한 동양문명과 서양문명의 관계가 근대적 시간관념을 매개로 재규정된 것이기 때문이다. 신학구학논쟁이 본

69) 이광린, 「구한말 신학과 구학과의 논쟁」, 16쪽.
70) 呂炳鉉, 「新學問의 不可不修」, 『대한협회회보』 8호, 1908, 12쪽.

격적으로 전개되기 이전부터 상대적으로 전통과 동양문명에서 가능성을 찾으려 한『황성신문』도 이미 동양문명과 서구문명이 역전되었음을 시인하고 있었다.

> 서양인들은 서양인, 일본인, 한국인을 각각 다르게 대우한다. 서양인이 서양인을 대할 때는 평등하여 사이가 없고, 일인을 대함엔 비록 동등하게 보지는 않더라도 인류로 대한다. 우리 한인을 대함에는 인류로 취급하지 않고 畜生과 같이 천하게 본다. 진실로 사람의 마음을 가진 자는 분한한 마음을 이기지 못한다. 그러나 천하게 대우받음은 우리 국민 상하가 스스로 불러온 바다.[71]

전통적 동양문명 속에서 화이론적 세계관에 입각하여 축생같이 여기던 서양인들이 이제는 거꾸로 한국인을 축생시 한다는 것이다. 서구에 의해 발화된 서구=진보=문명, 동양과 한국=미개=야만이라는 인식이 한국인에 의해 수용되고 있음을 알 수 있다.[72] 신학과 구학은 곧 그러한 동－서 관계의 새로운 표현이었다. 이는 곧 서구중심주의와 그와 동전의 양면을 이루고 있던 근대중심주의가 결부된[73] 새로운 비대칭적 동양－서양의 관계가 자리잡아가고 있었음을 의미한다.

신기선 역시 신학과 구학의 내용에 대해서는 다른 신구학론자들과 마찬가지였다. 구학은 요순우탕(堯舜禹湯) 문무주공(文武周公)과 공자의 경전으로부터 조선의 유자(儒者)들이 찬술 것들, 곧 유학을 말하고

---

71) 「논설」, 『황성신문』 1899년 1월 13일.

72) "我韓 四千餘年 禮義文明의 國으로 今日 野蠻部落에 墮落흠은 誰怨誰尤리오"(楊致中, 「守舊가 反愈於就新」, 『太極學報』 22, 1908년 6월, 13쪽)에서도 한국이 야만으로 되었음을 시인하고 있다.

73) 서구중심주의와 근대중심주의에 대한 간략한 논의는 배항섭, 「근대를 상대화하는 방법」, 『역사비평』 88, 2009 참조.

신학은 천문지리, 물리학, 심리학, 논리학, 철학, 정치학, 경제, 민법, 형법, 헌법, 국제법, 사회학, 산학, 의학, 공업, 예술, 상업, 농업, 임업, 세계만국의 도지(圖誌)와 역사 등 개항 이후 서구에서 도입된 학문을 말한다고 하였다. 또한 그는 신학과 구학을 구분하는 데 반대하고 양자는 같은 것이라고 하였다.[74] 왜냐하면 신학의 핵심 내용은 "천인사물지리(天人事物之理)와 일용수생지방(日用需生之方), 그리고 국가(國家)와 인민(人民)을 유지(維持)하고 발달(發達)시키는 법"에 불과하며, 이것은 이미 공맹의 경전에 모두 포괄되어 있거나 요순우탕이나 공맹에 의해 그 대강이 제시되었기 때문이라는 것이다. 공자가 맹자가 2천여년 전의 사람들이었기 때문에 신학의 서적들을 공맹에 의해 쓰인 것은 아니지만, 공맹이 한·당·송·명대에 태어났다면 신학과 관련된 서적들이 아시아에서 나온 지 오래되었을 것이고, 공맹이 오늘날 태어났다면 반드시 손수 신학관련 서적들을 먼저 읽어보고 사람들에게 강습하여 가르쳤을 것이라고 하였다.[75]

또한 신학의 윤리나 도덕은 세부적인 면에서 동양 성현의 가르침과 다소 다른 점이 있지만, 이것은 풍습의 차이에서 오는 것일 뿐 그 대강과 대요는 그윽이 합치(暗合)하지 않는 것이 없는 동일한 법칙(同揆)이라고 하였다. 그것은 '천지지리(天地之理)'와 '인소부지성(人所賦之性)'은 동서양이나 황인종 백인종의 구분 없이 같기 때문이라는 것이다. 그러나 그는 구학 가운데서도 절문제도(節文制度)는 시의(時宜)에 따라 바꿀 수 있지만, '삼강오상'과 '명덕신민(明德新民)' 같은 것은 바꿀

---

74) 이 때문에 대동학회에서는 신학을 강의할 때 '新學問'이라 하지 않고 '新書籍'이라 하고, 舊學에 대해서도 '舊學問'이라 하지 않고 '經典'이라 한다고 밝혔다(申箕善, 「學無新舊(前號續)」, 『大同學會月報』 6, 1908, 6쪽).

75) 申箕善, 「學無新舊」, 『大同學會月報』 5, 1908, 8-10쪽.

수 없다고 하였다. 동양=본, 서양=말이라는 논리를 벗어나지는 못하고
있었던 것이다. 그것은 신학과 구학은 일이관지하는 것이지만, 초목에
비유하면 구학은 그 뿌리와 줄기에 해당하고 신학은 지엽과 화실(花實)
에 해당한다거나, 경적(經籍)에 비유하면 구학은 경문(經文)이고 신학
은 주석(註釋)이라는 데서도 알 수 있다. 때문에 그는 신학과 구학의
관계를 구슬과 구슬을 꿰는 실의 관계와 같이 상보적 관계임을 인정하
면서도 여전히 구학이 본이라는 인식을 벗어나지 않고 있었다.76)

　김윤식도 앞서 살펴본 바와 같이 신학구학 논쟁에 가담하였다. 그러
나 그의 생각은 이 전과 크게 달라져 있었다. "이용후생(利用厚生)은
우리 선성(先聖)들이 이미 말씀하시고 시행한 것이지만, 후인들은 그것
을 연구하고 추행(推行)하지 못하였고, 마음과 생각을 다하여 더욱 정
밀하게 함으로써 개물성무(開物成務)의 공을 이룬 것은 지금의 신학문
(新學問)이 바로 그것이다".77) 서양문명의 수용을 개화라고 표현하는
실태에 대해 "조선(東土)는 문명화된 곳이므로 다시 어떻게 '개화'를 한
다는 말인가"라고 반감을 드러냈던 김윤식이다. 그랬던 그가 이제는 비
록 이용후생이라는 단서를 달았지만, 개화의 주체가 신학=서구문명에
있음을 시인한 것이다. 또 육예론의 연장선에서 이용후생의 원류가 동
도에 있었음을 전제로 한 것이기는 하지만, 서구의 의절이 동양보다 뛰
어나다는 점을 시인한 점 등에서 그의 사유가 서도의 존재, 곧 도의 편
재성을 인정하는 단계까지 진전되어 가고 있었음을 엿볼 수 있었다.

　도의 편재성에 대한 인정은 동양문명과 서양문명을 상대화함으로써

76) 申箕善, 「學無新舊(前號續)」, 『大同學會月報』 6, 1908, 4-6쪽. 이러한 발상은 『대
　　학』의 '三網八條'나 『中庸』의 "시간이나 장소의 변화와 상관없이 사람이 마땅히
　　따라야 할 도덕[達道達德]"이라는 데서도 보인다(申箕善, 「學無新舊(前號續)」,
　　『大同學會月報』 6, 1908, 4쪽).
77) 金允植, 序一, 『대동학회월보』 1, 1908, 1쪽.

새로운 사유의 지평을 열어갈 수 있는 전제라고 볼 수 있다. 그러한 가능성의 단초는 개신유학자계열의 지식인이 주도한『황성신문』의 문명인식에서도 찾을 수 있다. 물론『황성신문』도 "영심취어구화(寧心醉於歐化)언뎡 불가이고어부습(不可泥固於腐習)이오"[78]라는 표현에서 알 수 있듯이 과거의 문명을 재현하고, 전통적 문명담론을 끌어내는 기준을 서양의 근대적 사유와 가치에 두고 있었다.[79] 유교개신론자들이 전통지식체계를 강조한 것은 어디까지나 거기에서 근대적 가치가 내포되어 있다는 논리에 입각한 것이었다.[80] 그러나『황성신문』의 경우『독립신문』과 달리 상대적으로 전통을 강조하면서『독립신문』등 문명개화론자들과 달리 전면적 서구문명 수용에 대해서는 비판적이었다. 우선 개화에 대해 "사물의 이치와 근인을 궁구하며 그 나라의 처지와 시세에 합당하게 하는 것"[81]이라고 하였다. 김윤식이 개화란 저 마다 나라의 형편(國勢)을 고려하여 추진해야 그 효과를 볼 수 있으며 그렇지 않을 경우 오히려 나쁜 결과를 초래한다고 지적한 점과 상통하는 것이다. 이러한 개화론에 입각하여『황성신문』은 다음과 같은 독자적인 문명론을 제시할 수 있었다.

중추원의관중(中樞院議官中)에 품질(品秩)이 고(高)한 일인(一人)과 독립협회회원중(獨立協會會員中)에 연소(年少)한 일인(一人)이 상봉(相逢)하야 수작(酬酢)한 사의(辭意)를 딕강 좌(左)에 허(記)하노라. 금일아국(今日我國)이 삼대성시(三代盛時)와 문명각국(文明各國)에 비교(比較)치못ᄒ다

---

78) 「論說: 答自疑生(續)」,『皇城新聞』1907년 2월 5일.

79) 길진숙, 「문명의 재구성 그리고 동양전통담론의 재해석」, 47쪽.

80) 남명진, 「동서철학에 있어서의 시간의 문제」,『동서철학연구』48, 2008; 이행훈, 「신구관념의 교차와 전통지식체계의 변용」,『한국철학논집』32, 2011 참조.

81) 「논설」,『황성신문』, 1898년 9월 23일.

하는말슴은 불복(不服)흠느이다. 삼대성시(三代盛時)던지 문명각국(文明各國)이던지 군신상하(君臣上下)가 동심합력(同心合力)하야 인술덕정(仁術德政)과 양법미규(良法美規)를 성심행지(誠心行之)하면 금일야만국(今日野蠻國)이 명일문명(明日文明)이되고 금일빈약국(今日貧弱國)이 명일부강국(明日富强國)이되는지라 무론하국(無論何國)이던지 행정선악(行政善惡)에 재(在)하지 본래야만문명(本來野蠻文明)과 빈약부강(貧弱富强)이 별(別)로히 분등(分等)을 정(定)하야 변화(變化)치못홀 천리(天理)가 유(有)하오릿가 대저역대제왕(大抵歷代帝王)의 선악현부(善惡賢否)가 인학이자(仁虐二字)에 분(分)하얏슴즉 인신(人臣)이 진주(陳) (奏)한는되도 차이자(此二字)를 중심(心中)에 심각(深刻)하여야 가위충신(可謂忠臣)이오 가위양신(可謂良臣)이지오.[82]

해금(海禁)이 기개(旣開)흔 이후(以後)로 동양오천년대국(東洋五千年大局)이 일변(一變)에 지(至)하야 사(史)의 석(昔) 소위(所謂) 시(是)타 하던 자(者)ㅣ 금일(今日)에 혹(或) 비(非)흠을 각(覺)하깃고 석(昔) 소위(所謂) 비(非)타 하던 자(者)ㅣ 금일(今日)에 혹시(或是)흠을 지(知)하깃슴은 기증(其證)을 가론(可論)흘지라.[83]

동양문명 5천 년의 역사라는 긴 시야 속에서 각동양문명과 서양문명을 상대화하는 시각을 확보하고 있었음을 보여준다. 그러나 그 이상의 문명론을 밀고나가지는 않고 있다. 김윤식 역시 동양문명과 서구문명의 관계를 더 이상 추구하지는 않았다. 사망하기 1년 전인 1921년 1월 『개벽』에 다음과 같은 김윤식의 글이 실렸다.

유림계(儒林界)를 위(爲)하야

운양(雲養) 김윤식씨(金允植氏) 담(談)

유도(儒道)의 정신은 오즉 오륜(五倫)의 교(敎)를 인생사회에 대한 현실

---

82) 「別報」, 『황성신문』, 1898년 9월 27일.
83) 「論說」, 『황성신문』, 1899년 7월 29일.

케 함에 재(在)하니 고로 금일 유도(儒道)의 진흥에 지(志)를 유(有)한 자(者)는 자기가 먼저 가법(家法)을 선수(善守)하며 그 도를 천행(踐行)하여야 할지니. 그리하기만 하면 아모 책략을 기다릴 것 업시 유도(儒道)는 불기하일(不期何日)에 스스로 진흥될 것이라. 차(此) 도에 불출(不出)하고 공(空)히 성리(性理)의 여하(如何)를 말하며 사단(四端)의 여하(如何)를 논한다 한덜 유도(儒道)의 천명(闡明)에 하익(何益)이 유(有)하리요. 수(誰)이나 인(認)할 것이어니와 유도(儒道)의 진리교훈은 성경현전(聖經賢傳)에 소연(昭然)히 기재된 것인 바 금일 비록 여하(如何)한 인(人)이 출(出)하야 사도(斯道)의 강명(講明)을 시(試)한다 할지라도 도저(到底) 그 이상에 지(至)치 못할 것이다.

소문(所聞)에 의하면 유도진흥회(儒道振興會), 대동사문회(大東斯文會), 태극교(太極敎) 등 기다(幾多) 단체가 유림계(儒林界)로부터 족출(簇出)하야 성(盛)히 사도(斯道)의 천명(闡明)을 논의하는 모양이나 우(右)에도 말한 것과 가티 유도(儒道)는 반듯이 그리한다고 진흥될 것이 아니라 금일에 재(在)하야 비록 향음주례(鄕飮酒禮)를 시시(時時)로 행하고 장의재장첩(掌議齋長帖)을 일일이 출(出)한다한덜 그 효(效)가 무엇이리요. 조선의 유도(儒道)는 사실로 번문욕례(煩文縟禮)에 쇠미(衰微)하얏나니 사도(斯道)의 진흥을 책(策)한다는 금일에 재(在)하야 우복(又復) 쇠미(衰微)의 복철(覆轍)을 밟고저 함은 나의 아지 못 할 일이라. 피(彼) 기독교(基督敎)나 기타(其他) 교회(敎會)와 여(如)히 조직적의 근거가 기성(旣成)하고 차(且) 금전(金錢)의 출처가 확실하면 입기당행기도(立其堂行其道)도 불가(不可)함이 아니나 유림(儒林)으로서는 사실 그리 할 형편을 가지지 못한 동시에 세상이 다 그러한다고 한갓 그 빈소(嚬笑)를 효(效)할 것이 아니라 성문과정(聲聞過情)을 군자는 치(恥)하나니 금일 유림계에서는 종래의 언다행소(言多行少)한 그 추태(醜態)를 재연치 말고 오로지 이륜(彝倫)에 거(據)하며 그 가법(家法)을 선수(善守)하야 기신(其身) 각자가 먼저 유도(儒道)의 참 정신에 살도록 할 것이니 시(是)가 즉 금일에 재(在)하야 유도(儒道)를 참으로 진흥케 하는 것이며 또 유림계(儒林界)로서 가취(可取)할 태도이라 하노라.[84]

---

84) 『개벽』 7, 1921, 16쪽.

"이륜(彝倫)에 거(據)하며 그 가법(家法)을 선수(善守)하야 기신(其身) 각자가 먼저 유도(儒道)의 참 정신에 살도록 할 것이니 시(是)가 즉 금일에 재(在)하야 유도(儒道)를 참으로 진흥케 하는 것이며 또 유림계(儒林界)로서 가취(可取)할 태도이라 하노라."라는 그의 주장은 이미 동도서기론에 의거하여, 혹은 청일전쟁 이후의 변화된 상황 속에서 동도서기론을 기반으로 하면서도 서양문명을 대등론적인 입장에서 수용하고자 고민하던 모습은 보이지 않는다. 그에게 동도는 이제 가법을 준수하는 개개인의 수양 차원의 문제로 왜소화하고 있었다.

청일전쟁을 겪고 나서도 신구학논쟁을 거치며 스스로를 변용해나가던 김윤식도 국망의 현실 속에서 동양문명과 서구문명에 대한 객관적 인식, 그리고 그 양자 간의 관계를 재구축할 수 있는 논리를 더 이상 진전시켜가지 못하고 말았던 것이다. 그것은 국망이라는 현실과 더불어 앞서 살펴보았듯이 무엇보다 구학=유학=동도의 핵심요소에 대한 감당하기 어려운 비판을 받아야 했다는 사정 탓도 컸다. 더 이상 동도서기론을 고집하거나 새로운 논리를 만들어 나가기는 어려운 상황이었다. 동도서기론은 더 이상 현실을 이해하고 설명할 수 있는 사유로서의 생명력을 가지기 어려웠다. 그 결과는 초기의 동도서기론이 가지고 있던 동도(체, 主)-서기(용, 從)와는 다른 구도이기는 하지만, "신학=서양문명=진보", "구학=동도=미개"라는 또 다른 이분법으로 귀결되고 말았다. 이는 전통유학자들은 물론, 본말론적 동도서기론자들에게서도 유지되고 있던 바 동양문명의 특권적 지위가 서구중심주의에 의해 완전히 전복되었음을 말한다.

5. 맺음말

동도서기론은 오랑캐로만 인식되던 서양이 산업혁명의 결과 우세한 힘을 갖추고 동양을 압박하는 전대미문의 문명적 위기 상황에 대응하기 위해 나타난 고심의 표현이었다. 중국의 중체서용론이나 일본의 화혼양재론도 마찬가지였다.

지금까지는 동아시아 삼국의 근대이행과 관련하여 일본은 동양 내지 전통적인 것을 빨리 버리고 서양문명을 신속히, 보다 전면적으로 수용하였기 때문에 근대화에 성공하였고, 중국과 조선은 그렇지 못했기 때문에 실패하였다는 도식적 이해, 그리고 그 배경으로서 전통적 사유체계나 그에 입각한 정치 사회시스템의 차이 등이 지적되어 왔다. 이러한 견해는 전통사회를 기반으로 발아된 사유의 가치를 근대화라는 결과에만 비추어 파악하는 것으로 시야를 서구적 근대 따라잡기라는 데 둘 경우에만 타당한 지적이다. 그러나 근대 자체가 회의되는 21세기의 현실 속에서 우리는 근대화의 실패·성공이라는 방식의 이분법적·도식적 파악이 가지는 의미가 무엇인가에 대해 다시 생각하지 않을 수 없다.

동도서기론은 서양문명이 동양문명을 압도해오는 전대미문의 위기 상황에서 나타난 사유였지만, 그 위기는 전혀 다른 두 개 문명 간의 전면적 만남이었다는 점에서 역시 전대미문의 새로운 가능성을 내포한 것이기도 했다. 그러나 동도서기론에 주어졌던 가능성은 불발로 끝나고 말았다. 그 결과는 서구가 구성한 또 다른 이분법, 곧 오리엔탈리즘을 내면화하는 과정에 다름 아니었다. 사회진화론을 사상적 무기로 하여 위력과 약육강식의 논리로 압도하는 서양문명의 지배를 수용하는 것은 불가항력적이었다고도 할 수 있을 것이지만, 그 후 지난 1세기는 동도서기론과는 다른 방식으로 역전된 이분법인 서구중심주의에 압도된 시간이었다. 역전의 핵심적 계기에는 사회진화론을 바탕으로 한 진화론 내지 발전론, 곧 근대중심주의가 자리 잡고 있었다.

서구중심주의에 대한 비판과 근대에 대한 상대화가 모색되는 현재 동도=유교 중심의 이분법으로부터 서양중심의 이분법으로 급격한 전환 과정에서 대두되었던 동도서기론의 구조와 논리, 그 변화과정은 우리에게 시사하는 바가 크다. 따라서 동도서기론을 비롯한 19세기 후반—20세기초반에 걸친 사유나 행동들에 대한 연구가 더 이상 얼마나 더 빨리, 더 온전하게, 더욱 전면적으로 서구 문명을 받아들이고 더욱 충실히 근대화를 추구하였느냐를 따지는 방식의 접근은 지양되어야 할 것이다. 그것은 여전히 이분법적 논리에 갇혀 있다는 면에서 기본적으로 신학구학논쟁을 벌일 때의 신학론자들의 서구중심주의·근대중심주의적 인식구조와 동일하다고 볼 수 있기 때문이다.

이 점에서 본격적인 동도서기론이 나타나기 이전 시기를 살았던 최한기(1803-1877)의 생각은 우리에게 시사하는 바가 적지 않다. 그는 기독교에 대해 원천적으로 부정했다. 그러나 그는 동서 학문에 대한 편향적 태도에 대해 "중국을 배우는 자 서법(西法)을 배우려 들지 않고 서법을 배우는 자 중국을 배우려 하지 않는다"는 비판과 함께 서양 문물을 적극적으로 수용하는 입장을 취해 동서의 학문적 회통(會通)을 시도하였다.[85] 회통의 내용이 무엇인가에 대해서는 불분명하지만, 그의 생각에는 동양문명과 서양문명을 넘어서는 새로운 가능성 내지 그 단초가 내포되어 있었다고 생각한다. 또한 이른바 개화에 대해 김윤식과 동일한 인식을 보이고 있던 『황성신문』의 문명론도 동양문명과

---

[85] 이에 대해서는 임형택, 「개항기 유교지식인의 "근대" 대응논리—혜강 최한기의 기학을 중심으로」, 『대동문화연구』 38, 2001 참조.

서양문명을 상대화하는 시각에까지 도달하고 있었다는 점에서 그에
대한 새로운 접근이 요청된다.

일본의 초기 제국주의론과 도덕 담론

국가적 도덕과 세계적 도덕, 또는
국민적 입장과 인류적 입장

권석영

1. 머리말

19세기 말에서 20세기 초 일본에서는 서구 윤리학의 조류를 흡수하면서 '도덕의 진보'를 둘러싼 논의가 활발하게 전개되었다. 여기서 말하는 '진보'는 '발달' 또는 '진화'라고 표현되기도 하던 것으로, 일세를 풍미하던 진보주의적 진화론이 이 시기의 도덕 담론의 중요한 특징의 하나였음을 알 수 있다.

일반적으로 어떤 행위가 어떤 사회 영역(가족, 종족, 국가/국민, 세계/인류)에 이익이 된다고 판단될 때 그것을 '선', '도덕'으로 간주한다. 그 사회 영역의 범위에 따라 선/악의 판단은 달라질 수 있고 충돌할 수도 있는데, 국민국가의 경우 도덕의 판단 기준이 되는 사회 영역으로 가장 유력한 것이 국가였음은 말할 것도 없다. 보다 완벽한 상태로의 발달을 진화로 보는 진보주의적 진화론의 입장에서 보면, 도덕적 판단의 기준이 되는 사회 영역이 가족 → 종족 → 국가의 방향으로 확대되어 왔

다고 봄으로써 어렵지 않게 도덕의 진보를 설명할 수 있었다. 그러나
그 기준이 되는 사회 영역의 확대가 도덕의 진보를 의미한다는 이 해석
은 역설적이게도 국가라는 강력한 틀 속에 살던 그들에게 '국가적 도덕'
이 도덕의 진보의 종착점이 아닐까라는 의구심을 안겨 주었던 것으로
보인다. 더구나, 국가는 이미 국경을 넘어 세계 각지로 팽창해 가고 있
던 시대였다. 그럼에도 불구하고 도덕이 국가라는 틀을 넘어서지 못한
다면 이는 '도덕의 진보'라는 진화론적 담론의 위기가 될 수도 있었다.

이러한 배경 속에서 '도덕의 진보' 론은 크게 다음과 같은 두 가지 물
음을 던지고 있었다. 첫째, 도덕은 어디까지 진보하는가? 둘째, 도덕의
진보의 원리는 무엇인가? 이것은 근대 윤리학 그 자체의 문제라고 할
만큼 근본적인 문제로서 인간의 권리가 어디까지 보장되어야 하는가
라는 의미에서는 천부인권론과 연계되며, 앞서 말한 도덕적 판단의 기
준이 되는 사회 영역을 어디까지 확대해야 하는가라는 의미에서는 제
국주의의 문제와도 직결된다. 인간은 국가/국민의 틀을 넘어서까지 타
인의 고통이나 요구에 공감할 수 있는가? 만약 그렇지 않다면 인간은
그 틀 밖에 있는 타인의 권리를 온전히 인정하지 못한다는 것이 된다.
청일전쟁을 승리로 마무리 지으면서 팽창주의가 급격히 확산되어 간 일
본 제국주의 발흥기(19세기 말-20세기 초반)에 있어서 '도덕'은 일본의
윤리학자나 사상가들에게 주어진 중차대한 과제였다고 할 수 있겠다.

지금까지 일본 학계에서는 '도덕의 진보'론에 대해 아무런 관심을 갖
지 않았다. 그러다 보니 당연히 이 논의가 제국주의론과 어떤 관계에
있는지에 대한 검토도 이루어질 수 없었다. 이 글에서는 이러한 문제
의식하에, 근대 초기 일본의 도덕을 둘러싼 진화론적 담론의 실상을 논
하고 그 담론이 발흥기의 초기 제국주의론과 어떤 관계에 있었는지를
밝히고자 한다. 서구에서 제국주의의 효용으로 말해지던 '문명화의 사

명'이 말해주듯이 많은 제국주의적 주장이 윤리적 요소를 내포하고 있었다. 그런데, 우리는 제국주의를 비판할 때 그러한 주장에 대해 '제국주의의 논리'라는 말로 일축하는 데 익숙해져 있어서 근본적인 검토를 소홀히 해 왔다. '도덕의 진보'론에 착안하는 것은 이 과제에 답하는 출발점이 될 것이다

근대 초기 일본에서 도덕의 진보를 둘러싼 논의가 활성화되는 데 절대적인 역할을 한 것은 가토 히로유키(加藤弘之)[1]였다. 이 글은 전체적으로 가토의 사상적 실천과 연관되기 때문에 그에 대한 연구가 어떻게 진행되어 왔는지 간단히 정리해 둘 필요가 있겠다. 가토에 대한 연구는 천부인권론자에서 사회진화론자로의 '전향'이나 그의 사회진화론 자체에 대한 분석이 주된 축을 이루고 있다.[2] 또 하나의 축이 되는 연구 기조로 가토의 정치사상 혹은 국가사상에 관한 연구가 있다.[3] 이 글과 비교적 관련이 깊은 연구로는 이기심과 이타심을 둘러싼 가토의 견해의 변화를 고찰한 오바타의 연구를 들 수 있다.[4] 사토의 연구는

---

1) 가토 히로유키(加藤弘之)는 도쿄제국대학 초대 총장을 역임한 인물이며, 일찍이 『國體新論』(谷山樓, 1874년)에서 천부인권론을 주장하고 후에 진화론적 입장에서 천부인권론을 부정하는 쪽으로 전향한 것으로 유명하다.

2) 松本三之介,「加藤弘之における進化論の受容」,『社会科学論集』9, 1962; 渡邊和靖,「加藤弘之の所謂「轉向」－その思想史的位置づけ」,『日本思想史研究』5, 1971; 堀松武一,「わが國における社會進化論および社會有機體説の發展－加藤弘之を中心として」,『東京學藝大學紀要 第1部門 教育科學』29, 1978; 岩崎允胤,「加藤弘之の立憲主義思想－天賦人權論から進化論的權利論へ」(Ⅰ, Ⅱ),『大阪經濟法科大學論集』76-77, 2000; 戸田文明,「加藤弘之の「轉向」」,『四天王寺國際佛敎大學紀要』44, 2006 등 다수의 연구가 있다.

3) 菅谷幸吉,「明治初期加藤弘之の國家學に關する覺書－「兵權」と政治の關係をめぐって」,『法史學研究會會報』13, 2008; 박삼헌,「가토 히로유키(加藤弘之)의 후기 사상－입헌적 족부통치론을 중심으로」,『史叢』70, 2010; 田中友香理,「『人權新説』以後の加藤弘之－明治國家の確率と「强者ノ權利」論の展開」,『史境』64, 2012 등 다수의 연구가 있다.

4) 小畑隆資,「加藤弘之の社會觀」,『名古屋大學法政論集』77, 1978.

유일하게 가토를 일본의 사상사라는 큰 틀 속에서 위치지으려고 한 야
심적인 연구로서 대단히 시사적이다. 사토는 가토가 인간의 본성을 이
기주의라고 보면서도 인간이 이기심에 의해 이타적 행위를 하기도 한
다고 보고 국제관계에 대해서도 이타적 행위를 중시하게 되었다는 점
을 지적하면서, 가토의 사회진화론과 대정기(大正期) 일본의 대표적인
민주주의자로 세계평화론을 주장하기도 했던 요시노 사쿠조(吉野作造)
의 국제민주주의론 사이에 "공통된 이념과 계기"를 찾고 1930년대 이후
의 광역질서론과의 관련성을 찾으려 하였다.[5] 이 글에서는 가토의 사
상에서 중요한 것은 이타적 행위 그 자체가 아니라 자기의 이익이었다
는 점, 다시 말하면 그가 말하는 이타적 행위란 어디까지나 이기심 추
구의 한 방편이었다는 점에 주목하여 요시노 사쿠조와는 다분히 다른
측면을 보였던 이시바시 단잔(石橋湛山)과의 접점을 찾는다.

2. 인간의 권리와 본성에 대한 인식

우선 일본에서 인간의 권리와 본성에 대한 인식이 어떠했는지를 확
인해 보자.

가토는 『국체신론』에서 개인의 "자유권은 천부"적인 것이며, "안녕,
행복을 구하는 데 있어서 가장 중요한 것"이라며 천부인권론을 주장하
였다. 단, 외국 학자의 설을 들어가며 개인의 몇 가지 '자유권'만이 천부
의 권리, 즉 생득(生得)의 권리인 것으로 보고, 그 외에 대해서는 "교제
에 의해 생기는" "득유(得有)의 권리"라고 규정하였다. 일부의 '자유권'

---

5) 佐藤太久磨, 「「社會進化論」と「國際民主主義論」のあいだ－加藤弘之と吉野作造」,
『立命館大學人文科學研究所紀要』 96, 2011.

을 제외하고는 스스로 자격을 갖추거나 획득해야 하는 권리임으로 반
드시 보장되는 것은 아니라는 것이다. 그 대표적인 예가 "국사에 참여
할 권리", 즉 선거권이다. 선거권에 대해 가토는 "허용해서 해가 있을
것으로 보이는 자에게 이 권리를 허용하지 않는 것은 정리(正理)"라고
말한다.6)

개인의 권리에 대한 이와 같은 견해는 거의 같은 무렵 후쿠자와 유
키치(福澤諭吉)의 저서에도 나타나 있다. 학문을 권장한 그의 명저는
이렇게 시작된다. "하늘은 사람 위에 사람을 만들지 않으며 사람 밑에
사람을 만들지 않는다고 하였다." 비록 전언 형식이기는 하지만 여기에
나타난 평등 관념은 그 자신의 것이기도 하였을 것이다. 그러나 그도
역시 배우지 않은 자는 똑같은 권리를 영유할 수 없다고 하였다.7) 가토
와 후쿠자와는 근대 초기 대표적인 천부인권론자로 꼽히는데, 실제로
그들의 사상은 루소 등의 '절대적 천부인권론'과는 구분되는 '제한적 천
부인권론'이라고 보는 것이 옳다.8) 그러던 그가 1882년의 『인권신설』9)
과 1893년에 출판한 『강자의 권리 경쟁』에서는 천부의 권리를 완전히
부정하고, 모든 권리는 스스로 경쟁에 의해 획득하는 "득유(得有)의 권
리"10)라고 주장하게 된다. 예를 들면, 인민이 획득한 '자유권'은 인민의
힘이 강대해짐으로써 군주가 더 이상 막을 수 없게 되어 어쩔 수 없이
허락한 권리라는 것이 그의 설명이다.11) 이기심에 의한 경쟁이 "사회

6) 加藤弘之, 『國體新論』, 8-22쪽.

7) 福澤諭吉, 『學問のすゝめ』(岩波文庫, 1942).

8) 가토는 후에 천부인권론을 부정한 저서에서 자신이 『國體新論』에서 주장한 바
와 같은 인권론을 가리켜 '제한적 천부인권론'이라고 규정하였다. 加藤弘之, 『强
者の權利の競爭』(日本評論社, 1942), 142쪽. 초판은 1893년.

9) 加藤弘之, 『人權新說』(谷山樓, 1882).

10) 加藤弘之, 『强者の權利の競爭』, 142-143쪽.

진보의 원천"이며 "권리의 원천은 폭력"이라고 하는 그의 주장은 지나치게 생존 경쟁만으로 인간 사회를 이해하고 있다는 점 때문에 비판을 받기도 하였는데[12], 당대의 윤리학이나 사상이 물어야 할 아주 중요한 요소들을 내포한 주장이기도 하였다. 그 요소를 정리해 보자.

첫째, 가토는 이기주의를 인간의 본성으로 보았다. 이기심이 끝없이 경쟁을 유발하고 그러한 경쟁을 통해서만 사회가 진보한다는 것이다.

둘째, 가토는 이기심에 의한 경쟁이 법과 도덕의 진보를 낳는 원리라고 보았다. 문명개화국의 경우에서 볼 수 있듯이 지배자/피지배자, 귀족/평민, 남자/여자 등의 힘의 관계가 후자의 힘이 강대해지면서 "평형상태"로 변해가고 그에 따라 인간 사회의 폭력성이 점차적으로 사라지며 법과 도덕도 진보한다는 것이다.[13]

셋째, 가토는 위와 같은 이치에 의해 국제적으로는 '우내통일국(宇內統一國)'이 서게 된다는 '우내통일국 기립설(起立說)'을 내놓았다. 이것은 국가 간의 경쟁에 의해 몇 개의 '문명국' 사이에 힘의 평형이 생김으로써 그 국가들을 구성체로 하는 통일국이 세워진다는 것인데, 그 원리는 어디까지나 경쟁이기 때문에 '미개'한 인민의 국토는 식민지가 되고

---

11) 위의 책, 168-169쪽.

12) 예를 들면, 모토라 유지로(元良 勇次郎)는 이 저서가 천부인권, 정의, 박애와 같은 개념이 하찮은 개념임을 밝혔다는 점을 평가하는 한편, 가토가 말하는 것과는 달리 한 국가 안에서는 '강자의 권리'가 그대로 행사되지 않고 있다는 점 등을 지적하였다. 元良勇次郎, 「加藤博士ノ强者ノ權利ノ競爭ヲ讀ム」, 『哲學雜誌』 9-85, 1894, 209-220쪽. 加藤弘之, 『强者の權利の競爭』는 독일 학자의 '강자의 권리'에 관한 기술을 바탕으로 한 것으로 가토 스스로 독일어로 출판하였다. 「雜錄」, 『哲學雜誌』 8-75, 1893, 1069-1070쪽. 독일어판에 대해서는 독일의 여러 신문 잡지가 서평을 실었는데 대체로 저자의 박식함과 논지 자체에는 찬사를 보내면서도 독자적인 견해나 창의성이 없는 짜깁기 식의 논문이라고 비판하였다. 「雜錄」, 『哲學雜誌』 9-94, 1894, 944-954쪽.

13) 加藤弘之, 『强者の權利の競爭』, 171-183쪽.

그들은 권리와 자유를 얻을 수 없다는 견해이다.[14]

　이기주의라는 인간의 본성이 유발하는 경쟁이야말로 도덕의 진보의 원리이며 국가 간의 관계를 결정짓는 원리라는 가토의 주장에는 도덕의 진보를 둘러싼 논의의 핵심이 담겨 있었다. 18세기까지 영국에서는 인간의 본성을 둘러싸고 이기주의설과 이타주의설이 대립하고 있었는데, 이는 인간의 본성과 사회와의 관계를 해석함에 있어서 불가피하게 나타나는 현상이었다. 후지이 겐지로(藤井健次郎)의『도덕 원리 비판』에 의하면 데이비드 하틀리가 처음으로 이 대립되는 견해 그 자체에 대해서 근본적으로 생각하려고 하였고 그 이후 윌리엄 페일리도 이기심과 이타심을 연관시키려고 하였으며, 이러한 흐름 속에서 제레미 벤담과 존 스튜어트 밀에 의해 완성된 것이 '공리주의'였다.[15] 공리주의의 계보에 있어서 인간의 본성은 대체로 이기주의로 이해되었는데, 그러하기에 공리주의는 '최대 다수의 최대 행복'이라는 도덕 원리에 의해 개인의 행복과 사회의 행복을 조화시키려 하였다. 그러한 의미에서 공리주의는 인간은 이기적이면서 동시에 이타적(또는 사회적) 행위를 한다는 것을 전제로 하는 사상이었고, 때문에 이기적인 인간이 어떻게 해서 이타적 행동을 하게 되는가라는 해석이 반드시 필요했다.

　가토는『강자의 권리 경쟁』에 이어, 이듬해인 1894년에는 도덕의 진보의 원리를 설명한『도덕 법률의 진보』를 출판하였다. 이 책에서도 그는 인간의 본성은 이기심에 있다는 입장을 고수하고 있으나 동시에 이타심의 존재를 인정하고 그것이 어디에서 유래하는지, 또 양자 간에는 어떤 관계가 있는지를 설명하고 있다.[16] 이보다 앞서 이기주의와 이타

---

14) 위의 책, 311-314쪽.

15) 藤井健次郎 述,『道德原理批判』(早稻田大學出版部). '早稻田大學四十三年度文學科講義錄'이라고 되어 있을 뿐 출판연도는 불명.

주의에 대한 고찰을 한 적이 있는[17] 나카지마 리키조(中島力造)와의 사이에 이 문제를 둘러싸고 논쟁이 벌어지기도 하였는데, 그들 사이의 근본적인 차이는 나카지마가 이타심을 이기심과 함께 인간의 본성의 하나로 존재하는 것이라고 본 데 반해, 가토는 비록 자연스럽게 존재하는 이타심이라고 해도 그 역시 근원은 이기심에 있다고 보았다는 점에 있었다.[18]

그런데, 그들의 사상에는 공리주의적 사고가 뿌리 깊게 자리 잡고 있다는 공통점이 있었다. 다음은 그 점을 확인하고, 또 가토가 이기심과 이타심의 관계를 어떻게 설명했으며 이타심이 미치는 범위가 어디까지였는지를 논함으로써 국가 간의 문제, 다시 말하면 제국주의 문제와의 접점을 찾을 필요가 있다.

3. 공리주의와 '사회'의 범위

주지하는 바와 같이 공리주의 사상에서는 쾌락을 추구하고 고통을 피하는 인간의 경향이, 사회의 이익과 행복을 늘리는 유용성(utility), 즉 '공리'를 낳는다고 보았는데 실제로 일본의 윤리학에서 공리주의가 어떻게 나타나고 있었는지를 확인해 보자.

앞에서도 언급한 나카지마는 「이기주의와 이타주의」라는 글에서 이기주의와 이타주의는 대립되는 것이 아니라 수레의 양바퀴와 같은 것

---

16) 加藤弘之, 『道德法律之進步』(敬業社, 1894).

17) 中島力造, 「利己主義ト利他主義」, 『哲學雜誌』 4-44, 1890.

18) 加藤弘之, 「拙著道德法律の進步に就て中島に答ふ」, 『哲學雜誌』 9-90, 1894, 570-574쪽. 이타심의 근원이 이기심에 있다는 가토의 생각은 이타가 결국은 자신의 '쾌', '행복'으로 이어진다는 데서 오는 것이었다.

이라며 다음과 같이 설명하였다. "각각 자신의 최량의 최대 행복을 얻는 길은 단 하나다. 즉, 이타주의가 그것이다. 이타주의를 선택하여 타인의 행복과 자신의 행복을 동일해지게 하면, 한편으로는 이기주의지만 또 한편으로 보면 이타주의이다." 결국, 이기주의적으로 "자신의 최량의 최대 행복을 원하는 자는 진정한 이타주의를 실행하게 된다.[19]" 나카지마에게 있어서는 어느 것이 과연 인간의 본성이냐를 명확하게 밝히는 것 보다 공리주의적 사고가 더 중요했음을 알 수 있다. 그는 이기주의와 이타주의의 결합의 필연성에 대해 충분한 설명을 하지 않았는데 이에 비해 가토는 훨씬 더 근원적인 사고를 한 것으로 보인다.

앞서 지적한 바와 같이 가토는 자연스럽게 존재하는 이타심도 모두 이기심에서 나오는 것이라고 주장하였는데 이를 비판한 나카지마에 대해 '유전'과 '불쾌'라는 감각의 작용을 결합시켜서 응수하였다.

> 나는 …… 자신을 버리고 이타 행위를 하는 것은 순전히 부조(父祖)의 유전에 의한 것이라고 본다. 또 이와 같은 사람에게 있어서는 자신을 버려서라도 타인을 위하지 않는다는 것이 정신상에 있어서 심한 불쾌감과 고통을 느껴 견디기 어렵기 때문에 끝내 그렇게 하게 되는 것이다. …… 이러한 이타는 자리(自利)를 자각하지 않는 것이면서도 자리적(自利的)인 이타라고 해야 한다.[20]

후지이에 의하면 데이비드 하틀리의 경우 인간은 본래 이기적인데 점점 경험을 쌓고 그것이 축적됨에 따라 여러 가지 연상을 가능하게 하며, 그러한 연상의 작용에 의해 이기를 떠난 이타심이 발휘되게 된 것으로 보았다고 한다.[21] 축적되는 경험에 의해 생겨나는 타자에 대한

---

19) 中島力造,「利己主義卜利他主義」, 446-448쪽.

20) 加藤弘之,「拙著道德法律の進步に就て中島に答ふ」, 572-573쪽.

상상력의 작용이 이타심으로 연결된다는 견해였다고 할 수 있겠다. 가토의 생각도 이것과 일맥 상통하는 점이 있다. 즉, 가토는 경험의 축적에 의한 점차적인 상상력의 형성을 유전적 과정으로 보고, 그 타자에 대한 상상력이 공감, 동정이라는 이타심을 유발함으로써 이타 행위를 하지 않으면 불쾌감이나 정신적 고통이 생기게 된다고 설명한 것이다.

가토는『도덕 법률의 진보』,『도덕 법률 진보의 리』등에서 이타심을 "자연적 이타심"과 종교나 덕교(德敎)의 효과로 생겨나는 "인위적 이타심"으로 나누고, 전자를 다시 "감정적 이타심"과 '지략적 이타심'[22]으로 구분하였다.[23] 앞에서 확인한 바와 같은 자신의 불쾌나 고통을 피하기 위한 이기적인 이타심을 그는 "감정적 이타심"이라고 불렀다. '지략적 이타심'은 "성실, 신의"에 의해 남이나 사회의 "신임"을 얻고 그로써 한층 더 자리(自利)를 확보하는 것을 말하는 것으로 이 경우 "지략이 순전한 이기심을 달성하기 위한 하나의 수단"이다.[24]

우리는 만약 자기에게 이익을 점유하고자 원할 때는 반드시 우선 타인의 신용을 얻어야 한다. …… 사기 기만은 일시적으로 크게 자신에게 이로울 테지만 이에 의해 타인의 신용을 얻는 것은 기대하기 어렵다. …… 진정한 자리(自利)는 오직 타인의 신용을 얻음으로써 획득할 수 있으며, 또한 타인의 신용은 오직 성실, 신의의 행위에 의해서만 획득할 수 있는 것이다.[25]

---

[21] 藤井健次郎 述,『道德原理批判』, 160-161쪽.

[22] 가토 히로유키는『道德法律之進步』에서 "지식적 이타심"이라고 표현하던 것을 그 이후에 출판한『道德法律進化の理』등에서는 "지략적 애타심"으로 표현을 바꿨는데, '지식적'보다는 '지략적'이 이 말의 의미하는 바를 잘 나타내고 있다고 생각한다. 그런데 이 글에서는 줄곧 '이기심', '이기주의'라는 표현을 사용하고 인용해 왔기 때문에, 가토의 "지략적 애타심"을 그대로 사용함으로써 생기는 번잡을 피하기 위해 여기서는 '지략적 이타심'으로 통일해서 표현하기로 한다.

[23] 이타심에 대한 가토의 생각에 관해서는 小畑隆資,「加藤弘之の社會觀」, 371-379쪽.

[24] 加藤弘之,『道德法律之進步』, 3-21쪽.

가토는 "인위적 이타심"도 이기심을 이용해서 양성되는 것이며, 자신의 "유쾌/쾌락, 즉 심적 이익을 목적"으로 행하는 것이라고 설명한다.[26]

여기서 두 가지 확인해 둘 것이 있다. 첫째, 가토가 모든 이타심은 이기심의 발로로서 또는 이기심을 배경으로 해서 발휘된다 하여 이기심을 떠난 이타심은 존재할 수 없다고 보았다는 점이다. 이 중, 특히 자리를 위해 발휘된다고 한 '지략적 이타심'에 대해서는 뒤에서 다시 한번 언급할 생각이다. 둘째, "감정적 이타심"이 '타자에 대한 상상력 형성의 유전적 과정'에 의해 생겨나는 것이라고 본 가토의 견해를 따른다면, 동정에서 생겨나는 이타심은 그 유전적 과정이 일어날 수 있는 사회적 범위 안으로 제한될 수밖에 없다. 왜냐하면, 그가 말하는 유전적 과정은 경험의 축적에 의한 것이고 그 경험은 일정한 범위 안에서 이루어지는 것이기 때문이다. 이 두 가지를 종합해 보면, 가토의 논리에서는 보다 확실하게 국가적 이익을 획득하고자 하는 동기를 떠나서는 국가를 초월한 이타심의 존재가 부정될 가능성이 내포되어 있었다고 볼 수 있다.

그런데 『도덕 법률의 진보』를 보면 가토가 또 다른 논리로도 '사회'의 범위를 확실하게 한정시키고 있었다는 것을 알 수 있다. 가토는 현 단계에 있어서의 공리주의의 실현성에 대해서는 회의적이면서도 그 도덕 원리 자체에 대해서는 분명히 지지하였는데,[27] '사회'관은 그가 벤담을 수용함에 있어서 중요한 문제가 될 수 있었다. 벤담은 '최대 다수의 최대 행복'이라는 도덕 원리를 국가 간에도 적용시켜서 모든 나라의 행복을 위해 식민지의 방기, 군비 축소, 군사 동맹 파기, 국제재판소

---

25) 위의 책, 5-7쪽.

26) 加藤弘之, 『道德法律進化の理』, 13-15쪽.

27) 加藤弘之, 『道德法律之進步』, 44-51 · 65-66쪽.

설치 등을 제창하는 국제주의자였다.[28) 가토는 사회가 하나의 유기체로서 경쟁 속에서 진화를 추구해 간다고 보는 사회진화론을 수용했는데[29) 이 사상에 있어서 '사회'는 절대적인 의미를 갖는다. 그는 "일종의 유기물인 사회", 즉 "국가"는 필요에 따라 개인의 권리와 자유를 제한하거나 속박할 수도 있으며, 또 국가를 위해 개인이 자신의 생명이나 재산을 희생해야 하는 경우도 있다고 말한다.[30)

이상을 통해, 가토가 도덕을 사회의 행복 안녕을 추구하는데 이로운 것으로 보았다는 것을 확인할 수 있는데 결국 그가 도달한 것은 말하자면 진화론적 공리주의였다.[31) 그가 말하는 '사회'는 국가로 한정지어져 있었다. "사회유기물인 각국"은 서로 합해져서 더 큰 "일대(一大) 유기물, 즉 일대 사회"를 이루지 못하였고 국가 간에 있어서는 그 때문에 가차없는 이기주의적 경쟁만이 횡행한다는 것이다.[32)

세계/인류라는 보편주의에서 보면, 다시 말하면 제국주의라는 문제

---

28) 荻原隆,『天賦人權論と功利主義 - 小野梓の政治思想 - 』(도쿄: 新評論, 1996), 138쪽.

29) 가토의 진화론, 사회진화론 수용에 대해서는 松本三之介,「加藤弘之における進化論の受容」.

30) 加藤弘之,『道德法律之進步』, 102-103쪽.

31) 가토는 그의 저서에서 자신의 도덕과 법률에 관한 설은 공리주의와 진화주의에 속하는 것이라고 단언하였다. 加藤弘之,『道德法律進化の理』(도쿄: 博文館, 1900), (서언) 3쪽. 일본 근대에 있어서의 공리주의 수용에 대해서는 安西敏三,「福澤諭吉とJ.S. ミル「功利主義」」,『甲南法学』31-1, 1990; 行安茂,「日本における功利主義の受容 - シジウィクの功利主義の影響と衰退」,『岡山大學教育學部研究集錄』94, 1993; 荻原隆,『天賦人權論と功利主義 - 小野梓の政治思想 - 』등의 연구가 있다. 그러나 이것들은 주로 공리주의를 소개하거나 연구한 글을 중점적으로 다룬 것으로 가토의 사상이나 뒤에서 다루는 제국주의론 등에 공리주의가 어떻게 나타나고 있는가에 대한 고찰은 없다.

32) 加藤弘之,『道德法律之進步』, 106-114쪽. 오카 아사지로(丘 淺次郞)와 같이 생물학자로서 가토와 같은 결론에 도달한 사람도 있었다. 丘淺次郞,『進化と人生』(開成館, 1906).

와의 관계에서 보면, 공리주의에는 두 가지 난점이 있었던 것으로 보인다. 그 하나는 국민국가 시대에 있어서 '사회의 행복 안녕' 또는 '최대 다수의 최대 행복'이라는 도덕 원리는 국가라는 틀 안에 갇힐 수밖에 없었다는 점이다.[33] 진화론적 공리주의에 도달한 가토뿐만 아니라 일본의 공리주의 사상에 있어서 국가의 틀을 넘어서 '사회'를 설정하거나 '국민' 규모 이상의 '최대 다수'를 설정한 경우는 없었다.

천부인권사상과 공리주의를 간단 명료하게 비교한 오기하라 다카시의 글을 참고해 보자.

천부인권사상에서는 모든 인간에게 똑같이 기본적 권리를 인정하여, '이 권리는 전체의 이해관계에 의해서도 본래 제한되거나 침해받을 수 없는 유보의 영역'이라는 의미를 갖고 있었다. 한편, 공리주의가 추구한 것은 다수인의 행복, 또는 한 사회의 쾌락의 극대화이지 반드시 모든 사람에게 똑 같은 쾌락을 보장하는 것은 아니다. 공리주의는 다수의 이름하에 개인이나 소수파를 희생시킬 위험성도 있다. 공리주의에서는 유보 영역으로서의 불가침의 권리라는 관념은 소멸해 버린 것이다.[34]

오노 아즈사(小野梓)와 같은 아주 예외적인 인물을[35] 제외하면 이와 같은 문제점을 자각하고 극복하려고 노력한 공리주의 사상가는 찾아보기 어렵다. 진화론적 공리주의의 입장에 선 가토는 앞에서도 인용한 바와 같이 공리주의의 이러한 점을 자각적으로 강조한 인물이었다. 그

---

33) 벤담이 국제주의자였다는 것은 이미 지적한 바인데 그러한 그도 후에는 식민지의 필요성을 인정했다. 荻原隆, 『天賦人權論と功利主義－小野梓の政治思想－』, 138쪽.

34) 위의 책, 113쪽.

35) 오기하라 다카시에 의하면 가장 이른 시기의 천부인권론자였던 오노 아즈사는 금세 공리주의로 전향하고도 국민의 인권 보호를 주장할 필요가 있을 때는 종종 천부인권론적인 언어를 사용했다고 지적한다. 위의 책, 119-123쪽.

는 또 확실하게 '최대 다수의 최대 행복'이라는 말은 적당하지 않다며 도덕과 법률은 어디까지나 "사회적 유기물", 즉 "국가적 사회 그 자체의 안녕과 행복을 유일한 궁극 목적"으로 한다고 주장하기도 하였다.[36]

공리주의가 인간의 불가침의 권리에 대해 고려하지 않았다는 것을 통해 우리는 공리주의의 또 하나의 난점을 확인할 수 있다. 공리주의는 '사회'를 국가라는 틀 안에 한정시킴으로써 그 '사회'의 안녕과 행복, 그 '국민'의 행복을 위해 개인이나 소수파를 희생시킬 위험성뿐만 아니라 다른 '사회'의 안녕과 행복, 다른 '국민'의 행복을 희생시킬 위험성마저 내포하고 있었다고 보아야 할 것이다. '사회'의 범위를 어떻게 설정하느냐 하는 문제의 중요성이 여기에 있다.

4. 세계적 도덕과 국가적 도덕 사이

일본에서 천부인권사상은 자유민권운동에서 정치적 주장의 핵을 이루었다는 점을 제외하고 보았을 때 어떤 의미를 갖았을까? 그것은 보편주의의 종자(種子)로서 어떤 사람에게는 이상을 제공하기도 했고 또 어떤 사람에게는 일종의 속박이 되기도 했던 것 같다. 적어도 그로 인해 많은 사람들이 '세계적 도덕'을 의식하지 않을 수 없었다.

러일 간의 관계가 복잡한 국면에 접어들었던 1903년 6월, 가토는 "인류로서의 자격과 국민으로서의 자격"을 동시에 갖는 개인이 '인류'와 '국민', '세계'와 '국가' 사이에서 빠지게 되는 모순을 문제 삼았다. 그는 우선 유럽의 "일반 철학자, 종교가, 윤리학자"의 주장에 모순이 있음을

---

36) 加藤弘之, 『道德法律進化の理』, 110-111쪽.

이렇게 비판한다. 그들은 타국의 국민도 같은 인간이니까 인간으로서의 권리는 존중해야 한다며 "인도"를 주장하고 전쟁이나 침략의 문제점을 논하면서, 실제로 자신들이 속해 있는 제국이 전쟁을 일으키거나 침략을 하고 "야만인"을 정복하여 많은 식민지를 경영하는 것에 대해서는 강하게 비판하는 경우가 없을 뿐만 아니라, 그러한 상황을 기뻐하거나 자랑스럽게 여기기까지 한다. 즉, '인류'로서의 입장에서 세계적 도덕을 요구하는 그들이 '국민'의 입장에서 정치가의 행위에 대해 기뻐한다는 것은 모순이라는 것이다.[37] 개인은 두 자격을 동시에 갖지만 전자의 입장에 서면 후자에 저촉되고 후자의 입장에 서면 전자에 저촉되는 경우가 흔히 발생하게 되므로, 일관되게 하나의 입장을 취하지 않으면 이러한 모순에서 벗어날 수 없다고 가토는 말한다. 또, 그런 의미에서 '인류'로서의 입장만 취하고 '국민'으로서의 입장을 무시하는 톨스토이나, 반대로 '국민'으로서의 입장만을 중시하는 가토 자신은 이러한 모순에 빠지지 않는다고 단언한다.

이어서 그가 주장하는 것은 앞에서도 본 사회유기체설이다.

내가 말하는 공리설에서는 나라의 큰 행복이 되는 수단이 도덕이다. 일본이라면 일본의 최대 행복을 얻을 수 있는 수단이 곧 도덕이다. …… 각 나라가 자기 나라의 최대 행복을 위해 노력하는 것이 제일의 목표이다. 그렇다고 하면 …… 그 국내에 행해지는 도덕이 나라와 나라 사이에도 행해져야 한다고 보는 것은 잘못된 것이다. 일본이라든가 영국, 프랑스 등은 국가적인 사회이며 하나의 유기체가 되어 있지만 세계 인류는 아직 유기체가 되지 못했다.

---

37) 加藤弘之,「吾人が人類たる資格と國民たる資格とにおける矛盾」,『丁酉倫理會倫理講演集』13, 1903, 2-7쪽.

따라서 중요한 것은 어디까지나 국가이고 국가의 이익에 합치되는 행위만이 '선'이므로, 자국의 이익을 희생하면서까지 타국을 위해서는 안되며 자국의 이익을 위해서는 타국의 이익을 희생시켜도 된다는 주장이다.[38] 뒤에서 상술하듯이, 가토는 이렇게 '사회'의 최대 범위를 국가로 한정하고 국가적인 이기주의를 철저하게 긍정하는 한편, 인간은 이성적 판단을 함으로써 과도한 경쟁에 의한 이익의 저해를 피하고자 하는 경향이 있다고 보기도 하였다.[39]

가토의 이 글이 게재된 잡지의 같은 호에는 요시다 구마지(吉田熊次)의 「도덕의 진보에 관한 논쟁」이라는 글도 게재되었다. 요시다는 이 글에서 '도덕의 진보'에 관한 서양에서의 논쟁, 그리고 일본에서 후쿠자와 유키치와 이노우에 테쓰지로(井上哲次郎) 사이에서 있었던 논쟁을 정리하며 '도덕 진보설'을 주장하였다.[40] 그는 이렇게 말한다. 도덕의 근본은 타인의 행동, 동작에 대한 심중의 포폄(褒貶)이다. 이것은 주관적인 것이기 때문에 판단 주체의 선악의 상태가 그 선악을 판단하는 조건이 된다. 하나의 행위가 주관적 상태에 따라 선으로 불리기도 하고 혹은 악으로 불리기도 하는 것이다. 도덕은 사람에 따라, 그리고 시대에 따라 변한다. 이렇게 설명하고 요시다는, 그렇다면 "어떤 주관적 상태에 입각한 판단이 진정한 선악의 기초가 되는가?"라고 물으며 "사람의 주관적 상태의 규범"에 대해 사고하였다. 그의 답은 개인의 주관적 요구가 사회적으로 되어 가면 갈수록 '진보'이며, 사회적 행위를

---

38) 위의 글, 17-20쪽. 가토 히로유키는 같은 글에서, 미국까지 제국주의를 취하기 시작한 세계 정세를 지적하며 국가 간의 경쟁과 국가의 이익에 안목을 두어야 한다고 거듭 강조하고 있다. 20-21쪽.

39) 加藤弘之, 『道德法律進化の理』.

40) 吉田熊次, 「道德の進步に關する論爭」(상/하), 『丁酉倫理會倫理講演集』 13/14, 1903.

'선'으로 판단하면 할수록 도덕 관념은 '진보'했다는 것이 된다고 하는 것이었다. 결국, 사회 구성체들의 주관적 상태가 이 규범에 가까울수록 그 사회의 도덕은 '진보'했다고 말할 수 있다는 것이 된다.[41]

요시다는 "도덕적 개념의 진보의 정도를 재는 척도"="주관적 의식의 진보"의 표준을 구체적으로 들었는데, 여기서 중요한 것은 그 척도 중의 하나가 사회적 관계의 폭이었다는 점이다.[42] 안녕과 행복을 추구해야 할 '사회'를 가족 → 종족 → 국민과 같이 넓게 보게 되면 될 수록 진보된 도덕이라는 것이다. 그러나 그 '사회'의 범위는 요시다의 경우도 간단하지 않았다. 그는 "편협한 국가주의"는 도덕 상 진보된 것으로 볼 수 없다고 보고 있어서 가토와의 차이를 보이는데, 그렇다고 해서 "세계평등주의"를 진보된 도덕으로 본 것도 아니었다. '인류' '세계'는 "엄밀한 유기적 관계 없이 폭만 넓힌 사회적 관계"에 불과하다고 보았기 때문이다.[43] 이 문제에 관한 요시다의 결론은 이렇다.

> 오늘날에 있어서는 완전한 사회 관계를 갖는 국가를 본위로 하여 한 국가 내의 개인의 활동, 각 개인간의 유기적 관계를 증진시키는 것이 주요하고, 이 두개의 관계를 해치지 않는 한도에서 모든 인류로까지 손을 뻗어야 한다는 것입니다. 다시 말하면, 국가를 중심으로 하여 인류 사회 일반의 진보를 돕는 크기가 클수록 선으로 보는 것은 도덕적 개념의 진보입니다.[44]

가토와 비교해 보면 두 사람에게 있어서 공통적으로 중요한 것은 안녕과 행복이라는 국가적 이익과 세계적 이익이 충돌할 경우 어느 쪽을

---

41) 吉田熊次,「道德の進步に關する論爭」(하), 77-83쪽.
42) 위의 글, 85쪽.
43) 위의 글, 84-85쪽.
44) 위의 글, 85-86쪽.

선택하는 것이 선이며, 또한 어느 쪽을 선택하는 것을 선으로 판단하는 것이 보다 진보된 도덕인가 하는 점이었다. 이 점에서 두 사람 사이에 차이를 발견하기는 어렵다. 그러나 요시다가 국가 중심적인 사고에서 완전히 벗어나지 못하면서도 "편협한 국가주의"를 부정하고 세계적 도덕으로 접근하는 경향을 보이고 있었다는 점은 가토와 확연히 다르다.

또 하나의 예를 들어 보자. 이노우에 테쓰지로는 명확하게 "국가적 도덕"과 "세계적 도덕"이라는 표현을 써 가면서 그 어느 쪽도 최상이라고 볼 수 있는 근거는 없다고 하고, "도덕의 완전을 기하기 위해서는" 반드시 양자의 "원만한 조화를 꾀해야 한다"고 주장하였다.

> 우리가 이 국가에 속해 있는 이상은 국가라는 것을 존속시키고 한편으로는 발전시켜 나가지 않으면 안된다. 세계적 도덕을 취함에 있어서는 국가적 도덕과 모순되지 않게 해야 한다. …… 예를 들면, 박애, 인도, 정의, 신의, 정직 등과 같은 도덕을 지키고, 그리고 국가적 도덕을 병존시키는 것은 조금도 지장이 없다. …… 국가라는 것이 완전한 것이 아니고 끊임없이 개량 진보를 필요로 하는 것인 이상, 이것을 세계적 도덕에 비추어 보고 그렇게 해서 그 결함을 보충해 가지 않으면 안된다. 특히, 국가적 도덕으로 하여금 세계적 도덕에 적합해지게 맞춰 갈 필요가 항상 존재한다.[45]

이노우에가 국가적 이익과 세계적 이익이 충돌할 경우에 대해서 어떻게 생각했는지를 판단하기는 어려운데, 국가를 중시하고 있는 것은 분명하다. 여기서 확인해야 할 것은 이노우에도 국가적 도덕을 중시하면서 세계적 도덕으로 접근해 가는 경향을 보이고 있다는 점이다.

오랜 세월 축적되어 온 유럽 사상을 흡수하면서 시작된 일본의 도덕 담론, 특히 '도덕의 진보'를 둘러싼 담론은 국가라는 틀을 벗어나지 못

---

[45] 井上哲次郎, 「國家的道德と世界的道德」, 『丁酉倫理會倫理講演集』 28, 1905.

했다. 가토가 그러했고, 요시다나 이노우에가 '진보'라는 이름에 그나마 덜 부끄럽게 세계적 도덕으로의 접근을 주장한 것은 국가라는 틀을 벗어날 수 없으면서 한편으로는 보편적 가치의 '속박'으로부터도 자유로울 수 없던, 혹은 반대로 보편적 가치를 추구하면서도 국가로부터 자유로울 수 없던 그들 나름대로의 몸부림이었을지도 모른다.

결론적으로 '도덕의 진보'를 둘러싼 논의는 서로 상반되는 두 개의 도달점을 나타내고 있다. 그 하나는 가토와 같이 국가적 이기주의, 국가적 도덕을 완전히 긍정하고 도덕의 진보의 종착점으로 보는 것이고, 또 하나는 요시다나 이노우에와 같이 국가 중심적인 사고를 유지하면서도 세계적 도덕으로 접근하여 도덕의 진보의 여지를 남겨 두는 것이다. '도덕의 진보'를 둘러싼 담론의 이 두 개의 도달점은 서로 다르게 제국주의적 주장과 흥미있는 관계를 맺게 된다.

5. 제국주의와 '지략적 이타심'의 계보 – 이시바시 단잔(石橋湛山)

세계적 도덕으로의 접근을 거부하고 국가적 이기주의, 국가적 도덕의 절대성을 주장하던 가토가 누구보다도 이타심에 대해 많은 고찰을 하였다는 사실에 착안하여, 그의 도덕론이 갖는 가능성에 대해 살펴보고자 한다.

세계적 도덕으로의 접근을 거부하던 그가 이기심의 발로로서 발휘되는 이타심, 즉 '지략적 이타심'에 관한 고찰을 통하여 이타적 행위의 필연성에 대해 수차례 논하였다는 점은 주목할 만하다. '지략적 이타심'은 "자리(自利)"를 관철하기 위한 "수단"에 불과하여 그러한 "지략"조차 필요치 않은 약자에게는 어떤 짓을 해도 된다는 가토의 논리의 비도덕

적 성격에 대해서는 비판도 있는데,[46] 사토는 그와는 반대로 가토의 사
회진화론에는 "협동주의적인 계기가 다분히 내포되어 있었다"고 지적
한다.[47]

> 오늘날에 있어서는 비록 어떤 강대국이라 할지라도 자국의 이익만을 추
> 구하고 타국의 이해에 대해서는 개의치 않는 행동을 하려는 나라는 설사
> 한때는 그것으로 이익을 볼 것 같아도 도저히 그 이익을 관철하지는 못한
> 다. …… 이것이 바로 전 세기 중반에서 금세기 사이에 일어난 시세(時勢)
> 의 변천이다……. 오늘날의 시세에 있어서는 되도록 다른 문명국과 대체
> 로 이해를 함께하고 마구 제멋대로 행동하지 않는 나라가 적자(適者)이며,
> 그것이 오히려 자국의 이익이 되는 것이므로 지혜 있는 나라라고 하지 않
> 을 수 없다……. 요컨대 시세에 따라 능숙하게 자국의 이익을 꾀하는 나라
> 가 적자인 것이다.[48]

사토는 이 글을 인용하여 "가토의 사회진화론은 자국의 이익만이 아
니라 타국의 이익까지도 감안한 행위, 즉 '이타'적 행위를 하지 않으면
안된다는 계기를 다분히 내포한 논리"라고 지적하였다.[49] 그러나 이타
적 행위가 결국은 자국의 이익을 꾀하기 위한 것이라는 점을 경시할
수는 없다. 가토의 '지략적 이타심'의 논리로는 만약 제국주의와 같은
폭력적이고 착취적인 국가적 행위가 총체적으로 보아 자국의 이익이
되며 그 이익을 관철하는데 아무런 지장이 없다고 판단되면 그 행위를
국가적 도덕에 합치된다 하여 긍정하게 될 것이다. 반대로 그 국가적

---

46) 小畑隆資, 「加藤弘之の社會觀」, 389-396쪽.

47) 佐藤太久磨, 「「社會進化論」と「國際民主主義論」のあいだ－加藤弘之と吉野作造」, 5쪽.

48) 加藤弘之, 『進化學より觀察したる日露の運命』(博文館, 1904), 53-56쪽.

49) 佐藤太久磨, 「社會進化論」と「國際民主主義論」のあいだ－加藤弘之と吉野作造」, 6쪽.

행위가 총체적으로 자국의 이익을 저해하게 된다고 판단되면 그 행위는 국가적 도덕에 합치되지 않기 때문에 부정하게 된다. 그렇기 때문에 '지략적 이타심'이라는 논리는 보편주의에 입각해서 볼 때 그 자체만으로 중요하다고 볼 수 없다. 이 논리는 제국주의와 같은 국가적 행위가 자국의 이익이 되지 않는다는, 다시 말하면 국가적 도덕에 합치되지 않는다는 판단을 전제로 해서만 국제적인 협조로 구현될 수 있다.

일찍이 제국주의를 강하게 비판한 고토쿠 슈스이(幸德秋水)는 제국주의는 자국민에게 고통을 줄 뿐이며 국가적으로도 이익이 되지 않는다 하며, "남에게 고통을 주기 위해 먼저 스스로 고통을 받"고 "남의 이익을 깎기 위해 먼저 자가(自家)의 이익을 깎지 않을 수 없"는 제국주의는 "비문명적" "비과학적"인 것이라고 단언하였다.[50] 그의 비판에 의하면 사회의 안녕과 국민의 행복을 저해하는 제국주의는 세계적 도덕을 들먹일 필요도 없이 이미 '자국을 이롭게 하는 선'이라는 기준, 즉 국가적 도덕에조차 합치되지 않는 정책이었다. 고토쿠는 사회주의자였지만 그의 제국주의 비판은 이타심이나 세계적 도덕이라는 관점에 의존하고 있지 않다. 오히려 철저하리만큼 현실주의적이고 국민, 국가 중심적이었다. 자국의 이익, 즉 국가적 도덕이라는 관점이 가장 날카로운 제국주의 비판을 가능하게 하였다는 점에서 고토쿠의 글이 시사해 주는 바는 대단히 크다.

중요한 것은 자국의 이익에 대한 명석하고 과학적인 판단이었다. 제1차 세계대전 이후 제국주의, 군국주의를 비판하게 되는 이시바시 단잔은 대 중국 관계를 논할 때 "우리는 애매한 도덕가여서는 안 된다"며 '공리(utility)'의 중요성을 다음과 같이 주장하였다.

---

50) 幸德秋水, 『帝国主義』(岩波出版社, 2004), 106쪽. 초판은 『廿世紀之怪物帝国主義』 (도쿄: 警醒社書店, 1901).

자신의 이익을 근본으로 삼아 모든 것을 사려하고 계획하는 것이다. 자신의 이익을 근본으로 삼으면 자연히 상대의 이익도 도모하지 않으면 안되게 된다. 상대의 감정도 존중하지 않으면 안되게 된다. 상인은 자신이 이익을 보기 위해서 결코 거래처 상인의 감정을 해치지 않는다. 또 그가 가난해지기를 원치도 않는다. 아니, 점점 더 그가 따뜻한 감정을 갖고, 그가 부유해지는 것이 이윽고 나의 이익임을 알고 있다. 그러나 그것은 결코 인도의 생각에서 오는 것도 은혜를 베푼다는 의도에서 오는 것도 아니다. 그저 하나의 공리이다. 국제관계에 있어서도 마찬가지이다. 명료한 공리의 입장에 설 때 비로소 나와 그와는 충분히 서로 이해하고 신용하여, 감정이 어긋남으로써 생겨나는 충돌의 위험을 완전히 피할 수 있다.[51]

국가적 이기주의를 주장하지는 않았지만 이시바시의 논리는 앞에서 본 가토의 '지략적 이타심'의 논리와 통한다. 1921년에 열린 워싱턴회의를 약 3개월 앞두고 회의에 임하는 일본의 자세에 대해 주문한 「일절을 버릴 각오」[52]에서 그는 "우리 국민에게는 대욕(大欲)이 없다. 조선, 대만, 지나(支那), 만주, 또는 시베리아, 가라후토(사할린) 등의 약간의 토지와 재산에 시선을 향하고, 그것을 보호하고 거둬들이기에 급급하다. 따라서 적극적으로 세계 규모로 책동할 여유가 없다. …… 궁보다 차를 귀여워하는 풋장기이다. 결과는 애써 도망다니던 차도 잡히고 궁도 외통수로 몰린다"면서 모든 것을 버리는 것이 일본의 이익이라고 충고하였다. 이에 이어서 발표한 「대일본주의의 환상」[53]에서는 "조선, 대만, 가라후토를 영유하고 관동주를 조차(租借)하고, 지나, 시베리아에

51) 石橋湛山, 「まず功利主義者たれ」, 『東洋經濟新報』 1915.5.15. 인용은 石橋湛山, 『石橋湛山評論集』(東洋經濟新報社, 1990), 174쪽.

52) 石橋湛山, 「一切を棄つるの覺悟」, 『東洋經濟新報』 1921.7.23. 인용은 위의 책, 198쪽.

53) 石橋湛山, 「大日本主義の幻想」, 『東洋經濟新報』 1921.7.30; 1921.8.6; 1921.8.13. 인용은 위의 책, 202-211쪽.

간섭하는 것이 우리의 경제적 자립에 빼놓을 수 없는 요건이라는 설"에
대해 조목조목 반박하고, "그 토지의 경제적 관계는 양에 있어서나 질
에 있어서나 오히려 미국이나 영국에 대한 경제적 관계 이하"이며, 또
한 인구문제를 해결하기 위한 이주지로서의 역할도 기대하기 어려울
뿐만 아니라 군사적으로 보아도 그 토지는 가장 큰 전쟁 발발 요인이
기도 하여 "군비를 필요로 하는 원인"이 되고 있다고 말한다. 이것이 그
가 말하는 "대일본주의 무가치론"이다.

세계적 도덕의 관점을 거부하고 어디까지나 총체적으로 무엇이 진
정한 일본의 이익인가를 묻는 이시바시의 '자리'의 논리는 성격상으로
가토의 '지략적 이타심'의 계보에 속한다. 가토의 논리는 결코 국가라
는 틀을 넘어설 수 없는 것이었으나, 자국의 이익에 대한 명석한 분석
이 동반될 때는 그것이 국가적 도덕의 관점에서 제국주의에 대한 강력
한 비판의 논리로 작용할 수 있었음을 이시바시는 말해주고 있다.[54]

6. 제국주의적 주장의 세계적 도덕으로의 접근

그런데 흥미롭게도 일본의 초기 제국주의론은 국가적 도덕이 아니
라 세계적 도덕으로 무장해 갔다. 그 제국주의론은 전체적으로 사회진
화론적인 생존경쟁의 논리를 축으로 하면서도 그 안에는 윤리학적, 사
상적 과제로 다루어지던 여러 가지 요소들이 점철되어 있었다. 어떻게

---

[54] 우에다 미와는 이시바시 단잔이 일관되게 '소일본주의'라는 틀에서 평가되어 온
데에 이의를 제기하며 아시아태평양전쟁기의 이시바시를 '경제합리주의'라는 시
각에서 분석하고, 이전의 '소일본주의'는 "일본의 경제적 이익을 우선하는 견지
에서 나온 식민지 포기론"으로서 역시 '경제합리주의'의 산물이었다고 지적하였
다. 上田美和, 「石橋湛山の經濟合理主義」, 『歷史學研究』 858, 2009, 1-2・15쪽.

보면 윤리학적, 사상적 논의의 한계점이 그대로 제국주의적 주장에도
흔적으로 남아 있다고 할 수도 있고, 또는 그러한 논의에서 날아간 종
자가 변종적으로 제국주의적 주장의 논리를 형성했다고 할 수도 있을
것 같다. 본고에서는 그 대표적인 예로 니토베 이나조(新渡戶稻造)와
우키타 가즈타미의 경우를 살펴보고 새로운 문제의 틀을 제시하고자
한다.

국제연맹 사무차장을 역임하고 국제주의자로 칭송이 높은 니토베 이
나조는 삿포로 농학교와 도쿄제국대학에서 식민학을 강의했고, 1906년
조선을 여행하면서 쓴 에세이「고사국(枯死國) 조선」,55)「망국」56)으로
비판을 받고 있는 인물이기도 하다. 이 두 편의 단문은 일본의 침탈 이
전에, 또 당시의 국제적인 힘의 논리와는 무관하게 한국은 '이미 거의
죽은 나라'라고 규정함으로써 그 자체로 일본의 한국 지배를 정당화하
는 기능을 했다고 볼 수 있는데, 한편으로는 '망국'이 되어 버린 한국인
에 대한 '동정'과 '낭만화'57)를 특징으로 한다.58) 니토베는 이 글로 제국
주의적 욕망의 표현이 아니라 타자에 대한 '동정'만으로 충분히 한국
지배를 정당화할 수 있었다. 한편, 다른 글에는 한국 지배를 주장하는
내용이 나타나기도 한다.

「일본제국의 팽창」이라는 논설을 검토해 보자. 전집에도 수록되지

---

55) 新渡戶稻造,「枯死國朝鮮」("Primitive Life and Presiding Death in Korea. Zenshu.
November, 1906."), 新渡戶稻造,『隨想錄』(丁未出版社, 1907);『新渡戶稻造全集』
(도쿄: 敎文館, 1969-1987) 제5권, 80-82쪽.

56) 新渡戶稻造,「亡國」("A Decaying Nation. Suigen, Korea. October, 1906"), 新渡戶稻
造,『隨想錄』, 78-79쪽.

57) 韓承美, 岡田尙央子 譯,「日本人の眼を通した朝鮮－明治後期の朝鮮旅行記の分
析－」, 小島康敬・M・W・スティール編,『鏡のなかの日本と韓國』(ペリカン社,
2002), 94쪽.

58) 權錫永,「新渡戶稻造の朝鮮亡國論」,『北海道大學文學研究科紀要』126, 2008.

않아 그다지 알려지지 않은 이 논설은 일본팽창론으로서 니토베의 중
요한 일면을 나타내고 있다. 니토베는 우선 일본으로서는 영토 상의
팽창이 곤란한 상황이라고 말하면서 동시에 영토 확장은 가능하다고
말을 뒤집는다. 그것도 "부정한 방법에 의하지 않고" 실행할 수 있다고
한다. 구체적으로 한국과의 관계에 대한 부분을 검토해 보자. 그는 한
국의 독립을 약속한 "군자국" 일본으로서는 한국을 지배하에 둘 수는
없다고 하면서 바로 이어서 다음과 같이 말한다.

> 나는 한국병탄론과 같은 야심 찬 주장은 갖고 있지 않지만, 저 나라가
> 그 토지의 이용법을 모르고 또 그 국민에게 안심하고 일할 수 있는 조건
> 을 줄 수 없는 나라라면, 조선을 위해, 그리고 세계를 위해 우리 나라가
> 이것을 보살펴 주는 것은 자연적인 추세이며 또한 부도덕이라고도 말할
> 수 없다…….59)

니토베가 일본의 팽창과 한국 지배의 도덕성을 담보하는 논리는 한
국에 대해 스스로 국가를 경영할 능력이 없는 나라로 규정하고 일본이
대신하여 한국인의 삶과 세계/인류에 공헌한다는 것이었다. 이 '국가
경영 자격의 논리'에 동원된 요소는 한국인의 '행복'과 '토지의 이용법'
이었다. 말하자면, 국민에게 행복을 주지 못하는 것은 국가적 도덕에
반하고, 인류가 살아갈 토지가 부족한 상황에서 토지를 제대로 이용할
줄 모르는 것은 세계적 도덕에 반한다는 것이다. 이 주장에는 공리주
의적 사고가 분명하게 각인되어 있다. 니토베는 한국이라는 나라를 '국
민'과 '인류' 그 어느 쪽의 틀에서 보아도 '최대 다수의 최대 행복'이라는

---

59) 新渡戸稲造, 「日本帝國の膨張」, 『太陽』 10-16, 1904. 『資料 雜誌にみる近代日本の
朝鮮認識』(綠蔭書房, 1999) 제1권, 282-289쪽. 이 글에 나타난 니토베의 한국 지
배에 대한 욕망에 대해서는 다른 논문에서 간단히 지적한 바가 있다. 權錫永,
「新渡戸稲造の朝鮮亡國論」, 42쪽.

도덕 원리에 어긋나는 '부도덕'적인 나라로 규정함으로써 일본의 한국 지배의 도덕성을 담보하였던 것이다. 또 각도를 바꿔서 보면, 그는 '국민'으로서의 자격으로 일본의 팽창을 욕망하였으며, 동시에 '인류'로서의 자격으로 한국의 '부도덕성'을 비난하고 인류를 위한 일본의 공헌을 주장하였다고도 말할 수 있겠다.

　니토베의 제자 야나이하라 다다오(矢內原忠雄)가 니토베의 강의 내용과 논문을 정리해서 출판한 『식민정책강의 및 논문집』에는 "인간이 살 수 있는 토지"라는 뜻의 그리스어 오이크메네(oikouménē)라는 말을 빌어가며 "전 지구의 인간화"에 대해 논한 부분이 있다. "무인의 땅에 사람을 심어서 오이크메네를 확대하여 전 지구를 humanize하는 것, 즉 사람의 거주지로 만드는 것은 식민의 최대이자 가장 중요한 효과이다." 그것은 "정책으로 행해지는 식민"의 "예기치 않은 결과"이다.[60] 여기에서 말하는 "전 지구의 인간화"에 대해 실제로 니토베는 1913년에 발표한 논문에서 확실한 지지를 보냈다. "콩트(Comte)는 Biocracy라고 칭하여 생명 있는 자, 즉 유기체가 일대 동맹을 맺어 무기체를 정복하는 것을 진화의 궁극 목적이라고 논하였다. 또 근래 입센(Sigurd Ibsen) 씨는 사람이 사람인 소이(所以)는 확고한 의식을 가지고 자연을 정복 통어(統御)하는데 있다고 하였다. 이것은 실로 세이엘(Seilliére) 씨가 윤리적 제국주의라고 부른 것"이다. "이렇게 생각해 오면 식민의 종극 목표는 실로 인류의 최고 목적과 일치"한다고 할 수 있다.[61] 이와 같이 '토지 이용'의 극대화를 위한 "전 지구의 인간화"에 대한 확실

---

[60] 矢內原忠雄 편, 『新渡戶博士 植民政策講義及論文集』(岩波書店, 1943). 인용은 『新渡戶稻造全集』 제4권, 46-48쪽.

[61] 新渡戶稻造, 「植民の終極目的」, 『法學協會雜誌』 31-12, 1913. 矢內原忠雄 편, 『新渡戶博士 植民政策講義及論文集』, 358쪽.

한 지지자였던 니토베가 스스로 '윤리적'이기도 하다고 보고 있던 제
국주의에 대한 반대자일 수는 없었다.

다음은 니토베와 좀 다른 예로, 제국주의의 '윤리성'을 강조한 우키타
가즈타미(浮田和民)의 경우에 대해 간단하게 언급해 두고자 한다. 우키
타는 『윤리적 제국주의』[62]라는 저서로 유명하다. 저서에 이 말을 사용
하면서도 한 번도 그에 대한 구체적인 설명을 한 적은 없는데, 간단히
말하면 '제국주의는 윤리적이어야 한다'는 것이 그의 생각이었다.[63]

우키타는 『제국주의와 교육』에서 이렇게 썼다.

> 권리는 천부가 아니다. 자연이 아니다. 적어도 스스로 이것을 유지하고
> 스스로 이것을 선용(善用)할 수 없는 자는 권리를 향유할 정당한 요구권을
> 갖지 못하는 자이다. …… 국내에서 부도덕하거나 무능력한 인간에게는
> 어떤 권리도 향유할 이유가 없고 그들이 단지 사회의 인내와 동정에 의해,
> 혹은 타인의 보호에 의해 생존하듯이, 국외에서 국가가 반개(半開), 야만
> 민족을 정복하거나 스스로 독립할 수 없는 다른 국가를 병탄(併吞)하는 것
> 도 결코 불의 부정이라고 할 수 없는 것이다.[64]

이렇게 천부인권론을 완전 부정하면서도 우키타는 제국주의의 "윤
리적 요소"를 중시했다. 지금의 제국주의는 "국민의 자연적 요구"에 의

---

[62] 浮田和民, 『倫理的帝國主義』(降文館, 1909).

[63] 우키타의 제국주의론에 대해서는 비판적인 견해가 일반적인데, 그와 같은 비판
에 대해서 동조하면서도 동시에 그가 국제적 도덕을 강조한 데 대해서는 "다가
오는 러일강화(講和)에 대비하여 우키타는 '국제 도덕' '인류의 이익'을 주장하여
조선 지배, 만주 권익의 획득을 둘러싼 일본 중심, 자국 중심의 세론을 문제 삼았
다"고 하는 평가도 있다. 姜克實, 『浮田和民の思想史的研究－倫理的帝國主義形
成』(不二出版, 2003), 490-491쪽. 필자의 문제의식은 오히려 '국제 도덕', '인류의
이익'을 주장하는 제국주의에 대한 합리적이고 효율적인 비판의 방법론을 구축
하는 데 있다.

[64] 浮田和民, 『帝國主義と敎育』(民友社, 1901), 52-53쪽.

한 것으로 군사적이라기보다 "국민의 경제적 요구"이기 때문에 과거의 제국주의에는 없던 "윤리적 요소"가 많다고 그는 말한다. 결국은 제국주의가 "세계 인류의 복지를 증진"시키게 된다는[65] 것이 그의 생각이었다. 또 일본 제국주의는 "극동 제국(諸國)의 독립을 유지하고 그 혁신을 촉진하며 그 결과로서 동서양의 문명을 융합시키고 만국사 상의 일대 새 시대를 열어 세계 문명을 위해 공헌"해야 한다고 말하기도 한다.[66] 이렇게 세계 인류의 복지 증진과 문명 발달에 공헌하는 것이 그가 말하는 윤리성이었다.

우키타는 후에 다른 글에서 "제국주의는 기실 주의가 아니라 사실"이라면서 "이 사실에 대하여 가능한 한 온당하고 착실한 윤리적 정의를 내리"고 그 실행이 윤리에 일치되게 해야 한다고 쓰고 있다.[67] 제국주의는 세계 인류의 복지 증진과 문명 발달에 공헌해야 한다는 것이 그 나름대로의 "윤리적 정의"였다고 볼 수 있겠다.

7. 맺음말

니토베와 우키타의 경우는, 인간은 '국민'으로서의 자격과 '인류'로서의 자격 사이에서 모순에 빠지기 쉽다던 가토의 지적이 들어맞지 않음을 확인할 수 있다. 근대 사회의 도덕 담론에 나타난 과제를 내면화하였을 때 제국주의는 '윤리적'인 것이 되거나, 혹은 적어도 그렇게 가장

---

[65] 위의 책, 52-53쪽. 이 책에서는 이와 비슷한 말을 종종 찾아볼 수 있다.

[66] 위의 책, 39쪽.

[67] 浮田和民, 「帝國主義の倫理觀」, 『教育界』 2-11, 1903. 인용은 浮田和民, 『倫理的 帝國主義』, 33쪽.

하지 않을 수 없었다. 한 국가 안에서 '최대 다수의 최대 행복'을 위해 개인이나 소수파의 희생이 합리화될 수도 있었으니, 인류의 안녕과 행복을 위해 국가 경영의 '자격'을 갖추지 못한 일부 먼 타자들의 희생을 합리화하는 것은 그다지 어려운 일도 아니었다. 그들의 제국주의론은 천부인권론의 폐기와 왕성한 공리주의적 사고라는 동시대의 윤리학적, 사상적 상황을 그대로 반영하고 있다. 더구나 아이러니컬하게도 제국주의론은 그 공리주의적 사고가 '국가'의 틀을 벗어나 '세계적 도덕'으로 접근하고 있었다는 점에서 윤리학적 요구에 답하는 꼴이 되었다고 볼 수 있다. 가토의 '지략적 이타심'의 계보로 확인한 이시바시의 제국주의 비판이 도덕의 진보를 둘러싼 논의의 하나의 도달점인 국가적 도덕의 관점이라 한다면, 여기서 확인한 제국주의론은 그 또 하나의 도달점인 세계적 도덕으로의 접근이라는 경향을 보이고 있다.

제국주의론자가 인간의 '자연권'을 부정하는 대신 그 이상의 윤리적 가치를 추구했다고 한다면, 그들에 대한 비판은 어떻게 가능할까? 세계적 도덕으로 무장한 니토베와 우키타의 제국주의론이 나오고 십여 년이 지나서, 이시바시가 제국주의의 비현실적이고 허황됨을 국가적 도덕의 관점에서 비판했다는 것은 흥미로운 일이다. 그 제국주의론은 세계적 도덕 이전에 '지략적 이타심'의 논리, 다시 말하면 국가적 도덕에 합치되지 않는다는 것을 이시바시의 비판은 시사해 준다. 고토쿠의 말을 빌리자면 그것도 역시 남에게 고통을 주기 위해 먼저 스스로 고통받는 "비문명적", "비과학적"인 것이었다. 니토베식의 논리로 말하자면 제국주의 국가 일본은 '국민'의 틀에서 볼 때 '부도덕'한 나라였다.

제국주의론과 세계적 도덕/국가적 도덕의 문제는 이후로도 다양한 관계를 맺게 되었는데, 여기서는 우리의 일반적인 기대와는 다르게 국

가적 도덕이 세계적 도덕으로 무장한 제국주의론에 대한 비판을 가능
하게 하는 유효한 관점이기도 했다는 것을 확인하는 데 그치겠다.

우승열패의 역사인식과 '문명화'의 길

1. 머리말

개화기 사회진화론의 영향은 컸다. '힘에 대한 숭배'였던 사회진화론은 '문명화'의 길을 제시하며 한국 모더니티에 강한 영향을 주었다.[1] '사회'나 '진화'라는 말조차 없었을 때 수용한 사회진화론은 성리학 사유체계에 큰 충격을 주었다.[2] 사회진화론을 받아들인 사람들은 중화질서가 무너지는 것에 발맞추어 예전의 문명과 야만의 기준을 뒤집었다. 사회진화론은 '적자생존', '우승열패'의 질서 안으로 '비문명인'의 삶이 촘촘하게 얽혀들어 가는 시기를 예고하면서 그 시대의 논리를 뒷받침했다. 사회진화론은 인종론과 맞물리며 새로운 국제정세를 일구어

---

[1] 박노자, 『우승열패의 신화』(한겨레출판, 2007), 59쪽. Vladimir Tikhonov, *Social Darwinism and Nationalism in Korea: the Beginnings* (1880s-1910s)—*"Survival" as an Ideology of Korean Modernity* (Leiden·Boston: Brill, 2010).

[2] 조선에서 '사회'라는 어휘는 1890년대 전반기에도 보이지 않았으며 중국과 일본에서도 1870년대에는 없었다[박명규, 「근대 한국의 '사회' 개념 수용과 문명론적 함의」, 『개념의 번역과 창조』(돌베개, 2012), 93쪽].

내면서 이론이 아닌 행위자가 되기도 했다.

이 글은 사회진화론의 내용과 수용시기, 수용자들의 사유체계를 점검하지 않는다. 사회진화론의 실재 내용분석이나 사회사상사적 의미를 짚지도 못한다.[3] 사회진화론을 수용한 근대 계몽가들의 역사의식이 바뀌는 모습을 설명할 따름이다. 그와 함께 그들의 문명관과 근대기획이 드러나는 미세한 지점을 한데 묶어 살펴볼 것이다. 여러 영역을 한데 아울러 보아야만 그들의 문명화 전략을 알 수 있다고 판단했기 때문이다.

기존 연구에 의존하여 사회진화론의 의미와 내용을 이해하되, 새로운 접근법을 시도하겠다. 이 글은 서구인의 조선인식과 계몽 지식인의 조신인식을 상호 교차하는 비교방법론을 쓴다. 사회진화론과 오리엔탈리즘과의 상관관계에도 주의를 기울일 것이다.[4] 나아가 주로『독립신문』과 국어 교과서를 비교 분석하여 대중 속에 파고드는 사회진화론의 모습을 짚어볼 것이다.

왜 신문인가. 근대의 시작을 알리는 대표 미디어는 단연 신문이었다. 구한말 개화파들에게 근대란 곧 신문이었다.[5] 그들에게 신문은 "사람의 눈과 귀를 개명하게 하는 것"이었으며,[6] "개화의 도수는 신문의

---

3) 박성진은 사회진화론 연구사 정리를 하면서 식민정책에 사회진화론이 어떻게 활용되었는가 하는 문제와 함께 이 두 가지 과제를 제기했다[박성진,『사회진화론과 식민지사회사상』(선인, 2003), 14-17쪽].

4) 이에 대해서는 Mohamed Hamoud Kassim Al-Mahfed and Venkatesh P, "Darwinist premise in the Orientalist construction of 'Others'", *Journal of Postcolonial Cultures and Societies*, Vol.3, No.1, 2012를 참고하라. 이 논문은 에드워드 사이드의 식민담론과 오리엔탈리즘에 근거하여 다윈이즘과 오리엔탈리즘, 그리고 유럽중심주의의 상관관계를 추적한다.

5) 김영훈,「개화기 교과서 속의 세계와 역사: 만국지리(萬國地理)와 만국사(萬國史)를 중심으로」,『비교문화연구』16 (서울대 비교문화연구소, 2010), 8쪽.

6)『독립신문』1899년 9월 1일.

〈그림1〉 길거리에서 신문을 파는 가난한 소년
출처: 휘문의숙 편찬부 편찬 · 김찬기 편역,
『고등소학독본』, 경진, 2012, 99쪽.

성쇠에 달렸다."7) 그들은 신문을 통하여 담론 생산의 주도권을 쥐었다. 그 가운데 『독립신문』은 기존의 『한성순보』나 『한성주보』와는 문체나 체제, 기사의 성격을 달리하면서 계몽 담론을 생산하고 퍼뜨리는 데 앞장섰다.8) 『독립신문』은 서양이 "요순시대와 다름없는 나라"라고 보았다.9) 서양의 모든 것을 배워야 한다고 주장했던 『독립신문』은 사회진화론을 전파하는 역할을 했다.

왜 교과서인가.10) 교과서는 사회진화론이 전개되는 실제 과정을 또렷하게 보여주기 때문이다. 보기를 들면, 조선의 학부(學部)에서 편찬한 최초의 근대 교과서인 『국민소학독본』에는 간행 주체였던 개화파 인사들의 세계관이 집약적으로 투사되어 있다.11) 교과서는 교육 당국

---

7) 『독립신문』 1898년 7월 26일. 개화 지식인들은 "서양이 갈수록 부강한 문명국이 되고 동양이 날로 빈약하고 위급하여 '서세동점'을 막지 못하는 까닭"을 다섯 가지 들었다. 철도 · 화륜선 · 전선 · 우체 · 신문이 그것이다(『독립신문』, 1899년 9월 13일).

8) 정선태, 「『독립신문』의 조선 · 조선인론-근대계몽기 '민족' 담론의 형성과 관련하여」, 이화여대 한국문화연구원 편, 『근대계몽기 지식 개념의 수용과 그 변용』 (소명출판, 2004), 168쪽.

9) 김도형, 「대한제국 초기 문명개화론의 발전」, 『한국사연구』 12, 2003, 175쪽.

10) 1895년부터 1907년까지 출간된 교과서 목록 대해서는 박주원, 「1900년대 초반 단행본과 교과서 텍스트에 나타난 사회 담론의 특성」, 『근대계몽기 지식의 발견과 사유 지평의 확대』 (소명, 2006), 140-144쪽을 참고하라.

11) 강진호, 「국어과 교과서와 근대적 주체의 형성-『국민소학독본』(1895)을 중심으

의 정책과 이념을 실제 텍스트로 구현하고 있으며 표준 지식을 보급하고 재생산한다는 점에서도 중요하다.12) 『황성신문』이 국민교과서의 보급을 강조하고 있다는 것에서 그 의미를 알 수 있다.13) 대한제국도 교과서를 통해 '국민 만들기'를 시작했다. 국어 교과서 내용뿐만 아니라, "개화와 계몽의 시각언어였던 삽화"14)까지 '두텁게' 읽어내면, 백성이나 신민이 '국민'으로 되는 과정을 일부 설명할 수 있을 것이다.

2. 문명과 야만의 역사들

1) 문명과 개화

문명·문화 개념은 유럽 근대의 산물로 '유럽인 의식'을 자랑스럽게 표현하는 말이었다. 시간이 지날수록 문명·문화는 생활의 모든 영역과 관련을 맺는 총체적 개념으로 널리 쓰였다. 문명과 문화는 '유럽인 의식'을 나타내는 개념으로 쓰기도 했지만, 유럽 안에 있는 각 민족의 정체성과 민족의 자부심을 표현하는 데 쓰기도 했다.15)

로—」, 『국제어문학회 학술대회자료집』, 2012, 12쪽.

12) 구자황, 「교과서의 발견과 국민·민족의 배치—근대 전환기 교과서의 양상을 중심으로—」, 어문연구학회, 『어문연구』 70, 2011, 267쪽.

13) 『황성신문』 1906년 5월 30일; 김동택, 「『국민수지(國民須知)』를 통해 본 근대 '국민'」, 이화여대 한국문화연구원, 『근대계몽기 지식 개념의 수용과 그 변용』, (소명, 2004), 197쪽.

14) 홍선표, 「한국 개화기의 삽화 연구」, 『미술사논단』 제5호 (한국미술연구소, 2002), 259쪽. 1890년대 후반 교과서 삽화를 선두로 개화기 인쇄미술이 시작되었다(홍선표, 같은 논문, 260쪽).

15) 나인호, 「문명과 문화개념으로 본 유럽인의 자기의식」, 『역사문제연구』 10 (역사문제연구소, 2003), 23-25쪽.

유럽의 문명관이 동양에 전파되고 civilization이 문명으로 번역되었다. 후쿠자와 유키치(福澤諭吉)가 『서양사정(西洋事情)』 외편(1867)에서 civilization을 '세상의 문명개화'라는 표제어로 번역한 것이 맨 처음이라고 알려져 있다.16) 그는 문명을 다음과 같이 정의했다.

좁은 의미를 따르자면, 문명이란 인력(人力)으로 공연히 사람들의 욕망을 늘리고 의식주의 사치를 늘린다는 뜻으로 이해될 것이다. 반대로 넓은 의미에서는, 의식주의 안락만이 아니라 지성을 연마하고 덕을 갖추어 인간을 고차적 지위에 오르게 한다는 뜻으로 해석될 것이다.17)

이어서 그는 "문명, 반개, 야만이라는 구별은 세계의 통념이 되어 있고 세계 국민이 모두 인정하고 있다"면서 여러 나라를 다음과 같이 분류했다.

오늘날 세계의 문명을 논할 때, 유럽 여러 나라와 미국을 최상의 문명국으로 보고, 터키, 중국, 일본 등 아시아의 나라들을 반개(半開)의 나라라고 이름 짓고, 아프리카 및 호주(이 책이 나올 무렵 호주는 아직도 영국의 식민지였다) 등을 야만국이라고 부른다. 이런 명칭이 세계의 일반적 견해가 되어 있고, 서양 제국의 국민들은 오직 자기들만의 문명을 자랑으로 여길 뿐 아니라, 이른바 반개국과 야만국의 국민들도 그것이 사실이라고 인정하여 스스로 반개, 야만의 호칭을 받아들여, 감히 제 나라의 상태를 자랑하여 서양 제국보다 훌륭하다고 생각하는 일이 없다.18)

한국에 'civilization'의 번역어로서 '문명' 개념이 소개된 것은 1880년대 들어서였다. 유길준이 처음 문명이라는 용어를 쓴 뒤부터 차츰 하

16) 박양신, 「근대 초기 일본의 문명 개념 수용과 그 세속화」, 한림대학교 한림과학원, 『개념과 소통』 2호, 2008, 35-36쪽.
17) 후쿠자와 유키치, 정명환 역, 『후쿠자와 유키치의 문명론』(기파랑, 2012), 58쪽.
18) 후쿠자와 유키치 저, 정명환 역, 같은 책, 26쪽.

나의 개념으로 뿌리내렸다.[19] 특히 갑오경장 뒤에 『독립신문』과 『매일
신문』을 중심으로 문명론이 활발해지면서 '문명'이라는 말이 유행어가
되었다. 그리고 1900년대 중반에 이르러서는 철저하게 사회진화론에
따른 량치차오(梁啓超)의 『음빙실문집』이 들어와 유교지식인들에게도
널리 읽히면서, 사회진화론은 지식인들 사이에서 완전히 대중화한 이
론이 되었다.[20]

문명을 어떻게 이해하는가는 논지에 따라 차이가 있었지만 대체로
그것은 서양 문물을 받아들이는 것을 뜻했다. 서양 문물을 받아들여
부강을 이룩하는 것을 문명으로 이해하기도 했고, 부강하기 때문에 '문
명'하다고 설명하기도 했다.[21] 『한성순보』와 『한성주보』에 실린 여러
기사는 부강한 나라가 바로 문명의 나라임을 전제로 그들의 문명을 배
워야 한다고 했다.[22]

『독립신문』 논설 「나라 등수」에서는 개화와 문명의 등급을 ① 문명
국: 영국, 미국, 프랑스, 독일, 오스트리아, ② 개화국: 일본, 이탈리아,
러시아, 네덜란드, ③ 반개화국: 대한, 청국, 태국, 페르시아, 터키, 이집
트, ④ 야만국으로 나누었다.[23] 이처럼 위계를 만든 문명론은 자연스럽
게 인종론과 맞닿았다. 『독립신문』은 '생물학 강의'를 연재하는 과정에
서 인종적 특징을 문명론과 결합시켰다.[24]

---

[19] 하영선, 「근대한국의 문명 개념 도입사」, 하영선 외 지음, 『근대한국의 사회과학
개념 형성사』(창비, 2009), 41쪽.
[20] 박찬승, 『한국근대 정치사상사연구』(역사비평사, 1992), 38쪽; 박노자, 『우승열패
의 신화』, 90쪽.
[21] 노대환, 「1905-1910년 문명론의 전개와 새로운 문명관 모색」, 한국유교학회, 『유
교사상연구』 39, 2010, 349쪽.
[22] 길진숙, 「『독립신문』·『매일신문』에 수용된 '문명/야만' 담론의 의미 층위」, 국어
국문학회, 『국어국문학』 136, 2004, 325쪽.
[23] 『독립신문』 1899년 2월 23일.

2) 적자생존과 경쟁

동아시아는 기독교 전통이 없어 서구보다는 진화론에 대한 거부감이 적었다. 이곳에서 생물진화론을 적극 받아들였다.[25] 『대한매일신보』는 다윈의 진화론이 문명의 진보를 이룬 획기적인 전기를 마련했다고 적었다.

> 대개 19세기 이래로 세계문명의 진보가 갑자가 그 속도를 증가하여 1년간의 진보가 지난날 수백 년보다 빠르며 …… 새 천지를 이루었으니 이것이 누구의 공(功)이냐. 바로 다윈의 공이다. 다윈이 어떻게 이 공을 얻었을까. 바로 경쟁 진화론으로 그렇게 되었다. …… 진화는 어떻게 이루어지는가. 다윈씨는 이 문제에 대한 해답을 경쟁이라는 두 단어로 내렸다. 인류와 물류가 시시(時時)로 경쟁하며 곳곳에서 경쟁을 하며 …… 열(劣)한 자는 패하고 약한 자는 멸(滅)하고 오직 우(優)한 강자들이 남아 세계에 생존하기 때문에 경쟁이 쉬지 않고 진화가 그치지 않는다.[26]

1883년 유길준이 일본에서 익힌 사회진화론의 원리를 『경쟁론』으로 정리하기 전까지는 '적자생존'의 개념은 전혀 알려지지 않았다.[27] 『경쟁론』에서 유길준은 사회진화론의 요체를 다음과 같이 요약했다.

> 대체로 인생 만사가 경쟁에 의거하지 않는 일이 없으니 크게는 천하와 국가의 일에서부터 작게는 일신일가의 일에 이르기까지 모두 경쟁으로 말미암아 비로소 진보할 수 있는 것이다. 만일 인생에 경쟁이 없으면 무엇으

24) 정선태, 「『독립신문』의 조선·조선인론—근대계몽기 '민족' 담론의 형성과 관련하여」, 172쪽.
25) 염운옥, 「영국의 식민사상과 사회진화론」, 강만길 외, 『일본과 서구의 식민통치 비교』(선인, 2004), 54쪽.
26) 『대한매일신보』 1909년 8월 11일.
27) Vladimir Tikhonov, Ibid., p.55.

로써 인생의 지덕(智德)과 행복을 증진할 수 있으며, 국가가 경쟁하지 않으면 무엇으로써 국가의 광위(光威)와 부강을 증진할 수 있겠는가.[28]

많은 지식인이 적자생존과 우승열패 개념에 따라 세계를 바라보았다. 적자생존을 둘러싼 경쟁이 진화의 동력이라는 사회진화론은 국가유기체설과 결합했다.[29] "경쟁에서 다른 민족을 이기지 못하면 자연 도태되어 소진, 멸망하는 것은 당연한 이세(理勢)"였다.[30] 이제 국가가 생존의 기본단위가 되었다. 국가 차원에 적용된 적자생존의 원리는 성리학 사유체계와는 질이 달랐다. 경쟁원리에 뿌리를 둔 생물학적 인간이해는 문화 충격이기도 했다.[31]

"개화란 힘이다"[32]라고 정의한 개화파 지식인들은 한국이 경쟁에서 뒤쳐져 힘이 없는 나라가 되었다고 보았다. 그들은 한국 사람이 경쟁의식이 없는 까닭이 무엇인지 짚었다. 한국이 세계의 구석에 박혀있고 쇄국정책으로 고립된 데다가 오랫동안 사대의식 밑에서 의뢰심만 가

---

[28] 『유길준전서』 4권 (일조각 1971), 47-48쪽(박노자, 『우승열패의 신화』, 231쪽에서 재인용). 유길준이 사회진화론을 수용한 근거로 자주 인용하는 문장이다. 그러나 유길준이 제시한 경쟁 개념이 사회진화론이라기보다는 자유주의라고 보아야 한다는 지적도 있다[전복희, 『사회진화론과 국가사상』 (한울, 2010), 112쪽].

[29] 국가유기체설에 따르면 국가란 개인의 단순한 집합체가 아니라 개인들이 유기적인 관계를 이루고 있는 통합체이다. 국가와 그의 부분인 개인은 서로 상호적인 연관관계를 이루고 있다(전복희, 같은 책, 167쪽).

[30] 『황성신문』 1909년 4월 8일.

[31] 박정심, 「근대 '경쟁'원리와 '도덕'원리의 충돌과 만남에 관한 연구-사회진화론과 유학을 중심으로-」, 『한국사상사학』 29호 (한국사상사학회, 2007), 290쪽.

[32] "개화라 함은 사람마다 아는 바요 사람마다 능히 말하지만 그 근본이 어디서 오며 어떻게 되는 것은 알지 못하고 말로만 하는 자가 많다. 머리를 깎으며 양복을 입고 불란서 모자에 합중국 신을 신고 치마표 시계에 종이 권련 담배를 먹으며 짧을 지팡이에 살짝 안경을 쓰고 계기 없이 자유의 권한을 말하며 언필칭 독립국이라 하되 실지상 공부가 없으면 이것은 겉껍질 개화라. …… 개화는 반드시 두 가지 힘에서 일어나니 자연의 힘과 사회의 힘이다"(『독립신문』 1899년 9월 5일).

지고 있었기 때문이라고 진단했다. 그들은 20세기가 국가들이 격렬하게 경쟁을 하는 시대이고 국가의 운명은 국민의 경쟁의식과 경쟁력에 달려 있다고 강조했다. 예전의 전제주의 시대처럼 위대한 인물 몇 명이 국가의 운명을 결정하는 것이 아니기 때문에 모든 국민이 함께 단합하여 싸워야만 이길 수 있는 경쟁이라고 보았다.[33]

처음에는 지식인이 쓰는 경쟁 개념이 고전적 자유주의에 가깝기도 했다. 그러나 1890년대를 지나 대한제국 말기에 이르면, 사회진화론에 따른 경쟁 개념이 더욱 분명해졌다. 그와 함께 국가와 인종을 경쟁 단위로 설정했으며 개인은 국가에 강하게 종속되었다. 그러나 같은 국가나 인종 사이에는 경쟁하지 말아야 한다고 생각했다.[34] "밖과는 경쟁하되 안에서는 단합한다"는 안팎의 구분법이었다.

누구에게 경쟁을 몸에 익히게 하고 누구를 단합하게 할 것인가. 지식인들은 근대 학교를 눈여겨보았다. 근대 학교란 아이들에게 내재되어 있는 '승벽'을 부추겨 남을 이기고자 하는 생각을 발전시키는 장점이 있다고 보았다. 이러한 경쟁의식과 근대 교육을 결합시킨다면 개인의 사회적 지위를 높일 수 있을 뿐만 아니라, 나라를 사랑하는 마음이 차츰 늘어난다고 보았다.[35]

이러한 뜻이 교과서에 반영되었다. 먼저 교과서는 그때까지 낯설었던 경쟁이라는 말을 다음과 같이 해설해서 경쟁이 필요함을 일깨우려했다.

경쟁은 다투고 다툰다는 말이니 공연히 사람보고 서로 다투라 함이 아니다. 그러므로 입으로 떠들어 말로 서로 다툼이 아니며 주먹으로 겨뤄서 힘으로 서로 다툼이 아니다. 무슨 일이든지 내가 남보다 나으려 하여 잘

33) 전복희, 『사회진화론과 국가사상』, 143-144쪽.
34) 박성진, 『사회진화론과 식민지사회사상』, 44쪽.
35) 『제국신문』 1900년 6월 4일; 채성주, 「근대적 교육관의 형성과 "경쟁" 담론」, 안암교육학회, 『한국교육학연구』 13, 2007, 57쪽.

하기를 힘쓰는 일이다. …… 사람의 일이 서로 다투지 아니하면 천하사물의 경황(景況)이 뒷걸음질 친다.[36]

근대 교육에서 경쟁의 논리는 중요한 역할을 했다. 학생 운동회가 경쟁의 논리를 내면화하는 장치가 되기도 했다.[37] 1897년 한 운동회에 내빈으로 참석한 외무대신 이완용은 학생에게 다음과 같은 연설을 했다.

세상에 사람이 살려면 승벽이 있어야 그 사람이 언제든지 남보다 나가는 때가 있는지라. 오늘날 달음박질 내기 하는 것이 경계가 세계에서 사는 경계와 같은지라. 누구든지 힘을 다하여 달음박질을 하여 기어이 붉은 기를 먼저 얻으려 하는 사람은 세상에 남에게 지지 아니 하려는 것을 보이는 것이오. …… 이 승벽을 가지고 백사를 행하거든 언제든지 이기는 때가 있으리라.[38]

교과서는 경쟁의 논리와 함께 모두 단합하여 애국심을 길러 문명국가를 만들어야 한다고 곳곳에서 말했다. 한국의 사회진화론은 국가 사이의 경쟁에서 승리하기 위한 '상하합심'을 주장하는 집단주의적·국가주의적 성격이 있었다.[39] 교과서도 그랬다. "마음을 합쳐 협력하여 국가를 보존하고 지키자"[40]는 식의 설명이 그것이다. 『초등소학』 상 (1906)에서는 삽화와 함께 다음 글을 실었다.

---

36) 유길준 저술 및 발행, 조윤정 편역, 『노동야학독본』(1908) (경인, 2012), 101쪽.
37) 운동회에서 종목별 등수 구분과 상품의 차별화, 그리고 학교 대항전 따위의 경기 운영 방식과 언론매체의 상세한 보도 등으로 학생들에게 경쟁의식을 내면화하도록 했다(김성학, 「근대 학교운동회의 탄생 : 화류에서 훈련과 경쟁으로」, 한국교육사학회, 『한국교육사학』 제31권 제1호, 89쪽).
38) 『독립신문』 1897년 4월 15일.
39) 박노자, 『우승열패의 신화』, 237쪽.
40) 현채 발행겸 편집, 이정찬 편역, 『유년필독』(1907) (경진, 2012), 177쪽.

여기는 학도의 운동장입니다. 학도들이 운동을 하는데 기취(旗取)를 합니다. 저편에 한 어른이 기를 들고 서서 학도들을 지휘합니다. 이 학도들은 날랜 모양으로 땅에 꽂힌 기를 먼저 뽑으려고 달리기를 합니다. 또 저편에서 여학도들이 손을 서로 잡고 애국가를 부릅니다. 그 애국가는 참 듣기가 좋습니다

힘을 쓰세 우리학도
공부위해 힘을 쓰세
힘을 쓰세 우리학도
나라위해 힘을 쓰세.[41]

〈그림2〉 출처: 국민교육회 저 박치범 · 박수빈 편역, 『초등소학』 상(1906), (경진, 2012), 64쪽.

3) 국가 사이의 경쟁과 우승열패의 역사

경쟁에서 뒤처지지 않으려면 세계의 흐름을 알아야 했고 미래를 내다보아야 했다. 역사 교과서는 세계를 보는 눈을 넓히고 정보를 얻을 수 있는 길목이었다. 『독립신문』은 세계사 지식이 필요함을 다음과 같이 적었다.

사람마다 사기를 공부하는 것은 그 목적이 지난 일을 알면 미래사를 조금 짐작하는 지혜가 생기기 때문에 교육하는 사람은 다만 자기 나라 사기

---

[41] 국민교육회 저, 박치범 · 박수빈 편역, 『초등소학』 상(1906) (경진, 2012), 64쪽.

만 공부하는 것이 아니라 세계 각국 사기를 다 공부하여 어떤 때에 어떤 나라에서 어떤 일이 어떻게 생겨 끝이 어떻게 된 것을 알거든 그 지식을 가지고 당장 있은 일과 미래사를 미리 요량하는 생각이 나는 것이라.[42]

갑오개혁 때 새로운 학제를 만들면서부터 외국사를 교과 과정에 넣었다. 외국사는 '만국사'라는 이름을 갖는 것이 많았다. 갑오개혁 때 학부가 주관하여 편찬한 외국사 교재도 『만국략사(萬國略史)』(1895)였다.

『만국략사』는 세계 여러 나라의 개화를 4등급으로 나누고 있다. 그 기준은 "풍속, 제도, 윤리, 학술 등이 얼마나 발달했는가"이며, 만이(蠻夷)－미개(未開)－반개(半開)－문명으로 등급을 매겼다. 이 기준에 따르면, 조선은 반개 단계이며, 따

〈그림3〉 칠판에 그린 유럽지도. 중국 중심의 지리 관념이 바뀌고 있음을 보여준다. 출처: 정인호 편술 겸 발행, 이승윤·김준현 편역, 『최신초등수학』(1908), (경진, 2012), 136쪽.

라서 부국강병에 힘써 문명개화를 꾀해야 한다는 것이다.[43] 서양사 교과서가 처음부터 사회진화론의 영향을 강하게 받았음을 알 수 있다.[44] 『만국략사』의 동양사 인식 체계는 기존 중국사 중심의 세계사 인식

---

42) 『독립신문』 1898년 4월 2일.

43) 양정현, 「근대 개혁기 역사교육의 전개와 역사 교재의 구성」, 서울대 사회교육과 박사학위논문, 2001, 111-112쪽.

44) 고유경, 「대한제국 후기(1905-1910) 서양사 교과서에 나타난 유럽중심주의」, 호남 사학회, 『역사학연구』41 2011, 277쪽. 고유경은 서양사 교재의 문제점으로 '유럽 중심주의의 내면화'를 들었다. 이때 유럽중심주의란 '서양으로 수렴된 세계', '근 대로 향하는 일직선적인 시간관', 그리고 '사회진화론에 따른 역사관'이었다.

에서 크게 벗어나고 있다. 중국사는 인도, 일본 등과 같은 정도로 다루고 있다.[45] 이 책의 중심은 유럽이 차지했다. 서양사 교과서는 19세기 서양인들이 자화상을 그대로 모방했다.[46] 다음 글을 보자.

인류의 발달과 진보는 외부세계로부터 온 자극과 천부의 인성의 우열에 응하여 그 결과가 상이하다. 이러한 이유로 외부에서 어떠한 좋은 자극이 있을지라도 내부에 우아 고상한 천성이 없다면 그 인종의 발달과 진보는 도저히 기대하기 어렵다. 그러나 유럽인은 원래 용감히 행하는 기상이 풍부한 까닭에 암흑시대를 지나 부흥의 시기에 이르러 외부의 자극에 응하여 위축된 마음을 떨치고 마침내 일대 진보를 완성하였다.[47]

'외국사' 책들은 이 같은 사회진화론에 따라 한 결 같이 중국을 깎아내리고 일본을 추켜세웠다.[48]

『독립신문』은 어떠했던가. 『독립신문』에 따르면, 동양의 청은 "세계에서 제일 천대받고 제일 약한" 나라였다.[49] 『독립신문』에서 청나라에는 서양이 갖추고 있는 문명의 모습이 없었다. 다만 어리석고 천하고 더러우며 나라 위할 마음이 없으며, 천대받고도 천대 받는지도 모르는 나라였다.[50]

---

45) 양정현, 「근대 개혁기 역사교육의 전개와 역사 교재의 구성」, 116-117쪽.

46) 고유경, 「대한제국 후기(1905-1910) 서양사 교과서에 나타난 유럽중심주의」, 280-281쪽.

47) 유승겸, 「중등만국사」 (유일서관, 1909), 114쪽(고유경, 「대한제국 후기(1905-1910) 서양사 교과서에 나타난 유럽중심주의」, 277쪽에서 재인용).

48) 검정교과서가 아닌 경우는 시각이 전혀 다르다. 문명개화론 입장을 표방했던 현채는 일본의 문명 발전을 높이 평가했지만, 그만큼 일본의 세력 팽창에 대한 두려움도 나타냈다(고유경, 「대한제국 후기(1905-1910) 서양사 교과서에 나타난 유럽중심주의」, 284쪽).

49) 『독립신문』 1896년 9월 12일.

50) 『독립신문』 1896년 4월 25일; 길진숙, 「『독립신문』·『매일신문』에 수용된 '문명/

『독립신문』이나 교과서에는 서구문명을 기준으로 삼아서 서양과 동
양으로 나누는 이분법이 자리 잡았다. 그에 따라 새롭게 동양 이미지
도 만들었다. 『독립신문』을 보자.

> 우리가 천하대세를 살펴보건대 서양 사람들은 정신을 가다듬고 이목을
> 새롭게 하여 날로 앞으로 나아가기를 힘쓴다. 그러므로 그 나라들이 점점
> 문명하고 부강하여 인구가 해마다 늘고 재정이 날마다 풍족해지고 있다.
> 동양 사람들은 그렇지 못하여 이전의 악습을 버리지 않고 새 학문을 싫어
> 하며 무슨 일이든지 궁구할 생각은 도무지 없어서 뒤로 물러서기만 좋아
> 한다. 혹 자기보다 학문이 고명한 이가 있으면 포용하기는커녕 시기하여
> 모해하고자 하니 혼몽세계라 할 수 있다. 또 국세가 점점 빈약하고 위태로
> 워 인구가 해마다 줄고 재정이 날로 궁핍할 뿐만 아니라 민심이 산란하여
> 내란이 자주 일어난다. 이것은 세계의 유식한 이들은 다 아는 것이다.[51]

국어 교과서에 나타난 아시아와 중국의 모습은 어떠한가. 인용문 세
개를 잇달아 보자.

> 아시아주는 곧 우리가 사는 동양이니 오대주 중에 가장 큰 것이다. ……
> 개벽(開闢)이 가장 일러 문화로써 5주(州) 중에 제일이었는데 최근 100년
> 이래로 아라사(俄羅斯, 러시아)는 북에 웅(雄, 웅거)하고 영길리(英吉利, 영
> 국)는 남에 장(長, 뛰어남)하다. 그밖에 법란서(法蘭西, 프랑스), 덕의지(德
> 意志, 독일) 등의 여러 나라도 다시 잠식하고 호서(虎噬: 호랑이가 씹어 먹
> 듯이 침략하는 것을 비유함)하니, 아시아주의 큰 나라로 인도, 서장(西藏,
> 티베트), 파란(波蘭, 폴란드)과 같은 작은 나라로 안남(安南, 베트남), 면전
> (緬甸, 미얀마) 같은 여러 나라가 하나도 남아 있는 것이 없다. 오직 우리
> 대한과 지나(支那, 중국)와 일본 삼국이 아직 존재하여 이른바 '동양의 정

야만' 담론의 의미 층위」, 334쪽.

51) 『독립신문』 1899년 6월 17일; 박정심, 「한국 근대지식인의 '근대성' 인식 Ⅰ-문
명·인종·민족담론을 중심으로-」, 동양철학연구회, 『동양철학연구』 52, 2007,
124쪽.

족(鼎足)'이라 하니, 아아! 우리 대한도 지금 위기가 지극하니 노력할 일이
다. 청년아[52]

중국은 대국이고 오래된 나라이고 또한 문화의 선진국이지만 지금은 점
점 쇠잔하여 다른 사람을 업신여기고 자기를 높여 거만하게도 외국과 서
로 사이가 벌어져서 아편전쟁에서 영국에 패한바 되었다.…… 지금도 중
화라 스스로 과대하고 타국을 오랑캐라 멸시하여 무식하고 무의(無義)하
여 세계의 비웃음과 능욕을 받으니, 가련하고 가소롭구나.[53]

(악어를 설명하는 가운데) 중국에서 국기에도 표시되어 있는 용은
전설에 옛적 한 사람이 악어의 흉악한 모양을 보고 견강부회하여 그린
것이라 한다.[54]

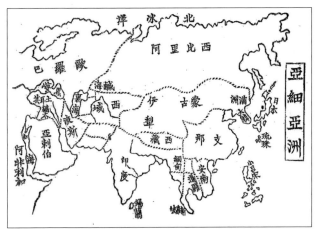

〈그림4〉 그림 4 아세아주 지도. 출처: 휘문의숙 편찬부 편찬·김찬기 편역,
『고등소학독본』, (경진, 2012), 97쪽).

---

[52] 휘문의숙 편찬부 편찬, 김찬기 편역, 『고등소학독본』(1906) (경진, 2012), 97쪽(번
역 일부 수정).
[53] 학부편집국 편찬, 강진호 편역, 『국민소학독본』(1895) (경진, 2012), 51-52쪽.
[54] 위의 책, 92쪽.

국어 교과서에 따르면, 아시아는 바람 앞의 촛불이고 중국은 형편없는 처지로 굴러 떨어지고 말았다. 이처럼 모든 국어교과서가 중국을 깎아내릴 때 현채만은 달랐다.

청나라는 나라의 거대함과 국민의 많음이 중국 역대의 제일이다. 또 그 임금들이 현명하여 백성이 행복하였는데 근세에 여자 황제가 정권을 잡아 완고한 무리들이 정사를 돌보았기 때문에 각국에 모욕을 당하고 국력이 쇠약해져 갔다.

그러나 청나라는 우리의 형제다. 갑오년에는 우리나라의 내란을 평정하고자 하여 병사를 움직였다가 일본에게 패하고, 그 뒤로 한 번도 떨치지 못하여 화란(禍亂)이 끊이지 않았다.

지금에는 청나라 인사가 세계 대세를 깊이 관찰하여 나라를 걱정하는 사상이 있으니 이것은 동양에게 큰 행운이다.[55]

현채가 쓴 『유년필독』은 친청·반러 인식을 보였으며 미국을 좋게 여겼다. 일본에 대해서는 복잡하고 이중적인 견해를 가지고 있었다.[56]

3. 문명으로 가는 지름길

1) 문명과 인종

사회진화론은 그저 우승열패와 적자생존의 논리로만 그치지 않았다. 사회진화론은 생물진화론과 결합함으로써 인종론을 만들어냈다. 인종론은 다시 사회진화론과 맞물렸다.[57] 인종 담론은 근대 현상이었다.

---

55) 현채 발행 겸 편집, 이정찬 편역, 『유년필독』, 166쪽.
56) 현채는 '탐욕스러운 러시아'를 경계했다(현채 발행 겸 편집, 이정찬 편역, 『유년필독』, 168쪽). 최기영, 『한국근대계몽운동연구』(일조각, 1997), 80쪽.

유럽인은 인류를 골격과 혈액형과 피부, 그리고 머리카락 등 신체의 유
전적 특징에 따라 몇 개의 종으로 나눌 수 있다는 인종개념을 만들었
다. 중국과 일본에서 이 인종론을 따로따로 받아들였다. 처음 일본에
서는 네 인종설을 내세웠지만, 19세기 후반이 되면 다섯 인종설을 받아
들였다.[58] 조선에서도『해국도지』와『영환지략』등 근대적 세계지리서
를 통해 서양인종에 대한 지식은 축적되고 있었다. 유길준의『서유견
문』도 '세계의 인종' 편에서 다섯 인종의 형질적 특성과 거주 지역을 소
개하고 있지만 '문명―야만'의 틀을 인종에 적용하거나 인종을 차별하
는 인종관은 보이지 않았다.[59]

한국에서 인종이 형질의 구별을 나타내는 자연과학 개념에서 정치
개념으로 바뀐 것은 1894년 청일전쟁 뒤부터였다.[60] 청일전쟁에서 중
국이 패배하면서 우등한 백인과 열등한 흑인이라는 비유는 동아시아
내부에 투영되어 우등한 일본과 열등한 청국이라는 구분을 만들었
다.[61] 청일전쟁 뒤부터 국제정치를 인종 사이의 대결로 바라보는 '인종
중심의 국제정치론'이 힘을 얻었다.『독립신문』에서는 인종을 다음과
같이 설명한다.

---

57) 사회진화론과 인종주의는 이론과 이데올로기에서 공통점이 있었다. 두 이론 모
   두 생물학에 뿌리를 두고 있으며 인간들 사이의 자연적 불평등을 주장하고 있다
   (전복희,『사회진화론과 국가사상』, 32쪽).

58) 강동국,「조선을 둘러싼 러·일의 각축과 조선인의 국제정치인식: '공아론(恐亞
   論)'과 '인종중심의 국제정치론'의 사상연쇄(思想連鎖)」, 현대일본학회,『일본연
   구논총』20, 2004, 181쪽.

59) 장인성,「'인종'과 '민족'의 사이: 동아시아연대론의 지역적 정체성과 '인종'」, 한국
   국제정치학회,『국제정치논총』40, 2000, 118쪽.

60) 강동국,「근대 한국의 국민·인종·민족 개념」, 한국동양정치사상사학회,『동양
   정치사상사』5, 2005, 14쪽.

61) 최규진,「청일전쟁기 지식인의 국제성세 인식과 세계관」, 가천대학교 아시아문
   화연구소,『아시아문화연구』제26집, 2012, 180-181쪽.

대개 구라파 사람들은 가죽이 희고 털이 명주실 같이 곱고 얼굴이 분명하게 생겼으며 코가 바르고 눈이 크고 확실하게 박혔다. 동양 인종은 가죽이 누렇고 털이 검고 뻣뻣하며 눈이 기울어지게 박혔으며 이가 밖으로 두드러지게 났다. 흑인들은 가죽이 검으며 털이 양의 털 같이 곱슬곱슬하며 턱이 내밀며 코가 넓적하기 때문에 동양 인종들보다도 미련하고 흰 인종보다는 매우 천하다. 미국에서 토종은 얼굴빛이 붉으며 생긴 것이 동양 사람과 비슷하나 더 크고 개화 된 것이 동양 인종만도 못하다. 그 외에 다른 인종이 많이 있으나 수효가 얼마 안 되는 까닭에 우리가 말하지 않는다. 백인종은 오늘날 세계 인종 가운데 제일 영민하고 부지런하고 담대하기 때문에 온 천하 각국에 모두 퍼져 차츰 하등 인종들을 이기고 토지와 초목을 차지했다.[62]

백인종을 찬양하는 『독립신문』의 인종론은 제국주의를 착한 것으로 여기기까지 했다. "개명한 나라 사람들은 다른 사람을 핍박하는 악습이 없기 때문에 약하고 고단한 이를 보호하고 긍휼히 한다"[63]는 논설이 그 보기다. '천한 아프리카'가 '착한 유럽인'에게 식민지가 되는 과정을 『독립신문』은 다음과 같이 적었다.

수십 년 전에 구라파 사람들이 유람 차 아프리카에 이르러 그 형편을 보고 각자 자기 나라에 돌아가서 보고했는데 각국이 다 측은하게 여겨 서로 회의하고 병정을 파송하여 아프리카 각지를 지키며 엄하게 사찰하되 도무지 악습을 고치지 아니하고 여전히 서로 다투고 토략하여 조금도 사람의 도리를 행하지 않거늘 구라파 각국들이 생각다 못하여 아프리카를 오이 쪽 나누듯이 나누었다.[64]

『독립신문』의 인종론은 서구 제국주의가 '문명화 사업'에 나선 것처

---

62) 『독립신문』 1987년 6월 24일.
63) 위의 자료, 1899년 9월 15일.
64) 위의 자료, 1899년 8월 18일.

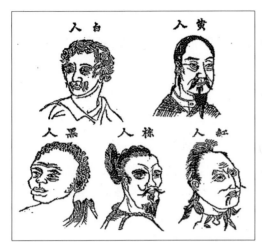

<그림 5> 이 삽화는 다섯 인종 가운데 백인과 황인을 위에
배치하여 학생이 '인종의 우열'을 저절로 느끼게 만들었다.
출처: 휘문의숙 편찬부 편찬·김찬기 편역, 『고등소학독본』
(1906), (경진, 2012), 34쪽.

럼 여기게 만들었다. "영
국이 인도를 점령하여 신
식 학교가 크게 늘고 신
문이 크게 번창하였다"는
것이 그 보기이다.[65]

인종론은 학교 교과서
와 같은 매체를 통해 나
라밖 세상을 어린 세대들
에게 설명하는 데 가장
중요한 개념틀이 되었다.
세계의 인종이 우등과 열
등의 높낮이가 있다는 인
식은 세계지리 교과서의

뼈대가 되었다.[66] 다음 삽화에서 보듯이 국어 교과서도 다섯 인종설을
받아들였다.

2) '문명의 눈'으로 본 조선

근대에 들어서면서 서양인들은 다른 문화에 견주어 자신들이 빼어
나다고 여기기 시작했다. 서양인은 우월의식을 바탕으로 동양을 재현
하거나 오리엔탈리즘이라는 여과장치를 거쳐 동양을 번안했다. 개항
기 조선을 찾은 서양인들도 마찬가지였다.

---

[65] 위의 자료, 1899년 9월 20일.
[66] 자세한 내용은 박노자, 「근대 한국의 인종 및 인종주의 담론: 1890-1910년대」,
『개념의 번역과 창조』(돌베개, 2012), 54-56쪽을 참고하라.

서양인이 조선을 재현하는 방식은 분명히 오리엔탈리즘의 틀 안에 있었다. 그들이 조선에 대한 이미지를 심각하게 왜곡시켰다. 서양인들의 조선 이미지에는 타자와 낯선 것에 대한 서양인들의 권력 의지가 담겨있었다. 선교사의 재현 시스템과 여행자의 이미지 폭력, 그리고 자국 중심주의가 조선의 이미지를 일그러지게 만들었다.[67] 그 이미지는 다음과 같다. 조선이 이성에 따라 합리적인 판단을 하지 못하고 게으르며, 지독한 냄새에 위생관념이 없다는 것, 매너와 절제가 없고, 여성의 지위가 형편없이 낮으며 도시는 초라하고 어둡다.[68] 그들은 조선이란 기껏해야 중국의 패러디에 지나지 않는다고도 했다.[69]

'문명'의 색안경을 쓴 계몽 사상가들도 서양인과 똑 같은 눈으로 조선을 바라보았다. 보기를 들면,『독립신문』은 "조선인의 특징 가운데 빼놓을 수 없는 것이 게으름이다"고 했다.[70] '중국의 속국'으로 살아온 조선인은 의뢰심이 큰 민족이라고도 했다. 이런 식의 기사는『독립신문』어디를 들추어도 쉽게 찾을 수 있다.『독립신문』에서 묘사한 모든 조선인은 아직 '문명인'과 거리가 멀었고, 서양인에게 보여주기에는 부끄러웠다.[71]『독립신문』은 서구문명을 표본으로 삼으면서 자신을 계몽의 대상으로 전락시키고 스스로를 타자화, 식민화했다.[72]

---

[67] 최규진,「서양인의 타자(他者), 개항기 조선인」, 수선사학회,『사림』제39호, 2011, 224쪽.

[68] 위의 논문, 201-207쪽.

[69] 이사벨라 버드 비숍 지음, 이인화 옮김,『한국과 그 이웃 나라들』(살림, 2000), 29-30쪽.

[70]『독립신문』1898년 7월 1일.

[71]『독립신문』에서는「부끄러운 일」이라는 논설에서 "수치를 모르는 사람의 나라에서는 아무런 가망이 없다"고 적었다(『독립신문』1899년 1월 28일).

[72] 정용화,「한국인의 근대적 자아 형성과 오리엔탈리즘」, 한국정치사상학회,『정치사상연구』10, 2004, 43쪽.

그럼에도 계몽 지식인들이 아주 절망한 것은 아니었다. 『독립신문』
은 다음과 같이 말했다.

> 조선 사람들을 동양 각국 사람들과 비교하여 보면 청국 사람들보다는
> 더 총명하고 부지런하고 정하고, 일본 사람보다는 크고 체골이 더 튼튼하
> 게 생겼으니 만일 우리를 교육을 잘하여 의복 음식 거처를 학문이 있게 한
> 다면 동양 중에 제일가는 인종이 될 터이니 만일 우리가 제일가는 인종이
> 된다면 나라도 따라서 제일가는 나라가 될 터이다.[73]

이러한 『독립신문』의 평가는 서양인과 다른 것이 아닐까. 꼭 그렇지
만은 않다. 오리엔탈리즘에 젖은 서양인 가운데서도 조선인의 능력을
높게 평가한 사람이 많았다. 어떤 서양인은 "조선 사람이 흐리멍덩하고
답답한 인상과는 달리 지성, 이해력, 기억력, 추론능력, 예술적 소양 등
에서 빼어나다"고 기록했다.[74] 조선 사람을 좋게 보았던 서양인이나
조선인의 '인종적 우수성'을 믿었던 계몽사상가들 모두 조선이 '문명화'
할 수 있는 가능성을 탐색하고 있을 따름이었다. 다음 인용문은 그 사
실을 잘 보여준다.

> 일단 복음의 진실이 그들의 마음속에 자리 잡기만 하면, 그리고 현명하
> 고 정의로운 법이 지배하는 사회에서 안정된 생활을 누릴 수만 있다면, 우
> 리는 조선인들도 높은 수준으로 발전할 수 있는 가능성을 지닌 사람들이
> 라고 느끼지 않을 수 없다.[75]

---

73) 『독립신문』 1896년 5월 2일.

74) A. H. 새비지 · 랜도어 지음, 신복룡 · 장우영 역주, 『고요한 아침의 나라 조선』
(집문당, 1999), 251쪽.

75) 다니엘 기포드 지음, 심현녀 옮김, 『조선의 풍속과 선교』 (한국기독교연구소,
1995), 48쪽 (최규진, 「서양인의 타자(他者), 개항기 조선인」, 225쪽).

3) 교육, 문명의 길목

　계몽 지식인들은 세계를 좇아 문명의 길로 들어서려면 교육이 으뜸이라고 생각했다.[76] 『독립신문』은 "5천 명 가운데 한 명을 학교에 보내는" 현실을 비판했다.[77] 따라서 "정부가 학교를 지어 인민을 교육하는 것이 가장 소중한 직무"였다.[78] "다른 대신이 다 완고하더라도 교육을 맡은 학부대신만큼은 세계 각국 일에 능통해야" 했다.[79] 학도는 개명의 기초이며, 문명은 교육을 통해 이루어진다는 것이 계몽 지식인들이 내건 표어였다.[80] 말할 것도 없이 그들은 '야만의 동양학문'이 아닌 '문명의 서양학문'을 교육시키고 싶어 했다.[81]

　『독립신문』과 교과서에서 인용한 다음 세 글은 교육을 중요하게 여긴 그들의 심성을 보여준다.

　　일본은 어찌하여 동양의 일등국이 되고 청국은 어찌하여 세계의 잔약한 나라가 되었는가. 일본은 자기의 단점을 부끄러워하여 고치고 청국은 교만하여 자기의 허물을 고치지 못했기 때문이다.[82]

---

[76] 『독립신문』 1899년 1월 6일. 『독립신문』 논설 「각국 유람」에서는 외국 문물 가운데 먼저 학교 교육, 군대의 용병, '기계의 첩리한 기술'을 배워야 한다고 했다(『독립신문』 1899년 6월 30일).

[77] 『독립신문』, 1896년 9월 5일.

[78] 『독립신문』, 1896년 5월 12일.

[79] 『독립신문』, 1986년 6월 11일.

[80] 『독립신문』, 1899년 6월 28일.

[81] 그들에게 옛 학문은 '썩은 학문'이었으며(『독립신문』, 1898년 9월 13일), 동양의 학문이란 "실제로 공부는 적고 허탄한 것을 좋아할 뿐"이었다(『독립신문』, 1899년 9월 12일). 또 동양의 학문이 높은 담 위에 있는 것이라면 서양의 학문은 높은 산으로 올라가는 것이었다(위의 자료, 1899년 9월 9일).

[82] 『독립신문』, 1899년 1월 28일. 정선태, 「『독립신문』의 조선·조선인론―근대계몽기 '민족' 담론의 형성과 관련하여」, 182쪽.

(중국이 점점 쇠잔하는 이유는) 아마도 문교의 실패가 가장 큰 원인인 듯하다.[83]

학부는 갑오년 전 예조(禮曹)이다. 학부대신이 온 나라의 교육하는 사무를 관리하여 인민의 지식을 발달시키니 세계 여러 나라 중 부강한 나라를 살펴보면 모두 교육이 발달하고 학교가 번창하여 인민의 지식이 개명하였다. 그러나 우리나라는 인민의 지식이 우매하여 어둠 속에 있으니 이는 교육이 발달하지 못했기 때문으로 어찌 부끄럽지 않겠는가. 청년자제들은 학업에 매진하고 하루 속히 개명하여 나아가는 것이 국민의 의무이며 국가의 행복이다.[84]

『독립신문』과 교과서는 부강한 나라를 만들려면 '인민'의 지식을 발달시켜야 한다고 했다. '인민'에 여성을 포함 시켰을까. 『독립신문』을 보자. 그들은 서양인들이 조선 여성을 바라보는 것과 똑같이 "세상에서 불쌍한 인생은 조선 여편네"라고 말했다.[85] 그리고 여성의 지위를 높이는 방법으로 여성 교육을 제시했다.

조선 부인네들도 차차 학문이 높아지고 지식이 넓어지면 부인의 권리가 사나이 권리와 같은 줄을 알고 무리한 사나이들을 제어하는 방법을 알게 될 것이다. 그러기에 우리는 부인네들께 권하노니 아무쪼록 학문을 높이 배워 사나이들보다 행실도 더 높고 지식도 더 넓혀 부인의 권리를 찾고 어리석고 무리한 사나이들을 교육하기를 바라노라.[86]

이들이 말하는 '행실이 높고 지식이 넓은' 여자는 어떤 역할을 할까. 다시 『독립신문』을 보자.

---

83) 학부편집국 편찬, 강진호 편역, 『국민소학독본』, 65쪽.
84) 정윤수 저, 이상혁·권희주 편역, 『초목필지』(1909) (도서출판 경진, 2012), 101쪽.
85) 『독립신문』 1896년 4월 21일.
86) 위의 자료, 1896년 4월 21일.

계집아이들은 자라나면 아내가 될 터이니 남편만큼 학문이 있고 지식이 있으면 집안 일이 잘 될 터이고 또 그 부인들이 자식을 낳게 되면 그 자식 기르는 법과 가르치는 방칙을 알 터이니 그 자식들이 충실할 터이요 학교 가기 전에 어미의 손에 교육을 많이 받을 터이라. 그런즉 여인의 직무가 사나이 직무보다 소중하기기가 덜하지 않을 것이다.[87]

『독립신문』은 여성을 '인민'으로 호명했고 교육 평등을 주장했다.[88] 그러나 그것은 어디까지나 "서양 여인처럼 내조를 잘하는 여인"을 만들기 위해서였다. "개화한 나라의 여인은 교육을 받아서 남편을 돕고 가정의 대소사를 의논할 수 있으며 자식을 키우는 참된 내조할 수 있다. 그러나 동양의 여인은 사나이의 노복에 지나지 않는다."[89] 이것이 『독립신문』이 내린 결론이었다.

여자 교과서도 이와 비슷했다. 먼저 장지연이 쓴 『여자독본』을 보자. 그는 총론에서 "여자는 나라 백성 된 자의 어머니 될 사람이다. 여자의 교육이 발달한 뒤에 그 자녀로 하여금 착한 사람이 되게 할 수 있다. 그런 까닭으로 가르침이 곧 가정교육을 발달시켜 국민의 지식을 인도하는 모범이 된다"고 했다.[90] 그리고 각 장을 '모도(母道)', '부덕(婦德)', '정렬(貞烈)'로 삼았다. 이제 『초등여학독본』(1908) 서언을 보자.

교육은 지육과 체육으로 쓰임을 삼고 덕육으로 기초를 삼는다. …… 여자는 재능 없는 것이 편한 덕이라 해서 여자로 하여금 순응하게 하고 유폐(幽閉)하여 이천만 민족의 반수는 쓸모없는 인간을 만드니 안타깝다. 오늘날 풍기(風氣)가 크게 열리고 여권이 석방(釋放)하니 여자의 배움이 남자

---

87) 위의 자료, 1896년 5월 12일.
88) 위의 자료, 1896년 9월 5일.
89) 위의 자료, 1898년 9월 13일.
90) 남숭산인·장지연 편, 문혜윤 편역, 『여자독본』(1908) (경진, 2012), 23쪽.

의 배움보다 급하다. 배움을 시작할 때 마땅히 수신(修身)을 먼저 가르쳐
서 덕육의 기초로 삼는다. 그리고 뒷날 배움이 성숙되었을 때 지육과 체육
이 서로 보조해 나가면 여자 세계의 진화가 장차 남자와 더불어 동등한 권
리를 가질 것이다.[91]

국어 교과서는 정말로 '여권의 석방(釋放)'을 위해 힘을 쏟았을까. 다
음 인용문은 그렇지 않다는 것을 분명하게 보여준다.

〈내외〉
남자는 밖에 거(居)하며 여자는 안에 거(居)하니 남녀무리가 달라 안팎
에 각각 거(居)한다. 여자는 일 없이 바깥뜰에 나가지 말아야 하며 손님이
있을 때 문틈으로 엿보지 말고 만일 외출할 일이 있으면 고개를 숙이고 걸
음만 돌아보아 거동의 예의를 잃지 말라. 밤나들이에는 촛불을 잡으니 촛
불이 없으면 그만두어야 한다.[92]

이 글은 근대 여성교육이 유교와 상당한 연관성을 갖고 있었음을 보
여주는 또 다른 보기가 된다.[93]

4. 근대의 기획, '문명인' 만들기

『독립신문』은 문명의 좌표를 철저하게 서구에 맞추었다. 『독립신문』
은 "1천 2백만 인민이 문명·개화한 풍속과 법률과 규칙과 생각과 뜻과

---

91) 이원긍 지음, 박선영 편역, 『초등여학독본』(1908) (경진, 2012), 14-15쪽. 번역을
   일부 수정하였음.
92) 위의 책, 45쪽.
93) 개화기 여성교육과 유교 관계는 김언순, 「개화기 여성 교육에 내재된 유교적 여
   성관」, 한국여성연구소, 『페미니즘연구』 제10권 2호, 2010을 참고하라.

행동거지를 본 받아 조선을 세계 각국 가운데 상등국으로 만들어야 한다"고 했다.[94] 이들은 '인민'을 근대 인간으로 길러내는 담론을 만들고 국민 또는 민족구성원으로 묶어내려 했다. 그 방향은 다양했다.

니시카와 나가오는 사람이 국민이 되는 여러 과정을 ① 공간의 국민화 ② 시간의 국민화 ③ 습속의 국민화 ④ 신체의 국민화로 구분하고 있다. '언어와 사고의 국민화'를 포함시킬 수도 있겠다고 했다.[95] 그는 젠더의 관점을 확보하려면, '여성의 국민화'를 포함시켜야 한다고 했다.[96] 이 장에서도 그 구분을 참고하여 '근대의 문명인'이 되려면 어떤 훈련과 자기 규율이 있어야 했는지를 살핀다.

1) 매너와 위생

조선에 온 서양인들은 조선 사람이 매너가 없다고 푸념했다. 서양인이 호기심어린 눈으로 조선인을 관찰했듯이, 조선인도 낯선 이방인에게 많은 호기심을 보였기 때문이다. "사생활의 비밀이란 조선인들에게 요구할 사항이 아니었다."[97]

한국의 근대 기획자들은 매너에 신경을 써야 했다. 『독립신문』은 조선의 풍속을 서구의 잣대로 판단하면서 옛 습속의 폐해를 지적했다. "외국 사람들과 교제를 하려면 대강 외국 풍속을 알아야 외국 사람들에게 야만으로 보이지 않을" 것이기 때문이었다.[98] 그리고 『독립신문』은 걸음걸이를 비롯해서 갖가지 자잘한 것에 이르기까지 '몸 가지는 법'을

---

94) 『독립신문』 1897년 2월 23일.
95) 니시카와 나가오 지음, 윤대석 옮김, 『국민이라는 괴물』 (소명출판, 2002), 70쪽.
96) 위의 책, 173쪽.
97) 퍼시벌 로웰, 조경철 옮김, 『내 기억 속의 조선, 조선 사람들』 (예담, 2001), 189쪽.
98) 『독립신문』 1896년 11월 14일.

계몽했다.99)『독립신문』이 제시하는 '몸 가지는 법'에는 위생과 청결에 관련된 내용이 많았다.

　서양인들이 '비문명의 세계'를 묘사할 때 판에 박은 듯이 쓰는 서술 전략 가운데 하나가 바로 위생과 청결이었다. 거기에는 1871년, 다윈이 출판한『인간의 유래』가 큰 역할을 했다. 다윈은 이 책에서 원시 부족은 종족의 안위에 직접적인 영향을 미칠 수 있는 행위를 통제하는 사회적 본능은 있지만 절제, 정절, 신체의 청결과 같은 개인 차원의 윤리의식은 희박하다고 주장했다.100) 조선을 찾은 서양인은 너나없이 불결한 조선사람, 김치, 도시의 하수처리에서 나오는 악취에 시달렸다고 말했었다.101)『독립신문』도 서양인과 똑같이 평가했다.

　　세계 사람이 다 조선에 와서 조선 사람들 사는 곳을 보고 조선 사람 생각하기를 조선에 오기 전보다 더 천하게 아는지라, …… 첫째, 더럽고 추한 냄새 까닭에 외국인 사람들이 지나 갈수가 없다. 둘째는 길과 개천이 한 가지 되어 세계에 더러운 물건이라고는 모두 사람 다니는 길 가운데 쌓여 있으니 이렇게 사는 사람들을 보고야 어느 사람이 조선을 대접할 생각이 나리요.102)

　『독립신문』에서는 "외국 사람이 서울을 지옥이라고 한 일도 있다"고 소개하면서 위생 사업이 중요함을 강조했다.103)

　국어 교과서도 곳곳에서 위생과 청결을 크게 다룬다. 보기를 하나만

---

99) 위의 책, 1896년 12월 12일.

100) 신문수, 「동방의 타자: 이사벨라 버드 비숍의『한국과 그 이웃나라들』」,『한국문화』제46집, 2009, 129쪽.

101) 최규진, 「서양인의 타자(他者), 개항기 조선인」, 215쪽.

102)『독립신문』1897년 4월 3일.

103) 위의 자료, 1899년 2월 7일, 1899년 6월 21일.

들어보자.

> 물에 맑은 물과 탁한 물이 있는 것처럼 공기에도 깨끗한 공기와 더러운
> 공기가 있다. 깨끗한 것은 위생에 이롭고 더러운 것은 해롭다. 그런 까닭
> 에 많은 사람이 모여 있는 좁은 실내에 들어가면 악취가 나고 얼마 지나지
> 않아 두통이 생기는 것은 공기가 더럽고 탁하다는 증거이다. 그러므로 실
> 내에 공기가 잘 소통되게 하고 아침저녁으로 물을 뿌려 청소를 하며 때때
> 로 창문을 열어 신선한 공기가 들어오게 할 것이다.[104]

근대 계몽기에 '깨끗한 길'이 문명개화의 상징 가운데 하나였다. 『독
립신문』은 "문명한 나라는 사람이 셋만 한 동리에 살아도 처음 하는 일
이 치도"라고 주장했다.[105] 그들은 어떤 서양인이 조선의 길을 "지옥으
로 가는 길"과 같다고 한 말을 인용하며,[106] 앞으로 "인마가 통로 하기
가 편리하고 사는 동리가 깨끗하여 백성이 병이 나지 않게" 하려면 길
을 잘 닦아야 한다고 말했다.[107]

교과서도 조선의 길을 문제 삼는다. "인민의 공동의 이익을 생각하
지 못하고, 도로가 취약하고, 학교가 없으며, 황무지가 전국에 태반이
니 세계 각국 사람들에게 어찌 비웃음을 받지 않겠는가."[108] "나라의
청결은 도로를 닦는 것, 전염병을 예방하는 것, 백성이 청결하지 않은
것을 가르쳐서 청결하는 법을 시행케 하는 일이다"고 했다.[109]

---

104) 학부편찬, 김혜련·장영미 편역, 『보통학교 학도용 국어독본 상』(1907), (경진,
　　 2012), 161쪽.
105) 『독립신문』 1896년 5월 9일.
106) 위의 자료, 1897년 2월 2일.
107) 위의 자료, 1896년 5월 7일.
108) 현채 발행 겸 편집, 이정찬 편역, 『유년필독』, 84쪽.
109) 유길준 저술 및 발행, 조윤정 편역, 『노동야학독본』, 90쪽.

2) 시간 지키기와 열심히 일하기

근대의 시간관을 몸에 익힌 서양인은 하루를 초 단위로 잘게 나누어 돈으로 계산할 수 있었다. 그들은 조선 사람이 시간관념이 없음을 대놓고 공격했다. "동양에서 시간은 돈이 아니며 대략적인 가치 척도에 지나지 않는다. 그리고 결코 교환수단도 아니다. 왜냐하면 그것은 가치가 없는 것이기 때문이다."[110] "주 단위로 시간을 분할하는 방식을 모르기 때문에, 조선인에게는 일요일이란 없다"고 비웃기도 했다.[111] 그와는 반대로 어떤 서양인은 조선 사람은 모든 날을 휴일로 즐기고 있다고 비아냥대었다.[112] 시간 아까운줄 모르는 조선인은 "잠자는 것이 중요한 취미 생활"이며,[113] "아주 느리고 한 번에 한 가지 이상을 생각하지 않는다."[114] 근대 시간관에 단련되지 않은 '게으른 조선인'의 이미지는 시간을 아껴 바삐 움직이는 서구의 근대와 선명한 대조를 이룬다.

『독립신문』도 이와 똑같다. 『독립신문』은 「시간은 돈」이라는 논설에서 다음과 같이 말했다.

서양말에 시간이 돈이라 하고 동양 말에 마디만한 그늘을 아낀다 하였

---

110) 퍼시벌 로웰, 조경철 옮김, 『내 기억 속의 조선, 조선 사람들』(예담, 2001), 297쪽.

111) 고유경, 「한독관계 초기 독일인의 한국 인식에 나타난 근대의 시선」, 부산경남 사학회, 『역사와 담론』 제40집, 2005, 297쪽.

112) 김영자 편저, 『100년전 유럽인이 유럽에 전한 조선왕국 이야기』(서문당, 1997), 89쪽.

113) 루돌프 차벨 지음, 이상미 옮김, 『독일인 부부의 한국 신혼여행 1904』(살림, 2009), 196쪽.

114) 매티 윌콕스 노블 지음, 강선미·이양준 옮김, 『노블일지: 1892-1934』(이마고, 2010), 59쪽.

다. …… 서양 대도회서 길에 다니는 사람들을 보면 다 시급한 일이 있어
가는 모양이다. …… 다 정한 시간이 있기 때문에 자연히 급하여 그렇게
다닌다. 이것만 보아도 서양 사람들이 무단이 놀지 않는 것은 가히 알겠다.
대한은 놀고 편히 지내는 것이 고질이 되어 시간 정하고 하는 일이 드물고
대로상에 행인을 보더라도 급히 걷는 사람이 몇이 못 되고 다 소일로 걸으
니, 그 여럿이 다 노는 사람이 아닐 터이나 일 없는 사람이 많은 것은 가히
알지라.115)

근대 기획에서 시간개념을 확산시키는 것이 중요했다. 시간에 따라
규칙적인 생활을 해야 건강과 위생에 좋다는 생각도 한몫 거들었다.
교과서는 시간에 주의를 기울였다.

시계가 시(時)를 친다.
하나 둘 셋 넷 다섯
벌써 다섯 시가 되었다.
해는 서산(西山)에 걸렸다.
곧 해가 지겠다.
해가 지면 달이 뜨겠다.116)

〈그림6〉 출처: 학부편찬, 김혜련·장영미 편역, 『보통학
교 학도용 국어독본 상』(1907), (경진, 2012), 111쪽.

---

115) 『독립신문』 1899년 7월 3일; 박태호, 「『독립신문』과 시간 −기계:『독립신문』에
서 근대적 시간−기계의 작동 양상」, 이화여대 한국문화연구원, 『근대계몽기 지
식 개념의 수용과 그 변용』 (소명출판, 2004), 292-293쪽. 『매일신보』에서도 "서
양 글에 때가 즉 돈이라 하는 말이 있다"고 하여 근대의 시간 개념을 소개하고
있다(『매일신보』 1898년 7월 30일).
116) 학부편찬, 김혜련·장영미 편역, 『보통학교 학도용 국어독본 상』(1907) (경진,
2012), 60쪽.

기계의 리듬이 자연의 리듬을 지배하는 모습을 얼마나 잘 표현하고
있는가.

근대 기획자들은 사람들에게 시간관념을 심어주어 게으름을 막으려
했다.117) 게으름이란 '대한의 제일 역적'이었다.118) 시간관념이 없다는
것만이 문제가 아니었다. 근대 지식인들은 유교의 잘못된 영향, 지나친
수탈; 전근대적 가족관계 때문에 사람들이 게으름을 피운다고 생각했
다.119) 게을러서 문명화하지 못했기 때문에 이제부터라도 부지런히 일
해야 하다는 것이 그들의 주장이었다.

교과서도 이 주장에 합류했다. 『보통학교 학도용 국어독본 상』(1907)
은 성실한 학생과 게으른 학생의 대화를 삽화와 함께 실었다.

　이곳에 두 길이 있다. 한 길은 학교에 가는 길이고, 다른 길은 들에 가는
길이다.
　(張) "나는 학교에 가기 싫으니 이리 오너라. 들에 가자. 풀밭에 누워서
꽃이나 따면서 놀자"
　(李) "너는 어찌하여 학교를 좋아하지 않느냐? 매일 새로운 것을 배우는
것이 즐겁지 아니하냐?'
　(張) "산술, 국어, 일어, 한문 같은 것을 배운들 무엇에 쓰리오. 나는 홀
로 들에 가서 재미있게 놀겠다"하였다.
　이처럼 말하고 장(張)은 들로 가고, 이(李)는 학교로 갔다.120)

117) 일제가 1921년부터 6월 10을 '시(時)의 기념일'로 정해 사람들에게 '시간의 규율'
　　을 몸에 익히게 한 것도 이와 같은 뜻에서다.
118) 『독립신문』 1898년 7월 1일.
119) 성숙경, 「대한제국기 '게으른 조선인' 담론과 근대적 노동자 만들기」, 고려사학
　　회, 『한국사학보』 31, 2008), 185-187쪽. 『독립신문』에서는 "조선 사람이 남만 못
　　한 인종이 아니지만, 관리와 세력 있는 사람에게 빼앗기고, 세력 있는 사람은
　　일가친척에게 뜯기니" 부지런히 재산을 모을 필요를 느끼지 못해서 "세계에서
　　가장 잔약하고 가난한 나라가 되었다"고 진단했다(『독립신문』 1896년 12월 8일).
120) 학부편찬, 김혜련·장영미 편역, 『보통학교 학도용 국어독본 상』, 78쪽.

〈그림7〉 출처: 학부편찬, 김혜련·장영미 편역, 『보통학교 학도용 국어독본 상』(1907), (경진, 2012), 78쪽.

이어서 게으른 학생은 거지가 되고 성실한 학생은 부자가 되었다고 적었다.[121] 근대인이라면 모름지기 열심히 공부하고 힘써 일해야 했다. 유길준이 쓴 『노동야학독본』은 이렇게 노래한다.

힘들이고 땀을 내어/ 노동일세 노동일세/ 우리나라 부강토록/ 우리사회 문명하게[122]

유길준에게 노동자란 납세와 징병의 의무를 지며(4과 사람의 의무) 성실(20과)하고 근면(21과)하게 일하다가 "임금 어버이 나라를 위해서는 죽고 살기를 오직 명대로 하다가 감히 사양하지 않는" 사람이다.[123]

3) 건강한 신체와 '문명한 기상'

근대가 되어서야 국가가 개인의 몸을 길들이고 관리하며 통제하기 위하여 교육을 활용하기 시작했다. 근대에 들어 인간은 몸에 대한 지식을 확장하고 자신의 몸을 통제할 수 있는 대상으로 바라보기 시작했다.

세계사를 약육강식의 역사로 보는 사회진화론에서는 국민의 체력을 중요한 문제로 여겼다. 일본의 경우, 개인의 몸을 국가의 자산으로 인식하게 된 데에는 사회진화론과 우생학의 영향이 컸다. 사회진화론은

---

121) 위의 책, 79쪽.
122) 유길준 저술 및 발행, 조윤정 편역, 『노동야학독본』, 24쪽.
123) 위의 책, 29쪽.

우생학과 만나면서 개인의 몸을 국민신체로 바꾸는 인종개량의 필요
성이 더욱 커졌다. 그때 일본 지식인들은 서구인보다 일본인의 신체
조건이 좋지 못하다는 것에 심각한 열등감을 느끼고 있었다.[124] 그러
나 조선 계몽가들은 신체조건이 일본보다 조선이 낫다고 생각했다.

> 조선 인민을 자세히 공부하여 보면 조선 인민이 일본 인민에서 조금치
> 도 못하지 않은 인종이다.…… 영어 학도들은 근일에 발 공치는 법을 배워
> 오후면 운동장에서 공을 치는데 다름질하는 것이며 승벽 내는 것이며 활
> 발한 거동이 일본 아이들보다는 백배가 낫고 미국 영국 아이들과 비슷한
> 지라 이런 것을 보면 조선 사람도 인도만 잘하면 세계에 남만 못하지 않을
> 인종이요 결단코 일본 사람보다는 낫게 될 듯하다.[125]

어떻게 아이들을 올바로 이끌 것인가. 『독립신문』은 운동과 스포츠
를 장려했다.

> 나라마다 승벽 있는 장난들이 있어서 아이들과 젊은 사람들이 이런 장
> 난을 해버릇 해서 힘도 세어지고 마음도 단단하여진다.……우선 학문도
> 배우려니와 몸이 굳세게 되기를 공부하는 것이 매우 급선무이니 지각 있
> 는 사람들은 운동을 하며 규칙 있는 장난을 시간을 정하여 놓고 매일 얼마
> 만큼씩 하여 몸을 험히 가지고 여간 위태함과 괴로움과 아픈 것을 견뎌버
> 릇하며 부인네들과 이이들도 하루 몇 시 동안씩은 마당 같은데서 무슨 운
> 동을 하든지 장난을 해 버릇하여야 몸이 충실해지고 체중이 없어지며 마
> 음이 단단해지고 생각이 정밀해진다.[126]

여기서 말하는 '승벽 있는 장난' 또는 '규칙 있는 장난'이란 스포츠를
번역한 말이다. 근대 계몽가들은 스포츠가 경쟁심을 키우고 규칙을 몸

---

124) 손준종, 「근대일본에서 학생 몸에 대한 국가 관리와 통제」, 한국비교교육학회,
『비교교육연구』 14, 2004, 198-199쪽.
125) 『독립신문』 1896년 12월 3일.
126) 위의 자료, 1897년 2월 20일.

에 익히게 한다는 것을 알고 있었다. 위생과 건강은 서로 맞물려 있었다. 『독립신문』은 "정신을 상쾌하게 하는 정신위생"과 건강의 관계를 다음과 같이 지적했다.

> 세계 각처에 연회(장난질을 하는 것)와 사궁(射弓)과 격검(擊劍)과 유술 (전체를 부드럽게 하는 것)과 승마 등으로 놀고 희롱질함은 많이 하는 것은 결단코 호화스럽다거나 방탕한데서 말미암은 것이 아니라고 이를 것이요 또 그 위생함을 보고자 하는 이유에서 생겨난 것이라고 이를 것이다.[127]

『독립신문』은 영어 학교 학생들이 꽃놀이와 함께 운동회를 한 것을 「잡보」에서 다음과 같이 적었다.

> 영어 학교 교사와 학도들이 이 달 이튿날 동소문 밖으로 화류를 갔다니 오래 학교 속에서 공부하다가 좋은 일기에 경치 좋은데 가서 맑은 공기를 마시고 장부에 운동을 하는 것은 진실로 마땅한 일이다. 다만 마음과 지각 만 배양할 것이 아니라 조선 사람들이 몸 배양하는 것도 매우 소중한 일이 니 몸 배양하는 데는 맑은 공기에 운동하는 것이 제일이요 목욕을 자주하 여 정하게 하는 것이 제일이라.[128]

스포츠와 운동이 위생과 건강에만 중요한 것이 아니었다. 스포츠와 운동은 애국 또는 부국강병과 관계가 깊었다. 체조가 그 보기이다. 우 리나라에서 체육이 본격적으로 보급되는 것은 1895년 교육입국조서와 학제를 공포하여 체조를 정식 교과목으로 채택하면서부터였다. 고종 은 '교육입국조서'에는 지육, 덕육, 체육을 교육의 목표로 한다고 하여 체육이 필요함을 강조했다.[129] 건강한 신체를 만들려면 체육을 해야

---

127) 위의 자료, 1989년 9월 29일.
128) 위의 자료, 1896년 5월 5일.
129) 『뎨국신문』에서는 아동을 가르치는 목적을 신체를 건강하게하고, 지식을 발달

한다는 내용이었다. 이때 체육이란 '병식(兵式)체조'를 가리켰다.

'병식체조'가 소학교 필수과목으로 채택된 1895년은 한국 근대 체육 역사에서 하나의 분수령이 되었다. 아관파천 때 고종은 러시아공사관에서 영어 학교 학생들의 체조를 열병(閱兵)하듯이 구경했다. 근대적 군대가 필요하다는 것을 뼈저리게 느끼고 있었던 고종은 매우 만족해

했다. 체조는 군사적인 목적이 컸기 때문에 관립학교 체조 교사는 현역무관을 파견했다. 체조를 소학교 과목으로 채택한 것은 학생들에게 군사적 훈육을 시킬 것을 목표로 삼았기 때문이다. 악대가 나팔을 불고 북을 두드리는 가운데 학생들은 목총을 매고 군대식 훈련을 받았다. '병식 체조'는 대열 행진이나 집총교련 구보 등을 했고 제대로 동작을 맞추지 못했을 때는 엄중하게 처벌받았다.[130]

우승열패와 약육강식의 논리가 지배

〈그림8〉 '병식훈련' "동자군도 한번 싸운다 하니 용감하다." 출처: 정인호 편술 겸 발행, 이승윤·김준현 편역, 『최신초등수학』(1908), (경진, 2012), 61쪽.

하던 시기에 부국강병이야 말로 으뜸가는 과제였다. 『독립신문』과 교과서는 강병을 하려면 사람들이 튼튼해야 한다고 생각했다.[131] 근대계몽기

시키며, 덕성을 확장시키는 데 두었다(『뎨국신문』 1899년 2월 27일). 지식인들이 지·덕·체를 교육의 3요소로 보는 것은 중국의 사회진화론자 엄복과 량치차오의 영향을 받은 것이라는 지적이 있다. 중국의 사회진화론자들은 영국의 사회학자 스펜서의 교육관에 영향을 받았다(전복희, 『사회진화론과 국가사상』, 154쪽).

130) 송찬섭·최규진 공저, 『근현대 속의 한국』(방송대학출판부, 2012), 257-258쪽.

131) 『독립신문』의 부국강병론에 대해서는 김영호, 「근대한국의 부국강병 개념」, 하영선 외, 『근대한국의 사회과학 개념 형성사』(창비, 2009), 170-171쪽을 참고하라.

개인의 신체는 그저 '개인'의 몸만은 아니었다. '신체'는 주체로서 인식되지 않고 하나의 대상이 되었으며, 국가를 구성하는 근본 요소로서 규정된다. 즉 개인의 신체에 대한 발언권은 국가라는 지평 위에서만 가능하게 된 것이다.[132]

계몽 지식인들은 그동안 신경 쓰지 않았던 체육을 새로운 교육영역으로 끌어들였다. 신체 교육이 부국강병에 보탬이 된다고 생각했기 때문이다. 교과서에서도 신체건강을 중요하게 여겼다. 『최신초등소학』에는 다음과 같은 「운동가」까지 실었다.

〈운동가〉
대한제국의 부강하기는/ 우리학도가 담당합니다.
공부할 때에 공부 잘하고/ 운동할 때에 운동 잘하세.
허다 사업을 감당하려면/ 신체건강이 제일 복이오.
일당백 하는 경쟁심으로/ 태극기 아래 유쾌 운동을.
천세만세야 우리학도지/ 대한제국이 만만세로다.[133]

〈그림9〉 출처: 국민교육회 저 박치범·박수빈 편역, 『초등소학』상(1906), 경진, 2012, 30쪽. 〈그림10〉 '문명한 기상' 출처: 정인호 편술 겸 발행, 이승윤·김준현 편역, 『최신초등수학』,

---

132) 이승원, 「근대적 신체의 발견과 위생의 정치학」, 이승원·오선민·정여울 편, 『국민국가의 정치적 상상력』(소명출판, 2003), 36쪽.

133) 정인호 편술겸 발행, 이승호·김준현 편역, 『최신초등소학』(1908) (경진, 2012), 101쪽.

신체가 군인처럼 단련되어야만 '문명한 기상'과[134] '문명화한 남성
성'[135]을 제대로 담아낼 수 있다. 두 삽화는 그것을 보여준다.

5. 맺음말

유럽의 문명관을 바탕으로 삼은 사회진화론은 1880년대를 거치고
1900년대에 이르러 조선 지식인 사이에 널리 퍼졌다. 그들은 문명의 시
선으로 자신의 '인민'과 국가를 점검했다. 이 과정에서 사회진화론에
담겨있는 오리엔탈리즘을 내면화했다. 그들은 서양이 만든 동양의 이
미지를 그대로 따랐다. 서구 중심주의의 시각으로 본 동양은 갈수록
문명에서 멀어지고 있었다. 타자의 눈으로 본 조선의 이미지는 초라했
고, 조선인은 서양인에게 부끄러웠다. 그들은 이렇게 자신을 타자화하
면서 식민의식을 키웠다.

'문명화'는 국가와 결부될 수밖에 없었다. 계몽 지식인은 사회진화
론에 뿌리를 둔 경쟁의 논리와 '힘에 대한 숭배', 그리고 국가주의에
사로잡혔다. 사회진화론은 국가를 생물학적 집단으로 보면서 국가유
기체설과 손을 잡았다. 국가 사이의 경쟁에서 뒤쳐졌다고 느낀 지식
인들은 하루빨리 '인민'을 교육 시켜 문명화하고 부국강병 정책을 펼
쳐야 한다고 생각했다. 이처럼 서구에서 강자의 권리를 정당화하는
이데올로기 노릇을 했던 사회진화론이 약자가 강자가 되기 위한 이론
이 되기도 했다.[136]

---

134) 위의 책, 117쪽.

135) Vladimir Tikhonov, Ibid., p.63.

136) 전복희, 『사회진화론과 국가사상』, 188쪽.

그러나 '문명의 덫'에 걸린 계몽 지식인들은 제국주의를 인식하는데 한계가 있었다. 그들은 인종론의 함정에 빠지기도 했다. '문명개화론'이 확산되면서 기독교를 받아들여 문명개화, 서구화해야 한다는 사람이 늘어났다. 독립협회와 대한자강회의 회장을 지냈던 윤치호가 그러했다. 독립협회에 참여했다가 옥중에서 기독교를 믿게 된 이승만도 그러했다. 마침내 사회진화론은 강자가 약자를 지배하고 제국주의가 약소국을 지배하는 것을 정당화하는 논리가 되고 말았다.[137]

『독립신문』에는 서구의 문명관과 사회진화론이 짙게 배어있다.『독립신문』이 내세운 문명 기획은 '인민'의 삶을 모두 서구화하는 것이었다. 개화파 지식인을 비롯한 계몽 지식인의 '계몽 프로젝트'는 교과서를 통해 보급되고 실행되었다. 교과서는 학도를 '국민'으로 만드는 일을 시작했다. 교과서는 학도의 신체를 훈육하고 시간의 리듬을 조정하려 했다. 교과서는 '문명의 남성성'을 중요하게 여겼다. 그러나 '애국'의 범주 안에서 여성을 국민으로 호명하거나 자녀 생산과 교육의 측면에서 여성을 중요하게 여겼다. 이것은 근대 국가의 인구 관리정책과도 관계가 깊었다.

계몽 담론은 신문과 교과서를 통해 매너와 위생, 시간 지키기와 열심히 일하기, 운동과 스포츠 등 모든 일상을 파고들었다. 계몽 기획은 '애국'뿐만 아니라 질서를 지키며 국가에 복종할 것도 포함하고 있었다. 보기를 들면,『노동야학독본』은 "질서를 지켜 위아래가 조화한 뒤에야 국권이 회복될 것"이며,[138] "국민의 의무 가운데 가장 큰 것은 법률명령에 복종하는 것이다"라고 썼다.[139]

---

137) 김도형,「개항 이후 세계관의 변화와 민족문제」, 독립기념관 한국독립운동연구소,『한국독립운동사연구』15 2000, 11-13쪽.
138) 유길준 저술 및 발행, 조윤정 편역,『노동야학독본』, 98쪽.

〈그림11〉 출처: 『동아일보』, 1923년 12월 27일. 〈그림12〉 출처: 『동아일보』, 1925년 5월 1일.

사회진화론은 근대계몽기 만의 문제가 아니다. 경쟁의 논리와 힘의 숭배, 그리고 국가주의와 인종론은 모습을 달리하며 오늘까지 이어진다. '모더니티' 그 자체가 서구 문명론과 사회진화론에 뿌리를 두고 있기 때문이다. 이 긴 사슬을 어떻게 끊을 수 있을까. 식민지시대에 『동아일보』에 실린 두 만화를 견주어 보면 어떤 시사를 얻을 수 있다.

〈그림11〉은 학생이 노력하여 문명과 물질의 낙차를 극복해야 한다고 주장한다. 민족주의 계열의 실력양성론에 따른 만화이다. 정확하게 사회진화론의 내용을 담고 있다. 〈그림12〉는 노동절을 맞이하여 그린 그림이다. 이 만화는 노동자가 자본주의를 벗겨내고 자유세계를 열어야 한다고 주장한다. 이 무렵 사회주의 인식을 담고 있다. 그렇다면 사회주의 이론은 근대의 문명론과 유럽중심주의 또는 사회진화론과 완전히 결별한 것인가. 이것은 또 다른 문제다.

---

139) 위의 책, 72쪽.

IV

동아시아 지성의

교류와 응용

레지스(Régis)와 강희『황여전람도』의 제작

탄슈린

청나라 강희(康熙) 연간 중국에 있던 선교사들은 전국적인 지리 측량을 기초로『황여전람도(皇輿全覽圖)』를 제작하는 대규모 사업을 완성하였다. 그것은 중국 최초로 경위도를 실측하여 제작한 지도였다. 『황여전람도』를 제작하는 과정에서 프랑스 예수회가 중요한 역할을 하였는데, 특히 레지스(雷孝思, Jean-Baptiste Régis, 1663-1738)의 공헌이 가장 컸다. 그러나 아직까지 국내외 학계에서 이에 대한 전문적인 연구를 발견하지 못하였다. 따라서 본문은『황여전람도』제작의 원인과 과정 및 그것이 동서양 지리지도학에 미친 영향을 살펴보고, 아울러『황여전람도』의 제작에서 레지가 담당했던 역할을 중점적으로 분석하여, 그 동안의 학술적 공백을 보완해보고자 한다.

팡하오(方豪) 신부는 다음과 같이 말했다. "명나라 말기 중국의 천주교 인사들은 과학 분야에서 대규모 작업을 완성하였는데, 그것은 숭정(崇禎) 연간의 역서(曆書) 편찬이었다. 또한 그들은 청왕조 초기에 더욱 큰 규모의 탁월한 업적을 달성하였는데, 바로 강희 연간에 전국 지도를 제작한 것이었다."[1] 이들 두 사업은 모두 중국에 온 선교사와 중국의 사인(士人)이 협력하여 완성한 것이었다. 프랑스 선교사들의 경우 명나라 말기의 역서 편찬에는 참여하지 않았지만, 강희 연간의『황여전람도』제작에서 중요한 역할을 담당하였다.『황여전람도』의 제작에 참가한 9명의 선교사 가운데 프랑스 선교사가 7명이었는데,[2] 이 중에서도 레지스의 공헌이 가장 컸다. 레지스는 가장 많은 성(省)의 지도 제작을 맡아 여러 지역을 두루 다녔는데, 각 지역의 측량을 마친 후에 자르투(杜德美, Pierre Jartoux)와 함께 수집한 자료를 책으로 만들었다. 또한 그는 전체 선교사를 대표하여 파리에 있는 뒤알드(杜赫德, J. B. Du Halde) 신부에게 중국의 지도 제작 상황을 보고하였다. 이것만 보더라도 레지스가『황여전람도』제작에서 얼마나 중요한 역할을 하였는지 명확히 알 수 있다.

1. 레지스가 중국에 오다

프랑스는 비교적 이른 시기에 예수회 선교사를 중국에 파견한 유럽

---

[1] 方豪,『中國天主教史人物傳 (中)』(北京: 中華書局, 1988), 298쪽.

[2] 馮秉正은 강희제가 9명의 선교사를 파견하여『皇興全覽圖』를 제작하도록 하였다고 설명하였는데, 9명의 선교사 중 부베·레지스·자르투·타를·Romin Hinderer (德瑪諾, 1669-1744)·Joseph Francois 등 6명은 예수회 소속이었고, 파브레는 오스틴회 소속이었으며, 나머지 2명은 독일인 프리델리와 포르투갈인 Jean Franciscus Cardoso였다(佛) 杜赫德 編, 鄭德弟·呂一民·沈堅 譯,『耶蘇會士中國書簡集2』(鄭州: 大象出版社, 2001), 158쪽 참고). 方豪는『皇興全覽圖』제작에 참가한 인원은 총 10명으로, 馮秉正이 언급한 9명 외에도 제르비용이 있었다고 하였다(方豪,『中國天主教史人物傳 (中)』(北京: 中華書局, 1988), 302쪽 참고). 그러나 실제로 제르비용은 1707년 3월 22일에 이미 북경에서 별세하기 때문에『皇興全覽圖』제작에 참여할 수 없었다.

국가 중 하나이다. 최초로 중국에 온 프랑스 예수회 선교사는 니콜라 트리고(金尼閣, Nicolas Trigault)였는데, 그는 1610년에 중국 북경에 도착하였으며, 교황을 만나 회무(會務)를 보고하기도 하였다.[3] 이후 단속적으로 프랑스 예수회 신부가 중국에 왔는데, 통계에 따르면 1610년 니콜라 트리고가 왔을 때부터 1687년 조아킴 부베(白晉, Joachim Bouvet, 1656-1730) 등의 '국왕수학가(國王數學家)'들이 중국에 도착하기까지 모두 17명의 프랑스 예수회 선교사들이 중국에 왔다고 한다.[4] 당시 중국에 거주하고 있던 프랑스 선교사는 이미 일정한 규모를 이루었으며, 심지어 자크 르 페브르(劉迪我, Jacques le Favre)의 경우에는 남경주소도장(南京駐所道長)과 중국전교구(中國傳敎區) 부구장(副區長)을 담당하기도 하였다.[5] 그러나 1494년 로마교황의 주도하에 포르투갈과 스페인이 체결한 '토르데시야스 조약 (Treaty of Tordesillas)'에 근거하면 카보베르데섬 서쪽 서경 43도 37분은 포르투갈과 스페인이 세력권을 구분하는 경계선이었다. 따라서 그 선의 동쪽은 포르투갈의 세력 범위에 속하였다. 이에 대하여 포르투갈의 역대 국왕들은 아래와 같이 성명하였다.

> 그레고리 13세(Gregary XIII)와 끌레망 8세(Clement VIII)의 칙서에서 (다음과 같이) 규정하였다. 첫째, 유럽에서 아시아로 가는 모든 선교사들은 반드시 리스본을 경유해서 리스본 황실(宮廷)의 비준을 받음으로서 (리스본 황실은 선교사의 아시아 행을 비준하거나 거절할 권리가 있다.) 국왕의 보교(保敎) 특권(特權)을 지지해야 한다. 둘째, 포르투갈 국왕은 교회당 설립의 권리, 선교사와 주교를 파견하여 영지(領地) 내의 교회를 관리할 권리가

---

3) (佛) 費賴之 著, 馮承鈞 譯, 『在華耶穌會士列傳及書目 (上)』(北京: 中華書局, 1995), 116쪽.

4) 李晟文, 「明淸時期法國耶穌會士來華初探」, 『世界宗敎硏究』 第2期, 1999.

5) (佛) 費賴之 著, 馮承鈞 譯, 『在華耶穌會士列傳及書目 (上)』(北京: 中華書局, 1995), 294-295쪽.

있을 뿐만 아니라, 포르투갈 이외 아시아 이교 국가의 교회에 신부·노동자를 파견할 권리가 있다.[6]

이것이 바로 보교권(保敎權, Padroado)이었다. 포르투갈 국왕은 바로이 보교권을 이용하여 아시아로 가려는 유럽 선교사들에게 국적을 막론하고 리스본에 와서 충성을 맹세할 것을 요구하였다. 포르투갈 국왕의 비준을 받은 선교사들은 포르투갈 배를 타고 고아를 거쳐 마카오에이르렀다. 선교사들은 마카오에서 필요한 교육을 받은 후 각지에 파견되어 선교 활동을 하였는데, 포르투갈 보교권의 제약을 받는 선교사들을 '포르투갈계 예수회'라고 불렀다. 이러한 상황은 1678년 프랑스의 '국왕수학가'들이 중국에 온 이후에야 비로소 변하였다. 따라서 1687년이전의 프랑스 예수회는 비록 일정한 규모를 갖추었지만, 여전히 포르투갈 보교권의 통제를 받았으므로 결국 독립적인 교회를 형성하지 못하였다. 많은 연구들이 프랑스 예수회가 최초로 중국에 도착한 시점을 1687년 조아킴 부베 등 5명의 '국왕수학가'들이 온 것으로 보고 있는 것역시 바로 이러한 원인 때문이다.

그러나 포르투갈의 국력이 쇠퇴해감에 따라 로마교황과 유럽 국가들은 보교권에 대하여 불만을 표하기 시작하였다.[7] 특히 '태양왕(the Sun King)' 루이 14세(Louis XIV, 1638-1715)가 집권하고 있던 프랑스는국력이 점차 강해져서 포르투갈과 스페인의 패권을 장악하였으며 유

---

6) (스웨덴) 龍斯泰 著, 吳義雄 等 譯, 章文欽 校注, 『早期澳門史』(北京: 東方出版社, 1997), 74쪽.

7) 로마 교황청은 1622년에 '傳信部'를 다시 조정하였는데(The Congregation for the Propagation of the Faith), 그 목적은 포르투갈과 스페인의 '保敎權' 제약에서 벗어나서 선교구에 대해 직접적인 영도를 하는 것이었다. (美) 魏若望 著, 吳莉葦 譯, 『耶穌會士傅聖澤神甫傳: 索隱派思想在中國及歐洲』(鄭州: 大象出版社, 2006), 13쪽.

럽에서 가장 강대한 통일국가로 성장하였다.[8) 당시 프랑스에서는 중
국에 대한 서적이 번역되어 대량으로 출판되었기 때문에 프랑스 사람
들은 중국에 대해 더욱 자세히 파악할 수 있었다. 중국 전교구(傳敎區)
부성회장(副省會長) 페르디난트 페르비스트 (南懷仁, Ferdinand Verbiest,
1623-1688)는 유럽 각국에 예수회의 파견을 호소하였는데, 이는 루이 14세
가 프랑스 예수회 선교사를 중국에 파견하는 계기가 되었다. 1678년 페
르디난트 페르비스트는 "선교사가 잇따라 별세하거나 유럽으로 돌아갔
기 때문에 중국에서의 선교 사업은 쇠퇴하고 있다[9)"고 하면서 유럽 각
국에 선교사의 파견을 요구하였다. 1677년 말에서 1678년 초 동방으로
가기 위해 준비하고 있던 벨기에 예수회 성원 앙투안 토마스(安多,
Antoine Thomas, 1644-1709)는 이후 '국왕수학가' 선교단 단장이 된 퐁타
네(洪若翰, Jean de Fontaney, 1643-1710)를 파리에서 두 번이나 만났
다.[10) 사실 페르디난트 페르비스트의 선교 요청이 있었던 때와 같은
시기에 프랑스 파리의 천문대 대장이자 저명한 천문학자인 카시니(凱
西尼, G.D.Cassini, 1625-1712)와 재정 총감 콜베르(柯爾貝, Jean-Baptiste
Colbert, 1619-1683)는 예수회 성원을 동방에 파견하여 천문 관측을 하
려는 상세한 계획을 세우고 있었다. 이 계획에는 중국을 포함한 동방
의 각 지역에서 천문 관측을 하여 그 지역의 경위도와 지자기(磁偏角,
geomagnetic declination) 데이터를 얻는다는 내용이 포함되어 있었다.[11)
　　그러나 이러한 계획은 1683년 콜베르가 사망하여 좌절되었다가, 이

8) 張芝聯, 『法國通史』 (北京: 北京大學出版社, 1989), 127-128쪽.
9) (佛) 白晉 著, 馮作民 譯, 『淸康乾兩帝與天主敎傳敎史』(臺北: 光啟出版社, 1966), 24쪽.
10) 李晟文, 「明淸時期法國耶穌會士來華初探」, 『世界宗敎硏究』 第2期, 1999.
11) 韓琦, 「康熙朝法國耶穌會士在華的科學活動」, 『故宮博物院刊』 第2期, 1998.

듬해 벨기에 예수회의 쿠플레(柏應理, Philippe Couplet, 1622-1693)가 파
리에 도착하면서 비로소 재개될 수 있었다. 자신의 요구에 아무런 대
응이 없다고 생각한 페르비스트는 1680년 쿠플레를 중국 부교구 대리
인의 신분으로 로마에 파견하여 교황을 만나도록 하였다. 그는 쿠플레
를 통해 선교사의 파견을 요구하는 한편 중국어로 교의(敎儀)를 거행
하게 해달라고 청하였다. 쿠플레는 파리에 도착하여 페르비스트의 편
지를 퐁타네에게 전달하였다. 9월 15일 신부 라세즈(拉雪茲, La Chaise,
1624-1709)의 추천하에 쿠플레는 루이 14세를 만나 "만약 지혜롭고 덕
행이 있는 사람을 중국에 파견한다면 분명 위대한 공적을 이룰 것입니
다.[12]"라고 말하였다. 예전부터 프랑스 세력을 동방에 확대하고자 했던
루이 14세가 이러한 기회를 놓칠 리가 없었다. 그는 신부 라세즈에게
천문·지리·수학에 정통한 선교사 6명을 선발하도록 하였는데, 그중
에는 퐁타네·제르비용(張誠, Jean François Gerbillon, 1654-1707)·부
베·콩트(李明, Louis-Daniel Le Comte, 1655-1728)·비들루(劉應, Claude
de Visdelou, 1656-1737)·타차드(塔夏爾, Guy Tachad, 1648-1712)가 포함
되어 있었다. 루이 14세는 이들에게 '국왕수학가'라는 호칭을 수여하였
다. 물론 루이 14세의 이러한 행동에는 보교권을 가지고 있던 포르투갈
의 입장을 고려한 측면이 없지 않았지만, 동시에 프랑스 선교사의 사명
이 다른 나라에서 온 선교사들과는 확실히 달랐음을 보여주는 것이었
다. 즉 프랑스 선교사들에게는 애초부터 과학 시찰의 사명이 부여되었
던 것이다. 1703년 2월 퐁타네가 라세즈에게 쓴 편지에 근거하면, 콜베
르와 카시니는 모두 퐁타네와의 담화에서 선교단의 과학 사명에 대하
여 의논한 적이 있는데, 그들은 "신부들이 이번 기회를 이용하여 선교

---

12) (佛) 費賴之 著, 馮承鈞 譯, 『在華耶穌會士列傳及書目 (上)』 (北京: 中華書局, 1995),
313쪽.

를 하는 틈틈이 해당 지역에서 여러 종류의 관측을 할 수 있도록, 각
분야의 과학과 기술을 완전히 갖추도록 할 것"을 요구하였다.[13] 피스
터(費賴之, Louis Pfister)는 프랑스가 중국에 예수회 선교사를 파견한 동
기에 대해 '종교의 전파', '과학의 진보', '프랑스 세력의 확장'이라는 세
가지 요인으로 보았는데,[14] 이는 아주 탁월한 견해라 할 수 있다.

　루이 14세가 로마 교황청, 포르투갈 국왕과의 성공적인 교섭을 통해
각종 장애를 제거한 후, 1685년 3월 3일 '국왕수학가' 6명은 대량의 천문
측정기와 예물을 지니고 중국으로 떠났다. 그들은 9월 22일에 섬라(暹
羅, 현재의 타이)에 도착하였으며, 그곳에서 9개월 동안 머물렀다. 이
후 당지에 남기로 한 타차드를 제외한 5명의 선교사는 1687년 6월 19일
중국 상선을 타고 중국으로 향하였다. 포르투갈인에게 억류되어 추방
되는 사태를 방지하기 위해 그들은 마카오에 상륙하는 전통적인 노선
대신 절강 영파(寧波)로 바로 가는 노선을 택하였다. 그들은 7월 23일에
상륙하였고, 이듬해 2월 7일 북경에 도착하였다. 그러나 그들이 도착하
기 10일 전에 페르비스트가 별세하였으므로 선교사 일행은 그를 만나
지 못하였다.[15] 3월 21일 강희제는 이들 5명의 예수회 선교사를 접견하
였으며, 그들을 임용하겠다고 하였다. 이후 포르투갈 예수회 선교사 페
레이라(徐日升, Tome Pereira, 1645-1708)의 요구에 따라 강희제는 부
베・제르비용을 어전시강(御前侍講)으로 황궁에 머무르게 하였고, 퐁
타네・콩트・비들루는 각 성으로 파견하여 교무를 관리하도록 하였다.

---

13) (佛) 杜赫德 編, 鄭德弟・呂一民・沈堅 譯,『耶穌會士中國書簡集 1』(鄭州: 大象
　　出版社, 2001), 251쪽.
14) (佛) 費賴之 著, 馮承鈞 譯,『在華耶穌會士列傳及書目 (上)』(北京: 中華書局,
　　1995), 424쪽.
15) 페르비스트는 1688년 1월 28일에 북경에서 별세하였다[(佛) 費賴之 著, 馮承鈞
　　譯,『在華耶穌會士列傳及書目 (上)』(北京: 中華書局, 1995), 340쪽].

이때부터 중국의 프랑스 선교회가 성립되었다. 얼마 지나지 않아 그들은 자신들의 능력과 재능으로 인해 여러 대신들을 비롯해 강희제의 신임까지 얻게 되었다. 1689년 제르비용과 페레이라는 중국과 러시아의 네르친스크조약 회담에 통역원으로 참가하여 중요한 역할을 담당하였는데, 이를 계기로 회담의 전권 사신이었던 시위대신(侍衛大臣) 쑤어투(索額圖)의 찬사를 받기도 하였다. 소어투는 "이와 같은 어려운 일이 성공할 수 있었던 것은 실제로 제르비용의 공적이다."[16]라고 하였다. 강희제 역시 두 사람을 접견한 자리에서 "짐은 그대들이 얼마나 짐을 위해 수고하고, 짐을 만족시키기 위해 노력하였는지를 알고 있소. 짐은 그대들의 능력과 노력에 힘입어 화약(和約)을 체결할 수 있었다는 것도 알고 있소"[17]라고 말하며 칭찬을 아끼지 않았다.

1693년 5월 강희제가 학질에 걸렸는데 태의원(太醫院)에서 준 약을 복용해도 효과가 없었다. 이에 퐁타네와 비들루는 인도에서 가지고 온 키니네(금계랍, cinchona)를 헌상하였다. 파비에르(Pierre Marie Alphonse Favier, 1837-1905)의 『연경개교략(燕京開敎略)』에서 기록하기를, "강희제가 우연히 학질에 걸렸는데 퐁타네와 비들루가 키니네를 올렸다. …… 황제는 약성을 잘 몰랐으므로 네 명의 대신에게 직접 실험해 보도록 하였다. 그들은 우선 학질에 걸린 자들에게 약을 복용하게 하였는데, 모두 병이 나았다. 이후 네 명의 대신(大臣)은 스스로 조금씩 복용하여 해롭지 않다는 것을 확인한 후 황제에게 복용하기를 청하였는데, 며칠이 지나지 않아 황제의 학질이 나았다."[18]라고 하였다. 병이 나은 후

16) 方豪, 『中國天主敎史人物傳 (中)』(北京: 中華書局, 1988), 263쪽.
17) (美) 約瑟夫·塞比斯 著, 王立人 譯, 『耶穌會士徐日升關於中俄尼布楚談判的日記』(北京: 商務印書館, 1973), 213쪽.
18) (佛) 樊國樑, 『燕京開敎略 (中)』(北京: 救世堂, 1905), 37쪽.

강희제는 7월 4일에 성지를 내려 두 사람에게 은량과 어복을 하사하였
을 뿐만 아니라 몰수한 왕부(王府) 및 그 근처의 땅을 지급하여 그들이
거주할 수 있게 하였다. 또한 교회당의 설립을 위해 은량과 자재를 지
원하였으며, 공부(工部)에 명하여 그들을 돕도록 하였다. 이것이 바로
이후 북경 4대 천주교당 중의 하나인 북당이다. 교회당의 설립으로 인
해 프랑스 선교사들은 포르투갈계 선교사들로부터 독립된 선교 기지
를 획득하게 되었으며, 이는 18세기 프랑스 예수회가 중국 선교 사업을
주도할 수 있게 된 주춧돌이 되었다.

 강희제는 '국왕수학가'의 활동에 크게 만족했기 때문에, 부베에게 프
랑스 선교사를 더 모집하여 중국에 보낼 것을 명하였다. 1693년 7월 북
경을 떠난 부베는 1697년 3월이 되어서야 프랑스에 도착하였다. 부베
는 루이 14세에게 올린 상주문[19]에서 강희제에 대해 크게 칭송하였으
며, 아울러 프랑스에서 선박을 파견하여 중국과 외교 교섭을 체결한다
면 중국 역시 프랑스의 상업적 편리를 보장해 줄 것이라고 언급하였다.
결국 중국에 외교 사절을 파견하자는 견해는 받아들여지지 않았지만,
선교사 모집의 임무는 성공적으로 완수하여 그가 모집한 10명의 선교
사는 프랑스 동인도회사 상선 '암피트리테(安菲特裏特號, L' Amphitrite)'
를 타고 1698년 11월 4일[20] 광주에 도착하였다. 이들 가운데 바로 레지
스가 있었다.[21] 선교사에 대한 중시를 표하기 위해 강희제는 비들

---

[19] 이 상주문, 즉 Histoire de L'empereur de la Chne은 1699년에 파리에서, 1940년에
 天津에서 影印出版되었는데, 현재에는 두 가지 중문 번역본이 존재한다. 하나는
 趙晨 譯, 『康熙皇帝』(黑龍江人民出版社, 1981)이고 다른 하나는 馬緒祥 譯, 『康
 熙帝傳』(珠海出版社, 1995)이다.
[20] 馬若瑟는 암피트리테호가 광주에 도착한 시간을 '11월 6일-7일 밤 사이'라고 하였
 는데 이는 착오이다[(佛) 杜赫德 編, 鄭德弟 · 呂一民 · 沈堅 譯, 『耶穌會士中國書
 簡集 1』(鄭州: 大象出版社, 2001), 139쪽의 '耶穌會傳教士馬若瑟神父致國王懺悔
 師, 本會可敬的拉雪茲神父的信'을 참조].

루·서요셉(蘇霖, Joseph Suarez, 1656-1736)과 내정(內廷) 만족관원(滿族官員) 앙카마(Hencama)[22]을 광주로 파견하여 그들을 영접하도록 하였다. 강희제는 그들 중 5명을 황궁에 머물도록 하였으며, 나머지 6명은 다른 지역에서 선교할 수 있도록 허락하였다. 레지스는 역법·천문에 정통하였기 때문에 바로 경사(京師)에 들어갈 수 있었다.[23]

2. 『황여전람도』의 제작 동기와 그 과정

동양과 서양, 고대와 현대를 막론하고 지도는 지리적 정보를 표시하는 매개체로만 존재했던 것은 아니다. 지도에는 특정한 문화와 정치적 관념이 깃들어 있다. 특히 고대 중국의 지도는 통치 집단의 의지와 이익을 대표하는 것이었기 때문에 강한 정치적 속성을 지니고 있었다. 따라서 지도를 제작하는 것은 중국 전통 정치의 중요한 부분을 구성하

---

21) 프랑스 la Rochelle에서 출발한 8명의 선교사들로는 翟敬臣·南光國·利聖學·馬若瑟·雷孝思·巴多明·顔理伯·衛嘉祿 등이 있다. 선박이 희망봉에 도착했을 때 孟正氣와 蔔納爵 두 사람이 탑승하였다. 이 10명 중 9명은 신부였고 衛嘉祿만이 修士였다[(佛) 費賴之 著, 馮承鈞 譯, 『在華耶穌會士列傳及書目 (上)』(北京: 中華書局, 1995), 435쪽].

22) 앙카마의 출신은 명확하지 않다. 부베는 그를 '皇家宗人府首領'이라고 하였다 [(佛) 費賴之 著,馮承鈞 譯, 『在華耶穌會士列傳及書目 (上)』(北京: 中華書局, 1995), 146쪽의 '1699年11月30日於北京寫給拉雪茲神甫的信'을 참고].

23) (佛) 費賴之 著, 馮承鈞 譯, 『在華耶穌會士列傳及書目 (上)』(北京: 中華書局, 1995), 538쪽. 康熙帝의 '도덕을 중시하고, 그 다음으로 과학적이며 뛰어난 기예를 중시한다'는 기준에 의거해 북경에 파견할 선교사를 선발하였다. 費賴의『在華耶穌會士列傳及書目』를 참고해 보면 북경에 왔던 5명의 선교사는 레지스 외에도 巴多明(Dominique Parrenin, 1665-1741), 南光國(Louis Pernon, 1663-1702), 顔理伯(Philibert Geneix, 1665-1699), 衛嘉祿(Charles de Belleville, 1656-1700) 등이 있었다.

였으며, 이를 통해 중국의 고대제도학(製圖學) 역시 발전할 수 있었다. 조셉 니덤(李約瑟, Joseph Needham, 1900-1995)이 말한 바대로 "유럽인들이 과학적인 제도학에 대해 아무것도 모르고 있던 중세 천년 동안 중국인들은 자신의 제도 전통을 꾸준히 발전시켜 나갔다. 이는 비록 천문도(天文圖)의 원칙을 엄격하게 적용한 것은 아니었지만, 중국인들은 가능하면 정량적으로 정확하게 제도하고자 노력하였다."[24]라는 것이다.

강희 연간에 이루어진 전국적인 지도 제작에 대해 말한다면, 자연스럽게 예수회 선교사들의 작업을 떠올릴 것이다. 실제로 강희제는 뛰어난 재능과 원대한 계획을 가진 제왕으로서 일찍부터 지도의 중요성에 대해 인식하였으며, 지속적으로 인력을 파견하여 지도를 제작하도록 하였다. 강희제는 '삼번(三藩)의 난'을 진압하고 대만(臺灣)의 정씨(鄭氏) 집단을 멸망시키는 과정에서 중국 강역이 매우 광활하다는 사실을 인식하였다. 하지만 당시 각 지역의 지리에 대한 기록은 번잡하고 통일적이지 못했다. 각 성마다 지도가 있었지만, 예컨대 어떤 성은 큰 지도만 있고 작은 지도는 없었으며, 어떤 성은 거리는 표시했지만 강계가 없고, 또 다른 성은 강계는 표시했지만 거리가 없는 등 전혀 일률적이지 못했다. 이에 강희제는 『대청일통지(大淸一統志)』의 편찬을 결정하고 1686년 5월 늑덕홍(勒德洪)에게 다음과 같은 상유(上諭)를 내려 그 임무를 총괄하도록 하였다. "편수관들을 이끌고 삼가 힘써 일을 하라. 널리 많은 이야기들을 힘껏 망라하여 정밀한 체계를 세우고, 변방·산천과 풍토·인정을 한 눈에 알아볼 수 있게 지도를 제작하라."[25] 이를 통해 알 수 있는 바와 같이, 설령 서양 선교사들이 없었을지라도 강희

---

24) (英) 李約瑟, 「地學」, 『中國科學技術史』 권5 (北京: 科學出版社, 1976), 65-66쪽.
25) 『淸實錄·聖祖實錄』 卷126.

제는 전국 지도를 제작하였을 것이다. 물론 강희제가 전국 지도를 만들고자 시도했던 것은 확실히 중국에 있던 서양 선교사들과 밀접한 관련이 있었다.

강희제는 어릴 때부터 천문·지리에 관심이 많았고 서학을 좋아했기에 과학에 능통한 예수회 선교사들을 중시하였다. '희조역옥(熙朝曆獄)' 이후 페르비스트·그리말디(閔明我, C. P. Grimaldi, 1638-1712)·페레이라는 강희제의 어전과학고문(御前科學顧問)이 되었다. 그리고 1688년 '국왕수학가'가 북경에 도착한 이후 제르비용·부베가 어전시강(御前侍講)으로 임명되어 황궁에서 강희제에게 서양의 천문·지리·수학·의학 등을 가르쳤다. 1690년 1월 강희제는 제르비용에게 네르친스크 및 동북지역 요충지의 경위도에 대해 물으면서 이전에 흑룡강이 바다로 진입하는 지역 일대를 측량하기 위해 인력을 파견했던 일이 있었음을 알려주었다. 이에 제르비용은 전에 만들었던 아시아 지도를 강희제에게 보여주면서, 만주에 대한 지리 정보가 부족하여 동북지역의 지도가 정확하게 제작되지 못했다고 설명하였다. 강희제는 이에 대해 각별한 주의를 기울였다고 한다.[26] 1698년 프랑스 선교사 파레닝(巴多明, Dominique Parrenin)은 중국에 온 후 선교를 위해 각 성의 지도를 살펴보았는데, 많은 부(府)·현(縣)·성(省)·진(鎭)의 위치가 실제와 부합하지 않다는 것을 발견하였다. 그는 강희제에게 이러한 사실을 상주하면서 전국 각 성의 지도를 다시 제작할 것을 건의하였다. 프랑스 선교사의 건의와 중국 옛 지도가 지닌 문제점으로 인하여, 원래 지도를 중시하던 강희제는 전국지도 및 각 성의 지도를 다시 제작해야할 필요성을 느끼게 되었다. 그는 출정하거나 순시할 때 제르비용과 페레이에게

---

26) 方豪, 『中西交通史 (下)』 (上海: 上海人民出版社, 2008), 601쪽.

자신을 수행하면서 각지의 경위도를 측량하도록 하였으며, 아울러 그
들로부터 서양의 과학 기술 지식을 교육받았다. 강희제는 또한 선교사
들에게 배운 수학 및 측량 지식을 이용하여 스스로 측량 작업을 하기
도 하였다. 1699년 3월 준갈을 친정(親征)한 후 돌아오는 길에 강희제
는 영하(寧夏)에서 직접 측량한 후 그 내용을 다음과 같이 기록하였다.
"짐이 측정기로 북극(北極)의 고도를 측량하였는데, 경사(京師)보다 1도
20분이 작고 동서의 거리는 2,150리였다. 지금 앙투안(安多)의 방법으
로 추산한다면 일식은 9분 46초로 일식 당일은 맑은 날씨일 것으로 보
이지만, (측정기로) 측정해보면 일식은 9분 30초로 별이 안 보일 정도
로 어두컴컴하지는 않을 것이다. 영하에서 북경을 바라보면 정동(正東)
보다 조금 북쪽에 있다."27)"고 하였다. 1702년 강희제는 앙투안·부베·
레지스·파레닌을 파견하여 순천부(順天府) 및 그 주변 지역을 조사·
측량하도록 하였다. 이번의 조사·측량에 대해 제르비용은 1705년 북경
에서 보낸 편지에 아래와 같이 서술하였다.

　황제는 예수회 선교사를 파견하여 양하(兩河) 사이의 일대 지역을 실지
측량하고 명확한 지도를 만들 것을 명하였다. 황제가 수시로 지도를 보면
서 파손된 곳의 복구 방법을 고민하고, 동시에 어떤 곳에 새로운 제방을
수축하고 인수로를 파야할지 계획하기 위한 것이었다. 황제는 지도 제작
을 앙투안·부베·레지스·파레닌 신부에게 맡겼다. 황제는 조를 내려 이
번 작업에 필요한 모든 물건을 제공하고, 두 명의 관원[한 명은 궁중 관원,
다른 한 명은 흠천감(欽天監) 감정(監正)]이 그것을 감독하도록 하였으며,
총명하고 유능한 토지측량원·제도원 및 당지의 지리에 익숙한 사람을 심
방(尋訪)하도록 하였다. 이와 같은 일은 모두 조리 있고 질서 정연하게, 집
중적이고 부지런하게 실행되었기 때문에 선교사들은 유럽에서 볼 수 있는
제일 큰 규모의 지도를 70일 내에 만들어낼 수 있었다. …… 우리는 최초

27) 『康熙御制文集』第2冊, 卷24.

로 백성의 경험에 의거하지 않고 엄격한 기하학 규칙에 의거하여 제국 수도(성벽을 포함)의 지도를 완성하였다. 사람들은 지도에서 선제(先帝)의 행궁을 볼 수 있었다. 요컨대 이 지도에는 각종 도시·향진·촌락이 1,700여 곳 있었는데, 이는 수많은 촌락과 각 곳에 널려있는 농가를 제외한 것이었다.[28]

1707년 강희제는 또한 제르비용 등의 선교사들에게 명을 내려 북경의 지도를 만들도록 하였다. 6개월 후 선교사들은 지도를 강희제에게 보여주었는데, 강희제는 "짐이 친히 교감해보니 옛 지도보다 훨씬 좋다"[29]고 하였다. 부베도 『강희제전(康熙帝傳)』에서 다음과 같이 언급하였다.

몇 년 동안 황궁·교외의 어원(御苑)·달단지구(韃靼地區)나 그 외 여러 곳에서 황제가 시종들에게 측정기를 들고 자신을 수행하도록 하는 것을 자주 볼 수 있었다. 강희제는 조정 대신들이 있는 자리에서 천체관측과 기하학의 연구에 몰두하였다. 강희제는 간혹 사분상한의(四分象限儀)로 태양자오선의 높이를 관측하기도 하고, 천문환(天文環)으로 시간을 측정하여 당지의 해발고도를 추측하기도 하였으며, 간혹 보탑(寶塔)·산봉우리의 높이를 계산하거나 두 지점 사이의 거리를 측량하기도 하였다. [30]

수많은 실측 작업에 기초하여 강희제는 서양의 측량 방법이 정확하다는 것을 확신하였다. 강희제는 '천상의 1도가 지상의 200리'라는 규칙을 발견하였고 "중국은 예로부터 지도를 제작할 때 천상의 도수로써 지리의 원근을 계산하지 않았기 때문에 오차가 많다."[31]고 하였다. 이 때

---

28) (佛) 杜赫德 編, 鄭德弟·呂一民·沈堅 譯, 『耶穌會士中國書簡集 2』(鄭州: 大象出版社, 2001), 26-27쪽.

29) 『淸史稿』 卷283.

30) (佛) 白晉著, 馬緖祥 譯, 『康熙帝傳』(珠海: 珠海出版社, 1995), 42쪽.

문에 강희제는 즉시 전국 지도를 제작하기로 하였고 천상의 1도가 지상의 200리라는 통일적인 표준 척도를 확정하였다.

선교사들이 지도 제작에 열중하였던 것은 그들에게 본래부터 과학 사명이 부여되었으며, 강희제에게 호감을 얻기 위해서라는 원인 외에도, 지도 제작에 참여하여 중국의 민중들과 광범위하게 접촉함으로써 그것을 선교의 기회로 활용하기 위해서였다. 1705년 제르비용은 다음과 같이 기록하였다.

> 황명을 받들어 지도를 제작하는 선교사들은 황제의 임무를 완수하는 한편 기회를 이용하여 거쳐 가는 모든 집진(集鎭)과 촌락에서 예수 기독교를 전파하였다. 며칠간 어느 지방에 머무르게 될 때에 그들은 현지 주민 가운데 가장 중요한 사람과 왕래를 청하였고 각종 방법으로 우호를 표한 후 (선교사들은 평시 중국인을 대하던 것보다 더 열정적으로 이들을 대하였다) 그들에게 기독교 교리를 가르쳤다. 일단 그들이 선교사의 말에 공감을 느끼면 꼭 다른 사람들을 불러왔는데, 선교사들은 밤 시간을 이용하여 그들을 가르쳤다. 한 마을을 지날 때마다 선교사들은 많은 교리입문서와 기도서를 남겼다. 그들은 이들 서적을 대량으로 나누어 주었기 때문에 북경에서 그것을 다시 운반해 올 수밖에 없었다. 우리는 기분 좋은 소식을 알게 되었는데, 우리의 설교를 듣지 않았던 나이가 제일 많거나 지위가 가장 높은 사람들도 아무런 어려움 없이 그들의 자녀 혹은 하인을 통해 우리 종교의 준칙을 알게 되었다는 것이다. 그 원인은 그들의 자녀 혹은 하인이 우리의 교육을 받은 적이 있었기 때문이다. 네 명의 선교사들은 이러한 방법으로 황제의 영예로운 위탁을 완성할 수 있었다. 솔직히 그들은 지도를 그리러 갔다기보다는 황제의 자금으로 한겨울에 선교 사명을 완수하러 갔다고 할 수 있을 것이다.[32]

---

31) 『淸聖祖聖訓』 卷52.

32) (佛) 杜赫德 編, 鄭德弟 · 呂一民 · 沈堅 譯, 『耶穌會士中國書簡集 2』(鄭州: 大象出版社, 2001), 27-28쪽.

뿐만 아니라 지도 제작은 선교사들에게 근접한 거리에서 중국 사회를 관찰할 수 있는 기회를 제공해 주었는데, 이것 역시 그들이 지도 제작에 전념할 수 있는 동력이 되었다. 중국에 와본 적이 없는 프랑스 선교사 뒤알드(杜赫德, Jean Baptiste du Halde)가 1735년에 『중화제국전지(中華帝國全志)』(이 책은 18세기 유럽에서 중국에 관한 서적 중 가장 인기 있는 책이었다)를 편찬할 수 있었던 것도 중국에 있는 동료가 제공해준 자료 덕분이었는데, 그것은 특히 강희 연간 전국지도 제작에 참여했던 프랑스 선교사들이 보낸 자료와 밀접한 관련이 있었다. 이에 대해 어떤 학자는 "이 책에 수록된 중국 소수민족에 대한 소개는 자료 제공자의 활동 범위와 관련이 있다"[33]고 언급하였다.

일련의 측량 작업을 통해 강희제는 유럽의 측량 방법이 정밀도가 높다는 사실을 인식하였으며, 결국 같은 방법으로 전국 지도를 제작하기로 결심하였다. 강희제가 지도를 제작하고자 파견한 사람들 중에는 선교사 외에도 중국학자 하국종(何國宗)·색주(索柱)·이영(李英) 등이 있었다. 강희제는 상유(上諭)를 내려 대신들에게 능력 있는 사람을 파견하여 (지도 제작자들을) 보살피라고 하였으며, 각성의 장군(將軍)에게도 지방관에게 명령을 내려 (지도 제작자들의) 모든 필요한 것을 충족시켜주라고 하였다.[34]

공식적인 측량은 강희 47년 4월 16일(1708년 7월 4일)에 시작되었다.[35] 처음으로 측량 작업이 진행되었던 곳은 하북성(河北省) 경내의 장성(長城)과 그 부근 지역이었으며, 부베·레지스·자르투(杜德美, Pierre

---

33) 吳莉葦, 「18世紀歐人眼裏的淸朝國家性質」, 『淸史硏究』 第2期, 2007.

34) 『淸史稿·何國宗傳』

35) (佛) 杜德美, 『測繪中國地圖紀事』; 葛劍雄 譯, 『歷史地理』 第2輯 (上海: 上海人民出版社, 1982), 207쪽. 사실 陳垣, 『二十史朔閏表』에 의하면 西曆 1708년 7월 4일은 康熙 47년 5월 17일이다.

Jartoux)의 책임이었다. 2개월 후 부베가 병에 걸렸기 때문에 대부분 작업은 레지스와 자르투가 완성하였다. 6개월이라는 시간을 들여 그들은 장성의 크고 작은 문(300여 개), 각종 보(堡) 및 부근의 성채(城寨)·하곡(河谷)·하천·나루터 등을 측정하였으며, 15척(尺)이 넘는 지도를 제작하였다.[36] 이 지도는 현재 로마 교황청의 도서관에 소장되어 있는데, 현재 볼 수 있는 외국인이 제작한 장성지도(長城地圖) 중 가장 오래된 것이다.[37]

1709년 5월 8일[38] 레지스·자르투와 독일인 신부 프리델리(費隱, Xavier-Ehrenbert Fridelli, 1673-1743) 세 사람은 요동(遼東)의 중·조 경계로부터 송화강(松花江) 어지달자(魚地韃子)까지, 즉 북위 40-45도 지역을 측정하여『성경전도(盛京全圖)』·『오소리강도(烏蘇里江圖)』·『흑룡강구도(黑龍江口圖)』·『열하도(熱河圖)』등을 제작하였다. 1709년 12월 10일 세 명의 신부는 또 북직예(北直隸) 지역에 대한 측량을 시작하여 1710년 6월 25일 그 일을 완수하였다.[39] 그들은 강희제에게 지도를 올

---

36) (佛) 杜德美,『測繪中國地圖紀事』; 葛劍雄 譯,『歷史地理』第2輯 (上海: 上海人民出版社, 1982), 207쪽.

37) 曹增友,『傳教士與中國科學』(北京: 宗教文化出版社, 1999), 225쪽.

38) 뒤알드와 피스터는 '5월 8일'로 기록하고 있다[(佛) 杜德美,「測繪中國地圖紀事」, 葛劍雄 譯,『歷史地理』第2輯 (上海: 上海人民出版社, 1982), 207쪽; (佛) 費賴之 著, 馮承鈞 譯,『在華耶穌會士列傳及書目 (上)』(北京: 中華書局, 1995), 539쪽 참고]. 翁文灝와 曹增은 '5월 18일'로 기록하고 있다[翁文灝,「清初測繪地圖考」,『地學雜誌』第3期, 1930, 8쪽; 曹增友,『傳敎士與中國科學』(北京: 宗敎文化出版社, 1999), 225쪽].

39) 北直隸省 地圖의 제작 시기와 관련해서는 많은 이견이 존재한다. 杜德美, 方豪, 費賴之는 1709년 12월 10일에 시작하였다고 하였다. 하지만 완성 시점에 대해 杜德美는 '6월 20일'에, 方豪는 '6월 25일'에, 費賴之는 '6월 29일'에 완성되었다고 하였다[(佛) 杜德美,「測繪中國地圖紀事」, 葛劍雄 譯,『歷史地理』第2輯 (上海: 上海人民出版社, 1982), 208쪽; 方豪,『中西交通史 (下)』(上海: 上海人民出版社, 2008), 602쪽; (佛) 費賴之 著, 馮承鈞 譯,『在華耶穌會士列傳及書目 (上)』(北京: 中華書局, 1995), 539쪽 참고]. 曹增友은 費賴之의 관점을 계승하였다[曹增友,『傳敎士與

렸는데, 강희제는 지도의 정밀함에 매우 기뻐하였다.[40] 1710년 7월 22일 강희제는 다시 그들을 흑룡강에 파견하여 제제합이(齊齊哈爾)·묵이근 (墨爾根)로부터 흑룡강성에 이르는 광대한 지역을 측량하게 하였는데, 이 작업은 12월 14일에 완성되었다.[41]

그러나 조선 정부의 반대로 선교사들은 중·조 변경지역 중 압록강, 도문강(圖們江) 하류에 대한 측량만 완수하였고, 장백산 남쪽 두 강의 발원지에 대해서는 측량 작업을 진행하지 못하였다. 그래서 결국 "압록 강, 도문강 사이는 상세하게 밝혀지지 못하였다." 조선 정부가 이에 대 해 강렬하게 반대했던 이유는 두 가지였다. 첫째, 조선 정부는 청정부 가 장백산 지역에 대한 감찰을 통해 조선 북부 변경을 노릴까 염려하 여 청측의 탐측 작업에 많은 경계심을 품고 다방면으로 활동을 저지하 였다.[42] 둘째, 조선은 건국 이후부터 엄격한 폐관쇄국 정책을 실시하였 기 때문에 자국민과 외국인의 접촉을 엄금하였다. 따라서 청측이 파견 한 선교사가 국경 지역에서 탐측 작업을 하는 것은 그들의 입장에서 도 저히 받아들일 수 없는 것이었다. 이에 대해 당시 중국에 있었던 교황청 전신부(傳信部) 선교사 마테오 리파(馬國賢, Matteo Ripa, 1692-1745)는 다음과 같이 서술하였다.

강희제는 달단(韃靼) 지역에 대해서도 동일한 측량 작업을 실시하고자

中國科學』(北京: 宗敎文化出版社, 1999), 225쪽 참고. 翁文灝는 세 신부가 직예 지도를 제작한 시기에 대해 1707년 12월 10일부터 1708년 6월 29일까지라고 설명 하였대翁文灝, 『淸初測繪地圖考』, 8쪽].

[40] 方豪, 『中西交通史 (下)』(上海: 上海人民出版社, 2008), 601-602쪽.
[41] (佛) 費賴之 著,馮承鈞 譯, 『在華耶穌會士列傳及書目 (上)』(北京: 中華書局, 1995), 539쪽.
[42] 李花子, 「康熙年間中朝査界交涉與長白山定界」[餘太山, 李錦秀, 『歐亞學刊』第5 輯, (北京: 中華書局, 2005)] 참고.

그 일을 자르투 신부에게 맡겼으며, 파브르(山遙瞻, Guillaume Bonjour Fabre) 신부를 조수로 임명하였다 …… 그러나 고려왕국과 서장에 대해서는 정밀한 측량을 실행할 수 없었다. 그 원인은 고려인들이 극단적으로 낯선 사람을 의심하였고 유럽인들이 (조선에) 들어오는 것을 원하지 않았기 때문이다.[43]

이는 강희제가 1711년·1712년에 오라총관(烏喇總管) 목극등(穆克登)을 파견하여 조선 관원과 함께 변경지역을 측량하게 한 원인이 되었다.

측량 작업에 속도를 내기 위해, 1711년 강희제는 측량팀을 두 개로 나누었다. 레지스와 막 중국에 온 포르투갈인 카르도주(麥大成, Jean Franciscus Cardoso, 1676-1723)가 산동성 지도를 제작하였고, 자르투·프리델리 및 오스틴회 신부 파브르(潘如, ?-1714, 山遙瞻으로 표기하기도 한다)·타를(湯尚賢, Pierre Vincenct du Tartre, 1669-1724)이 장성을 넘어 합밀(哈密)까지 가서, 객이객달자(喀爾喀韃子)라고 불리는 달단의 거의 모든 지역을 측량하였다. 1712년 1월 그들은 북경에 돌아왔지만 지도를 완성하지는 못하였다. 산동지역에 대한 측량을 끝마친 후 카르도주는 다시 산서로 파견되어 타를을 도와 섬서(陝西)와 산서(山西)의 지도를 제작하였다.

1712년 레지스·프레마르(馮秉正, Joseph Francois Marie de Prémare 1669-1748)·힌더(德瑪諾, Romain Hinderer 1669-1744) 는 황제의 명을 받고 하남·강남·절강·복건에 대한 측량을 하였다. 또한 그들은 1714년 3월 5일부터 4월 7일까지 대만 및 그 근처 도서들의 지도를 제작하였다. 사천성과 운남성은 프리델리와 파브르의 책임이었지만, 파브르 신부는 1714년 12월 25일 병으로 별세하였고 프리델리 신부도 병에 걸렸

---

43) (意) 馬國賢 著, 李天綱 譯,『淸廷十三年 : 馬國賢在華回憶錄』(上海: 上海古籍出版社, 2004), 57쪽.

던 탓에 1715년 3월 24일 레지스가 운남에 가서 측량 작업을 진행하게 되었다. 운남의 지도가 완성되었을 때 프리델리 신부가 건강을 회복하자 두 사람은 다시 귀주와 호광(현재의 호북·호남) 지역을 측량하였다. 1717년 1월 1일 그들은 북경으로 돌아왔다.[44] 이와 같이 신강·서장을 제외한 각 성의 지도가 완성되었다.

3. 『황여전람도』의 영향과 레지스의 역할

강희제는 자르투·레지스·부베에게 중국 관원과 함께 전국 각 성의 지도를 종합할 것을 명령하였다. 1718년 『황여전람도』와 각 성의 지도가 완성되었다. 1719년 2월 28일 내각대학사(內閣大學士) 장정석(蔣廷錫)은 『황여전람도』를 강희제에게 올렸다. 강희제는 매우 기뻐하며 말하기를, "짐이 『황여전람도』를 위하여 30여 년간 노력하였는데, 이제야 비로소 완성되었도다. 산맥·수도가 모두 '우공(禹貢)'에 부합하는구나. 전국 및 각성의 지도를 구경(九卿)에게 주어 상세히 살피도록 하라. 만약 적절하지 못한 부분이 있다면 구경 중 알고 있는 자는 즉시 상주하여 문제점을 제출하라."[45]고 하였다. 구경이 살펴본 후 다음과 같이 상언하였다.

종래의 지도와 지지(地誌)는 왕왕 전대의 것을 후대에 베끼기도 하고 보고 들은 것을 부회하기도 하였기에 책으로 만들어졌다고 하더라도 결국 믿을만하지 못했습니다. 산천의 경락이 분명하지 않거나 주현의 위치가

---

44) (佛) 杜德美, 「測繪中國地圖紀事」[葛劍雄 譯, 『歷史地理』 第2輯 (上海: 上海人民出版社, 1982)], 209쪽.
45) 『淸實錄·聖祖實錄』 권283.

틀리거나 하여 예로부터 지금까지 줄곧 정론이 없었던 것입니다. 황제께
서 …… 사신에게 명을 내려 극도를 측량하게 한 후, 극고(경위선)의 1도
차이를 지상의 200리라고 하시니, 밤의 길이, 절기의 선후, 일식의 분초 시
각, 도읍의 원근과 위치가 모두 정해졌습니다. 천도와 지도를 모두 겸한
것이니 종래의 지도에는 없었던 일입니다.[46]

이것은 광활한 국토를 전국적인 삼각측량으로 측정하여 완성한 세
계 최초의 지도로, 그 정밀성은 종래의 세계의 모든 지도를 뛰어넘는
것이었다. 강희제는 측량 작업에 통일된 길이 단위를 사용하도록 규정
하였는데, 지구 경선의 1도가 200리고, 1리가 1,800척이었으므로 1척의
길이는 경선의 1/100초가 되었다. 이는 세계에서 최초로 지구 형체를
이용하여 길이를 정한 방법이었다. 프랑스의 길이 단위를 중국 지도에
편리하게 적용할 수 있었던 것도 큰 장점이었는데, 중국의 10리가 프랑
스의 1장리였기 때문에 같은 도수를 두 단위로 환산할 경우 수치가 일
치하게 되었다.[47] 그러나 프랑스는 18세기 말이 되어서야 적도로 길이
를 정하는 방법을 사용하였다.

이 측량 작업 중 선교사들은 경선 길이의 상·하가 다르다는 것을
발견하여 지구가 타원형이라는 것을 증명하였다. 실제로 레지스와 자
르투는 북위 41도와 47도 사이 경선의 직선 길이를 측량할 때 아무리
조심스럽게 해도 각 위도 사이에 차이가 있다는 점을 발견하였다. 그
들은 척도로 사용하는 밧줄과 높이를 측정하는 상한의(象限儀)를 검사
하기도 하였지만 여전히 30초의 차이가 난다는 것을 알 수 있었다. 측
정기의 반경은 2피트였기에 눈금을 정확하게 구분하더라도 높이를 측

---

46)『淸實錄·聖祖實錄』권283.

47) (佛) 杜德美,「測繪中國地圖紀事」[葛劍雄 譯,『歷史地理』第2輯 (上海: 上海人民
出版社, 1982)], 211쪽.

정할 때 9-10피트의 오차가 생길 수 있었다. 그러나 이는 피카르디(比畢加特, Picard)[48]가 길이를 측량할 때 사용한 측정기의 오차보다 작았다. 모든 밧줄은 10개가 1리였고 공기 습도의 변화에 의해 수축되거나 늘어났다. 그러나 한편으로 매번 사용한 기재들이 같은 것이었기 때문에 나타난 오차도 완전히 동일해야 했다. 게다가 당시 날씨 역시 계속 건조하고 큰 변화가 없었으며, 그들은 항상 두 개의 전용 척자를 가지고 밧줄의 간격을 측량하였다. 요컨대 이러한 사소한 요소들이 양산해 낼 수 있는 결과가 아니었던 것이다. 그러나 선교사들이 47도와 기타 도수를 비교하였을 때 오차는 258척에 이르렀다. 결국 선교사들은 경선의 길이가 서로 다르다는 것을 확신할 수 있었다.[49]

당시는 영국학자 뉴턴(Issac Newton, 1642-1726)의 '지구편원선(地球扁圓說)'과 프랑스 파리 천문대대장(天文臺台長)이자 저명한 천문학자인 카시니의 '지구장원설(地球長圓說)'이 서로 논쟁하고 있었는데, 레지스와 자르트는 측량을 통해 뉴턴의 '지구편원설'에 최초의 증거를 제공하였다. 레지스와 자르트가 세계 지리학의 발전에 공헌을 하였던 것이다. 이에 대하여 옹문호(翁文灝)는 다음과 같이 언급하였다. "당시 매우 간단한 측정기로 이와 같이 먼 거리를 측량하여 이런 미세한 차이를 발견하다니, 그들의 작업이 얼마나 정밀하였는지를 알 수 있다. 오늘날 중국 사람들이 '리수(里數)'만 말하고 '리'의 의의에 대해서는 탐구하지 않는 것과 천양지차가 아닌가!"[50]

조셉 니덤이 『황여전람도』에 대해 높이 평가하기를, "당시 아시아의

---

[48] 피카르디(畢加特, Jean Picard, 1620-1682)는 프랑스의 천문학자로 1669-1671년에 프랑스 Amiens과 Malvoisíne 사이의 子午線 길이를 측정하였다.

[49] (佛) 杜德美, 「測繪中國地圖紀事」[葛劍雄 譯, 『歷史地理』第2輯 (上海: 上海人民出版社, 1982)], 211쪽.

[50] 翁文灝, 『淸初測繪地圖考』, 7쪽.

모든 지도 중 가장 우수한 것일 뿐만 아니라 동시대 유럽의 지도보다도 더욱 좋고 정확하였다[51]"고 하였다. 독일의 한학자 볼프강(傅吾康, F. Wolfgang)은 "전에 없던 일로, 당시 유럽에서 볼 수 없는 것이었음은 물론이고 오늘날에 이르기까지 동양에서의 지도 제작과 출판은 모두 이 지도에 근거하고 있다. 사소한 부분에 약간의 수정을 가한 것만이 다를 뿐이다."[52]라고 하였다. 볼프강의 말은 근거 없는 억측이 아니다. 비록『황여전람도』가 완성된 후 내부에 비장되었지만, 청 동치 연간 호림익(胡林翼)이『대청일통여도(大淸一統輿圖)』로 개편한 후에는 점차 중국에서 유행하게 되었고 당시 일반 지도의 저본이 되었다. 예를 들어 1903년 중국은 육지측량국을 설립한 초기에 백만분의 일과 삼백만분의 일 조사도를 편찬하였는데, 이때 그들은『황여전람도』의 천문점과 삼각측량의 성과를 이용하였다.『황여전람도』가 국외에 미친 영향은 더욱 컸다.『황여전람도』는 내부에 소장되어 소수의 사람만이 그것을 볼 수 있었지만, 레지스・자르투 등은 이미 그것을 유럽에 보냈다. 이후『황여전람도』는 오랜 시간 동안 유럽에서 출판된 중국 지도의 저본이 되었다.『황여전람도』에 부기된 631개 지점의 경위도는 국외 지리학자들의 저서에 항상 인용되었다. 1735년 프랑스 왕가 지리학자 당빌(唐維勒, Jean-Baptiste Bourguignon D'Anville)은『황여전람도』에 근거하여『중국총도(中國總圖, Atlas général de la Chine)』를 편찬하였으며, 이를 뒤알드가 편찬한『중화제국전지(中華帝國全志)』에 발표하였다. 이 책은 18세기 유럽에서 가장 유행한 중국 관련 서적이었다. 1737년 그는 이를 수정・보완하고 프랑스어로 번역하여『중국(中國)・몽고와 서장

---

[51] (英) 李約瑟,『中國科學技術史』第1冊 (北京: 科學出版社, 1976), 235쪽.

[52] (德) 傅吾康(F. Wolfgang) 著, 胡雋吟 譯,『明淸史國際學術討論會論文集』「評康熙皇輿全覽圖硏究」(天津: 天津人民出版社, 1982), 676쪽.

신지도집(蒙古與西藏新地圖集, Nouvelle Atlas de la Chine, de la Tartars Chinosis et du Thibet)』이라는 제목으로 다시 출판하였다. 독일 베를린 국가도서관에 소장되어 있는 16-18세기 중국 지도에 대한 우리웨이(吳莉葦)의 분석에 따르면, 1737년부터 19세기 초 사이에 출판된 '중국'이 포함된 지도 110개 중 88개는 당빌의 지도와 관련이 있다고 할 수 있다. 이 88개의 지도 가운데 5개는 당빌이 제작한 것이고, 31개는 당빌의 지도에 완전히 근거한 것이며 나머지 52개는 당빌의 지도와 약간의 관련이 있는 것이다.[53] 이를 통해『황여전람도』의 영향이 얼마나 큰지를 알 수 있다.

위의 분석에 근거하여『황여전람도』의 제작에서 레지스가 담당했던 역할을 정리해 보면 다음과 같다.

첫째, 이동했던 지역이 가장 넓었다. 1702년 순천부(順天府) 및 그 주변의 지리 환경을 측량하던 것에서 시작하여 1717년 1월 프리델리와 귀주·호광을 측량한 것까지, 레지스는 산서·섬서·서장과 같은 소수의 성을 제외한 모든 지역에 자신의 족적을 남겼다. 1725-1726년 레지스는 프리델리와 함께 섬서와 카스피해 사이를 측량하고 지도를 제작한 후 뒤알드 신부에게 보냈고, 당빌은 그것을 이용하였다.[54] 프리델리가 말하기를, "중국의 지도 제작에 참가한 선교사들 중 레지스가 다닌 지역이 가장 광범위하였다"[55]고 하였다.

둘째, 담당했던 임무가 가장 많았다.[56] 레지스는 '측량의 주관자'[57]

---

53) 吳莉葦, 「歐洲近代早期的中國地圖所見之歐人中國地理觀」, 『世界歷史』 第6期, 2008.

54) (佛) 費賴之 著, 馮承鈞 譯, 『在華耶穌會士列傳及書目 (上)』 (北京: 中華書局, 1995), 541쪽.

55) (佛) 費賴之 著, 馮承鈞 譯, 『在華耶穌會士列傳及書目 (上)』 (北京: 中華書局, 1995), 538쪽.

로서 여러 곳의 경위도 측량과 각 성의 지도 제작에 참여하였을 뿐만
아니라, 뒤알드와 함께 각 성의 지도를『황여전람도』로 만드는 일도 담
당하였다. 지도는 32개의 부분으로 구성되었는데, 관내 15성과 관외의
만·몽 지역 등이 포함되었으며, 내지는 한문으로 만·몽의 지명은 만
문으로 표기하였다. 실제로 뒤알드의 건강이 좋지 못하였기 때문에 대
부분의 작업은 레지스가 완성하였다.

셋째, 레지스를 대표로 하는 선교사들은 지도 제작 상황을 보고서로
만들었는데, 전국 지도의 제작 과정 및 방법, 참가 인원과 성과 등이
서술되어 있었으며, 뒤알드의『중화제국지도(Description Geographique,
Historique, Chronologique, Politique et Physique de L'Empire de la Chine et
de la Tartaric Chinoise)』에 수록되었다. 레뮈자(雷慕沙, Jean Pierre Abel
Rémusat, 1788-1832)가 말하기를, "레지스의 작업은 위대하였고 그의 여
행도 빈번하였다. 하지만 그는 측량 작업에 모든 시간을 써버리지 않고,
여유가 있을 때마다 당지에 새로운 교구를 개척하였으며, 이문(異聞)을
기록하였다. 그가 기록한 것은 뒤알드 신부에게 큰 도움을 주었다."[58]
고 하였다. 다만 프리델리가 지적한 것처럼 뒤알드 신부는 (레지스가
제공한 자료를) 완전하게 기록하지 않았는데, 이는 참으로 안타까운 일
이다.[59] 그렇지만 청대 문헌들 가운데 측량 상황에 대해 완정하고 상세
하게 기재한 내용이 보이지 않으므로, 뒤알드의 기록은 후세의 연구에

---

56) (佛) 費賴之 著, 馮承鈞 譯,『在華耶穌會士列傳及書目 (上)』(北京: 中華書局, 1995),
    538쪽.

57) 翁文灝,『淸初測繪地圖考』, 6쪽.

58) (佛) 雷慕沙,『亞洲新雜纂』卷2, 237쪽[(佛) 費賴之 著, 馮承鈞 譯,『在華耶穌會士
    列傳及書目 (上)』(北京: 中華書局, 1995), 541쪽에서 재인용].

59) (佛) 費賴之 著, 馮承鈞 譯,『在華耶穌會士列傳及書目 (上)』(北京: 中華書局, 1995),
    543쪽.

매우 소중한 자료가 되었다.

이처럼 레지스를 대표로 하는 프랑스 선교사들은 강희『황여전람도의』제작에서 중요한 역할을 담당하였다. 프랑스의 한학자 레뮈자가 말하기를, "기왕에 유럽에서 실시했던 모든 지리 작업보다 훨씬 방대한 전국 지도의 측량 작업을 생각해 보면, 그것도 겨우 8년 만에 완성한 것을 보면, 선교사들의 과학 사업에 대한 열정을 칭찬하지 않을 수 없다"[60]고 하였다. 물론 레지스의 공헌이 여기에서 그친 것은 아니었다. 그는『조선지』와『근거서장지도소작적지리역사관측(根據西藏地圖所作的地理歷史觀測)』을 저술하였다. 레뮈자는『조선지』에 대해 "현재까지 (1827) 조선역사 및 풍속을 서술한 것 중 비교적 상세한 것이다"[61]라고 평가하였다. 프리델리도 레지스의『조선지』에 대해 말하기를, "비록 레지스 이후 달레(Dallet)가 조선에 관하여 더욱 완벽하게 기술하였지만 레지스의 저작도 참고할 가치가 있다"[62]고 하였다.『근거서장지도소작적지리역사관측』은 제목 그대로 레지스가 서장의 지리·역사에 대해 서술한 것이다. 주지하다시피 서장에 대한 측량은 모두 중국인이 담당하였고, 선교사들은 그 일에 참여하지 않았다. 하지만 레지스는 강희제의 명을 받아 1709년 군대를 따라 서장에 들어갔던 사람들이 제작한 서장 지도를 상세히 검토하였다. 이 때 레지스는 지도상의 지점 중 대부분이 실측을 거치지 않았으며, 경위도가 정해지지 않아서 내지의 지도와 연결시킬 수 없다는 사실을 발견하였다. 마침내 강희제는 흠천감에

---

[60] (佛) 費賴之 著, 馮承鈞 譯,『在華耶穌會士列傳及書目 (上)』(北京: 中華書局, 1995), 531쪽.

[61] (佛) 雷慕沙,『亞洲新雜纂』卷2, 237쪽[(佛) 費賴之 著, 馮承鈞 譯,『在華耶穌會士列傳及書目 (上)』(北京: 中華書局, 1995), 543쪽에서 재인용].

[62] (佛) 費賴之 著, 馮承鈞 譯,『在華耶穌會士列傳及書目 (上)』(北京: 中華書局, 1995), 543쪽.

서 수학과 측량을 배운 적이 있는 라마교 승려 초아심장포(楚兒沁藏布)
와 라목점파(喇木占巴) 및 이번원(理藩院) 주사(主事) 승주(勝住)를 서
령·랍살 등으로 다시 파견하여 측량 작업을 진행하도록 하였으며,
1717년에 지도를 완성하였다. 레지스는 이번에 제작한 지도가 비록 이
전보다 좋아지기는 했지만, 여전히 많은 문제가 존재한다는 사실을 발
견하였다. 하지만 레지스 등은 어쩔 수 없이 그것을 지도에 실을 수밖
에 없었다. 따라서 이러한 지도를 근거로 저술한 레지스의 『근거서장지
도소작적지리역사관측』에도 자연히 오류가 존재하였다. 레뮈자 역시 『근
거서장지도소작적지리역사관측』에 라마교 승려들에 대한 기술에 많은
이설이 존재한다고 언급하였다.[63]

---

[63] (佛) 雷慕沙, 『亞洲新雜纂』卷2, 237쪽[(佛) 費賴之 著, 馮承鈞 譯, 『在華耶穌會士
列傳及書目 (上)』(北京: 中華書局, 1995), 543쪽에서 재인용].

'신사유람단'과 '영선사'를 통해 본 동아시아의 근대화

동아시아사 연구에서 한국의 지위(地位) 문제를 겸론하여

왕신레이

1. 머리말

이른바 근대화란 본래 서구 학계의 학술적 발전 과정에서 나온 말로, 대략 전 세계 상이한 지역과 민족 그리고 국가가 농업문명 혹은 유목문명에서 점차 공업문명으로 이행한 현상을 가리킨다. 1860년대 서구문명의 충격 속에서 東아시아 세계 역시 자신들의 근대화 진행 과정을 개시하였다. 양무운동과 메이지유신은 각각 중국과 일본의 근대화 시작을 알렸다. 그러나 양국이 선택한 근대화의 모델이 다 같은 것은 아니었다. "중체서용"과 "전면적 서구화"의 우열은 최종적으로 19세기말 中(중)·日(일) 간의 1차 해상 군사 교전에서 결론이 났고 일본의 모델이 옳았음이 증명된 것처럼 보였다. 그러나 이런 식의 논단(論斷)은 전반적으로 지나친 단순화로 보이며, 어느 정도 중국의 초기 근대화에 대한 우리의 객관적인 인식을 가리기 쉽다. 승패론(勝敗論)의 옛 틀에서 벗어나서 정치체제 결정론의 집념을 버리고 역사의 정경(情景) 속으로

돌아가 다시 새롭게 객관적으로 근대화의 실제 성과를 드러낼 때 비로소 우리는 동아시아의 근대화를 더욱 잘 이해할 수 있을 것이다.

　중국과 일본이 근대화 과정을 시작할 당시 같은 동아시아 세계의 일원이었던 한국이 이 대열에 바로 참가했던 것은 아니다. 이는 주로 당시 조선왕조가 서방세계의 강렬한 충격을 받은 적이 없었다는 것과 내부의 보수사상 두 가지가 함께 작용한 결과였다.[1] 주지하는 것처럼, 1876년 조선왕조는 '운양호 사건'[2]의 충돌 과정에서 패배한 후 일본과 『강화도조약』을 체결함으로써 일본에게 개항을 강요당했다. 『강화도조약』은 사상의 변화를 촉진하였으며, 무비자강(武備自强)과 개화 문제를 적극적으로 고려하게 되는 계기가 되었다. 그러나 한국의 근대화 문제를 이야기할 때, 한국학자들 중에는 1881년(고종 18년)을 한국 근대화 진행 과정의 중요한 전환점으로 인식하는 경우도 있다. 이 견해에 따르면 이해 5월과 11월의 '신사유람단'과 '영선사' 파견 활동은 이 전환기를 나타내는 두 가지 중요한 상징적 사건으로 이해된다.[3]

---

[1] 1866년과 1871년 조선은 역사상 두 차례의 "洋擾"를 겪었다. 1866년 조선은 미국 상선 '제너럴셔먼호'를 불태우고 이어서 프랑스 함대의 강화도 점령을 격퇴하였는데, 역사에서는 이 사건을 '丙寅洋擾'라고 부른다. 1871년 조선은 江华岛를 침입한 미국 함대를 격퇴하였는데, 역사에서 이 사건을 '辛未洋擾'라고 부른다. 이 두 사건은 이른바 "鎖國攘夷" 정책하의 군사적 승리로서 조선의 배외 감정을 강화시켰다. 당시 집정자인 대원군은 또 "洋夷侵犯非战则和主和卖国"라는 문구를 비석에 새겨 朝鮮의 "萬年子孫"들에게 충고하였는데, 이것이 "反洋夷石碑"이다. 이런 정황하에서 조선에서는 결코 근대화 개혁에 대한 절박한 요구가 출현할 수 없었다.

[2] 1875년 8월 일본군함 "雲擾號"가 조선의 강화도 근해를 침입하여 정찰·도발을 감행하여 초지진 포대의 수비군과 교전이 벌어졌다. 저항에 부딪힌 일본군은 방향을 바꿔 수비가 약한 丁山島와 永宗镇을 공격하여 대량의 민간인을 살해하였다. 그 후 일본은 도리어 조선이 일본군함에 포격을 가했다며 조선에게 "问罪"하였다. 조선정부는 내부의 격렬한 논쟁을 거친 뒤, 최종적으로 일본과의 담판을 통해 불평등한 『강화도조약』의 체결에 동의하였다. 조선은 이리하여 일본에게 문호를 개방하게 된다. '雲揚號사건'은 '강화도사건'이라고도 불린다.

이른바 "신사유람단"과 "영선사"는 조선 고종 정부가 중·일 양국의 근대화 개혁 경험을 시찰하고 학습하기 위해 차례로 파견한 사절단으로, 이들 사절단의 파견 경과 및 이들 사절단의 한국의 근대화 과정에 끼친 영향에 대해서는 한국학자들의 상세한 연구들이 있다.[4] 필자는 "영선사"에 대해 상당한 흥미를 느끼고 연구를 진행하던 중 "신사유람단"의 내용을 접하고 대량의 관련 원사료를 열독한 후, 이 두 사건을 함께 놓고 고찰할 수 있다면 한층 넓은 시야에서 19세기말 전체 동아시아 지역의 근대화 개혁 문제를 토론할 수 있을 것이라는 생각을 갖게 되었다.

양무운동과 메이지유신을 기점으로 1880년대까지 중국과 일본의 근대화 진행 과정은 대략 20여 년이 지날 때까지 큰 차이가 없었다. 양자의 성격과 진행과정을 살펴본다면 비록 적지 않은 차이가 있지만, 그것은 각국의 사회계층에 실질적인 성과를 이루어내었다. 종전 메이지유신의 성공과 양무운동의 실패에 관한 논단은 우리를 어느 것이 좋고 어느 것이 나쁜지 판별하려는 문제의식 속에서 양자의 차이를 중시·분석하는 쪽으로 나아가게 했다. 예를 들면 사상적 기초나 제도의 설계 등의 주제에서 말이다. 그리고 연구 방향 역시 경험의 총결과의 검토로 변화시켰다. 전반적으로 말해 이런 방식의 연구는 결과론적 해석(後見之明)의 위험을 안고 있으며 또 우리로 하여금 역사의 많은 구체적 사항들을 소홀히 여기도록 만들기 쉽다.

---

3) 权锡奉, 「领选使行에 대한 考察 －军械学造事를 中心으로－」, 『历史学报』 第 17·18 合辑, 1962, 277쪽 참고.

4) '紳士遊覽團'과 '領選使'에 관한 한국 학자들의 대표적 연구로는 다음 논문들을 참고할 수 있다. 郑玉子, 「紳士遊覽團考」, 『历史学报』 第27辑, 1965, 105-142쪽; 权锡奉, 「领选使行에 대한 一考察 －军械学造事를 中心으로－」, 『历史学报』 第 17·18 合辑, 1962, 277-312쪽.

그렇다면 우리는 반대로 이런 방식으로 문제를 생각할 수 있을 것이다. 중·일 양국의 근대화 진행 과정의 공통점은 없었는가? 이런 사고는 어쩌면 우리가 구상적이고 세부적인 요소들에 더욱 많은 주의를 기울이게 해 줄 것이다. 예를 들면 사회적인 상황과 기술을 이용해서 만든 생산품 등에서 말이다. 그리고 세부적인 대비를 통해 답안의 도출을 시도할 수도 있을 것이다. 사실 이런 연구를 전개하려고 할 때 결코 자료가 적다고 할 수는 없다. 말할 것도 없이 중국과 일본의 사료에는 많은 자료가 보존되어 있다. 그러나 본고에서 전개하려는 작업은 좀 다른 시각의 고찰이다. 곧 1880년대 조선 고종 정부가 일본에 파견한 '신사유람단'과 중국에 파견한 '영선사'의 관찰 기록을 활용하여 중·일 양국에서 근대화 개혁이 시작된 거의 같은 시기의 사회 각 계층의 구체적 정황을 당시 사람들의 시각에서 살펴보고자 한다.

위와 같은 시각에서의 문제 접근은 주로 두 가지 방면의 고려한다. 하나는 조선 사절의 기록이 제3자적 입장의 관찰이기 때문에 중·일 양국의 기록에 비해 보다 객관적이고 상세하며, 따라서 이들 기록이 양국의 근대화 정황을 비교하는 데에 유익하다는 것이다. 둘째는 이러한 연구가 한·중·일 3국을 동시에 동아시아 근대화라는 하나의 범주에 놓고 토론하게 함으로써 초기 동아시아 근대화 연구에서 "한국부재(韓國缺位)"라는 문제를 보완할 수 있다는 것이다. 사실 '신사유람단'과 '영선사' 파견은 이후 한국 근대화 진행 과정에 직접적인 영향을 주었다. 필자는 동아시아 근대화 진행 과정의 역사에서 한국이 수행한 역할은 관찰자나 추종자가 결코 아니라 직접적인 참여자였다고 생각한다. 본고는 역시 이점에 기초하여 현재 학계에서 보편적인 관심을 받고 있는 총체적인 동아시아 연구에 하나의 새로운 시각을 제시할 수 있기를 기대한다.

2. '신사유람단'과 '영선사'에 대한 개설

1876년 일본과의 『강화도조약』이 채결되면서 조선은 개항을 강요받았다. 이 사건은 조선정부를 크게 자극하였지만, 개화에 반대하는 국내 보수세력의 목소리가 높아 관련 조치는 완만하게 추진될 수밖에 없었다. 1881년에 가서야 세 건의 큰 일이 성공적으로 행해지는데, 그 하나는 이해 연초 청조의 총리사무아문(總理事務衙門)을 모방하여 정부 안에 통리기무아문(統理機務衙門)이라는 개화정책 추진 기구를 만든 일이다. 나머지 두 가지는 바로 '신사유람단'과 '영선사'를 파견한 일이다. 당연히 국내 보수세력의 거센 반발을 누르고 1년 안에 이 세 가지 일을 완수하기가 쉽지 않았다는 점에서 학자들은 1881년이 한국 근대화 진행 과정에서 중요한 의의를 갖는다고 생각하고 있는 것이다.

당시 개화정책을 실시하려던 조선왕조에게 중국과 일본은 배워야할 모범의 대상이었다. 그리고 중국과 일본 측 역시 조선이 사절단을 파견하여 배우려는 것을 환영하는 상황이었다. 이런 상황하에서 조선의 결정은 양쪽에 각각의 사절을 파견하는 것이었는데, 그 배후의 사정은 달랐다. 일본에 대한 태도를 보면, 조선정부는 주로 상대방의 속사정을 정탐하는 것이 목적이었다. 이 때문에 일본에 대해 시종일관 일종의 경계심을 유지하였으며 또 상대방이 핵심적 기술을 전수해 줄 것이라고 믿지 않았다. 그러나 조선정부는 중국에 대해서는 교섭을 개시하자마자 단도직입적으로 곧 무기 제조 기술의 학습 및 기계와 군사 장비의 직접 구매 같은 가장 화급한 요구들을 제시하였다. 바로 이런 배경 아래 조선정부는 1881년 5월 일본에 '신사유람단'을, 또 1881년 11월에 중국에 '영선사'를 차례로 파견하였다.

1) 신사유람단

"조사관찰단"이라고도 불리는 "신사유람단"은 일찍이 1876년 일본과
조선 간의 "병자수호조약"(즉, 강화도조약) 체결 논의 당시 일본 측이
먼저 조선의 조신(朝臣)과 사신(士紳)들을 초청하여 일본을 유람하고
시찰하게 하자고 제의하였던 것으로, 당시 조약 채결 논의에 참여했던
수신사 김기수는 고종에게 보고할 당시 "저들의 물정을 상세히 정탐하
는 것이 긴급하고 절박한 일이니, 자주 탐지함이 마땅히 옳습니다"라고
건의하였다.[5] 그러나 당시 조선정부가 바로 일본 측의 의견을 수용한
것은 아니었다. 조선정부는 스스로 일본에 시찰단을 파견하려는 의향
이 생긴 이후에야 여러 차례 자발적으로 일본공사에게 전에 일본이 제
기했던 조사유람의 실행 가능성을 타진하였고, 최종적으로 쌍방이 이
일에 대한 합의에 이르게 된다.

'신사유람단'은 12명의 조사(朝士)로 구성되었다. 그 성명은 모두 찾
아 볼 수 있는데, 각각 조준영·박정양·엄세영·강문형·조병직·민종
묵·이헌영·심상학·홍영식·어윤중·이원회·김강원이다. 이들의 관
직은 정5품에서 정3품까지 다양했으며, 모두 양반 출신이었다. 조사들
은 각각 4명의 수행원을 대동하였으므로 유람단의 총원은 모두 62인이
었다.[6] 지적하고 싶은 점은 "신사유람단"이라 호칭에 대한 문제이다.
사실 이 용어는 문헌 기록에서는 전혀 발견되지 않는데, 당시 조선정부
가 이들에게 부여한 관의 공식 직함은 '동래부암행어사(東萊府暗行御
史)'[7]였다. 『조선왕조실록』에는 이 사건에 대해 아래의 기록만이 남아

---

[5] 『日省錄』, 권177, 丙子 二月 初六條.
[6] '紳士遊覽團'의 인원 구성의 상세한 정황에 관해서는 鄭玉子, 「紳士遊覽團考」,
114-117쪽을 참고할 수 있다.

있다. "올해 정월 조준영·박정양·엄세영·강문형·조병직·민종묵·
이헌영·심상학·홍영식·어윤중 등에게 비밀리에 명을 내려 일본에
가서 시찰하도록 하였는데, 명칭을 동래부암행어사라고 하였고, (이)
때문에 국사에는 단지 그 명을 집행한 결과(復命)만을 기록하고 있다.
그 복명들은 각각의 견문기록(聞見記獻) 속에 있으며 번다하여 기록할
수 없다."⁸⁾ 이를 통해 알 수 있는 것은 당시 조선왕조가 이 파견 활동을
가능한 비밀리에 진행하기를 희망했다는 점인데, 비밀 유지가 필요했
던 것은 주로 국내 보수 사인(士人)들의 불만을 가능한 피하기 위해서
였다.

유람단의 경로는 대체로 다음과 같다. 1881년 5월 7일 부산에서 일본
상선 안녕환호(安寧丸號)를 타고 출발하여 다음날 나가사키(長崎)에
도착하였다. 14일 오사카(大阪)에 이르렀고 17일 교토(京都), 21일 고베
(神戶), 25일 도쿄(東京)에 도착하였다. 5월 25일에서 8월 7일까지 동경
에서 74일간 머물렀다. 그동안 요코하마(橫濱), 오사카(大阪) 등을 시찰
하였다. 8월 7일 이후 어윤중, 김강원 두 사람을 제외한 나머지 유람단
원들은 몇 조로 나뉘어 차례로 귀국하였고 8월 25일 부산에 돌아왔
다.⁹⁾ 유람단원들의 관련 기록을 살펴 볼 때 한 가지 지적할 만한 것은
유람단 일행에 대한 일본 측의 접대 수준이 상당히 높았다는 것인데,
"일인들이 조의(朝議)에서 신(臣)들의 내방(來訪)이 수호(修好)를 더욱

---

7) 東萊府는 곧 지금의 한국 남부의 부산 지역이다. 暗行御史는 조선왕조 시기 국
왕이 직접 임명한 지방순찰 관원의 명칭으로 중국사의 이른바 欽差大臣과 유사
하다.

8) 『高宗實錄』 卷18, 高宗十八年 十二月 十四日條.

9) 遊覽團의 구체적 경로는 鄭玉子, 「紳士遊覽團考」, 122-126쪽을 참고할 수 있다.
東京에 체류한 두 사람 중 魚允中은 그해 연말에야 귀국하여 復命하였고 金鏞元
의 이후 종적은 기록에서 발견되지 않아서 명확히 알 수 없다. 鄭玉子, 「紳士遊
覽團考」, 125·119쪽 참고.

돈독히 하려는 것이라고 하면서 사전에 연도(沿道)를 정비하고 성실히 접대하였습니다. 또 외무성의 속관(屬官)을 파견하여 도중에서 영접하였고, 지나는 곳의 지방관들은 숙소(店社)로 내견하거나 식사에 초대하였습니다."[10]

조선정부가 12명의 조사에게 맡긴 임무는 전반적으로 일본 각 부문의 상황을 살펴 상세히 기록하고 귀국하여 관련 보고서를 제출하는 것이었다. 조사들의 관찰 대상은 모두 편중된 측면이 있었다. 현재 남아 있는 문헌을 통해, 대체로 다음과 같이 단원들이 임무를 분담하고 있었음을 확인할 수 있다. 박정양의 관찰 대상은 일본 내무성과 농상무성이었고 민종묵은 외무성, 어윤중은 대장성(大藏省), 조준영은 문부성, 엄세영은 사법성, 강문형은 공부성(工部省), 홍영식은 육군의 정황, 이헌영은 세관의 정황을 관찰 대상으로 하였다.[11] 각각의 책임 아래 제출된 전문적인 관찰 보고서 이외에도 몇몇 단원들은 『문견사건(聞見事件)』이라는 명칭의 보고서를 저술하기도 하였다. 이밖에 몇몇 수행원들은 독자적인 기행기(紀行記)도 남겼는데,[12] 그 내용은 일상견문에 치

---

10) 趙准永, 『聞見事件』, 奎章閣 所藏 藏書號: 奎1311-1, 1-2쪽.

11) 12 이상의 정황은 주로 遊覽團 구성원들이 귀국 후 제출한 보고를 통해 추정할 수 있다. 그 예로는 朴定陽, 『日本內務省及農商務省視察書啓』(奎章閣所藏, 藏書號: 奎2577); 朴定陽, 『日本內務省視察記』(奎2576, 2449); 朴定陽, 『日本農商務省視察記』(奎1150, 2450); 閔種默, 『日本外務省視察記』(奎3712, 3015, 3711); 閔種默, 『日本各國條件』(奎1835); 魚允中, 『日本大藏省視察記』(奎6266); 趙准永, 『日本文部省視察記』(奎2871, 7765); 嚴世永, 『日本司法省視察記』(奎3703); 薑文馨, 『日本工部省視察記』(奎1834); 洪英植, 『日本陸軍總制』(奎3271); 洪英植, 『日本陸軍操典』(奎3710, 3702); 李憲永, 『日本稅關視察記』(奎2451)를 들 수 있다. 그 밖에 네 사람 金鏞元·沈相學·趙秉稷·李元會의 관련 보고서 자료에서는 발견되지 않는다. 그러나 鄭玉子 敎授는 기타 자료에 근거해 趙秉稷의 고찰대상은 稅關情況이었고 李元會의 고찰대상은 軍事情況이었다고 추정하였다. 鄭玉子, 「紳士遊覽團考」, 119쪽 참조.

12) 이런 문헌에는 趙准永, 『聞見事件』(奎1311-1); 閔種默, 『聞見事件』(奎1311-2); 李

중된 기록들로 그 속에는 일본 사회의 근대화 발전 정황과 관련된 것들이 다량으로 들어있다.

'신사유람단'의 영향에 대해 말한다면, 이 파견은 처음에는 단지 정보 탐지가 목적이었지만, 유람단원들이 귀국하여 제출한 대량의 관찰 보고서들이 이후에 끼친 영향은 예상을 크게 뛰어넘는 것이었다. 일본 근대화 개혁에 관련된 이 정보들은 조선정부 내에서 당초 개화의 관점을 갖고 있던 사대부들에게 의심의 여지없이 강한 자극제가 되었고 보수적인 사대부들에게도 역시 적지 않은 자극을 주었다. 비록 당시의 역사적 조건 아래 그 영향이 신속하고 분명하게 나타난 것은 아니라 하더라도, 장기적 관점에서 본다면 유람단이 가져온 일본에서의 경험이 궁극적으로는 점진적인 형태로 한국 근대화로의 변혁에 커다란 영향을 주게 된다. 이런 영향은 특히 근대 국가제도의 설계에서 두드러졌다.

2) 영선사

일본에 파견한 '신사유람단'에 비해 조선정부가 중국에 파견한 '영선사'의 목적은 보다 명확하고 직접적인 것이었다. 그것은 중국에 사람을 파견하여 군기 제조 기술을 배우고 동시에 필요한 기기 설비를 구매하여 가능한 빨리 국내에 군기 제조 공장을 설립하는 것이었다. 청정부와의 교섭이 있고 얼마 후 청정부가 이 요구에 응답하였다. 이에 1881년 11월 17일(음력 9월 26일) 조선정부는 김윤식[13]을 '영선사'로 하는 학생

憲永, 『聞見事件』(奎1311-3); 嚴世永, 『聞見事件』(奎1311-4); 薑文馨, 『聞見事件』(奎15250); 李憲永, 『東遊錄』(古6370-2); 수행원 薑晉馨, 『日東錄』(奎7774); 수행원 宋憲斌, 『東京日記』(古4710-4)가 있다.

과 장인 38명이 포함된 대규모 사절단14)을 중국 천진으로 파견하였다. 이 사절단은 1882년 1월 25일(음력 1881년 12월 6일) 천진에 도착하였고 그 후 장인과 학생들은 각각 천진 기기제조국의 동·남 양국에 배치되어 각종 제조 기술, 특별히 군기 제조 기술을 배우게 된다. 1882년 12월 9일(음력 10월 29일) 마지막으로 일단의 인원이 조선에 돌아오기까지 이 활동은 전후 거의 1년 동안 지속되었다. '영선사'의 파견 정황에 대해서는 충분한 사료를 찾아 볼 수 있는데, 중요한 것은 '영선사' 김윤식의 관련 기술이다.15)

---

13) 金允植(1835-1922), 字는 洵卿 號는 雲養이다. 淸風金氏 양반 명문 世家에서 태어났다. 8세 때 부모가 모두 죽자, 그 후 叔父와 함께 생활하였다. 16세 때 漢城에 와서 조선의 大儒인 俞莘煥, 조선 개화사상의 비조인 樸珪壽에서 차례로 수학하면서 비교적 일찍 救國圖強적인 개화사상을 형성하였다. 그는 1865년 恩蔭로 健寢郎에 임명되었고 1874년 文科에 及第하였다. 그 후 順天府使, 江華留守 등의 관직을 역임하였다. 1881년 그는 吏曹參議의 직함을 갖고 "領選使"로서 天津에 파견되어 學徒와 工匠들의 學習을 인솔함과 동시에 淸朝의 工業制造業의 發展情況을 고찰하였고 그 사이에 또 淸朝 洋務派 관원들과 많이 접촉하였다. 1882년 조선의 "壬午軍亂" 당시 그는 淸朝에 병사를 파견해 난을 평정해 줄 것을 요청하였고 이 후 高宗 政治權力 강화에 협력하면서 친청 온건 개화파의 대표적 인물이 되었다. 그는 조선에서 機器局, 근대적 海關의 창립에 참가하였고 또 外交活動에 적극 참여하였다. 金允植, 『金允植全集』(全二冊) 第一冊, 解題; 韓國國學文獻研究 編, 『韓國近代思想叢書』[(韓國)亞細亞文化社, 1980年(初版), 2005(再版)], v-x쪽 참조. 그 밖에 劉順利, 『王朝間的對話-朝鮮領選使來往天津日記導讀』(寧夏人民出版社, 2006), 導言, 1-2쪽 참고.

14) 문헌기록에 따르면, 이 사절단의 姓名 중에서 상고할 수 있는 사람의 수는 69人이다. 金允植의 『領選日記』 속에는 사절단원들의 명단이 있는데, 金允植은 여기에서 또 "위 咨文에 기재된 사람은 모두 69人이다. 이외에 學徒 등이 사적으로 대동한 심부름꾼 역시 많았다"라고 말했다[金允植, 『領選日記』, 成均館大學校 東아시아學術院·大東文化研究院 編, 『燕行錄選集補遺』(全三冊), 中冊 (成均館大學校 東아시아學術院, 2008), 420-423쪽]. 이 사절단의 실제 인원수는 69인보다 많았음을 알 수 있다.

15) 이런 자료에는 다음과 같은 것들이 포함된다. 앞서 인용한 金允植, 『領選日記』, 復旦大學 文史研究院과 成均館大學校 동아시아학술원 合編, 『韓國漢文燕行文獻選編』, 第30冊 (復旦大學出版社, 2011)에 수록; 金允植, 『天津談草』는 [韓]林基中

조선의 학생과 장인들이 천진 기기제조국에 들어가 학습하게 되자, 김윤식은 그들이 각각 어떤 기술을 배우고 있는지에 대해 상세히 기록하였으며, 또 동·남 양국의 수장을 통해『조선학도근만초(朝鮮學徒勤慢草)』가 김윤식에게 정기적으로 전해졌다. 이들 자료에서는 조선의 학생·장인들의 학습 진전 상황을 볼 수 있다. 김윤식 자신이 주관한 것에서 양국의 보고에 이르기까지 이들 자료를 통해 조선 학생·장인들의 천진에서의 학습 상황에는 개인차가 있었는데, 순조롭게 진행되어 성과가 있었던 경우도 있었지만 어떤 경우에는 여러 원인들로 도중에 중단되기도 하였다. 천진에 있는 동안 김윤식은 가끔 기기국을 방문하였는데, 장인과 학생들의 학습을 조사 감독하는 한편 기기국 내의 각 공장들에 대한 현장 조사도 진행하였다. 김윤식이 남긴 기록에 따르면 그는 기기국 각 공장들의 생산 물품, 핵심 기술, 제조 과정, 생산 능력과 생산량, 자금 소모 등 각 방면에 대해 깊이 있고 상세한 조사를 진행하였다.[16] 김윤식의 대량의 기술 속에서 우리는 중국의 근대화 정황, 특히 기계 제조공업의 발전 광경에 관련된 많은 자료를 발견할 수 있다.

'영선사' 파견에 대해 한 가지 주목할 점은 이 사행의 사명 중에서 '군계학조사'에 대한 언급은 그중 일부에 지나지 않았다는 것이다. 김윤식이 스스로 언급한 바에 따르면, "(나는) 기기학도 70여 명을 이끌고 연말 천진에 도착하여 여러 차례 소전[(少荃, 리홍장(李鴻章)]을 찾아갔는데, 필담을 나눈 종이가 산더미 같았다. 대개 '의약사'가 십중팔구였고

編,『燕行錄全集』(東國大學校出版部, 2001), 第93冊에 수록; 金允植,『陰晴史』,『韓國史料叢書』第六 (國史編纂委員會, 1958).

16) 王鑫磊,「帝國斜陽下的親密接觸:談朝鮮官員金允植的天津領選」,『復旦學報』, 2010年 第2期, 30쪽 참조.

'학조사(學造事)'는 불과 한 두 가지뿐이었다"고 하였다.[17] 여기에서 언급된 '의약사'란 당시 미국이 요구한 조선과의 통상조약 채결 사무를 가리킨다. 김윤식은 '영선사'로서 보정(保定)과 천진에 있으면서 리홍장을 수뇌로 하는 청조의 많은 양무파 관원들과 여러 차례 필담을 나누었다. 필담 내용의 대부분은 조·미간 조약 채결과 조선의 개항이라는 두 문제에 집중되었다. 1882년 5월 22일(음력 4월 초6일) 청정부의 조정 아래 조·미 양국은 조선 제물포에서 『조미수호통상조약』을 정식으로 채결하였다. 적지 않은 학자들은 조·미 간의 조약 논의 부분을 중요하게 인식하지만 사실 '영선사' 파견에서 무기 제조 학습과 미국과의 조약 채결, 이 두 가지가 모두 중요할 것이다.[18]

'영선사' 파견을 평가할 때 어떤 한국학자는 이 활동을 실패한 것으로 인식한다. 이는 이 기간 중 조선 국내에서 발생하였던 임오군란이 이 활동을 도중에 중단시켰기 때문이다. 그러나 이런 평가는 실패론의 지나친 절대화라고 생각한다. 1883년 6월 조선 역사상 최초의 기기국이 한성 삼청동 북창에 정식으로 개설되었고 김윤식은 자연스럽게 이 기기국의 수장의 한 명이 되었다. 기기국의 순조로운 운영을 위해 조선정부는 특별히 청조에 요청하여 4명의 장인을 초빙하여 기기국 내에서 제조법을 교습하게 하였다. 김윤식의 기술에서 천진에 파견된 학생과 장인들의 마지막 행방에 대한 명확한 기록은 없지만 조선의 북창 기기국이 단시간 안에 바로 조직될 수 있었다는 점에서 보면 중국으로 갔던 장인과 학생들이 초창기 북창 기기국의 조성 역량이 되었다고 대략 추론할 수 있을 것이다. 이런 의미에서 북창 기기국의 창립이라는

[17] 『天津談草』, 210-211쪽.
[18] '領選使' 파견 중 朝·美 조약 채결 논의에 관한 서술로는 역시 『帝國斜陽下的親密接觸: 談朝鮮官員金允植的天津領選』을 참고할 수 있다.

사건은 앞의 '영선사' 파견과 필연적 인과 관계가 없다고 할 수는 없다. 그리고 '영선사'의 한국 근대화 진행 과정에 대한 영향 역시 대체로 이 점을 통해 구체적으로 드러낼 수 있을 것이다.

3. 조선 관찰자의 눈에 비친 중·일 근대화의 광경

1) '신사유람단'이 본 일본의 근대화 광경

'신사유람단'는 '저들의 물정을 상세히 정탐'하는 임무를 띠고 있었으므로 그 단원들의 당시 일본사회 각개각층의 정황에 대한 관찰은 매우 치밀하였다. 그들이 귀국 이후 제출한 관찰보고 및 견문록에는 일본의 정치제도, 정부조직의 설치, 국민경제, 공업생산, 그리고 일상생활 등에 대한 아주 상세한 기록이 남겨져 있다. 이들 자료들을 한데 묶는다면, 근대화 개혁 이후 거의 20년이 지난 1880년대 일본의 모습을 온전히 드러낼 수 있을 것이다. 본문에서는 몇 가지 문제를 선별해 논의하고자한다.

(1) 정부조직의 설치

일본의 정체와 정부조직의 설치 정황에 대한 것은 주로 유람단원들의 각종 『시찰기(視察記)』 자료를 통해 알 수 있다. 앞에서 언급한 것처럼, 이 각종 『시찰기』에서 언급한 내용들은 일본 내무성, 농상무성, 외무성, 대장성, 문부성, 사법성, 공부성, 육군성 그리고 세관(海關) 등 거의 모든 정부조직을 포괄한다. 각 『시찰기』의 기록은 매우 상세해서 짧게는 70-80페이지에서 길게는 수백 페이지에 이른다. 민종묵의 『일

본외무성시찰기』는 8권 4책에 달하는데, 그 목록을 간추려보면 아래와
같다.

　　　외무성
　　　(1) 연혁과 직제
　　　(2) 직장사무
　　　(3) 각국사무장정
　　　　　공신국ㆍ취조국ㆍ기록국ㆍ서무국ㆍ회계국
　　　(4) 교빙(交聘) 통상
　　　　　각규칙ㆍ공문서식ㆍ상세론례ㆍ각국조약ㆍ거류조약ㆍ무역칙류(해관
　　　　　세칙ㆍ 무역장정ㆍ통상장정)ㆍ육항개항ㆍ세관규례ㆍ각국세칙[19]

　　사실 대부분의『시찰기』들은 모두 유사한 체례(體例)에 따라 저술된
것들이다.[20] 이들『시찰기』는 특정 유람단원 한 사람의 눈에 비친 모습
에 따라 작성된 것이기도 했지만 당연히 당시 일본과 유사한 정부 조
직의 설치에 대해 참고하기 위해 작성된 문헌이었다. 이 때문에 여기
에 반영된 내용은 상대적으로 객관적인 정황도 있고 적잖이 주관적인
평가도 있다. 뿐만 아니라 이『시찰기』자료가 도달한 상세함은 그대로
모방이 가능할 정도였다. 이 때문에 어떤 학자들은 이 후 한국의 근대
화 과정에서 이런 자료들이 일정한 역할을 한 것으로 생각하는데, 이
역시 타당하다. 물론 일본 정부조직 설치의 실제 정황은 유람단원들이
별도로 작성한『문견사건』자료에도 반영되어 있지만 여기에서는 다시
서술하지 않겠다.

────────────

19) 関種獻,『日本外務省視察記』, 奎3712; 3015; 3711.
20) 구체적인 내용은 鄭玉子 교수가「紳士遊覽團考」에서 摘錄한 視察記 目錄을 참고
　　할 수 있다. 해당 논문, 136-139쪽.

(2) 사회 견문

『시찰기』 자료와 비교할 때 유람단원들이 남긴 『문견사건』 류(類)의 자료 그리고 몇몇 기행기 류의 자료들은 당시 일본 사회 각 방면의 정황에 대해 보다 직접적이고 생동감 있게 기록하고 있다. 이들 자료들은 매우 흥미롭고, 이 속에 반영된 일본 사회의 정황 또한 매우 구체적이고 자세하다. 이들 기록은 19세기 말의 일본에 관심을 가지고 있는 연구자들에게도 가치가 있다. 여기에서는 주로 근대화 변혁이 사회생활에 준 실질적 영향을 구체적으로 보여주는 몇몇 자료들을 선별적으로 소개하고자 한다. 일반적으로 유람단원들이 일본에서 목격한 많은 것들은 그들이 보기에 매우 신선하였다. 그리고 그중의 절대다수는 역시 소위 근대화의 산물들이었다. 몇 가지 예를 들어 보자.

① 철도

【민종묵의 기록】

철도는 명치 2년부터 시작하여 동경에서 요코하마까지 70여 리, 고베(神戶)에서 오사카까지 90여 리, 오사카에서 교토까지 120여 리가 놓였고 교토에서 오쓰(大津)까지, 오쓰에서 에치젠(越前)·쓰루(敦賀)까지가 연이어 완공되면 장차 전국이 연결된다고 한다. 이미 건설된 구간은 300여 里에 불과하지만 건설비용은 110여 만원에 이른다.[21)]

【조준영의 기록】

기차 철로는 여행객과 화물을 실어 나르기 위한 것이다. 산골짜기를 뚫고 하천과 계곡에 다리를 놓아 연결한다. 도쿄에서 요코하마까지, 고베에서 오사카·교토(西京)·오쓰 및 에치젠·쓰루까지 모두 300여 리이다. 철조로 길을 놓고 그 위로 바퀴가 가는데 딸린 차량의 수는 30량이다. 앞차가 출발하면 뒤차가 꼬리를 물며 따라간다. 한 시간에 100여 리를 간다. 수십 리마다 일국(一局)을 두어 여행객들이 타고 내리는 곳으로 삼는다.[22)]

---

21) 閔種默, 『聞見事件』, 奎1311-2, 8쪽.

일본의 철도 상황에 대한 보다 상세한 기록은 강문형의 수행원이었
던 강진형이 편찬한 기행기 『일동록(日東錄)』에서 보인다.

먼저 도쿄·요코하마 구간은 경오년 3월부터 건설하기 시작해서 임신
년 9월에 준공되었는데, 리로 계산하면 73리쯤 된다. 무릇 그 길을 닦기
에 앞서 산을 만나면 뚫고 물을 만나면 다리를 놓는다. 그 곧기가 화살
과 같아서 조금의 굴곡도 없다. 그 평평함은 숫돌 같아서 역시 고저가
없다. 이에 철 막대기를 4-5보 간격으로 길 위에 횡으로 묻고 다음으로
철 바퀴를 실을 철선체 4조를 철 막대기 위에 이어서 놓는다. 대개 철선
의 가운데는 구덩이가 파여 있고 아래위의 폭이 넓다. 철 바퀴는 안쪽이
볼록하고 바깥쪽이 평평하다. 바퀴의 볼록한 부분이 철선 속에서 회전
하는데, 조금도 어긋남도 없다. 설치된 4조 중 2조는 본선이라고 하고
2조는 부선이라 하는데, 각각 오는 차와 가는 차에 차이를 두어 서로 부
딪쳐서 파괴되지 않도록 한다. 또 지선이 있어서 철 바퀴의 방향을 바꾸
는 곳으로 사용한다. 차제(車制)는 한 량이 마치 2간 방과 같은데, 양옆
깔린 널판이 약간 높아서 걸터앉을 수 있고 사면에 뚫린 창이 열리고
닫혀서 시원한 바람을 쐴 수 있다. 한 량에 수십 명을 수용할 수 있고
상등·중등·하등의 구별이 있다. 등별로 요금을 걷는데, 고하에는 큰
차이가 있다. 화륜은 단지 앞 차량에만 설치되어 있고 차례로 나사를 사
용하여 차량을 이었는데, 한 량 한 량 이어진 것이 수십 량에 달한다.
화륜하나가 한 시간에 100여 리를 가는데, 빠르기가 마치 번개가 지나는
것 같지만 사람들은 그다지 흔들리지 않는다. 20리마다 객사 하나를 설
치하고 관인을 두어 여행자들을 검사하고 요금을 거둔다. 승차하는 사
람에게 표를 주고 하차하는 사람에게서 표를 거둔다. 표에는 모두 상
백·중청·하홍 삼등의 구별이 있고 이것을 살펴서 요금을 거두는데, 조
금도 문란함이 없다. …… 달리거나 정지할 때에는 반드시 알리는 신호
가 있다. 정지할 때는 적색기를 사용하며 빨리 달릴 때는 백색기를 사용
하고 천천히 갈 때는 녹색기를 사용한다. 야행에는 등의 색깔로 나타낸
다. 싣는 것은 비록 보따리 속의 물건이나 작은 동물에도 모두 정해진
요금을 계산하는데, 30근 이하는 5리에 4전, 10리에 8전, 60근 이하는 5리

---

22) 趙准永, 『聞見事件』, 奎1311-1, 6쪽.

에 6전, 10리에 15전이다. 데리고 탄 동물은 5리는 반전, 10리는 1전이고 100리까지는 이것을 기준으로 한다.[23]

또 하나의 기행기 자료, 즉 이원회의 수행원이던 송헌빈의『동경일기』에는 자신이 직접 기차를 타고 교토에서 비와호(琵琶湖)까지 갔던 체험이 기록되어 있는데, 여기에는 철도 건설 정황이 언급되고 있다.

교토(京都)과 비와호 사이에는 커다란 골짜기가 있는데, 산을 뚫어 구멍을 내서 철로를 통한 것이 5리이다. 구멍은 무지개 모양인데, 모두 자줏빛 벽돌을 석회로 메워서 쌓았다. 거의 사람의 힘을 쓰지 않았다고 하니, 그 부강함을 알 수 있다.[24]

② 우체국

일본 우체국 설치에 대해서는 민종묵의 아래와 같은 기록이 있다.

우편국은 명치 4년에 처음 설치된 이래로 12년이 되었다. 국내의 도부(都府)·시읍 및 연맹 각국의 문서·물품 등 왕복·체송건들은 그 양의 경중과 지역의 원근에 따라 그 요금을 정하는데, 법규가 아주 많다. 또 지소(支所)도 대략 3,900 소에 이른다.[25]

또한 강문형의 아래와 같은 기록도 있는데, 그 속에는 우체통·집배원·우표 및 우편료 등에 대해 꽤 자세한 내용이 언급되고 있다.

우체국을 개설하고 관리와 집배원을 두는 것은 공사가 소식을 주고받는데 편리하게 하려는 것이다. 그 법을 살펴보면, 마을의 가도마다 우체통을 세우는데, 동으로 주조하거나 돌로 만든 것들이다. 서신을 보내려는 자는

23) 姜晉馨,『日東錄』, 奎7774, 39-40쪽.
24) 宋憲斌,『東京日記』, 奎章閣, 古4710-4, 14쪽.
25) 閔種默,『聞見事件』, 8쪽.

거리에 상관없이 다만 서신이 가는 곳의 지명에 전표를 부쳐서 우체통에 두면, 집배원들이 시간마다 수거하고 그 지역별로 분류하여 다음 우체통에 넣고 그 다음 집배원들이 다시 수거하여 다음으로 전하는데, 이것으로 기준을 삼는다. 1일에 100리를 간다. 외국의 먼 곳까지 통하지 않는 곳이 없다. …… 관에서 먼저 전표를 제조하는데, 몇 원에서 몇 전에 이른다. 돈을 받고 표를 팔면, 서신을 부치는 자는 그 서봉(書封)의 경중에 따라 전표를 사서 서봉에 붙인다. 무게가 1전이면 전표 10개를 붙이고 무게가 2전이면 전표 20개를 붙인다. 무게가 3전 이상이면 가격은 배가 된다. 1년 매표금은 지세와 비슷하다고 한다.[26]

③ 전보

전신국 즉, 전보국의 설립에 대해서는 조준영의 아래와 같은 기록이 있다.

도쿄에 중앙국을 설치하여 사방을 통괄한다. 그 제도는 동으로 선을 만들어 육로에 가설하고 물속에 침연하여 늘어뜨린다. 양 귀퉁이에 계기가 있어서 음신을 전달하여 서양 글자 24자로 서로 소식을 전한다. 비록 천만리라고 눈 깜짝할 사이에 전달되며, 글자의 다과에 따라 또한 그 요금을 지급한다. 요지를 택하여 분국을 설치하는데, 분국은 80여 所가 있으며 사람들이 사적으로 가설하여 관선에 연결하고자 하면 정부가 그것을 허가한다.[27]

강진형이 편찬한 『일동록(日東錄)』의 전보에 대한 기록도 상당히 상세하다.

전기보는 동으로 선을 만드는데, 직경이 매우 가늘다. 서양인들이 만든 전기를 사용하며, 수상이나 수중에 가설하여 선을 연결하고 양 귀퉁이에는

---

26) 姜文馨, 『聞見事件』, 21-22쪽.
27) 趙准永, 『聞見事件』, 5-6쪽.

계기를 연결한다. 전하는 소리는 비록 만리여도 즉각 도달한다. 전기가 만리에 소식을 전하는 데는 이쪽과 저쪽에서 단지 접시 모양의 물건 하나에 의지한다. 그 속에는 바늘이 있고 네 둘레로 글자가 있는데, 바늘이 돌아서 글자를 가리키고 가리키는 것에 따라 기록하면 한 편의 글이 된다. 예를 들어 원(元)을 가리키고 형(亨)을 가리키고 이정(利貞)을 가리키면 원형이 정(元亨利貞)이라고 하는 그런 류이다. 이쪽의 바늘이 돌 때 저쪽의 바늘 역시 돈다.[28]

이밖에 민종묵의 기록에서 우리는 당시 전보 발송 가격을 알 수 있다.

　도쿄에서 가장 동쪽에 있는 오카루국(小樽局)까지는 일문(日文, 和文)48전, 구미문(歐美文, 橫文) 2원 50전이고 가장 서쪽에는 가고시마국(鹿兒局)까지는 일문(和文) 49전, 구미문(橫文) 2원 50전이다.[29]

④ 병원

민종묵은 그가 교토(京都)에 있을 때 목격한 병원의 풍경에 대해 다음과 같이 기록하였다.

　병원은 역시 동구내(東區內)에 있다. 건물이 넓고 원내에는 각각의 장기에 따라 일을 처리하는 사람이 26명, 견습이 300명이다. 일 년을 통틀어 원외·원내에서 치료를 받는 환자는 70,000여 명이다. 병을 치료하는 도구는 모두 은이나 동을 이용해 만든 자르고 벗기고 침을 놓는 데 쓰는 도구이다. 각기 20,000여 종이 있는데, 각각 그 수를 알 수 없을 만큼 많다. 침상이 늘어서 있고 또 병을 치료하는 데 사용하는 각종 기기가 설치되어 있다. 오로지 서양에서 만든 물약을 사용하는데, 서양 교사를 초청하여 만든 것들이라고 한다.[30]

---

28) 姜晉馨, 『日東錄』, 43-44쪽, 姜晉馨은 자신이 목격한 電報 操作 情況을 기록하였을 뿐 아니라 電報의 작동 원리 및 각국 電報 건설의 간단한 소개를 상세히 조사 기록하여 수천 字의 방대한 "電信之法"을 작성하였다. 『日東錄』, 44-52쪽.

29) 閔種默, 『聞見事件』, 8쪽.

이밖에 송헌빈은 오사카에 있는 병원을 시찰한 후 다음과 같은 기록을 남겼는데, 그 속에는 당연히 서양 의학에 대한 이해 부족에서 생긴 오해도 있었다.

병원 옆 좌우로는 길게 행랑이 늘어져 있다. 병을 치료중인 사람이 무려 수백 명이고 의사 역시 이처럼 많다. 병을 치료하는 용구는 대부분 자르고 벗기고 뚫어서 통하게 하는 것들로 체증이 있다면 기다란 그물 같은 것으로 입에서부터 아래로 뚫고 대변이 통하지 않으면 작은 통을 항문 속에 집어넣는다. 탕제를 쓰지 않고 오로지 환약과 가루약을 쓴다. 피부를 벗긴 인형에는 구·장부가 표현되어 있는데, 정말 놀랍다. 환자가 죽었을 때는 장부를 가르고 살펴서 병이 생긴 곳을 검사한다. 그 기술이 아주 정교함을 알 수 있지만 그 마음 씀은 정말 잔인하다. 이것이 어찌 어진 사람이 행할 바이겠는가? 괴이하고 두렵다.[31]

⑤ 쾌속선

마찬가지로 『동경일기』에서 우리는 일본 국내 수로를 활용하여 여객을 운송하는 대형 증기선—쾌속선(飛脚船)에 대한 기록을 발견하게 된다.

도쿄에서 타는 미쓰비시사(三菱社)의 쾌속선 히로시마 마루호(廣島丸號)는 배의 길이가 60간이고 넓이는 8간, 높이는 7-8장이다. 사람이 거주하는 곳은 세 층이 있는데, 상층과 중층은 모두 상등의 사람이 머문다. 양쪽으로 커다란 방이 꾸며져 있으며 중간에 작은 방이 꾸며져 있는데, 방한 칸은 겨우 한 사람이 누울만하다. 필수적으로 담요가 깔려있고 비단 장막이 드리워져 있다. 그 중에 왕왕 긴 탁자가 수십 간에 걸쳐 놓여 있으며 탁자 위에는 비단 보와 금은·유리 등이 놓여있고 보 위에는 다기와 술병 등이 늘어져 있으며, 위쪽으로는 유리가 설치되어있어서 확 트여있다. 방

---

30) 関種默, 『聞見事件』, 19쪽.
31) 宋憲斌, 『東京日記』, 8-9쪽.

마다 유리등이 결려서 환하게 비춘다. 하층에는 배 뒤편에 큰 방이 만들어져 있고, 중간이나 작은 방에는 합쳐서 46인이 머무는데, 그 만들어진 것은 역시 하등이라 할 수 있다. 앞에는 판을 막아서 25간이 하나로 통하는 큰 방을 만들었는데, 100여 명을 수용할 수 있다. 상중하 삼등으로 말하면 비록 하등의 사람이라도 상중등의 뱃삯을 내면 상중등에 머물고 하중등의 인간이라도 하등의 뱃삯을 내면 하등에 머문다. 배의 중간에는 증기 기관이 있고 배 밖에는 양쪽으로 커다란 철 바퀴가 설치되어있어서 명륜선(明輪船)이라고 불린다. 안쪽의 증기 기관이 한번 움직이면 배 밖의 '명륜'이 따라서 도는데, 배가 가는 것이 마치 나는 것 같다.[32]

⑥ 잠수복

한편 송헌빈의 『동경일기』에는 일본인의 잠수복 사용에 대한 흥미로운 기록을 발견할 수 있다.

부두를 축조하는 사람들이 물 밑으로 들어갈 때는 머리에는 유리 항아리를 쓰고 몸에는 물에 젖지 않는 물건으로 만든 옷을 착용한다. 발에는 가죽을 이용해 만든 장화를 신는데, 장화의 바닥은 납으로 만들어 물에 들어가도 떠오르지 않게 한다. 옷의 위쪽은 유리 항아리의 아래 구멍과 연결되고 옷의 아래쪽은 가죽 장화의 윗구멍과 연결된다. 또 한 쌍의 통기(通氣) 도구를 물 밖으로 내어 놓는다. 물 밖의 사람이 통기 도구를 들고 그 움직임에 따라 이리저리 조종하여 공기를 통하게 하므로 종일 물속에서 작업해도 지장이 없다. 역시 정교하다고 할 만하다.[33]

(3) 국채 문제

거의 모든 견문 자료 속에는 당시 일본정부의 국채 문제가 언급되어 있는데, 아래에서는 몇 가지 사료를 인용하여 설명하도록 한다.

---

32) 宋憲斌, 『東京日記』, 15-16쪽.

33) 宋憲斌, 『東京日記』, 15쪽.

　　국채란 정부가 진 공채로, 세입의 부족을 보충하려는 것인데, 그 채권주
가 내국인이면 내국채라고 하고 외국인이면 외국채라고 한다. 재정 운영에
서 부득이 나타나는 권도(權道)로 일본의 봉건 시기부터 이미 시행되었다.
그러나 증서를 만들어 매매하게 된 것은 구미(歐美)의 법을 취한 것이다.
오늘날 지고 있는 국채의 합계는 삼억육천삼백삼십이만칠천이백칠십사원
이다. 이상의 각종 국채는 앞으로 26년 기한으로 모두 갚겠다고 한다.[34]

　　여기서 언급한 "증서를 만들어 매매하게 된 것"이란 말은 당시 일본
에서 이미 국채권 발행과 유사한 근대적 경제 운용 방식이 시행되고
있었다는 것을 말해준다. 동시에 우리는 당시 일본의 국채 액수 역시
한 자릿수까지 정확히 알 수 있는데, 이 숫자는 다른 유람단원의 기록
과 비교해 보아도 큰 차이가 없는데,[35] 당연히 당시 일본의 공식 통계
에 근거하였기 때문임을 알 수 있다.

　　일본이 근대화를 추진하던 과정에서 지출한 각종 비용은 상당히 많
았는데, 조준영의 말에 따르면, "개혁이후 각국과 외교를 맺으면서 사
절의 파견(差遣), 공사관(公使公廨)의 설치, 기계 설비에서 낭비가 많아
졌다."고 하였다.[36] 또 민종묵이 조사한 일본 명치 기묘년 7월에서 경
진년 6월까지의 국가 예산 상황에 따르면, 1년 국가 수입 총계는 5,565만
원 남짓이고 국채 원금과 이자 상환, 각종 지출을 빼면 겨우 150만 원
이 남는다.[37]

---

34) 閔種默, 『聞見事件』, 5-6쪽.

35) 趙准永의 『聞見事件』에는 "內外新舊現在公債至爲三億六千三百三十二萬七千圓
之多"라고 기록하였고(奎1311-1, 第3頁); 李憲永의 『聞見事件』에는 "自內國至外
國而公債之漸積, 今爲三億六千三百三十二萬七千九百七十餘圓."(奎1311-3, 第4頁);
嚴世永의 『聞見事件』에는 "國債積至於三億萬有餘"(奎1311-4, 第7頁); 姜文馨의
『聞見事件』에는 "內外國債猶爲三億五千八百四萬七千二百九十一圓"(奎15250, 第
4頁)라고 기록되어 있다. 거의 차이가 없다.

36) 趙准永, 『聞見事件』, 3쪽.

　　당시 일본의 국가경제 상황에 대해 조선 유람단원들은 각각 관찰자적 입장의 평가를 내놓고 있다.

　　【강문형】국가 재정이 부족하여 인쇄국은 지폐를 제조하여 자신들이 먼저 사용하고 간민배들은 그 틈을 타서 가짜를 만든다. 진위가 섞여서 여러 사람들이 피해를 본다. 금 · 은전의 경우 모두 서양 제국에서 유입된 것들이다. 비록 일본이 만전을 주조하였다고 하지만 이는 종이 위의 헛된 말일 뿐이며 물가가 앙등하여 백성들이 안심하고 살기 어렵다.[38]

　　【민종묵】이른바 종이로 만들어 (金屬) 화폐의 값어치를 하게 한 것이 화폐이지만 화폐가 아닌 것과 같다. 그래서 얻은 자는 저장하려고 하지 않고 쓰는 자 역시 가볍게 여긴다. 이 때문에 화폐 발행 경로가 여러 갈래여서 물가가 뛰어오른다. 또 상품이 시장에 나오면 보통 금 · 은화는 푼돈까지도 서양인들에게 주고 바꾸어 가버리니, 백성들은 어찌할 바를 모르고 생활은 점차 궁핍해진다. 형세가 편안하지 못해 예전만 못하다는 탄식이 없는 곳이 없다.[39]

　　【이헌영】국채가 쌓여서 3억만이 넘는데, 이는 30년 동안 쓸 예산에 해당한다. 이 한 가지 사실로 미루어보면 그 텅 비고 실질이 없음을 알 수 있다. 지식인들의 걱정과 탄식이 언변에서 많이 발견된다.[40]

　　【조준영】금 · 은화는 모두 외국인들 손에 돌아가고 동화와 지폐만이 국내에 유통된다.[41]

　　【엄세영】메이지 3년 11월에서 12년까지 금화 5,200여만 원, 은화 2,813여 원, 동화 486만 원, 총계 8,621만 9천 원을 발행하였다. 신화(新貨)가

---

37) 閔種默, 『聞見事件』, 6쪽.

38) 姜文馨, 『聞見事件』, 4쪽.

39) 李憲永, 『聞見事件』, 奎1311-3, 4쪽.

40) 嚴世永, 『聞見事件』, 奎1311-4, 7쪽.

41) 趙准永, 『聞見事件』, 6쪽.

이렇게 많이 발행되었지만 그 태반은 해외로 유출되어 무역 불균형을
보완하는 데 쓰였다. 그 나머지는 국내 관민들이 갖고 내놓지 않아서 매
매에서는 거의 자취를 감췄다. 지금 사용되는 것은 다만 정부에서 발행
한 지폐 1억여 원과 각국 은행에서 발행한 지폐 수천 만 원이 있다. 근
래 지폐 가치가 크게 감소하고 물가가 뛰어서 만민이 고통을 겪는다. 비
록 그 원인을 짧은 시간에 알기는 어렵지만 지폐를 과도하게 발행하여
이런 폐해에 생겼다고들 하니, 그 설명이 타당해 보인다.[42]

상술한 자료에서 우리는 대략 두 가지 중요한 문제를 추론할 할 수
있다. 첫째는 외부 국채 상환과 무역 적자 등으로 인한 결제가 모두
금·은으로 이루어지면서 일본 국내 금은화폐가 외부로 대량 유출되었
다는 것이다. 둘째는 일본정부가 국가재정의 부족으로 인해 지폐 발행
을 대량으로 늘리면서 일정 정도 국내 통화의 팽창을 초래하였다는 점
이다. 이로 인해 관찰자인 유람단원 거의 대부분은 일본의 근대화 건
설을 어느 정도 국내 민중 생활의 질을 대가로 한 것이라는 인식을 갖
게 되었다.

여기에서 국채문제를 논의하는 까닭은 주로 다음과 같은 이유 때문
이다. 유람단원들의 일본 국채문제에 대한 관찰에서 발견할 수 있는
또 하나의 문제는 바로 근대화 과정이 발전과 진보를 가져오는 동시에
불가피하게 얼마간의 부정적 요소를 동반할 수 있다는 것이다. 일본,
중국을 막론하고 그 근대화 진행 과정의 긍정적·부정적 면모를 동시
에 볼 수 있을 때, 이른바 근대화라는 문제를 더욱 잘 이해할 수 있을
것이다.

---

[42] 閔種默, 『聞見事件』, 7-8쪽.

2) 영선사 김윤식이 본 중국 근대화 광경

"신사유람단" 단원들이 일본 사회를 관찰하고 여러 방면에 대량의 문헌자료를 남긴 상황과는 달리 영선사 김윤식이 중국에 대해 남긴 중국 근대화 관련 자료는 제한적이었다. 김윤식이 남긴 기록들이 중국 근대화 발전 내용을 잘 반영하고 있는 것을 부정할 수는 없지만 그 내용은 주로 공업제조 방면, 특히 군수산업에 집중되어있다. 그렇더라도 이 내용들은 대체로 당시의 근대화 광경에 대한 어느 정도의 윤곽을 제공한다.

청정부가 양무운동을 전개한 이후, 기계제조업은 군수산업을 통해 신속한 발전을 이룰 수 있었다. 비록 양무운동이 정치적인 면에서는 실패로 끝났지만 이 기간에 마련된 기계제조업의 기초는 여전히 남아 있었다. 조선사신 김윤식의 눈에 통해 보면, 1882년 청조의 기계제조업 발전은 충분히 감탄을 자아낼 만한 수준에 도달해 있었다. 반면 중국인으로서 이 시기의 역사를 회고할 때 우리는 거의 흥미를 느끼지 못하는 것 같다. 이것은 아마 결과론적인 해석에 기인할 것이다. 타자의 눈을 통해 그 가려진 성취를 다시 살펴보고자 한다.

(1) 천진 기기국

1882년 3월 2일(음력 정월 초3일) 처음 천진 기기제조국을 참관한 김윤식은 곧 광대한 규모의 기계 생산 광경에 감탄하였다. 그는 일기에서 당시 중국에서 보고 느낀 것에 대해 아래와 같이 기록하였다.

식사를 마친 후 다시 겸산(兼山)과 함께 기기(機器)·번사(翻砂)·목양(木样)·화동(画图)·전기·화약 공장을 차례로 참관하였다. 각각 커다란 증기 터빈이 있고 여러 작은 바퀴들이 따라서 회전하고 있었다. 아래에는 전동 장치가 설치되어 있고 위로는 철통이 가설되어 있는데, 연결된 수는

30간이다 수많은 기기들이 모두 하나의 터빈의 힘을 이용한다. 우측으로 도는 것, 좌측으로 도는 것, 아래로 구멍 뚫는 것, 옆에서 구멍 뚫는 것, 철을 자르는 것, 칼을 가는 것, 맷돌처럼 나무를 깎는 것들이 있었다. 동을 평평하게 펴는 롤러와 철을 녹이는 것들에는 냉수와 온수가 들고 난다. 마치 하늘의 일월·오성이 각기 그 경로를 따라 도는 것 같다. 빠르기는 종횡이 서로 다른데, 거의 흔하게 생각할 수 있는 것들이 아니다. 가장 신기한 것은 전기가 부리는 조화로 이루다 형용할 수 없다.[43]

이밖에 김윤식의 기록에는 뜻밖에도 1882년 천진 기기제조국의 주요 기술의 핵심 요원들의 명단이 남겨져 있다.

동국수사학당(東局水師學堂) 한문교습(漢文敎習) 동원도(董元度)·고돈이(顧敦彝)·양춘선(楊春選), 양문교습(洋文敎習) 엄종광(嚴宗光)·허조기(許兆基)·조렴정(曹廉正), 양창대교습(洋槍隊敎習) 변장승(卞長勝).

수뢰학당(水雷學堂) 한교습(漢敎習) 소서종(邵瑞琮)·매영계(梅暎桂), 양교습(洋敎習) 정우징(鄭宇澄).

남국(南局) 우성재창병(牛星齋昶炳)·공로경조여(龔魯卿照瑛)·동예각(董藝閣), 동국목공방(東局木工房) 교습공장(敎習工匠) 후영순(候永順)·기기방(機器房) 교습공장(敎習工匠) 동수원(童修元)·왕기(王起)·손기당(孫起堂), 공두(工頭) 왕기순(王起順)·포의삼(鮑義杉)·양아생(梁阿生)·황윤추(黃潤秋), 목공두(木工頭) 주장경(周長慶), 동모방공두(銅冒房工頭) 조순(趙順)·진정(陳正)·장득발(蔣得發)·조득성(趙得成), 화약공두(火藥工頭) 왕영래(王永來)·류덕(劉德)·반기(潘起)·류장태(劉長泰), 강수(鏹水) 당명의(唐明義).

남국전창(南局前廠) 강서영(薑瑞永)·송서양(宋瑞陽)·오등고(吳燈高), 기기후창(機器後廠) 오봉산(吳鳳珊)·번사창(翻砂廠) 구양만 (歐陽滿).

전기(電氣)·화도(畫圖)·목양(木樣) 곽량순(霍良順), 또 증좌덕(曾左德)·반명담(潘明譚)·문화(文華) 등 삼인이 있었다.[44]

---

43) 『領選日記』, 516쪽.

44) 朝鮮의 학생과 장인들이 機器局에 입학하자, 金允植은 上下에 뇌물을 주는데, 機器局의 핵심 요원들에게 일일이 送禮하였고 아울러 送禮淸單을 日記에 기록하

천진 기기제조국은 당시 중국 국내 근대화 기술의 최고 수준을 대표하는 곳이었다. 때문에 이 명단은 오늘날 천진 기기제조국의 역사를 연구할 때 가치가 있다. 이 명단을 통해 당시 천진 기기제조국의 규모와 인력 배치 상황을 짐작할 수 있다.

거대한 기계 생산 광경 외에도 김윤식이 천진에 있는 동안 목격한 많은 것들은 그에게 매우 새로웠다. 이들은 김윤식에게 깊은 인상을 남겼다.

(2) 화륜선

김윤식은 천진(天津)에서 중국의 첫 번째 화륜선(火輪船) 시험 건조를 목격하였다.

동성(東城)의 아래쪽에는 작은 화륜선이 있는데, 새로 건조된 것이다. 성 밖 작은 하천에 세워 두었는데, 군인들이 도랑을 파고 물을 채워서 천진까지 운송할 것이라고 한다. 이중당(李中堂)은 장차 화륜선 건조를 확대하려고 하는데, 이것은 우선 시험 삼아 만들었기 때문에 작다고 하였다. 밤이 깊어서 배에 오를 수는 없었고 건조하는 광경만을 살폈다.

16일 …… 이에 어제 갔던 곳에 올라가 보았다. 화륜선의 길이는 8간이나 되었고 폭은 2간이 넘었다. 선두에는 증기 연통과 철륜이 설치되어 있다. 중간에는 전동 장치가 연결되어 있다. 내용은 갖추어졌으나 규모가 작다. 안에는 의자가 설치되어있고 방바닥이 선명하다. 사면에는 유리창이 설치되어있고 채색 장막을 드리웠다. 벽에는 많은 시계들이 걸려있다. 이곳은 중당이 거처하는 곳이라고 한다.[45]

였다. 이 명단은 이렇게 남겨진 것이다. 『領選日記』, 520-521쪽.
45) 『領選日記』, 518쪽.

(3) 전보

김윤식은 중국 최초의 전보 선로 가설을 목격하였다.

> 이쪽에서 전선이 보인다. 천진에서 시작해 상해에 이르는데, 2,000여 리
> 이다. 수십 보마다 장대를 세우고 구리선 두 줄을 걸어서 선로를 연결하였
> 다. 행인들이 그 아래를 왕래하는데도 감히 손상시키는 일이 없으니, 법규
> 의 엄중함을 알 수 있다.[46]

(4) 전화

김윤식은 또 중국의 전화기 모방 제조를 목격하였다. 이것은 무척
흥미로운데, '신사유람단'의 일본 시찰 자료에서는 시종 전화와 관련된
기록을 발견할 수 없기 때문이다.

> 전기국에 가서 어화통(語話筒)을 보았는데, 양 귀퉁이에 구리선이 메여
> 있었다. 귀 기울여 들으면 대략 식별할 수 있다. 역시 외국에서 사온 것이
> 다. 이 공장의 공두(工頭) 주장경(周長慶)은 장차 모방해서 만들 것이라고
> 한다.[47]

(5) 강도와 서양식 총

이런 흥미로운 사건도 있다. 김윤식이 천진에 있는 동안 일찍이 청
정부에 보고하였던 학생 강도 사건은 매우 흥미롭다. 김윤식의 보고에
는 다음과 같이 기록되어 있다.

> 어제 아침 학생 이현선은 천진기기국을 출발하면서 여장(旅裝)과 은물
> (銀物) 등의 물건을 휴대하였다. 길을 간지 50리만에 금종하(金鍾河)를 지

---

46) 『領選日記』, 472쪽
47) 『領選日記』, 564-565쪽.

'신사유람단'과 '영선사'를 통해 본 동아시아의 근대화 **441**

나는데, 영하현(寧河縣) 관할인 대봉교리(大封橋里) 근처, 북쪽으로 부어갑
(怀魚闸) 18리, 남쪽으로 산령장(山嶺莊) 15리 지점에서 4명의 도적을 만났
다. 나이는 30대에서 20대까지 들쭉날쭉했다. 모두 말은 타지 않았고 각자
의 손에 서양식 소총을 들고 있었다. 소유한 은자(銀子)와 의복 등을 모두
빼앗겼다. 다행히 목숨은 건져서 돌아왔다.[48]

우리는 이 강도 사건 기록 속에 나오는 4명의 강도는 놀랍게도 "각자
의 손에 서양식 소총을 들고 있었다." 이렇게 신식무기를 활용한 강도
사건은 당시 중국에서 서양식 총이 이미 희귀한 물건이 아니었다는 것
을 보여준다. 사실 김윤식의 다른 몇몇 기록을 통해 보아도 당시 천진
기기국의 군기 제조 생산량은 이미 높은 수준에 있었는데, 이 강도들이
'서양식 소총'을 사용한 것을 보면 국내에서 생산된 서양식 총의 가격
은 결코 비싸지 않았을 것이다. 우리는 이 작은 사건을 통해 당시 청조
의 기기제조업의 발전 상황을 대략 짐작할 수 있다.

4. 맺음말

19세기 한국에서 발생한 두 가지 역사적 사건은 일정 시기 근대화
개혁을 경험했던 동시기 중국과 일본 양국의 역사적 모습을 보여준다.
비록 양자가 나아갔던 방향이 완전히 동일하진 않았지만, 한 가지는 긍
정할 수 있을 것이다. 그것은 양국의 근대화 개혁이 모두 실제적인 성
과를 얻었고 동시에 몇몇 문제들이 존재하였다는 점이다. 전면적인 서
구화를 지향했던 일본의 근대화 개혁은 궁극적으로 근대화의 성과를
사회 각개 각층에 뚜렷하게 나타나도록 하는 데는 성공하였지만 전면

---

48) 『領選日記』, 510・511쪽.

적이고 급진전인 발전은 일정정도 국가재정의 고갈을 야기하였다. 중국의 정황에 대해 말하면, 일정 범위 내의 제한적인 근대화 개혁, 구체적으로 기계 제조업과 군수 산업 위주의 선행적 발전은 마찬가지로 긍정적인 성과를 얻었고 또 일본에 비해 낙후되었던 것은 아니라고 할 수 있지만, 중국의 근대화에서 제한성의 문제는 아주 심각했고 이미 획득한 근대화 성과를 충분히 발휘하지 못하는 결과를 초래하였다.

다시 한국의 정황을 살펴보면, 조선왕조가 개화와 무비자강의 필요성을 의식하였을 때는 시작은 늦었지만 그들이 맞이한 기회는 사실 전례 없이 좋은 것이었다. 이웃의 중·일 양국이 일정기간 근대화의 길을 탐색하면서 각종 경로를 통해 쌓았던 경험과 교훈이 전해진 후였으므로, 조선은 사실 양쪽의 경험을 종합하여 장점을 취하고 단점을 보완하는 학습과 실천을 진행할 수 있었다. 또 그들은 바로 이런 일을 하려고 했다. 그러나 당시 문제는 그들이 자기를 발전시킬 만한 충분한 시간을 가질 수 없었다는 것이다. 궁극적으로 내우외환의 전반적인 사회 환경은 그들이 순조롭게 발전적인 진보로 나아가는 데에 방해가 되었다. 앞의 이런 정황들을 연계해보면 우리 앞에는 한 폭의 완정한 19세기말 동아시아 근대화의 모습이 나타난다.

'신사유람단'과 '영선사'의 파견은 우리들에게 중·일 근대화 개혁의 모습을 관찰하고 비교할 수 있는 좋은 기회를 제공한다. 사실 이런 기회의 출현은 우연적이거나 유일한 것은 아니다. 근래 학자들은 한국 소장 문헌자료를 지속적으로 발굴하고 이용하고 있는데, 이는 대개 두 종류의 자료에서 나타났다. 하나는 조천록(朝天錄)과 연행록(燕行錄) 자료, 즉 조선 사절이 중국을 왕래한 기록이다. 다른 하나는 통신사 문헌, 즉 조선 사절이 일본을 왕래한 기록이다. 따라서 이 두 자료를 함께 연계시킨다면 특정 시기 중국과 일본 양쪽의 정황과 관련된 동시대 기록을 찾는 것이 가능하다. 본문에서 언급한 '신사유람단'과 '영선사'는 엄격히 말해 연행사와 통신사 기록의 범주에는 들지 않지만, 기본적으로 상술한 사료들의 상황과 동일한 성격을 갖는다. 그리고 이런 사료들은 관련 연구자들에게 새로운 연구 방향과 성과의 도출할 수 있게 해 줄 것이다. 이는 사료적 가치의 문제일 뿐만 아니라 사료 상황이 형성된 역사적 배경과 관련해서도 흥미롭다. 즉 한국에 보존된 사료를 통해 중 · 일 양국의 역사 서술을 긴밀하게 연결할 수 있다기보다 오히려 한국 역사가 동아시아 3국 관계 속에서 본래 흥미로운 중간자적 역할을 해왔다고 할 수 있는 것이다. 사료의 보존이나 역사적 역할의 특수성과 관계없이 한국이 동아시아사 연구에서 점차 중요한 역할을 할 것으로 보는 것은 어렵지 않다.

오늘날 역사학계의 많은 학자들에게 동아시아사, 동양사 등의 표현 방식은 생소하지 않다. 학자들은 때때로 이러한 표현 방식의 지지자가 되는 것을 마다하지 않는다. 실제로 이러한 표현은 동아시아에 대한 전체적인 고찰을 진행하는 하나의 이념이자, 방법적 합의가 될 것이다. 서구학계가 아시아사, 동아시아사를 강조하는 까닭은 그 학술 맥락 속에서 출현 · 발전한 지역사 연구의 갈망에서 기원한다. 동아사아라는 이 하나의 범주의 직접적 대상인 중국 · 일본 · 한국에 대해 말하면 학계가 이를 수용하기 위한 관념상의 큰 문제는 없다. 동아시아 3국 학계가 동아시아사 연구를 중시하는 것에는 서양 학문의 영향이 크다는 것을 부정 할 수는 없지만, 결국 각자의 고유한 학술 · 문화 전통을 여전히 가장 중요한 요소로 보아야 할 것이다. 예컨대 중국학계에서는 지금까지 중화문화권 · 유가문화권 등의 표현 방식이 있었다. 일본학계는 비록 '탈아입구(脫亞入歐)'의 측면이 있지만 '대동아(大東亞)'라는 학술 전통 역시 시종일관 기저에 흐르고 있었다. 한국학계는 줄곧 동양사

연구를 중시하는 전통이 있었다. 현재의 실제 상황이 어떻든 의심할 수 없는 것은 장기적인 관점에서 볼 때, 동아시아에 위치한 3국 학계가 자신들의 문제를 연구하는 것이 서구의 학계에는 없는 장점과 더욱 넓은 발전공간을 가지고 있다는 점이다.

동아시아사 연구가 강조하는 것은 동아시아를 하나의 지역으로 간주하여 전체적인 고찰을 진행하는 것이다. 어쩌면 이것의 달성은 사실 결코 간단하지 않다. 여기에서 전체라는 말이 강조하는 것은 일종의 내재적인 결합이다. 구체적으로 말하면, 동아시아라는 하나의 지역적 범주 안에서 어떤 특정 현상이나 사건에 초점을 맞추어 서로 다른 국가 혹은 지역 간의 모종의 관련성을 찾을 수 있는지, 또 그것을 통해 모든 동아시아 문제의 이해와 인식에 보탬을 줄 수 있는지가 관건이다. 만약 그렇지 않다면, 이른바 동아시아사는 단지 동아시아를 하나의 공허한 기호로 삼아서 각국이 각자의 입장과 각도에서 서로 다른 서술을 진행하는 것에 불과하며 이것은 아무런 의미가 없다고 할 수 있을 것이다. 동아시아사라는 관념은 문제를 사고하는 하나의 새로운 시각을 제공한다. 이것은 하나의 가능성이라고 할 수 있다. 즉 종전의 동아시아 3국의 국가별 역사 전개를 기준으로 한 서술이 동아시아 지역의 전체 구조를 충분히 포함하는지를 다시 고려한다면 우리는 동아시아라는 거대한 배경 아래에서 문제들을 이해할 수 있을 것이다.

마에마 교사쿠(前間恭作)와
아유카이 후사노신(鮎貝房之進)의 교류

자이잔로(在山樓)문고 자료를 중심으로

시라이준

1. 머리말

마에마 교사쿠(前間恭作)는 1891년부터 1911년까지 조선에서 통역관으로 활동하면서 재야에서 조선을 연구한 인물이다. 1924년 1월, 마에마 교사쿠는 조선에 체재하는 동안에 모은 장서인 자이잔로(在山樓)집서를 동양(東洋)문고에 기증하고[1] 재야 연구자로서 평생 조선연구를 계속하였다. 그의『교정 교린수지(校訂 交隣須知)』(1904) ·『한어통(韓語通)』(1909) ·『용가고어전(龍歌古語箋)』(1924) ·『계림유사려언고(鷄林類事麗言攷)』(1925) ·『조선의 판본(朝鮮の板本)』(1937) ·『반도 상대의 인문(半島上代の人文)』(1938) ·『훈독이문(訓讀吏文)』(1942, 사후 간행) ·『고선책보(古鮮册譜)』(1944 · 1956 · 1957, 사후 간행) 등은 조선학의 기초를 구축했다고 해도 과언은 아닐 것이다. 그러나 그에 관한 연구로는 스에마쓰 야스카즈(末松保和)의 「마에마 선생님 소전(前間先生小傳)」[2]밖

---

1) 두 번째 기증은 1942년에 마에다 교사쿠가 죽고 난 뒤 유족이 조선본을 도요문고에 기증했다.

에 없어, 마에마가 어떻게 연구를 전개했는지, 어떠한 인간관계나 동기
가 있었는지 등과 같은 구체적인 내용은 전혀 밝혀지지 않았다.

본고는 규슈(九州)대학이 소장하고 있는 자이잔로(在山樓)문고 자료
를 이용해 마에마 교사쿠와 아유카이 후사노신(鮎貝房之進)의 교류를
밝히고자 하는 것이다. 자이잔로문고란 규슈대학 조선사학 연구실에
소장되어 있는 마에마 교사쿠의 편지나 일기·원고·메모·통장 등과
같은 사적 자료를 말한다. 이 자료는 손자인 마에마 료지(前間良爾, 전
사가(佐賀) 대학 교수)가 1980년 9월 16일 하코자키(箱崎)의 고택에서
규슈대학 조선사학 교실에 기증한 것이다. 규슈대학 조선사학 교실 주
임교수인 오사 마사노리(長正統) 선생이 1987년 10월 25일 사망한 이후
교수의 유지(遺志)로 본 문고의 기초정리에 착수하였다. 규슈대학 교
수인 나카무라 다다시(中村質), 규슈산업대학(九州産業大學) 교수 오사
세쓰코(長節子) 두 선생의 지도 아래 1988년 7월 4일부터 7월 13일까지
작업이 이루어졌다. 목록도 없고, 지금까지 연구 자료로 사용된 적은
있지만 개요나 그 전체상에 대해서는 아직 연구가 진행되지 않았다.
다음에서 「재산루자료(在山樓資料)」로 표기하는 것은 모두 규슈대학
이 소장하고 있는 자이잔로(在山樓)문고 자료를 가리킨다.

아유카이 후사노신에 대해서는 유족에 의해 편집·간행된 『한일문
화 가교의 선각자 아유카이 후사노신(日韓文化かけ橋の先人鮎貝房之
進)』이 있고, 기본자료는 『서적 동호회 회보(書物同好會 會報)』에 게재

---

2) 스에마츠 야스카즈(末松保和)는 「前間先生小傳」을 쓸 때 마에마 유족으로부터
원고나 서간 등 자료를 빌려 집필에 참고했다. 그 후 마에마 유족의 호의로 「朝
鮮新報」 기사, 「三公子」·「손진태 『朝鮮古歌謠集』에 관해서」 등의 유고나 스에
마츠가 마에마 앞으로 보낸 서간 및 기타 서간 일부가 당시 스에마츠 야스카즈
가 근무하고 있던 가쿠슈인대학교(學習院大學)에 기증되었다. 이것들은 현재 가
쿠슈인대학교 동양문화연구소 스에마츠 야스카즈 관계 자료로 보관되고 있다.

된 「점패방지진선생약연보(鮎貝房之進先生略年譜)」와 이노우에 마나부(井上學)의 「가이엔·아유카이 후사노신에 관하여(槐園·鮎貝房之進について)」3) 이외에도 마에다 도오루(前田透)의 『현대 단가 감상 시리즈 나오부미·가이엔·모토하루(現代短歌鑑賞シリーズ直文·槐園·躬治)』4) 등 문단에서의 연구도 있다. 그러나 조선학에 관해서 보면 아유카이는 해방 이후 일본에 귀국했기 때문에 장서나 원고 등의 연구활동을 엿볼 수 있게 정리된 1차 자료군은 없고 대표작 『잡고(雜攷)』도 언제 어떤 부분을 집필했는지조차도 알려져 있지 않다. 그렇기 때문에 자이잔로문고에 소장된 아유카이의 서간이 중요한 새로운 자료라고 할 수 있다. 본고에서는 마에마·아유카이의 교류에서 다음 네 가지 사실을 확인할 수 있었다. ① 1925년에 마에마는 「정두사석탑조성형성기(淨兜寺石塔造成形成記)」의 해독에 관한 원고를 아유카이에 보냈다. ② 1928년 말에 아유카이는 「화랑고(花郎攷)」를 집필할 때 마에마에게 '백사(伯士)'에 관한 질문을 했다. ③ 「이독편람(吏讀便覽)」을 게재하기 전에 마에마는 아유카이에게 원고를 보냈고 아유카이의 지지를 받아 『朝鮮』에 발표하게 되었다. ④ 아유카이는 고려판(高麗版) 활자(活字) 『산곡시 집주(山谷詩 集註)』, 『석원사림(釋苑詞林)』을 감정할 때 마에마에게 활자·기피에 관해 문의했다. 이러한 사실 이외에 이번 조사에서 처음으로 분명해진 것은 마에마가 쓴 『용가고어전』의 집필 시기이다. 『용가고어전』는 1920년에 마에마가 교토(京都)대학 강사였던 다다 간(多田桓)을 위해 집필한 것이다. 1925년에 간행되었지만 도요문고 소장의 『용가고어전』 원고 및 자이잔로문고에 소장된 서간을

3) 井上學, 「槐園·鮎貝房之進について」, 『朝鮮研究』 83號·84號·85號, 1968에 연재.
4) 前田透, 『現代短歌シリーズ直文·槐園·躬治』(短歌新聞社, 1978). 直文은 落合直文(1861-1903), 槐園은 鮎貝房之進, 躬治는 服部躬治(1875-1925)를 말함-역자 주.

통해 집필 시기를 확인할 수 있었다.

마에마·아유카이의 연구는 어떻게 이루어지고 있었는가, 조선학 연구의 선구자들이 언제 무엇을 어떻게 고찰했고, 어떤 문제의식이 있었는가 등 구체적 사실의 해명은 조선 언어학사, 나아가서는 조선학 연구사를 고찰할 때에 커다란 의미가 있다. 이것이 본고 말미에 부록 자료를 번각한 이유이다. 또한 아유카이 후사노신에 관해서는 선행연구[5]에 의거하여, 또는 그 연구들을 보충하고 고쳐서 저작목록을 작성했다.

在山樓資料 337, 1904년 3월 25일 촬영.
마에마 교사쿠(前間恭作)

伊藤泰子 소장의 경성 아사히쪼(旭町)의
아유카이 서재

2. 1890년대의 두 사람

마에마 교사쿠(前間恭作, 1868-1942)와 아유카이 후사노신(鮎貝房之進, 1864-1946)은 재야 조선연구의 쌍벽이다. 마에마 교사쿠는 쓰시마

---

5) 『書物同好會會報』 第17號, 「鮎貝房之進先生著述目錄」, 1932; 『朝鮮史研究會會報』 24號 「槐園·鮎貝房之進について」, 1969 참조.

(對馬) 이즈하라(嚴原) 출신으로, 1879년 이즈하라 중학교에 입학했을 때부터 조선어 통역인 통사 스미나가 유스케(住永友輔)로부터 한국어를 배웠다. 그 후 나가사키(長崎)에서 영어를 배웠고 1888년 게이오기쥬쿠(慶應義塾)에 입학했다. 1891년 게이오기쥬쿠를 졸업하자마자 제1회 외무성 조선 유학생으로 선발되어 한국으로 건너갔다. 1893년에는 경성공사관(京城公使館)에서 일했고, 1894년에는 인천에서 영사관 서기생(書記生)이 된 후 1898년에 한성(漢城)의 외무서기관(外務書記生)이 되었다.

한편 아유카이 후사노신은 미야기현(宮城縣) 게센누마(氣仙沼) 출신이다. 1884년에 동경외국어학교(東京外國語學校) 조선어학과에 입학했고 1888년에는 동양학회『동양학회잡지(東洋學會雜誌)』제2편 5호에 「조선사료(朝鮮史料)」를 집필했다. 1890년 졸업하면서 일시적으로 게센누마로 돌아가지만 교육 사업을 권유받아 1894년에 조선으로 건너와 그 다음해에는 을미의숙(乙未義塾) 설립에 관여했다. 1898년에는 평양 무연탄 판매계약을 이용익(李容翊)과 맺는[6] 등 한국인으로부터 신뢰가 두터웠고,『김윤식 문집(金允植 文集)』에서도 그의 이름을 볼 수 있다.[7] 그리고 아유카이의 대표작『잡고』[8](1931-1938년 출판)는 지금도 여전히 조선어학사·조선역사 연구에 참조되어야 할 논문이다. 아유카이는 조선 고미술품(古美術品)에 관한 조예가 깊어 1916년부터 총독부 박물관의 협의원 촉탁이 되었다. 그의 학문적 특색은 조선반도 고한자

---

6) 아시아 역사자료센터【참고코드】C10126534700 참조.

7) 「與鮎貝槐園書」,『金允植全集』, 1970年, 亞細亞文化社. 下冊, 361쪽.

8) 목차는 「新羅王位號並追封王號に就きて」(第1輯), 「日本の韓·新羅·任那·百済·高麗·漢·秦の古訓に就きて」(第2輯), 「俗字攷附俗訓字·俗音字」(第3輯), 「花郎攷」(第4輯), 「白丁·附水尺·禾尺·楊水尺」(第5輯), 「俗文攷附書年月日例」(第6輯),「日本書紀朝鮮地名攷」(第7輯),「姓氏攷及族制攷」(第8輯),「奴婢攷」(第9輯)이다.

(古漢字)의 음(音)·서체(書體)·훈(訓) 등을 상세히 논했고 광범위하게 조선고어(朝鮮古語)에 통달했으며 특히 지명·사물의 역사학·언어학 연구에서 유례없는 연구를 남겼다는 것이다.

마에마 교사쿠의 저서『겐카이앙 닛키(玄界庵日記)』에 따르면 조선으로 건너온 후인 1892년, 오카구라 유사부로(岡倉由三郎)와 함께 한국인 박제만(朴齊晚)의 이야기를 듣고 오카구라는 그 이야기를 「조선사정(朝鮮事情)」이라는 제목으로, 공동으로『조선신보(朝鮮新報)』에 게재한 것이 마에마 연구 활동의 시작이었던 것 같다. 같은 해 4월 17일 -20일 사이에 선배 고쿠부 쇼타로(國分象太郎)와 함께 유병문(俞炳文)에게 이야기를 들어 「조선조야연중행사(朝鮮朝野年中行事)」[9]를 집필하여 가을에『조선신보』에 게재했다.

1897년 이후부터 마에마 교사쿠와 아유카이 후사노신의 교류는 시작된 것 같다. 조선책의 서지적 연구로 꾸랑(Maurice Courant)의 「Bibliographie Coreenne」(1894-1896)을 첫 번째로 들 수 있는데, 한국에 거주하는 일본인에게도 1890년대는 관·민을 불문하고 조선연구의 여명기였다. 1891년 7월에 동방협회(東邦協會)가 발족되었는데, 경성에서 조선연구를 전문으로 하는 연구회가 생긴 것은 1890년대 이후부터였다. 그 최초의 연구회라고 할 만한 것이 조선회(朝鮮會)였다.

---

[9] 가을 부분은 고쿠부(國分), 봄·여름·겨울은 마에마가 집필했다. 견문 내용은 한국인 교사 유병문(愈炳文)에 의한 바가 많다고 한다. 이 기사는 가쿠슈인대학교 동양문화연구소 스에마츠 야스카즈 관계자료에 스크랩되어 현존한다.

1) '조선회' 1899년 『조선월보』을 창간

마에마·아유카이가 언제 만나게 되었는가는 분명하지 않지만, 1899년에 마에마는 조선회에서 연구를 발표했다. 『조선월보(朝鮮月報)』 제4호 (1900년 3월), 52쪽의 「조선회 규약」에 따르면 발행처는 경성 남산동 제 36통 조선월보사(朝鮮月報社, 편집인: 古田楢雄)로, "본회는 조선회라고 부르며 학문적으로 또는 실제적으로 한국의 제반 사정을 연구하는 것을 목적으로 한다."라고 되어 있고 3엔(円)의 연회비로, 격월에 한 번 『조선월보』를 발행했다. 1899년 9월이 창간호[10]로 제3호의 목차에는 시노부 준페이(信夫淳平)[11], 「한국현행행정조직일반(韓國現行行政組織一般)」·마에마 쿄사쿠, 「조선통화연혁사단(朝鮮通貨沿革私斷)」·아유카이 후사노신, 「한일어의 동이(日韓語の異同)」·가나자와 쇼자부로(金沢庄三郎), 「조선의 이언(朝鮮の俚諺)」, 「조선에 관한 서인 연구(朝鮮に關する西人の研究)」, 「송파의 옛비석(松坡の古碑)」, 「조선의 서적(朝鮮の書籍)」, 「견문록(見聞錄)」, 「일한소자휘(日韓小字彙)」라고 되어 있다. 가나자와 쇼자부로는 1898년에 문부성 유학생으로 선발되어 조선으로 건너와 1899-1900년 동안 『조선월보』에 집필했고, 1902년에 귀국한 뒤 동경제국대학(東京帝國大學) 언어학과 조선어 강사가 되었다.[12] 『조선월

---

10) 필자는 아직 간행호 밖에 직접 보지 못했으나 『朝鮮語教育史人物情報資料集』 (2005-2006年度 科學研究費補助金 基盤研究(B)日本における朝鮮語教育史の総合的實証的研究, 과제번호 17320085)에는 『朝鮮月報』 第1號를 인용하고 있어 이 것에 근거했다.

11) 시노부 준페이(信夫淳平)는 1897년에 영사관보(領事館補)로서 경성에 부임한 인물이다. 1917년 퇴관 후 와세다대학교(早稻田大學)에서 국제법을 가르쳤다. 대표작 『韓半島』(東京堂書店, 1911.9)은 한국에 체재하면서 얻은 견문을 정리한 책이다.

12) 石川遼子, 「金澤庄三郎年譜」 및 「金澤庄三郎著作目録」 참조.

보』제4호에 아유카이는 「반도고대국명고(半島古代國名考)」를 발표했
는데 마에마 교사쿠는 1900년 3월 29일에 시드니 근무를 명령받고 서울
을 떠났다.

2) '한국연구회' 1902년 9월 20일부터

· 『한국연구회담화록(韓國硏究會談話錄)』이후에 조선연구회로 개칭하고 『한
반도』를 발행.
· 고쿠부 쇼타로[13] 〔마에마 교사쿠와 동향·동료, 아유카이 후사노신과 동학〕
· 시오카와 이치타로(塩川一太郎)[14] 〔마에마 교사쿠의 동료, 아유카이 후사노
신과 동학〕
· 시데하라 타히라(幣原坦) 〔1900년 경성 중학교장으로 조선으로 옴〕

한편 마에마 교사쿠가 시드니에서 근무하고 있었을 때 아유카이 후
사노신은 시데하라·시오카와·고쿠부 등과 함께 한국연구회를 열었
다. 마에마의 기억에 따르면 한국연구회는 "동지인 시데하라 타이라군
에게 아유카이군 등 4-5인 정도로 연구회라고 할 만한 것을 만들어 일
본구락부(日本俱樂部)나 파성관(巴城館) 홀에서 월 1회 식사 후에 모여
이야기를 듣는 것으로 시작했"[15]고, 시드니 부임 전에도 개최했던 것

---

13) 쓰시마(對馬)·이즈하라(嚴原) 출신으로 부산 초량관어학소(草梁館語學所)에서
배웠다. 1880년에 설립된 동경 외국어학교(東京外国語學校)에 외무성(外務省)
급비생(給費生)으로 입학하였고 1883年에 외무성 서기생(書記生)이 되었다. 이
토 히로부미(伊藤博文) 통역관을 맡았다는 것으로 알려져 있다.
14) 쓰시마·이즈하라 출신으로 부산 초량관어학소(草梁館語學所)에서 배웠다. 1880년
에 설립된 동경외국어학교에 외무성 급비생으로 입학했고 1883년에 퇴학, 그 후
인천 영사관 서기생이 되었다.
15) 『書物同好會會報』第15號 所收; 櫻井義之, 「韓國硏究會のことども -I 前間先生
の書簡を中心に-」, 1932년 3월.

같지만 경성에 돌아온 이후에는 참가하지 않았다. 1902년 7월 25일부터 1903년 8월 23일까지 아유카이는 예회(例會)에 출석했던 것 같고, 이 연구회 잡지에 논문을 발표했다.[16]

1906년 무렵 장동(長洞)에는 아사미 린타로(淺見倫太郎) · 시데하라 타이라 등의 조선연구자가 모여 있었다.[17] 마에마 쿄사쿠가 1902년 10월 다시 경성에서 근무하게 되어, 남산 기슭 장흥동(長興洞)의 박읍취(朴挹翠) 집터에서 1년 정도 살았다. 그 맞은편에는 아유카이가 일송정(一松亭, 심희수 고택: 旭町2丁目)에 살고 있었다. 시데하라 타이라는 아유카이 옆집인 벽로방(碧蘆舫)에 살면서 황해도 온정동(溫井洞)의 별장에 함께 가기도 했다. 1905년 1월 14일에 일본인구락부에서 도서관 창설 논의가 나온 것도 일본인에 의한 한국 연구의 열기를 말해준다. 이즈음 마에마는 『한어통(韓語通)』 원고를 탈고했다. 마에마 쿄사쿠는 『한어통』에서(1909년 3월)에 다음과 같이 경위를 적었다.

1902년 내가 다시 한국에 돌아가자마자 혼자 이 책의 원고(稿)를 쓰기 시작했다. 이후 2년 동안 전편(全篇)을 완성하여 반복해서 보고 얼마동안 이를 상자 속에 넣어두었다. 또 2년 후에 가쿠슈인대학(學習院大學)의 시라토리(白鳥) 박사가 경성에 놀러와 내가 있는 장동에 찾아와, 우연히 이 원고를 이야기하게 되었는데 박사가 원고의 출판을 권유하였다. 돌이켜 생각해보면 이 원고는 출판할 정도로 만족스럽지는 않았다. 그러나 지금 이 원고를 세상에 공개하면 조선어 연구 영역에 도움 되는 것이 없지는 않

---

16) 『韓半島』第1卷 2號 회보란에 "조선연구회 …… 지금까지 이 연구회에서 편집하여 同志들에게 배포해왔던 담화록 제3호 이후는 발행하지 않는다. 이후의 담화는 韓半島誌에 등재하는 것으로 협의·확정했다"고 되어 있다. 이후 1908년 11월 8일 동양협회전문학교 경성 분교 내에 다시 조선연구회가 창설되었고 여기에는 마에마도 참가했다.

17) 『書物同好會會報』第17號, 「鮎貝房之進先生喜壽祝賀號」 所收; 幣原坦, 「喜賀の 槐園大人」, 1932년 9월.

을 것이라고 생각해 마침내 그 원고를 출판하기로 결의했다.

（明治三十五年子の再び韓國に入るや獨り自ら揣らず此書の稿を起しぬ、後二年全篇成り反覆通覧稍亦之を篋底に葬る。又越えて二年學習院大學白鳥博士韓京に遊び子が長洞の居を叩かる、談偶此稿に及び博士切りに其上梓を慫慂せらる、翻りて思う、此書一たびは子に背きぬ、乍然今其舊稿世に見はれて朝鮮語の研究域は一進運を開くの機をなすことなきを必すべからずと、遂に其の稿を書賈に付するに決意したり）

1906년 마에마를 방문한 시라토리 구라키치(白鳥庫吉)가 출판을 의뢰했다는 사실은 자이잔로문고에 소장되어 있는 서간(書簡)에서도 알 수 있다.[18] 처음에 산세이도(三省堂)에서 출판하려고 생각했지만 잘 되지 않아 마루젠(丸善)에서 출판하게 된 상황이 시라토리의 편지에 기록되어 있다.

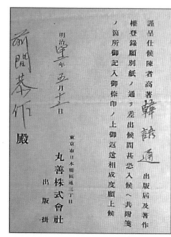
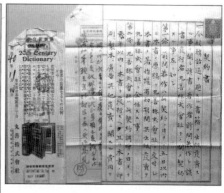

【在山樓資料 202】 1907년 11월 10일 〔旭町1丁目〕
『韓語通』계약서

---

18)　【在山楼 자료 一九七】에 이 경위를 보여주는 서간이 있다. 부록 번각 자료를 참조.

3) '조선어연구회' 1909년 12월 27일부터

마에마 쿄사쿠가 『한어통』집필 중에 1904년 2월에 후지나미 요시쓰라(藤波義貫)와 공저로『교정 교린수지』를 출판했는데[19], 『한어통』출판을 계기로 아유카이와 함께 조선어연구회를 시작했다.

참가자는 마에마 · 아유카이 외에 가와이 히로타미(河合弘民), James Scarth Gale(奇一) · Horance Grant Underwood(元杜宇) · Florian Demange(安世華) · 주시경 · 다카하시 도루(高橋亨) 등이었다. 【在山樓資料 84】에 의하면 장소는 아유카이의 자택인 낙동(駱洞, 旭町3丁目) 이었고, 회칙은 마에마가 쓴 것 같다.

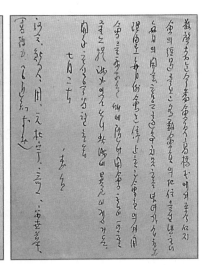

【在山樓資料 84】

『한어통』서론(1909년 3월)에도 "언더우드(Underwood)와 게일(Gale)

---

19) 1904년 12월 10일에 발행된 『史學雜誌』 제15편 제12호에 시데하라 다이라(幣原坦)가 「校訂交隣須知の新刊」이라는 제목으로 서평을 썼다.

등의 저술이 이전 사람들의 연구를 이어받아 점점 치밀해졌다. 누구든지 우리의 연구진행에 따라 지도자로 만들어야 하지 않겠는가"라고 기록하고 있는데, 마에마·아유카이는 실제로 그들과 함께 연구회를 열었다. 1909년[20] 12월부터 다음해 6월까지 마에마는 아유카이의 낙동(駱洞, 旭町3丁目)에서 어학적 연구 활동을 했던 것이다. 참가자나 회칙을 보면 조선회나 한국연구회 등과 같이 한국 중심의 역사연구와 달리 어학 연구회였다는 것을 알 수 있다. 중요한 것은 한국어를 순수하게 연구하려는 유럽인(歐米人)·일본인·한국인이 함께 모였다는 점이고 이 장소를 제공한 아유카이, 그리고 유럽인을 초청한 마에마라고 하는 두 사람의 관계가 없었다면 이러한 연구회는 탄생할 수 없었을 것이라는 점이다. 1909년 5월에 마에마가 『한어통』을 출판하자 7월에 아유카이는 『조선』(제3권 제5호)에 「마에마 교사쿠 저 『한어통』의 졸평(前間恭作君著『韓語通』の妄評)」을 썼다.

또한 1909년, 조선고어간행회(朝鮮古書刊行會)가 설립되어 『조선군서체계(朝鮮群書體系)』(제1기)가 출판되기 시작했는데 마에마와 아유카이는 그 평의원도 맡았다. 1911년 10월에 간행된 조선고어간행회 편, 『조선군서체계』에는 꾸랑의 도서해제는 물론이고 총독부의 도서목록·이왕가(李王家)의 도서목록·외국어학교편, 한적목록·시데하라·가나자와·마에마·아사미·가와이 등의 소장서를 참조했다는 것이 기록되어 있다.

한국의 역사·도서·옛날 물건(古器物)을 연구하는 단체로 1908년 11월 8일 동양협회 전문 교내에 조선연구회가 창설되었고 가와이 히로타미를 비롯해 일한서방(日韓書房)의 도키오 슌죠(釈尾春芿) 등 약

---

20) 『朝鮮』 제4권 제6에 마에마와 시미즈 겐타로(清水元太郎)가 발기인이 되어 개최했다는 기사가 있다.

30명의 회원이 매월 두 번째 일요일 오후 6시부터 연구예회를 열었다. 여기에도 평의원으로 마에마·아유카이 두 사람의 이름이 보인다. 1905-1910년 동안 약 조선책 5천 권을 수집한 사토 로쿠세키(佐藤六石), 1909년 시라토리 구라키치의 지도하에 구입한 남만주(南滿州) 철도회사의 소장서(白山黑水文庫) 3천 권, 아사미 린타로가 1906년부터 수집한 2천 권의 소장본, 그 외에도 가와이 히로타미, 가나자와 쇼자부로·시데하라 타이라의 소장서가 있다. 아유카이의 소장서는 말할 필요도 없다.

마에마의 집인 재산루(旭町1丁目)는 원래 김석주(金錫胄, 1634년-1684년)의 택호(宅號)로 남산 북쪽에 있던 누각으로, 지금 회현동 2가 부근이다. 남산 북쪽 장회동[21]에는 옛날부터 6개의 누각이 있었는데, 재산루(在山樓) 주변의 노인정은 사령부, 녹천정(綠泉亭)은 통감관저, 화수정(花水亭)은 독일인 에케르트, 쌍회정(雙檜亭)은 오다가키(小田柿), 갈천암(渴泉庵)은 한국인이 살고 있었다. 이외에도 마에마는 1909년 8월 발표하지는 않았지만 「서명응고사신서농포문역고(徐命膺攷事新書農圃門譯稿)」[22]를 썼다. 1909-1911년에 마에마와 아유카이는 서로 계속 왕래하면서 독자의 학문을 형성해갔다.

3. 그 후의 두 사람

마에마 교사쿠는 1911년에 퇴직하여 서울을 떠나 동경(東京)에서 지

---

[21] 在山樓文庫 자료 77에 「長會の昔」이라는 제목의 마에마 원고가 있어 이를 참고했다.
[22] 도요문고 소장, XVII-1-D-1006.

내게 되었다. 한편 아유카이 후사노신은 1909년부터 동양협회전문학교 (東洋協會專門學校) 분교 강사(조선사정 담당)가 되었고 1911년 이후에 는 총독부의 촉탁이 되었다.[23]

마에마는 일본 귀국 후 한 번도 조선 땅을 밟지 않았지만 아유카이 는 조선에 남아 두 사람은 대조적인 형태로 재야에서 연구를 이어갔다. 두 사람은 직접 만날 기회가 없었지만 연구에 관한 서간을 주고받았다. 마에마는 서적을 통해 조선문화를 발견했고 1912년 6월 20일 동경 산넨 쵸(三年町)의 집에서 『서서서목(西序書目)』(동양문고 소장, Ⅶ-2-279-5) 을 등사했다. 1913년에 마에마는 남만주 철도가 수집한 책(이후 동대 (東大)의 백산흑수문고(白山黑水文庫)로 들어갔지만 지진 재해로 소 실)을 조사했고, 1914년 1월 24일에는 우에노(上野) 도서관에서 개최된 도서관협회의 모임에서 「조선의 판본」을 강연했다. 1912-13년 동안 『만주급조선(滿洲及朝鮮)』에 게재된 친구들의 문장을 『단편집』(東洋 文庫 소장, Ⅱ-3-E-37)라는 제목으로 제본했다. 이 가운데 아유카이가 쓴 「정약용」, 「만주에 있는 신라시대의 유적(慶州における新羅時代の 遺跡)」, 「진구왕후, 신라를 정벌하신 유적에 관하여(神功皇后新羅を征 し玉ひし御遺跡に就いて)」가 수록되어 있다.

한편 아유카이는 마에마와는 대조적으로 조선 현장에서 독자적 학 문을 구축해갔다. 1914년 3월에 아유카이는 경성민우회(京城民友會) 간사가 되었고[24] 다음해에는 박물관협의원 촉탁이 되어 많은 미술품

---

23) 1916년부터 박물관 협의원이 되었고 1930년 이후에는 조선미술전람회 평의위원 이 되었으며 1933년에는 고적유물명승 천연기념물 보존위원회 위원, 15年에는 이왕가미술관(李王家美術館) 평의원이 되어 미술문화사업에 공헌했다. 그가 수 집한 미술품은 총독부 박물관에 수집되었고, 현재 장서의 일부분(1065點)은 국립 박물관이 소장하고 있다.

24) 大村友之丞, 『京城回顧錄』(朝鮮硏究會, 1922), 298쪽 참조.

을 수집하여 총독부박물관에 기증했다. 1913년에는 조선 도자기 수집
으로 알려진 아사카와 노리타카(淺川伯教)가 조선에 건너왔고, 옛 유적
을 조사한 세키노 타다시(關野貞)를 비롯한 오카쿠라 덴신(岡倉天心)·오
노 카도우(小野華堂) 등이 이 당시 특히 조선 미술에 관심을 가졌는데
이러한 흐름과 아유카이의 존재를 분리할 수 없다.[25] 아유카이는 조선
미술연구회에서 강연한 내용을 1919년 1월『조선급만주(朝鮮及滿洲)』
에서「조선 서종 김생에 관하여(朝鮮書宗 金生に就きて)」라는 제목으
로 발표했다. 그가 수집한 조선 전 시대 미술품 일부는 총독부 박물관
의『관보』[26]에 게재되어 있는데,『한국박물관백년사(韓國博物館百年
史)』에 실린「조선에 있어서 박물관 사업과 고적조사 사업사(朝鮮に於
ける博物館事業と古蹟調査事業史)」(영인자료)에 따르면 "이왕직(李王
職) 사무관 스에마쓰 구마히코(末松熊彦)·아유카이 후사노신은 이 분
야의 경험자·지식자로서 협의원에 촉탁되었고 주로 물품을 구입할 때
에는 스에마쓰·아유카이에게 평가를 의뢰했다"[27]라고 한다.

마에마 교사쿠는 1918년 6월 15일『신일본 관람(新日本見物)』에「삼
공자(三公子)」[28]를 발표한 뒤 1920년 2월에는 초고『용가고어전(龍歌
故語箋)』(동양문고 소장, Ⅰ-1-J-6)을 썼다. 서언에 따르면 다다 간(多田
桓)의 질문을 계기로 한 달 동안 완성한 것이라고 한다.[29] 그의 연구

---

25) 下郡山誠一,「故房之進叔父上の面影」에도 오카쿠라 덴신(岡倉天心)·아사가와
    노리타카(淺川伯教)와 교우(交友)가 있었다는 것이 적혀 있다.
26) 藤田亮策,「鮎貝房之進氏蒐集品について」,『朝鮮總督府博物館報』第4號, 1933년
    3월.
27)『韓國博物館百年史』(韓國博物館協會, 2009), 59쪽 참조.
28) 自筆 淨書複寫는 가쿠슈인대학교(學習院大學) 동양문화연구소 소장의 末松保和
    관계자료[三-七-二-一九]이다.
29) 在山楼 자료 189, 1920년 10월 16일자. 다다 간(多田桓)의 서간에는 교토제국대학
    교가 다다(多田)에게 원고료로 100엔을 지불했고, 다다는 이 100엔을『龍歌古語

동기가 적혀있으므로 다소 길지만 아래와 같이 번각하여 인용한다.

　조선어학의 변천을 연구 목적으로 삼은 것은 완전히 새로운 시도이다. 정약용의 『아언각비(雅言覺非)』나 혹은 가나자와(金澤) 박사가 추천한 황윤석의 화음방언(華音方言), 자의해(字義解) 등은 물론 그의 일부분을 다루고 있다. 그러나 단지 일부분의 관찰·추론에 그치고 있다고 할 수 있다. 필자는 14,5년 전에 『한어통』을 발표하여 잠깐 현재의 조선어는 어떤가에 대한 해설을 시도했다. 그때 한 발 더 나아가 조선어 역사를 연구했다면 흥미도 많이 도모할 수 있고 일반 학계에 미칠 효과도 클 것이라고는 항상 생각했으나, 자신이 그것을 시도하기에는 작업이 너무 어려울 것 같아 주저하며 지냈고 말았다. 그 후에 이 방면에 새로운 연구가 있었는지도 모르겠지만, 어떤 것도 공표된 것을 보지 못했다. 필자가 조선이라는 곳을 떠난 지 10여년. 지금 필자는 조선어와 거의 교류도 없는 신분이지만, 과거를 되돌아보면 『한어통』 한권에서는 아무래도 이 방면에는 노력하지 않았던 것 같아 뭔가 부족했기 때문에 때때로 여유가 있어서 조선어의 변천이라는 분야에 어쨌든 지금까지 얻은 본인이 관찰한 일부분만이라도 기술하고 싶다고 생각했는데, 이번 1월에 교토대학교(京都大學)의 다다(多田)로부터 용비어천가 읽는 방법에 관해 질문을 받았다. 본인은 이를 하나의 기회라고 생각해서 조속히 집필에 착수하여 한달 동안 완성한 것이 이것이다. ……언문(諺文)의 사용방법 등에서 보면 마치 불경언해와 두시언해의 중간 시대에 만들어졌다는 것은 분명하다. 단지 한권의 소책자에 불과하지만 매우 참고가 될 것이라고 생각했다. 그래서 필자는 먼저 최초의 용비어

　箋』의 사례비로 마에마에게 모두 건넸다. 또한 마에마는 1921년 1월 18일자 오쿠라 신페이(小倉進平)에게 쓴 서간에 "소생도 작년 정월 용비어천가 고어(古語)를 전부 현대어와 비교해 『龍歌古語箋』이라는 100쪽 정도의 한 책자(京都大學에 원고 기증)를 오랜만에 편술(編述)하는 등 하여 요즈음은 특히 조선어의 변천에 관해 흥미가 생겼습니다"라고 적었다. 마에마는 『龍歌古語箋』 원고를 교토대학교에 기증했다고 한다. 다다 간은 육군성 유학생 출신으로 청일전쟁 때 한국정부에 초빙되어 외무성 서기주(書記主)가 되었고 군산 분관의 주임이 된 인물이다. 규장각 二三〇七八 「約定書」 및 규장각 一七七〇三 참조. 『日省錄』에도 궁내부(宮内府) 서기관으로 1907年 서훈을 받았고 1909년 간행된 『조선신사록』에도 '京城旭町四, 長崎, 正七位勳 六等, 官吏'이라고 되어 있는데 1916년부터 교토대학교로 전직했는가는 불명확하다.

천가를 주제로 하여 두시언해와 몽산법어(蒙山法語)를 참고자료로 사용하여 이 한권을 만들었다. 500년 전의 문장을 읽었다. 현대어와 비교해 보았다. 평범했다. 그러나 이는 곧 삼국의 언어, 고려의 언어를 연구하는 제1단계로서, 이보다 더 나아간 연구에 이것이 중요한 기본이 되리라고 믿는다. 이 기본에서 점차 나아가면 최근까지 사용된 이도(吏道)의 일부라든가 명률해(明律解)의 연구, 조선 초부터 고려 사이에 만들어진 고려사(麗史)・문선(文選)・지지(地誌)・향약방(鄕藥方)・삼국사(三國史)・유사(遺事)・승전(僧傳) 등에서 발견되는 각종 언어를 해석할 수 있게 되고, 점차 삼국유사에 남아있는 가요의 어사(語辭), 어법의 변증이라든가 (삼국)사기 또는 삼국의 고비(古碑)에 나타난 지명・인명 가운데 찾아낼 수 있는 어원 분석 등을 착수할 수 있을 것이라고 생각했다.

간행된 『용가고어전』의 서문(1924년 2월)은 『계림유사려언고』 집필 이후에 쓴 것으로, 이러한 연구의 동기, 구상 등은 적혀있지 않다. 위의 글은 마에마가 그 후의 비문 독해에 착수한 동기도 살필 수 있는 매우 중요한 글이라고 생각된다. 이즈음 마에마는 1921년에는 아사미 린타로의 집에 가거나 마츠다이라 사다노부(松平定信, 白河樂翁)의 구 소장서를 가지고 가곤 했다.[30] 2개월 후인 5月 24日에 딸 요시코(善子)가 죽었다. 또한 1920년 12월부터 1921년 11월 3일까지 자택〔아카사카구(赤阪區) 아오야마다카기쵸(靑山高樹町)〕을 개축했는데 그 뒤인 1923년 9월 1일에는 관동대지진이 일어났다.

한편 1918년 3월 6일, 아유카이는 그날 일본으로 귀국하는 아사미 린타로와 만나 『주영편(晝永編)』을 받았다.[31] 또 몇 번인가 화재가 발생해 수집한 미술품이나 고서가 소실되었다. 이케다 시게노리(池田林儀)가 집필한 「점패방지진(鮎貝房之進)」(『정계왕래(政界往來)』 제11권 5월

---

30) 『善子日記』, 1921년 3월 10일 참조.
31) 이 책은 이후 경성 제국대학교에 기증했고 현재 규장각(가람041-j463h)에 보존되어 있다.

호)에는 아유카이의 집이 불탔다고 들은 데라우치 마사다케(寺內正毅)
가 "안됐구나. 이것을 가지고 위문을 갔다오라"고 심부름꾼에게 건넨
봉투에는 3천 엔이 들어있었다는 일화가 실려 있다. 그 외에 어떤 사람
의 부채 담보 도장을 찍었는데 그 사람이 빚을 갚지 않아 모두 아유카이
의 부채가 되었고 빚의 변제 때문에 수집품을 매각했다. 그러한 상황
속에서 아유카이는『잡고』를 집필하기 시작했는데 1922년에 또다시 화
재로 원고가 소실되어 버렸다.32) 1923년, 아유카이는『조선사강좌(朝鮮
史講座)』(조선사연구회)에「국문·이토(吏吐)·속요·조자·속자·차훈
자」를 게재했다.

　관동대지진으로 많은 문헌이 소실된 것에 우려한 시라토리 구라키
치는 마에마 교사쿠에게 장서(조선책)을 도요문고에 기증하도록 권유
했고, 마에마는 다음해 1월에 기증했다.33) 자이잔로문고 자료 203에는
1923년 6월 29일자 이시다 미키노스케(石田幹之助)로부터 온 서간이
있다.『용가고어전』는 1922년 5월에 도요문고에 입고되었는데 소장본
의 기증 이전부터 계획되었던 것이었다.

　　더욱 더 평안하게 지내고 계시다는 것을 봉하드립니다.
　　저는 작년 5월 귀고『용가고어전』(稿本) 1부 1책을 적당한 시기를 보아
　출판한다는 약속으로 본 문고에 양도받을 수 있었는데, 드디어 이번에 위
　의 저서의 인쇄가 결정되었습니다. 이와 관련하여 여러 가지 상의 드리고
　싶은 건도 있고, 또한 이케우치(池內) 박사가 다른 내용으로 만나 뵙고 싶
　다고도 하여 겸사겸사 연락드립니다. 매우 바쁘신 때에 마음대로 연락드

---

32)『日韓文化かけ橋の先人鮎貝房之進』(氣仙沼教育委員會, 1999); 下郡山誠一,「故
　　房之進叔父上の面影」참조.
33) 스에마쓰 야스가즈의「前間先生小傳」에 따르면 1922년에 이케우치 히로시(池內
　　宏)의 의뢰로 작성한 장서목록이 있는데, 이것이『자이잔로수서록(在山樓蒐書
　　錄)』(全二冊)이다.

린 것 같다고 생각하지만, 다음 주 목요일(7월 5일) 오후 2시경 본 문고까지 와 주시도록, 부탁 말씀드려 상관없을까요? 또한 만약 목요일 그 시간에 문고에 오신다면 그 자리에서 시라토리 박사가 드릴 여러 가지 이야기도 있을 것입니다. 만일 목요일에 안 된다면 다른 편한 날을 정해주신다면 즉각 조치하겠습니다. 일단 중요한 내용만을 말씀드립니다. 만나 뵐 수 있기를 고대하며 편지 올립니다.

또한 1924년 5월 28일자 이시다 미키노스케로부터 온 서간에는 구장서의 기증과 『용가고어전(龍歌古語箋)』에 대한 내용이 적혀 있는데, 이러한 두 통의 서간에 의해서 마에마의 구장서 기증과 상관없이 관동대지진 이전부터 『용가고어전』 출판이 약속되었다는 것을 알 수 있다.

신록(新綠)입니다. 더욱 더 좋은 일이 많으신 것을 축하드립니다.
지난번 양도하신다는 구장도서(舊藏圖書) 건에 관하여, 그때 시라토리 박사로부터 지령을 받아 별도의 편지를 보내 말씀드립니다. 그대로 부디 검수 부탁드립니다. 자세한 내용은 박사로부터 이미 이야기를 들으셨다고 생각됩니다. 다음으로 원고(玉稿) 인쇄 건은 최근 이케우치(池內) 박사로부터 그때그때 들으셨다고 생각되지만 필경 가족분들의 병환 때문에 더욱 진척되지 않는 것은 진심으로 유감이라고 생각합니다. 어쨌든 그때의 상황은 연구부 관계자가 말씀드릴 것이라고 생각하지만 말씀드리는 김에 한마디 올렸습니다.

그 후 마에마는 도요문고 학술총서로 『용가고어전』(1924)·『계림유사려언고』(1925)를 출판했다. 같은 해 도요문고 기관지 『동양학보(東洋學報)』에 「신라왕의 세대와 그 이름에 관하여(新羅王の世次と其の名につきて)」[34]를 발표했다. 간행된 것은 마에마보다 훨씬 이후의 일이었지만, 아유카이도 「신라왕위 및 추봉호에 관해서(新羅王位號竝に追

---

34) 1925년 11월 『東洋學報』 第15卷 第2號. 自筆 浄書本은 在山樓文庫 J-43이다.

封號に就きて)」(『잡고』제1집)을 썼다. 이처럼 마에마·아유카이 두 사람은 동지라고 할까, 그들의 연구 제재는 서로 호응하는 것처럼 연결되어 있다.

1925년 쓰보이 구메조(坪井九馬三)는『사학잡지』에「삼한고지명고(三韓古地名考)」[35]를 3회에 걸쳐 연재했다. 마에마는『용가고어전』및『계림유사려언고』를 탈고한 뒤에 쓰보이의 의뢰를 받아「삼한고지명고(三韓古地名考)」를 보정한 원고를 썼다.[36] 쓰보이는 8월 1일 마에마에게 "한편 그 후부터 소식이 없어 그냥 지나쳤습니다만, 일전부터 오랫동안 간행을 기다렸던 저서,『용가고어전』및『계림유사려언고』2권이 도요문고로부터 도착 □□□□ 보았습니다. 실로 십 수 년에 걸쳐 연구를 거듭하여 노력하신 노작으로『한어통』의 흔들림 없는 기초로서 결코 타인이 필적할 수 없는 성과에 감탄할 수밖에 없었습니다"라고 하며 찬사를 보내었고『계림유사려언고』에 적혀 있는 '여슷'(六), '닐굽'(七), '열'(十), '온'(百)[37]이라는 숫자에 관한 단어나 신체어휘에 대해 다루고 있다. 쓰보이의 관심은 세망(Semang) 족 등 폴리네시아계 언어와의 공통성이었다.

더욱이 쓰보이 구메조는「삼한고지명고」에 관한 아유카이·마에마

---

[35] 第1回는『史學雜誌』35編 12號(1924년 12월 20일), 第2回는『史學雜誌』36編 1號(1925년 1월 20일), 第3回는『史學雜誌』36編 3號(1925년 3월 25일).

[36] 1925년『史學雜誌』36號 7號,「三韓古地名考補正」(7月 25日 발행), 논문 권두에 있는 쓰보이의 소인은 4월 28일로 적혀 있다. 규슈대(九州大學) 在山樓 文庫(J-35)에는 마에마의 주필(朱筆) 정정 수택본(手澤本)이 있고, 그 권말에는 자필로『龍歌故語箋』,『麗言攷』배본처 리스트가 적혀 있다. 리스트에는 淺見倫太郎·多田桓·岡田信利·鮎貝房之進·小田省吾·高橋亨·塩川一太郎·小倉進平·平山正·武田尚·大木安之助·隈本有尚이 있다. 배분 리스트에 쓰보이의 이름이 없는 것으로부터도 쓰보이는 도요문고로부터 받았다는 것을 알 수 있다.

[37] 『前間恭作著作集』(下), 180·181·237쪽에 보인다.

의 왕복 서간을 번각했다. 이것이 1925년 『사학잡지』 36편 11호에 게재된 「삼한고지명고 보정을 읽는다(三韓古地名考補正を讀む)」이다. 이는 아유카이가 마에마의 「보정」을 읽고 그에 대한 의견을 적은 서간인데, 거기에 마에마의 비평이 추가되어 있다. 아유카이는 글을 게재하기 전인 10월 11일에 마에마에게 문자 정정을 지시하는 엽서를 보냈다.[38] 마에마는 아유카이 의견에 대한 비평을 부전(付箋)에 첨부하여 원고를 쓰보이에게 보냈다. 쓰보이는 10월 15일에 마에마로부터 온 원고를 받았고 (10월) 20일에 서문을 썼다. 논문은 11월 25일에 간행되었다.

재산루자료 198에 「「정두사석탑조성형성기(淨兜寺石塔造成形成記)」 고증 문의에 대한 아유카이 후사노신의 회답」이라는 자료가 있다. 정확한 년·월·일은 적혀 있지 않지만 아유카이는 문장 속에 "이는 지난 편지에도 말한 대로 저는 운(云)이라고 읽었습니다. 원(員)은 고문(康熙字典)으로 운(云) 즉 속문(俗文) 원(員)의 뜻이라고 보았습니다. 지금 이 원(員)을 지(只)라고 읽는 최모(崔某)의 신자전속자부(新字典俗字部)에도 확실히 지(只)라고 되어 있습니다. 이 원(員)자는 역반대명률(譯頒大明律, 貴稿 史學會雜誌)에도 보이는데 나는 소재(所在)라고 번역했습니다."라고 적혀 있다. 지난 편지란 「삼한고지명고 보정을 읽는다(三韓古地名考補正を讀む)」를 가리킨다는 것을 알 수 있다. 내용은 주로 '고원(庫員)' 부분으로 마에마가 '처(處)'의 가차음자라고 보는데

---

38) 1925년 10월 11일 소인의 아유카이가 마에마에게 보낸 엽서를 참조. 같은 해 10월 15일자(보낸 사람 : 坪井九馬三, 수취인 : 前間恭作)의 서간에는 "아유카이의 서간을 포함시키는 것을 승낙해주셔서 감사드립니다… 아유카이 군의 원고를 제가 받아 오자 등 ㅁㅁ하여 또한 귀군(貴君)의 첨부문서 있으므로 겸사겸사 말씀해주신 대로 귀군(貴君)에게서 1통 베껴주신다면 부전(付箋) 글은 적당한 부분에 넣어서 저에게 보내주시길 바랍니다"라고 되어 있어 마에마가 자신의 견해를 부전(付箋)을 첨부해 쓰보이에게 보냈다는 것을 알 수 있다. 쓰보이는 10월 20일에 「삼한고지명고를 읽는다(三韓古地名考補正を讀む)」의 서문을 썼다.

대한 아유카이의 반론이다. 이와 거의 비슷한 문장이 아유카이「삼한
고지명고 보정을 읽는다」의 '처(處)·고원(庫員)' 부분에 보이고[39] 그에
대한 마에마의 비평에는 "'원(員)', '운(云)'에 대한 상세한 가르침에 매
우 감사드립니다. 저는 '원(員)', '운(云)'에 관해 지금까지 아무것도 생
각하지 못했습니다. '원(員)'을 Kot이라고 부른다고 하는 것조차 말씀을
듣고 처음으로 알았습니다. 견문이 얕아 부끄럽습니다. 교사쿠 적음"이
라고 되어 있다. 즉 이 아유카이의 회답은「삼한고지명고 보정을 읽는
다」(1925년 10월) 이후에 마에마가 아유카이에게「정두사석탑조성형성
기(淨兜寺石塔造成形成記)」에 관한 질문을 했다는 증거이다. 게다가
자료 내용으로부터 추측해보면 마에마가 아유카이에게 보낸 것은 분
명히 발표 전의「와카키 석탑기의 해독(若木石塔記の解讀)」원고이고,
이 회답은 마에마 원고에 대한 회신이라고 생각된다. 〔부록 번각자료
참조〕

　　다음해인 1926년 6월『동양학보』제15권 2호에 마에마는「와카키 석
탑기의 해독」을 발표했다. 앞서 본 아유카이의 회답을 보면 '운(云)'[40],
'조(組)' 등 주로 속자·이체자 등 문자의 해독과 의미에 대해 마에마는
논문에 반영했지만, 논문에서 아유카이의 조언을 따로 언급하지 않았
다. 그러므로 이 회답【在山樓資料 198】에 의해서만 마에마·아유카이
의 사고과정 일부분을 뒷받침할 수 있을 것이다. 또한 아유카이 자신
도『잡고』(제6집)에서「정두사석탑조성형성기(淨兜寺石塔造成形成記)」
해독을 제시했다.[41]

---

39) 아유카이의「삼한고지명고를 읽는다」에 "이 云은 員의 옛 글자(古文)라는 것이
　　확실하다. 현재 속서(俗書)에 많이 사용되고 있 것은 員를 Kos라고 훈(訓)하고
　　(즉 庫, 庫이다), 전답만으로 사용되고 있지만 과거에는 所在의 뜻으로 넓은 의
　　미로 사용되었던 것이다"라고 되어 있다.

40) 前間,「若木石塔記の解読」,『前間恭作著作集』下, 370-389쪽, 주(注)에 보인다.

마에마는『동양학보』, 「신라왕의 세대와 그 이름에 관하여」가 막 발간되었을 즈음에 쓰보이집을 찾았고 쓰보이는 12월 2일자의 서간에 감사인사를 다음과 같이 적었다.

지난번 내왕해주셨는데 대접이 변변치 못해 죄송했습니다. 『동양학보』에 게재하신 논문을 그 후 배독하였습니다. 완전히 새로운 의견(高見)에 매우 경복했습니다. 당말(唐末), 아니 오대 초(五代初)에 가칭(假稱)한 세계(世系)라고 느끼면서 기괴한 세계(世系)라고만 생각해서 부끄러웠습니다. 또다시 두세 번 정독하고 싶다고 생각합니다. 귀하의 고론(考論)의 본질과 관계없는 이야기를 했다고 이제야 깨달았습니다. 2-3점(點)을 인사의 표시로 등사를 드리고 말씀드리고 싶다고 생각합니다.

쓰보이는 마에마 논문 중의 '마립(마립)', '宗' 등의 언어적 부분을 상세히 적었다.[42] 쓰보이는 그 후 3월 7일에도 마에마 논문에 관한 서간을 보냈다. 쓰보이가 마에마 앞으로 보낸 서간의 내용은 언어학과 역사학을 융합한 학문적 힌트였고, 쓰보이 서간 이외에도 자이잔로문고에는 「신라왕의 세대와 그 이름에 관하여」와 관련된 자료【85 신라왕족계보·신라관계 일람(新羅王族系譜·新羅官階 一覽) 메모·九〇 신라 군제에 관한 메모】가 있다. 후지다 료사쿠(藤田亮策)에 의하면 다이쇼(大正) 말년에 아유카이도 또한『잡고』원고에 착수하고 발표방법에 대하여 물어보기도 했다고 한다.[43]

1928년 12월, 아유카이는 「화랑고(花郎攷)」[44]을 집필하던 중이었다. 12월 30일, 아유카이는 펜을 잡고 마에마에게 조언을 요청했다. 1929년

---

41) 鮎貝房之進, 「若木淨兜寺石塔造成形成記」, 『俗文攷』,

42) 부록 번각자료 참조.

43) 藤田亮策, 「鮎貝さんの面影」, 『京城書物同好會會報』 第17號, 1932.9.

44) 貝房之進, 『花郎攷』(國書刊行會, 1973), 139-143쪽에 해당되는 문장이 있다.

1월 1일자 서간에 "실은 지금 막 화랑고를 집필하고 있는데, 지난번 알려 주셨던 『대명률』 번역문에 사무(師巫)를 박사(博士), 무녀(巫女), 화랑(花郎)으로 하고 있는데 대해 큰 의문이 생겼습니다. 아래의 글을 어떻게 해석해야 하는지 살펴볼 필요가 있어 지인에게 물어보았으나 누구도 아는 사람이 없었습니다. 고민 끝에 질문을 드립니다."라고 마에마에게 질문했다(번각자료 참조). 아유카이는 이전에 마에마가 보낸 「와카키 석탑기의 해독」의 '백사(伯士)'[45] 해설에서 화랑에 관해 언급하지 않았기 때문에 질문한 것이다. 그리고 아유카이는 "『이두편람(吏吐便覽)』 해제를 꼭 한 부 받아보고 싶습니다."라고 하면서 마에마에게 회답 및 해제를 보여 달라고 요청했다. 그리고 1주일 후인 1월 7일 아유카이는 다시 회신으로 다음과 같이 적었다.

> 『이두편람(吏読便覧)』과 원고 보내주신 것 방금 삼가 받았습니다. 해박한 고증에 경복할 뿐입니다. 학계에 이바지하는 바가 적지 않을 것이라고 생각합니다. 나 한 사람은 한 개인이 아니라는 가르침대로 총독부에서 발행한 학술잡지 『조선』에 게재·발표하게 되었기 때문에 (받은 내용을) 포함하고 싶습니다.(귀하의 원고 중 소성거사(小性居士) 설총이라고 되어있는데, 소성거사는 아버지 원효의 속호(俗號)라고 기억하고 있어 의문이 느껴집니다. 외람되지만 이것만은 지우시고 기타 다른 글자는 고치지 마시길 바랍니다. 이 내용도 포함하고 싶습니다.
> 부설 『대명률』의 발문이라고 되어 있는 것은 지난번 가르쳐주신 『대명률직해(大明律直解)』 발문일 것입니다. 사실은 저의 이문(吏文)에 대한 견해도 마찬가지로, 전에는 방언, 속어로 칭했던 것을 후대 이도(吏道) 등의 이름으로 칭하게 되었다고 생각하면서도 그 연혁·변천을 알 수 있는 자료

---

45) 前間,「若木石塔記の解讀」에서는 "伯士僧의 尊稱 pak-sa에 해당하는 鄕字이다. Pak-sa는 고려 말에는 巫의 뜻으로 전와(轉訛)되어 博士의 字를 썼다. 지금도 조선어에 pak-su는 男巫의 뜻으로 사용된다. 이때는 師僧의 경칭(敬稱)으로 사용되는 것이다"라고 해설한다.

를 발견하지 못해 헤매고 있었는데, 지금 귀하의 고려 말·조선 초에 이도라고 칭했고, 『대명률』발문에 나와 있는 것이 '가장 오래된 것 같다'는 말씀은 실로 뜻밖의 반가운 소식을 듣는 것 같아 깊게 감사드리는 바입니다. 또한 『대명률』발문에 "삼국시대 설총이 만든 방언과 문자를 이도라고 한다'라고 되어 있는 것을 보고 그 후 완성된 책에는 '설총운운우리제리차행어관부(薛聰云云又俚製吏劄行於官府)'라고 되어 있는 것은 '하나의 불교와 관련된 이야기 외에 무엇도 아니다'라고 갈파하신 것도 지극히 동감되는 것으로 과거처럼 과학적 분류 지식이 없었던 때에는 이와 같은 꿈같은 이야기도 나올 만한 것입니다. 더욱 숙독한 한 뒤에 소견을 개진하겠습니다. 감사의 뜻을 나타내고 싶어 이처럼 말씀드렸습니다.

1928년 12월 3일, 마에마는 『이두편람(吏讀便覽)』해제를 썼는데, 1월 1일의 서간에서 아유카이가 『이두편람(吏吐便覽)』해제를 꼭 한 부 받아보고 싶다고 말했으므로 회신과 함께 보냈다. 인용문 가운데 "부설대명률발문(大明律跋文)~"은 마에마의 『이두편람(吏讀便覽)』해제(즉 『이두편람』에 관하여)의 「부설」을 가리키고 거기에 마에마의 이문(吏文)에 대한 생각이 서술되어 있다.[46] 글 중에 "가르침대로"라고 되어 있는데, 마에마는 아유카이에게 이 해제를 출판할 것을 의뢰했던 것 같고 아유카이는 『조선』에 게재하겠다고 말했다. 마에마가 잡지나 게재 호수를 지정했는가는 이 서간만으로는 확인할 수 없지만 1929년 2월 「이두편람에 관하여(吏讀便覽について)」를 『조선』제165호에 게재하게 되었다. 마에마는 이외에도 1929년 「처용가해독(處容歌解讀)」(小倉進平에게 보낸 서간), 1929년 「서얼고(庶孽考)」(李相佰에게 보낸 서간), 1931년 「진흥비에 관하여(真興碑につきて)」(崔南善에게 보낸 서간) 등 잡지에 게재된 논문은 원래 서간이었던 것이 많다.

아유카이는 60세에 다시 『잡고』 원고를 쓰기 시작했고 1931년 5월부

---

46) 부록 번각자료를 참조.

터 7년에 걸쳐『잡고』를 출판했는데, 그에 대한 증거로 마에마 앞으로 보낸 서간은 중요한 자료라고 할 수 있다. 1928년에「화랑고」를 쓸 때 마에마와 상담했고 마에마의 조언으로『대명률직해』자료를 재고하면서 집필했다는 것이 위의 서간을 통해 처음 밝혀지게 되었다.[47] 또한『속문고』,「정두사석탑조성형성기(淨兜寺石塔造成形成記)」의 '백사(伯士)'의 해설도 마에마의 설에 따르고 있다. 그리고 아유카이는『잡고』「속문」의 서언에서 "동경 도요문고에 순조(純祖)시기 춘방(春坊) 간행과 관련된『이두편람』이 있다고 전해지는데 경성에서는 아직 발견하지 못했다"[48]고 하는 마에마에게 얻은 정보를 덧붙이고, 그리고『잡고』「수척(水尺)」에서 마에마 교사쿠에 대한 감사표시를 적었다.

> 『이두편람』은 동경의 친구, 마에마 교사쿠가 자세한 고증과 함께 보내 주신 것으로서, 순조 봄에 간행하게 되었다. 이에 감사의 뜻을 표한다.[49]

위의 서간을 통해 알 수 있듯이 아유카이는 마에마 교사쿠와 교류하면서『잡고』를 썼다. 그리고 아유카이도 마에마의 연구를 발표하였다. 마에마와 아유카이는 서로의 방향성을 인정하면서 학문적으로 서로 돕는 관계였다는 것을 알 수 있다. 마에마는 1929년 5월 10일, 오구라 신페이(小倉進平)의『향가 및 이독의 연구(鄕歌及び吏讀の研究)』서평에서 가나자와 쇼자부로와 아유카이의 학문을 비교하며 다음과 같이 적었다.

---

47)『雜攷』의「俗字」73쪽에 "洪武 乙亥의『大明律直解』에 의해 음의 뜻(音義)을 추정하기 어렵지 않다"고 하며『大明律直解』에서 판단하고 있는 사례가 보인다.

48)「俗文」서언,『雜攷』, 385쪽.

49)『花郎攷·白丁攷·奴婢攷』(國書刊行會, 1973), 227쪽.

가나자와 박사의 연구는 주로 일본에서 이루어진 것이다. 조선에 있었던 것은 4-5年에 불과하여 현대어는 짧은 시간에 충분히 습득한 것 같지만, 고서(古書)와 고문헌에 접할 기회가 부족했기 때문인지 중세어에는 그렇게 친숙한 것 같지 않다. 그리고 가나자와 박사는 조선의 고어(古語)를 볼 때 너무 일본어적으로 보는 경향이 있어 프리머튜어(premature)라고 평가받는 일선동원론(日鮮同源論)을 주장한 적도 있다.

이와 달리 아유카이는 오랜 세월을 경성에서 보내 현대어든, 중세어나 상대어(上代語)든 견문에 상당한 노력을 기울여 각 방면에 있는 여러 영세한 자료를 끈기 있게 찾아내었기 때문에 그의 연구는 경청할 가치가 있다. 그러나 조선 고대어에 관해 로제타 스톤의 역할을 하는『대명률』에는 연구가 철저하지 않았다고 생각된다.[50]

가나자와는 일본에 너무 치우쳐 있고, 아유카이는 고음(古音)·속자(俗字)에 대해 조선반도만을 대상으로 하여 중국 나아가서는 몽고·여진 등 주변 여러 국가와의 역사적 관계를 살피고 있지 않다고 마에마는 느꼈던 것이다. 마에마가 공공연히『대명률』을 언급한 것에는, 거슬러 올라가면 1920년 2월『용비고어전』초고의 서를 작성한 이후 조선어사에 대한 연구 구상이 있었기 때문에 위와 같이 아유카이와 서간을 주고 받았던 것이 배경에 있었다고 확인할 수 있다.

마에마는 도요문고 장서기증(1925년)부터 1928년 사이에 백두용이 한남서림에서 구입한 조선 책의 도서목록 및 영수증을『각서척존(覺書尺存)』이라는 제목으로 남겼다.[51] 또한 1925년 늦가을에 마에마는 「고선책보명제(古鮮冊譜名題)」[52](초고)를, 1927년 8월에는 「고선책보예언(古鮮冊譜例言)」[53]를 썼으며『고선책보(古鮮冊譜)』원고를 집필했다.

---

50) 小倉進平 著,「『鄕歌及吏讀の硏究』につきて」,『史學雜誌』40-7, 1929년 7월.

51) 在山樓 七一『覺書尺存』一(1924-25년), 一一五『覺書尺存』二(1926-27년), 一〇九『覺書尺存』三(1928년).

52) 在山樓 자료 一一六 참조.

아유카이와 연구를 교류하는 한편으로 1928년부터 마에마는 도요문고
에 있는 손진태의 고가요(古歌謠) 연구를 돕거나[54] 오구라 신페이(小
倉進平)·이상백논문을 비평했다.

　1930년 10월, 마에마는 몸 상태가 나빠져 후쿠오카 하코자키(福岡箱
崎)에 은거했다. 1931년 5월 21일, 마에마에게 아유카이로부터 온 서간
이 도착했다(부록 번각자료 참조). 이 편지는 아유카이가 방송활자(倣
宋活字)『산곡시집주(山谷詩集註)』를 입수하였는데 판본 감정에 불안
을 느껴 고려판인지 아닌지를 마에마에게 문의한 것이다. 아유카이의
6월 1일 회신에 의하면 이때에『석원사림(釋苑詞林)』의 감정도 의뢰
받았는데,『산곡시집주』(古貴 3442-17)는『석원사림』(古貴 4016-15)과
함께 경성 제국대학에 기증되어 현재 귀중서로 서울대학교 규장각에
보관되어 있다.[55] 이 사실로부터 아유카이는 마에마의 활자 견식을
신뢰했었다는 것을 알 수 있다. 마에마의 활자지식은 1912년 9월 24일
에「만력 전후(萬曆 戰後) 건륭 임진(乾隆 壬辰)까지의 교서관(校書館)
활자」[56](아사미 린타로 앞으로 보낸 서간)라고 쓴 것 외에 1935년「야
사 총서 중 권질이 가장 많은 넓은 역사(野史の叢書中卷秩最も多き広
史)」[57], 1936년「조선의 활자 판본」[58] 등이 있다. 이상의 서간으로부

---

53) 在山樓 자료 一〇二 참조.
54) 白井順,「前間恭作と孫晉泰－九州大學在山樓資料を中心にして－」,『近代書誌』
第4號, 2011 참조.
55) 奧平武彦,「蒐書家としての槐園先生」,『書物同好會會報』第17號, 1942.9 및「鮎
貝房之進氏所蔵並に舊蔵珍書目録」(於第59回 例會),『書物同好會會報』第18號,
1943.3을 참조. 경성제국대학교에 기증한 책은 이외에 懶翁和尚語録·歷代世年
歌이 있다.
56) 在山樓文庫 七五, 또 하나의 浄書本으로는 가쿠슈인대학교 동양문화연구소 소장
(3-7-2-24)이 있다.
57)『朝鮮之図書館』第4卷 4號-6號, 1935년 1월-8월.

터 그들이 속자·이체자·기피(忌避)·활자에 이르기까지 정밀하게 읽었고 서로의 지식을 신뢰하며 연구의 기본으로 삼았다는 것을 알 수 있다.

4. 결론을 대신하여

마에마·아유카이 두 사람의 교류는 그 후에도 이어졌던 것 같지만 현재 전하는 서간은 그 수가 적다. 1936년 12월 마에마는 아유카이에게 「조선의 활자판본(朝鮮の活字板本)」을 보낸 후 1937년 1월 아내를 잃었다. 한편 아유카이는 2월에 『묵호고(黙好稿)』를 출판했고, 이 책을 해제와 함께 마에마에게 보냈다. 이것이 규슈대학 자이잔로문고 소장 『묵호고』(J-87)이다. 1935년 5월 9일에 아사미 린타로가 마에마 앞으로 보낸 서간에는 다음과 같이 적혀 있다.

　…동시에 류몽인집(柳夢寅集)은 아유카이에게 받은 의뢰로 전날 급히 상경한 오다(尾田)군과 척무성(拓務省)에서 보았습니다. 2-3일 전 소생에게까지 천천히 읽으라고 보내주셨는데 저는 특유의 조급한 성질 탓에 하룻밤에 읽었습니다. 유창한 행문(行文)에 감복하였습니다. 일단 보여드리니 1권을 깨끗하게 옮겨 주시길 귀형에게 부탁드리고 싶습니다. 원본은 각 80매씩 3권으로서 엄청난 노력을 필요로 하기 때문에 소생이 아는 바로는 귀형께 의뢰할 수밖에 없었습니다. 용지로는 마침 소생이 오랫동안 보관해온 정교한 조선종이로 각 책의 고판(古板) 2권을 제공하겠습니다. 꼭 깨끗한 복제본 한권을 갖고 싶다고 생각하니 제발 승낙해주시길 바랍니다.

1935년 5월 무렵, 마에마는 오다(尾田)가 소장한 『묵호고』를 아사미

---
58) 『朝鮮之図書館』 第5巻 6號, 1936년 12월.

를 위해 필사했다. 마에마는 10일정도 필사했고[59], 같은 해 11월 19일
자에 아사미가 마에마에게 보낸 서간에는 "경성의 아유카이로부터는
그 후 어우(於于)·『묵호고』에 관해 어떤 소식도 없다"고 되어 있어 아
유카이는 마에마가 필사하고부터 1년 반 후에 출판한 것 같다.

1937년 6월, 마에마는 『조선의 판본』을 출판했고, 9월에 아유카이에
게 저서와 서간을 보냈다. 서간에는 "저는 올해 1월 하순 아내를 잃고
44년 간의 부부생활을 마쳤습니다. 잠시 제 건강이 갑자기 나빠져 아내
를 따라갈 것만 같은 상태였기 때문에 그런 경우에 생전에 (제게) 애정
을 주셨던 분들, 특히 저의 연구와 학문에 지도를 주신 분들께 고별과
감사의 의미를 겸하여 무언가 인사의 뜻을 봉정하고 싶다고 생각하여
상속인 손자 부부에게 부탁해 옛날 저서에 직접 보필을 가한 소책자를
인쇄했습니다. 이것이 오늘 별도의 봉투로 드리는 『조선의 판본』1권
입니다"[60]라고 썼다. 아유카이는 9월 23일자의 회신에서 "부인께서 서
거하신 것은 부득이한 것으로 안타깝다고 생각합니다만 최근에 건강
에 나빠지셔서 마지막 유언서를 읽게 될 줄은 꿈에도 생각하지 못했습
니다 …… 조금이라도 건강이 나아지신다면 한번 조선으로 여행 오시
는 것은 어떻습니까. 자리에서 일어나 환영하겠습니다"라고 말했다. 그
후 곧 마에마는 아유카이에게 엽서를 보냈고, 9월 29일에 다시 아유카
이로부터 답장이 왔다. "(보내주신) 엽서를 방금 받았습니다. 일전의

59) 在山樓文庫 소장, 1935년 5월 20일자, 아사미 린타로(淺見倫太郎)의 서간에 "앞선
소포는 너무나 멋대로 드린 부탁으로 반송까지 번거롭게 해드려 죄송합니다. …
『於于集』의 건도 자세한 해제를 받아 매우 감사드린다는 말씀을 드립니다. 서에
於于柳 선생 문집의 약초본(略抄本) 소장하신 것"이라고 되어 있어 마에마가 소
장한 약초본(略抄本)은 도요문고 『於于集』(Ⅶ-4-361)이다.
60) 鮎貝 앞으로 보낸 원고에는 없지만 在山樓文庫 자료 一〇一에「朝鮮の板本」배
본(配本) 및 안내장 사본이 있어 이를 참조했다.

서간에서 '44년의 생활'이라고 쓰여 있는 것을 속단한 저의 경솔함을 사
죄드리니 용서해주시기 바랍니다"라고 자신의 오해를 사과했다. 아유
카이는 "어쨌든 출판은 돈이 들기 때문에 빈곤한 늙은 서생의 자력으로
는 해낼 수 없다"[61]고 하면서 1권 한도로 출판했던 것 같고, 1938년 5월
에 『잡고』 간행을 완료했다.

마에마는 1942년 1월 2일에 75세의 생애를 마쳤다. 아유카이는 패전
과 동시에 일본으로 귀국했고 1946년 마에마가 은거했던 하카타(博多)
에서 숨을 거두었다(84세). 아유카이가 귀국할 때 나가마 고운(長間光
雲)이 아유카이가 소장하던 미술품을 팔아 도항비용을 변통했고 하카
타에서 죽은 아유카이의 유골을 가족에게 보냈다.

마지막으로 아유카이 후사노신에 대해 한마디 덧붙이고 싶다. 아유
카이 후사노신의 생가는 2011년 3월 11일 동일본 대지진 쓰나미로 큰
피해를 받은 게센누마(氣仙沼)에 있다. 작년 11월 1일 필자는 아유카이
의 생가 엥운칸(煙雲館)을 찾아 아유카이의 유족과 면회했다. 지진의
흔적이 곳곳에 남아있었음에도 불구하고 따뜻하게 아유카이의 자료를
보여주신 유족에게 감사의 뜻을 전하고 싶다. 또한 번각할 때에 우라
노 도시코(浦野都志子) 씨의 도움을 받아 감사하다는 말을 드리고 싶
다. 또 본 연구는 마쓰시타 고노스케 기념재단(松下幸之助 記念財團)
국제장학금 지원을 받아 서울대학교 규장각 한국학연구원에서 연구를
진행될 수 있었다. 여기에서 감사인사를 드린다.

---

61) 池田林儀, 「鮎貝房之進」, 『政界往來』 5月號, 1940.

▌부록자료

■ 아유카이 후사노신(鮎貝房之進) 저작(단편수필) 목록

· 明治 21年(1888)「朝鮮史料」,『東洋學會雜誌』第2編 5號

· 明治 33年(1900)「日韓語の異同」,『朝鮮月報』3號;「半島古代國名考」, 『朝鮮月報』4號

· 明治 35年(1902)「韓國通貨及度量衡」,『韓國硏究會談話錄』1號

· 明治 36年(1903)「韓文學」,『韓國硏究會談話錄』2號;「韓文學」,『韓半島』1號;「韓國に於ける薩滿教習俗」,『韓國硏究會談話錄』3號

· 明治 39年(1906)「甲午以前淸韓の交際」,『韓半島』21號;「京城に於ける商業一般」,『韓半島』2年 3號

· 明治 41年(1908)「高麗の花」,『朝鮮』第1卷 6號;「朝鮮第二卷第三號淸水元太郎君の廢棄せられたる 「諺文の字畫につきて」 につきて」,『朝鮮』第2卷 第4號;「壬辰資料一」·「壬辰資料二」,『東京外國語學校韓國校友會會報』1·2號 연재

· 明治 42年(1909)「元の對高麗策」·「自然と社會狀態」·「韓人刺客に就きて」,『東京外國語學校韓國校友會會報』3·4·5號;「韓國に於ける黨爭及黨爭より受けたる韓人の性癖」,『朝鮮』第3卷 第1號·『朝鮮』第3卷 2號;「前間恭作君の著韓語通の妄評」,『朝鮮』第3卷 第5號;「韓人刺客に就きて」,『朝鮮』第4卷 第4號

· 明治 43年(1910)「朝鮮の繪畫に就いて」,『新天地』;「朝鮮の儒教」,『東京外國語學校韓國校友會會報』 7號;「東學黨及褓負商」,『朝鮮』第25號;「佛人が最初韓語を學びたる事蹟─佛國敎師·ドマンヂュ氏講話」(鮎貝譯),『朝鮮』第27號,「朝鮮人の日本觀」『朝鮮講演』(第1輯)

· 明治 44年(1911) 「朝鮮の繪畵」, 『朝鮮』40 · 41 · 43號; 「朝鮮の佛教」
『東京外國語學校韓國校友會會報』9 · 10 · 11號 연재; 「丁若鏞」, 『朝鮮
及滿洲』第48號

· 明治 45年(1912) 「內地人と朝鮮人の社會的改革」, 『朝鮮及滿洲』第50號,
「慶州に遊び碑文の堙滅に驚く」『朝鮮及滿洲』第60號

· 大正 元年(1912) 「神功皇后新羅を征し玉ひし御遺跡に就いて」, 『朝
鮮及滿洲』第62號

· 大正 2年(1913) 『鄭鑑錄』 해제

· 大正 8年(1919) 1月 「朝鮮書宗金生に就きて」, 『朝鮮及滿洲』139號

· 大正 9年(1920) 1月 「朝鮮に於ける西教東漸に就きて」, 『朝鮮及滿洲』
151號、2 · 4 · 12月 「同本異末」(上 · 中 · 下), 『同源』第1號-3號

· 大正 11年(1922) 儒教經典諺訳叢書 『論語』 등을 편집.

· 大正 12年(1923) 9月~11月 「國文 · 吏吐 · 俗謠 · 造字 · 俗字 · 借訓字」,
『朝鮮史講座』(朝鮮史學會)

· 大正 14年(1925) 「三韓古地名考補正を讀む」『史學雜誌』36編 11號

· 昭和 4年(1929) 2月 「沙器所の窯跡」, 『朝鮮』165號

· 昭和 6年(1931) 5月 「全北全州及慶南昌寧の古名に就きて」『靑丘學
叢』4號

· 昭和 7年(1932) 6月 「朝鮮に於ける茶に就きて」, 『朝鮮』205號

· 昭和 8年(1933) 「金剛山」, 『朝鮮』212號; 「諺文攷」, 『靑丘學叢』11號;
「日淸戰役以前の朝鮮對淸外交」, 『朝鮮及滿洲』

· 昭和 9年(1934) 11月 「百済古都案內記」, 『朝鮮』234號

· 昭和 10年(1935) 10月 「棉と煙草との由來」『朝鮮農會報』第9卷 第4號

· 昭和 12年(1937) 2月 『黙好稿』 해제. 11月 「支那及朝鮮の古活字に就
て」, 『京城書物同好會冊子』1號→『朝鮮』270號, 昭和 12年 11月號에

轉載.

・昭和 13年(1938) 6月「朝鮮人の日本風俗觀」,『稻葉岩吉博士還曆記念
滿鮮史論叢』(稻葉博士還曆記念會)

・昭和 14年(1939)「耿介にして高潔なる人格」『樗堂言行錄』(政敎社)

・昭和 15年(1940) 10月「還曆と厄年」,『朝鮮民俗』3號;「施政三十年記
念讀物―生きた半島裏面史(39)寺內統監の半面―鮎貝房之進氏は語る」
9月 20日;『大阪每日新聞』朝鮮版

・昭和 17年 9月「回顧談」,『京城書物同好會會報』第17號

■ 마에마 교사쿠(前間恭作) 앞으로 보낸 서간
【在山樓文庫 자료 一九八 鮎貝房之進】(불분명한 글자는 ㅁ로 나타냈다)

在山樓 자료 一九八〔浄兜寺塔形止記御考証에 대한 鮎貝房之進의 회
답. 방선은 原文 그대로〕

御問合浄兜寺塔形止記御考証に対し左に鄙見申述候

(イ) 願表 漢文トシテハ不敢一語ノヤウナルモ願意ヲ表スルト云フ俗文
トシテハ差支ナキカ

(ロ) ロ覺ノ省略俗字今モ使用シ居レリ

(ハ) 食 今普通用ヰ居ル糧食穀食之食ニテ米ニ対シ如何ナル區別ヲ付シ
タルモノカ或ハ粟(黃米)カ、糙米(半ツキ米)ノ貴説モ考慮スベキナ
リト存ジマス。

(ニ) 成一 ハ私ハ憲字ニ読ミマシタ

(ホ) 云 是ハ前便ニモ申シマシタ通リ私ハ云ト読ミマシタ。員古文云(康

熙字典)即チ俗文員ノ義と見マシタ。 今此ノ員ヲ呂ト読マセテ居リ
マス崔某ノ新字典俗字部ニモ愌カ呂トシテアリマス。此ノ員字ハ譯
頒大明律(貴稿史學會雜誌)ニモ見エテアリマスガ私ハ所在ト譯シマ
シタ。

○ 高城郡三日浦埋香碑(晝永篇所載)至大二年所立

　攘原代下坪員二結陳

　北反伊員田二結陳

○ 旨洞(晉州)墓所事蹟謄録記(崇禎紀元後五丙子)

　位土田口量案

　省居洞員

　色字八東犯(渠伐去)三等裁直(當税長五十八尺, 南北廣三十七尺)

　十五卜內十四卜四束

此ノ員字ヲ用ヰアル吏文トシテ私ノ見マシタルハ埋香碑一番古キモノ
デアリマス。 最近ノ俗文ノ用例ハ沢山アリマスガ旨洞墓所事蹟謄録記ヲ
代表的ニ出シマシタ。 呂モ呂ト読マセ處ノ義ナルガ、此ノ員トハ多少意
味が違ウモノト思フハ呂ノ方ハ田ノ結數若シクハ家舎間數等ノ下ニ附シ
テ用ヰルガ、此ノ方ハ皆上ニ附シテ用ヰテアリマスカラ、庫ノ方ハ軽イ
意味テ物件、地所ヲ指シタル語、員ノ方ハ所在地ト云フヤヤ重キ意味ニ
用ヰタル語ト思ハレマス。貴説(史學會雜誌)譯頒大明律ノ庫員ヲ處王ト同
様ナリトノ御解釋ナルガ、 私ハ矢張リ庫モ員モ此方ノ意味ニ解釋スベキ
ニアラサルカト思ヒマス。 若シモ貴説ノ如ク今ノ導掌又ハ舎音ノ如ク解
釋セシニハ原文ニ其義ノ語アルベキ理ナリ。 移垀トアルハ垀ヲ変移スル
ノ意ニテ合ニ庫員ニ相當スルガ如シ。垀字逼と通スル字ナレバ、田ロノ所
在區ヲ変移スル意味デアリマセンデセウカ。又コノ律文ハ一般ノ田畑主ニ
通用セシモノニテ舎音ニノミ通用セシモノニアラズト思ヒマスガ如何デ

セウ。(前便ニ申上ケマシタコト〔員ト庫ト同語居ト読ムト申シテアリマ
シタラ〕ハ囈語テアリマルスカラ御取消ヲ願ヒマス若シ御申越ノ通リデ
アツタナラ寔ニ軽率ノ罪を深ク恥チ入リマス)サテ此ノ員ハ以上ノ通リ
トシテ以上用例ハ何レモ田ニノミ用ヰタル例ナルガ此ノ云ハ浄兜寺塔形
止記ニハ前後五ケ所ニ用ヰテアリマスガ

（1）善州云集琚院主人

（2）寺良中立申云向行千三百歩

（3）八居縣云阹村乙

（4）京山府云處蔵等主

（5）京山府云等各食一石

右ノ中(1)申云ハ所在トシテハ如何ト思ハレマスルガ申ヲ申方ノ義ニ
取レバ意味通ゼザルニアラズ、(5)ノ云等モ如何ト思ハレマスルガ、上に
多クノ寺名ヲ列挙シ來リ其ノ寺ノ所在地ハ京山府ナリト云フコトニナリ
マスカラ差支アリマセン。若シ私ノ云ハ員字ノ古文ナリト云フ説ガ非証
サルレバ根本ヨリ成立チマセンガ、私は自信シテ疑ヒマセンガ、自惚心
ヲオ笑ヒ下サヒマセ、又折返シ御示教ヲ賜リタシ。

（ヘ）ロ字典不載ノ字俗字カモ知レマセン。私ハ琚と読ミ居リマシタ調
　　ベテ御返事致シマス

（ト）ロ貴説ノ如ク漢文トシテハ受取シ又熟語デアリマス一ノ俗語ト見
　　ルベキカ。

（チ）義全郡　私ハ全義ヲ転倒セシ誤リトイタシテアリマス。

（ト2）向行　是モ俗文ト思ヒマス前行ナトノ義ニ用ヰタモノデアリマセ
　　　ンデセウカ。

（チ2）丁　私ノ所持シテ居リマス吏吐集(數種所持致シマスルガ是ハ一
　　　番古キ分ナリ)ニ다안ト読マセテアリマス。다안ハ다(皆)다ロ(盡)

等と同語ニシテ<u>オハル</u>ノ字義ヲ取リタル吏文ト思ハレマス、下ニモ用ヰ居ルガ此ノ意味デ通スル様デアリマス。己只同本ニ<u>시上직至</u>ノ意トアリマス。音借字ノヤウデアリマス。口록<u>ホド</u>モ同義ト云ハレザルニアラズ。

(リ) <u>査</u> 齊之省(正字通)若シ前便ニ聞ト申シ上ゲテマシタラ、申譯ナキ軽率早速取消ヲ願ヒマス。

(ヌ) <u>犯由</u> 犯由私ニモ判然分リマセンガ下ニ<u>犯</u>ヲ境界ノ意ニ用ヰ、旨洞事蹟記ニモ同義ニ用ヰアリマスカラ、今<u>경계</u>(境界)ト云フ語ヲ<u>理由</u>ト云フ義ニ用ヰルト同様<u>犯由</u>ハ<u>ワケ</u>ナドノ意ニ用ヰタル吏文ニアラザルカト思ヒマスガ、如何ノモノデセウカ。

(ル) 口御説の通リト思ヒマス。

(ヲ) 左徒右徒 <u>徒州</u>即チ<u>무리</u>ノ義トシテ組ナドノ意ニ用ヰタモノ貴説ノ通リト存ジマス。

(ワ) <u>拆</u> (玉篇)星歴切俗<u>拆</u>字。若シ前便<u>辨</u>ト申シマシタラ、是モ軽率ノ罪謝スルニ迄モアリマセン。

(カ) <u>念丁</u> 前便ニ此方カラ伺ヒマシタ位デ分明イタシマセン三國遺事俚歌<u>西方念丁</u>ト同義ト見ルベキカ。俚歌ノ方ハ西方念ジテト意読ニシテ意義通ズルヤウナリ此方ハ意義通セザルガ如シ。<u>뎔</u>ト云フ<u>経過</u>ナド義ノ語ナキカト過般オ守子シタル訳ナリ

丁ハ

太祖太王手君建文三年

「云々祈取造家為丁身梗ニ間前後退云々」トアリテ今<u>為矣</u>(ᄒᄑᆡ)ト同義ニ用ヰアルガ如シ、此處はᄑᆡニテハ通ゼザルガ如シ。此ヨリ以外用例未ダ発見セズ。

(ヨ) <u>作</u> 吏文作文ヲ<u>질문</u>ト読マセアリ。今질ヲ語ノ下に附シテ<u>궁스질</u>、

샤ᄉ질ナド用ヰタル<u>ワザ</u>ノ義ノ語ト同一ニ用ヰタル吏文デアリマ
センデセウカ。

(タ) <u>承孔</u> 永キ間私モ困シミマムシタガ到頭分リマセンデシタ用例モ発
見イタシマセン。

(レ) <u>延口</u> 字異様ノ口字デ字ナドノ語トモ思ハレマスガ造字カモ知レマ
セン。

(ソ) <u>挃</u> 私ハ<u>至</u>ノ音借字ト解シテ居マスガ如何ノモノデセウカ。

(ツ) <u>了</u> 前ニアリ

(子) <u>厸</u> (集韻)鄙古作 口

(ナ) <u>蘂</u> 一ノ析子ト思ハレマスが意味ハ明カデアリマセン

(ラ) 口御説ノ如ク私モ読ミマシタ。舎利十七粒即十七個デ口ヲ<u>粒</u>ノ義
ニ用ヰタモノデナイテセウカ。舎利塔ニハ二個以上沢山入ツタモノ
ガ是迄出テ來マシタカラ。

(ム) <u>且</u> 今ノ<u>戔</u>日本ノ<u>匆</u>モ解シマシタ慥カ麗史ニモ出テ居ツタト思ヒ
マス。日本口のト同義ニシテ恐クハ此方カラ衝ト一所に語モ移入セ
シモノト思ハレマス。

(ꀉ) <u>順可只而</u> 私モ解シ得マセン。用例モ発見イタシマセン。

(ノ) 口(説文)作往通作口トアリ往字ノ別體デアリマセウ。

(オ) 口私ハ<u>乞</u>字ニ読ミマシタ。猶實物引合シテ御通知イタシマス

(ク) <u>过</u> 私モ<u>邉</u>ノ略字トイタシテアリマス。サテ何ト読マセタルモノカ
<u>且一過</u>ハ分量或秤ノモノナリヤ判明イタシマセン。

(ヤ) 口<u>僊</u> 寺名トシテ何ノ義カ、<u>両卍</u>漢文ニアラザレバ音借字ナルカ。

(マ) <u>寶繡帳寶富女等</u> 三人又ハ二人ノ名トモ思ハレマセズ御説通リ寺ノ
繡帳ヲ施納スル講中ト見ルカ宜カラウカト思ヒマスガ、麗史食貨ニ
出テアル<u>寶</u>ハ<u>還米</u>ノ如ク「存本永息久遠ニ利スル」トアリマシテ<u>講</u>

ノ義トハ云ハレザルニ似タリ、転シテ講即契ノ義ニ用ヰタルモノト

モ言ハレサルニアラザルカ。面白キ御説ト伺ヒマシタ。

(ケ) 阿召、

(フ) 金富多支金助烏 三人ノ女名ト見テ如何デセウカ。

(コ) <u>忠寺</u> 二字ノ寺名ト思ハレマス。<u>甓寺</u>ナド二字名ガアリマスカラ。

(エ) <u>德積</u> 字音通リノ奴名ト解シマセシタガ<u>덕무리</u>ニツキテ特ニゴ意見

アラバ承リタウゴザイマス。

(テ) <u>傎</u> 私ハロ字ニ読ミマシタガソレニシテ意味通シマセン實物引合更

ニゴ通告イタシマス

(ア) <u>金漢多支, 富助烏, 含富等</u> 三人ノ名デアリマセンデセウカ。

(サ) 香 是ニハ私モ困シミマシタガ一向是ト云フ説モ持チマセンガ、饎

(대야)ノ貴説如何ニシテ此ノ香字ニ結ビ付ケウレルデセウカ。私は

盃ノ皿ヲ日ニ誤ツテ作リタルニアラザルカトモ考テ見マシタ。盃ニ

ハ十四種類アツタト申シマスガ穀物ヲ盛リ神明ニ供ヘタル祭器ニ

シテ勿論容量寸法ハ極ツテ居ルノデアリマスガ、酒ヲ容ル器デハア

リマセンカラ是モ如何ト思ヒマス。대야ノ方ハ古墳ヨリ銅器モ陶器

モ出マシタガ、容量ハ日本ノ四合弱入リ即チ朝鮮ノ一升入リデ慥ニ

調ヲ量ル器ニ用ヰタルモノト思ヒマス。是モ支那古祭器ロ斗ノ形ノ

クツレタルモノト思ハレ文字ノ命名ニ困ツタカラ饎ノ造字出テ來

リタルモノト存ジマス。ロ斗ノ方モ古墳(三國時代)カラ出テ來リマ

シタ。

(キ) 知白、莫純、戸正成等ト三人ノ名ニ読ミマシタガ猶ホ一応實物引

合ノ上御返事イタシマセウ。

(ユ) 娘 唯女ノ名トシテ何モ説ヲ持チマセンガ、貴説ノ如ク女ノ敬稱ニ

用ヰタモノカモ分カリマセン。

（メ）（メ）（ミ）（シ）（エ）是モ字畫不明實物今一度調査ノ上才答ヘイタシマス。

（ヒ）金徒僧　面白キ御説ト承リマシタ私ハ説ヲ持チマセンデシタ

此の外ニ

（１）上國益安百穀豊登　私ハ盆ト読ミマシタ盆與ロ(通雅)盆溢満起トアルニ従ヒマシタ

（２）佳受令是遣在如中　佳貴説ニヨリ准字ニ初メテ気付キマシタ感謝イタシマス。

（３）　司倉上導行審是白乎矣七十六是去　如何ニ譯スベキカ御示教ヲ乞フ。

（４）牒次寺代内応為處　如何ニ御解シニナリマシタカ御示教ヲ仰ギマス。

（５）結得　結ニ得字ヲ送リタルハ私ニハ初見デアリマス。結ヲ訓読ニシテ매득ナド読ニタルモノカ御説ヲ伺ヒマス。

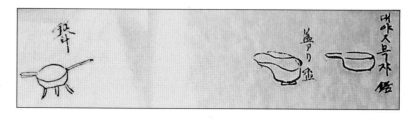

（６）　春節　節ヲ지위トオ読ミニナリマシタカス지의(節)ハ「地方上官ノ指令」ト云フ吏文デ此處ハ唯時ノ意ト解スベキニアラザルカ、然ラバ春節音読ニスベキニ似タリ如何。　지의唯時(새)ト用ヰタル例アリマスルカ、節指令ノ吏文トシテ知委ナリト云フ説ヲ聞ヰタルコトアリ。

（７）　裏　私ハ此字ニ付キテハ何等ノ説ナク全ク不明デアリマシタガ、貴説裏(누의)ヲ承リマシテ驚キ入リマシタ。唯々何故ニ此ノ字ヲ누의ト読ミマスカ、何字ノ異體カ折返シ御示教願ヒマス。

麤忽モノノ性癖ソレニ低脳カ于傳マシテ折々ニカカル失ロヲイタシマス前便ノ誤リハ御取消ヲ願ヒマス落木前之狀御健康ヲ祝福イタシマス。

十四日房之進

大正十四年十月十一日消印(葉書)

差出人、鮎貝房之進、受取人、前間恭作

御申越之儀誠に光栄之至一向為然者御坐候唯一気呵成之鄙見字句等御訂正之上御掲載を希望仕候先ハ御返事まで

昭和四年一月一日付

差出人、鮎貝房之進、受取人、前間恭作

御病気中早速之御示教厚く御禮申陳候半生間衣食に逐はれ日暮れ道遠しの感に堪えず淺見慚愧之至に御坐候早速御示教通り相運び可申候実は只今花郎考執筆中に御坐候處過般御恵示に預りし大明律譯文師巫を博士、巫女、花郎としあるに就きて大疑義を生じ以下の文を如何に譯し居るか一覧之必要を生じ知人に尋ね候も何れも知る人無之思ひ餘りて御尋ね申上候次第也委曲考証御示教に預り盲亀浮木に取付候次第に御座候花郎は羅代より其意義に大変化を來し候も麗朝の記録は今何の據るべきもの無之、過般突然にも貴稿中に此語あるに気付此語は朝鮮初は勿論麗朝に遡り得るものと愚考最も貴重なる資料なれば此語の意味に就きて研究すべき心用生じ候儀に御坐候訓蒙字會には

覡　화랑이　격　〔俗曰端公〕

とあり肅宗朝譯語類解には

端公　박슈

としあり、漢偽語端公は即ち覡にて朝鮮語博士(今박슈と云ふ)なること

は譯語類解所載の通りなるが、訓蒙字會覡即ち端公を方言화랑이即ち花郎とせしは當時覡に花郎を稱したるものか、若し當時覡を花郎と稱したるものならんには大明譯の博士・花郎を如何に解すべきか、此の博士は譯語類解同様覡たるべきものにして花郎は訓蒙字會通り解せば重複することとなり候が、後代の(即ち今用ゐ居る語)巫夫、倡優などを指したるものか、師巫と云ふ漢語は古日本譯文(物徂徠大明律國字解)に據るも今の支那人に聞くも、巫覡の熟語なる由に付其譯文として巫夫・倡優までも之に含ませたるは解すべからざることとなり大に疑義を生じたる譯に御坐候過般惠示の貴稿中(浄土寺石塔記伯士の御考証)には勿論問題外なれば何等花郎には一言し居られず候處此の三書の異同ニ付御考付もあらは御示教預たく存候御病中くだらぬ願出を致し相済まざる儀とは存するも誠に腹ふくれ候事に付敢是願出候始末に御坐候

　吏吐便覧解題是非一部頂戴仕度屈指待上居り申候是も先般の貴稿中に見え居り候通り朝鮮風俗史に大関係ある貴重の資料に御坐候は

　水尺므자이　〔外邑汲水漢〕

　とあり므자이は果して麗代より水尺を稱したる語なるか私は大に疑ひ居る次第に御坐候如何となれば水尺は本と汲水を業としたるものにあらざればなり。而して此書以外他に據るべき記録無く殆んど困し果て居る次第におり候是に付ても御高見あらば御示教に預り度候

敬具

臘月晦　　　　　　　　　房之進　　再拝

昭和四年一月七日付

差出人、鮎貝房之進、受取人、前間恭作

吏読便覧後説貴稿御寄贈正ニ拝受該博なる御考証敬服の外無之候學界

を裨益する尠少ならずと存じ私一人の私すべきにあらず御垂示之通り総督府発行の學術雑誌朝鮮へ掲載発表することに致し候間御含置き被下度候(貴稿中小性居士薛聡とある小性居士は父元暁の俗號と記憶して居たり故に乍僭越是丈は抹殺し其他一字も改めず是も御含み置き被下度候

　附説大明律跋文とあるは先般御示教の大明律直解跋文たるべく、実は私の吏文に対する見解も全然御同論にて古くは方言俚語を稱したるべきを後代吏道等の名を稱するやうになりたるものと思ひ居たるも其沿革変遷を知るべき資料を発見せず五裏霧中に彷徨せしに今貴説麗末鮮初に吏道の名を稱することとなり大明律跋文に出てあるが「其最古のもののやうである」は実に空殼跫音を聞く感あり深く感謝する次第に候又大明律跋文に「本朝三韓時薛聡所製方言文字謂之吏道」とあるを承けて其後出來た本には「薛聡云々又以俚製吏劄行於官府」とせるは「一個の縁起物語の外何物でもない」と喝破されしも至極御同感にて昔日科學的分類の智識無き時にありては斯くの如き夢物語も生じたるものべし尚ほ熟読の上所見開陳するところあるべく右感謝の意を表し度如斯に候敬具

　　初七　　房之進

昭和四年一月八日付(葉書)

　差出人、鮎貝房之進、受取人、前間恭作
　四日付芳翰御病中にも関せず早速之御垂示忝く感銘に堪えす候御示の諸先輩の説早速閲覧可仕候先以右御禮迄不取敢申陳候敬具

　　　初九

昭和四年六月二十三日消印(葉書)

　差出人、鮎貝房之進、受取人、前間恭作

貴稿拝受いたしました何時も益を請ふのみにて痛ミ入りますゆるゆる
拝見意見拝ロロロロ可仕候小倉君より批判を求められしも御同様筆を執る
の勇気無之差控へました世界広しといへども此種の理解は二三之人に過
ぎず裁断は自覚の時を待ち候より致方無しと諦め居ります時機到來再度
半島學界に貢獻の為め再御渡鮮を期待いたします

拝復

昭和六年五月二十一日消印(葉書)

差出人、鮎貝房之進、受取人、前間恭作

御芳書により転地御靜養タ中との事始めて承知御見舞も仕らず御申訳
も無之次第に候山谷集注に就き詳細なる御垂示難有御禮申「陳候二條御
數寄屋本只今相伝はり居らざるものか麗本と云へば朝鮮本」とも聞え申
候が果して高麗活字本の翻刻なるか此辺御心當り有之候はゞ御垂示二預
り度候御禮かたかた更に御願仕候也

昭和六年五月二十七日消印(葉書)

差出人、鮎貝房之進、受取人、前間恭作

詳細なる御垂示厚く御禮申陳候若し麗朝活字本と確定せば稀代の珍書
二御坐候内容詳細調査候に王名諱代は一字も無く唯武を〔武〕、徹を
〔徹〕に作りある丈けニ候處是は嫌名とは見るべからずと愚考す如何の
ものニ御坐候や此の嫌名付さへあれば最早一切の疑點無之麗朝活字本と
定まる訳ニ御坐候先は御禮かたがた如此に御坐候 不宣

昭和六年六月一日付(書簡)

差出人、鮎貝房之進、受取人、前間恭作

御尊書拝見御垂示の書體に始代の書風ありとの點初めて承知更に國初
以來活字(博物館蔵)と比較研究可仕候避嫌に就き其儀詳細取り調へ候処

　建作〔建〕　　徹作〔徹〕

　都合四カ所　都合三カ所

　武作〔武〕　　轍作〔轍〕

　都合八カ所　一カ所

　徽作〔徽〕又ロ　　楷作〔楷〕

　徽四カ所一カ所　　一カ所

嫌字と思はるるもの此の四字に候処徽は欠畫として他の三字は何れも
本字より畫の多き字なり支那に古く此例ありしや明らかならざるも他の
海因寺蔵高麗板を比較研究するに　字は慥に一の嫌名字とし麗朝に用ゐら
れしものの如きは

　唐賢詩範〔上下二巻丙午開板〕（忠烈三十二年丙午）

　全部〔武〕ニ作リアリ中ニ二三カ所〔ロ〕ニ作リアリ

　王代暦〔至元十五年開板〕（高宗ノ次今上(甲戌 即位)ニ

　　　　　　　　　　　終リアレバ忠烈王即位の歳の開板ナリ）

　全部武を〔武〕、〔ロ〕、〔虎〕ニ作リアリ

支那にも音及意味を異にする〔武〕字はありたるも〔武〕ヲ〔武〕ニ
作ルハは麗朝特種の嫌名より來れる異體字と推斷仕り候それは王代暦に
拠り證據たてらるるは建隆運等皆欠筆を用ゐ居れば此の〔武〕は俗字に
あらず避諱の意味にて書きたるを推測さる。若し此の観察にして誤りな
からんとの避諱も全然無しとは云ふべからざるに似たり如何のものに候
や御一考を煩わし度候若しも麗朝の活字本とせば高宗以後と思はむ及へ
ば高宗以前の王名と文宗降徽仁宗諱楷は欠筆と言する丈にて定宗諱堯、
光宗諱昭、成宗諱治、德宗諱欽、靖宗諱亨、宣宗諱運等一切避け居らさ

るは甚た異とするところに御坐候釋苑詞林〔零本一卷高麗板〕是も異世昌氏蔵世間絶無の珍本にて是も売却方委托され候ロ肅宗以前の王名は最も厳格に避嫌しあり拙蔵海印寺板大覚國師文集も同様最も厳格に避嫌しあり大覺國師の編纂せるもの反其遺集の斯くの如く厳格なりしは大覺國師自身が王統より出て居る故にあらざるか、故に此の二書を以つて他書を律すること能はさるものと考へられ候が如何のものに候や　敬具

　　　　六月一日　槐園　　　再拝

　　前間先生

昭和十二年二月十九日(封書)

　差出人、鮎貝房之進、受取人、前間恭作

　〔『黙好稿』(Ｊ－三七)三册目に挿入〕

　益々御健勝斯界の為めの執筆裨益を與へられ候手佩御意見奉賀候「朝鮮の活字」貴翰入手直々熟覧大々的智識を得申候奉感謝候

　嘗ロ淺見君より御意見承候赴門ロロ昨年通披有之候柳夢寅黙好稿(寫本松泉趙胤明蔵本)今東京在住尾田満氏蔵(老生先年尾田氏當時に在住せし時借覧昨年淺見氏を介して再借せしもの)右に対する御高見は淺見氏より詳細中成りロロ所義相成居りし柳夢寅全集(今城大図書館蔵)の中の一部分たるべき趣に付、直々城大図書館員に依頼全部引合候處御高見通り十中八九は同全集中に有之候も中に隨筆漫録類社會風俗史の資料となるべきもの(同人於於野談にも無きもの有之候に付態々取寄せ借覧其儘返居候も不本意百部丈影本を出版昨日出來上り送付致され候に付一部拝呈仕候間何卒御一覧之榮を得ば光栄至極に候彼は御承知の通り道教信者にて於干野談は朝鮮実社會に関したる當時の実話多く風俗史研究上常に好資料たるべき記事多きを徳とし喜たるところに御座候或いは老生の僻

見に過ぎざるやも難計御一覧御高見伺仕度候

　□末來活字に付一の御示教を仰ぎ度は朝鮮に眼鏡の行はれしは壬辰役後に居候は御承□之事存上候が小活字と云ふ事に付此眼鏡と其行はれし時代に何か関係無之候ものにや多くの活字に実見為に候へば御伺仕候

　　鮎貝房之進　拝

昭和十二年九月二十三日付(封書)

　差出人、鮎貝房之進、受取人、前間恭作

　本日(九月二十三日)高著『朝鮮の板本』並に芳翰正ニ入手拝見仕候何はさて一大吃驚の目を瞠り呆然自失せしこと本晌漸く本意を喚び起し此の手紙相認め候令夫人の御逝去は今更致方無きものと存し候が近頃御健康勝れず最後御遺言書を拝読するとは夢にも思はさる事に候老生は本年七十五才の耄鬌に候も猶ほ庭先等の歩行に不自由無く蠹冊裡に餘年を経過し居るが未だ不惑の春秋斯くの如き心細き御通知ニ接するとは実に意外千萬に御坐候何の御病症なるか、却って朝鮮なとに持薬として御性分に葉ひ候もの可有之と存し候間御一報を煩はし度芳翰を拝見するに御筆勢の如き従前と何等の異りも無之如何にしても信する事能はず何卒充分御攝養百年の長壽を保たれんことを神佛に祈願して止まさる次第に御坐候実は老生□當年の暑氣には殆んと閉口小便不通、腰痛、手足痿等の諸症屬(ママ)　出此頃秋冷に入り稍稍快復仕り候御病氣も天候の悪しきが原因を為せしにあらざるか少しく少康を得候はゝ一度朝鮮まで御旅行如何席を拂つて歓迎可仕候先は右御返事まて　匆々不備

　　九月二十三日　鮎貝房之進　　　再拝

　前間恭作様

　御高著並に芳翰は永く保存子孫に伝へ可申候

昭和十二年九月二十九日付(葉書)

差出人、鮎貝房之進、受取人、前間恭作

御葉書正ニ拝受前御芳翰中「四十四歳の生活」とあるを速斷する麁忽の
罪謝する途無之御寛恕を願ひます。昨日當大學の人々來訪御高著を示し
御近況を伝へしに一同暗然たりき御高著は一部宛所有し居るも正誤文無
しとて寫取の為め持參いたしました右御報告まで 匆々敬具

昭和十三年十二月三十日消印(葉書)

差出人、鮎貝房之進、受取人、前間恭作

貴著

　半島上代の人文

正ニ拝受仕候ゆるゆる拝覧啓蒙之資に供すべく不取敢感謝之意を表し
置き候新羅の枕詞「栲衾」私も紙の考証ニ一言し置き茲御同説を拝し大ニ
力強く感し居り申候又鹹興真興王碑の真偽論も全く御同感ニ御坐候先,
右一通り拝覧之感想申述置候

昭和十六年一月五日消印(葉書)

差出人、鮎貝房之進、受取人、前間恭作

　社頭新年

みあかしの火影残りて大前の

かしは手しるく年明けにけり

　不相変生存へて新年を迎へ申候

　御萬福を奉祝し奉る

昭和十七年一月八日付(書簡弔文)

差出人、鮎貝房之進、受取人、前間於菟豬

拝啓

御尊父様御事御病気之處御養生不被為葉御逝去之趣御訃報ニ接し実ニ
不堪ロロ次第ニ御座候茲ニ謹而御悔申I陳候実は御訃報に接し直ニ電報に
て御悔申上候處二三日後郵便局より本局中悔状等一切取扱はざる由にて
返戻し來た為遅延御申訳無之次第ニ御坐候別封乍些少御霊前へ御香花御
手向被成度御頼申上候先ハ右不取敢御悔申上度如此ニ御座候　敬具

一月八日 鮎貝房之進　　　再拝

【在山樓資料一九七白鳥庫吉及び坪井九馬三の書簡】

一月十三日〔消印不明瞭につき年不明。宛先住所から明治三十九年か〕

差出人、白鳥庫吉、受取人、前間恭作

恭しく新年を賀す

高著韓語通一冊正に落掌仕候就ては早速書肆三省堂に相談印刷に附す
る様いたし度存候書肆との契約にハ申するまでもなく尊兄の御利益を主
張する積に御坐候右要件まで申上候

一月十三日　　　　　　　　　　　　　　勿々　　　　不具

明治三十九年十二月九日〔消印〕

差出人、白鳥庫吉、受取人、前間恭作

拝啓御地滞留中ハ失禮仕候御咄申上候高著韓語文典出版の件に就き三
省堂に相談し候處承諾致候に付御差支無之候者御送附被下度候附に諸者
研究論文を載せたる「韓國研究報告」ト覚候雑誌の中一部御送り被下度候
「シャマニズム」の事を載せル部拝見いたし度候

年月日不明〔明治四十二年か〕

差出人、白鳥庫吉、受取人、前間恭作

　殘暑之砌益々御淸適奉賀候扨高著韓語通ハ昨年申上候通り三省堂より
出版スル事に相成候處該書肆ハ百科全書編纂に全力ヲ傾注スル為にカ其
後幾度か出版の儀催促に及ひしが言を左右に託して容易に著手する景色
無之に付其方ハ見限り此度ハ丸善より出版せしむる事に可成候間左様御
了知被下度候別紙ハ丸善書肆より調製し來れる契約書に御坐候間御異議
なくば契約書二通相認め其方へ御送り被下度候先ハ要件のみ匆々　不具

　九月二日

　前間老臺　　　　　　　　　　　　　　　　　　　　　白鳥生

年不明

差出人、白鳥庫吉、受取人、前間恭作

　拝復秋冷貴下愈愈御淸祥奉賀候陳者高著在山樓書目弐册カ郵送被下候
處正に拝受仕候間□□□誠事□□□御勞心之儀推案申上候鮮史研究者ハ
好い月々津筏を得たる儀と存候先ハ御禮申上處如此候萬萬　　　不具

　十月二十八日　　　　　　庫吉

**二十八日〔消印不明瞭につき、年月不明。宛先住所から大正～昭和六
年までの間〕**

差出人、白鳥庫吉、受取人、前間恭作

　拝復過日御來訪被下候處生憎不在にて失禮申上候又その節は結構なる
品物御惠與被下御厚志之段奉謝候御拝借の書籍明日(二十九)午前十8時頃
小生持參御返却いたし度又御願致度儀有之候間御差支無之候ハゞ御在宅
之程御願申上候先ハ要件耳

匆々不俱

本郷にて

　　　　二十八日　　　　　　　白鳥庫吉

消印不明〔昭和五年十一月二十四日か〕

差出人、白鳥庫吉、受取人、前間恭作

　拝復陳者尊台には御病氣のよし御手紙にて承知致し驚入申候然者幸に御平癒奉大賀候予後は大切に御座候間充分御保養被為度願上候御願申上候著作の儀は急ぐ事には無之候間ゆるゆる御書き被下度候先ハ不取敢御見舞申上候

　匆々頓首

　十一月二十四日　庫吉

昭和十三年一月一日付(葉書)

差出人、白鳥庫吉、受取人、前間恭作

　恭しく新年を賀し奉る舊臘は高著半嶋上代の人文御恵贈被下候處正、拝受仕候右ハ尊台の諸論文を一處にまとめたるを以て貴説を参考する際には至極便利に候尊台には兼て御病氣のよしに承り候所御近況如何に御座候哉時下寒氣厳烈に候へば折角御摂養之程學界のため切に御願申上候先ハ不取敢御禮申上度如此ニ御座候

　匆々不具

　一月元旦　　　　　　　　　　　　　庫吉

　前間老臺

大正十四年八月一日付(書簡)

差出人、坪井九馬三、受取人、前間恭作

扨其後より御無音にて打過きましたが先日永らく公刊を俟ちわひまし
た尊著『龍歌古語箋』及『鷄林類事麗言攷』二種東洋文庫より到來ロロロ
ロ拝見いたしました洵に十數年に涉る御苦心研鑽の勞作にて韓語通の動
かざる根柢を爲し決して他人の企及を許さぬ御成績と感嘆の外無之印刷
之末に至るまで格別之御骨折にて御自筆の金屬版かと拝見いたしました
尤も木版といたしても版下を書くもの有之ロロロロき御事や御苦勞萬々
申上ます目下緩々精読いたしてまた再三に涉り精読いたすべき尊著容易
に読みがたく存じます先般申上ました數詞の語原攷及身體各部の名稱攷
と共に未だに執筆いたしませす間に貴説を拝見いたしまして後私考を下
すロりといたしましたいづれにいたしても最古のモン・クメール語系に
屬するに相違無之國語よりは數字古くありまして

여슨 mon asang 'Kōa, 'thousandmillions'

닐굽 mon nǐlahut",　tenmillions"

の二者には頗る頭を痛めました末に決定いたしました

열 manč. orin, Monghol Khorin, oroči.oi, "twenty"

온 golde om、manč, emu, "one"

の二者も意外であります

又身體各部名稱の内にては

欠하외욤 besisi Hanoi, "tobreathe" semangyam, pronoun-person, singular

噴 ㅈ쳐욤 Kenaboi čampul, "tosneege"yomsupra

此二語別して蒼古でありまして今のセマング方言では普通に

語尾を約めて"Ya"と申すのを古形の儘に存するは面白し又

尿溲便오좀 Semang ho, ho, "water" senoi toh, "to spit"

䐈 술슴 mal selupat, "skin" semang Keb"waist-cloth for men(ofterap bark)

耳귀 senoi Kuī, "language" "speech" sakai Kuī, "music""tospeak"

の三語はそれぞれ特種の興味を起します

尊著を精読いたしまする間には御質問いたしたき事も度々起り申さむかと存じられまするので其節は何卒よろしく願上ます書後の索引は御親切にて何人も感謝いたしませうと存します

九馬三拝

大正十四年十二月二日付(書簡)

差出人、坪井九馬三、受取人、前間恭作

先度御來訪被下候間何の御風情も無く失禮しました『東洋學報』 に御掲載の御考論文其後拝読致しました全然斬新の高見敬服の至り唐末否な五代初に仮稱致した世系なりとは頓と気附き申し奇怪なる世系とのみ存しましたのに愧入ります尚ほ再三精読致したく存します御考論の本筋に関係なき言語の末につき気附きました二三點を御挨拶のしるしまで寫渡申述へたく存じます

Čārharo, Čă rhai 源 Cam car "mountain"、cam hath, haro'h"grand" "magnificent"成語にて大山の義。水源なる大山より轉して直に水源の義に用ひたるならむ。國語ヒロ(廣)はharo'h と同義ならむ。北常の「達」はtarにてcar の轉音ならむ。北方系語にては、dagh,tau なり、普通に用ひたる「山」の語は竹嶺、鳥嶺の竹、鳥に當る mon khmer čuk, čik, cok, "hill" "mountain"でありましたらう。

Nar 日六つ敷き語でありますseman madiss, madiis, madys; sakai matjis,

mat-jī, maji "sun" "to‐day" 最も近し。m=n の例は多くあります。

Mar 麻利、麻立 čam mar, "spirit cohich, entering the corpse, enlivens it" 國語タマ(魂)の義。後世人名に用ふる麻呂に同し。宅の義に用ふる麻立は國語モロギ(籬)と同語にて元と

sanskritmalika; jav, mak. maligé; mal māligey; sund. malegi; cammolagai, "palace" "house"。又 ma-ra 宗はcammar の轉義と思しく現生魂と過古魂に移したるもの。

Čīča 智、知 車、尺、上mon-khmerCi, "old" が原語でčam čeī, 'prnce' "inferion-divinity" ji "priest" sī"itle given to the old" の三語が出てます。又 prefix Ka を付けてKačei と申す義が重くなります。智はこのč ī, č ei に當り巨智、吉師はこのKačei に當ります。內地に御てはウカシ(宇介志)ケチ(鶏知)とも申したと見え鶏知は対馬の地名に出ます。Si はタマシイのシイにて南方系文法を伝へ、韓語sputsi のsi は縮音で語は北方系文法に依ります。その敬語たることは同じ。

ca はči と同語なりや否や明ならず。如何にもチャム語の法としてa=iなり又a=u なりハナ(鼻)をadun,adum,idun(國語アズマ、イスミ、アツミ、イヅミ、イヅモ同じ)といひ、ネ(根気)をagha,ugha(國語アガ、ウガ、ウケ、オケ同じ)といふ如く、a=i(e)=u=oと移ること當然なるも別にsak,jah,'man'の語があります。ča はこの語なりやも知れ申さず

Spurči, Spurči, Upurči 斯伐、角幹、伊伐、於伐 si の敬語はタマシイ(魂)の外に多く用ひず。u の敬語はi に同じくウカシ(猟、宇介志)の外にO に訛りて多く存しようと存じます。i, ī, ik はチャム語expletiveperticle にて國文に於て伊、井(i)飯(ī)生、厳(ik)の漢字を充て屢用ひます

Muri, moi 含(山)sak,jelmoi, jerlemoi 'mountain'と同語と思ひます。虹をmu-ji-kai といふに参照して爾か存じます。其説拙著倭人考に委しmoi は

moli の縮音であります。

　kirim 鶏林 kim(金)に関係なしと思ひます。Kirim は吉林省の吉林gi-rin と同名にて今満州語gurun(國の義)、南原の古名古龍と同じ、村名にてはなく國名であります。勿論村名も國名も本來區別はありませぬが、意味のとりやうで聊か違ひませう。

　金氏は貴説の如く都合で作りたるもの。強いて意味を考ふるまでもないと思ひますが、愚考ではcam kim, ‘will’に移りたるか、この語は國語キミ(君)となり、čam om, om, om, verb

‘tender’ ‘present’ ”offer” extend the arm”がオミ(臣)となりたるに対します。金城の「金」も或は是でありませう朴はtemhi bögh, “man”(male)で一般の普通人民と指すこと宛も

　國語のチカラ(力)、タカラ(寶)、テカラ(功)がbenua tikarut, ”man” sem., temkal, tonkal, ”male”より出て普通人民をオホミタタカラと申したのと同様であらうと存じます。

　妄評多罪

　十二月一日夜 九馬三拝

大正十五年三月七日(封書)

差出人、坪井九馬三、受取人、前間恭作

　時下不順之砌益々御健清御傾申上ます小生近頃オセアニア方面之方言中より國語に関係あるものを研究中ですが意外に獲物有之喜んで居ます其中に加背、裳、袴衣に関係する語を検出しました裳、袴衣の原語は唐時代の吉貝kapai,cottonに相違無之マライ人は褌の他に衣服を有せず木綿服とは褌に外ならず即ち裳に同じされどmarquises(mendana)語にKapai, ĉodédelamèr　即ち海岸を謂ふ語有之是れが元來の意味にて文武での時に

は此古語を既に忘れられ唐より新來の吉貝と混同し若しくは誤解して裳
と申したるかと存じます外に多方面中國西部にロオセアニア語の古地名
多く有之其例は玄海(月海)、鬼界、企救、宇之、壱岐、隱岐、奴可、比婆
等にてカパイも同系に屬するかと存じます。

　三月七日　九馬三

정체(政體)와 문체(文體),
대한민국임시정부의 언어정치학과 조소앙(趙素昻)

한문자(漢文字)의 맹서(盟誓), 조소앙의 선언 · 성명 · 강령 집필과
『한국문원(韓國文苑)』을 중심으로

황호덕

나라를 걱정하며 스스로 탄식하다	[憂國自嘆]
짧은 비 가져다 쓸어내 말끔히 하고 싶건만	願將短帚掃而淸
떠돌이 별(緯星)이 삼팔절(三八節)에 이르니 시름만 가득하네	緯星三八是愁城
나는 본래 나라를 위해 죽음도 불사했으나	我本不辭爲國死
누가 이 민생의 매듭을 풀 수 있으리오	誰能解結此民生
풍진 낀 관북(關北)은 구름이 아직 흩어지지 않았으나,	關北風塵雲未散
봄빛 물든 강남은 비가 막 개었으리	江南春色雨初晴
원래부터 행적에 과오가 많았으니	由來行蹟多過誤
사람 만나 성명 말하기가 문득 부끄럽구나	輒愧逢人道姓名[1]

---

1) 三均學會 編, 『素昻先生文集』下 (서울, 횃불사, 1979), 183쪽. 조소앙의 문장은
   왼쪽 문집 상하권을 텍스트로 삼되, 다음의 자료집 · 번역선집을 참고했다. 國學
   振興事業推進委員會 編, 『韓國獨立運動史資料集－趙素昻篇』1-4 (성남, 韓國精
   神文化硏究院, 1995-1997); 姜萬吉 編, 『趙素昻』(서울: 한길사, 1982).

1. 정체(政體)의 문체(文體), 임정(臨政)의 에크리튀르
   – 망명문체(亡命文體)와 망명정체(亡命政體)

조소앙(趙素昻, 본명은 趙鏞殷: 1887-1958)은 대한민국임시정부의 국무원(國務院) 비서장(秘書長)을 시작으로 외무총장 네 차례, 내무부장, 임정의 여당격인 한국독립당 당수 등을 역임하며 30여 년을 중국에서 보낸 한국의 대표적 독립운동가이다. 근대계몽기부터 『대한흥학보』등의 각종 학보의 편집인으로 활동했고, 망명 후에도 임정의 헌법·강령 등의 초안 뿐 아니라, 신문, 잡지의 창간과 집필, 저술에도 적극적이어서 종종 '문필혁명가'로 불리기도 한다. 특히, 정치와 경제와 교육의 평등, 개인과 민족과 국가 사이의 평등을 주창한 조소앙의 삼균주의(三均主義)는 1930년대 이후 임정의 헌법 및 건국강령, 한국독립당의 공식 정강으로 자리 잡았다. 조소앙의 문집과 독립운동사 자료집에는 조소앙이 한문(중문), 국한문체, 영어로 작성한 많은 글들이 산재해 있다. 기왕에 평전 성격의 조소앙 연구 단행본이나 삼균주의의 철학적 기반을 논한 서적, 독립운동가로서의 행적을 논한 논문들이 이미 적잖이 제출되어 있다.[2] 다만 임시정부의 '서기(書記)' 역할을 담당했던 조소앙의 문장과 그 배치, 임정의 각종 문서의 에크르튀르가 가진 의미와 그 정치성 논한 글이나, 임정 관련 문서를 통해 '동아시아 근대 지성의 흐름과 교류'를 논한 글은 그다지 없었던 게 아닌가 여겨진다.

---

[2] 대표적인 것으로 다음과 같은 글이 있다. 洪善熹, 『趙素昻의 三均主義 연구』(서울: 한길사, 1982). 김기승, 『조소앙이 꿈꾼 세계: 六聖敎에서 三均主義까지』(서울: 지영사, 2003). 조동걸, 『于史 趙東杰 저술전집8: 대한민국임시정부』(서울: 역사공간, 2010). 전기적 사실과 사상 형성, 임정 및 해방 후 활동 상황에 대한 가장 총괄적인 연구로는 김기승의 위의 역저를 참조할 것. 조소앙과 임정의 관계에 대한 간명한 이해를 위해서는 李炫熙, 「大韓民國臨時政府와 趙素昻의 業績」, 『아시아문화』12, 1996. 이현희는 조소앙을 "文筆革命家"라 명명하고 있다.

짧은 글에서 조소앙 집필로 확정할 수 있는 문서 전체를 다룰 수는 없기에, 여기서는 1919년의 「대한독립선언서」와 1919년의 「대한민국임시정부 임시헌장」, 1940년의 임시정부 「건국강령」에 이르는 주요 선언, 헌법, 강령 등이 지닌 '맹세문'으로서의 성격과 역사·철학·문학에 걸친 그의 문필 활동의 동기와 의도에만 주목해 보기로 한다. 구체적으로는 국제법적으로 주권을 상실한 상태에서 행해진 소위 임시정부의 '정치적 맹세'가 지닌 의미가 무엇이었는지, 또 역대 한국문선(歷代韓國文選)이라 할 『한국문원(韓國文苑)』의 집필 동기는 무엇이었는지를 언어정치학적 관점에서 살펴보도록 하겠다. 특히 한문·한자와 중국어·영어라는 복수의 문체 혹은 복합적 문서 활동이 포괄하려 했거나 분할하려 했던 다기한 '교류'에의 요청들을 부각시켜보는 것으로 논의를 한정해 보려 한다.

우선 조소앙이 여타의 임시정부 인사들과 구별되는 점을 몇 가지 지적함으로써 조소앙의 정치적 입장과 문장이 지닌 문제성을 환기시켜 보고 싶다. 첫째 조소앙은 유학(儒學)에서 시작해 구본신참(舊本新參)의 학문을 거쳐 근대정치의 핵심적 사고에 도달한 대전환기의 대표적 정치가이자 사상가였다. 그는 1902년부터 1904년까지 성균관 경학과에서 수학한 전통적 교양인이었으며, 또한 1904년에서 1912년까지 황실유학생으로 일본의 도쿄제1부중(東京第一附中), 세이소쿠영어학교(正則英語學校), 메이지대학 법학과(明治大學 法學)에서 체계적인 근대 교육을 받은 근대인이기도 했다. 그런 의미에서 조소앙은 독립운동 전선의 노소와 좌우를 심정적·이론적으로 매개할 수 있는 위치에 있었던 사람이었다. 유학을 경험한 대부분의 근대 지식인들이 사회진화론과 문명론을 통과해 소위 '친일' 혹은 '협력'의 길을 걸은 것[3]과 달리, 조소앙은 학업을 끝내고 1913년 중국으로 건너갔으며, 임정 요인들의 이탈

속에서도 거의 30여년을 임정 주변에 남아 세대적·이념적 중재역을 수행했다. 신구 사상과 이념들의 교차로에 있었던 셈이다.

둘째, 조소앙은 한문, 한국어, 일본어, 중국어, 영어에 능통한 국제인으로 임정 외교 및 대외 입장 발표의 중추적 창구였다. 「대한독립선언서」(무오독립선언서)를 기초한 일을 필두로 자신이 익힌 정치학·법학·동서철학 지식을 토대로 목적에 상당하는 다기한 문체와 언어로 각종 헌법 및 법률 제정, 정당 정책 및 건국 강령, 대외 선언과 외교 문서 등을 도맡아 집필하다시피 하였다. 독립운동과 임정의 정당성을 이론적으로 뒷받침한 이데올로그이자, 독립운동 세력의 대표적 이론가·문장가였던 것이다. 그의 글을 통해 임정의 정치적 입장, 대외적 입장, 정치 이념을 언어의 질서와 유비해 파악해 볼 수도 있을 것이다.

셋째, 조소앙은 임정 요인 중 신문, 잡지, 저술에 가장 적극적이었던 인물로, 그의 이름으로 된 수많은 공문서 외에도 한문(중국어), 국한문체로 많은 저작을 남겼다. 일본 유학시의 『공수학회보』, 『대한흥학보』 편집을 시작으로, 조소앙은 상해 시기의 『독립신문』 및 『평론』, 국문판 『한보(韓報)』와 중문판 『한보특간(韓報特刊)』(1930), 항저우(杭州) 시기의 『진광(震光)』 국문판·한문판(1934), 『광복(光復)』(1941) 등의 매체 창간을 주도했다. 뿐만 아니라, 고대부터 조선조까지의 역대 문장을 선문(選文)하여 역대 한국문선(歷代韓國文選)이라 할 『한국문원(韓國文

---

3) 당시 조소앙과 함께 떠난 50인의 황실유학생 중에는 崔麟, 崔南善과 같이 초기 국내 독립운동의 주역들도 있었지만, 대부분이 관료계, 문화계, 실업계 내에서 체제 내화된 것으로 알려져 있다. 망국 후 '유신의 꿈'은 좌절되었으며, 대체로 이들은 조선총독부 관리, 회사·은행의 기능적 관리인이 되었다. 항일운동에 참여한 사람은 崔麟, 崔南善, 金志侃, 趙素昂 넷이었다. 기미독립선언의 주역인 최린과 최남선은 친일 행적으로 인해, 오히려 해방 후 반민특위에 의해 기소되었으며, 김지간은 전선에서 중도탈락했다. 朴贊勝, 「1904년 황실 파견 도일유학생 연구」, 『한국근현대사연구』 51, 2009, 226-227쪽.

苑)』(1932)을 출간하는 한편, 독립운동가들의 열전인『유방집(遺芳集)』(1933)과 개인문집『소앙집(素昻集)』(1932)을 중문으로 출간하기도 했다.[4] 현재는 극히 일부만 남아 있지만『한국어교학법(韓國語教學法)』을 중문으로 집필했던 것으로 보아, 한글의 효용과 의의에 대한 관심도 남달랐던 것 같다. 그 외에도 110여 편의 한시와 근대계몽기 일기로는 윤치호의 사례 다음에 속할 장기간(1904-1912)의 유학 일기가 남아 있다.[5] 한문/중문·국한문체·영어로 된 다기한 형식과 문체의 문장을 쓴 조소앙의 글들을 통해 한 각각의 의도와 목적에 따른 근대의 문체 배치의 성격을 가늠해볼 수 있지 않을까 생각된다.

넷째, 조소앙은 일본 유학 당시부터『대동서(大同書)』와『손문전(孫文傳)』을 탐독하기도 한 바 한중합작과 한중동맹, 나아가 (反帝) 아시아주의에 가장 큰 관심을 가졌던 인물 중 한 사람이었다. 조소앙은 이미 동경 유학 시기부터, 중국 유학생들의 정치 집회와 강연회에 참석하기도 하고 중국의 민족주의에 관한 논설을 통해 조선인의 각성을 촉구하기도 한 바 있다.[6] 망명 직후에도 신규식이 중국인 천잉스(陳英士)·

---

4) 『遺芳集』외에도 「烈士 金相玉傳」, 「花郎列傳」, 「女俠南慈賢傳」, 「大聖 元曉傳」, 「李舜臣龜船之硏究」등 평전, 열전이 적잖다. 漢文과 中文을 구별하기란 쉽지 않다. 다만, 그의 글에서 白話의 흔적을 발견하기는 어려워서, 어디까지나 소위 文言文의 범주에 있지 않았나 한다. 여기서는 편의상, 중국정부 및 인민을 대상으로 발표한 글을 중문으로, 개인적인 글을 포함해 그 외의 경우를 한문으로 지칭하고자 한다.

5) 이 일기는 현재 한국어로 번역 중에 있다. [趙素昻 / 김보성 옮김, 황호덕 해설, 『東遊略抄』(제목미정)(서울: 현실문화연구, 2013 近刊)] 이 일기는 황실유학생의 것으로써 뿐 아니라 (간헐적인 것을 제외하면) 당시 유학생의 일기로는 유일하다. 일본어 번역은 武井一 씨에 의해 이루어져 현재 자료집의 형태로 접해 볼 수 있다. 武井一, 『趙素昻と日本留学−東遊略抄を中心として』(新潟, 波田野硏究室, 2009). 이 일기문 외에도 한시와『한국문원』서문 번역에 있어, 김보성 씨 (성균관대 한문학과 박사과정)의 도움이 실로 컸다.

6) 수학기의 중국에 대한 관심에 대해서는 김기승, 위 책, 69-70쪽을 참조. 1909년에

천궈푸(陳果夫)·황주에(黃覺)·다이치타오(戴季陶) 등과 창립한 신아
동제사(新亞東濟社)에 참여하였으며, 국민당 인사들과 '아세아민족 반
일대동당'을 결성하기도 하기도 했다. 「상하이주보(上海週報)」 특간에
한중동맹론을 제창하는 글을 발표(1925.5.)하는 등 한중연대와 아시아
주의에 관한 많은 글들을 중문으로 발표했으며, 그의 이러한 생각은 최
종적으로 1942년 중경에서 성립된 한중 정부 인사 간 합의에 의한 중한
문화협회의 창립[7]으로 결실을 맺었다.

요컨대, 조소앙은 민족주의와 사회주의 및 세계주의의 공존, 전통적
교양과 근대 지식의 절충, 동서사상의 회통, 한문과 국문의 역할분담을
가장 잘 보여주는 인물이 아니었나 생각된다. 그의 문장 자체가 1910년
부터 1945년까지의 중국 망명 세력의 정치적 입장과 그 입장을 전달하
는 '언어'를 추찰(推察)할 수 있는 가장 좋은 스펙트럼인 이유이다. 물
론 한 개인의 문장들이 특정한 정치 세력을 대표할 수는 없을 것이다.
또한 임정과 같은 정치 세력의 문건들은 그 발의자나 최종 집필자가
누구든 개인의 것이기보다는 집단토론과 조정의 산물이라 할 수 있다.
하지만 대한민국임시정부의 대표성이 하나의 정치적 정통성이나 믿음
의 체계에 의해 정당화되는 일종의 '가상'을 포함하다고 할 때, 이러한
대표성에 대한 신뢰를 전제로 한 조소앙의 문필활동 역시 '대표로서 말
하기'라는 그 자신의 의도의 관점에서 파악될 필요가 있다. 개인이 아

쓴 글에서 조소앙은 "淸國留學生을 試觀ᄒ야 在米同胞를 模範ᄒ라"고 쓰고 있다.
趙素昻, 「會員諸君」, 『大韓興學報』 7, 1909. (『韓國獨立運動史資料集－趙素昻篇』
1, 1995, 540쪽.) 1911년 11월 4일자 일기에서는 孫文의 신해혁명과 민주주의 헌
법에 지대한 관심을 보이기도 했다. 일례로, 『金相玉傳』의 서문은 중국인 黃介
民이 썼으며, 『韓國文苑』의 속지에는 "兄弟急難"이라는 중국인 張繼의 휘호가 삽
입되어 있다.

[7] 한시준, 「중한문화협회의 성립과 활동」, 『한국독립운동사연구』 35, 2010.

니라 대표로서 살기로 한 사람의 발화행위로부터 개인의 몫과 정치적 대표로서의 몫을 분리해내기란 쉽지 않다. 적어도 그것이 해당 정치 세력에 의해 인준된 것이라면, 그의 발화는 '대표로서의' 개인의 입장, 나아가 해당 정치체가 최소한 '인정'한 입장으로 보아야 하지 않을까 생각된다. 다만, 하나의 정치 세력 안의 여러 입장들과 견주어 보는 세밀한 검토나 다기한 문체들 간의 지형도 그리기는 차후의 과제로 돌리고자 한다.

유구한 고유주권 위에 건립될 민주공화제라는 정체(政體)와 국한문체 등의 다기한 언어로 집필된 문체(文體) 사이의 관계는 과연 관습적이거나 우연적인 것이기만 했을까.

2. 한문맥(漢文脈)과 국맥(國脈), 임정문서(臨政文書)의 전고주의(典故主義) - 조소앙(趙素昻)의 인고설(引古說)과 고유주권론(固有主權論)

주권이란 무엇일까. 흔히 국제법적 승인과 실효적 지배, 주권자의 존재와 국민 혹은 시민의 승인이 이야기되기도 하고, 19세기말 이후에는 민족집단 · 언어 · 공동체에 대한 표상 등의 문화적 동질성이 부가되기도 한다. 하지만 국제적으로 인준되었으나 실효적 지배력을 상실한 정부가 있는가 하면, 국가의 모든 조건을 갖추었음에도 국제적으로 인정되지 않는 경우도 있다. 제2차세계대전 중의 프랑스 드골 망명정부와 폴란드 망명 정부 같은 경우가 전자에 속하고, 전전(戰前)의 만주국이나 대만의 경우는 후자에 속한다. 팔레스타인과 같이 국제적 인준에도 불구하고 물리적인 예속 상태에 있는 국가도 있다. 그러니까 민족집단과 언어, 공동체에 대한 표상만 있을 뿐 국제법적 인정과 영토적 주권을 상실한 경우, 그러니까 대한민국임시정부는 일본 관헌의 기록대로라면 '가정부(假政府)'에 불과할 뿐인지도 모른다. 하지만 현재 임정은 대한민국의 법통으로 간주될 뿐 아니라, '식민지' 기간을 '강점'으로 파악하는 '일제강점기'라는 역사 규정의 근거를 이루는 '정체'이기도 하다. 이를테면 일본의 대연합국 투항 직후에도, 임시정부는 조소앙 명의로 "한국이 일본의 강제점령(强制佔領)에서 해방(解放)된 국가(國家)임을 중신성명(重申聲明)한다"[8]는 요지의 '성명서(聲明書)'를 발표한 바 있는데, 이러한 '강제점령'론(=합방무효론)은 한일협약 과정, 한국사 서술과 국가 대내 공식문서 등을 통해 일관되게 유지되었다.

통상 국가와 언어의 가장 전형적인 결합방식인 공문서, 대외문서들은 주권적 힘에 의해 구성되는 사태를 '재현'하거나, 일어나지 않은 사태를 앞으로 관철시키는 실천력과 관련된 '약속'을 뜻한다. 그렇다면 결여태로서의 국가 혹은 '가정부(假政府)'에 있어서의 공문서, 대외문서란 어떤 의미를 가질 수 있는 것일까. 이 장에서는 '문서놀음', '외교놀음'으로 비판되기도 하는 임정의 선언·맹서 활동이 지닌 '언어정치적' 측면 정도를 검토해보는 것으로 하겠다. 20여 년간에 이르는 임정 활동의 요체가 집약되어 있을 뿐 아니라, 임정의 공식 문헌 중에서도 최후의 것 중 하나인 「대한민국건국강령」(1941.11.28)을 통해 이 문제를 생각해 보기로 하자.

第一章 總綱

一. 우리나라는 우리 民族이 半萬年來로 共通한 말과 글과 國土와 主權

---

8) 趙素昻,「聲明書三(日本投降直後)」, 三均學會 編, 『素昻先生文集』 上·下 (서울: 햇불사, 1979), 333쪽.

과 經濟와 文化를 가지고 共通한 民族正氣를 길러온 우리끼리로써 形成하
고 團結한 固定的 集團의 最高組織임

二. 우리나라의 建國精神은 三均制度의 歷史的 根據를 두었으니 先民이
明命한 바 「首尾均平位하여 興邦保泰平」 하리라 하였다 이는 社會各層 各
級이 智力과 權力과 富力의 享有를 均平하게 하여 國家를 振興하며 太平
을 保維하리라 함이니 弘益人間과 理化世界하자는 우리 民族이 지킬 바
最高公理임

三. 우리 나라의 土地制度는 國有에 遺範을 두었으니 先賢의 痛論한 바
『遵聖祖至公分授之法하여 革後人私有兼併之弊』라 하였다 이는 紊亂한 私
有制度를 國有로 還元하라는 土地革命의 歷史的 宣言이다 우리 民族은 故
規와 新法을 參互하여 土地制度를 國有로 確定할 것임

四. 우리 나라의 對外主權이 喪失되었을 때에 殉國한 先烈은 우리 民族
에게 同心復國할 것을 遺囑하였으니 이른바 望我同胞는 勿忘國恥하고 堅
忍努力하여 同心同德으로 以捍外侮하여 復我自由獨立하라 하였다 이는
前後殉國한 數十萬 先烈의 典型的 遺志로써 現在와 將來의 民族正氣를 鼓
動함이니 우리 民族의 老少男女가 永世不忘할 것임

五. 우리 나라의 獨立宣言은 우리 民族의 赫赫한 革命의 發因이며 新天
地의 開闢이니 이른바 『우리 祖國이 獨立國임과 우리 民族이 自由民임을
宣言하노라 이로써 世界萬邦에 告하여 人類平等의 大意를 闡明하며 이로
써 子孫萬代에 告하여 民族自存의 正權을 永有하라』 하였다 이는 우리 民
族이 三一憲典을 發動한 元氣이며 同年 四月十一日에 十三道 代表로 組織
된 臨時議政院은 大韓民國을 세우고 臨時政府와 臨時憲章 十條를 創造發
表하였으니 이는 우리 民族의 自力으로써 異族專制를 顚覆하고 五千年 君
主政治의 舊殼을 破壞하고 새로운 民主制度를 建立하며 社會의 階級을 消
滅하는 第一步의 着手이었다 우리는 大衆의 핏방울로 創造한 新國家 形式
의 礎石인 大韓民國을 絶對로 擁護하며 確立함에 共同血戰할 것임

六. 臨時政府는 十三年 四月에 對外宣言을 發表하고 三均制度의 建國原
則을 闡明하였으니 이른바 『普通選擧制度를 實施하여 政權을 均하고 國有
制度를 採用하여 利權을 均하고 共費敎育으로써 學權을 均하며 國內外에
對하여 民族自決의 權利를 保障하여서 民族과 展族 國家와 國家와의 不平
等을 革除할지니 이로써 國內에 實現하면 特權階級이 곧 消亡하고 少數民
族의 侵凌을 免하고 政治와 經濟와 敎育權利를 고로히 하여 軒輊이 없게

하고 同族과 異族에 對하여 또한 이러하게 한다』하였다 이는 三均制度의
第一次 宣言이니 이 制度를 發揚廣大할 것임

七. 臨時政府는 以上에 根據하여 革命的 三均制度로써 復國과 建國을
通하여 一貫한 最高公理인 政治 經濟 敎育의 均等과 獨立 民主 均治의 三
種方式을 同時에 實施할 것임[9]

조동걸에 따르면, 조소앙의 일관된 입장은 고유주권설, 균등주의로
정리될 수 있다. 특히 논리 전개에 있어서는 인고설(引古說)이 특징적
이다.[10] 위의 「대한민국건국강령」역시 소위 삼균제도(三均制度)라는
1930년 이래의 자신의 입장을 임정 단위에서 재확인한 사례라 하겠다.
전적(典籍)의 인용 외에도, 3·1운동 시기의 「기미독립선언서(己未獨立

9) 國史編纂委員會 編, 『韓國獨立運動史 資料 (臨政篇 Ⅱ)』(果川, 國史編纂委員會,
1972). 현전하는 「대한민국건국강령」의 판본은 여럿이다. 조소앙의 초고와 임시
정부 관계 문헌, 한국독립당 관계 문서, 해방 후 신문 게재본 사이에 적잖은 차
이가 있다. 주로 한자어를 한글화하거나 주석을 다는 형태로 변화되어 갔던 것
으로 생각된다. 그만큼 망명지와 해방공간의 언어 환경이 달랐던 것이다. 중국
국민당 정부에 보낸 「대한민국건국강령」외교문서와 대조해보면 흥미로운 '번
역'적 차원이 드러난다. 실제로 원본과 번역의 선후를 확정할 수 없을 정도로 국
한문체 '원문'과 중문 사이에는 뚜렷한 개념적 일치가 존재한다. 제3강까지만 인
용해 보기로 한다.
"大韓民國建國綱領 本綱領於一九四二年十一月 二十八日 由韓國臨時政府國務委
員會制定頒布, 玆譯成中文, 以供友邦人士參攷. 第一章 總綱 一. 韓國爲五千年來
保有共同言文, 國土, 主權經濟及文化, 以養成共同民族正氣, 並自行形成及團結
之固定集團之最高組織. 二. 韓國之建國精神, 爲三均制度之歷史根源. 開國先祖
曰：「首尾均平位, 興邦保泰平」. 意謂：社會各階層之智力, 權力及富力, 應爲均
等, 以之興國家, 而保泰平, 此誠爲吾民族所當遵守之最高公理. 三. 韓國有歷代土
地國有制度之遺範, 先賢痛論曰：「遵聖至公分授之法, 革後人私有兼併之弊」. 此
有變更其紊亂之土地私有, 還元爲國有之一種土地革命宣言, 吾民族應以參互古規
及新法, 確定土地國有制度." 이하 생략, 독립운동사편찬위원회, 『독립운동사자
료집 별집 2: 임시정부 외교문서집』(서울: 독립유공자사업기금운용위원회, 1976),
776-777쪽.
10) 조동걸, 『于史 趙東杰 저술전집8: 대한민국임시정부』(서울: 역사공간, 2010)의
제5장 3절을 참조.

宣言書)」, 삼균제도에 바탕한 임정의 대외선언(1931)이 건국강령의 근거로 인용되고 있다. 조소앙 자신은 삼균주의의 요지를 '평(平)'을 뜻하는 '균(均)'으로 요약하였으며, 여기서 '균등'은 건국강령을 관통하는 핵심 개념이었다. 조소앙은 의정원에서 이 강령을 설명하며 '우리 선철(先哲)'은 "수미균평위(首尾均平位)하여 흥방보태평(興邦保泰平)함이 홍익인간(弘益人間)하고 이화세계(理化世界)하는 최고공리(最高公理)라"라는 대목을 재차 강조했다. 이 구절은 『고려사(高麗史)』의 「김위형전(金謂暄傳)」에 나오는 것으로, 차후 『환단고기(桓檀古記)』나 『단군세기(檀君世紀)』서문에도 등장한다.[11] 물론 전고를 '민족사'에서만 찾으려 했던 것은 아니다. 앞서의 구절은 「한국독립당 당의해석(韓國獨立黨 黨義解釋)」에도 등장하는데, 이 문헌에서는 한유(韓愈)·공자의 말이 연이어 등장한다. 한유 역시 "무릇 물건이 그 고른 것을 얻지 못하면 운다"(凡物不得其平則鳴)라 하였고, 그 전에 공자 또한 "적은 것을 근심하지 말고 고르지 못한 것을 근심하라"(不患寡而患不均)라 했으니 홍익인간 이화세계는 동서고금의 움직일 수 없는 진리라는 것이다.[12]

「대한민국건국강령」총강 제3강의 "준성조지공분수지법(遵聖祖 至公 分授之法)(하여), 혁후인사유겸병지폐(革後人 私有兼併之弊)"라는 대목 역시 『고려사(高麗史)』의 사전개혁(私田改革)에 관한 기사에서 온 것으로, 일종의 인고설(引古說)에 해당한다. 장차 광복할 조국의 토지국유화를 역사적으로 정당화하는 논리로서, 여기서 '분수지법(分授之法)'이란 곧 토지국유와 균등분할을 뜻했다. 제3강의 전고는 조준(趙

---

11) 「제34회 의회속기록(1942년)」, 『의정원문서』, 292-293쪽. [김인식 저, 한국독립운동사편찬위원회 편, 『광복 전후 국가건설론』 (천안: 독립기념관 한국독립운동사연구소, 2008)의 제2장을 참조.]

12) 三均學會 編, 『素昂先生文集』上 (서울: 횃불사, 1979), 206쪽.

浚)의 「분전제녹소(分田制祿疏)」로, 조소앙이 1932년에 발간한 『한국
문원(韓國文苑)』에서 이미 역대 명문 중 하나로 제시되었던 바 있다.[13]
주지하다시피 1930년대는 동아시아 전역에서 아시아적 생산양식논쟁
이 비등했던 때였다. 여기서 토지 국유는 아시아적 특수성으로서 종종
봉건제의 등장과 자본제 발달을 저해한 '정체성(停滯性)'의 원인으로
언급되었다. 그러나 토지국유의 문제는 조소앙에게 '정체성(停滯性)'의
원인이 아니라 '균등' 사회 실현의 논거이자 '역사적 선언(歷史的 宣言)'
이었다. 당시 조선 내에서는 고려의 토지 제도를 두고 커다란 논쟁이
있었다. 즉 전시과 제도와 그 해체를 '아시아적 노예제사회'(이청원)에
서 다음 단계로 가는 이행기로 볼 것인가, 혹은 '아시아적 봉건제'(백남
운)의 전형적 사례로 볼 것인가를 두고 치열한 논전이 벌어졌다. 좌우
합작 과정에서의 당헌 다툼을 통해 이러한 논쟁들에 접할 수밖에 없었
을 조소앙이 이러한 맥락에 완전히 무지했다 생각하기는 어렵다. 말할
것도 없이, 사전(私田)의 폐단과 공전제(公田制)를 주장했던 고려조의
역사적 전거와 현단계 사유제의 모순 사이에는 커다란 낙차가 있지만,
조소앙은 이를 "고규(故規)와 신법(新法)을 참호(參互)"하는 일이라 확
정한다. 왜일까.

　1942년 12월 26일 약헌개정위원회(約憲改定委員會) 제5차 회의에서
의 좌파정당의 질의가 참조가 된다. 임정의 야당격인 민족혁명당의 신
영삼(申榮三)이 "토지국유 강령은 전민족 동원에 방해가 된다"며, 건국
강령 속의 삼균제도를 문제 삼고 나왔다. 아이러니하게도, 정부 측의
입장을 대변한 조소앙은 이 물음에 "자본주의 사회를 건설한다면 따라
올 사람이 하나도 없다"고 답변한다. 인고설이 지나치다는 비판도 제기

---

13) 趙浚, 「分田制祿疏」, 趙素昂 編, 『韓國文苑』(槿花學社, 1932), 127쪽. [趙素昂 編,
　　『韓國文苑(영인본)』(아세아문화사, 1994)]

되었다. 1944년 건국강령 수개위원회(修改委員會) 제2차 회의에서 최동오(崔東旿)·강홍주(姜弘周)는 건국강령에 흐르는 인고설(引古說)을 비판하고 나섰다. 하지만 이 때 역시도 조소앙은 인고(引古), 즉 '역사적 근거' 없이는 건국의 이념도 있을 수 없다는 입장을 굽히지 않았다. 전통적 논거가 있다는 것은 오히려 정통성을 뜻하고, 현실적으로도 토지 재분배를 하지 않을 수 없다는 입장들이 우세하여, 건국강령은 결국 수정 없이 유지되었다.[14] 이러한 사실들을 통해 확인할 수 있는 것은, 조소앙의 소위 인고설(引古說) 혹은 "고규(古規)와 신법(新法)의 참호(參互)"가 결코 번역이나 한글화와 같은 '표현'의 문제가 아니었다는 사실이다. 문체가 곧 정체를 뜻하는 상황이 존재했던 셈이다.

조소앙, 아니 약체화된 임정은 두 개의 요청에 긴박되어 있었다. 한반도에 대한 일본의 실효적·국제법적 지배와 임시정부의 존재 간의 간극을 '국맥(國脈)'의 논리로 연결하는 역사적 법통 확립의 필요, 즉 정통성(legitimacy)에의 요구가 그 하나이고, 국가에 상당하는 교전단체로서의 국제법적 승인, 즉 합법성(legality)에의 요구가 그 둘이다.[15]

---

14) 大韓民國國會圖書館 編, 『(大韓民國) 臨時政府 議政院文書』(서울, 國會圖書館, 1974), 388쪽. 물론 삼균주의의 실현 방략이 典故의 애매성만큼이나 구체성이 떨어진다는 비판은 있을 수 있겠다. 하지만 여러 정치 세력들을 포괄해야 했던 상황에서 구체성은 오히려 통합력의 제한으로 작용할 수도 있었을 것이다.

15) 당시 상황을 점령과 전쟁상태로 규정하는 '강점(强占)'의 논리에 대해서는 이미 金九의 『白凡逸志』의 사례를 통해 다룬 적이 있기에, 여기서는 상론하지 않는다. 황호덕, 「점령과 식민: 식민지, 어떻게 볼 것인가」, 『벌레와 제국』(서울, 새물결, 2011). 여기서는 다만, 소위 현재의 한국 헌법에서 대한민국의 法統으로 규정되어 있는 대한민국임시정부의 역사적 정당성과 합법성(法統)이 국제법적으로는 '번역될 수 없는' 성질의 것이라는 사실만을 지적해 두고자 한다. 영문 헌법에서 '법통'은 "悠久한 歷史와 傳統에 빛나는 우리 大韓民國은 3·1運動으로 建立된 大韓民國臨時政府의 法統과 不義에 抗拒한 4·19民主理念을 계승하고……"라는 부분은 "We, the people of Korea, proud of a resplendent history and traditions dating from time immemorial, upholding the cause of the Provisional Republic of

어떤 의미에서 조소앙은 고유주권=주권불멸의 논리를 수사법 및 문체상의 인고설을 통해 지탱하고 있었던 게 아닌가 여겨진다. 강령상에서 "고규(古規)와 신법(新法)의 참호(參互)"란 '균/등/평(均/等/平)'이라는 국유제와 공산제 사이의 가설적 중립지대를 형성하고 있는데, 넓게 보자면 '고규(古規)'는 임정의 두 요구 중 정통성을, '신법(新法)'은 국제법적 주권=합법성을 지탱하는 양보할 수 없는 '정체(政體)의 문체(文體)'가 아니었나 생각된다. 따라서 건국강령상의 복국(復國) 및 건국(建國)은 "공통(共通)한 문언(言文)과 국토(國土)와 주권(主權)과 경제(經濟)와 문화(文化)"라는 '통(統)'의 사고와 '혈전(血戰)'에의 다짐이 노정(露呈)하는 전쟁 해소 후의 '법(法)'에의 요구 간의 결합에 의해 수행되는 비전이었다 하겠다.[16] 제5항에서 3·1운동을 "군주정치의 구각을 파괴하고 새로운 민주제도를 건립하며 사회의 계급을 소멸하는 제일보의 착수"라 하여 단절론적 뉘앙스를 드러내긴 했지만, 3·1운동에 의해 군주주권이 이양되고 국민주권이 확립되었기에, "대한민국(大韓民國)"이 설립될 수 있었다는 것이 실제의 내포였다.[17] 현재의 근거와 미래

Korea Government born of the March First Independence Movement of 1919 and the democratic ideals of the April Nineteenth Uprising of 1960 against injustice……"라 번역되어 있다.

[16] 조소앙은 1919년부터 1945년까지를 불법 강점과 '혈전'의 상태로 인식하고 있었는데, 이러한 생각은 3대 독립선언서 중 가장 과격한 것으로 알려져 있는 「대한독립선언서」에서부터 "肉彈血戰으로 獨立을 完成"라는 표현으로 나타나 있다. 「大韓獨立宣言書」(1919), 三均學會 編, 『素昻先生文集』上 (서울: 횃불사, 1979), 229쪽.

[17] 「대동단결선언」(1917)에서 조소앙은 다음과 같이 주장했다. "庚戌年 隆熙 皇帝의 主權抛棄난 즉 我國民同志에 對한 黙示的 禪位니, 我同志난 當然히 三寶를 繼承하야 統治할 特權이 잇고, 또 大統을 相續할 義務가 有하다." 「大同團結宣言」, 독립기념관 소장, 도5-38. 즉 한일합방을 일본에 대한 주권양도가 아니라 융희 황제의 국민에 대한 禪讓, 즉 '帝權의 消滅과 '民權 發生'의 시점으로 파악한 것이다. 이 문서는 1917년 신규식, 박은식, 신채호, 조소앙 등 14명의 명의로 임시정부 수립을 촉구한 문서로 조소앙이 기초했다. 김기승, 『조소앙이 꿈꾼 세계: 육성교에

의 일을 "선민(先民)의 명명(明命)"이라 보고 있다는 점에서 다분히 전고주의(典故主義) 혹은 명분론적(名分論的) 사고라 할 수 있지만, 이는 믿음의 영역이라기보다는 오히려 '정통성'(legitimacy)의 문제였다. 전고(典故)·인고(引古)·명분(名分)의 결합은 중문(中文)으로 작성된 글에서 더욱 현저하다.

> 그러하나 멀리 해외에 있는 수백만 동포가 치욕의 화를 면하여 다행히 우리의 충담(忠膽)과 의백(義魄)으로 민족정신을 분발키고 민족정기를 떨쳐 **끊어지려는 국맥을 떠받치고 있다.** (然幸賴我忠膽義魄之數百萬同胞 遠在殊域 幸免蹂躪之禍 奮發民族精神 振正氣於將亡 **扶國脈於垂絶**")[18]

'국맥(國脈)'이라는 단어는 위 글에서 여러 차례 반복된다. 요컨대 대한민국 인민을 향해 발화된 국한문체와 중국인민을 향해 호소하는 중문모두에 관통하는 하나의 문체적 특질, 정체 구성의 논리가 존재하고 있었다. 이를 국맥(國脈)과 한문맥(漢文脈)의 결합이라 할 수는 없을까.

"한자와 한시문을 핵으로 전개된 말의 세계"로서의 '한문맥(漢文脈)'[19] 안에 놓여 있던 임정의 문체란, 동아시아에 잔존했던 충담의백(忠膽義魄)의 사인의식(士人意識)의 반영이자, '국맥불절(國脈不絶)'론의 한 요소이기도 했다. 국제적으로 뿐 아니라, 운동 세력 내부에서조차 합법성과 정당성을 부인받곤 했던, 임정으로서는 "대한민국(大韓民國)은 민주공화제(民主共和制)로 함"(「대한민국임시헌장(大韓民國臨時憲章)」)이라

서 삼균주의까지』(서울: 지영사, 2003), 171쪽.

18) 趙素昂, 「第23周年3·1節國宣言」(1942), 三均學會 編, 『素昂先生文集』上 (서울, 횃불사, 1979), 287쪽.

19) 齋藤稀史, 『漢文脈と近代日本』(東京, 日本放送出版協會, 2007). 사이토 마레시 / 황호덕, 임상석, 류충희 옮김, 『근대어의 탄생과 한문: 한문맥과 근대일본』(서울: 현실문화, 2010).

는 신법(新法)의 정체(政體)를 '고규(古規)'의 문체로서 보충하고자 했던 것인지 모른다. 전고주의(典故主義) 혹은 인고설(引古說)을 단순히 조소앙의 전통적 교양의 한계나 그가 즐겨 읽은 중국의 대동사상(大同思想)의 영향 정도로 생각해서는 곤란하다. 그에게 인고(引古)와 전고(典故)는 잔존한 관습이 아니라 지켜야 할 정통성을 뜻했기 때문이다. 그리고 이는 임정 성립 초기부터 거듭된 다음과 같은 절대적 요청과도 무관하지 않았다. 어떻게 임시정부의 이름에 상응하는 대외적 인정에 도달할 수 있을 것인가. 고유주권론 혹은 주권불멸론과는 별도로, 교전상태=전쟁상태의 상황 인식과 관련된 선언·성명서들과 조소앙 명의 외교 문서들을 검토해보기로 하자.

3. 교전(交戰)의 번역(飜譯), 임정(臨政)의 영문(英文) – 조소앙(趙素昂)의 외교공한(外交公翰)과 임시정부(臨時政府) 교전단체론(交戰團體論)

조소앙의 활동에서 가장 두드러진 두 가지는 복국(復國) 후의 국가상(國家像) 확보―즉 건국강령의 마련과 대외 외교 활동이었다. 이 장에서는 '전시 망명정부'론과 관련된 후자의 언어가 지닌 성격에 대해 약술해 보고자 한다.

조소앙이 1920년대부터의 무정부주의적 이상이나 1930년대를 거치면서 형성된 사회민주주의적 전망을 지속적인 사상적 기저음(基底音)으로 삼고 있었음은 잘 알려져 있다. 하지만 계급과 계급, 민족과 민족의 대결에 있어서는 '통치기관' '전투단위' 구성이 절실했다.[20] 물론 이

---

[20] 趙素昂, 「各國革命運動史要」, 三均學會 編, 『素昂先生文集』 上 (서울: 횃불사,

념적으로야 「대한독립선언서(大韓獨立宣言書)」의 다음 구절과 같은
고유권 혹은 고유주권론이 적잖은 정신적 힘이 되었을 것이다.

> 我 大韓同族 男妹와 曁我遍球友邦同胞아 我大韓은 完全한 自主獨立과
> 神聖한 平等福利로 我子孫黎民에 黎民世世相傳기 爲하야 滋에 異族專制
> 의 虐壓을 解脫하고 大韓民主의 自立을 宣布하노라.
> 我 大韓은 無始以來로 我 大韓의 韓이요, 異族의 韓이 아니라 半萬年史
> 의 內治外交는 韓王韓帝의 固有權이요, 百萬方里의 高山麗水는 韓男韓女
> 의 共有産이오. 氣骨文言이 歐·亞(유럽·아시아)에 拔粹한 我 民族은 能
> 히 自國을 擁護하며 萬邦을 和協하여 世界에 共進할 天民이라. 韓 一部의
> 權이라도 異族에 讓할 義가 無하고, 韓 一尺의 土라도 異族이 占할 權이
> 無하며, 韓 一個의 民이라도 異族이 干涉할 條件이 無하며, 我 韓은 完全한
> 韓人의 韓이라.
> 噫라 日本의 武孽이여! (下略)[21]

주권이 땅과 언어, 공통의 경제문화와 민족정기에 기반하고 있기에,
그것이 설혹 일종의 법인(法人)이라 하더라도 인권과 같이 자연법적으
로 하늘에 의해 주어져 있다는 사고, 즉 고유주권설이라 할 만한 사유
구조는 이미 1910년대부터 존재했던 사고방식이었다. 조소앙이 민족의
대동단결과 정부 수립을 요청하며 1917년 발표한 「대동단결선언(大同
團結宣言)」, 1919년 길림에서 김좌진(金佐鎭), 여준(呂準) 등의 대한독
립의군부 인사들과 함께 발표한 39인의 연명의 「대한독립선언서(大韓
獨立宣言書)」 등에서 이미 주권불멸론은 일종의 공리(公理)로서 제시

1979), 112쪽. 조소앙은 강도를 물리치기 전에 자진해 무장해제를 할 수는 없다
는 비유를 들기도 했다.

[21] 「大韓獨立宣言書」(1919), 三均學會 編, 『素昻先生文集』上 (서울: 횃불사, 1979),
229쪽. 흔히 「己未獨立宣言書」와 구분하여 「戊午獨立宣言書」로 불리지만, 발표
시기에 대해서는 학계에 이견이 있다.

되어 있다. 다만 이것이 후에 3.1운동에 의한 황제 주권의 이양과 국민 주권에 의한 민주공화제 정부 탄생설, 중일전쟁-제2차 세계대전에 의해 추동된 전쟁상태론으로 이행한 것이라 하겠다.

고유(주)권의 주장과 민족 공유산(共有産)의 선언은 강력 정치(power politics)와 영토주권론에 의해 움직이는 국제 관계에서는 지배의 합법성과는 무관한 '주장'에 불과했다. 신성한 주권(sacred sovereignty)이란 주권 개념의 종교적 근원에 지나지 않았다. '선언'의 효력은 어디까지나 '일본(日本)의 무얼(武孽)'에 대한 경고와 '대한동포(大韓同胞)'에 대한 호소 이상의 것이 될 수 없었다. 1인칭 복수형의 대한동포의 상대, 또 대한민국임시정부의 상대는 2인칭 일본만일 수는 없었다. 선언의 돈호법(頓呼法)이 미쳐야 할 범위는 전 '세계'에 걸쳐 있었다. 민족정기(民族正氣)와 국맥(國脈)에 의존한 민족의 고유주권과는 다른 대외적 인준-즉 합법화 과정이 필요했던 것이다.

> 韓國에 歷史的 國家의 體相을 承繼傳授하는 國統上 主權獨立의 理由와 敵의 侵佔된 期間에 우리 民族의 主權과 大義를 扶持하는 過渡의 任務로서의 鄭重한 名分上 理由와 早晚間 交戰團體의 國際的 認識을 促成할 外交上 情勢 等等을 보아 本政府는 顚業不破할 根據가 있을 뿐 아니라, 內로 2千萬의 忠勇한 國民의 期待가 날로 堅固하여 가며 外로 國際環境의 變動이 迫頭하여 東亞問題를 解決하는 열쇠로서의 目標가 되어 있는 것이 明白한 事實이니, 百尺竿頭에 一步를 更進하여 國土光復을 完成할 때까지 政府를 擁護하는 中에 各界의 大團結을 完成하여 黨으로서의 職務와 政府로서의 職務가 서로 表裏相須하여 獨立戰爭의 大業을 協成할 뿐이다. (강조: 필자)[22]

---

[22] 「第16周年 3·1節記念 宣言」(1935.3.1), 三均學會 編, 『素昻先生文集』上 (서울: 횃불사, 1979), 245쪽. 임정의 정통성 주장, 법통 혹은 국통론은 1922-1923년의 국민대표회의 시기, 1930년대 중반 민족혁명당 건설시기, 1939년 좌우합작 논의 속에서 임정해체설에 대항해 제기되었다. '국통/법통론'은 대동단결론과 함께 임정의 핵심적 근거였다.

각개 '전투' 중인 독립운동세력을 향해 "임시정부를 옹호하라"는 외침을 반복했던 이유는 (이데올로기상의 대립이 있는 대로) '독립전쟁'의 대업을 달성하기 위해서는 정통성의 확보와 교전단체로서의 승인이라는 두 요소가 필수불가결하다 판단했기 때문이었다.

1940년 이후 외교부장을 맡기도 했던 바, 조소앙은 임정 요인 중 이 문제에 가장 적극적인 인사였다. 그는 대외적 승인의 문제를 대표성과 교전 단체 구성의 관점에서 사고하고 있었다. 이미 1907년 12월 13도 연합 의병의 서울 진공 작전 시기부터 교전단체론과 혈전론이 등장하였지만, 조소앙만큼 일관되게 정부 단위의 독립전쟁론을 주장한 사람도 드물다 하겠다. 법학을 전공한 조소앙은 초지일관 민족의 대동단결에 의한 대표 정부 및 전투단체 구성을 주장했고, 이런 생각은 사실 꽤 일찍부터 정립된 것이 아니었나 싶다. 하나의 근거가 될지 모르겠으나, 『동유약초(東遊略抄)』를 일람할 때 그의 전시국제법에 대한 관심은 제도적으로 주어지고 문헌을 통해 강화된 것이었다. 그가 읽은 서적 중에 『국제전시공법(國際戰時公法)』이라는 것이 있는데[23], 이는 필시 당시 이 분야의 권위자이자 러일전쟁의 처리에도 관여한 다카하시 사쿠에(高橋作衛)의 『전시국제공법(戰時國際公法)』이었거나 관련 강의록이 아니었던가 생각된다.[24] 다카하시 사쿠에는 메이지대학에 출강하여 국제법강의의 기초를 잡은 인물로 당대의 권위였다. 메이지대학에서 그의 강의록은 강의견본으로 사용되고 있었다. 메이지대학(明治大

---

23) 趙素昻, 「東遊略抄」, 三均學會 編, 『素昻先生文集』 上 (서울: 횃불사, 1979), 418쪽.
受驗日字自不久 自是定今12日間, 爲1期 每1期, 讀1課書 自今日讀國際戰時公法 如此則五月頃 可一覽了矣. (1911年. 1月 12日 木) 조소앙은 그 다음날로 법학부의 일년분 강의록 7권을 빌려 읽어나가기 시작한다.

24) 高橋作衛, 『戰時國際公法』(東京: 哲学書院, 1902). 여러 도서관을 검색해 보았으나, 『국제전시공법』이라는 책은 찾지 못했다.

學)『법학과강의견본(法學科講義見本)』의 「총론, 제1장 전쟁의 정의」
에 등장하는 다카하시의 전쟁에 관한 정의에 주목해 보고 싶다.

> 전쟁의 정의로서 학자들이 드는 것은 천차만별이라. 그 중에서 가장 완
> 전한 것에 가까운 것은 로렌스 씨의 정의라. 동씨는 전쟁을 정의하여 왼쪽
> 과 같이 운(云)한다.
> 전쟁이란 국가 혹은 전쟁과 관련해 국가에 상당한 권리를 有한 단체 간
> 에 公然 兵力을 交함을 이름.
> 余는 약간 로렌스씨가 與한 것에 보충하여 다음과 같이 정의를 내림이라.
> 전쟁이란 국가 간 또는 국가와 교전단체, 또는 교전단체와 교전단체 사
> 이에 公然 兵力으로써 爭鬪하여, 반드시 국제간에 異常한 권리 의무의 관
> 계를 발생시키는 것을 이름이라.[25]

다카하시가 로렌스로부터 변경한 대목은 두 군데이다. 하나는 교전
단위를 국가로부터 교전단체로 확장한 부분이고, 다른 하나는 국제간
권리의무 관계의 변경(異常)이 발생한 경우로 '전쟁'을 한정한 부분이
다. 서구 국제법의 계승·전수로부터 구체적인 사건의 실태에 대한 고
려로의 이동[26]으로 요약되는 이 변경이 가진 함의는 단순하지 않다.

---

[25] 원문은 아래와 같다. 宮崎繁樹, 「明治大学と国際法」, 『明治大学社会科学研究所
紀要』第35巻2号, 1997, 162쪽.
「総論、第一章 戦争ノ定義」「戦争ノ定義トシテ学者ノ挙クル所ハ、千差万別ナリ。
就中最モ完全ニ近キモノヲ、ローレンス氏ノ定義トナス。同氏ハ、戦争ヲ定義シ
テ、左ノ如ク云ヘリ。
戦争トハ、国家、或ハ戦争ニ関シテ国家ラルノ権利ヲ有スル団体間ニ、公然兵力ヲ
交フルヲ謂フ。
余ハ、少シク、ローレンス氏ノ与ヘタルモノニ補充シテ。次ノ如ク定義ヲ下サントス。
戦争トハ、国家間又国家ト交戦団体、若クハ交戦団体ト交戦団体トノ間ニ、公然兵
カヲ以テスル闘争ニシテ、必　ス国際間ニ異常ナル権利義務ノ関係ヲ生セシムル
モノヲ謂フ。」
미야자키는 이 대목에서, 서구 국제법의 계승과 전수로부터 사건의 실태에 대한
고려로의 이동을 지적한다.

해석하기에 따라서는 내란, 중국 군벌과의 교전, 식민지에서의 교전이 전시 상황에 포함될 여지가 있으며, 선전포고나 조약과 같은 시말(始末)에 의해 평시 국제 간 관계의 이상이 생긴 경우 역시 그 상대가 (인준된) 국가가 아닐 수 있기 때문이다. (실제로 3·1운동 초기나 관동대지진 때도 사태를 내란이나 전시 상황으로 볼지, 소요(騷擾)로 간주할지에 대한 교착(交錯)이 있었다.)

어쩌면 「대한민국건국강령」 발표 직후 있었던, 뒤늦은 「대일선전포고(對日宣戰布告)」(1941.12.9.)나 그 이전의 독립선언서에 산견되는 대일'혈전'선언(對日 '血戰' 宣言) 역시 이러한 맥락에서 이해되어야 할지 모른다. 더구나 조소앙은 3대 독립선언서 중 가장 과격한 것으로 이야기되는 「대한독립선언서」(1919)의 기초자로, "일체(一切) 사망(邪網)에서 해탈(解脫)하는 건국(建國)인 줄을 확신(確信)하여, 육탄혈전(肉彈血戰)으로 독립(獨立)을 완성(完成)할지어다"라 외쳤던 인물이기도 했다.

한편, 1922년의 임정 외무총장을 시작으로 외교 최고책임자를 여러 번 역임했던 조소앙은 제2차 세계대전이 한창이던 중대한 시기인 1940년 10월 제4차 개헌을 통해 외교부장에 재취임한다. 조소앙은 삼균제도에 바탕을 둔 헌법, 건국강령, 한국독립당 정강 등의 기초와는 별도로, 중국·미국·영국 등의 연합국을 상대로 임정 승인 노력을 계속했다. 광복 후의 임정 정통성 확립 민주공화국 건설에 있어서의 지위를 고려할 때 국제적 승인은 필수불가결했다. 영토주권을 결(缺)한 상태이지만 외교주권(外交主權)만은 승인받아야 조약과 그에 이어진 전후 처리의 당사자가 될 수 있었다. 개인자격으로 환국해야 했고 이승만에 의해 법통을 부인당하기까지 했던[27] 해방 후 임정의 상황을 고려할 때 고유

---

26) 宮崎繁樹, 위의 글, 163쪽.

27) 제헌국회에서의 임정 계승논쟁에 대해서는 박찬승, 「대한민국 헌법의 임시정부

주권과 외교주권은 결코 따로 떨어져 있는 문제가 아니었다. 조소앙의 문필 활동은 개인의 것이든 임정의 이름으로 발표되었든, 대부분 임정의 정통성 혹은 합법성을 이론적으로 체계화하는 데 그 목적이 있었다. 물론 샌프란시스코 국제회의 참가 요구가 거절되는 등, 외교적 성과는 뜻한 대로 달성되지 못했지만,[28] 그의 외교문서들이 한국 독립이라는 의제와 임정의 존재를 대내외에 인식시키는데 공헌한 것만은 분명하다 하겠다.

조소앙 이름으로 발송된 외교 문서들은 주로 임시정부의 망명정부로서의 승인, 독립운동 세력 내 정통성 주장, 교전 단체로서 교전 능력, 근대 민주주의의 옹호를 주 내용으로 하고 있는 것이다. 1944년 6월 19일 연합국을 향해 발송된 「외무부장 성명서」("Statement")에서 천명된 성명의 일부와 4개 요구의 첫 문장에 대한 번역문이다.

同盟國의 作戰을 協助하고 和平基礎를 建設하는데 一部分 力量을 가진 韓國에 關하여 中·美·英·蘇 및 各 友邦은 이미 密切한 硏究와 公正한 觀察에 努力하는 것을 本 部長은 感謝한다. ……
(1) 韓國은 이미 團結되었다. 政治的으로, 黨派方面으로, 議會로, 政府로, 完全하게 團結되었다. …… (2) 韓國은 新民主主義로 突進한다. 韓國의 將來는 政治·經濟 및 社會 各方面으로 眞正한 民主主義를 適用하겠다. …… (3) 韓國은 국내와 국외와의 구체적 호응과 합작이 개시되었다. ……(4) 한

계승성」,『한국독립운동사연구』43, 2012. 을 참조. 박찬승은 임정의 계승이 비록 인적 계승으로는 이루어지지 않았지만, 헌법의 체제와 정신 내용 측면에서는 상당한 계승성이 존재함을 밝혔다. 해방 이후 제헌헌법에도, 조소앙이 삼균주의에 기초해 작성한 1941년 임시정부의 건국강령이 바탕에 깔려 있다는 것이다. 더하여 제헌헌법 역시 1944년 임시정부가 만든 임시헌장의 체계와 거의 같음을 입증하였다. 그러나 차이도 존재해서, 대통령제로의 권력 구조 변경이나 토지 사유제의 인정, 국유·공유의 제한 등은 변화된 부분이다.
28) 이현희는 개인의 구국의지가 임정의 대외적인 이미지 구축으로 이어져 커다란 외교적 성과를 거두었다 평가한다. 이현희, 앞의 글, 442쪽.

<u>국인 전체의 의견은 최근 임시정부 및 일반 독립운동방면을 통하여 이미</u> <u>일치되었다.</u> ……그러므로 각 동맹국가는 德寇를 격퇴하는 간접수단으로 또는 일본을 소탕하는 直接戰畧으로 임시정부를 승인함에 일치한 방침이 조속히 결정될 것과 평등 호조의 원칙이 4강 맹국으로부터 우리 한국에 실현하여 주기를 바란다.

대한민국 26년(1944년) 6월 19일

대한민국임시정부 외무부장

STATEMENT

By Y. Tjosowang, Minister of Foreign Affairs

In behalf of the Provisional Government of Republic of Korea, I the undersigned Y. Tjosowang, hereby have the honour to express greatfulness to the Republic of China, the United States of America, Great Britain, the Union of Soviet Social Republics, and toher friendly Nations for their endeavour toward a close study and just observation with regard to Korea which has the possibility of playing a small but perhaps significant role in the war efforts of the United Nations and the foundation fr the postwar peace. ……

Ⅰ. <u>The Unification of the Korean Independence Movement has been</u> <u>already effected.</u> Politically, among all groups and parties, in the National Provisional Assembly centering on the Provisional Government, all are fully united. …… Ⅱ. <u>Korea has started on her swift march toward modern</u> <u>democacy.</u> Korea will therefore exercise politically, economically, and socailly democracy, in the full and true sense of the word, …… Ⅲ. <u>Korea, within</u> <u>and outside the land, has begun to co-ordinate her war efforts and cooperate</u> <u>positively with the United Nations</u> …… Ⅳ. <u>The opinion of all Koreans</u> <u>constituencies, in th Provisional Government and the national Independence</u> <u>Movement, has thus been unified.</u> …… Hence it is hoped that as an indirect measure in destroying the German Fascist foe and as a direct strategy in crushing, the Japanese Fascist foe the four leading Powers of the United

Nations already mentioned will quickly arrive at and <u>early decision to recognize the Korean Provisional Government</u> and thereby to exercise the principle of eqauity and co-operation among all Anti-Fascist forces and nations.

  19 June, 1944

Chungkin, China

(Signed) Y. Tjosowang[29]

조소앙이 민족주의적 명분에 집착하여, 영토 내 폭력의 독점으로서의 국가주권의 본질과 사회계약이라는 국가의 기초를 간과했다고는 보기는 어렵다. 이른바 국맥(國脈)의 유구성과 주권(회복)론은 삼균주의라는 체계화된 건국이념을 통과해, 사회계약에 바탕한 "신민주주의(新民主主義, modern democracy)"의 옹호, 즉 민주공화제와 교전 단위로서의 "임시정부의 국제적 인정"에의 요구로 정식화되었다.

중국 국민당 정부는 가장 먼저 임정을 승인할 뜻을 밝힌 국가이자 교전 단위였다. 실제로 임정을 국제법적으로 승인하는 데에까지 이어지지는 않았지만, 임정 승인에 적극적이었던 장제스(蔣介石) 정부나 중국 인민들을 대상으로 한 경우에는 거의 '문화번역'이 불필요했다. 이를테면 쑨원(孫文)의 아들이자 당시 충칭(重慶) 중국정보의 입법원장

---

29) 三均學會 編,『素昻先生文集』上 (서울: 햇불사, 1979), 320-323쪽. (강조는 모두 필자의 것임) 위의 「외무부장 성명서」는 보다 자세하게 임정의 역동적 잠재력 (Actual Potentialities)과 임정 승인에의 요구를 담았던 다음 글의 요약적 확인의 성격을 갖는다. 「臨時政府 備忘錄」과 그 英譯인 「MINISTRY OF FOREIGN AFFAIRS PROVISIONAL GOVERNMENT OF THE REPUBLIC OF KOREA CHUNKIN M-E-M-O-R-A-N-D-U-M KOREA'S ROLE IN THE ANTI-AXIS WAR」(1944.6.10.) 三均學會 編,『素昻先生文集』上 (서울: 햇불사, 1979), 498-508쪽. 조소앙 스스로 "modern democracy"를 당시 중국공산당이 사용하고 있던 어휘인 '新民主主義'로 번역하고 있는 바, 그가 지향했던 민주주의의 성격에 대해서는 보다 깊은 검토가 필요하다.

이었던 쑨커(孫科)는 이 글이 발표된 대한민국임시정부 23주년 기념식
장에서 "일본 제국주의를 박멸하는 중국의 양책(良策)이 제일 먼저 한
국 임시정부 승인에 있다"[30]라고 답하기도 했다. 일본에 의한 침략과
이른바 '한문맥'이라는 지적·정치적 기반을 공유했던 것도 성명서의
논리와 문체를 가른 요인이었을 것이다. 반면 미국과 영국 등의 경우
는 달랐다. 역사적 정통성이나 민족 단위의 고유주권론은 설득 언어가
될 수 없다고 판단했기 때문이다.

　반면, 동맹국가들의 총체로서의 국제연맹(United Nations)과 주요 연합
국(中美英蘇)을 상대로 한 성명은 어디까지나 정치·외교·군사상의 완
전한 단결(effected Unification)과 임정에 집중된 통일지휘권(concentrated
Korean Independence Movement in Provisional Government), 신민주주의
(modern democracy)에 대한 옹호와 다짐, 동맹국으로서의 협력 의지, 독
립운동 단체의 통일 기관으로서의 주권인민의 승인(the opinion of all
Koreans constituencies)과 같은 '정치적 구문맥(歐文脈)' 하에서 작성되고
번역되어 있다. 요컨대 번역가능성을 전제로 수다한 성명서·선언들이
작성되어 있다는 것이다. 파리 강화회의와 스페인 국제사회당대회, 소
련 공산당 대회 등에 각각 임시정부대표, 한국사회당 대표, Korean
Socialist Party 대표로 참가하는 한편, 입출이 있기는 했지만 1922년부터
임정 외무총장직을 들락거렸던 조소앙의 현실인식이 개념과 문체 수준
에서 반영되어 있는 사례가 아닌가 생각된다.

---

30) 김구 / 도진순 주해, 『백범일지』(서울, 돌베개, 1997), 297쪽. 이 책은 국한문혼용
　체로 되어 있는 백범 자필 원고의 현대어역이다. 자필 원고와 필사본들의 전체가
　전집의 형태로 간행되어 있다. 백범김구선생전집편찬위원회 편, 『白凡金九全集』
　1·2권 (서울: 대한매일신보사, 1999).

4. 국망이문역망(國亡而文亦亡)에서 문망연후국내진망(文亡然後國乃 眞亡)까지 −『한국문원(韓國文苑)』의 통발(筌)과 고기(魚)

단체나 임정 명의가 아닌 글들, 즉 개인 이름으로 발표된 조소앙의 글들은 대체로 한국의 역사나 문화의 재현 혹은 사적 감정의 토로라는 두 가지 동기에 의해 씌어졌다. 문체 혹은 문학이라는 문제와 관련해 그 중에서도 가장 주목되는 문헌은 1932년 출판되어 『대공보(大公報)』 등의 중국 신문에도 특기된 바 있는 『한국문원(韓國文苑)』이 아닐까 한다. 과문한 소치일지 모르지만, 이 저작을 본격적으로 다룬 글은 아직 발견하지 못했기에, 논제와 관련해 약간 살펴보고 싶다. 우선 출간 동기에 관한 것인데, '만주사변' 전후의 가장 암담한 상황에서 이 책을 편집해야 했던 심정을 조소앙은 다음과 같이 적고 있다.

> 그러나 누차 병란을 겪어 용도(龍圖)[31]·서첩(瑞牒)이 진흙탕에 버려지고, 조적(鳥跡)[32]·현문(玄文)이 타들어가는 벌판에 재로 남았다. 근래에는 강진(强秦)의 화[33]를 만나서 고대 문헌 중 잔존해 있던 작품들이 다시 심한 손상을 입었고, 상실하여 거의 없어졌다. 아, 나라가 망하니 문헌도 사라지는구나. 우리 선조들이 물려준 영화가 하루아침에 매장되었으니, 어찌 시체를 어루만지며 통곡하지 않을 수 있겠는가![34]

---

[31] 용도(龍圖): 복희씨(伏羲氏) 때에 황하(黃河)에서 용마(龍馬)가 등에 지고 나왔다는 하도(河圖)를 가리키는데, 보통 하늘로부터 부여받은 황제의 통치권이라는 뜻으로 쓰인다.

[32] 조적(鳥跡): 황제(黃帝)의 신하 창힐(蒼頡)이 새의 발자국을 보고 처음으로 문자(文字)를 만들었던 데서 온 말로, 전하여 문자를 가리킨다.

[33] 강진(强秦)의 화: 본래 '강한 진(秦)나라의 화', 즉 진시황이 주변 여섯 나라를 병합하여 나온 말인데, 여기에서는 일본이 주변국을 차례로 침공한 일을 뜻하는 듯하다.

[34] "然而屢經兵燹, 龍圖瑞牒, 委於泥塗, 鳥跡玄文, 燼乎遼原, 近遭强秦之禍, 而古代文獻之有存者, 復經摧殘, 喪亡殆盡, 噫國亡而文亦亡, 使我祖先遺傳之榮華, 一朝而埋

『한국문원』은 조소앙이 생각한 역대 명문과 시를 9권 1책으로 묶은 10만언(萬言) 분량의 역대 한국문선(歷代韓國文選)이다. 제1부 상편(上篇)은 산문 선집으로 부여문(夫餘文)·마한문(馬韓文)·고구려문(高句麗文, 卷一), 발해문(渤海文, 卷二), 백제문(百濟文)·후백제문(後百濟文, 卷三), 신라문(新羅文, 卷四), 고려문(高麗文, 卷五), 조선문(朝鮮文, 卷六)으로 이루어져 있다. 제2부는 역대시선(歷代詩選)으로 고대지고구려신라(古代之高句麗新羅, 卷七), 고려시(高麗詩, 卷八), 조선시(朝鮮詩, 卷九)로 편성되어 있다. 한마디로 한국문학 앤솔로지로 제1부에는 약 105명의 143편의 文이, 제2부에는 151명 450편의 시가 실려 있다.[35] '文苑'이라 하였거니와, 편집방침에 대해 조소앙은 이렇게 쓰고 있다.

전략(前略) 2천여 년의 잘 지은 문장과 뛰어난 구절이 대개 이 책에 포함되어 있으니, 역대 어려웠던 창업의 자취, 어진 재상과 뛰어난 장군이 자신을 잊고 나라에 보답한 정성, 충성스런 사람과 의로운 선비가 비분강개한 말, 석덕(碩德, 큰 덕)과 일덕(逸德, 허물), 가인(佳人)과 재자(才子), 이름난 규수와 높은 승려의 작품이 여기에서 하나로 꿰어졌다.[36] 만약 그 면목을 본다면 '빛나도다, 그 문장이여'[37] 할 것이니, 이는 한민족 문원(文苑)의 일부 영화로, 화려할 뿐만 아니라 알맹이도 존재하는 것이다. 역대 정사(政事)의 손익, 국교(國交) 연혁, 문체 변혁과 사조(思潮) 교체의 실마리 같은 것도 여기에서 펼쳐 볼 수 있다. 자손에게 이 책을 전하는 것은, 통발은 잊을 수 있어도 물고기는 잃을 수 없어서이다.[38] 우방(友邦)에게 이 책을

葬之, 安得不撫尸而曲哭耶!" 趙素昂 編,『韓國文苑』(上海, 種花學社, 1932), 2쪽.
[35] 趙恒來,「解題」, 趙素昂 編,『韓國文苑(影印本)』(서울: 亞細亞文化史, 1994).
[36] 하나로 꿰어졌다: 원문은 '一以貫之'로,『논어』「이인(里仁)」편과「위령공(衛靈公)」편에 나오는 구절을 그대로 인용한 것이다.
[37] 빛나도다, 그 문장이여: 원문은 '煥乎其有文章'이다.『논어』「태백(泰伯)」편에 나오는, 요(堯)임금을 찬탄한 구절을 그대로 인용한 것이다. "높도다, 그 성공이여. 빛나도다, 그 문장이여(巍巍乎其有成功也, 煥乎其有文章)".
[38] 통발은……없어서이다:『장자』「외물外物」편의 "통발은 물고기를 잡는 도구지

공표하는 것은, 동문(同文)이 오래되었음을 밝히고 덕 있는 사람이 외롭지
않기를 바라서이다.[39]
　　대한민국 11년 기사(己巳) 2월 20일 편자
　　아나가야(阿那伽倻)의 후손 조소앙 서(序)아[40]

　한마디로 역대 한국의 문장들을 일이관지하여 정치, 문학, 풍속의 모
든 것을 담았다는 것인데, 실제로는 창업, 외교, 전란과 관계된 정치적
문헌들이 상당한 비율로 실려 있다. "원효의 불학(佛學)과 이황의 이학
(理學)과 허준의 의학(醫學) 등은 동아시아 여러 나라들에서 성행했다.
이로 본다면, 중국 글자가 삼한(三韓)의 문학에 구성되어 있는 분량을
능히 짐작할 수 있으며, 한국 사람이 세계 문화에 공헌한 것은 공이 또
한 크다고 하겠다."[41]라는 언급에서 알 수 있듯이, 이른바 한국의 '문화'
와 '국성(國性)'이 담긴 문장들을 통해 한국의 존재와 그 문화적 공헌을
알리고 '동문지구(同文之久)'의 우의(友誼)를 호소할 목적으로 역대문
선을 추린 것이라 하겠다. 특히 전근대의 여러 인접 민족이나 현대 러

　만, 물고기를 잡고 나면 통발을 잊게 된다(筌者所以在魚, 得魚而忘筌)"라는 구절
　을 비틀어 인용한 것이다.
39) 덕 있는……바라서이다: 원문은 '欲其德之不孤也'인데 『논어』 「이인(里仁)」편에
　"덕 있는 사람은 외롭지 않으니, 반드시 이웃이 있다(德不孤, 必有隣)"라는 구절
　을 인용한 것이다.
40) "二千餘年之名文秀句, 槪爲包括於此矣, 歷代創業艱難之蹟, 良相名將亡身報國之
　誠, 忠人義士慷慨之辭, 碩德逸隱, 佳人才子, 名媛高僧之作, 一以貫之於此, 如見
　其面目, 而煥乎其有文章焉, 是韓族文苑之一部英華也, 不啻華也, 實亦存焉, 乃若
　歷世政事損益, 國交沿革, 文體變換及思潮遞嬗之機, 亦可以展覽於斯矣. 爲子孫傳
　此書者, 筌可亡也, 而魚不可失也, 爲友邦公此書者, 昭其同文之久, 而欲其德之不
　孤也.//大韓民國十有一年己巳二月二十一日編者//阿那伽倻后人趙素昻印序" 趙素
　昻 編, 『韓國文苑』(上海: 種花學社, 1932), 3-4쪽.
41) "如元曉之佛學, 李滉之理學, 許浚之醫學等, 盛行於東亞諸國, 由此觀之, 華文之於
　三韓文學, 所搆成之量, 思過半矣, 而韓人之貢獻於世界文化也, 功亦大矣." 趙素昻
　編, 『韓國文苑』(上海: 種花學社, 1932), 2-3쪽.

시아의 한자 이해와 비교해가면서, 세계의 1/3을 차지하는 중국의 글자로 중국의 문호들과 자웅을 겨루었던 '한국문원'의 높이를 설명하는 대목에서, '동문지구(同文之久)'에 기반한 '한중합작(韓中合作)'에의 갈망이 느껴진다 하겠다. 책머리에 실린 최치원(崔致遠)과 송시열(宋時烈)의 유상(遺像)과 중국인 장지(張繼)의 휘호(揮毫)는 그런 의미에서 이 책의 편집 원리와 목적을 상징한다 하겠다.

여기서 그 세세한 목록과 편집 원리를 상론할 여유와 능력은 없다. 다만 여기서는 "통발은 잊을 수 있어도 물고기는 잃을 수 없다."(筌可亡也, 而魚不可失也)는 『장자(莊子)』의 인용이 갖는 함의에 대해서만 얼마간 생각해보고 싶다. 조소앙이 생각한 '한문(漢文)'에 대한 생각을 엿보기 위해서다. 과연 통발은 무엇이고, 물고기는 무엇일까. 잘 알려져 있는 『莊子』「外物」편의 해방 구절은 이렇게 되어 있다.

통발은 물고기를 잡기 위한 도구인지라 물고기를 잡으면 통발은 잊어버리며, 올무는 토끼를 잡기 위한 도구인지라 토끼를 잡으면 올무는 잊어버린다. (이와 마찬가지로) 말이라고 하는 것은 뜻을 알기 위한 도구인지라 뜻을 알고 나면 말은 잊어버린다. (그런데 세상의 학자들은 뜻보다 말을 중시하여 말을 천착하니) 내 어디에서 말을 잊은 사람을 만나 그와 함께 이야기할 수 있을 것인가. (筌者所以在魚 得魚而忘筌 蹄者所以在兔. 得兔而忘蹄 言者所以在意. 得意而忘言. 吾安得夫忘言之人. 而與之言哉[42], 「外物」, 『莊子』)

조소앙은 이 말을 자손들에게 전한다 했다.(爲子孫傳此書者) 그렇다면 여기서 자손들이 얻어야 하는 것은 물고기고 잊어도 무방한 것은 통발이다. 그런데 『한국문원』의 서두에는 이런 두 구절이 있다.

---

42) 安炳周 譯, 「外物」, 『莊子』, 『譯註 莊子』 4 (서울: 전통문화연구회, 2008), 79쪽.

누군들 자국의 문자를 써서 그 문화와 국성(國性)을 발휘하고자 하지 않
겠는가?(孰不以自國文字, 欲發揮其文化與國性乎哉?)[43]

조소앙이 한국의 고문(古文)과 금문(今文)을 구별하며 이두(吏讀)를
고문으로 언문(諺文)을 금문으로 이해한 이유이다. "오직 한국 사람만
이 자국 문자를 쓰는 것 외에 중화의 문자(華文)를 잘 썼다"(惟韓人, 除
用國字外, 善用華文)는 것일 뿐, 나라마다 모두 고유의 언어와 문자가
있다(國家亦如是 莫不有固有之言語文字)는 것이 조소앙의 생각이었다.
한문은 통발과 물고기가 하나로 결합된 본질필연적인 '진문(眞文)'이
아니다. 한자는 일종의 미디어이자 한국인의 선처(善處)이며, 한국문화
의 본연적 요소는 아니다.

하지만 중국 신문에서『한국문원』의 출간 의의는 조금 다르게 해석
되었다. 기자는『한국문헌』에 대해 장문의 기사를 쓰며 이 책의 가치를
다음의 세 가지로 요약했다. 첫째 조소앙의 책은 '중국문자(中國文字)=
한문(漢文)'이 어떻게 어원으로 존재하는 산스크리트어(梵文)나 서양
각국어와 다른지를 잘 알려준다. 즉『한국문원』만 봐도 알 수 있듯이,
한문은 희랍어·라틴어에 더해 영어·프랑스어·독어·러시아어를 다
합해 놓은 문자의 총화이고, 동양의 여러 민족과 국가의 문자들이 한문
을 따르는 만큼 한문이 없는 바에야 동양의 역사문화는 설 수 없다는
것이다. 기자는 조소앙의 이 책이 중국인들로 하여금 한문의 지위와
영향을 알려, 구미의 서양문화 부속품을 모방하는 중국인을 깨우친다
고 주장한다. 기자는 '국망이문역망(國亡而文亦亡)'이라는 조소앙의 서
문 구절에 통감하며, "문망연후국내진망(文亡然後國乃眞亡)"이라 위로
한다. 기자는 이 책의 두 번째 가치를 설명하며, 이 책이 중국과 한국과

---

[43] 趙素昂 編,『韓國文苑』(上海: 種花學社, 1932), 2쪽.

일본의 문자적 인연이 얼마나 심절한지를 알려준다고 말한다. 그럼에도 일본은 신문화운동 운운하며, 자국에서 뿐 아니라 한국에서도 정규교육 내에 한문학습을 금지하여 점차 한적을 송독하는 자가 적어지고 있다 개탄하고 있다. 기자가 말하는 세 번째 가치 역시 중국의 급무를 깨우친다는 데 있다. 즉 누천년의 민족정신이 담긴 일국문원(一國文苑)의 영화가 담긴 한국문학사인 이 책을 읽으면, 한국의 흥망의 모습과 득실의 거울을 얻을 수 있어 '우리 중국'이 직면한 경계해야 할 바, 급한 임무가 무엇인지에 대해 감발받는 바 크다는 것이다. 기자는 끝으로 한 달에도 세 번씩 거처를 옮기며 이 책을 펴낸 조소앙의 고심과 정적 일본이 절대 한문과 한국문으로 된 한국의 전적을 훼손하거나 비장해 놓고 있어서는 안 된다고 경고하며, 한국관계 문헌을 구득하기 힘든 현실에서 조소앙의 서적이 갖는 의의가 적지 않음을 강조하고 있다.[44]

조소앙이 애초에 언급한 "물고기를 얻으면 통발을 잊는다"는 말의 내포는, 통발을 잃으면 다시 고기를 얻기 어렵다는 뜻은 아니었다. 기자가 쓰고 있듯이 "문망연후국내진망(文亡然後國乃眞亡)"이라 할 때 이 문은 국성과 문화의 뜻(意)을 담은 언어 그 자체일 수는 있어도, 결코 한문을 직접적으로 지시하는 것은 아니었다. 간단히 말해 물고기는 여기서 한국 고유의 문화(文化)와 국성(國性), 즉 목적을 의미하며, 문언(文言)은 수단에 불과하다. 물고기가 목적이며, 통발은 수단이다.

어찌 보면 "동문지의(同文之宜)"의 입장에서 감발하는「대공보(大公報)」의 기자의 태도나, 중국의 정치와 문화 상황을 망국 한국의 현실이라는 거울에 비춰보는 방식은 오히려 자연스러운 현상에 가깝다. "우방

---

44) 「韓國義士趙素昻編 韓國文苑」,『大公報 文學副刊』, 中華民國21年(1932年) 12月 12日.「大公報」는 天津 大公報館과 각 지방 大公報分館을 통해 이 책을 유통시켜 주었다.

(友邦)에게 이 책을 공표하는 것은, 동문(同文)이 오래되었음을 밝히고 덕 있는 사람이 외롭지 않기를 바라서이다"라며 한국에의 관심을 촉구한 것도 조소앙 자신이기 때문이다. 중국인 친구 바린(巴林)에게 준 시는 같은 통발로 하나의 물고기를 얻으려 했던 조소앙과 중국의 친우들 사이의 상호 감발(感發)을 잘 대변한다 하겠다.

중국 친구 바린(巴林)에게 준 시	[贈中國友人巴林詩]
왜구가 미친 듯이 대국을 침범하여	倭寇如狂犯大邦
중원의 장사(壯士)가 국경에 이르렀네	中原壯士赴疆場
포탄비 쏟아진 호강(滬江)은 밤에 바람 불어 찬대	滬江砲雨風宵冷
누가 다친 병사를 위해 삼베 치마 자르려나	誰爲傷兵剪布裳[45]

조소앙은 자손에게는 맹세와 약속을 잊지 말라는 뜻이 담긴 '물고기'를 전하는 한편, 우방 중국에게는 함께 통발을 쓰는 자로의 우의(友誼)를 호소한다. 그럼으로써 독립과 연대라는 두 목적을 함께 자신의 서문에 새겨 넣고 있다.

통발은 무엇이고, 물고기는 무엇일까. 조소앙이 문자와 뜻 사이의 깊은 관계에 착목한 사람이라 하더라도, 자손에게 전하려는 물고기는 한문을 뜻하는 것이 아니라 그에 담긴 '지향' 그 자체였음만은 말해 둘 필요가 있다. 한편 통발이 그 자체로 잊어도 되는 것은 아니었기에 물고기와 통발, 뜻과 말은 여기서 서로를 지탱하는 요소이다. 따라서 『장자』

---

45) 三均學會 編, 『素昂先生文集 下』(서울: 횃불사, 1979), 196쪽. '누가……자르려나': 추운 강가에 누워 있는 부상병을 위해 치마를 잘라 이불을 만들어 줄 여인을 찾아 호소하는 듯하다. 그런데 전시(戰時)에 상복을 만들어 입는 여인의 모습을 상상해본다면 "누가 다친 병사를 위해 삼베 잘라 치마 만드려나"라고 해석할 수도 있다. (물론 이 경우에는 '죽은 병사(死兵)'가 아닌 '다친 병사(傷兵)'라고 표현한 부분이 다소 어색해진다.)

에서 인용한 이 구절에는 중국 안에서 복국(復國)의 문자를 써나가는
자로서 입장이 반영되어 있으며, 따라서 이중의 함의를 갖는다. 조소앙
의 문체는 상황 의존적인 것이어서 단순한 인고설(引古說)이나 용사(用
事)와는 다른 것 같다. 굳이 말하자면 조소앙의 문장 속에서 한문맥(漢
文脈)이 흐르고 있다면, 이는 원텍스트의 친화관계와 비판적 거리화가
현실 문맥 속에서 화쟁(和爭)하는 형태로 존재하는 것이 아닌가 한다.

    앞서 누차 조소앙이 선언의 효력, 또 언행일치를 이끄는 맹세로서의
언어의 힘에 대해 신뢰하고 있었다 강조하였다. 그런데 이 때의 '말'은
통발로서의 말이 아니라, 사물이 놓인 상태를 움직일 수 있는 의지가
표현된 말―맹세 언어라 할 것이다. 목적과 수단이 분리된 말이라기보
다는 말이 사태를 추동하는 맹세가 조소앙 문장의 특징이 아닐까.

5. 문학(文學), 표상(表象) 혹은 맹서(盟誓)
─문언일치(言文一致)와 언행일치(言行一致) 사이

    임정(臨政)의 주석(主席) 김구(金九)는 자식들에게 줄 유언으로 『백
범일지』를 적어나갔다. 그런데 해방 후 일지를 공간하려 하자, 커다란
벽에 부딪혔다. 근대 초기의 문법적 혼란이 반영된 딱딱한 국한문체로
되어 있어서 '번역'하지 않으면 안 되는 상태였던 것이다. (아이러니하
게도 그 번역을 이광수가 맡았다 한다.) 심산(心山) 김창숙(金昌淑)과
같이 아예 한글로 된 글을 남기지 않은 독립운동가들도 다수다. 식민
지 조선의 언어 환경의 급속한 변화와 한글화의 진전에 따라 이들 망
명객들의 문체는 그 정당성이나 맹서로서의 미래성과는 별도로 '지나
가 버린 미래'로 비춰졌다. 이들의 문장을 1910년 혹은 1919년에 멈춰

있는 문체라 간단히 규정해버릴 수도 있을 것이고, 혹자는 한문을 저항의 지적 근원으로 파악하고 싶을 수도 있을 터이다.

오늘 이 자리에서는 필자는 대한민국임시정부의 선언들이 지닌 정치적 의도와 문장의 배치 사이에 모종의 필연적 관계가 있을지도 모른다는 가정 하에, 그 사례의 하나로 조소앙의 글들을 검토해보았다. 조소앙은 노론계 양반가에서 태어나, 성균관에서 유교경전을 배운 이른바 전통적 유학 교양인이었다.[46] 1904년 한일의정서 체결과 함께 황실 유학생을 선발되어 1912년 메이지대학 법학과를 졸업하기까지 햇수로 10년에 가까운 시간을 제국일본의 수도에서 보낸 사람이다. 사상적으로는 정치적으로는 유학에서 출발해 종교가로서의 침잠을 거쳐 대동(大同)과 단합을 강조하는 민족주의자로, 또 거기서 사회민주주의로 나아갔다. 해방 후에는 우익 세력으로부터 기회주의적 친(親)공산주의자로 몰렸고, 좌익 진영으로부터는 회색적 기회주의자로 비판받았다. 세계종교들을 통일하여 독립운동의 정신적 통일력으로 삼으려 했던 초기(1910년대)의 육성교(六聖敎) 시기, 세계종교와 민족종교의 결합에 이르는 시기, 임정 관여 초기의 아나키즘 시기(1920년대), 삼균주의(1930년대)로 대표되는 좌우절충의 중간파적 입장까지 그의 정치적 입장과 사상적 진전은 그 자체로 한국독립운동사와 한국근대사상사 이해의 주요한 과제라 하겠다.

---

46) 당시 재학생 중에는 박사 신채호를 비롯하여 유인식(柳仁植), 변영만(卞榮晩), 김연성(金演性) 등이 있었다 한다. 당시의 성균관 경학과는 이미 舊本新參의 방침 아래, 四書三經과 史書를 언해본과 함께 교육하고 있었으며, 本國史와 萬國歷史, 本國 地誌와 萬國地誌, 작문, 산술 등을 가르치고 있었으며, 시중 서점에서 각종 신서적을 읽고 토론하는 분위기도 있었다 한다. 성균관 수학 중, 산림과 천택(川澤)을 일본에 파려는 '역신(逆臣) 李夏榮' 등에 항의 激討하여 신채호 등과 함께 성토문을 정부에 올리기도 했다. 김기승, 『조소앙이 꿈꾼 세계』(서울: 지영사, 2003) 참조.

이 글에서는 조소앙의 문체(文體)와 임정의 정체(政體)를 유비 관계로 보면 어떨까 하는 관점에서 논의를 전개해 보았다. 다소 무리가 있는 대로, 전통과 근대, 민족주의와 민주주의, 독립과 연대, 언어와 정치의 교차점으로서 그만한 인물도 없어 보였던 까닭이다. 다음과 같은 소결(小結)을 얻었다.

망명 독자 즉 독립운동 및 혁명 세력을 염두에 둔 문체이자 독립에의 의지와 실천을 정동(情動)으로 촉발시키는 문장으로 조소앙의 '문학'은 좀 더 기억되어야 할 필요가 있다. 임정과 조소앙이 생각한 정체(政體)와 문체(文體)가 여전히 현재 대한민국 헌법상에 살아남아 있는 상황을 역시 확인해 둘 필요가 있다. 그렇다면 왜 다른 이가 아니라 조소앙이어야 했을까. 조소앙이 임시정부 요인(要人) 중 대내외 선언이나 맹서에 가장 적극적이었던 인물이었던 이유는, 그가 도래할 조국 건설을 위한 정당성·정통성·대표성 문제를 이념과 언어의 차원에서 가장 포괄적으로 사고했던 인물이었기 때문이었다. 물론 삼균주의로 정리된 그의 생각이 이상(理想)으로는 나무랄 데 없으나, 사상적 애매성, 건설 방략의 구체성이 부족한 고리타분한 인고설이라는 비판이 있을 수 있다. 하지만 국통(國統)과 보편(普遍)을 결합시키는 그만의 문체와 논리는 한계인 동시에 가능성이었던 측면도 있었던 게 아닐까. 사상적·교양적·세대적 한계로만 보기보다는, 신구좌우(新舊左右)를 아우르는 사상적 통합과 협상의 가능성, 정통성과 세계성을 함께 고려하면서 생긴 접촉면이라 보는 관점도 가능할 것이다. 더구나 임정 외교의 창구로서 조소앙은, 국제법상의 강력 정치적 차원과 인민주권론과 민주주의라는 연합국의 정치적 기반에 대한 레디컬한 인식을 가지고 있었다. 외무부장의 자격으로 쓴 여러 외교 공한(公翰)을 보면 임정의 대표성 확보와 교전 단체로서의 국제적 승인을 위한 그의 노력과 입장이 일목요연하다. 단순히 국맥(國脈)으로 전유(專有)된 한문맥(漢文脈) 안에서 사고했던 인물은 아닌 것이다. 수다한 문장과 그 문체 역시 한문맥(漢文脈), 국맥(國脈), 구문맥(歐文脈)이 얽혀들어 독특한 배치와 교착을 낳고 있다.

임정의 활동이 한국의 독립운동사에서 얼마만한 대표성이 가질 수 있을지, 그 활동의 위력이나 효과가 어떠했는지에 대해서는 회의적인 입장이 많다. 다만, 이 글에서는 조소앙의 문장들이 가진 언어정치학적 의미에 대해서만 얼마간의 고찰을 해보았을 뿐이다. 임정의 문서와 그 발화수반행위(發話隨伴行爲)들, 조소앙의 문장과 행적들이 현재의 우리에게 과연 어떤 (문학적) 의미를 던져 줄 수 있을까. 이렇게 질문해 보자, 현실적 상황과의 괴리 속에서도 끈질기게 거듭된 임정의 활동과 그 흔적으로서의 '문서놀음'이 조금 이해되었다. 요컨대 지금의 정치에서는 사라져 버린 약속과 전망의 언어ー즉 공동(체)의 '맹세'라는 문제가 그것이다.

조르조 아감벤에 따르면 맹세는 그 자체로 그 어떤 것도 창조하지 않고 어떤 것도 낳지 않지만 다른 무언가, 이를테면 법·시민·입법자가 낳은 것을 하나로 묶어주고 보존해주는 것에 다름 아니다. 당장의 실현 여부를 떠나, 그리스 시기부터의 잠언(箴言)처럼 "우리의 민주주의를 하나로 묶어주는 힘은 맹세"에 다름 아닌 것이다.47) 공동의 맹세와 약속 없이 미래의 시간을 생각할 수는 없다. 흔히 한문의 질서에서는 문자가 그 이름에 합당한 현실과 맺어져 있다 이야기되곤 한다. 정

---

47) 조르조 아감벤 / 정문영 옮김,『언어의 성사:맹세의 고고학』(서울, 새물결, 2012), 16-17쪽. (Agamben, 2010:16) Giorgio Agamben, *The Sacrament of Language: An Archaeology of the Oath*, translated by Adam Kotsko, (Stanford: Stanford University Press, 2010). 이하, 맹세가 지닌 정치적 의미에 대해서는 위의 책을 참고했다.

명론(正名論) 혹은 명분론(名分論)과 진문(眞文)을 연결시키는 사고들도 있다. 하지만 말과 사태의 커다란 거리야말로 정명론과 명분론의 출처일 것이다.

뜻(意)과 현실이 다를 때, 언어가 문제가 된다. 말이 현실을 반영하기도 하지만, 도래해야 할 현실을 호명(呼名)하기도 하기 때문이다. 언어학자 방브니스트는 말과 행동의 관계를 설명하며, 맹세의 기능은 산출된 선언(affimation)에 있는 것이 아니라 맹세로 소리 내어 입 밖으로 나온 말과 발동되는 힘(potency) 사이에 수립되는 관계에 있다 말한다. 어쩌면 조소앙이 믿었던 것은, 미미할 수도 있지만 '유의미한' 발동의 잠재력을 지닌 '선언'의 '힘'이 아니었을까. 조소앙이 말한 대한민국임시정부가 지닌 잠재성("Korea which has the possibility of playing a small but perhaps significant role")은 무력에도 있었겠지만, 실은 이 무력을 불러들이는 선언과 그 선언의 승인에 있었던 게 아닐까 한다.

조소앙은 한국인과 임정의 역동적 잠재력(Actual Potentialities)에의 주장을 정당화하기 위해 20만 독립군의 양성과 20-30만 독립군의 양성 가능성을 언급했다. 허황된 이야기처럼 들린다. 중국의 내전적 상황과 그에 엮여 있던 한국독립운동세력의 이념적·실질적 '분단'을 생각할 때, 그것이 과연 가능했겠는가 하는 의문은 당연하다. 다만, 한 가지 분명한 것은 정치적 독립과 그 전망으로서의 정치·경제·교육의 민주주의에 대한 정치적 맹세가, 그 맹세를 지키려는 이들에게는 '사실적 가능성' 혹은 '역동적 잠재력'으로 발동되고 있다는 사실이다. 이를 『한국문원』에 나오는 말로 설명해보자면, 맹세의 언어란 "국망이문역망(國亡而文亦亡)"이라는 '국가-언어'의 관계를, "문망연후국내진망(文亡然後國乃眞亡)"이라는 '언어-국가'의 관계로 재수립하는 힘, 그 자체였다 하겠다.

　현실적으로 무망(無望)해 보이는 맹세와 잠재적 고유주권에 대한 조소앙의 신뢰야말로 진정한 문학적 논제인지 모른다. 말의 힘을 문제화하고 있기 때문이다. 전통적인 의미에서 "맹세는 대체로 보면 신들의 증언과 대상물의 현전을 수반한다."[48] 통상 신을 걸고 맹세하기 때문이다. 이를테면, 유일신 하느님 아래에 육성[(六聖(檀君, 佛陀, 孔子, 屬羅泰西=소크라테스, 耶蘇基督, 謨哈默德=마호메트)]을 놓고 이를 통해 세계종교와 민족종교의 통일을 꾀하던 시기의 조소앙을 생각해보면 어떨까. 민족정신과 세계정신의 통일 꿈꿨던 육성교 시기의 조소앙은 자신이 기초한 「대한독립선언서」에서 '천민(天民)'과 '황천(皇天)의 명령'을 걸고 육탄혈전하겠다 다짐한다. 여기서 맹세는 법과 종교(religio)에 이르기 위해 언어가 통과해야만 하는 문턱을 표상한다.[49] 하지만 내가 주목하고 싶은 것은 신 없이도 발동되는, 정치와 말의 상호 수립 관계이다.

　분명 하느님은 말과 사태를 일치시켜 맹세가 곧 법이자 행위이자 성취가 되도록 하는 존재이고, 그런 의미에서 인간에게 언행일치를 촉구하는 존재이다. 대종교나 유교나 천도교, 기독교가 각각 그러한 역할을 했고, 3·1운동에서 합류했다. 하지만, 이러한 신정론(神政論)적 발상이 정치적 리얼리즘이나 제1차 세계대전 후의 근대 민주주의, 나아가 현실사회주의 안에서 갖는 효력은 너무도 제한적이다.

　실상, 본래부터 로고스는 데우스의 것이 아니라 폴리스의 것이었다. "언어가 본래 사태나 사물과 갖는 괴리를 극복하기 위해, 말하는 동물 인간은 정치의 영역 안에서 맹세를 보증하는 수단으로 하느님을 상정했다"고 생각하는 편이 이치에 맞을 것이다. 아감벤의 간명한 진술에 따르면, "인간은 자신의 언어를 자신의 행위에 대립시키면서 언어에 자

---

48) Ibid, p.44.
49) Ibid, p.65.

신을 걸 수 있고 '로고스'에 자신을 약속할 수 있는 것이 된다."[50] 그렇
다고 할 때, 인간에 대한 오래된 두 정의들인 '말하는 동물'의 로고스와
'정치적 동물'의 폴리스는 '맹세'에 의해 하나의 경험으로 묶이게 된다.
주지하다시피, 조소앙이 지녔던 종교로서의 민족주의는 사회주의와 삼
투된 삼균주의, 즉 정치적·경제적·교육적 민주주의에 이르렀다. 조
소앙이 궁극의 이상으로 생각한 것은 개인과 개인, 민족과 민족, 국가
와 국가가 균등한 이른바 '세계일가(世界一家)'의 미래였다. 거듭되는
이상론이다. 하지만 이 이상론은 조선 반도 내에 있었던 '시정(施政)'과
현실 사이의 괴리에 정확히 대응되어 있었다. 소위 조선총독부의 시정
(施政)의 결과 수 십 배로 벌어져버린 반도 내 조선인과 일본인 사이의
빈부 격차(물론 조선인들 사이의 그것을 포함해)에 관해 쓴 중문 비판
서 「한국지현상급기혁명추세(韓國之現狀及其革命趨勢)」(『素昻集』, 上海,
1932)를 떠올려 보면 어떨까.

즉, 정치가 오직 시정(施政)의 빈말이 될 때 즉 벌거벗은 삶을 대상
으로 한 빈말과 폭력의 지배라는 형태를 띨 수밖에 없을 때, 언어를 지
닌 살아 있는 인간은 '비명(悲鳴)'만 남은 존재가 된다. 폭력과 빈말의
통치가 만들어낸 복수(複數)의 비명이 정치의 세계 안으로 재진입할
때, 그것은 일종의 '맹세'의 언어가 된다. 즉 공동의 약속이 새로운 정치

---

[50] Ibid, p.143. 바로 이어지는 아감벤의 설명은 이렇다. "다시 말해 인류는 언어에
자신의 본성을 걸었던 것이다. 인간은 푸코의 말대로 '정치에 생명체로서의 자기
실존을 건 동물'인 것만큼이나 언어에 자신의 목숨을 건 생명체인 것이다. 이 두
개의 정의는 사실상 떼려야 뗄 수 없으며 본질적으로 서로 기대어 있다. ……맹
세와 같은 것이 생겨날 수 있으려면 사실상 무엇보다도 생명과 언어, 행위와 말
을 구별하면서도 또 어떤 식으로든 서로 맞물리게 할 수 있어야만 한다. ……인
간의 언어와 같은 것은 사실상 참말과 거짓말의 가능성에 공기원적(共基源的)으
로 노출되어 있는 생명체가 자진해서 자신의 말에 대해 자신의 생명으로 응답하
는 순간에만, 일인칭으로 그것들에 대한 증인이 되는 순간에만 산출될 수 있다."

적 공간 안에 기입되는 것이다. 따라서 주권이란 매번 이 약속의 순간
으로 되돌아 갈 때에만 정당화될 수 있는 성격의 것이다. '오등(吾等)은
자(玆)에 아조선(我朝鮮)의 독립국(獨立國)임과 조선인(朝鮮人)의 자주
민(自主民)임을 선언(宣言)하노라'라는 외침으로부터 '최후의 일인까지
혈전하겠다'는 맹세가 임정과 대한민국의 전고(典故)이자 헌법적 기초
가 된 이유이다.

식민지와 전쟁은 인간을 말하는 동물과 벌거벗은 생명으로 선연히
분절시키는 시공간이라 정의될 수 있다.[51] 그렇다면 이러한 시간에 언
어란 과연 무엇을 뜻하는 것일까. 맹세는 벌거벗은 삶으로 분절되어
나온 인간—즉 말하(려)는 동물에게 일종의 결단을 요구한다. 한 인간
이 언어에 자신의 본성을 걸고 말과 사태를 윤리적이고 정치적인 차원
에서 하나로 묶으려 할 때, 그는 맹세의 인간이 된다.

조소앙에게 맹세의 언어는 정통성과 보편성, 현실과 가능성이 결합
된 것이어야 했다. 맹세의 문체는 살아 있는 인민의 말(諺文)와 역사의
통발(漢文) 모두를 포함해야 했다. 언어유희로서가 아니라, 실로 물고
기와 통발이 분리될 수 없는 역사적 시간이 있는 것이 아닌가 한다. 조
소앙의 임시정부는 정체(政體)의 근원에 연결된 맹세의 문체로서 인고
(引古)와 인민(人民)을 절합(切合)하는 국한문체를 택했다. 고색창연한
민주주의라는 국한문체의 아포리아는 절충·관습·권위와 같은 언어로
만 설명될 수 없다. 특이한 것은 이 고유주권론자로서는 이 맹세의 장에
조선(祖先)들까지 초대하지 않을 수 없었다는 사실이다. 예외상태 속을
살았던 사람들, '도래해야 할 공동체'에 대한 희망 속에서만 '言行'할 수
있었던 사람들에게 법과 문법, 정치와 문학, 조선(祖先)과 자손(子孫)은

---

51) 여기에 대해서는 황호덕, 앞의 책.

결코 둘이 아니었다. 바로 거기에서 '역사'가 산출되어 나왔다.

　언어와 사태(현재적 삶) 사이의 거리를 전제하는 한편, 오래된 과거로부터의 약속을 복수의 실천으로 매개하는 이 맹세의 문체는 물론 특정한 개인의 것도 아니며, 이 문체에 고유하게 속한 것도 아니다. 오해를 피하기 위해 말하건대, 필자는 대한민국임시정부를 위대한 법통이라거나 거대한 기념비라고 주장하려는 것이 결코 아니다. 그 자체로 무후(無垢)한 언어나 사건이란 없다. 한 시대의 에크리튀르, 즉 맹서(盟誓)의 잠재적 힘을 믿었던 한 임시정부 혹은 '망명정부'의 망명문체(亡命文體)만이 나의 논제였다. 끝으로 한 가지만 제안을 남기고 싶다. 있는 현실에 글을 일치시키려는 언문일치(言文一致)에의 기도(企圖)와 해놓은 말에 행동을 일치시키려는 언행일치(言行一致)에의 기도(企圖)를 함께 생각해 볼 때야말로, 비로소 근대문학의 정치적 차원이 드러나는 게 아닐까. 한문으로부터 파생된 시대의 에크리튀르라는 논제는, 그런 의미에서 표상(表象)=재현(再現)과 맹서(盟誓)라는 언어의 두 국면을 들여다보는 하나의 심연에 해당한다.

출처

Ⅰ. 서양의 동양인식과 일본의 조선인식

■ |이진일| 서양 지리학과 동양인식－동아시아를 지리적으로 위치 짓기
『아시아문화연구』 제26집 2012.6에 실린 것을 일부 수정한 것이다.

■ |정현백| 서구 동양학의 계보와 동양인식－제국주의시대 동아시아학과 그 학자들을
중심으로
『아시아문화연구』 제26집 2012.6에 실린 것을 일부 수정한 것이다.

■ |이규수| 일본의 '동양학'과 '조선학'의 계보－근대 일본의 식민정책학에 나타난 조선
인식
『아시아문화연구』 제26집 2012.6에 실린 것을 일부 수정한 것이다.

Ⅱ. 근대 동아시아의 자의식과 타자인식

■ |구태훈| 일본적 유학의 성립과 그 의미
『사림』 제42집 2012.06에 실린 것을 일부 수정한 것이다.

■ |오영섭| 위정척사사상가들의 사유구조와 서양인식－화서학파의 경우를 중심으로
『숭실사학』 30집 2013.06에 실린 것을 일부 수정한 것이다.

■ |최규진| 청일전쟁기 지식인의 국제정세 인식과 세계관
『아시아문화연구』 제26집 2012.6에 실린 것을 일부 수정한 것이다.

■ |펑춘링| 근대 중국의 민족주의 사조와 아시아 구상의 관계
제12회 역사인식과 동아시아 평화포럼 광주대회－시민으로부터 시작하는 아시아평
화공동체 Ⅱ(2013.05.17, 아시아평화와역사교육연대, 5.18기념재단)에서 발표된 원고
를 수정하여 게재한 것이다.

Ⅲ. 동아시아의 문명론과 도덕담론

■ |김윤희| 문명개화론의 계보와 분화
『사총』 79집 2013.05에 실린 글을 일부 수정한 것이다.

■ |배항섭| 동도서기론의 구조와 전개양상
『사림』 제42집 2012.06에 실린 글을 일부 수정한 것이다.

■ |권석영| 일본의 초기 제국주의론과 도덕 담론-국가적 도덕과 세계적 도덕, 또는 국
민적 입장과 인류적 입장
『사림』 45집 2013.06에 실린 글을 일부 수정한 것이다.

■ |최규진| 우승열패의 역사인식과 '문명화'의 길
『사총』 79집 2013.05에 실린 글을 일부 수정한 것이다.

IV. 동아시아 지성의 교류와 응용

■ |탄슈린| 레지스(Regis)와 강희『황여전람도』의 제작
성균관대 동아시아역사연구소 주관의 국제학술대회 '전통학문의 와해와 동아시
아'(2012.3.9.~10, 성균관대)에서 발표된 것을 수정 보완한 것이다.

■ |왕신레이| '신사유람단'과 '영선사'를 통해 본 동아시아의 근대화
성균관대 동아시아역사연구소 주관의 국제학술대회 '전통학문의 와해와 동아시
아'(2012.3.9.~10, 성균관대)에서 발표된 것을 수정 보완한 것이다.

■ |시라이준| 마에마 교사쿠(前間恭作)와 아유카이 후사노신(鮎貝房之進)의 교류-자
이잔로(在山樓)문고 자료를 중심으로
성균관대 동아시아역사연구소 주관의 국제학술대회 '전통학문의 와해와 동아시
아'(2012.3.9.~10, 성균관대)에서 발표된 것을 수정 보완한 것으로 다음의 제목으로
『동양문화연구』에 게재된 것을 수정하여 수록한 것이다. 「書簡を通して見た前間恭作
と小倉進平の交流―『歌及び吏の究』刊行の昭和四年を中心に―」東洋文化研究 (15)
1-31 2013年3月

■ |황호덕| 정체(政體)와 문체(文體), 대한민국임시정부의 언어정치학과 조소앙(趙素昻)
-한문자(漢文字)의 맹서(盟誓), 조소앙의 선언·성명·강령 집필과『한국문원(韓國文
苑)』을 중심으로
다음의 두 국제학술회의에서 읽은 일본어과한국어 발표문을 기초로 하여, 수정 보완한
것이다.「근대 지성의 흐름과 동아시아 근대역사학의 계보」(성균관대학교 600주년기
념관, 2013년 3월 9일, 동아시아역사연구소 중점연구과제 동아시아 지성의 계보와 역
사인식 주최).「東アジア古典の方法 第4回: 漢文と近代朝鮮―時代のエクリチュルと
して(東京大 駒場キャンパス, 2013年2月5日, 科東アジア古典の的深化―際連携による
究と育」主催.) 이 글은『사림』 45집 2013.06에 게재된 것을 수정하여 수록한 것이다.

찾아보기

[ㄱ]

가나자와 쇼자부로 451

가라후토 334

가마쿠라(鎌倉) 막부 115

가벨렌츠(Georg von der Gabelentz) 67

가터러(Johann Christoph Gatterrer) 21

가토 히로유키(加藤弘之) 315

간접적 식민주의(indirect colonialism) 82

감정적 이타심 323

『갑신일록』 253

갑신정변 191, 250, 252, 272, 295

갑오개혁 185, 258, 259, 276, 287

갑오경장 180

갑오농민군 202

갑오농민전쟁 185

강문형 420, 435

강설(講說) 131

강위 207

『강자의 권리 경쟁』 317, 319

강제점령론 508

강진형 428, 430

강항(姜沆) 114

강홍주(姜弘周) 513

『강화도조약』 414, 417, 418

강희제 392, 393, 395, 398, 402, 403

『강희제전(康熙帝傳)』 398

개론당(開論黨) 250

개물성무 245, 248

개물성무 화민성속(開物成務 化民成俗)
    244, 247, 271

개진당(開進黨) 250

개화(開化) 243, 244, 246, 250, 252, 261,
    272, 304

개화기 242

개화사상 242

개화파 204, 241

거문도 점령사건 192

「건국강령」 503

겐닌지(建仁寺) 118

『겐카이앙 닛키(玄界庵日記)』 450

격물궁리 134

격물치지 134

격치(格致) 139

경관(란트샤프트) 33

경관학(Landschaftskunde) 20, 33

경성민우회(京城民友會) 458

『경세유표(經世遺表)』 243

경장(更張) 258

『경쟁론』 349

『계림유사려언고(鷄林類事麗言攷)』 445, 461, 464

계몽(enlightenment) 246

계자론(鷄子論) 165

고규(古規) 514

고데라 겐키치(小寺謙吉) 236

「고사국(枯死國) 조선」 336

『고선책보(古鮮册譜)』 445

고수(瞽瞍) 123

고유주권론 516

고유주권설 510

고전적인 오리엔트(Klassische Orient) 54

고종 158, 251, 258, 264

고토쿠 슈스이(幸德秋水) 333

고학 126

고학파(古学派) 115

곤잘레스 드 멘도자(Gonzales de Mendoza) 19

공리주의 319, 320, 324, 325

『공법회통』 157

공자 146, 303

공자교(孔子敎) 176

과소농(過小農) 92

과학법칙적 37

관동주 334

괴팅엔 대학 22

교육입국조서 376

교전단체론 519

『교정 교린수지(校訂 交隣須知)』 445

교주만 50, 58

교주만 조차 조약 25

교주만의 함락 62

교토 쇼코쿠지(相国寺) 114

구경(九經) 140

구래(舊來)의 제도 142

구마자와 반잔(熊沢蕃山) 117, 122

구학(舊學) 267, 297, 302

국가유기체설 350

국가적 도덕 314, 330

국가적 이기주의 334

국맥(國脈) 515, 518, 536

국민 326

『국민소학독본』 345

국민협회 104

국왕수학가(國王數學家) 387, 388, 390, 391, 393

국제민주주의론 316

국제연맹(United Nations) 525

국제주의자 324

국제질서재편론 158

『국체신론』 316

균등 511

균등주의 510

균세론 156

그루베(Wilhelm Grube) 67, 79

그리말디(閔明我, C. P. Grimaldi) 396

극기복례위인(克己復禮爲仁) 119

『근거서장지도소작적지리역사관측(根據西藏地圖所作的地理歷史觀測)』 410

근대의 문명인 368

근대적 속국 188

근대중심주의 302, 310

근대화 413

『근세조선정감(近世朝鮮政鑑)』 253

금수 158, 169

급진개화파 277

기기음교(奇技淫巧) 148

「기미독립선언서(己未獨立宣言書)」 510

기요하라 히데가타(淸原秀賢) 114

기우위설 126

김구(金九) 533

김문용 284

김옥균 250, 254

김원교 202

『김윤식 문집(金允植 文集)』 449

김윤식(金允植) 193, 203, 282, 283, 285, 286, 290, 291, 304, 305, 306, 308, 421, 423, 424, 437, 438, 439, 440

김좌진(金佐鎭) 517

김창숙(金昌淑) 533

김치진 167

김평묵 158, 160, 167, 171, 174, 178

김홍집 202, 207

[ㄴ]

나카무라 마사나오(中村正直) 220

나카야마 히로시(中山広司) 117

나카지마 리키조(中島力造) 320

난신적자(亂臣賊子) 142

남숙관 167

내국식민론 90, 92

네그리뛰드(黑, négritude) 51

『노동야학독본』 374, 380

『농정신편(農政新編)』 280, 284

뉴턴(Issac Newton) 406

니시카와 나가오 368

니콜라 트리고(金尼閣, Nicolas Trigault) 387

니토베 이나조(新渡戸稲造) 87, 89, 96, 109, 336

[ㄷ]

다윈(Darwin) 225, 349, 369

다지리 유이치로(田尻祐一郎) 116

다치바나 히토시(立花均) 117

다카오카 구마오(高岡熊雄) 89

다카하시 사쿠에(高橋作衛) 519

다케우치 요시미 18

『단군세기(檀君世紀)』 511

단발령 161

당빌(唐維勒, Jean-Baptiste Bourguignon D'Anville) 407

대공간 38

대공간지리(Grossraumgeographien) 37

「대공보(大公報)」 531

「대농론(大農論)」 91

「대동단결선언(大同團結宣言)」 517

대동사상(大同思想) 516

대동아(大東亞) 443

대륙괘 41

대만 334

대명의리론 159

「대아세아주의론(大亞細亞主義論)」 236

대원군 149

「대일본주의의 환상」 334

대일본척식학회 86

「대일선전포고(對日宣戰布告)」 521

『대청일통여도(大淸一統輿圖)』 407

『대청일통지(大淸一統志)』 395

『대학장구(大學章句)』 140

대한(大韓) 269

「대한독립선언서(大韓獨立宣言書)」 503,
　504, 517

『대한매일신보』 217, 300, 349

대한민국(大韓民國) 514, 515

「대한민국건국강령」 508, 510, 521

「대한민국임시정부 임시헌장」 503

대한제국 351

『대한흥학보』 502

대현(大賢) 청기(淸氣) 136

덕육 376

덕의지(德意志, 독일) 356

데라우치 마사다케(寺內正毅) 462

데이비드 하틀리 319

도기상수(道器相須) 281

도기지분(道器之分) 280

『도덕 법률 진보의 리』 322

『도덕 법률의 진보』 319, 322, 323

『도덕 원리 비판』 319

도덕 313

도덕 진보설 328

도덕의 진보 314, 330

「도덕의 진보에 관한 논쟁」 328

도미니언 104

도부면협의회(道府面協議會) 103

도사(土佐) 113

도서환경 43

도체기용(道體器用) 281

독립당(獨立黨) 250

『독립신문』 196, 197, 205, 209, 210, 214,
　217, 244, 258, 259, 260, 261, 262, 263,
　264, 265, 266, 269, 272, 273, 274, 288,
　295, 305, 344, 345, 348, 353, 355, 356,
　359, 360, 362, 363, 364, 365, 367, 368,
　369, 371, 375, 376, 377, 380, 504

독립전쟁론 519

독립협회 380

독일 지리학 19

독일－아프리카 협회(Deutsche Afrika
　Gesellschaft) 29

독일의 교주만 점령 57

『동경일기』 429, 432, 433

동도 279, 308

동도서기(론) 241, 275, 276, 277, 278, 279,
　281, 283, 294, 295, 309, 310

동래부암행어사(東萊府暗行御史) 418

동법(東法) 279

동아(東亞) 296

동아시아 19

『동아시아사』 66

동아시아학 51, 52, 81

동양문명 270, 271, 275, 276

『동양어학부소식(Mitteilungen des Seminars für Orientalische Sprachen)』 69

동양학(Orientalistik) 52, 64

동학농민군 204

동화정책 97

동화주의 86, 96

동화주의 식민정책 99, 101, 102, 109

되놈 189

뒤알드(杜赫德, J. B. Du Halde) 386, 400

드 그루트(J. J. M. de Groot) 79

[ㄹ]

라우텐자흐 40, 41

랏첼(Friedrich Ratzel) 20, 27, 28, 29, 44

랑케 78

량치차오(梁啓超) 348

러시아 위협론 212

러시아 제휴론 212

러일전쟁 58

레이산(霊三) 114

레지스(雷孝思, Jean-Baptiste Régis) 385, 403

로버트 코흐 50

로이트너 79

루이 14세(Louis XⅣ) 388

리다자오(李大釗) 219, 236, 237

리비아(아프리카) 17

리처드 엘리(Richard T. Ely) 90

리처드 하트손 34

리터 34

리홍장 424

리히트호펜(Ferdinand von Richthofen) 20,

29, 30, 31, 44, 50, 66, 73

[ㅁ]

마루야마 마사오(丸山眞男) 116

마르찬드 82

마쓰 야스카즈(末松保和) 445

마에마 교사쿠(前間恭作) 445, 448, 453, 455, 458, 459

마테오 리파(馬國賢, Matteo Ripa) 402

막번체제 144

『만국공법』 156, 157, 189

『만국략사(萬國略史)』 354

『만국정표(萬國政表)』 164

만동묘 149

만물일체론 125

만이(蠻夷) 354

만인일체(萬人一體) 125

만주 334

만철 연선 94

만한 92, 108

「망국」 336

『매일신문』 198, 348

맥킨더(Halford J. Mackinder) 29

맹세의 언어 540

맹자(孟子) 131, 138, 303

메이지유신 85, 413, 415

면전(緬甸, 미얀마) 356

명덕(明德) 124, 140

명분론(名分論) 537

명성황후 시해사건 149

무가사회(武家社會) 144

무가정권 115

무극(無極)의 설 133

무로마치(室町) 시대 113

무부무군지도(無父無君之道) 173

무비자강책(武備自强策) 251

무사단(武士團) 115

무술정변 193

『묵호고(黙好稿)』 473

『문견사건(聞見事件)』 420, 426, 427

문명 186, 223, 268, 269, 270, 271, 347, 354

문명개화 241, 262, 265, 273, 347

문명개화론 288, 380

문명국 262, 318

문명담론 242

문명론 197

문명의 덫 380

문명의 시선 191

문명인 362

문명화(Zivilisierung) 79, 269, 363, 379

문명화사명 56

문명화의 덫 216

문명화의 사명 314

문체(文體) 507, 535

미개(未開) 354

미발(未發) 133

미법양규(美法良規) 267, 273

미셸 푸코 49

『미속습유(美俗拾遺)』 208

『민속학(Völkerkunde)』 27, 28

민영환 201, 212, 213

민원식(閔元植) 104

민종묵 420, 425, 431, 435

[ㅂ]

바이마르 시기 35

박규수 278, 285

박영교 164

박은식 299, 301

박정양 208, 419, 420

박제경(朴齊絅) 253

박지원 292

반(反) 유토피아(Gegenutopie) 55

반개(半開) 354

반개화국 262

『반도 상대의 인문(半島上代の人文)』 445

반왜(反倭) 200

반일감정 254

발달 313

방심(放心) 132

배삼(裵㙊) 253

『배소잔필(配所殘筆)』 127

『백범일지』 533

법란서(法蘭西, 프랑스) 356

베르사유 조약 35

벤담 323

「벽사변증(辟邪辨證)」 167

벽이론(闢夷論) 200

변법 241

병식(兵式)체조 377

병인양요 174

병자수호조약 171, 418

병자호란 189

병학(兵學) 126

보교권(保敎權, Padroado) 388

『보통학교 학도용 국어독본 상』 372, 373

보호무육(保護無育) 105

복국(復國) 516

복신(福神) 124

본도인(本島人) 101

본말론 287

부강(富强) 270

부국강병 379

부르주아민주주의 107

부베 390, 393

북창 기기국 424

분포학(chorology) 31, 35

브란트(Max von Brandt) 59

비들루(劉應, Claude de Visdelou) 390, 393

비스마르크 53

비잔티움 64

비토 마사히데(尾藤正英) 116

빌헬름 2세 62, 73

빌헬름 그루베 75

빌헬름 쇼트 74

빌헬름 쉴러 75

빌헬름 제국 22, 72

빌헬름 지버스(Wilhelm Sievers) 33

[ㅅ]

사교(邪敎) 148, 173

사롱 114

『사서오경대전(四書五經大全)』 118

사쓰마(薩摩) 113

사토 로쿠세키(佐藤六石) 457

사토 마사지로(佐藤政次郎) 95

사토 쇼스케(佐藤昌介) 89, 90, 95, 108

사학(邪學) 148, 173, 205

사회다원주의 20, 28

사회유기체설 327

사회적 담지자집단(soziale Trägerschichten) 56

사회적 유기물 326

사회제국주의 55

사회진화관념 224

사회진화론 226, 298, 299, 310, 315, 324, 332, 343, 344, 349, 350, 351, 352, 358, 374, 379, 380, 381

『산곡시 집주(山谷詩 集註)』 447

『산록어류(山鹿語類)』 132

삼강오상 303

삼교일치(三敎一致) 124

삼국간섭 214

삼균제도(三均制度) 510, 521

삼균주의(三均主義) 502, 524, 534

삼번(三藩)의 난 395

「삼한고지명고(三韓古地名考)」 464

삿포로농학교(札幌農學校) 87, 88, 90

상상의 지리(imaginative geography) 18, 20

색주(索柱) 400

생래적인 무욕구성 59

생물진화론 358

샤우(Eduard Schau) 68

서구 문명론 381

서구문명 276

서구중심주의 277, 310

서귀(西鬼) 158, 169

서기 279, 308

서기수용론 275, 276

서도(西道) 291

서법(西法) 172, 310

서법망국론(西法亡國論) 172

서양 158, 169

서양문명 271, 278, 308

서양사 355

『서양사정(西洋事情)』 347

서요섭(蘇霖, Joseph Suarez) 394

『서유견문』 255, 268

서장(西藏, 티베트) 356

서학(西學) 170

서학중국원류설 292, 294

서학중원설(西學中原說) 267

『석원사림(釋苑詞林)』 447

선교사 살해사건 58

선교사 362

선유(先儒) 136

『성경전도(盛京全圖)』 401

성교(聖敎) 127

『성교요록(聖敎要錄)』 127

『성리대전(性理大全)』 118

성명(性命) 124

성명의 부모 123

성인의 서책 128

성학(聖學) 127, 145

『성호새설(星湖塞說)』 167

『세계대세론』 164, 193

세계자본주의체제 275

세계적 도덕 326, 330

세계평등주의 329

세이엘(Seilliére) 338

세키노 타다시(關野貞) 459

셈족 54

셍고르(Leopold Senghor) 51

『소앙집(素昻集)』 505

소중화의식 159

소코 136, 137, 138, 145

속국 189

속국체제 188

솔성(率性) 132

송병준(宋秉畯) 233

송상순(宋祥淳) 243

송시열 155

송헌빈 429, 432, 433

쇼타이(承兌) 114

쇼트(Wilhelm Schott) 67

쇼펜하우어(Schopenhauer) 226

수구(守舊) 250, 253

수신 132, 272

수잔네 잔톱(Susanne Zantop) 56

순자(荀子) 138

숭명반청론 159

스콜라철학 66

스펜서(Spencer) 226

스포츠 375

시데하라 타이라 453

시라토리 구라키치(白鳥庫吉) 454

시모노세키조약 196

시무 241

시민적 식민정책론 109

시민적 식민정책학자 101, 106, 109

시베리아 334

『식민과 식민정책』 96

「식민론 강의원고(植民論講義原稿)」 91

「식민사 강의(植民史講義)」 91

『식민정책강의 및 논문집』 338

식민정책론 101

식민정책학(colonial studies) 85

신구학논쟁 298

신기선(申箕善) 280, 281, 283, 285, 288, 290

신논당(新論黨) 250

신도 126

「신라왕의 세대와 그 이름에 관하여」 467

신만물일체사상 125

신민주주의(新民主主義, modern democracy) 524

신법(新法) 514

신사유람단 414, 415, 417, 418, 421, 425

신사척사운동(辛巳斥邪運動) 149, 206

신식(新式) 258

신아동제사(新亞東濟社) 506

신학(新學) 267, 292, 294, 297, 301, 302, 303

신학구학(新學舊學) 논쟁 276, 278, 296, 301

실력양성론 381

실질적 이민 100

실학 297

실학자 147

심학(心學) 133

쑨커(孫科) 525

쓰보이 구메조(坪井九馬三) 464

[ㅇ]

아관파천 214, 377

아라사(俄羅斯, 러시아) 356

아무르 34, 41

아사다 교지(淺田喬二) 87

아사미 린타로(淺見倫太郎) 453

아사카와 노리타카(淺川伯教) 459

아시아 18

아시카가(足利) 학교의 산요(三要) 114

아유카이 후사노신(鮎貝房之進) 446, 448, 449, 458

아이즈번(会津藩) 126

아일랜드 105

아조프해 40

아카데미즘 66, 108

아코번(赤穗藩) 127

아편 176

아프리카 18

안남(安南, 베트남) 356

안동김씨 세도정권 149

안민지(安民志) 247

안봉선(安奉線) 94

안승우 162

안연문인(顔淵問仁) 119

안정복 167

안종수(安宗洙) 280, 284

알렉산더 훔볼트 21

알프레드 포르케 75

알프레드 헤트너 35

앙투안 토마스(安多, Antoine Thomas) 389

야나이하라 다다오(矢內原忠雄) 87, 89,

95, 98, 99, 101, 107, 338

야마가 소코(山鹿素行) 115, 116, 126

야마토민족 93

야만 186, 223, 253

야소교(개신교) 175

약육강식 377

약헌개정위원회(約憲改定委員會) 512

양교(洋敎) 148

양명학 140

양명학자 122

양무운동 413, 415

양물(洋物) 148

양물금단론(洋物禁斷論) 287

양이(洋夷) 158, 169

양적(洋賊) 158

양적(洋狄) 169

어양강병(禦洋强兵) 279

「어양론(禦洋論)」 174

어윤중 419, 420

「언사소(言辭疎)」 211

엄세영 420, 435

에드워드 사이드 53, 81

에발트 반제(Ewald Banse) 34

에이테츠(永哲) 114

엘케스(Eduard Erkes) 80

엠바강 40

여성교육 367

여성의 국민화 368

『여자독본』 366

『여재촬요(輿載撮要)』 164

『역사』 17

연미론(聯美論) 207

『연암집(燕巖集)』 292

『열하도(熱河圖)』 401

영길리(英吉利, 영국) 356

영남만인소 207

영선사 414, 415, 417, 421, 423, 424, 437

『영환지략(瀛環志略)』 164, 205, 359

예악(禮樂) 142

오규 소라이(荻生徂徠) 115, 146

오노 아즈사(小野梓) 325

오노 카도우(小野華堂) 459

오리엔탈리즘 53, 81, 309, 361, 362, 363, 379

오리엔트 19

『오소리강도(烏蘇里江圖)』 401

오스만터키제국 63

오스트랄아시아 41

오이크메네(oikouménē) 338

오카쿠라 덴신(岡倉天心) 459

오토 프랑케(Otto Franke) 65, 66, 69, 76, 77, 78, 79

오토리 게이스케(大鳥圭介) 258

오횡묵 164

옥시덴탈리즘(Occidentalism) 64

와카츠키(若槻) 106

와타나베 히로시(渡辺浩) 116

완고 253

왕양명(王陽明) 128

왕후이 19, 45

「외무부장 성명서」("Statement") 522

요(堯) 순(舜) 우(禹) 131

요시노 사쿠조(吉野作造) 316

요시다 구마지(吉田熊次) 328

『용가고어전(龍歌古語箋)』 445, 447, 461,
    462, 463, 464
『용담유사』 200
『용비고어전』 471
우내통일국(宇內統一國) 318
우내통일국 기립설(起立說) 318
우랄산맥 40
우생학 374
우승열패 343, 377
『우주문답』 162
우키타 가즈타미(浮田和民) 336, 339
「운동가」 378
운양호 사건 414
워싱턴회의 334
「원서애유약만물진원변략(遠西艾儒略萬
    物眞原辨略)」 167
원효 528
위도론(衛道論) 149, 159
위안스카이 176
위정척사 상소운동 150
위정척사론 147
위정척사론자 148
위정척사사상 151, 183
윌리엄 스미스 클라크(William Smith Clark)
    90
윌리엄 페일리 319
유교 263
유교문화 중시론 159, 160
유교주의 78
유길준 164, 192, 208, 211, 212, 250, 255,
    256, 257, 268, 347, 349, 374
『유년필독』 358

유럽중심주의 381
『유방집(遺芳集)』 505
유인석 158, 161, 162, 165, 168, 172, 175,
    179, 181, 196
유자(有子) 131
유중교 158, 165, 166
『유학경위(儒學經緯)』 283
육성(六聖) 538
육성교(六聖敎) 534
육예 293
육예론 304
육용정(陸用鼎) 283
『윤리적 제국주의』 339
윤리학 313
윤선학 282
윤치호 191, 203, 204, 211, 251, 252, 253,
    380
을미사변 161, 214
을미의병 161
을사늑약 157
『음빙실문집』 348
음양오행설 178
의(義) 138
의리론 149
의병운동 161
「의전기술(宜田記述)」 283
의화단봉기 60
의화단사건 58, 62
이(理) 124
이(利) 138
이광수 298
이기(理氣) 126

이기론(理氣論) 118, 148, 151

이기일체설 126

이기주의 318

「이기주의와 이타주의」 320

이꿋 138

이노우에 가츠오(井上勝生) 92

이노우에 테쓰지로(井上哲次郎) 328, 330

「이독편람(吏讀便覽)」 447

이동기이설(理同氣異說) 118

『이두편람(吏讀便覽)』 469

이만손 207

이승만 521

이시다 미키노스케(石田幹之助) 462, 463

이시바시 단잔(石橋湛山) 316, 331, 333

이영(李英) 400

이완용 352

이용후생(利用厚生) 293

이익 167

이인영(李麟榮) 231

이인직 195

이재윤 163

이적(夷狄) 137

이정관 167

이춘영 162

이케다 시게노리(池田林儀) 461

이토 진사이(伊藤仁斎) 115, 146

이토 히로부미(伊藤博文) 233

이필제 200

이학(理學) 133

이항로 148, 150, 151, 152, 153, 158, 160,
    165, 166, 167, 171, 173, 177

이헌영 420, 435

『인간의 유래』 369

인구문제 해결을 위한 식민론 91

『인권신설』 317

인도게르만족 54

인도학 22, 54

『인류 역사의 철학 사상(Ideen zur Philo-
    sophie der Geschichte der Menschheit)』
    21

인류 326

『인류지리학(Anthropogeographie)』 27

인문미개화(人文未開化) 243

인민 137, 242, 365, 379

인민평등권 252

인위적 이타심 322, 323

인의도덕(仁義道德) 293

인종론 358, 360, 361

인종이데올로기 54

일기(一氣) 126

『일동록(日東錄)』 428, 430

『일본외무성시찰기』 425

「일본제국의 팽창」 336

일본학 22

일용비근 146

일용지간(日用之間) 129

「일절을 버릴 각오」 334

임오군란 188, 251, 257, 272, 279, 282, 424

입센(Sigurd Ibsen) 338

[ㅈ]

자각운동(自覺運動) 223

자강(自强) 270

자공(子貢) 131

자르투(杜德美, Pierre Jartoux) 356, 400

자사(子思) 131

『자연과 인간사의 관련 속에서의 지지학
　혹은 일반 비교지리학』 26

자연권 341

자연적 이타심 322

자유 제국주의 60

자유권 316

자유민권운동 326

자이잔로(在山樓)문고 446, 454

자장(子張) 131

자주주의 식민정책 97, 98, 99, 102, 109

자치주의 86

자크 르 페브르(劉迪我, Jacques le Favre)
　387

자하(子夏) 131

『잔운협우일(棧雲峽雨日)』 220

장빙린(章炳麟) 219, 221, 222, 223, 225,
　229, 231, 233, 234, 235

장제스(蔣介石) 524

장지연 366

재야유림 147

적자생존 343, 349

전봉준 199

『전시국제공법(戰時國際公法)』 519

전제주의 24

젊게 만드는 식민지 28

『정감록』 151

「정두사석탑조성형성기(淨兜寺石塔造成
　形成記)」 447, 465, 466

정명도(程明道) 118

정명론(正名論) 536

정심과 성의 132

정욕론 137

정이천(程伊川) 118

정자(程子) 133

정좌(靜坐) 133

정주(程朱) 133

정체(政體) 507, 535, 540

정체성(停滯性) 512

『정치 지리학(Politische Geographie)』 27

정학(正學) 148

제국일본 86

제국주의 315, 324, 333, 360

제국주의론 314, 341

『제국주의와 교육』 339

제도품절(制度品節) 142

제레미 벤담 319

제르비용(張誠, Jean François Gerbillon)
　390, 399

『조미수호통상조약』 424

조사관찰단 418

조선 334

조선고어간행회(朝鮮古書刊行會) 456

『조선군서체계』 456

조선병 296

『조선사강좌(朝鮮史講座)』 462

『조선신보(朝鮮新報)』 450

조선연구회 452

『조선왕조실록』 244, 245

『조선의 판본(朝鮮の板本)』 445, 474

조선의회설립 105

『조선지』 410

『조선책략』 206, 208, 211, 212

조선총독부 539

『조선학도근만초(朝鮮學徒勤慢草)』 423

조선회(朝鮮會) 450, 456

조셉 니덤(李約瑟, Joseph Needham) 395, 406

조소앙(趙素昂) 502, 519, 522, 531, 537

조아킴 부베(白晉, Joachim Bouvet) 387

조일수호조규 182

조준영 420, 430, 434, 435

존 스튜어트 밀 319

존명배청론(尊明排淸論) 155

존양론(尊攘論) 148

주공(周公) 127

주권불멸론과 516

주리론(主理論) 148, 151, 153

주민이익보장 104

주자(朱子) 118, 128

주자(周子) 133

주자학 114, 140, 147, 151

주정정좌(主靜靜坐) 132

중국 중심주의 190

『중국(中國)·몽고와 서장신지도집(蒙古與西藏新地圖集, Nouvelle Atlas de la Chine, de la Tartars Chinosis et du Thibet)』 407

중국사 355

중국의 꿈(中國夢) 220

중국의 무(無)역사성 78

『중국제국사』 77

중국학 22

중동정책 73

「중립론」 208

중용 140

중체서용 413

중체서용론 290

중추원 266

중화 군산 194

중화 사람 194

중화 전선 194

『중화제국전지(中華帝國全志)』 400, 407

『중화제국지도(Description Geographique, Historique, Chronologique, Politique et Physique de L'Empire de la Chine et de la Tartaric Chinoise)』 409

중화주의 190, 217

증자(曾子) 131

지각운동 118

지경 133

지경정좌(持敬靜坐) 133

『지구도경(地球圖經)』 164

『지구도』 167

『지구설략(地球說略)』 164

『지구와 삶(Die Erde und das Leben)』 27

『지구전요(地毬典要)』 164

지구화 46

지규식(池圭植) 259

지나(支那) 193, 334, 356

지략적 이타심 331, 332, 333, 341

지선(至善) 134

지식관광(知識寬廣) 141

지식천박(知識淺薄) 141

지신지존(至神至尊) 122

지역지리학(Regionalgeographie) 20, 36

『지역지리학』 40

『지역지리학의 기초』 38, 39

지역화(regionalization) 19

지육 376

지적이면서도 이성적인 종교 80

지표면의 운동(Tektonik) 41

진보 313

진보당(進步黨) 250

진화 313

진화론 349

집산적인 사회질서 80

[ㅊ]

착한 유럽인 360

찬탈쟁론(簒奪爭論) 142

처변삼사(處變三事) 162

척사론자 275

『척사론』 167

척사운동 281

척사위정론 205

척사위정론자 279

척사위정사상 190

척사위정파 209, 215, 217

척사위정파의 화이관 195

척식학 86

「척양대의(斥洋大義)」 174

척왜(斥倭) 199, 204

척이론(斥異論) 200

척화 199

척화비 157

척화파 155

척화파의 화이관 156

천부인권론 339

천부인권론자 315

천부인권사상 325, 326

천신(天神) 122, 124

천인여일(天人如一) 122

『천일책(天一策)』 201, 213

천자공후(天子公侯) 137

천주교 173

천진 기기제조국 422, 437, 438

「천학고(天學考)」 167

「천학문답(天學問答)」 167

천한 아프리카 360

청상 배격 운동 198

청일전쟁 57, 185, 196, 215, 276, 308

체육 376

체조 377

체현자 123

첼렌 29

『초등소학』 352

『초등여학독본』 366

총리사무아문(總理事務衙門) 417

최대 다수의 최대 행복 319

최동오(崔東旿) 513

『최신초등소학』 378

최익현 196

최제우 200

최한기 163, 310

[ㅋ]

카르도주(麥大成, Jean Franciscus Cardoso)

403

카스피해 40

칼 리터 25

칼 아렌트 75

칼 프리드리히 노이만(Karl Friederich Neu-
      mann) 66

『코리아』 42

콘라디(A. Conrady) 67, 80

콜베르(柯爾貝, Jean-Baptiste Colbert) 389

콩트(李明, Louis-Daniel Le Comte) 338,
      390

쿠플레(柏應理, Philippe Couplet) 390

크림전쟁(crimean war) 57

키르히호프(Kirchhoff) 29

[ㅌ]

타를(湯尚賢, Pierre Vincenct du Tartre)
      403

타차드(塔夏爾, Guy Tachad) 390

탁기(濁氣) 136

탈아입구(脫亞入歐) 443

탕정비(湯增璧) 222

탕증벽 228

태서(泰西) 296, 301

태허(太虛) 126

태허(太虛)의 일기(一氣) 125

테제 78

토르데시야스 조약 (Treaty of Tordesillas)
      387

통리기무아문(統理機務衙門) 417

퉁구스 43

[ㅍ]

파란(波蘭, 폴란드) 356

파레닌(巴多明, Dominique Parrenin) 396

파비에르(Pierre Marie Alphonse Favier)
      392

팡하오(方豪) 385

펑톈(奉天) 94

페레이라(徐日升, Tome Pereira) 391

페르디난트 페르비스트 (南懷仁, Ferdinand
      Verbiest) 389, 390, 396

편협한 국가주의 330

평등외교론 156

평양전투 287

포르케(Alfred Forke) 68, 79

폴록 54

퐁타네(洪若翰, Jean de Fontaney) 389,
      390

프레마르(馮秉正, Joseph Francois Marie de
      Prémare) 403

프로베니우스(Leo Frobernius) 51

프로이센 동아시아 탐험대 30

프리델리(費隱, Xavier-Ehrenbert Fridelli)
      401

프리츠 얘거(Frtiz Jäger) 23

플라트(Plath) 67

[ㅎ]

하국종(何國宗) 400

하야시 라잔(林羅山) 115, 117, 118, 135,
      144

하인리히왕자 63

『한국: 답사와 문헌에 기초한 지역지리
  (Korea. Eine Landeskunde auf grund
  eigener Reise und der Literatur)』 39
「한국독립당 당의해석(韓國獨立黨 黨義解
  釋)」 511
『한국문원(韓國文苑)』 503, 504, 526, 527,
  529
한국병탄론 337
한국연구회 456
한문맥(漢文脈) 515, 533
『한성순보(漢城旬報)』 164, 197, 208, 247,
  248, 249, 251, 253, 345, 256
『한성주보(漢城週報)』 164, 197, 213, 255,
  345
한스 울리히 벨러(Hans Ulrich Wehler) 55
『한어통(韓語通)』 445, 453, 455, 456
한중동맹론 506
한중합작(韓中合作) 529
함부르크 식민지연구소(Hamburgisches Kolo-
  nialinstitut) 70
『해국도지(海國圖志)』 164, 205, 359
해랑적(海浪賊) 158
해외식민론 90, 92
『해천추범(海千秋帆)』 212
허원식 209
허정(虛靜) 133
허준 528
헤겔(Hegel) 78, 224, 225
헤겔주의 228
헤레로(Herero) 전쟁 50
헤로도토스 17
헤르더(Johann Gottfried Herder) 21

헤르만 라우텐자흐 39
헤트너(Alfred Hettner) 20, 35, 36, 37, 39,
  44
현세주의 144
현채 358
「혈의 루」 195
형식적 식민 100
홋카이도대학 110
홋카이도 대학파 87, 89, 95, 108
홍영식 253, 419, 420
「화랑고(花郎攷)」 447, 467, 470
화륜선(火輪船) 439
화민성속 245
화서학파 148, 150, 154, 160, 166, 177
화서학파의 화이관 158
화이관(華夷觀) 154, 190
화이관적 세계관 157
화이론(華夷論) 200
화이론적 세계관 302
화이일야(華夷一也) 155
화해우환(禍害憂患) 142
환경결정론 20, 27, 40
환경결정론적 사고 42
환경결정론적 지리이론 44
『환단고기(桓檀古記)』 511
환상식민주의 56
환태평양권 46
황색 위험 58, 59, 60
황색군중 59
『황성신문(皇城新聞)』 244, 258, 259, 260,
  262, 263, 266, 267, 268, 269, 270, 272,
  273, 274, 296, 302, 305, 310, 346

『황여전람도(皇輿全覽圖)』 385, 394, 404,
     406, 407, 408, 409

황준헌 206

황현 194

회통(會通) 310

후박청탁(厚薄淸濁) 136

후지와라 세이카(藤原惺窩) 114

후지이 겐지로(藤井健次郎) 319

후쿠자와 유키치(福澤諭吉) 18, 243, 246,
     317, 328, 347

훈고학(訓詁學) 128

『훈독이문(訓讀吏文)』 445

훔볼트(Alexander Humboldt) 20, 34

『흑룡강구도(黑龍江口圖)』 401

히르트(Friedrich Hirth) 67

[기타]

3·1운동 514

3B정책 64

5산(五山)의 학승 114

ASEAN +3 46

civilization 246

『China: 개인 여행과 이에 기반한 연구결
     과』 31

필자소개(논문게재순)

|이진일| 독일 튀빙엔(Tübingen)대학교 역사학부에서 독일 현대사를 전공하였고 (Ph.D.), 현재 성균관대학교 동아시아역사연구소 수석연구원으로 재직 중이다. 저서로는 『역사의 비교, 차이의 역사』(공저, 2008), 『서구학문의 유입과 동아시아 지성의 변모』(공저, 2012) 등이 있으며, 근대 서구의 역사학이 동아시아로 전이되는 과정에서의 전문화와 제도화의 경로, 그리고 이에 따른 역사서술의 변화들에 관하여 관심을 갖고 연구하고 있다.

|정현백| 독일 보쿰(Bochum)대학에서 박사(독일 현대사)학위를 받았으며, 현재 성균관대학교 사학과 교수로 재직 중이다. 저서로는 『노동운동과 노동자문화』(한길사, 1990), 『민족과 페미니즘』(당대, 2003), 『여성사 다시 쓰기』(당대, 2007), 『처음 읽는 여성의 역사』(동녘, 2001) 등이 있다.

|이규수| 고려대학교 사학과를 졸업하고, 일본 히토쓰바시(一橋)대학 대학원 사회학연구과 박사과정을 졸업했다(사회학박사). 전공은 한일관계사이며 현재 가천대학교 아시아문화연구소 연구교수로 재직 중이다. 저서로는 『近代朝鮮における植民地地主制と農民運動』(信山社, 1996), 『식민지 조선과 일본』(다할미디어, 2007), 『제국 일본의 한국 인식, 그 왜곡의 역사』(논형, 2007) 등이 있고, 편저로는

『布施辰治と朝鮮』(高麗博物館, 2008, 공편), 『근대 한일 간의 상호인식』(동북아역사재단, 2009, 공편), 『근대전환기 동아시아 속의 한국』(성균관대학교출판부, 2004, 공편), 『역사, 새로운 질서를 향한 제국 질서의 해체』(청어람미디어, 2004, 공편) 등이 있다.

|구태훈| 성균관대학교 문과대학 사학과를 졸업하고 일본 쓰쿠바대학(筑波大學) 대학원(문학박사)을 졸업하였으며, 현재 성균관대학교 사학과 교수로 재직 중이다. 일본역사문화학회 회장, 한국일본학회 회장, 수선사학회 회장 등을 역임하였다. 주요 저서로는 『일본 무사도』(태학사, 2005), 『일본고대·중세사』(재팬리서치21, 2008), 『일본근세·근현대사』(재팬리서치21, 2008), 『일본사 이야기』(재팬리서치21, 2012), 『일본문화 이야기』(재팬리서치21, 2012) 등이 있다.

|오영섭| 서강대학교 사학과를 졸업하고 한림대 대학원 사학과를 졸업하였다(문학박사). 현재 연세대학교 이승만연구원 연구교수로 재직하고 있다. 한국 근현대사를 연구하고 있으며 주요 저서로는 『고종황제와 한말의병』(2008년 월봉저작상 수상작, 2008년 학술원 우수학술도서), 『한국 근현대사를 수놓은 인물들 1』(2008년 문화관광부 우수도서), 『한말 순국 의열 투쟁』(독립기념관 한국독립운동사연구소, 2009), 『이승만과 하와이 한인사회』(공저, 2013년 학술원 우수학술도서) 등이 있다.

|최규진| 성균관대학교 사학과와 동 대학원을 졸업하였고, 성균관대 동아시아 역사연구소 수석연구원으로 재직하고 있다. 주요 연구 분야는 식민지시대 민족해방운동사이고 대표 저서로는 『근대를 보는 창 20』, 『조선공산당재건운동』, 『근현대 속의 한국』(공저) 등이 있으며 「식민지시대 조선 사회주의자들의 소비에트론」, 「노동의 관점에서 본 한국 근현대사 교과서」, 「경성의 뒷모습, 전당포」 등 다수의 논문을 발표하였다.

|펑춘링(彭春凌)| 베이징대학(北京大學) 중문학과와 대학원을 졸업(문학박사)하고 현재 중국사회과학원 근대사연구소 연구원으로 재직 중이다. 주요 연구 분야는 중국근대사상사, 국어운동사, 신문화운동사, 근대 동아시아의 사상문화 교류이다. 주요 저서로는 『儒教转型与文化新命－以康有为、章太炎为中心(1898-1927)』이 있고 「章太炎对姉崎正治宗教学思想的扬弃」, 「章太炎在台湾与明治日本思想的初遇－兼论戊戌后康、章政治主张之异同」 등 다수의 논문을 발표하였다.
[번역 : 이평수(성균관대학교 사학과)]

|김윤희| 고려대학교 사학과에서 『대한제국기 서울 지역 금융시장의 변동과 상업 발전』으로 박사 학위를 받았다. 자본주의와 근대국가의 관계에 관심을 두고 연구해왔다. 현재 가천대학교 아시아문화연구소 연구교수로 재직하면서 국가주권과 인민의 관계를 규명하는 연구를 진행하고 있다. 지은 책으로 『근대 동아시아와 한국자본주의』, 『이완용평전』, 『마주 보는 한국사 교실 7』, 『영화처럼 읽는 한국사』(공저), 『조선의 최후』(공저), 『통계로 본 근현대사』(공저)가 있다.

|배항섭| 고려대학교 사학과에서 박사학위를 받았고 현재 성균관대 동아시아학술원 HK교수로 재직하고 있다. 주요 연구분야는 한국근대사, 19세기 민중사이고 저서로는 『조선후기 민중운동과 동학농민전쟁의 발발』(경인문화사, 2002)이 있으며, 「'근대이행기'의 민중의식: '근대'와 '반근대'의 너머」, 「19세기 지배질서의 변화와 정치문화의 변용－仁政 願望의 향방을 중심으로－」 등 다수의 논문이 있다.

|권석영| 홋카이도대학교에서 석·박사 학위 취득하였고, 홋카이도대학교 교수로 재직 중이며, 주로 일본의 지식인과 전쟁, 제국주의론, 근대 한국의 생활문화의 역사 등을 연구하고 있다. 주요 저서와 논문으로 『온돌의 근대사; 온돌을 둘러싼 조선인의 삶과 역사』(2010), 「「北方」論のイデオロギーと戦略」(2005), 「日本における統制とプロパガンダ」(2002), 「「白衣」という表象」(2001), 「帝国主義とヒューマニズム」(1997)등이 있다.

|탄슈린(谭树林)| 중국 절강대학에서 역사학 박사학위를 받았고 현재 남경대학교 역사과 교수로 재직 중이다. 주요 연구 분야는 국제관계사, 중국외교전통, 중국의 기독교 전파사 등이고 『로버트 모리슨과 중서문화교류』, 『영국 동인도회사와 마카오』 등의 저서가 있으며 『세계종교연구』, 『문화잡지』 등에 다수의 논문을 발표하였다.
[번역 : 이강(성균관대학교 사학과 석사)]

|왕신레이(王鑫磊)| 중국 푸단대학 역사학과에서 『근대 중국 사회 세대 관계의 역사고찰-5·4시기 지식인의 세대 간 충돌을 중심으로』로 중국학 박사학위를 받았고, 현재 푸단대학 문사연구원(文史研究院)의 연구원으로 재직 중이다. 주요 연구 분야는 중국근현대사상사, 중한문화교류사, 연행록 연구 등이다.
[번역 : 정재균(성균관대학교 박사과정 수료)·김진(성균관대학교 박사과정)]

|시라이준(白井順)| 일본 다이토분카대학(大東文化大學)에서 중국학으로 박사학위를 받았으며 현재 서울대학교규장각 한국한 연구센터 객원연구원 겸 교토부립대학 문학부 역사학과의 공동연구원으로 재직 중이다. 주요 연구 분야는 동아시아 사상사이다. 「書簡を通して見た前間恭作と小倉進平の交流-『郷歌及び吏読の研究』刊行の昭和四年を中心に-」, 「蟹養斎の講学-九州大学碩水文庫を主たる資料に仰いで」, 「三木栄と京城書物同好会」 등의 논문이 있다.
[번역 : 한혜인(건국대학교 연구교수)·박재은(성균관대학교 석사과정 수료)]